AF731923

REALLEXIKON DER VORGESCHICHTE

VIERTER BAND, ZWEITE HÄLFTE

Reallexikon der Vorgeschichte

UNTER MITWIRKUNG
ZAHLREICHER FACHGELEHRTER

HERAUSGEGEBEN VON

MAX EBERT
ORD. PROFESSOR AN DER UNIVERSITÄT KÖNIGSBERG

VIERTER BAND, ZWEITE HÄLFTE

GHIRLA — GYNOKRATIE

MIT 141 TAFELN

Berlin 1926

VERLAG WALTER DE GRUYTER & CO.

VORMALS G. J. GÖSCHEN'SCHE VERLAGSHANDLUNG — J. GUTTENTAG, VERLAGSBUCHHANDLUNG — GEORG REIMER — KARL J. TRÜBNER — VEIT & COMP.

Copyright 1926 by Walter de Gruyter & Co., Berlin

G

(Fortsetzung)

Ghirla (Tf. 133—134). § 1. Donau-Insel bei Gârla Mara (ö. Negotin) in Rumänien. Wohnstättenfunde aus der neol. und älteren BZ. Die neol. Funde bestanden — außer den Hüttenbewurfstücken — aus Bruchstücken durchbohrter Äxte, Flachäxten, Schuhleistenkeilen, Bohrern, Klingenschabern usw. Die Keramik gehört der Bandkeramik an. Unter den Gefäßformen sind bemerkenswert Näpfchen, Fußschalen u. s. f. Die meist weißinkrustierten Verzierungen, die teilweise an die der Laibacher Pfahlbauten, von Debelo Brdo (s. d.), Vučedol (s. d.) usw. erinnern, sind vorwiegend in Furchenstich- und Tiefstichtechnik ausgeführt und bestehen aus horizontalen Punktlinien und Liniengruppen, fortlaufenden Volutenmustern, mäandrischen Motiven usw., doch finden sich auch reliefierte Spiralen. Unter den plastischen Gebilden sind hervorzuheben ein Torso einer weiblichen Figur, deren Oberfläche wie bei einem ganz ähnlichen Idol von Vidbol bei Vidin (Bull. de la soc. archéol. Bulgare 1911 S. 158 Tschilingirov) mit mäandrischen eingeritzten Linien bedeckt ist (Tf. 133, 2), und ein anderes Idolfragment, dessen plattgedrückter Kopf vorn in einen breiten, vogelkopfartigen Fortsatz ausläuft; das Gesicht ist mit eingeritzten Zickzacklinien verziert, außerdem trägt es auf der Vorderseite entlang den Schultern, auf der Rückseite entlang dem Halse, sowie, dem Zopfe entsprechend, in der Mitte vom Scheitel herab eingeritzte Linien (Tf. 133, 1). In der Kopfbildung ähnelt das Stück gewissen Figuren von Jablanica (s. d.), Vinča (s. d.; Präh. Z. 1910 Tf. 9 g) und Butmir (s. d.; *Butmir* II Tf. 2 b, 10 u. 15), doch kehrt eine ganz ähnliche Kopfbildung und Verzierung auch in Åland wieder (Band I Tf. 24 c; Cederhvarf *Neolitska lerfigurer från Åland* Z. d. finn. Altertges. 26 S. 307 ff. Tf. 4). Ebenso erscheinen ähnliche Idole unter den „Inselfiguren" und in der thessalischen figuralen Kunst (s. Idol A 2, B).

§ 2. Die bronzezeitl. Gefäßreste gehören zur großen Gruppe der pannonischen Keramik (s. d.). Bemerkenswerte Formen sind dünnwandige Schalen und Fußschalen, die z. T. mit Fingernageleindrücken verziert sind, bauchige Näpfe mit zierlichen Henkeln (wie von Světi Kirilovo; s. d.; Präh. Z. 1914 S. 73 Abb. 5; und aus Malta: Papers B. S. Rome 5 [1910] Tf. 15) usw., doch finden sich auch Reste einer gröberen, z. T. mit Buckeln verzierten Tonware und Fragmente unverzierter, fußsohlenartiger, z. T. mit kurzen seitlichen Zapfen ausgestatteter Gefäße, die einigen Stücken aus Krain gleichen (Carniola 3/4 S. 121 W. Schmid), und die Franz für Schmelztiegel hält. Die vorwiegend in „Absatzstichtechnik" ausgeführten, meist inkrustierten Verzierungen bestehen in Bogen- und Volutenlinien, mäandrischen Bändern, Gruppen konzentrischer Kreise, Zickzackbändern, Hängemustern usw. Die Idole ähneln ganz und gar denen von Temes-Kubin (s. d.) und Orsova (Wosinsky *Die inkrust. Keramik* Tf. 92, 101, 102), erinnern aber anderseits auch an die bekannte Figur von Kličevac (s. d.; Band VI Tf. 2). Arme fehlen, den Kopf deutet ein kurzer Zapfen an, die Augen sind durch zwei bisweilen von einem Strahlenkranz umgebene Punkte angedeutet. Der hohle Unterkörper hat einen länglichen Querschnitt und ist offenbar mit einem Frauenrock bekleidet gedacht. Durch weißinkrustierte, meist in „Absatzstichtechnik" ausgeführte Linien sind außerdem noch verschiedene Einzelheiten der Tracht dargestellt, so ein Stirnband oder eine flache Mütze (wie sie noch heute von den Frauen im östlichen Serbien getragen wird und auch bei der Figur von Kličevac vorliegt), der am Rücken herabhängende Zopf, der Hals- und Brustschmuck, der

Gürtel usw. Eine Durchbohrung des Kopfes scheint, wie Franz vermutet, darauf hinzuweisen, daß diese Idole, wenigstens zum Teil, aufgehängt wurden.

L. Franz *Vorgesch. Funde aus Rumänien* Wien. Präh.Z. 9 (1922) S. 89ff. und Tf. 1, 2. G. Wilke

Giara, La ... di Gesturi. Ein im mittl. Sardinien ö. vom Golf von Oristano gelegenes, nach allen Seiten abfallendes Plateau. Es ist nebst dem unmittelbar angrenzenden Bezirk durch zahlreiche Nuragen (s. d.) verteidigt und geschützt, wobei der Charakter der Nuragen als befestigter Wohnstätten und Verteidigungswerke deutlich in Erscheinung tritt.

Mon Lincei 18 (1907) S. 5ff. A Taramelli-F. Nisardi. † Albert Mayr

Gibb Tarn-See (Cumberland). Beim Trockenlegen eines kleinen Sees, des Gibb Tarn oder Ehenside Tarn bei St. Bees, Cumberland, wurden im Seegrund durch Darbishire u. a. Überreste einer neol. Siedelung gefunden, neben grober Keramik, Schleifsteinen u. ä. vor allem eine Reihe von infolge der Feuchtigkeit gut erhaltenen Holzgeräten: keulenartige Axtschäftungen, Keulen, Ruder, ein ruderartiger Gegenstand aus Eichenholz mit 3 Zinken usw. Unter den meist polierten Steinäxten sind eine Anzahl flache, schmalnackige, oft von erheblicher Größe zu erwähnen.

Read *Brit. Mus. Stone Age Guide* S. 90f., 138; A. de Mortillet *Musée préhistorique* 1881 Tf. 48 Abb. 440, 443. W. Bremer

Gibea.

§ 1—2. Angaben des AT. — § 3. Grabungen. — § 4. Ergebnisse.

§ 1. Das hebr. Wort *gibʿâ* bezeichnet ganz allgemein eine Höhe, einen Hügel und ist deshalb mehrfach im AT als Ortsname verwendet. Gelegentlich wird in gleichem Sinne die männliche Form *gebaʿ* gebraucht, was die Festlegung der heutigen Stätte erschwert hat. Unbekannt ist die Lage des judäischen G., das nach 1. Chron. 2, 49 im S des Gebirges zu suchen ist. G. des *Pīnᵉḥâs* (Jos. 24, 33) mit dem Grabe des Eleasar wird nach jüd. und samaritanischer Überlieferung in *el-ʿazêr* bei *ʿawarta* s. von *nâblus* gesucht (ZdPV 2 [1879] S. 16 J. Goldziher; 6 [1883] S. 195ff. M. Grünbaum). Ein Gebaʿ lag n. von Michmas (Richt. 20, 31; 1. Sam. 13, 16; 14, 5), heute *ǧebaʿ*. G. Gottes *(gibʿat hā-ᵉlōhîm)*, so nach einer Opferstätte genannt (1. Sam. 10, 5ff.), war der Sitz eines Vogtes der Philister (vgl. 13, 3) und ist heute vielleicht *burǧ bētîn*.

H. Guthe *Kurzes Bibelwörterbuch* 1903 S. 214f.

§ 2. Alle anderen Angaben im AT beziehen sich auf das G. Sauls oder G. in Benjamin. Es lag an der N-Grenze von Juda gegen Israel (1. Kön. 15, 22), unmittelbar an der uralten Straße von Jerusalem nach Sichem (Richt. 19f.), und war die Heimat Sauls (1. Sam. 10, 26; 11, 4; 13, 2; 14, 2. 16; 15, 34; 22, 6), der von hier aus den Kampf gegen die Philister leitete. Anscheinend befand sich hier eine Opferstätte (hebr. *bāmâ* 1. Sam. 22, 6 LXX; 1. Kön. 23, 8). Von dem Orte aus hatte man eine weite Fernsicht, zum mindestens bis nach Gebaʿ und Michmas (1. Sam. 14, 16). Josephus kannte ihn noch und gibt an, daß er 30 bzw. 20 Stadien von Jerusalem nach N zu entfernt gewesen sei (bell. Jud. V 2, 1; antt. V 2, 8). Dies alles paßt nur auf *tell el-fūl*, 5 km n. von Jerusalem, dessen spitz aufragender Hügel weithin als Landmarke zu sehen ist. Die zahlreichen Versuche, G. an anderer Stelle nachzuweisen, oder G. Sauls und G. in Benjamin zu unterscheiden, gehen von irrigen Voraussetzungen aus.

S. Linder *Sauls Gibea* 1922; Annual of the American Schools of Oriental Research 4 (1924) S. 28ff. W. F. Albright.

§ 3. Die arch. Untersuchung des Hügels begann schon im Mai 1868 durch Ch. Warren, der 14 Tage lang hier grub. Aber die von ihm gezogenen Gräben und ein Schacht auf dem Gipfel lieferten nur wenig befriedigende Ergebnisse, zumal die Mauern für Kreuzfahrerwerk gehalten wurden (C. R. Conder *The Survey of Western Palestine, Memoirs* III [1883] S. 158ff.). Da die Aufmerksamkeit der Eingeborenen geweckt worden war, sind in den folgenden Jahren durch Raubgrabungen manche Altertümer entdeckt worden, die in verschiedene Sammlungen kamen, z. B. in die des Deutschen evang. Instituts für Altertumswissenschaft in Jerusalem (Pal. Jahrb. 9 [1913] S. 129 P. Thomsen), des Dominikanerklosters (L. Linder *Sauls Gibea* S. 205) und von H. Clark (Quarterly stat. 47 [1915] S. 35ff. R. A. S. Macalister). Es war deshalb sehr erfreulich, daß sich W. F. Albright infolge eines Hinweises von G. Dalman

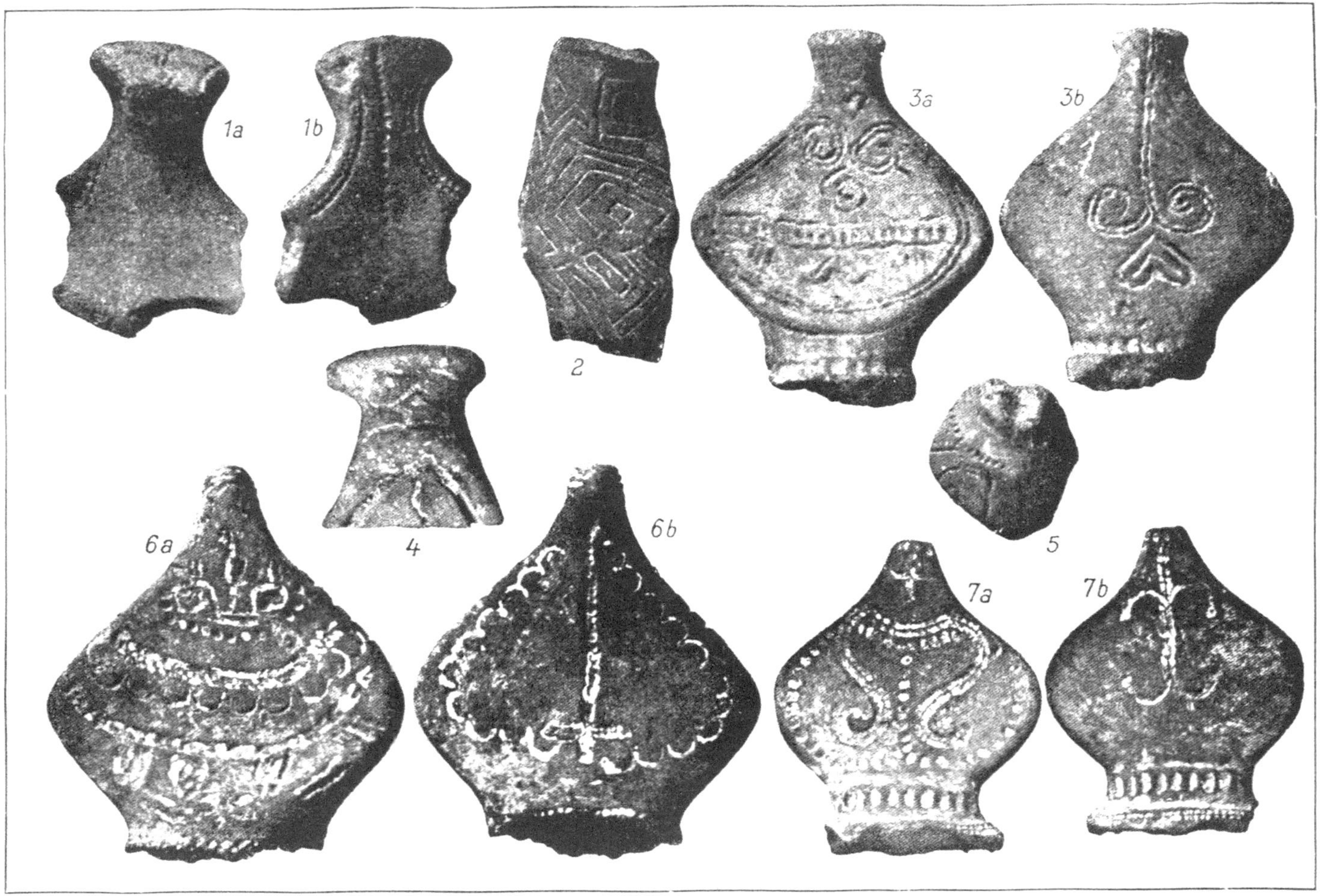

Ghirla

Keramische Bruchstücke von der Donau-Insel Ghirla. Nach Wiener Prähistorische Zeitschrift 5

Ghirla

Keramische Bruchstücke von der Donau-Insel Ghirla. Nach Wiener Prähistorische Zeitschrift 9.

entschloß, eine größere Untersuchung vorzunehmen. In 40 Arbeitstagen, die sich auf die Zeit vom März 1922 bis August 1923 verteilen, wurde das Wesentliche sorgfältig festgestellt und trotz des geringen Umfanges der Stätte Wichtiges erreicht. Da wir die Geschichte des Ortes kennen, konnten die Funde zeitlich genau bestimmt werden.

§ 4. In der alten und mittleren BZ ist der Hügel nicht besiedelt gewesen. Die Kanaaniter pflegten ihre Ortschaften möglichst in der Nähe von fließendem Wasser anzulegen, das hier fehlt. Deshalb mußten die Israeliten, die sich hier um 1230 v. C. niederließen, sich mit Zisternen behelfen. Etwa 1200 v. C. scheint die erste Befestigung entstanden zu sein. Sie war von einer 2,15 m starken Mauer aus vieleckigen Steinen (Größen: 75 × 30, 65 × 45, 45 × 35 cm) umgeben und hatte über dem Erdgeschoß ein weiteres Stockwerk. Für die Decken ist Holz von Zypressen und Fichten verwendet, die damals noch in größerer Menge hier in dieser Gegend vorhanden gewesen sein müssen. Die Tonscherben waren ziemlich grob und enthielten viele Kalksteinteilchen. Die Anlage ist am Ende des 12. Jh. durch Feuer zerstört, worauf sich wohl der später allerdings stark überarbeitete Bericht Richt. 19f. bezieht. Um 1050 scheint sich Sauls Familie hier niedergelassen zu haben (ihr Erbbegräbnis befand sich nach 2. Sam. 21,14 in Zela, heute vielleicht *bēt ḥannîna*). Der befestigte Bau dieser Zeit gleicht in vielen Stücken seinem Vorgänger. Eine Außenmauer von 2,00—2,30 m Stärke umschloß mehrere Räume, im Innern führte eine Steintreppe nach oben. Kleine vier- oder dreieckige Öffnungen ließen Licht in die engen Kammern. Die Steine sind länglich behauen und ziemlich regelmäßig in Lagen geschichtet. Die Menge der gefundenen Tonwaren (s. Vase E), darunter etwa 30 breite Kochtöpfe, deren Rand übereinstimmend einen Dm von 23—26 cm hatte, Spinnwirtel, Wetzsteine, Spielsteine, zwei Pfeilspitzen aus Bronze, Schleudersteine und eine eiserne Pflugschar deuten darauf, daß der Ort in der beginnenden EZ Sitz eines ansehnlichen Geschlechtes oder eines mächtigeren Fürsten (Saul) war. Philisterware fehlt gänzlich. Der Bau ist bald danach erobert und geplündert, aber nicht zerstört worden. Unter David wurde er hastig ausgebessert, verfiel aber dann, da er in der Zeit des geeinten Königreiches seine Bedeutung als Grenzschutz verloren hatte. Erst mit der Teilung des Reiches erhielt er diese wieder und wurde deshalb von Asa um 900 v. C. mit Steinen (diese sind zum Teil mit der behauenen Seite nach innen gelegt) und Balken (von Mandelbäumen) neu gebaut, die er der israelitischen Festung Rama (heute *er-rām*, dort finden sich auch *meleki*-Steinbrüche) entnahm (1. Kön. 15,22). Schon damals kann nur ein befestigter Wachtposten hier gewesen sein. Noch deutlicher zeigt sich diese Art (hebr. *migdâl;* s. Festung C § 25) bei dem Neubau, den Usia (2. Chron. 26,6 ff.) errichtete und mit einem steilen Glacis sicherte. Auch nach dem syr.-ephraemitischen Kriege (735 v. C.) und in der Makkabäerzeit (166—161 v. C.) wurde die Befestigung erneuert, dann aber war die Geschichte von G. zu Ende, und Hieronymus schildert es (peregr. Paulae c. 6; comm. in Zeph. 1,15) als bis zum Erdboden zerstört. Die Gräber in der Nähe sind noch nicht genauer erforscht (S. Linder *Sauls Gibea* 1922 S. 203 ff.).

Annual of the American Schools of Oriental Research 4 (1924) S. 2 ff. W. F. Albright; Rev. bibl. 32 (1923) S. 426 ff. L. H. Vincent.

Peter Thomsen

Gibraltar. S. a. Pyrenäenhalbinsel A § 5. — Im J. 1848 wurde in einer Breccienschicht eines Steinbruches hinter „Forbes Battery" an der Nordseite des Felsens von G. ein Schädel gefunden, in seinem wissenschaftlichen Wert aber erst spät erkannt. Das geol. Alter des Fundes war nicht mehr zu ermitteln. Der Schädel stammt wahrscheinlich von einer Frau; erhalten sind fast die ganze Hirnkapsel und das Gesichtsskelett. Der Schädel gehört trotz geringer Abweichungen zur Neandertalrasse (*Homo primigenius;* s. d.), repräsentiert allerdings wohl eine Unterart; auffallend sind gewisse Annäherungen an den in Süd-Afrika gefundenen *Homo rhodesiensis* (s. d.), zu dem er vielleicht eine Brücke bildet. Seine wichtigsten Maße sind: gr. Länge der Schädelkapsel 192 mm, gr. Breite 142 mm (Längenbreiten-Index 74), Stirnwinkel (n. Schwalbe) 71—72°, Br. d. Nasenöffnung

34,5 mm, H. der knöchernen Nase ca. 56 mm, Obergesichtshöhe ca. 81 mm, Jochbogenbreite ca. 140, Kapazität ca. 1260 (n. Sollas), ca. 1100 (n. Boule).

Phil. Trans. R. Soc. London 199 (1907) S. 281 ff. W. J. Sollas. Reche

Gicht. Das Wichtigste über diese Krankheit ist schon unter Arthritis deformans gesagt. Die dtsch. Bezeichnung, deren sprachliche Herkunft Prim. Lesiak aufgeklärt hat, ist begrifflich zu weit greifend, auch für die frühgeschichtliche Zeit; spricht man doch auch von „Höhlengicht", die mit der eigentlichen „wahren" Gicht, einer mit Harnsäureablagerungen einhergehenden Stoffwechselkrankheit, nichts zu tun hat. Das Volk braucht heute noch die Bezeichnung für eine große Zahl rheumatischer Erkrankungen der Gelenke und des ganzen Bewegungsapparates, einschließlich der Muskulatur. Alles das ist, soweit es präh. in Frage steht, unter Arthritis nachzulesen. Doch ist auch die *Arthritis urica*, die Uratgicht, an frühhist. Knochen gelegentlich nachgewiesen, mit voller Sicherheit in Ägypten, aber allerdings erst aus dem Anfang unserer Zeitrechnung. An der frühchristlichen Leiche eines alten Mannes auf einem Gräberfelde nahe dem Tempel von Philä fand F. Wood Jones an den Füßen bis zum Kniegelenke hinauf und an den Händen und Armen die Harnsäureablagerungen, namentlich auch in besonders charakteristischer Form an den großen Zehen. Auch die typischen chemischen Reaktionen auf Harnsäure ließen sich an diesen weißen Konkrementen von 2000 Jahren Alter beobachten.

Smith - Jones *Survey* 1907/8 S. 44, 269 (m. Abb.). Sudhoff

Giesserei s. Bronzeguß, Goldschmiedekunst.

Gift. § 1. G., namentlich narkotische und berauschende, bilden allenthalben wohlbehütetes Geheimnis des Medizinmannes (s. d.); aber auch erregende G. stehen in Schätzung, beide zunächst und vor allem zur Hervorrufung visionärer und ekstatischer Zustände. Solche werden erstrebt gleicherweise für Kulthandlungen wie für mantische Zwecke und zu berufsmäßigem Krankheitszauber. Letzterer wird geübt sowohl zur Erzeugung von Krankheiten als auch zur Heilung solcher durch Entzauberung, nimmt also eine Doppelstellung ein in ähnlichem Sinne wie G. und Gegengift, die ja auch in ihrer Gegensätzlichkeit mehr dem Reich der Vorstellungen angehören als dem der Wirklichkeiten.

§ 2. Kolchis, Thessalien, Iberien galten durch das Altertum als giftliefernde Länder. Der ganze Orient aber stand im Rufe hoher Giftkenntnis und namentlich Vorderasien bis in die RKZ hinein als das Hauptland der Herkunft oder doch Vermittelung heftig wirkender Giftstoffe.

§ 3. Wir haben babyl. Texte, welche Heilverfahren gegen Vergiftungen angeben, wenn sie auch nur zum kleinsten Teile bisher bekanntgegeben und zugänglich sind. So handeln solche davon: „Wenn ein Mensch an Gift (*šim-mat*) erkrankt ist" oder „Wenn einen Menschen Gift an seinem ganzen Körper gepackt hat" oder „Wenn ein Mensch durch das Gift eines Skorpions erkrankt ist". Es werden Räucherungen vorgeschrieben und Einreibungen mit pflanzlichen und mineralischen Mitteln, die mit Öl verrieben sind. Ferner wird Amulettbehandlung gelehrt mit Steinen, die auf ein weißes Wollenband gereiht sind, und geröstete Pflanzendrogen werden empfohlen, ohne daß ihre Verwendung genauer bekannt gegeben würde. Die Verordnungen machen nicht den Eindruck, als wenn dabei etwas wie eine Gegengiftwirkung erstrebt wäre. S. Gegengift.

Wundt *Völkerpsychologie* II 2 (1906) S. 103 ff.; L. Lewin *Die Gifte in der Weltgeschichte* 1920; ZfAssyr. 20 (1907) S. 431 ff. K. Frank. Sudhoff

Gigantia. Megal. Gebäude auf Gozo, in seiner Anlage typisch für die neol. Heiligtümer der Malta-Gruppe. Es besteht aus zwei nebeneinandergesetzten und von einer gemeinsamen Umfassungsmauer umzogenen Raumgruppen, deren jede einen besonderen Eingang besitzt und zwei hintereinanderliegende Ovalräume nebst einer Apsis im Hintergrunde enthält. S. Malta B § 3.

Abh. Bayer. Ak. 21 (1901) S. 647 ff. Mayr. †Albert Mayr

Gilde s. Zunft.

Gilgal.

§ 1. G. als Ortsbezeichnung. — § 2. G. am Jordan. — § 3. Bedeutung des Wortes. — § 4—6. Steinkreise in Palästina (§ 4 Viehkraale; § 5 Anlage auf dem Karmel; § 6 Gräber).

§ 1. Das hebr. Wort *gilgâl* wird im AT

mit dem Artikel gebraucht, ist also kein Eigenname, sondern ein Appellativum (Ausnahme nur Jos. 5,9, während 12,23 wohl *le-gālîl* dafür zu lesen ist). Als solches erscheint es Jos. 15,7 zur Bezeichnung einer Stelle gegenüber dem Anstiege von Adummim (womit der ö. Teil der Straße Jericho-Jerusalem gemeint sein wird; Pal. Jahrb. 9 [1913] S. 17f. G. Dalman). Da Jos. 18,17 dafür *g^elîlôth* (vgl. 22,10 *g^elîlôth* am Jordan) liest und dieses Wort „Bezirke, Kreise" bedeutet, könnte man annehmen, daß auch G. ursprünglich den gleichen Sinn gehabt hätte. In der Königszeit trägt ein bekanntes Heiligtum den Namen „der G." (1. Sam. 7,16 neben Bethel und Mizpa; Amos 4,4 neben Bethel; 5,5 neben Bethel und Beerseba; 1. Sam. 10,8; 11,14f.; 13,4ff.; 15,12ff. als Opferstätte: Hos. 4,15; 9,15). Nach 2. Sam. 19,16. 41 lag es unmittelbar am Jordan. Dem widerspricht anscheinend die Angabe (2. Kön. 2,1 vgl. 4,38), daß man vom G. nach Bethel hinabstieg (LXX haben aber nur ‚kommen' gelesen; die Bemerkung Deut. 11,30, daß Ebal und Garizim gegenüber dem G. lägen, ist ein irrtümlicher späterer Einschub), weshalb der Ort in *ǧilǧîljā* w. von *sinǧil* oder in *chirbet ǧulêgil* ö. von *nâblus* (mit einem fälschlich angenommenen Steinkreise; Mitt. Deutsch. Pal. Verein 1910 S. 103 G. Hölscher) gesucht worden ist. Allein einen zweiten G. in der Nähe von Sichem (so zuerst A. Schlatter *Zur Topographie und Geschichte Palästinas* 1893 S. 246ff.) hat es nicht gegeben (anders neuerdings wieder E. Sellin *Gilgal* 1917 S. 8ff.). Der Neh. 12,29 genannte Ort *bēth hag-gilgâl* ist sonst unbekannt, könnte aber mit dem G. am Jordan zusammengestellt werden.

H. Guthe *Kurzes Bibelwörterbuch* 1903 S. 202 218f.; E. Sellin *Gilgal* 1917.

§ 2. Dieses G. am Jordan war angeblich die Stätte des ersten Lagers der Israeliten nach Überschreitung des Jordans zwischen diesem und Jericho (Jos. 5,10), an der Ostgrenze des Gebietes von Jericho (4,19). Hier soll Josua nach dem einen Bericht die Israeliten beschnitten (s. Beschneidung B) und damit die Schande der Unbeschnittenheit von ihnen abgewälzt (hebr. *gālal*) haben (Jos. 5,2ff.). Nach dem anderen Berichte sind 12 Steine aus dem Bette des Jordan hier aufgestellt worden (Jos. 4,3ff.). Die Angaben des Josephus (antt. V 1,4) und des Eusebius (Onom. 64,24ff.) führen auf einen Ort, der etwa 7 km vom Jordan und 2,2 km von Jericho entfernt ist und heute *chirbet en-neṯele* heißt. Der alte Teich an dieser Stelle wurde früher angeblich *birket ǧilǧûlie* genannt (C. R. Conder *Tent Work in Palestine* II [1879] S. 7ff.; PEF Memoirs 3 [1883] S. 173), und für den einen von zwei etwa 20 Minuten weiter sö. gelegenen Hügeln wollte man den Namen *tell ǧelǧûl* gehört haben (H. Zschokke *Beiträge zur Topographie der westlichen Jordans'au* 1866 S. 27ff.; MdPV 1899 S. 30f., 97f. E. Sellin). Aber offenbar sind beide Namen nur aus den Fragen der Europäer entstanden und in Wirklichkeit nicht mehr vorhanden gewesen (Quarterly stat. 6 [1874] S. 170 Ch. Clermont-Ganneau). Auf dem sog. *tell ǧelǧûl* hat sicher einst eine ziemlich kleine Ortschaft gelegen, wie Mauerreste und eine schwache Quelle beweisen. Leider ist infolge der Anlage eines Kalkofens sehr viel Altes zerstört worden. Auch bei *chirbet en-neṯele* finden sich Grundmauern von Bauten und von einem künstlichen Teiche. Vielleicht hat hier die byzantinische Kirche gestanden, in und bei der man nach Aussage der Pilger vom 4. Jh. n. C. ab die 12 Steine aus dem Jordan zeigte (P. Thomsen *Loca sancta* I [1907] S. 48f.). Daß die Steine von Josua im Kreise aufgestellt worden seien, ist im AT nicht gesagt. Auch bei sonst erwähnten Gruppen von 12 Steinen (Jos. 4,9 mitten im Jordan; Exod. 24,4 am Sinai; 1. Kön. 18,31f. Altar auf dem Karmel; Deut. 27,2ff. ohne Angabe der Zahl, nach E. Sellin *Gilgal* 1917 S. 22ff. bei Sichem) wird eine Kreisstellung nicht ausdrücklich vermerkt.

§ 3. Das spricht gegen die übliche Erklärung des Wortes *hag-gilgâl* als Steinkreis, zumal auch die sprachliche Ableitung die Bedeutung als etwas, was sich rollen läßt, also Scheibe oder Kugel, bzw. runder Hügel, näherlegt. Dazu kommt noch, daß bei keinem der Orte Palästinas, der heute einen ähnlichen Namen (wie *ǧelǧel*, *el-ǧelǧîl*, *el-gelâǧil*, *ǧilǧelîje*, *ǧilǧûlie*, *el-ǧulêǧil* u. a.) führt, ein Steinkreis zu finden ist, andrerseits nirgends in der Nähe von wirklichen

Steinkreisen ein derartiger Name haftet. Ebensowenig kann für eine kreisförmige Steinsetzung eine kultische Bestimmung nachgewiesen werden. Die Stelenreihe von Gezer (s. d. § 13) steht nicht im Kreise, sondern in einer nordsüdlichen Linie. Die w. von ihr angelegten Rundbauten sind aus Mauersteinen errichtet, also überhaupt keine Steinkreise. Die sonderbare Anlage auf dem *tell eṣ-ṣâfi* (s. d.) war kaum ein Heiligtum, und von den Steinblöcken darin wird nur vermutet, daß sie im Kreise gestanden hätten (Bliss-Macalister *Excavations* S. 43, vgl. aber Quarterly stat. 34 [1902] S. 321 R. A. S. Macalister). Ganz zweifelhaft sind die Reste eines Steinkreises in Thaanach (Sellin *Tell Ta'annek* S. 11 Abb. 3). Der angebliche Steinkreis bei *bētīn* (H. Guthe *Kurzes Bibelwörterbuch* 1903 S. 219 Abb. 75; Vincent *Canaan* S. 410 Abb. 286) ist tatsächlich nur eine auf natürliche Weise entstandene runde Vertiefung in einer großen Kalksteinbank (PEF Memoirs 2 [1882] S. 296 C. R. Conder). So ist ein Zusammenhang des Namens G. mit einem Steinkreise für das altisrael. Heiligtum am Jordan ebenso zweifelhaft wie die Vermutung, die phön. Religion habe Steinkreise zu kultischen Zwecken gekannt (worauf öfter vorkommende Namen wie Gargara, Gilgilis u. a. deuten sollen), und daher erkläre sich vielleicht die Feindschaft der israel. Propheten gegen das Heiligtum im G. (OLZ 23 [1920] S. 105ff. C. Niebuhr).

§ 4. Tatsächlich finden sich aber in Palästina (Syrien ist in dieser Beziehung noch nicht erforscht) Steinkreise, die den europ. Cromlechs gleichen. Ein Teil von ihnen ist sicher nur als eine Art Viehkraal zu verstehen, wie ihn heute noch die Hirten für ihre Herden zum Schutz gegen den Wind und gegen Raubtiere (deshalb oben mit Dornen belegt) benutzen (arab. Name *ṣīr*). So erklären sich z. B. die Anlagen bei *tell zīf*, auf dem *rās el-merqeb* bei *'ammân*, bei *ruğm ṣerâra*, *el-maṭâba*, *el-mahḍer* und *chirbet el-meskene* mit einem Dm bis zu 70 m (C. E. R. Conder *Survey of Eastern Palestine* I [1889] S. 183f., 205ff., 231). Auch die großen Steinwälle in der *belqâ*, im *wâdi ğdēd*, am Nebo, bei *kōm jāğûz* und bei *umm huṭṭwa*, die bis zu 80 m Dm haben (ebd. S. 98ff., 157, 202ff., 248), waren wohl für wirtschaftliche Zwecke bestimmt, etwa als Umwallung von Weingärten (vgl. Jes. 5, 5) oder als Lagerstätten von Hirten. Über Steinkreise im *'ağlun* s. ZdPV 48 (1925) S. 106f. C. Steuernagel.

§ 5. Merkwürdig ist der Befund bei *'ărâq ez-zīrân* auf dem n. Abhange des Karmel-Gebirges. Vor einer nach N abfallenden Felswand (12 m h., 130 m l.) liegt eine Fläche von 700 m L., die ringsum von niedrigen, kahlen Höhenzügen, auf zwei Seiten von trocknen Bachbetten umgeben ist. In dem w. Teil der Felswand ist eine Nische (H. 1,30 m, Br. unten 80 cm, oben geringer, Tiefe 25 cm), die fast genau nach N gerichtet ist, mit einfachen Steinwerkzeugen eingemeißelt. 15 m von der Nische entfernt beginnt eine runde Steinumhegung mit 60 m innerem Dm. Die auf die Spitze gestellten Blöcke sind etwa 1,50 m l., 75 cm dick und bilden zwei eng aneinander schließende konzentrische Kreise, die noch bis zu 60 cm aus dem Boden hervorragen. Mitten durch den Ring führt eine westöstlich laufende Straße von glatten Steinen. In der Nähe sind Spuren von Gebäuden, z. T. aus großen orthostatischen Blöcken errichtet, erhalten. Gräber scheinen nicht vorhanden gewesen zu sein. Der Entdecker hält den Steinkreis für den Platz, auf dem sich bei einer gottesdienstlichen Feier berufene Vertreter der andächtigen Masse versammelten (also eine Art Temenos). Das wäre an sich möglich, doch müßte durch Grabungen erst einmal Genaueres festgestellt werden.

ZdPV 31 (1908) S. 35ff.; 46 (1923) S. 92ff. E. v. Mülinen.

§ 6. Einfacher ist die Deutung bei den kleineren Steinkreisen mit 3—5 m Dm., die an vielen Stellen nachgewiesen sind. Sie bestehen aus einer Reihe hingelegter oder aufgestellter Feldsteine, gelegentlich aber auch aus mehreren Schichten solcher Steine, so daß eine Mauer von 0,30—1,00 m H. erreicht wird. Einige haben zwei kreisförmige Mauern, die verschieden h. sind, sich ganz nahe kommen oder durch einen Zwischenraum voneinander getrennt sind. Der innere Raum ist leer, zuweilen jedoch mit herabgefallenen oder hineingeworfenen Steinen gefüllt. Hier und da konnte eine durch Steine gebildete Querlinie von W

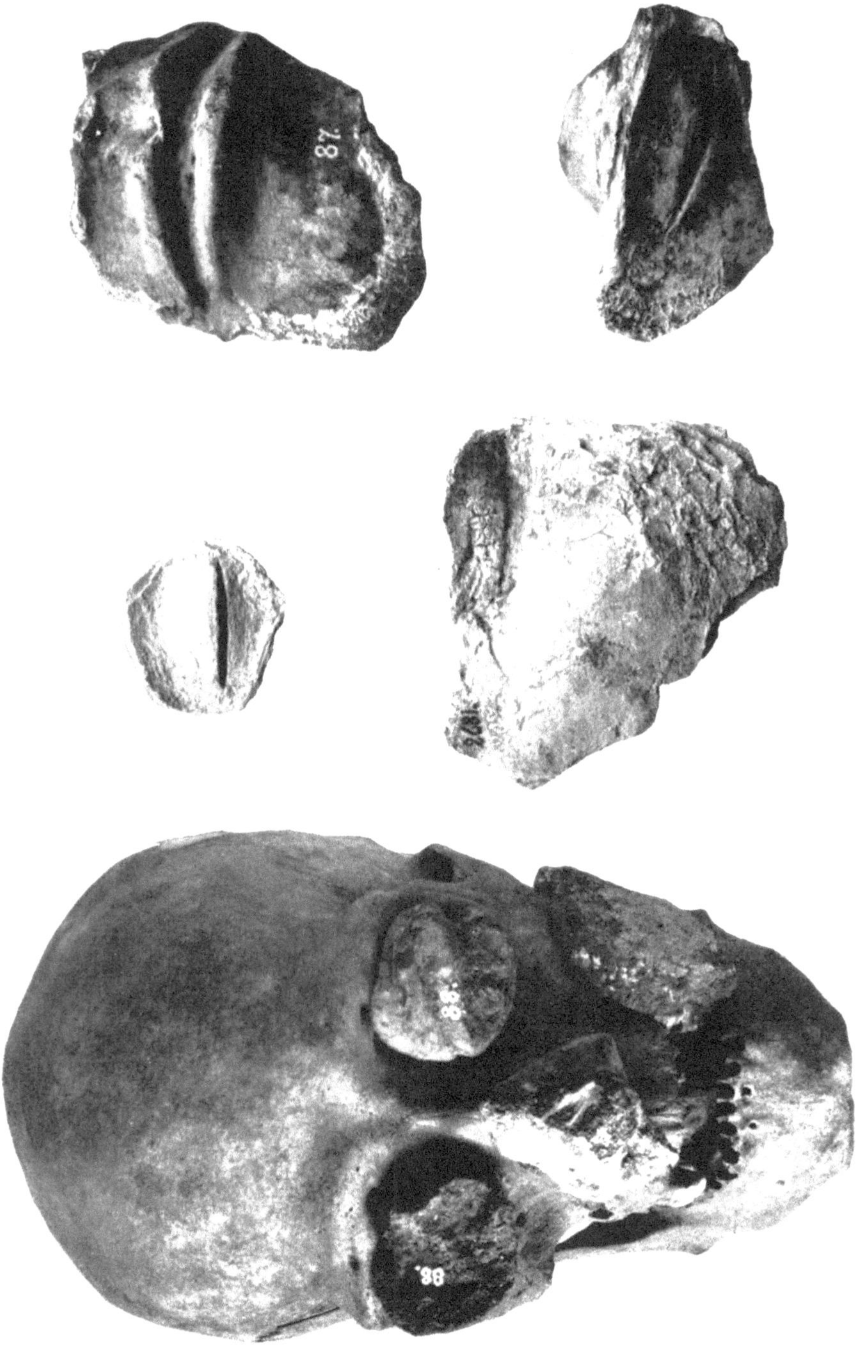

Gipsmaske, Sibirische
Nach Photographien.

nach O oder NW nach SO beobachtet werden. Mehrfach standen ein oder zwei aufgerichtete Steine in der Mitte (in *el-mrērât* bei *maʿîn* im Hintergrunde) des Ringwalles. An der eben genannten Stelle umgab ein Steinkreis einen ganzen natürlichen Hügel, auf dessen höchstem Punkte zwei doppelte Steinhegungen von 10—11 und 6 m Dm sowie mehrere einzelne Blöcke, in Gruppen von 3, 8 und 16, standen. Da auch die *nawāmîs* der Sinai-Halbinsel (s. Grab F) zum größten Teile Gräber sind, und die Dolmen (s. Megalithgrab F) oft von runden Steinsetzungen umgeben sind, liegt der Gedanke sehr nahe, daß diese kleineren Steinkreise, soweit sie nicht einfach Grundmauern von Wohnungen sind, Gräber umschließen, wie denn auch noch heute Grabstätten von Beduinen in dieser Weise (Steinkreis und hochgestellter Block) hergerichtet werden, nur mit dem Unterschiede, daß sie meistens eine ganz niedrige Tür haben, deren Deckstein zur Ablage von wertlosen Gegenständen als Zeichen des Besuchs der Stätte benutzt wird (ein altes Beispiel bei P. Karge *Rephaim* 1917 S. 326 Abb. 63, vgl. auch S. 435, 441 ff.). Die größeren Steinkreise könnte man dann als Gräber der Ahnherren oder Stammesfürsten verstehen. Dann wären die paläst. Anlagen zu demselben Zwecke errichtet wie die europ. Cromlechs (s. z. B. Avebury, Stonehenge).

P. Karge *Rephaim* 1917 S. 322 ff., 334 f.; G. Dalman *Der Gilgal der Bibel und die Steinkreise Palästinas* Pal. Jahrb. 15 (1919) S. 5 ff.; ZdPV 46 (1923) S. 79 ff. E. v. Mülinen.

Peter Thomsen

Gilgamesch und Engidu. § 1. Die beiden Helden Babyloniens sind durch das sog. „Gilgamesch-Epos" bekannt. Dieses Epos ist in Abschriften der Bibliothek Assurbanipals in Ninive (um 650) erhalten; einige Bruchstücke aus der Zeit der 1. Dyn. von Isin (2200) sind die ältesten Zeugnisse des Epos, und seine Abfassung bzw. Niederschrift ist daher nicht früher als in jene sem. Epoche anzusetzen. Während die Kenntnis von Engidu sich auf das Epos beschränkt, sind von Gilgamesch mehrere andere Zeugnisse erhalten, die ihn vermutlich als eine hist. greifbare Persönlichkeit erkennen lassen.

§ 2. Gilgamesch, *Giš-bil-ga-meš*, war König von Uruk (s. d.), der 1. Dyn. angehörend (etwa 4300 v. C.). Nach dem Epos (Tf. I 223 ff.) und nach der Inschrift des Utuhegal von Uruk (um 2600; vgl. Rev. d'Assyr. 9 S. 115 und VA 3123), war seine Mutter die Göttin Ninsun. Gemäß den zur Zeit der 1. Dyn. von Isin aufgestellten Königslisten hieß sein Vater Lilla(l), „Herr der Stadt *Kul-ab*"; G. regierte 126 Jahre, sein Sohn namens Ur-Nungal folgte ihm mit 30 Jahren. G. erbaute die Mauer von Uruk (Epos I 9 f.; Tafel des Anam, „Ältesten" (*abba*) von Uruk, späteren Königs der Stadt; *Old Babyl. Inscr.* I Nr. 26 = VAB I 222b; ca. 2200 v. C.).

§ 3. Als Gott wird G. auf der Tontafel (um 3000) aus Fara (VAT 12760, R III, 25 = WVDOG 43 Nr. 1 A. Deimel) namhaft gemacht, ferner sind ihm mehrere Keulenköpfe geweiht: 1. Rev. d'Assyr. 10 S. 101; 2. Rec. de Travaux 31 S. 121 f. Toscanne; 3. Berlin VA 3123 (unveröffentlicht); 4. Clay *Miscell. Inscriptions in the Yale Babyl. Collection* 1915 Nr. 3. Diese Inschriften sind meist aus älterer Zeit, vor 2700 anzusetzen. — Eigennamen mit G. sind selten, z. B. *Ur-ᵈ Gilgameš*.

§ 4. Im Epos wird G. kurz und undeutlich beschrieben „²/₃ von ihm ist Gott, ¹/₃ ist Mensch" (I 51), „der gewaltige Wildstier" (I 70), „wie ein Wildstier" (I 189); er habe dieselbe Gestalt wie U-tnapischtim (XI 3 f.).

§ 5. Engidu ist ausführlicher beschrieben Epos I 82 ff.: „das Ebenbild des Anu", „Kämpe des Ninurta"; er hat einen „haarigen Körper", sein Haupthaar ist „wie ein Weib, wie Getreide" gestaltet, „an Kleidung gleichend dem Gott der Herden", er ist auch „Kämpe des Anu" und „kraftvoller Mensch" (I 157). Er lebt zuerst mit dem Wilde des Feldes zusammen und tritt als Schützer des Wildes gegen die Menschen, insbesondere den Jäger, auf. Auch hieraus läßt sich schwer ein Bild von E. machen.

§ 6. Während der durch den Mauerbau verursachten Tyrannenherrschaft des G. wird E. von einer Dirne in die Stadt Uruk gelockt, wo er von G. im Kampfe besiegt, aber sein Freund wird. Sie machen gemeinsame Expeditionen, töten Humbaba auf dem Zedernberge, den von Anu gegen Uruk entsandten „Himmelsstier" und Löwen (X 211). E. stirbt alsdann, und G. wandert zu Ut-napischtim (Ziusuddu), dem babyl. Noah, um sich Rat zu holen, wie er dem Tode entrinnen könne. Aus dem Ozean erlangt er das „Kraut des Lebens", aber eine Schlange entreißt es ihm wieder. G. geht dann in die Unterwelt, wo er den Geist Engidus sieht, der ihm Auskunft über das Leben nach dem Tode gibt.

§ 7. Bisher will man in bestimmten Gestalten auf Siegeln (s. Glyptik C) die Darstellung des G. und E. sehen, und zwar in einem Menschen mit Lockenkopf, nackt oder mit Gürtel umgetan, den G., in seinem Partner, einem Menschen mit Stierhörnern, dessen Unterteil der eines Stieres ist, den E. Diese Deutung ist aber nicht gerechtfertigt, keine Beischrift macht sie sicher. Wie oben gezeigt, spielt G. in der Literatur nur in ältester Zeit eine geringe Rolle, E. kommt überhaupt nur im Epos vor. Der Bemerkung von O. Weber, daß die Rollen der beiden Helden, gemäß der Beschreibung des Epos, vertauscht werden müßten (AO 17—18 S. 67), möchte man zustimmen. Doch beharrt Weber auf der bisherigen Gleichsetzung mit der Begründung, daß der Sprachgebrauch „instinktiv doch wohl das Richtige getroffen hat". Aus der altsumer. und akkad.-sem. Zeit liegen bisher überhaupt keine Literaturdenkmäler vor, die uns berechtigten, jene damals sehr beliebten Darstellungen der Helden irgendwie zu benennen. Darum habe ich für den sog. „Gilgamesch" die unverbindliche Bezeichnung „Wilder Mann" und für den sog. „Engidu" die Bezeichnung „Stiermensch" bzw. „Wisentkuh" (s. Mischwesen) vorgezogen. Es ist selbstverständlich, daß die Sumerer einen andern Namen für ihre Helden hatten, als die zu ihnen in schroffem Gegensatz stehenden akkad. Semiten.

A. Deimel *Pantheon Babylonicum* S. 95 ff.; W. F. Albright *Gilgames and Engidu* Journ. Amer. Or. Soc. 40 (1920) S. 307 ff.; Keil. Bibl. 6, 1 S. 116 ff. P. Jensen; A. Ungnad und H. Gressmann *Das Gilgamesch-Epos* 1911; H. Gressmann *Altorientalische Texte und Bilder* I 39 ff. (A. Ungnad); A. Ungnad *Die Religion der Babylonier und Assyrer* 1921 S. 66 ff.

Eckhard Unger

Gingst (Rügen) s. Nordischer Kreis A § 5 b 5 α.

Gips. S. a. Stein. — G. wurde in Ägypten nicht nur als Bindemittel und als Malgrund für Wand- und Holzbemalung, sondern auch zu Abgüssen für Bildhauerzwecke verwendet. Im vorgesch. Europa diente er zur Inkrustierung von Gefäßen (s. Einlage A, Töpferei A § 15). Ein Vorrat gebrauchsfertig angemachter Gipsmasse wurde in einem Napf in einem Zonenbechergrabe von Rottleben am Kyffhäuser gefunden. Als Baumaterial wurde er zum Verstreichen der Fugen von neol. Steinkistengräbern verwendet.

Forrer *Reall.* S. 284; Nachr. ü. D. A. 1898 S. 20 ff. Götze.

Alfred Götze

Gipsmaske, Sibirische (Tf. 135). § 1. In den großen Kollektivgräbern der Minusinsker frühen EZ hat man vielfache G. oder Bruchstücke von solchen gefunden. Die in Betracht kommenden Gräber bestehen aus tiefen, unterirdischen Schächten, in denen die Knochen zerstreut liegen, und die wahrscheinlich durch längere Zeit als zugängliche Grüfte benutzt wurden. Der Schacht ist mit einem hölzernen Dach bedeckt gewesen, und über das Ganze hat man einen großen Kurgan aufgeschüttet. Beim Bau dieser Hügel hat man das Grabgebäude angezündet, so daß die Knochen und Gegenstände in dem Schacht oft angebrannt sind.

§ 2. Das Grabinventar besteht gewöhnlich aus Miniaturgegenständen aus Bronze und Eisen, Eisengeräten, spärlichen Goldarbeiten und G. (Tf. 135). Die letztgenannten sind in Formen gegossen. Die Formen sind gleich nach dem Tode vom Gesicht abgenommen und bestanden zweifellos aus einem weichen Material. Die Masken selbst sind danach abgegossen. Man hat die Toten zuerst auf der Erde unter freiem Himmel liegen gelassen, wo das Fleisch von Tieren gefressen wurde. Die Beerdigung geschah erst nach vollständiger Decharnierung. Die G. wurde oft in weichem Zustande auf den Schädel gedrückt. Auf der inneren Seite sieht man Spuren der Zähne, Gipsklumpen von den Augenhöhlen usw. Oben wurden die Masken bisweilen hellrot bemalt; man bemerkt auf ihnen auch auf Tätowierung deutende Zeich-

Glas A. Europa

Farbige Glasperlen verschiedener Stufen der vorrömischen Metallzeit. Vorwiegend in Süddeutschland gefunden. Ca. $^{3}/_{4}$ n. G. Nach Altertümer unserer heidnischen Vorzeit 5 Tf. 14.

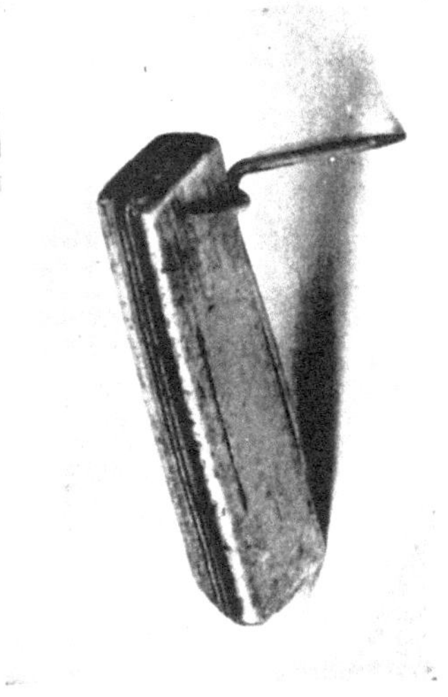

a

b

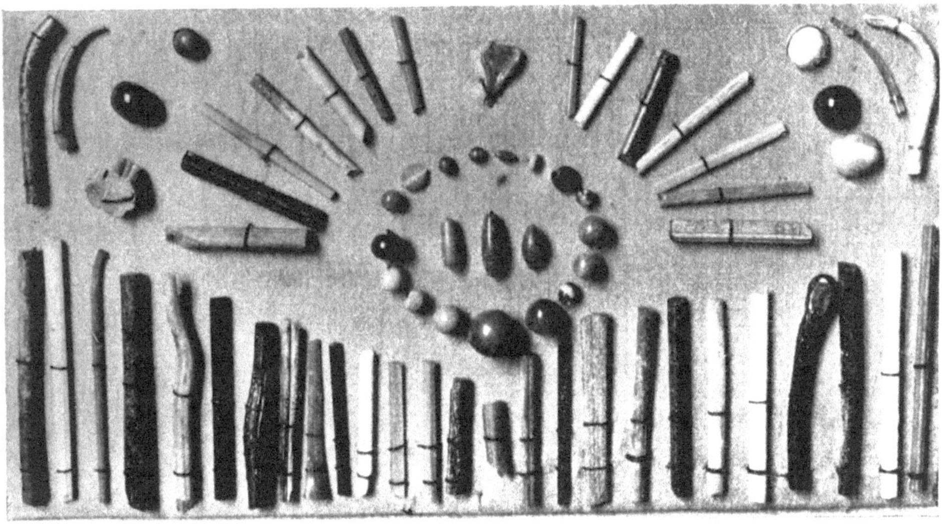

c

Glas B. Ägypten

a. Stäbchen mit dem Namen Amenemhets III. (12. Dyn.) in Millefioritechnik. — b. Ohrringe und ein Anhänger in Herzform. NR. — c. Perlen und Stäbchen aus einer Glasfabrik in El Amarna. 18. Dyn. — Alles in Berlin. Originalaufnahmen. a—b. n. Gr., c. ca. 1/2 n. Gr.

a

b

c

d

Glas B. Ägypten

a—b. Vasen der 18. Dyn. Berlin Inv. 12626 und 1836. — c. Mit dem Namen Thutmosis' III., 18. Dyn. München, Antiquarium. — d. Fischvase von El Amarna 18. Dyn. — Alles halbe Naturgröße. a - b. Originalaufnahmen, c — d. Nach Journ. Eg. Arch. Bd. 6 und 7.

nungen. Sämtliche erhaltenen Masken haben Männern oder Kindern angehört. Die Männer scheinen alle rasiert gewesen zu sein. — G. sind in etwa 10 Gräbern gefunden, im ganzen etwa 100 Exemplare.

§ 3. Außer diesen Masken finden sich in denselben Gräbern auch Spuren von anderen Gesichtsmasken. Man hat das Fleisch auf dem Gesicht in grober Weise mit Ton oder Gips restauriert, indem man, ohne die Gesichtszüge nachahmen zu wollen, diese Masse am Schädel befestigte. Es kommen auch einzelne „Knochen" aus Ton vor, als Ersatz für die bei der primären Beerdigung verloren gegangenen Knochen. — Die Sitte dürfte w. (parthischen?) Ursprungs sein. Sie ist jedenfalls im 3. Jh. n. C. üblich gewesen.

Tallgren *Trouvailles tombales en 1889* Z. d. Finn. Alt. Ges. 29: 2 (1920); G. v. Merhart *Beiträge z. Urgesch. d. Jenissei-Gubernie* ebd. 34:1 (1923; bes. S. 25 ff.). A. M. Tallgren

Gla s. Arne.

Glas (Tf. 136). A. Europa. In Europa wurde bis zur Zeit Christi kein G. fabriziert. Nur in Griechenland wurden in der Blütezeit der Kunst Besatzstücke für Architektur-Teile wahrscheinlich im Lande gefertigt, und auf Lesbos und Rhodos entstanden vermutlich im 4. Jh. v. C. Glashütten für Gefäße. Alle sonstigen Erzeugnisse aus G., die in Europa in vorchristlicher Zeit vorkommen, sind aus Ägypten eingeführt. Dieser Handel setzte frühzeitig ein und führte weit nach N. Glasperlen gelangten schon in der II. Per. der BZ (1600—1400) nach Bayern und der Steinsburg (s. d.), wenig später nach Schleswig-Holstein. Der Import von Glasperlen dauert durch alle Per. an (Tf. 136). In der HZ kommen bunte Glasgefäße hinzu, die nach Italien und bis in die Alpen gehen. Die ersten Werkstätten in Italien wurden in augusteischer Zeit an der Küste zwischen Cumae und Liternum gegründet. Von hier verbreitete sich die Glasfabrikation mit der Ausbreitung des röm. Gebietes.

A. Kisa *Das Glas im Altertume* 1908; Rob. Schmidt *Das Glas* Handbücher der Kgl. Museen zu Berlin 1912; *AuhV* 5 S. 60ff. Reinecke; Präh.Z. 13 (1921) S. 73 Götze; Mitteil. des Anthropol. Vereins in Schleswig-Holstein 13 (1900) S. 3 ff. Mestorf. Alfred Götze

B. Ägypten (Tf. 137, 138). § 1. Gegenstände aus G. mit einwandfreier Herkunftsangabe sind aus Ä. weder aus vorgesch. Zeit noch aus dem AR bekannt. Die von F. Rathgen (*Ton und Glas* S. 18f.) beschriebene und durch chemische Untersuchungen als solche festgestellte Glasperle des Berliner äg. Museums stammt allerdings aus Naqada und soll dort „neben anderen Beigaben in einem Hockergrabe" gefunden worden sein, — aber damit ist der Beweis für ihr Alter noch nicht erbracht. Erwähnt doch Petrie selbst (*Naqada* S. 45 u. 48, aus Grab 1579; vgl. ebd. die Abb. Tf. 64, 94) einen „Anhänger aus dunkelblauem Glas", den er „in einem Alabastergefäß zwischen den Armen des Skeletts" in einem (bis auf das Fehlen des Schädels) ungestörten Hockergrabe gefunden hat, und der doch sicherlich aus viel späterer Zeit stammt, da er einen „schlecht in die Form eingedrückten" Kopf der Göttin Hathor zeigt, wie er — schon der Technik wegen — unmöglich vorgesch. Herkunft sein kann. Er wird denn auch von Petrie selbst bei seiner Besprechung der ältesten äg. Gegenstände aus G. (*Arts and Crafts* S. 119f.) nicht mehr erwähnt (allerdings Vernier *Bijouterie* S. 26!). Die früher für „Glasbläser" gehaltenen Reliefs des AR sind längst als Metallarbeiter erkannt worden, die ihr Feuer mit Blasrohren anfachen (vgl. zuletzt Klebs *Reliefs AR* S. 84f.; vgl. auch hier Tf. 175a).

§ 2. So stammt das älteste Stückchen G., das wir aus Ä. kennen, und das ebenfalls im Besitz des Berliner Museums ist, erst aus dem MR, genauer aus der Zeit der 12. Dyn. Es ist ein kleines Glasstäbchen, das nach Art der Millefiori-Technik aus blauen und weißen Glasstreifen so zusammengesetzt ist, daß diese in der Schnittfläche der Schmalseite des Stäbchens den vom „Königsring" eingeschlossenen Namen Amenemhets III. ergeben (Tf. 137a; Rathgen S. 18). Völlig bewiesen ist freilich auch bei diesem im Handel erworbenen Stücke seine äg. Herkunft nicht, aber die Annahme, daß es außerhalb Ä. — etwa auf den ägäischen Inseln, die damals in lebhaftem Verkehr mit Ä. standen — gearbeitet worden sei, hat wenig Wahrscheinlichkeit für sich, da auch in der ägäischen Kulturwelt Gegenstände aus G.

bisher nicht vor der Schachtgräberstufe bekannt sind.

§ 3. Im NR sind Gegenstände, besonders Gefäße, aus G. — übrigens nie aus geblasenem, sondern stets aus geschmolzenem G. — aus Ä. nicht selten erhalten. Die Reste einer Werkstatt, in der G. hergestellt wurde, hat Petrie in El Amarna (Petrie *Tell el Amarna* S. 24 ff.) gefunden (Tf. 137 c).

F. Rathgen *Über Ton und Glas in alter und uralter Zeit* (Berlin, Verlag der Tonindustrie-Zeitung) 1913 S. 17 ff.; Petrie *Arts and Crafts of Ancient Egypt* S. 119 ff.; Wiedemann *Äg.* S. 327 ff.; Erman-Ranke *Äg.* S. 547. Ranke

C. Palästina-Syrien. Bis zu der späteren BZ ist, nach den Funden zu urteilen, G. den Bewohnern von Palästina-Syrien unbekannt gewesen. Erst um 1500 v. C. treten zunächst vereinzelt, dann allmählich in größerer Menge Perlen und Gefäße aus G. auf. Die Perlen sind meist einfarbig, gelegentlich aber auch durch andersfarbige eingesetzte oder herumgelegte Streifen gemustert (Bliss-Macalister *Excavations* S. 27; Schumacher *Mutesellim* S. 59, 74; Macalister *Gezer* II 108 ff., III Tf. 137 a, 50 ff.). Die Gefäße (es ist keins vollständig erhalten) bestehen aus wellenförmig durchgehend gefärbtem G. (ebd. I 265; II 239 Abb. 292). Alle diese Funde sind nachweislich aus Ägypten eingeführt. Dasselbe gilt von den Amuletten (Bliss-Macalister *Excavations* S. 42 Abb. 19; Schumacher *Mutesellim* S. 90 Tf. 27 e; Macalister *Gezer* II 333 f., III Tf. 210, 71; 102 b, 27), den Skarabäen (ebd. II 328, III Tf. 209, 4; Bliss-Macalister *Excavations* S. 40 Tf. 83, 6 spät; *Carchemish* II [1921] S. 119) und den Ringen (Schumacher *Mutesellim* S. 73; Macalister *Gezer* II 330, III Tf. 209, 89 mit Namensring des Amenhotep IV. aus der 2. sem. Schicht). Durchsichtiges, ungefärbtes G., dessen Herstellung viel schwieriger war als die des farbigen, wird erst im Laufe des 1. Jht. üblich. Dieser Zeit gehören mehrere assyr. Siegel aus blauem G. (Macalister *Gezer* I 359 Abb. 186; II 295 Abb. 437, 8; II 347; III Tf. 224, 28 ff., vgl. die Funde aus Karkamisch; *Carchemish* II [1921] S. 30 Abb. 17) und die Armringe in Bethsemes (PEF Annual 2 [1911—12] S. 73 D. Mackenzie) an. Danach ist die von Plinius (Nat. Hist. 36, 191) überlieferte Erzählung, daß phön. Kaufleute zufällig in der Nähe von Ptolemais die Herstellung des G. aus Sand und Soda entdeckt hätten, nur eine Erfindung zum größeren Ruhme der Phöniker. In Wirklichkeit sind diese zunächst nur die Vermittler des G. gewesen, das sie auf ihren Handelsfahrten nach dem W brachten. Im AT wird G. (hebr. *z'kûkît*) nur Hiob 28, 17 erwähnt. Die berühmten Glasfabriken von Tyrus (s. d.) und Sidon (s. d.) gehören erst der hellenistisch-römischen Zeit an (Syria 1 [1920] S. 230 ff. R. Dussaud).

Blümner *Technologie* IV (1887) S. 379 ff.; A. Kisa *Das Glas im Altertume* I (1908) S. 90 ff.; Morin-Jean *Vitrum* bei Daremberg-Saglio IX (1916) S. 934 ff.; S. Krauss *Talmudische Archäologie* II (1911) S. 285 ff. Peter Thomsen

D. Vorderasien (Tf. 139). Schmuckperlen aus G. gehen in Fara bis in das 4. Jht. v. C. zurück (Koldewey *Das wieder ersteh. Babylon* 1913 S. 250). In Assur haben sie sich in ganz archaischen Schichten unter dem Tempelturm gefunden (MDOG 54 S. 48). Ebendort sind aus dem 13. Jh. stammende Fragmente von Glasgefäßen ausgegraben (MDOG 49 S. 21, 26). Ein ganz erhaltenes Glasfläschchen trägt eine eingeritzte Inschrift Sargons II. (722—705; Tf. 139 b). Neubabyl. sind wohl Siegelzylinder und Petschafte aus G. (MDOG 43 S. 5 f.). Einige Fläschchen aus vielfarbigem G. muten ganz modern an (Koldewey a. a. O. S. 250).

S. a. Kunstgewerbe D. B. Meissner

„Glasburg" s. Festung A § 22.

Glasierte Tonware s. Fayence, Vase.

Glasinac (Jugoslavien). § 1. Unter dem Namen G. versteht man die in 950 m Seehöhe ö. von Sarajevo gelegene karstartige Hochebene, die sich vom Ostrande der Romanja Planina über Podromanja ö. bis zum Hügellande im Ivanpolje erstreckt, und die, wie die mehr als 20000 zählenden Tumuli lehren, einst sehr dicht besiedelt gewesen sein muß. Zum eigentlichen G. gehören die Tumulus-Gruppen von Ilijak, Jarovići, Rudine bei Rusovići, Golubovići, Vrlazije, Rusanovići, Čitluci, Mlagaj u. a. m., denen sich weiter ostwärts noch einige andere Gruppen anreihen.

§ 2. Die Tumuli am G. sind meist nur von sehr geringer H. und oft so flach, daß sie nur als runde oder elliptische helle Flecken im fahlgrünen, stellenweise auch verkarsteten Gelände sich hervorheben. Sie sind fast ausnahmslos aus größeren oder

a

c

b

a. Vase mit Eigentumszeichen (Löwe) und Inschrift des assyr. Königs Sargon II. aus Kalḫu. London (Assyr. Room Br. Mus. 90952). Nach Guide³ S. 196. — b. Fläschchen und Bruchstücke. Babylon. Nach Koldewey. — c. Wie a. In London (?). Nach Layard.

kleineren Klaubsteinen erbaut und heute in der Regel ohne jede Bedeckung mit Erde oder Graswuchs. Die herrschende Bestattungsform bildet die Körperbestattung, doch finden sich auch viele Hügelgruppen mit vorwiegender Brandbestattung, häufig auch beide Bestattungsarten in demselben Tumulus. Die Skelette, deren Zahl in einem Tumulus oft eine recht bedeutende, 15 und mehr, ist, sind meist von W nach O, seltener von N nach S orientiert.

§ 3. Die Hauptmasse der Hügelgräber gehört der HZ an. Doch finden sich auch zahlreiche Bestattungen aus der LTZ, RKZ und Völkerwanderungszeit und zwar sowohl als primäre wie als Nachbestattungen in älteren Grabhügeln. Anderseits erscheinen unter den Beigaben vielfach auch noch bronzeitl. Gerättypen, so namentlich Fibeln einfachster Form, ähnlich denen der Terramaren und der myk. Volksgräber, Griffzungenschwerter und -Dolche mit aufgekanteter, in der Mitte verbreiterter Griffzunge, Zierscheiben und Nadeln mit typischer spätbronzezeitl. oder frühsthallstattzeitl. Verzierung, Tonschalen mit Ansa-Lunata-artiger Henkelbildung usw.

§ 4. Unter den hallstattzeitl. Typen zeigen viele, wie hohle geschlitzte Bommeln, vasen- und vogelförmige Anhängsel, Anhängsel in Pferdeform, radförmige, durchbrochene Zierscheiben, sowie auch die Tremolierstichtechnik u. a. m. nahe Beziehungen zu den ältesten Olympia-Funden (s. Olympia), doch handelt es sich dabei meist nur um allg. Kultureinflüsse, nicht aber um Import. Die Glasinac-Arbeiten sind regelmäßig in Guß (oft nur einseitig, d. h. nur auf den Schein berechnet und bloß zur Grabausstattung bestimmt) hergestellt und dann noch bisweilen graviert oder nachziseliert, häufig auch ganz roh belassen, während die in andern Gebieten der Hallstätter Hochkultur so häufigen Treibarbeiten hier faßt vollständig fehlen. Ebenso weist die typische Glasinac-Fibel, eine meist einschleifige, seltener zweischleifige Bogenfibel mit verdicktem Bügel und großer, drei- oder viereckiger Fußplatte, auf s. Muster hin, doch finden sich, namentlich in den etwas jüngeren Gräbern, auch mancherlei ital. Typen, so vor allem Kahnfibeln und die in Sizilien (Gräberfeld von Finocchito bei Noto) und Süditalien und dann weiter in den Nekropolen von Arnoaldi, Bologna, Villanova, Baldaria di Cologna Veneta, Forlì, Cumae u. a. m. so häufig vorkommenden, oft mit reichem Hängeschmuck ausgestatteten Zweiknopffibeln, typische Certosa-Fibeln u. a. m. Daneben erscheinen auch häufig Brillenspiralfibeln, gewöhnlich mit Achterschleife, seltener ohne diese. Unter den verschiedenen Nadelformen sind als auffallendere Sondertypen die bis nach Albanien und Dodona (Carapanos *Dodone et ses ruines* Tf. 51 Abb. 11) verbreiteten, in zwei Varianten auftretenden Doppelnadeln, die Dornkopfnadeln (wie von Gorica [s. d.] u. a. FO) und die Nadeln mit kronenartigem Kopf hervorzuheben. Häufig trifft man ferner schmale, bandartige Diademe, Armbänder verschiedener Form, größere Armspiralen mit Mittelgrat und ösenartigen Enden, Gürtelschlösser und runde, mit Strichbändern verzierte, in jüngerer Zeit lappenartig gegliederte Zierplatten usw.

§ 5. Von Waffen erscheinen besonders häufig Lanzenklingen verschiedener Typen, sowie eiserne Hiebmesser, ähnlich denen von Gorica (s. d.) usw., seltener Dolche oder gar Schwerter. Unter den Trutzwaffen sind bemerkenswert die augenscheinlich auf griech. Vorbilder zurückgehenden, teilweise reich verzierten Beinschienen und vereinzelte illyr. Helme mit Doppelgrat auf dem halbkugligen Scheitelteil und mit schmalen, festverbundenen Wangenstücken (s. a. Gorica).

§ 6. Endlich seien aus dieser Periode noch die mehrfach vorkommenden, wohl aus Griechenland importierten bronzenen Henkelkannen mit kleeblattförmiger Mündung sowie ein kleiner vierrädriger Bronzewagen in Gestalt eines hohlen Vogelkörpers mit vogelgestaltigem Deckel hervorgehoben, der offenbar eine kultische Bedeutung hatte (Wilke *Religion der Indogermanen* S. 8), und für den sich Parallelen in der Villanova-Schicht von Corneto, in Salerno, Viterbo, Este usw. finden.

§ 7. Verhältnismäßig ärmlich sind die keramischen Reste, die sich meist im ganzen Hügel verstreut finden. Herrschende Gefäßformen bilden Schalen und Schüsseln, kleine Fußbecher, wie sie schon in Butmir (s. d.) vorkommen, doppelkonische und terrinenartige Gefäße, hoch und zugleich doppelt gehenkelte Becher, die wohl als Abkömmlinge der schon im Jordansmühler Formenkreis auftretenden und von da bis nach Thessalien sich ausbreitenden gleichartigen Becher aufzufassen sind (Wilke *Spiralmäanderkeramik u. Gefäßmalerei* 1910 S. 73 f.), rohe, tassenförmige Henkelnäpfchen und mehr oder weniger scharf profilierte Tonkrüge mit breitem, randständigen Henkel, Tongefäße mit mehrfacher Mündung (Lampen) u. a. m. Unter den mannigfachen Henkelformen seien neben den bereits genannten Ansa-Lunata-artigen Henkeln und ihren Weiterbildungen besonders die mehrfach vorkommenden Henkel in Gestalt eines Heraklesknoten hervorgehoben, die, wie so viele andere Erscheinungen, ihre Vorbilder in Griechenland haben (Ann. dell' Inst. arch. 14 S. 105 ff. Migliarini; CR Pétersb. 1880 Stephani). Die Verzierungen der Gefäße bestehen meist in eingeritzten Linien oder Furchen, öfter auch in tief eingedrückten Punkten oder in Kerbschnitt- oder Stempelmustern. Als vorherrschende Ornamentmotive finden sich horizontale oder girlandenförmige Linienbänder, daneben auch das Wolfszahnornament, ausgesparte Zickzackbänder, sanduhrförmig gestaltete Dreiecke usw., doch tritt die Gefäßdekoration in der jüngsten Hallstattstufe sehr zurück.

§ 8. Die wichtigsten Leitformen für die verschiedenen Latènestufen bilden wie überall die Fibeln, unter denen für die älteste Stufe die öfter vorkommenden Vogelkopffibeln und die an ältere hallstattzeitl. Formen anknüpfenden, vielfach aus Silber gearbeiteten Charnierbogenfibeln, für die jüngere und jüngste Stufe neben den typischen, oft aus versilbertem Bronzedraht hergestellten und mit profilierten Silberperlen geschmückten Fibeln vom Mittel- und Spätlatèneschema die verschiedenen Entwicklungsformen der Lanzenfibeln besonders bemerkenswert sind (s. Mahrevići). Häufig sind ferner Armreifen verschiedener Form, Ohr- und Fingerringe, Anhängsel und Nadeln, die, wie die Doppelnadeln, die Dornkopfnadeln u. a. m., z. T. noch aus der HZ übernommen sind. Von Waffen erscheinen noch öfter die gleichfalls aus der HZ überkommenen typischen Hiebmesser, dagegen fehlen anscheinend vollständig die sonst für die kelt. Kriegergräber so charakteristischen Wagenreste, die Schildbuckel, die Latènesporen und namentlich die typischen eisernen Latèneschwerter mit palmettenartig verzierter Scheide, wie ja auch im übrigen der Kunststil sich nicht unerheblich von dem der nw. Nachbargebiete unterscheidet. Die Keramik ist meist nur in Fragmenten vertreten. Neben ziemlich rohen, handgemachten Gefäßen erscheint auch eine feinere Tonware, darunter wohl auch Drehscheibengefäße. Dagegen scheint die bis nach Westungarn verbreitete kelt. bemalte Keramik zu fehlen. Vereinzelt finden sich auch importierte griech. Gefäße und namentlich lokale Nachahmungen griech. Skyphoi.

Mitt. Bosnien 1, 3, 4, 11; MAGW 10 Nr. 10/12 Hochstetter, S. 132ff. Hoernes; ders. *Urgesch.*[1] S. 139f., 559f., 608f.

G. Wilke

Glasinac-Fibel s. Glasinac § 4.

Glastonbury (Somerset, England; Tf. 140—143). Beiweitem die wichtigste Station der vorröm. LTZ Englands ist das befestigte Dorf von G., dessen Untersuchung seit 1892 Arthur Bulleid verdankt wird. Die einzelnen Hüttenstellen, deren das Dorf 60—70 umfaßte, erscheinen heute als flache Hügel auf einer Wiese etwa 1 km n. der Stadt. Die ganze Wiese bildete zur Zeit des Bestehens der Siedelung einen seichten See, und in diesem ist nach dem Typus der Crannogs (s. d.) das Dorf erbaut. Die Hütten deckten einen völlig unregelmäßigen Platz von $1^1/_2$ Hektar. Das Dorf war durch einen Palisadenzaun, der in ganz unregelmäßigen Windungen die besiedelte Fläche umgibt, geschützt (Band III Tf. 81). Die Besiedelung des Platzes muß längere Zeit in Anspruch genommen haben, da teilweise bis zu $1^1/_2$ m Torf während dieser Zeit gewachsen ist. Schnitte durch die Hüttenböden zeigen wiederholte Besiedlung in deutlich getrennten Schichten (bis zu 4) von Lehm, Holzkohle, Asche, Herdsetzungen (Tf. 141) u. a. Der Grundriß der Hütten ist rund, ihr Dm schwankt zwischen 5—10 m. Sie sind aus Flechtwerk mit Lehmbewurf errichtet, mit senkrechten Wänden, deren Pfosten 30 cm auseinander stehen, und einem Kegeldach, das von einem Mittelbalken getragen wird. Der Boden unter und neben den Hütten ist durch horizontale Lagen von Rundhölzern und Buschwerk, die wieder, wie immer bei den

a

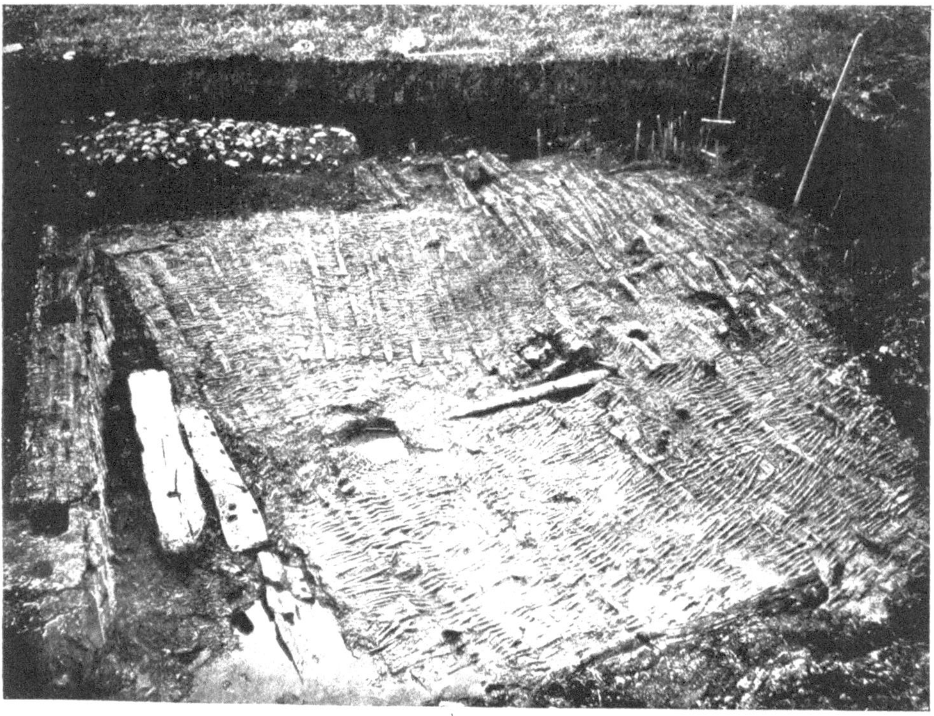

b

a. Schwellenunterbau und Randpalisade auf der Südwestseite des Wohnhügels V. — b. Flechtwerk und bearbeitetes Eichenholz im Unterbau des Wohnhügels LVI. — Nach Bulleid-Gray.

a

b

Glastonbury

a. Steinherd, gepflastert mit Liasplatten. Wohnhügel XLVI. — b. Herd aus gebranntem Ton mit eingetieften Kreisen. Wohnhügel IX. — Nach Bulleid-Gray.

a

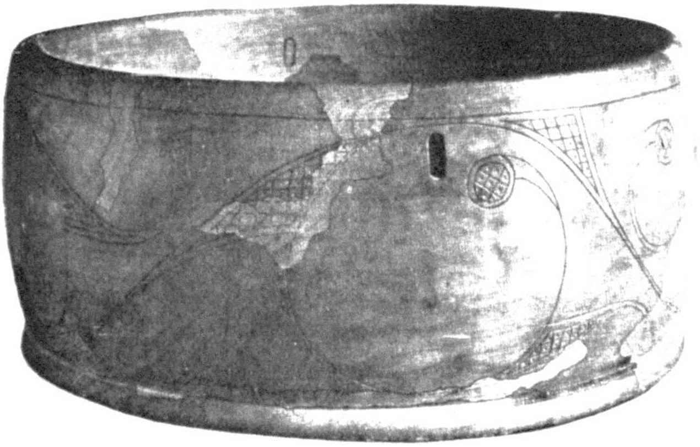

b

Glastonbury

a. Tiefe Bronzeschale. H. 8 cm. — b. Schale aus Eschenholz mit eingeschnittenen Mustern. H. ca. 15 cm. — Nach Bulleid-Gray.

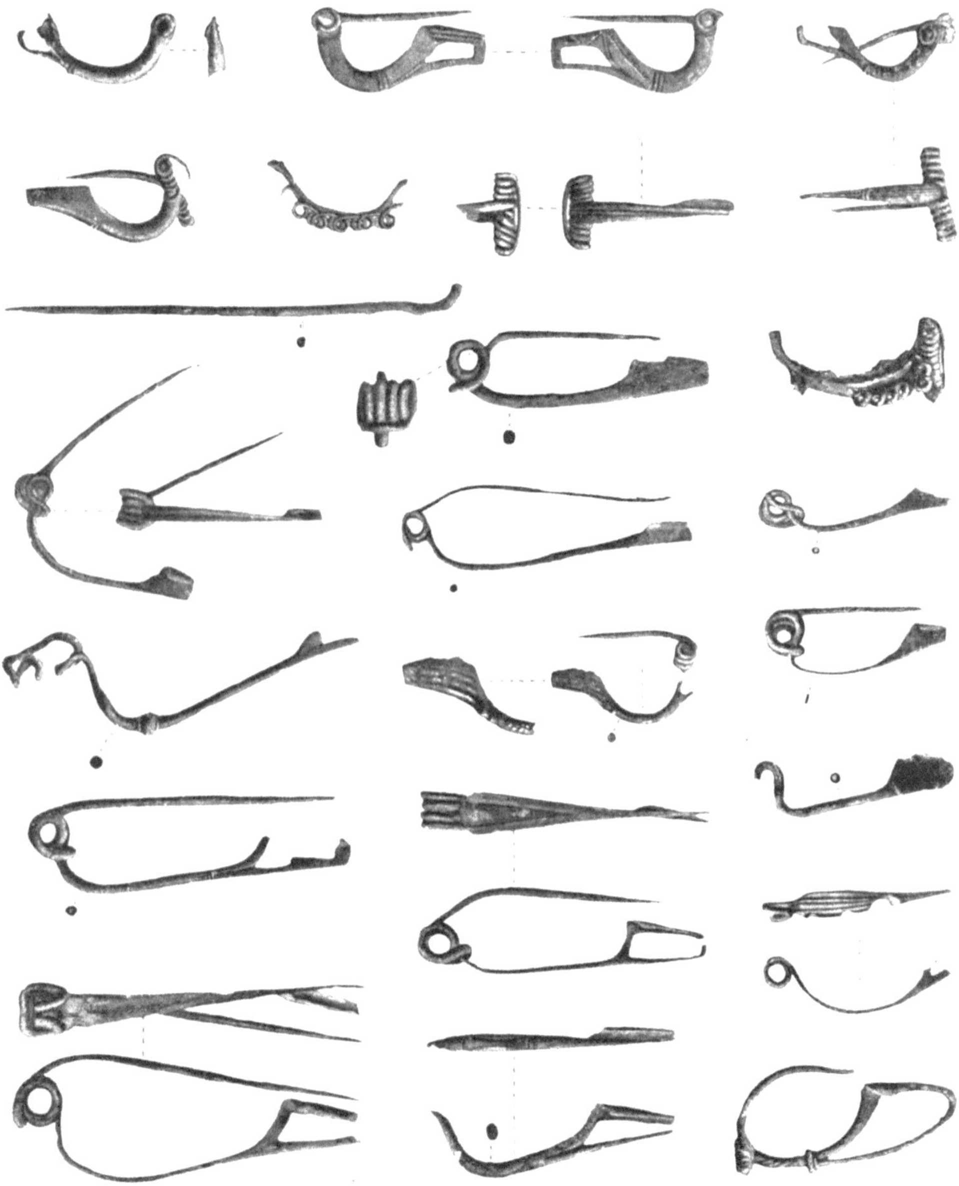

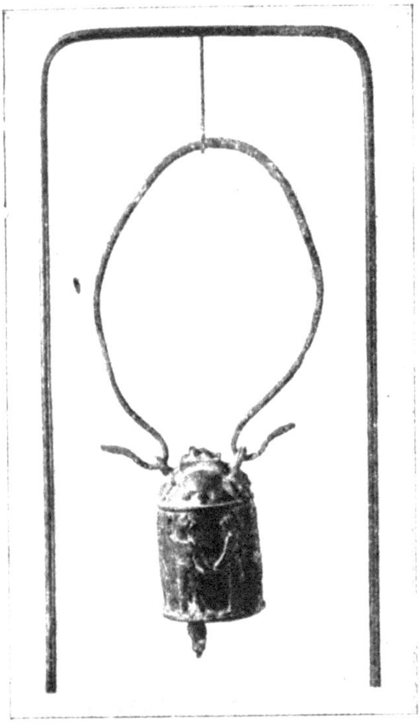

a

b

Glocke. Vorderasien

a. Assyr. Beschwörungsglocke aus Bronze (um 700 v. C.) in Berlin (VA 2517). Nach Hunger-Lamer. — b. Dgl. Aufgerollter Glockenmantel. Nach Photographie.

Crannogs, durch eingerammte Balken gehalten werden, und darüber gelegte Lehmtennen befestigt (Tf. 140).

Die Funde sind durchaus einheitlich und weisen in die LTZ 3; Römisches fehlt völlig. Für diese Datierung sind am wichtigsten die Fibeln von ausgesprochenem Spätlatène-Schema mit geschlossenem oder durchbrochenem Nadelhalter, nur wenige Exemplare erinnern noch an LTZ 2-Typen oder leiten zu jüngeren Formen über (Tf. 143). Waffen sind außerordentlich selten, nur einige wenige Dolche sind gefunden. Häufiger sind eiserne Messer mit gerader Griffzunge und geschweiftem Rücken. Münzen fehlen, mit einer Ausnahme, völlig. An ihre Stelle treten hier die Eisenbarren (s. Eisenbarrenfunde), deren zwei gefunden wurden. Von Metallgeräten sind ein Bronzekessel (Tf. 142 a), ein Bronzespiegel, Pinzetten u. a. hervorzuheben, besonders aber Pferdeschmuck (Bulleid usw. I 23 Tf. 7, Abb. 192). Verschiedene Schmelztiegel zeigen, daß die Metallbearbeitung an Ort und Stelle stattfand. Glas- und Bernstein-Perlen sind häufig. Weberkämme in Horn und Knochen mit einem langen Griff (I 266 ff.) sind in großer Zahl gefunden, anscheinend auch der Rest eines hölzernen Webstuhls. Besonders reich ist die Keramik, sowohl handgemachte wie Drehscheiben-Ware, mit reicher, eingeritzter Latène-Ornamentik. Meist handelt es sich um Spiral- und Bogenmuster, die in einem breiten Schulterstreifen zwischen einfachen Horizontalbändern angebracht sind. Die vegetabile Nahrung bestand in der Hauptsache aus Weizen, der in steinernen Mühlen, die fast in keinem Hause fehlen, gemahlen wurde. An Haustieren kommen Schaf, Rind *(bos longifrons)*, Schwein, Pferd und Hund vor, an Jagdtieren Hirsch, Reh, Biber und Fischotter. Zur Jagd wurden offenbar die in Masse gefundenen Schleuderkugeln aus Ton verwendet (ähnlich von Ardoch-Camp mit röm. Funden; Cäsar Bell. Gall. V 43, 1). Als besonders wichtig seien zum Schluß die zahlreichen Geräte aus Holz hervorgehoben, eine 2 m l. Leiter, ein über 5 m l. Boot, ein eichener Haublock in Tischform, eine auf der Drehbank gearbeitete Radnabe mit 12 Speichen u. a., vor allem aber sauber gearbeitete kleine Geräte. Ohrlöffelchen aus Holz sind nur wenig größer als die bekannten aus Metall (I 315 ff.). Besonders elegante Formen zeigen gedrechselte und geschnitzte Holzgefäße mit reicher Dekoration, die lehren, daß die reiche Latène-Ornamentik nicht auf die fabrikmäßig hergestellten Luxusgegenstände beschränkt war (Tf. 142 b). Die Ornamente der Holzgefäße wie der Keramik sind eng verwandt mit der armorikanischen Keramik dieser Zeit und mit der bemalten Ware des Marne-Gebietes. Neben der reichen Spiraldekoration ist der Mäander häufig, meist in seine einzelnen Bestandteile aufgelöst, wie am Turoe-Stone (s. Turoe).

A. Bulleid *The British Lake-village near Glastonbury* 1899; Bulleid, Gray und Munro *The Lakevillage of Gl.* I/II (7) 1911—13; vgl. ferner: Procced. of the Somersetshire Arch. a. Nat. Hist. Society 1904 ff. W. Bremer

Glasur s. Email, Emaillierte Tonware, Fayence, Töpferei, Vase.

Glazialfaunen s. Diluvialfauna § 2—5.

Glazialfloren s. Diluvialflora § 1, 2.

Glazialgeologische Chronologie s. Diluvialchronologie.

Glazialperioden s. Diluvialgeologie § 6—8.

Gleichberg, Kleiner (bei Römhild) s. Steinsburg.

Glimmer. Unter den zum Magern des Töpfertons benutzten Zuschlägen fallen besonders die lebhaft glänzenden Glimmerteilchen auf, die bisweilen so reichlich beigemengt sind, daß eine ästhetische Wirkung beabsichtigt zu sein scheint. Als Inkrustation neol. Tiefornamente ist Kali-Glimmer an Gefäßen vom Denghoog (s. d.; Band II Tf. 185) verwendet. Über die Verwendung durchsichtiger Glimmerplatten zu Fenstern, wie sie in der Antike vorkommt, ist aus vorgesch. Zeit nichts bekannt.

F. M. Feldhaus *Die Technik der Vorzeit* 1914 S. 459; ZfEthn. Verh. 34 (1902) S. 425 Krause; Wibel *Der Gangbau des Denghoogs bei Wenningstedt* 1869 S. 14 u. 18. Alfred Götze

Glocke (Vorderasien). G. aus Ton lassen sich im Zweistromlande von sumer. bis in neubabyl. Zeiten nachweisen (G. Cros *Nouv. Fouilles de Tello* 1914 S. 149 f; Koldewey *Das wieder ersteh. Babyl.* 1913 S. 250 f.). In Kalach im Palaste Assurnassirpals (ca. 860 v. C.) haben sich mehrere kleine G. aus Bronze mit eisernen Klöppeln gefunden (Layard *Niniveh und Babylon* dtsch. v. Zenker [o. J.] S. 136). Eine un-

FO der Glockenbecherkultur

1. Carmona. — 2. Marchena. — 3. Écija. — 4. Talavera de la Reina. — 5. Algodor. — 6. Vargas. — 7. Burujón. — 8. Ciempozuelos. — 9—10. Vallecas; Las Carolinas; San Isidro; Arganda. — 11. Avila. — 12. Cardeñosa. — 13. El Berrueco. — 14. Alcolea de las Peñas. — 15. Somaén. — 16. El Atalayo de Montuenga. — 17. Calatayud. — 18. Cueva superior de la Peña de la Miel. — 19. Valdegeña. — 20. Numancia. — 21. Chibannes. — 22. Palmella. — 23. Rotura. — 24. S. Martinho; Licea; Cascaes. — 25. Monge. — 26. Serra das Mutelas, Cesareda. — 27. Furadouro. — 28. Outeiro da Assenta. — 29. Seixo. — 30. Puentes de Garcia Rodriguez. — 31. Los Millares. — 32. Mojácar. — 33. Tabernas. — 34. Purchena. — 35. Cueva de Bolumini. — 36. Filomena. — 37. Escornalbou. — 38. Salamó. — 39. Sitges. — 40. Gorostiarán. — 41. Pagobakoitza. — 42. Aigues Vives (Brics), Corderoure (Brics). — 43. Garrigò (Clariana). — 44. Espluga Negra (Castelltort). — 45. Muntant. — 46. Puig de les Roques, Espunyola, El Cint. — 47. St. Bartomeu (Olius), Solanells (Olius), Llera (Lladurs). — 48. Llanera. — 49. Puig-rodó. — 50. Folgaroles. — 51. Plá del Boix. — 52. Sta. Cristina. — 53. Barraca del Lladre. — 54. Barranc, Cabana Arqueta. — 55. Narbonne. — 56. La Roche Blanche. — 57. Grotte Nicolas. — 58. Caverne de Cabra. — 59. Villeneuve de Berg. — 60. Grotte du Castellet. — 61. Saint-Vallier. — 62. Stramousse. — 63. Cranves. — 64. La Halliade. — 65. Roche Dongues. — 66. Mané-bec-Portivi; Conguel; Port Guen. — 67—68. Rogarte; Er-Roc'h; Keryaval; Lizo; Er-Lanic; Kerkado; Notério; Mané-Lud; Mané-Han; Kermario; Er-Roc'h; Kerallant; Kerouaren. — 69- 70. Crugou; Rosmeur; Kerveret; Pen-ar-Menez; Renongat; Beg-er-Lann. — 71. Roz-Criven. — 72. Stetten. — 73. Wahlwies. — 74. Kirchen. — 75. Oltingen. — 76. Urschenheim. — 77. Rußheim. 78. Weisenheim; Frankenthal; Dirmstein. — 79. Schifferstadt; Deidesheim; Haßloch. — 80. Eppelsheim; Hochheim; Horchheim; Leiselheim; Mölsheim; Monsheim; Wies-Oppenheim. — 81. Esselborn. — 82. Gabsheim. — 83. Oberolm. — 84. Zornheim. — 85. Dienheim; Nierstein. — 86. Guntersblum; Adlerberg; Worms. — 87. Klein-Gerau. — 88. Obernburg. — 89. Hanau. — 90. Sossenheim-Biebrich. — 91. Mannheim. — 92. Griesbach. — 93. Ochsenfurt. — 94. Friedberg; Fauerbach. — 95. Urmitz. — 96. Miesenheim. — 97. Andernach. — 98. Fühlingen. — 99. Paderborn. — 100. Großmehring. — 101. Fürstenfeld. — 102. Pasing. — 103. München. — 104. Moosach. — 105. Akheim. — 106. Karlstein. — 107. Aßtach. — 108. Straubing. — 109. Mainkofen. — 110. Domsöd. — 111. Tököly, — 112. Esseklee (Nesechleby b. Znaim). — 113. Lechovice (b. Znaim); Oblany (Oblas bei Znaim); Znojmo; Žerotice. — 114. Jaroměřice (Mähr. Budwitz); (Orazenice; Střelice (b. Mähr. Budějovice); Rozkoš. — 115. Bihařovice; Dukovany; Mor. Krumlov; Medlice; Dunajovice Horní; Hysovice. — 116. Popovice (b. Rajhrad); Želešice. — 117. Moravská Třebová; Vážany (b. Boskovic); Vanovice. — 118. Horka; Náklo. — 119. Bílovice; Biskupství; Břesovice; Čelechovice (b. Prosnitz); Hrubčice; Smržice; Držovice; Charváty; Moskovice; Branowitz. — 120. Brodek (b. Nezamyslice); Drysice; Hradisko (b. Kroměříž); Kobeřice (bei Prosnitz); Měrovice; Nemčice na Hané; Ondratice; Vrchoslavice; Dobromělice; Mořice. — 121. Hodějice; Chválkovice (b. Bučovice); Kobeřice (b. Slavkov); Lulč; Rousinov Starý; Austerlitz-Slavkov). — 122. Bohuslavice; Mistřín; Sobůlky; — 123. Kunovice (b. Ung. Hradisch); Strážnice; Veselí nad Mor. — 124. Klobouky (bei Brünn); — 125. Pohořelice; Smolín; Vranovice (b. Židlochovice). — 126. Mikulov; Poštorná; Guldenfurt (b. Nikolsburg). — 127. Břeclava Stará; Mikulčice; Nová Ves Moravská. — 128. Blažejovice; Holásky; Holubice; Jiříkovice; Královo Pole; Líšeň; Opatovice (b. Rajhrad); Sokolnice; Šlapánice; Židenice; Medlánky. — 129. Dřevohostice; Kostelec; Prusinovice; Turovice; Žálkovice. — 130. Kelč. — 131. Tršice. — 132. Cakovičky; Chrášťany; Markovice. — 133. Předmeřice. — 134. Svobodné Dvory. — 135. Králové Dvůr. — 136. Starý Bydžow; Chudonice. — 137. Bylany, Chotánky; Kolin; Nymburg; Osek; Pečky; Pláňany; Poříčany; Roždálovice. — 138. Krč Dolni; Libeň; Liboc; Lobkovice; Prosek; Vrábí. — 139. Zdice. — 140. Stelčeves; Slapánice; Týnec; Zvoleněves. — 141. Bubenč; Debrno; Holešovice-Letná; Kralupy; Levý Hradec; Praha-Letná; Rivnáč; Smíchov; Šárka; Vokovice; Probośtov. — 142. Litomeřice; Polepy. — 143. Mlíkojedy; Vel. Zernoseky. — 144. Dobromeřice. — 145. Březánky; Schwatz (Světec); Třebivlice. — 146. Čouš; Obrnice. — 147. Stranná. — 148. vacat. — 149. Groß-Jeseritz-Weidenhof. — 150. Katscher. — 151. Woischwitz. — 152. Kröbern. — 153. Schönstedt. — 154. Gispersleben. — 155. Weimar. — 156. Sachsenburg. — 157. Werningshausen; Zaschendorf. — 158. Renden. — 159. Weißenfels. — 160. Bitterfeld; Sanderdorf. — 161. Unter-Rißdorf. — 162. Eisleben; Helfta. — 163. Bernburg. — 164. Welbsleben; Groß Osterhausen. — 165. Wanzleben; Hohenerxleben. — 166. Meyendorf. — 167. Rottleben. — 168. Mus. Greifswald (unbekannter FO). — 169—172. Woguenigen; Brummen; Beekbergen; Moarn; Hanendorp; Kootwijk; Bennekom; Staverden; Voorthuyzen; Epe; Uddel; Uddelermeer. — 172 bis. Drouwen; Emmen. — 173. S. Bartolomeo. — 174. Anghelu-Ruju. — 175. Villafrati. — 176. Gerace; Puleri. — 177. Grotta all' Onda. — 178. Remedello. — 179. Ca' di Marco. — 180. Sta. Cristina. — 181. Szenthes a. d. Theiß.*)

*) Nicht mit behandelt und auf der Fundkarte vermerkt sind 3 Glockenbecher aus Dänemark. Vgl. Aarb. 1917 S. 289, 1923 S. 188, Nord. Fortidsm. II 101.

Die Verbreitung der Glockenbecherkultur in Europa
nach
P. Bosch-Gimpera

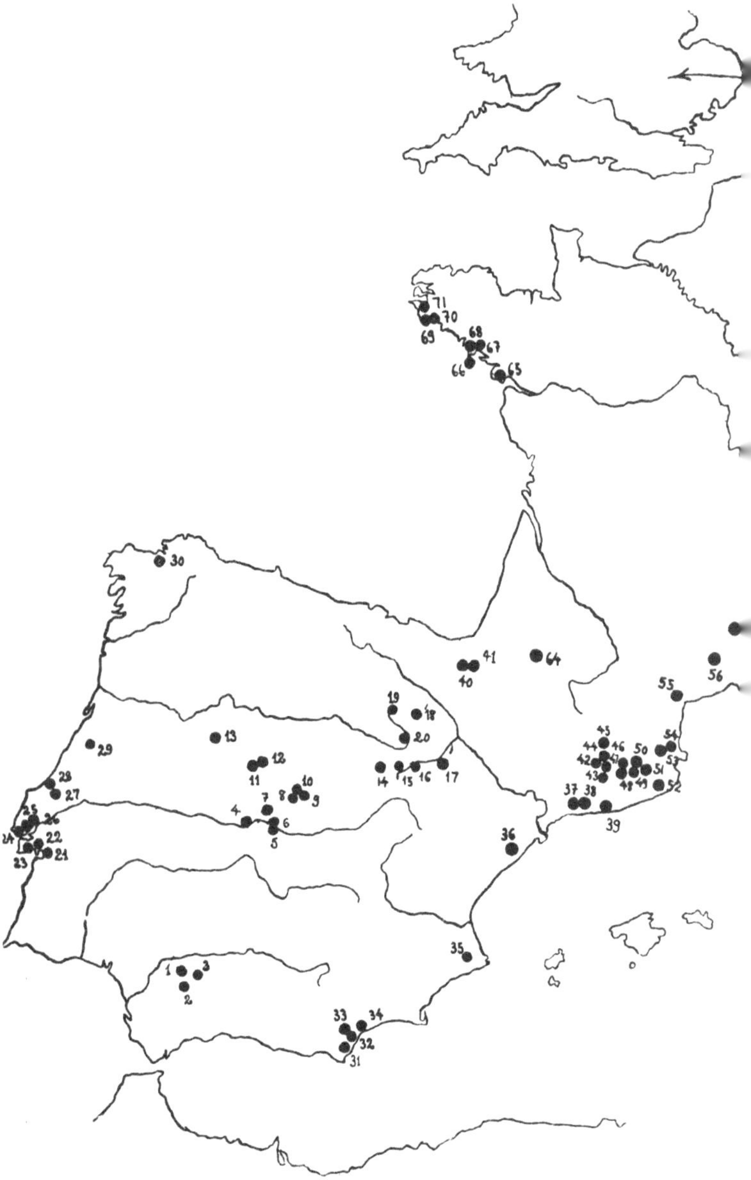

Glockenb

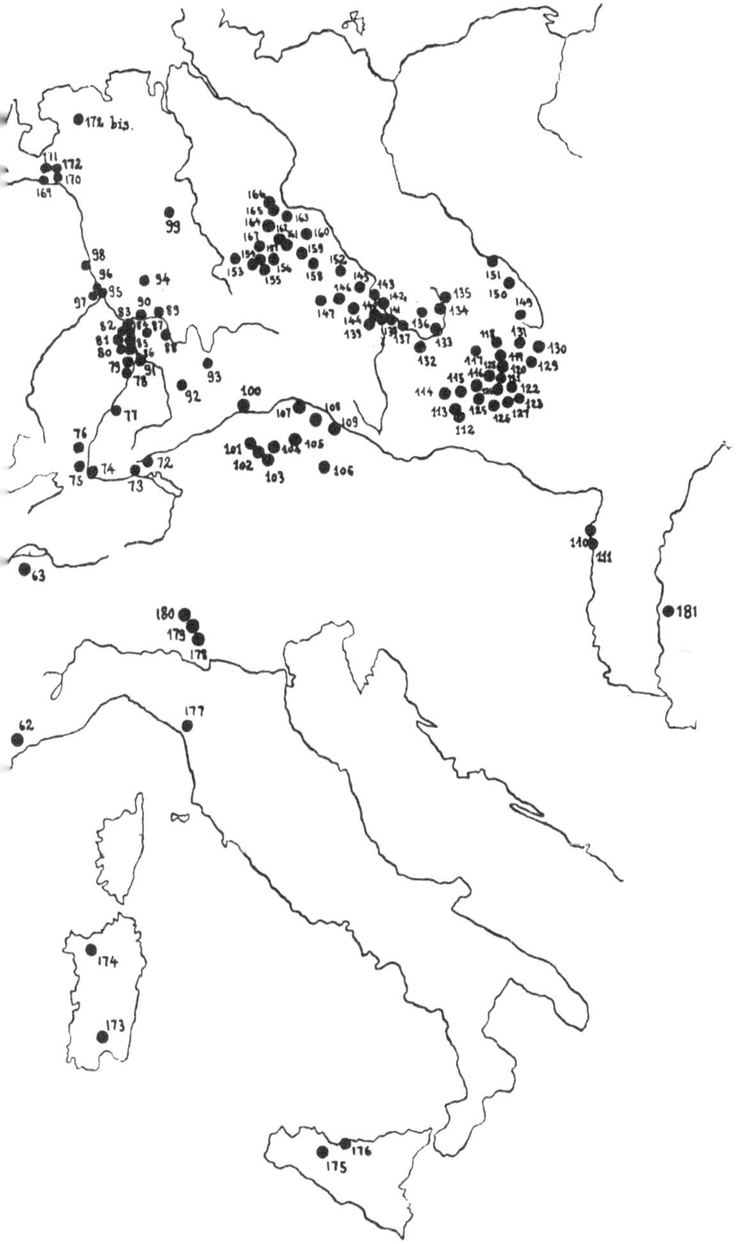
172 bis.
171
172
170
169
99
98
96
95
97
94
90
89
83
82
81
80
79
78
77
76
75
74
73
72
93
92
100
101
102
103
104
105
106
107
108
109
110
111
63
181
180
179
178
177
62
174
173
175
176
166
165
164
163
167
160
159
158
153
155
156
152
145
146
147
144
139
143
137
136
135
134
133
132
151
150
149
130
129
122
123
127
126
125
112
113
114
115
116
117
118
131
119

tur

gefähr derselben Zeit angehörende besonders schöne G. mit interessanten mythologischen Darstellungen befindet sich im Berliner Museum (Tf. 144; Meissner *Babylonien und Assyrien* 1920 Tf. Abb. 142). B. Meissner

Glockenbecherkultur (Tf. 145—152).

Inhalt: Einleitung. I. Westeuropa: 1. Die iberische Halbinsel. a) Die Vorstufen der G. (§ 1—3); b) Die G. Zentralspaniens (§ 4: Geographische Verteilung, § 5: Grabformen und Grabinventar, § 6—10: Die Glockenbecherkeramik, § 11—12: Die Randgruppen der zentralspanischen G.); c) Die Glockenbecherkeramik Portugals (§ 13—15); d) Die Glockenbecherkeramik Almerias (§ 16—17); e) Die Salamó-Gruppe in Katalonien (§ 18—19); f) Die pyrenäische Kultur und Verwandtes (§ 20: Galicien, § 21—23: Die baskisch-katalanisch-pyrenäische Kultur). 2. Die Glockenbecher der südfranzösischen pyrenäischen Kultur (§ 24—27). 3. Die G. der Bretagne (§ 28—33).—. II. Mitteleuropa: 1. Allgemeines (§ 34—38). 2. Die G. im Rheingebiet und verwandte Gruppen. a) Geographisches (§ 39); b) Beziehungen zur sächsisch-thüringischen Kultur; die Zonenbecher (§ 40); c) Die rheinischen Glockenbecher (§ 41—42). 3. Die Randgruppen der rheinischen G. a) Süden (§ 43—45); b) Norden: Holland (§ 46—47); c) Die englischen Glockenbecher (§ 48—50); Literatur. 4. Die G. des Saalegebietes, die böhmisch-mährische Gruppe und Verwandtes. a) Allgemeines (§ 51—54); b) Die böhmisch-mährische Gruppe (§ 55—56); Literatur; c) Die Glockenbecherkeramik des Saalegebietes und angrenzender Länder (§ 57—61); Literatur; d) Die Rand- oder Sekundär-Gruppe der mitteleuropäischen G. (§ 62: Bayern, § 63: Österreich, § 64: Schlesien, § 65: Ungarn); Literatur. — III. Die Glockenbecher der westlichen Mittelmeerländer: a) Allgemeines (§ 66); b) Balearen (§ 67); c) Sardinien (§ 68); d) Sizilien (§ 69); e) Italien (§ 70—72); f) Der Ursprung der Glockenbecherkeramik der Westmittelmeerländer (§ 73); Literatur. — IV. Allgemeines zur Frage der Verbreitung der Glockenbecher und der G.: 1. Der Ursprung der Glockenbecherkeramik in Spanien und die Verbreitungswege derselben (§ 74—75). 2. Mitteleuropa: a) Die Frage der Verbindung von West- mit Mitteleuropa (§ 76—77); b) Die Wege der Verbreitung der Glockenbecher in Mitteleuropa (§ 78—81); c) Die Begleittypen der G. Mitteleuropas (§ 82—85). 3. Die Frage der Möglichkeit der fernen Einwirkung der G. im Osten und im Norden. a) Ägäum (§ 86); b) Nordeuropa (§ 87—89). 4. Die Bedeutung der G. für die Chronologie der Kupferzeit (§ 90).

Einleitung[1]). Die Glockenbecherkeramik bildet eine eigenartige Erscheinung, die sich in der Kupferzeit über viele Länder West-, Süd- und Mitteleuropas verbreitet. Z. T. bilden die Gruppen, in denen die Glockenbecherkeramik erscheint, geschlossene Kultureinheiten, z. T. kommt die Glockenbecherkeramik zusammen mit anderen Typen vor, so daß es sich nicht um eigentliche Glockenbecherkulturen handelt, sondern nur um durch die Glockenbecherkulturen beeinflußte Kulturen. Um die Frage nach der Art und Weise der Verbreitung der Glockenbecherkeramik und der Ausbreitung der Glockenbecherkulturen zu beantworten, müssen die lokalen Untergruppen und die damit vergesellschafteten Erscheinungen beachtet werden. Erst dann darf man fragen, ob die G. durch Einwanderungen oder Kultureinflüsse verbreitet worden ist. In Mitteleuropa kommt die G. überall als Fertiges vor und konnte schwerlich, wie auch allg. zugegeben wird, dort entstanden sein. Dasselbe gilt von allen andern Verbreitungsgebieten der Glockenbecherkeramik, außer Spanien, wo man mit Recht den Ausgangspunkt für ihre Verbreitung gesucht hat. Nur in Spanien kann man die Glockenbecherkeramik als Resultat einer früheren Entwicklung verstehen. Sowohl ihre Vorstufen wie sie selbst bilden hier die Hauptmerkmale der Kulturen ihres Entstehungsgebietes. In Spanien könnte man auch glauben, daß zur Bildung der Glockenbecherform und Glockenbecherornamente verschiedenartige Anregungen beigetragen haben. Nicht nur in der Keramik der früheren Zeiten derselben Gebiete, wo in der vollentwickelten Kupferzeit die Glockenbecher erscheinen, werden Vorstufen gefunden, sondern auch in den Sparto-Geflechten der bekannten Cueva de los Murciélagos (s. d.; Band II Tf. 169, 170) könnte man vielleicht solche Anregungen finden, wie schon von L. Siret angedeutet wurde (*Questions de chronologie et d'ethnographie ibériques* 1913 S. 206ff.).

I. Westeuropa.

1. Die iberische Halbinsel. a) Die Vorstufen der G. § 1. Von den drei

[1]) Ich verdanke Herrn Dr. A. del Castillo die freundliche Mitteilung mancher Museumsnotizen und Literaturdurcharbeitungen sowie die hier (Tf. 145) veröffentlichte Karte der Verbreitung des Glockenbechers, welche ich aus einer von ihm noch unveröffentlichten Arbeit entnehmen durfte. Die Eintragung der böhmisch-mährischen Funde verdanke ich der Freundlichkeit von Herrn Direktor Červinka in Brünn, welcher mir eine Liste der FO gütigst übersandte.

Kulturen, die in den endneol. und frühkupferzeitlichen Stufen der iber. Halbinsel unterschieden werden können (westliche oder portug. Kultur, Zentral- bzw. Grottenkultur und Almeria-Kultur), gibt es nur in der Zentralen bzw. Grottenkultur (s. d.) Erscheinungen, die als Vorstufen der Glockenbecherkeramik anzusehen sind. Während in Portugal oder in Almeria die typische Keramik unverziert ist, weist die Grottenkeramik Zentralspaniens einen großen Reichtum von eingeritzten Mustern auf, die allmählich zum System der Glockenbecherdekoration fortschreiten. Die wenigen verzierten Scherben Portugals und Almerias aus der frühen Kupferzeit sind, abgesehen von einzelnen Ausnahmen, als Einflüsse der Zentralkultur zu betrachten (eingeritzte Scherben vom Ganggrab Cabeço dos Moinhos, von den Ansiedlungsplätzen bei Figueira [z. B. Varzea do Lirio], frühe Grotten von Alcobaca, der Keramik der Grotten Extremaduras verwandt; Scherben aus La Gerundia in Almeria, wohl von der benachbarten Grottenkultur Andalusiens beeinflußt).

§ 2. Die zentrale Grottenkultur Spaniens weist von Anfang an (endneol. Stufe) neben den Reliefmustern (Fingereindrücke, öfters auf aufgesetzten Tonwülsten) eingetiefte Verzierungen auf, die den ersten Kern des Dekorationssystems bilden, aus welchem sich die Ornamentik der Glockenbecherkeramik entwickelt hat. Es sind einfache Nageleindrücke oder Sticheleindrücke, ohne eine feste Anordnung auf einen großen Teil der Gefäßoberfläche verteilt (Cueva de los Murciélagos in Andalusien; in Katalonien: Grotten Rialp, Llenes, Olopte).

In der folgenden Stufe (Frühe Kupferzeit) entwickeln sich unter allmählichem Überwiegen der Reliefmuster in den nö. Gruppen der zentralen Grottenkultur (katalanische Grotten Negra, Tabaco, Foric usw.) und fast vollständigem Verschwinden solcher Reliefmuster in den w. (Extremadura-Segovia) und s. (Andalusien) Gruppen in großer Fülle die eingeritzten Muster. Neue Ornamente treten auf und werden in ein festes System eingeordnet. Die interessanten Erscheinungen, die als Vorstufen der Glockenbecherornamentik gelten können, sind zuerst Versuche zur Gruppierung der Ornamente in Zonen, vorläufig nur auf den oberen Teil des Gefäßes, unter dem Rande, beschränkt, und das Auftreten derselben Ornamente, die in der Glockenbecherkeramik vorherrschend sind, d. i. parallele Furchen, Zonen von zwei parallelen Linien mit Querstrichen gefüllt, Punktreihen, die mit den Serien von parallelen Furchen abwechselnd kombiniert werden, Zickzacklinien, die sich allmählich zu Zickzackbändern entwickeln, und besonders Punktlinien, die zur Bildung aller Ornamente angewendet sind. Diese Punktlinien werden öfters in der sog. Boquique-Technik (s. d.) verwendet, die gewissermaßen als Vorstufe der sog. Rädchentechnik der Glockenbecherkeramik angesehen werden kann. Die Boquique-Technik (nach der Cueva del Boquique in Extremadura genannt, wo diese Technik am besten beobachtet worden ist, doch fast in allen anderen Grotten der Stufe erscheint) kann folgenderweise beschrieben werden: durch tiefe Einsetzung des Stichels am Anfang des Punktes der Stichreihen und langsames Aufheben des Instrumentes entstehen Furchen mit vertieften Punkten. Nach Verfeinerung der Technik und bei größerer Regelmäßigkeit der Ausführung sehen sie wie Eindrücke eines Stempels mit Zähnen aus. Um feinere Eindrücke zu bekommen, hat man wohl dann (schon in der Glockenbecherzeit) den Stichel durch ein gezähntes Rädchen ersetzt. Auch kann man in der frühkupferzeitlichen Stufe Beispiele von Inkrustation weißer Masse in die eingetieften Ornamente (Gibraltar-Höhlen) beobachten.

Die verzierte Grottenkeramik Spaniens darf vielleicht als verwandt mit einigen nordafrikanischen Gattungen (des sog. *néolithique des cavernes*) gelten, deren höchste Blüte die Redeyef-Keramik in Tunis ist. In Afrika aber scheint die Entwicklung nicht zum Glockenbecher zu führen.

§ 3. Vorstufen der Formen sind, wegen der Seltenheit gut erhaltener Vasen aus den Grotten, schwer zu finden. Doch kann man aus den Profilen die Kugelkalotte und einen Becher mit konvexem Boden und zylindrischem Körper rekonstruieren, die die eigentlichen Prototypen der Grund-

Glockenbecherkultur

1—7. Scherben von El Acebuchal bei Carmona, Prov. Sevilla. — 8. Scherbe aus der „Cueva Superior de la Peña de la Miel" bei Pradillo, Prov. Logroño. — Nach Castillo.

formen der Glockenbecherkeramik bilden. Die Becherform ist auch in einem vollständigen Exemplar aus der Cueva Lóbrega (Prov. Logroño), in der nö. Hälfte des Gebietes der Grottenkultur, wo freilich die Reliefverzierung vorwiegt, beobachtet. Die Glockenform entsteht mit der mehr oder weniger ausgesprochenen Einschnürung solcher Becher. Die Begleittypen sind einfache Walzenbeile aus gewöhnlichem Gestein (Basalt, Kalkstein, Schiefergesteine usw.), wenig poliert, Silexmesserklingen, Schaber u. a., doch keine Pfeilspitzen und in den katalanischen Grotten (wo neben den Reliefs eingeritzte Muster wie im S vorkommen) als Seltenheit auch ein Kupferpfriemen (Cova del Foric in der Provinz Lérida).

b) Die G. Zentralspaniens. — Geographische Verteilung. § 4. Ihr eigentliches Gebiet sind das Guadalquivir-Becken und die s. Teile des kastilischen Tafellandes, also die Hauptteile Andalusiens und Neukastiliens. Das Hauptzentrum der G., wo sie am reichsten und am mannigfaltigsten sich entwickelte, ist Andalusien (Carmona-Kultur).

Grabformen und Grabinventar. § 5. Die G. ist nicht ausschließlich an eine Grabform gebunden. Die Grabformen Andalusiens sind z. T. die megal., von Portugal entlehnt (Galeries couvertes, Kuppelgräber), z. T. andere, z. B. unterirdische Gruben (Carmona) oder Erdgräber (Coronil) in der Prov. Sevilla, Ciempozuelos in Kastilien. Das begleitende Inventar zeigt dieselben ärmlichen Silextypen wie die frühere Grottenkultur, was zu der Feinheit und dem Reichtum an Silex in den benachbarten Kulturen (Portugal und Almeria) im Gegensatz steht. Kupfer ist auch vorhanden, doch ziemlich selten (kleine Blechfragmente oder Pfriemen aus dem FO bei Carmona, kleiner triangulärer Dolch und Pfriemen aus Ciempozuelos). Auf jeden Fall sind keine Armschutzplatten (s. d.; Band IV Tf. 50 Abb. 20) in der G. Süd- und Zentralspaniens bekannt.

Die Glockenbecherkeramik. § 6. Die Keramik besitzt in Andalusien, außer den überall in Spanien verbreiteten Grundformen (Kugelkalottenschale, Becher mit breiter Öffnung, Glockenbecher), auch die Fußschale, eigentlich eine Kugelkalottenschale mit Fuß. Die Tonart ist schwarz, rötlich oder bräunlich und die Oberfläche meistens poliert. Die Technik der Ornamente ist verschiedenartig: entweder finden sich einfache, flache Einritzungen oder tiefe Einkerbungen, welche die ausgesparten Ornamente reliefartig wirken lassen, öfters sind auch die Ornamente in Quadratstempeltechnik oder Rädchentechnik, fast immer sehr fein, ausgeführt. Weiße Inkrustierung ist sowohl in Andalusien wie in Neukastilien häufig, am besten ist sie an den schönen Vasen von Ciempozuelos zu studieren (Band II Tf. 161). Schnureindrücke sind in Andalusien sowie bei den w. Glockenbechern nicht beobachtet worden.

Die Anordnung der Ornamente in parallelen Zonen ist allg. bei den Glockenbechern und den großen Schalen. Bei den Kugelkalottenschalen trifft man die Ornamente in einer breiten Zone am Rande und öfters auch am Boden des Gefäßes radial angeordnet.

§ 7. Die häufigsten Motive in Andalusien wie in Neukastilien, doch in Andalusien reicher gestaltet, sind Zickzacklinien zwischen Zonen von parallelen Furchen. Bisweilen finden sich mehrere parallele Zickzacklinien, öfters aber bilden sie auch ein Zickzackband, und die freien Flächen im Innern der Zone werden mit senkrechten Linien gefüllt, so daß das Zickzackband wie ausgespart bleibt und, wenn es durch tiefe Einkerbungen hergestellt ist, reliefartig heraustritt. Die parallelen Horizontalfurchen sind öfters mit Punktreihen oder Querstrichen gefüllt. Auch finden sich mit Querstrichen gefüllte Dreiecke oder Reihen von kleinen Vierecken.

Nicht so häufig, meist außerhalb Andalusiens verbreitet, ist die Verwendung einfacher, mit Querlinien gefüllter Zonen, die mit unverzierten Zonen abwechseln. Gewöhnlich sind diese Ornamente in Rädchentechnik ausgeführt.

§ 8. Höchst seltene Dekorationsmuster sind stilisierte Hirsche und eine Sonnendarstellung auf einer Scherbe von Las Carolinas.

§ 9. FO Andalusiens: Carmona (Wohnplätze und Gräber von El Acebuchal; Tf. 146, 1—7; Tf. 147a, b); Écija, Marchena, Coronil in der Provinz Sevilla.

§ 10. FO Neukastiliens: Gräber von Ciempozuelos, Grab und Wohnplatz(?) in Las Carolinas bei Madrid; Einzelfund von Vallecas (Tf. 147f),

San Isidro (Tf. 147 g) und Arganda (Provinz Madrid), unbekannte Ortschaft in Avila; Einzelfunde bei Burujón (Tf. 147 e), Vargas, Algodor (Tf. 147 c) und Talavera de la Reina (Prov. Toledo).

Die Randgruppen der zentralspanischen G. § 11. Von Neukastilien aus hat sich die G. über das n. Tafelland verbreitet. In seinem w. Teile, dicht am Rand des Verbreitungsgebietes der Megalithgräber Salamancas, noch in der Prov. Salamanca, liegt ein Wohnplatz mit Glockenbecherkeramik (Cerro del Berrueco), wo zusammen mit Pfeilspitzen aus Kupfer reichverzierte Scherben der Glockenbecherkeramik in großer Anzahl gefunden sind. In den ö. Teilen des n. Tafellandes erscheint reine Glockenbecherkeramik in der Prov. Soria in der Grotte del Somaén, in El Atalayo, beide FO bei Montuenga, an einem FO bei Alcolea de las Peñas, an verschiedenen FO bei Valdegeña und auch (zwei große Gefäße) am Uferkastell Molino, nahe bei Numancia, in der Prov. Logroño die Grotte „Cueva Superior de la Peña de la Miel" bei Pradillo (Tf. 146, 8). An diesen nö. FO, wo von den älteren Reliefdekorationen der Grottenkeramik keine Spur vorhanden ist, läßt sich die Verdrängung der nö. Grottenkultur durch die G. gut beobachten. Ebenso liegt es auf der Hand, daß die Ausbreitung der G. in n. Richtung erfolgte.

§ 12. Nur in den oben besprochenen Gebieten Andalusiens und Kastiliens kann von eigentl. G. gesprochen werden. Sonst ist die Glockenbecherkeramik in den benachbarten Kulturen eine fremdartige Erscheinung. Sie bleibt hier immer etwas Singuläres, abgesehen von Portugal, wo sie sich rasch verbreitet hat, wohl weil die portug. Kultur auf ähnlicher ethnologischer Grundlage wie die zentrale Kultur Spaniens ruht.

c) Die Glockenbecherkeramik Portugals. § 13. Sie tritt in der vollkupferzeitlichen Kultur Palmellas auf und ist schon in der folgenden Stufe (Volläneolithikum B oder Alcalar-Kultur) ganz verschwunden, ein Beweis, daß sie in Portugal ein kurzlebiger Fremdling ist, der keine Vorstufen im Lande hat. Auch scheint sie hier auf die Westküste (portugiesisch Extremadura) — Palmella-Gruppe — beschränkt. Die anderen Gebiete bleiben von den Einflüssen der G. unberührt, so Hoch-Alemtejo, Beira und Tras-os-Montes, ebenso die Gebiete der portug. Kultur in Spanien. Man muß annehmen, daß die Verbindung zwischen der portug. Küste und dem Guadalquivir-Tal durch die in allen Per. wichtige Verkehrs- und Handelsstraße über den unteren Guadiana und die Ebene des Baixo-Alemtejo nach der Sado- und Tajo-Bucht ging.

§ 14. Die Glockenbecherkeramik zeigt in Portugal dieselben Typen der Form und Ornamentik wie in Andalusien, freilich nicht in solcher Vollendung. Sie entwickelt eine Menge von Varianten in der Dekoration, die als einheimische Nachbildungen und Verrohungen anzusehen sind. Hauptmuster bleiben die Furchen, die Zickzacklinien bzw. Zickzackbänder und Zonen mit Querlinien oder Strichen.

§ 15. FO: Ansiedlungen: Castros de Chibannes, Rotura, Outeiro da Assenta bei Obidos, Licea, Pragança, Grotten bei Rotura, Furadouro, Cascaes und Cesareda (rohere einheimische Typen); künstliche Grabgrotten von Palmella; Megalithgräber Seixo, Monge, Serra das Mutelas, S. Martinho.

d) Die Glockenbecherkeramik Almerias. § 16. Die Almeria-Kultur (vollkupferzeitliche Per.; Millares-Stufe) übernahm mit vielem anderen Fremden aus der zentralen und portug. Kultur auch die Glockenbecherkeramik. Doch hat sie eine sehr ärmliche Ornamentik. Ihre Dekoration beschränkt sich fast ausschließlich auf die Zonen mit Querlinien in Rädchentechnik. Daß die Glockenbecherkultur in Almeria im Grunde keine tieferen Wurzeln schlägt, beweist schon die Tatsache, daß ihre Keramik nicht die typischste Erscheinung der Almeria-Kultur ist: Dies bleibt die Keramik ohne Ornamente mit polierter Oberfläche. In der Almeria-Kultur aber scheint in der Technik der Glockenbecher eine Neuerung stattgefunden zu haben: die Bildung der horizontalen Zonen durch richtige Schnureindrücke: Gräber bei Villareal (Prov. Castellón). — Aus Almeria sind einige Funde bekannt, welche als Armschutzplatten gedeutet werden können.

§ 17. Fundorte. Kuppelgräber von Los Millares (bei Gador) und von Llano de la Atalaya (Purchena), Loma de Belmonte (Mojácar) und Einzelfund von Tabernas, alle in der Provinz Almeria; Grotte Bolumini (Prov. Alicante), Gräber von Filomena bei Villareal (Prov. Castellón).

a

b

c

d

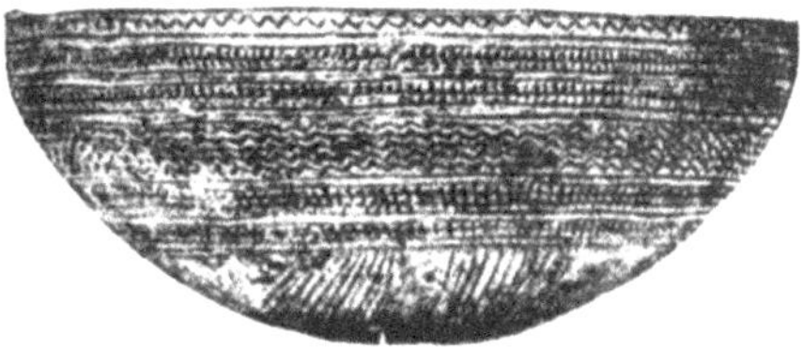
e

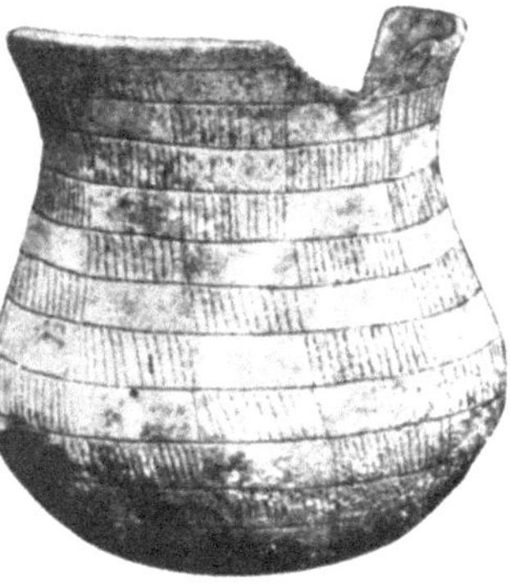
f

g

Glockenbecherkultur

a, b. „El Acebuchal" bei Carmona, Prov. Sevilla. — c. Algodor, Prov. Toledo. — d. Cova Fonda. — e. Burujón, Prov. Toledo. — f. Vallecas. — g. San Isidro. — Nach P. Paris, Siret und Åberg.

a

b

c

d

e

f

g

h

Glockenbecherkultur

Westdeutschland: a, c. Urmitz. — b. Senne bei Paderborn. — d. Leiselheim, Kr. Worms. — e. Mölsheim, Kreis Worms. — f. Miesenheim, Kr. Mayen. — g. Oberolm, Kr. Mainz. — h. Frankenthal, Rheinpfalz. — Nach Abercromby, A Study of Bronze age Pottery I, Mannus 5 und Altertümer unserer heidnischen Vorzeit 5.

e) Die Salomó-Gruppe in Katalonien. § 18. Die Grotten Fonda (Tf. 147 d) bei Salamó, Escornalbou (in der Prov. Tarragona) und Sitges (Prov. Barcelona) bilden die nördlichsten FO der Almeria-Kultur in volläneolithischer Zeit. Eigentl. ist ihre Kultur eine Mischung von Elementen der Almeria-Kultur und der Grottenkultur mit Reliefkeramik, die in Mittelkatalonien weiterlebt. Die Glockenbecher aus diesen Grotten können technisch eher mit Zentralspanien als mit Almeria verknüpft werden, da sie eine reichere Dekoration (Zickzackbänder und radiale Verzierung auf dem Boden der Kugelkalottenschalen) aufweisen. Auch finden sich hier sämtliche Gefäßformen der Glockenbecherkeramik Zentralspaniens, was in Almeria nicht der Fall ist.

§ 19. Man könnte annehmen, daß die reichere Verzierung der Glockenbecherkeramik der Cova-Fonda-Gruppe direkt aus Zentralspanien auf dem Wege über die in Katalonien noch fortlebende Grottenkultur übernommen sei. Doch bleibt merkwürdig, daß die katalanische Grottenkultur keine eigentl. Glockenbecherkeramik hat und die alten eingeritzten Muster (die typol. Vorstufen der Glockenbecherdekoration) bewahrt. Die Ornamente der Glockenbecherkeramik der Cova-Fonda-Gruppe stimmen mehr mit denen mancher Gefäße der pyrenäischen Kultur Kataloniens überein (s. u.), und bei den pyren. Glockenbechern lassen sich starke Almeria-Einflüsse bemerken. Auf jeden Fall haben in jener Zeit an der Küste Kataloniens starke Kulturmischungen stattgefunden.

f) Die pyrenäische Kultur und Verwandtes. — Galicien. § 20. Sowohl in der baskischen Gruppe wie in der katalan. erscheint die Glockenbecherkeramik. Mit den pyren. Glockenbechern verwandt ist derjenige aus dem Ganggrab Puentes de Garcia Rodriguez (Prov. Coruña) in Galicien, was auffallend ist, weil Galicien geographisch Portugal näher steht. In Puentes de Garcia Rodriguez handelt es sich um einen Glockenbecher, der parallele, mit Querlinien in Rädchentechnik gefüllte Zonen trägt, ein Typus, der in Portugal nicht allzu häufig angetroffen wird.

Die baskisch-katalanisch-pyrenäische Kultur. § 21. Die Glockenbecherkeramik von solch einfachem Typus ist wohl die gemeinsame Erscheinung sämtlicher Gruppen der pyrenäischen Kultur sowohl im Baskenlande (Pagobakoitza, Goostiarán) wie in Katalonien (Galerien Barrancr in Espolla und Sta. Cristina d'Aro, Gräber und Grotten in der Nähe von Solsona und zur pyrenäischen Kultur gehörige Grotten desselben Gebietes). Doch gibt es in Katalonien auch reichere Dekorationstypen der Glockenbecherkeramik: hängende Dreiecke und parallele Furchen, nicht in Rädchentechnik, sondern in einfacher Ritztechnik (Steinkiste Barraca del Lladre bei La Estrada, Ganggrab Cabana Arqueta bei Espolla, Steinkiste Plá del Boix bei Brull, andere Gräber und Grotten aus der Nähe Solsonas), sogar Zickzackbänder (galerie couverte Puig-ses-Lloses bei Folgaroles, in Solsona auch verwandte Muster). Als ein seltenes Ornament ist das zwischen einer Zone von horizontalen Punktlinien ausgesparte Viereck zu nennen (Gebiet von Solsona). Richtige Schnureindrücke sind an den genannten einfachen Glockenbechern von Pagobakoitza, Gorostiarán, Barranc in Espolla und Sta. Cristina d'Aro nachgewiesen worden.

§ 22. Überall kommen eingeritzte Muster vor, die nicht mehr als zur Glockenbecherkeramik gehörig angesehen werden können, sondern als eine Verrohung ihrer Muster oder lokale Degenerationserscheinungen. Das ist der Fall bei einigen eingeritzten Mustern aus der Steinkiste von Mas del Boix, aus der galerie couverte von Puig-ses-Lloses und aus der galerie couverte von Llanera (Prov. Lérida). Im Baskenlande kann man das gleiche in der Grotte von Cortézubi bei Santimamiñe (Vizcaya) beobachten.

§ 23. Man darf also die Glockenbecherkeramik der pyrenäischen Kultur nicht als die dort einzig vorkommende und ebensowenig als durch Auswanderungen aus dem Gebiet der zentralen Kultur in die pyrenäischen Länder eingeführt betrachten. Die Glockenbecherkeramik entwickelt sich in diesem Gebiete neben einer unverzierten Keramik, welche dort wohl die typischste bleibt. Außerdem liegt kein Grund vor, Einwanderungen ins pyrenäische Gebiet anzunehmen. Die Ausbreitung der Glockenbecherkeramik im pyren. Gebiet beruht vielmehr auf einer Entlehnung, verursacht durch Beziehungen beider Kulturen zueinander.

Es muß auch betont werden, daß das sonstige Material der pyren. Kultur nichts von derjenigen der zentralen Kultur entlehnt hat. Das Kupfer und die Pfeilspitzentypen aus Silex scheinen mit Almeria in Verbindung zu stehen. Die etwaige Ableitung einiger Knöpfe mit V-Bohrung aus der Cova de Can Sant Vicens, zur pyrenäischen Kultur, doch ohne Glockenbecherkeramik, gehörig (darunter einige, die als Daumenschutzplatten erklärt werden können), aus Knochenartefakten der katalanischen Gruppe bleibt noch ungeklärt. Es ist dies auch keine so häufige Erscheinung, daß sie als typischer Begleitfund des Glockenbechers angesehen werden könnte.

Die Wiege der Glockenbecherkeramik in der span.-pyren. Kultur scheint im O zu liegen, da sie in Katalonien sich am meisten entwickelt hat und mannigfaltiger erscheint. Die Frage der Verbreitung der Glockenbecherkeramik in Katalonien fällt mit dem Ursprung der Salamó-Gruppe zusammen. Aber außerdem setzt die pyren. Kultur sowohl in Katalonien als im Baskenlande die Strömung der Almeria-Kultur, welche die Glockenbecher mit Schnureindrücken hervorgebracht hat (s. § 16), fort.

2. Die Glockenbecher der südfranzösischen pyrenäischen Kultur. § 24. Die G. Südfrankreichs gliedert sich in zwei wenn auch verwandte, so doch selbständige Gruppen: eine westliche und eine östliche. Erstere ist schwerlich als eine bloße Ausbreitung der baskischen Gruppe zu erklären und hat sich wohl mit ihr parallel an Ort und Stelle gebildet. Dagegen scheint die ö. Gruppe eine bloße Ausbreitung der katalanisch-pyren. Kultur zu sein.

FO: Östl. Gruppe. Aude: Grotten bei Narbonne; Hérault: Grotte de Roche Blanche; Aveyron: Caverne de Cabra bei Meyrueis; Gard: Grotte Nicolas; Bouches-du-Rhône: Megalithgrab „Grotte du Castellet" (Band IV Tf. 16b, 18a—c, 19, 20); Var: Megalithgrab bei Saint-Vallier (Band IV Tf. 21b, 23a—b); Alpes-Maritimes: Megalithgrab bei Stramousse; Ardèche: FO bei Villeneuve de Berg; Haute-Savoie: Grab bei Cranves (Band IV Tf. 24). Westl. Gruppe: Megalithgrab La Halliade im Dép. Hautes-Pyrénées (Band IV Tf. 28c, 30c—f, 32).

§ 25. Der Glockenbecher beider Gruppen gehört im allg. zum einfachsten pyren. Typus, dessen Zonen mit Querlinien in Rädchentechnik gefüllt sind. Er ist wohl aus der spanisch-pyren. Kultur eingeführt. Außerdem kommen in der ö. Gruppe (Grotte du Castellet im Département Bouches-du-Rhône, Saint-Vallier in Var, Stramousse in Alpes-Maritimes) auch hängende Dreiecke, in Zonen von Horizontallinien ausgespart — wie in Katalonien —, vor. In der w. Gruppe treten einmal in der galerie couverte von La Halliade und in der ö. Gruppe im Grab Cranves (Haute-Savoie) Schnureindrücke auf, doch nicht ganz in der Art der spanischen.

§ 26. Geographisch bleiben die FO der Glockenbecherkeramik der pyren. Kultur in Südfrankreich im W dicht an den Nordabhängen der Pyrenäen; im O, den Küstenländern folgend, treffen wir sie bis an die Rhône und von da weiter bis in die West- und Südabhänge der franz. Alpen (Alpes-Maritimes, Haute-Savoie). Wie weit sich im Rhône-Tal sowohl die Glockenbecherkeramik wie die pyren. Kultur überhaupt ausbreiten konnte, ist noch eine ungelöste Frage.

§ 27. Auf jeden Fall gehört die Glockenbecherkeramik nur der ersten Stufe der südfrz. pyren. Kultur an. In den folgenden Stufen ist sie ganz verschwunden. So ist anzunehmen, daß sie nur kurze Zeit Mode gewesen ist und ihre Zeitdauer der der span. Glockenbecherkeramik der pyren. Kultur gleichgestellt werden kann. Im Anfang der BZ ist sie sowohl in Südfrankreich wie in Spanien verschwunden.

3. Die G. der Bretagne (Band IV Tf. 40—46). § 28. Sie ist mit der Blütezeit der Megalithgräber verbunden und bildet einen geschlossenen Kulturkreis, der trotz aller möglichen Beziehungen zu anderen Kulturen (Silexkultur, pyrenäische Kultur Frankreichs, wohl auch Portugals) sich als selbständig erweist.

§ 29. Die Glockenbecherkeramik hat in der Bretagne eine außerordentliche Blütezeit gehabt und weist Typen auf, die entweder mit den pyren. Glockenbechern Südfrankreichs (Dekoration: einfache parallele Zonen mit Querlinien in Rädchentechnik) oder Portugals direkt in Verbindung gebracht werden können. Letzere sind die Stücke mit feinen Dreieck- und Zickzackbanddekorationen, die schwerlich in der franz.-pyren. Kultur zu finden sind. Da sonst auch andere bretonische Erscheinungen nach Portugal hinweisen (Megalithgräbertypen, Steinplattengravierungen usw.), so ist nicht zu verwundern, daß auch ein Teil der Ornamente der Glockenbecherkeramik übernommen worden ist. Darüber s. ausführlicher Frankreich B § 42 ff.

§ 30. FO: In Morbihan: Conguel bei Quiberon, Mané-bec-Portivi, Port-Guen; Kerkado, Rogarte (Band IV Tf. 50 Abb. 22, 23), Er-Lanic, Keryaval, Notério, Lizo, bei Carnac; Mané-Lud, Mané-Han, bei Locmariaquer; Kermario; Er-Roc'h bei La Trinité-sur-Mer; Er-Roc'h bei Arradon; Kerallant bei Saint-Jean de Brevelay, Kerouaren bei Plouhinnec. — In Finistère: Rosmeur bei Penmarc'h; Pen-ar-Menez bei Plobannalec; Grab A von Renongat, Crugou bei Plovan; Kerveret, Beg-er-Lann bei Plomeur, Roz-Criven bei Audierne. — In Loire-Inférieure: Roche Dongues.

§ 31. Die G. der Bretagne erweist sich als gleichzeitig derjenigen Portugals oder Südfrankreichs (Stufe A), also vollkupferzeitlich (s. Frankreich B III).

§ 32. Interessant ist es, daß an einigen Glockenbechern die Ornamente nicht in Rädchentechnik oder in der gewöhnlichen Weise eingeritzt, sondern durch Schnureindrücke hervorgebracht sind (Conguel, Er-Roc'h, Mané-Lud, Kerallant, Rosmeur).

§ 33. Auch sei das Vorkommen von Armschutzplatten vermerkt. Sie sind in Verbindung mit Glockenbecherkeramik im Grab Kerallant und im Grab Kerouaren gefunden, ohne diese in Run-Aour-Plomeur (Finistère) und in Nelhouet-en-Candau (Morbihan).

Die Literatur zu den §§ 1—23 s. u. Pyrenäenhalbinsel B, zu den §§ 24—33 s. u. Frankreich B.

II. Mitteleuropa.

1. Allgemeines. § 34. Sie findet sich fleckenweise in einem Gebiet, das sich vom Rheintal bis nach Schlesien, von Westfalen bis an die schweizerische Grenze und donauabwärts bis in die Nähe von Budapest und an die Theiss ausbreitet. Doch sind die Fundgruppen nicht überall dicht belegt und haben auch nicht überall denselben Charakter, obgleich im allg. die mitteleurop. Funde viel mehr eine geschlossene G. bilden als diejenigen anderer europ. Gebiete. Ob diese Kultur durch Einwanderung westeurop. Bevölkerungselemente und zwar aus Spanien eingeführt worden war, wie fast allgemein angenommen wird, oder nicht, muß erst auf Grund des Vergleiches der mitteleurop. Funde mit denjenigen Westeuropas festgestellt werden.

§ 35. Es kommen hier folgende Gruppen der G. Mitteleuropas in Betracht: die Rheinische Gruppe mit der Hauptwiege in der Rheinpfalz und Rheinhessen nebst Abzweigungen nach Westfalen (Paderborn) und Württemberg; die böhmisch-mährische Gruppe nebst bayrischen, schlesischen, niederösterreichischen und ungarischen Funden; die des Saalegebietes und angrenzender Gebiete.

§ 36. Gewöhnlich findet sich die G. sehr rein, und selten beobachtet man Mischungen mit anderen Kulturgruppen; nur am Rhein ist sie durch die schnurkeramische Kultur hindurchgegangen, und dadurch hat sich eine regelrechte Mischkultur entwickelt, die Schnurzonenbecherkultur genannt wird.

Die G. ist meistens nur aus Grab- oder Einzelfunden bekannt. Ob auch einige Ansiedlungen, die zu ihr gerechnet wurden, wirklich dazugehören, ist noch nicht ganz sicher. Man hat daraus schließen wollen, daß die G. sich rasch über ihr Gebiet verbreitet hat, und daß kriegerische Stämme, die selten zur Seßhaftigkeit gelangten, ihre Träger waren.

§ 37. Die Gräber der G. sind mannigfaltiger Art: gewöhnlich handelt es sich um Flachgräber mit Hockern, nur ö. vom Rhein gibt es Gräber auf dem Boden unter Erdhügeln, vereinzelt liegt der Hocker in einer kleinen Steinkiste (Saalegebiet); man findet sogar Gräber mit Leichenbrand in Gruben oder unter Erdhügeln, welche eine Art Kuppelbau aus Holz bedeckte (Holland). S. a. Kuppelgrab A.

§ 38. Der Inhalt der Gräber ist überall ähnlich. Außer den Glockenbechern, die der Kultur den Namen geben, kommen als normale Erscheinung „Armschutzplatten" aus rotem oder schwarzem Schiefergestein, schön bearbeitete Pfeilspitzen aus Feuerstein, meistens dreieckig, mit Einbuchtung an der Basis, kleine kupferne Dolche (dreieckig mit rudimentärer Griffzunge) und

Ahlen vor. Auch finden sich bei den Glockenbechern geschliffene Steinbeile, meistens spitznackig, stark gewölbt und aus fremden Gesteinen: Jadeit, Chloromelanit usw.

2. Die G. im Rheingebiet und verwandte Gruppen. a) Geographisches. § 39. Die Hauptwiege der rheinischen G. liegt am Mittelrhein, in der Rheinpfalz und in Rheinhessen, ungefähr zwischen Speyer und Bingen. Dann gibt es auch n. davon in der Rheinprovinz zwischen Koblenz und Köln eine weitere Fundgruppe. Mehr abseits liegende Fundgruppen bzw. Ausstrahlungen der rhein. G. sind im ganzen Rheintal, n. bis Holland, s. bis in der Nähe von Basel und am Bodensee nachzuweisen. In Zusammenhang mit der rhein. Gruppe stehen wohl auch die Funde des badischen und württembergischen Gebietes (Neckarhügelland, oberes Donau-Tal in Württemberg). Gleichfalls stellen die Glockenbecherfunde in Westfalen und in Hessen eine Ausbreitung der rhein. G. dar, Paderborn ist wohl der östlichste FO dieser Gruppe. Über den Weg der Glockenbecher nach Bayern, Böhmen-Mähren, Thüringen usw. s. § 78.

b) Beziehungen zur sächsisch-thüringischen Kultur; die Zonenbecher (s. die Karte Tf. 149). § 40. Die G. hat am Rhein neben der sächsisch-thüringischen Kultur der Schnurkeramik gelebt, und aus den Berührungen beider Kulturen ist ein Mischtypus, der Schnurzonenbecher, (s. d.), entstanden. Er wurde früher zu der Glockenbecherkeramik gerechnet, jetzt aber, nach den Darlegungen Kossinnas, Åbergs und Schumachers, wird er als eine andersartige Erscheinung streng von ihr geschieden. Schnurzonenbecher und Glockenbecher sind nur am Rhein zusammen in einunddemselben Grabe gefunden, sonst ist eine Mischung beider Kulturen nicht beobachtet, auch wenn sie dieselben Gebiete umfassen, wie z. B. im Saalegebiet. Schumacher hebt hervor, daß die G. am Rhein die stärkere war. Es beweist dies die Tatsache, daß sich die G. auf beiden Ufern findet und nach Rheinhessen stark vorstieß, die eigentliche sächsisch-thüringische Kultur dagegen nie auf das linke Rhein-Ufer gelangt ist und nur Elemente von ihr, nachdem die Mischung mit der G. stattgefunden hat (Schnurzonenbecher), in das Glockenbechergebiet eingedrungen sind (s. a. § 78).

c) Die rheinischen Glockenbecher. § 41. Die Typen der rheinischen Glockenbecher können in drei Gruppen gegliedert werden:

α) Eine Gruppe mit einfacheren Ornamenten, mit Westeuropa stark verwandt. Zonen von Querlinien in feiner Rädchentechnik (Glockenbecher aus Urmitz, Leiselheim in Rheinhessen, dazu käme in der weiteren Ausbreitung der rhein. G. Paderborn [Tf. 148b] in Westfalen).

β) Eine Gruppe mit noch ziemlich einfachen Ornamenten in Rädchentechnik oder gewöhnlicher Ritztechnik, mit denen der vorigen Gruppe eng verwandt, doch mannigfaltiger geartet: Neben den Zonen mit Querlinien kommen auch Zonen mit Stichreihen aus wenigen Punkten vor (Gabsheim, Leiselheim, Horchheim und Herrnsheim in Hessen), weiter Zonen mit sich kreuzenden Querlinien (Friedberg, Urmitz [Tf. 148a], Herrnsheim in Rheinhessen) und sogar Winkelbänder, die in Zonen aus horizontalen Linien, alles in feiner Rädchentechnik gearbeitet, ausgespart werden (Frankenthal in der Pfalz [Tf. 148h], Mannheim).

γ) Eine Gruppe mit komplizierteren Ornamenten: Neben den in den vorigen Gruppen bezeichneten Mustern treten auch Serien von mehreren Winkellinien (Kammuster) in feiner Rädchentechnik oder in gewöhnlicher Ritztechnik auf; die Ornamente in derselben Zone sind öfters metopenartig geordnet; die Technik bleibt aber die feine Rädchentechnik oder die gewöhnliche Ritztechnik, nie aber die Rädchentechnik mit starken quadratischen Eindrücken, welche, wenn sich die Linien durchkreuzen, an Textilmuster erinnert, wie es öfters im Saalegebiet oder in Böhmen der Fall ist. Als Beispiele dieser Gruppe im Rheingebiet sind folgende Glockenbecher zu erwähnen: Oberolm (Tf. 148g), Horchheim, Siefersheim, Mölsheim (Tf. 148e), Worms, Herdesheim, Urmitz (Tf. 148c), Forst bei Bad Dürkheim, in Rheinhessen, Wiesbaden. Einige solche Glockenbecher zeigen eine Verrohung der Technik oder eine Entwicklung der Formen, welche den ursprünglichsten am fernsten stehen. Auch sind einige den holländ. Glockenbechern sehr ähnlich, welche z. T. schon frühbronzezeitl. zu sein scheinen, weshalb wohl gleichfalls ein Teil der rhein. Gruppe spät anzusetzen sein wird.

§ 42. Auch ist das Vorkommen einer Nebenform der Glockenbecherkeramik in Urmitz zu verzeichnen. Es ist das eine breite Schüssel mit Standfläche, durch Zonen von parallelen Winkellinien dekoriert.

3. Die Randgruppen der rheinischen G. a) Süden. § 43. Die s. Ausbreitung der G. reicht bis zum Bodensee. Nach Schumachers Annahme wäre die G. vom linken Rheinufer ausgegangen, bis in die Nähe von Basel nach S, dann am Südrande des Schwarzwaldes über Singen weiter zum Bodensee und nach der oberen Donau vorgedrungen. Am rechten Rheinufer hat sich auch in Baden die G. ausgebreitet, wie die Karte Tf. 149 zeigt. Vom oberen Rheintal sind jedoch einige Funde wie die Ansiedlung von Oltingen (vgl. Band V Tf. 40b) im Elsaß nicht ganz einwandfrei der G. einzureihen.

§ 44. Auf jeden Fall scheinen die Ornamente einiger württembergischer Glockenbecher (z. B. Stetten a. d. Donau) etwas entwickelter zu sein als die der einfachsten rhein. Glockenbecher und schon einen Übergangstypus zu den bayrischen und böhmischen Glockenbechern zu bilden: die Dekoration, in feiner Rädchentechnik gehalten, besteht aus abwechselnden Zonen von Zickzacklinien oder sich kreuzenden Vertikal- und Horizontallinien. Beide Zonenfüllungen, obschon etwas feiner ausgeführt, gleichen denen Bayerns und Böhmens.

§ 45. In Württemberg erscheint der Glockenbecher auch mit Schüsseln vergesellschaftet: Aus Stetten a. d. Donau ist eine solche bekannt, welche die Kugelkalottenform, eine Zone mit Strichfüllung und kleine ausgesparte Vierecke aufweist.

b) Norden: Holland (Tf. 150d—f; vgl. a. Band V Tf. 103). § 46. Aus Holland (Prov. Gelderland, Utrecht und Drente) sind mehrere Grabfunde mit Glockenbechern bekannt. Es handelt sich aber um eine G., die stark verändert und mit Schnurzonenbechern vermischt ist. Die einfachsten Typen vom Rhein kommen überhaupt nicht vor, und sowohl Form wie Dekoration der Gefäße stützen sich auf die entwickelteren oder sogar degenerierten des Rheins. So die starke Profilierung des Glockenbechers aus dem Grabhügel D am Uddelermeer (Gelderland) mit fast zylindrischem Rande (vgl. eine ähnliche Form aus Kevelaer im Museum zu Köln) und die häufig vorkommende Standfläche. In der Dekoration ist der Metopenstil mit noch komplizierteren Kombinationen als am Rhein beliebt (Gräber am Uddelermeer, Hanendorp bei Emst, Epe usw.).

§ 47. Durch diese Veränderungen der Formen, zu denen die Verjüngung nach dem Boden zu (so besonders der Fund Hunnenschans [s. d.] am Uddelermeer) und vor allem der zylindrische Hals zu rechnen sind, und der Ornamente könnten die Glockenbecher Hollands nicht nur als eine typol. sehr entwickelte und umgestaltete Gruppe angesehen, sondern sogar in eine etwas spätere Zeit als die meisten der Rheinglockenbecher datiert werden. Die Mittelstellung, die sie zwischen den Funden des Rheingebietes und denen Englands, welche sicher in den Anfang der BZ zu setzen sind, einnehmen, macht diesen späten Charakter der holländischen Glockenbecher wohl begreiflich.

c) Die englischen Glockenbecher (Tf. 150a—c, 248c–d; vgl. a. Tf. 50 Abb. 20). § 48. In den sog. *Round barrows* (s. d.; Hügelgräber, wie sie auch sonst der G. Mitteleuropas eigen sind) erscheinen auch die Glockenbecher, doch wie in Holland in starker Mischung mit Schnurzonenbechern und fast immer in sehr entwickelten Typen. Die richtige Glockenbecherform ist selten; gewöhnlich haben die Becher eine Standfläche und einen (noch stärker als in Holland) sich verjüngenden Unterteil. Auch die Ornamente weisen auf eine noch entwickeltere Stufe als die holl. (wir finden zahlreiche Beispiele der Metopendekoration), während von den einfachsten Typen des Rheins nur wenige Beispiele bekannt sind (so z. B. ein Glockenbecher aus Somerset mit Zonen aus sich kreuzenden Querlinien in Rädchentechnik).

§ 49. Zu diesen Besonderheiten in Form und Ornamentik der engl. Glockenbecher stimmen auch die der Nebenfunde: Es erscheinen zwar Feuersteingeräte, Pfeile, Messer sowie Steinäxte zusammen mit Steinknöpfen mit V-Bohrung, Jadeit- und Bernsteinperlen, aber daneben begegnen auch Bronzegegenstände, wie die Dolche mit gegossenem Griff und bogenförmigem Griffausschnitt, die durch Material und Form in den Anfang der eigentlichen BZ gesetzt werden.

§ 50. Die chronol. späte Stellung der engl. Glockenbecher und die Besonderheiten ihrer Formen, die aus den holländischen entwickelt zu sein scheinen, sowie der mit dieser G. auftretende schroffe Wechsel an Grabformen und sogar an Schädeltypen (brachykephale) macht die Annahme einer Einwanderung aus Holland am Anfang der BZ wahrscheinlich.

Rheingebiet: Schumacher *Rheinlande* I (1921); Åberg *Das nordische Kulturgebiet in Mitteleuropa während der jüngeren Steinzeit* 1918; Kossinna *Deutsche Vorgeschichte*[3] 1921; Westd. Z. 1900 S. 259ff. Reinecke; *AuhV* 5 S. 353ff., Tf. 61; Ber. Röm. Germ. Kom. 8 (1916) S. 169ff., 10 (1917) S. 16ff., 12 (1920) S. 19ff. Schumacher; ebd. 12 (1920) und Beiheft (Wahle *Die Besiedlung Südwestdeutschlands in vorröm. Zeit* mit Fundkatalog).

Württemberg: *AuhV* 5 Tf. 1, 11; Schliz *Urgeschichte Württembergs.*

Holland: Åberg *Nord. Kulturgebiet;* ders. *Die Steinzeit in den Niederlanden* 1916; Präh. Z. 4 (1912) S. 368ff. Holwerda.

England: Abercromby *A study of the bronze Age pottery of Great Britain and Ireland* 1912; ZfEthn. 1913 S. 250ff. H. Schmidt.

4. Die G. des Saalegebietes, die böhmisch-mährische Gruppe und Verwandtes. a) Allgemeines. § 51. Die Gruppen der G. des Saalegebietes und der angrenzenden Flußtäler (auch n. vom Harz bis Braunschweig und Magdeburg) einerseits und die der böhm.-mähr. Länder andererseits weisen starke Ähnlichkeiten auf, welche wir auch in den nicht so zahlreichen Funden Schlesiens, Bayerns und sogar Ungarns bemerken. Damit sind wir zu der äußersten Grenze der G. im O gelangt (Woischwitz bei Breslau in Schlesien, Kelč in Ostmähren, Domsöd bei Budapest und Szenthes an der Theiss in Ungarn sind vorläufig die östlichsten Funde).

§ 52. Allen diesen Gebieten sind verschiedene Merkmale gemeinsam. Zuerst die Vergesellschaftung der Glockenbecherkeramik, auch in ein und demselben Grabe, mit unverzierter Keramik, gewöhnlich von Glockenform, aber auch von Formen, die sich mit der sog. Voraunjetitzer Keramik vergleichen lassen. Dann finden wir in der eigentlichen Glockenbecherkeramik neue Varianten die sonst nirgends vorkommen (stärkere Wände der Gefäße, eine niedrigere und rundlichere Glockenform, die Anfügung von breiten Henkeln an die Glockenbecher, das häufige Auftreten von Füßen an der den Glockenbecher begleitenden Schüssel). Auch die Ornamentik zeigt überall verwandte Züge. Die Metopendekoration hat hier ihre dichteste Verbreitung, häufig treffen wir Zonenfüllung aus gekreuzten Linien in Rädchentechnik (etwas roher als die im Rheingebiet), sonst unbekannte, neue Muster treten auf u. a.

§ 53. Wie diese Gruppen mit derjenigen des Rheingebietes geographisch zusammenhängen, ist noch ungeklärt. Nach Schumacher sind die bayerische und rheinische Glockenbechergruppe durch das Maintal verbunden. Über die Möglichkeit der Einführung der G. des Saalegebiets aus Böhmen und nicht direkt vom Rhein s. § 78.

§ 54. Außerhalb der oben genannten Länder sind im S keine Glockenbecherfunde gemacht worden. In Niederösterreich sind aber eine typische Schüssel (Neudorf bei Staatz) und zwei Armschutzplatten (Laa a. d. Thaya und Hollenburg) gefunden: somit kann man vermuten, daß auch in Niederösterreich eine Ausbreitung der G. oder mindestens ein starker Einfluß derselben anzunehmen ist. Anders scheint es sich mit der nordd. Ebene zu verhalten, da aus ihr nur Einzelfunde von Armschutzplatten vorliegen (eine aus Westmecklenburg und eine aus der Uckermark bei Prenzlau), welche geogr. sowohl von einander wie von den Funden des Saalegebietes durch ein breites Gebiet ohne Funde der betreffenden Art geschieden sind. Ein ähnlicher Fall ist wohl auch das Vorkommen eines Glockenbechers in Greifswald (Tf. 152 d), den mir aus dem dortigen Universitätsmuseum Prof. Ebert

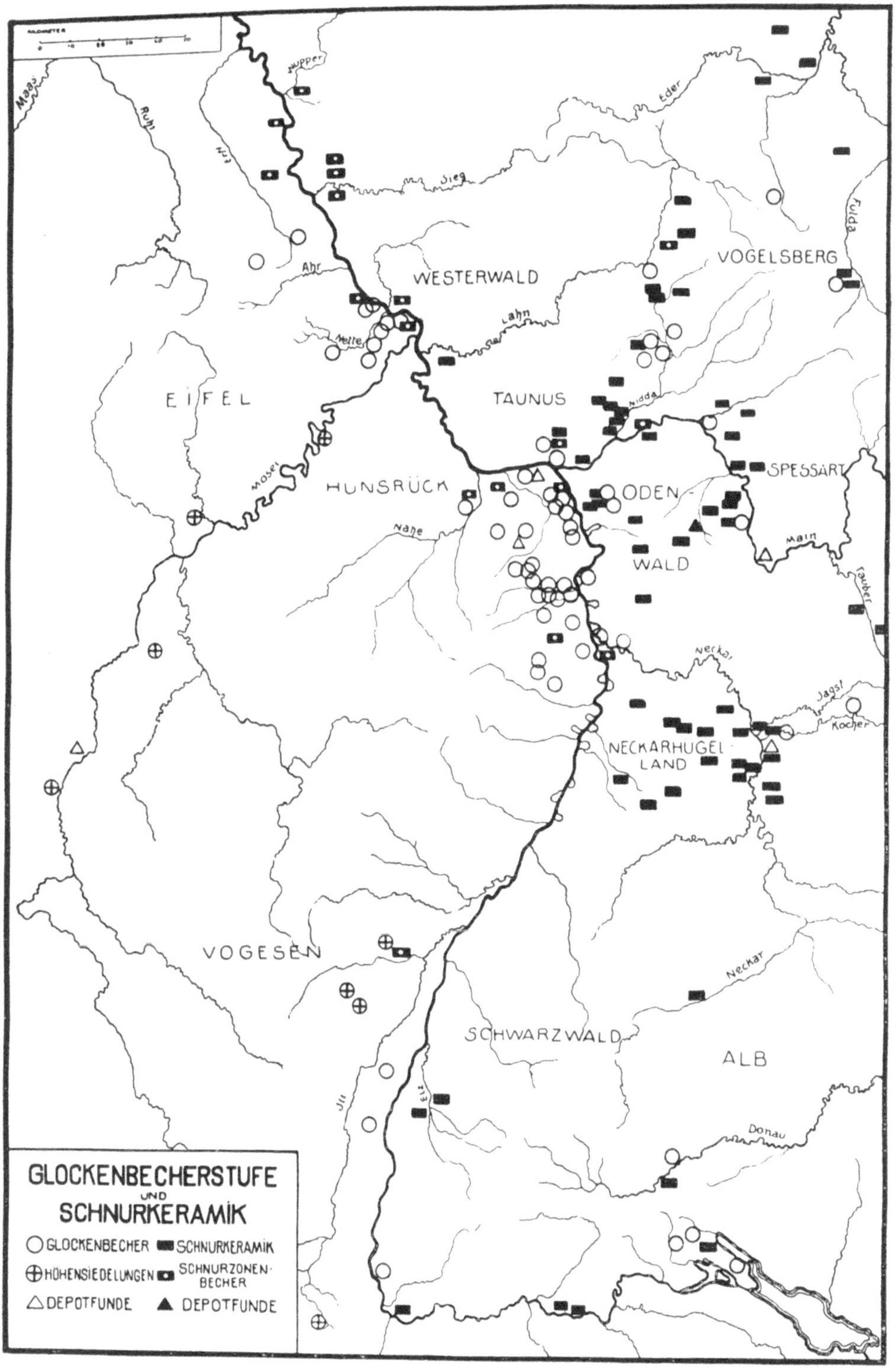

Glockenbecherkultur

Verbreitung der Glockenbecherkultur und Schnurkeramik in Westdeutschland. Nach K. Schumacher.

a

b

c

d

e

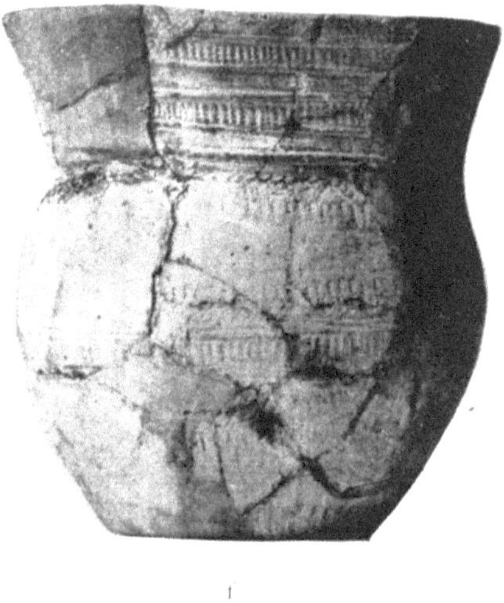

f

Glockenbecherkultur

England und Holland; a. Highstead, Chisled, Kent. — b. Rushmore Park, Dorset. — c. Cholsey, Berkshire. — d. Brummen, Holland. — e. Beekbergen, Holland. — f. Wageningen. Holland. — Nach Abercromby, A Study of the Bronze age Pottery I.

nachwies[1]). Leider sind die FU davon unbekannt. Er gehört in den Formen- und Ornamentenkreis der Saaleglockenbecher und bildet eine Parallele zu den zitierten Armschutzplatten Norddeutschlands, beweist aber keineswegs eine Ausbreitung der G. bis dahin.

Für die Armschutzplatten s. Åberg *Das nord. Kulturgebiet* mit Karte.

Über etwaigen Einfluß der G. auf die nordeurop. Kulturgruppen wird noch später gehandelt werden.

b) Die böhmisch-mährische Gruppe (Band II Tf. 28). § 55. Sie ist sehr einheitlich, wenn auch die Kombinationen der Ornamente mannigfaltig sind. Die Technik der Gefäße wie die Dekoration ist vortrefflich, die Anordnung der Dekoration, stets kunstvoll, bleibt teilweise in dem Rahmen der klassischen span. Glockenbecher mit Zonen von parallelen Winkellinien. Die Gruppe kann als die glänzendste Vertreterin der Glockenbecherkeramik in Mitteleuropa angesehen werden. Die Glockenbecher des böhm.-mähr. Gebietes erscheinen nicht nur in Hockergräbern, sondern auch in Brandgräbern und in Ansiedlungen (s. Böhmen-Mähren C I).

§ 56. Als bemerkenswerteste ornamentale Kombinationen seien folgende genannt. Die einfachsten, den rhein. und westeurop. am nächsten stehend, sind einfache Zonen mit Querlinien und Rädchentechnik, immerhin verhältnismäßig selten (Bubenč, Cašban, Řeži). Ein sehr beliebtes Muster ist die Füllung der Zonen mit Reihen von parallelen Winkellinien (Bylany, Řeži, Kožerihy, Roždálovice, Žálkovice, Vranovice). Am häufigsten sind Metopenbänder von Dreiecken, vertikale Bänder, aus verschiedenen Linien, auch Winkellinien gebildet, alles mit Zonen von gekreuzten Linien in Rädchentechnik (gewebeartiger Eindruck) gefüllt (Litomeřice, Smíchov, Markovice, Bylany, Řeži, Roždálovice). Solche Zonen mit Füllung von gekreuzten Linien in Rädchentechnik alternieren auch mit Zonen von Winkellinien (Žálkovice, Vrábí, Bylany). Auch Vierecke, bisweilen schachbrettartig angeordnet, kommen vor (Kralupy, Střelice, Liboc, Bylany). Eine eigenartige, seltene Erscheinung sind Zonen aus Punktlinien in Rädchentechnik, die abwechselnd metopenartig vertikal und horizontal laufen (Poříčany, Nymburg).

Allgemein: Wien. Präh. Z. 6 (1919) S. 41 ff. Palliardi; Mitt. präh. Kom. 1 (1903) S. 259 ff. Palliardi. — Böhmen: Píč *Starožitnosti* I 73, 83 Tf. 1, 3; 35, 9; 39; Památky 10 (1875) S. 206; 28 (1893) S. 185 ff. Tf. 17—19 Píč; Mitt. Zentr. Kom. 17 (1891) S. 174 Čermák; Časopis Prag 17 (1909) S. 55 Tf. 3; Pravěk 1904 Tf. 6, 11; ebd. 1909 Tf. 16—17; Časopis Olmütz 1909 S. 110 Tf. 1; ZfEthn. Verh. 1878 Tf. 6, 1894 S. 468. — Mähren: Červinka *Moravské starožitnosti* S. 200 ff.; Much *Atlas* Tf. 24, 14; MAGW 20 S. 125 Abb. 63; Mitt. Zentr. Kom. 1887 S. CLXIX. S. auch Böhmen-Mähren C I.

c) Die Glockenbecherkeramik des Saalegebiets und angrenzender Länder. § 57. Es gibt wenige Glockenbecher aus dem Saalegebiet und dessen Nachbarländern, die den einfachsten Typen vom Rhein ähnlich sind. Im ganzen weisen sie sehr veränderte Typen auf, auch diejenigen, welche den rheinischen am nächsten stehen. Es sind dies zwei Exemplare aus Bernburg (Tf. 151a) und aus Hohenerxleben mit einfachen Zonen von vertikalen Linien, (ersteres in feiner Rädchentechnik, letzteres in Ritztechnik und zwar schlecht ausgeführt), sowie ein Exemplar aus Achim (auch mit eingeritzten vertikalen Linien in einigen Zonen, in anderen aber Doppelreihen von grubenartigen Punkten; Tf. 151b).

§ 58. Eine andere Gruppe bilden diejenigen Glockenbecher, die wohl noch sehr einfache Kombinationen von Ornamenten, darunter einige wie die der vorigen Gruppe, aber ganz eigenartig ausgeführt, zeigen. So die schönen Glockenbecher aus Reuden und Bitterfeld, in Rädchentechnik mit horizontalen Zonenlinien dekoriert und mit Füllungen von einander entgegengesetzten Doppelreihen grübchenartiger Punkte, welche die undekorierten Zwischenräume reliefartig hervortreten lassen; am Exemplar aus Bitterfeld lassen die Grübchen z. T. reliefartige Zickzackbänder ausgespart. Dasselbe ist am Glockenbecher von Sandersdorf (Tf. 151c) zu beobachten, doch bleibt diese Dekoration auf die oberste Zone unter dem Rande beschränkt, die anderen Zonen weisen Querlinienfüllung in feiner Rädchentechnik

[1]) Die Herkunft des Stückes aus der Umgegend von Greifswald ist nicht gesichert. Es ist deshalb auf der Karte Tf. 145 nicht eingesetzt. — E.

auf und am Bauche parallele Vertikallinien, die metopenartige Flächen frei lassen, einige mit drei Reihen grübchenartige Punkte gefüllt. Am Glockenbecher aus Sachsenburg (Tf. 151 e) finden wir ebensolche metopenartige Anordnung, doch ohne Punktfüllung in der Randzone, in der Bauchzone dagegen ein Zickzackband zwischen einer Zonenfüllung von vertikalen parallelen Linien ausgespart.

§ 59. Die einfache Füllung mit schrägen Linien (eingeritzt) zeigen z. T. die Zonen des Glockenbechers von Gispersleben (Tf. 151 f), doch kommt in einigen anderen Zonen desselben Stücks eine Dekoration vor, die auf die Gruppe mit komplizierten Ornamenten weist: Zonen mit Winkeln und Metopen. Ein anderes Gefäß, aus Helfta, das zu dieser Gruppe hinüberleitet, hat breite Zonen, gefüllt mit mehreren eingeritzten Winkellinien in feiner Ausführung.

§ 60. Nun die Gruppe mit mannigfaltigen, öfters metopenartig angeordneten Ornamenten (Meyendorf, Werningshausen, Zaschendorf, Wanzleben, Rottleben [Tf. 151 g], Schönstedt [Tf. 151 d], Welbsleben, Groß-Osterhausen, Eisleben, Jerxheim, Unter-Rißdorf). Die Zonen mit metopenartig angeordneten Ornamenten liegen fast immer zwischen anderen Zonen mit Vertikal- oder Schräglinien oder auch Punktreihen. Als Füllung der metopenartig gegliederten Zonen sehen wir vertikale oder horizontale Serien von Winkellinien, zwei oder mehr einander gegenübergestellte Dreiecke, vertikale oder horizontale Zonenabschnitte, mit Punkten oder Strichen gefüllt usw.

§ 61. Eine gewisse Sonderstellung nehmen zwei Glockenbecher aus Rottleben ein, welche außer Zonen mit Winkellinien und gegeneinander gesetzten Dreiecken, metopenartig angeordnet, andere Zonen mit sich kreuzenden vertikalen und horizontalen Linien in Rädchentechnik, stoffartig wirkend, aufweisen; doch mußten die Rädchen ziemlich große und quadratische Zähne haben. Dadurch stehen die zwei Glockenbecher aus Rottleben der böhm.-mähr. und den ihr verwandten Gruppen nahe.

Kossina *Deutsche Vorgeschichte*³ 1921; Sächs. Jahresschr. 8 (1909) S. 1 ff. Grössler; Präh. Z. 1 (1909) S. 401—402.

d) Die Rand- oder Sekundär-Gruppe der mitteleuropäischen Glockenbecherkultur. § 62. Bayern. Die bedeutendsten Funde Bayerns stammen aus Gräbern von München, Groß-Mehring (Tf. 152 a—c, g) bei Ingolstadt und aus Altach. Sie reihen sich an diejenigen des Saalegebietes und Böhmens an, eigentlich am meisten an diejenigen der böhmisch-mährischen Gruppe, da die Ornamente überall Zonen mit gekreuzten Linien in Rädchentechnik (tuchartig), kombiniert mit anderen Zonen mit Füllung von Zickzacklinien, zeigen. Sonstige Funde von Glockenbecherkeramik sind aus Straubing, Dillingen, Moosach und Hammersdorf bekannt.

§ 63. Österreich. Siehe darüber das oben § 54 Gesagte.

§ 64. Schlesien. Aus Woischwitz (Tf. 152 e) und aus Katscher sind Funde mit Glockenbechern vom böhm.-mähr. Typus bekannt. Sie haben Zonen mit parallelen Linien in Rädchentechnik, kombiniert mit anderen Zonen mit Winkellinien.

§ 65. Ungarn. Die südöstlichsten Funde im Donaugebiet sind diejenigen der Gräber von Domsöd bei Budapest, von Tököly (Tf. 152 f, h) auf der Insel Czepel und von Szenthes an der Theiss. Sie reihen sich der böhm.-mähr. Gruppe an und haben Zonen mit gekreuzten Linien (tuchartig), mit parallelen Winkellinien, mit Vierecken, schachbrettartig angeordnet, und z. T. gefüllt mit Winkellinien, Metopen, aus freigelassenen viereckigen Flächen abwechselnd mit Vierecken durch sich kreuzende Linien gebildet, Reihen von kleinen Kreisen.

Bayern: *AuhV* 5 Tf. 61 S. 354—355 Nr. 1102—1112; Verhandl. des hist. Vereins von Oberpfalz und Regensburg 52 (1908) S. 143 Tf. 5; Jahresbericht des hist. Vereins Dillingen 24 (1911) S. 227 ff.; 25 (1912) S. 188 ff.; MAGW 54 (1924) S. 99 von Trauwitz-Hellwig. — Österreich: Menghin *Urgeschichte Niederösterreichs* 1921 S. 14 ff. — Schlesien: Schles. Vorz. 7 (1916) S. 78 ff. Seger. — Ungarn: Hampel *Antiquités préhistoriques de la Hongrie* 1877 Tf. 5, 7—9; ders. *Catalogue de l'exposition préhistorique à Budapest* 1876 S. 88; ZfEthn. 1913 S. 249 ff. H. Schmidt. — Der FO Szenthes ist mir durch freundliche Mitteilung von Dr. A. Mahr bekannt.

III. Die Glockenbecher der westlichen Mittelmeerländer.

a) Allgemeines. § 66. Sie treten als Einzelerscheinung in verschiedenen Kulturgruppen auf, die nicht eigentlich Glockenbecherkulturen genannt werden können, da die Glockenbecherkeramik nicht ihr Hauptcharakteristikum bildet, wenn sie auch in ihnen einen bedeutenden Platz einnimmt. Es handelt sich um Kulturgruppen verschiedenster Art, die durch die Glockenbecherkeramik beeinflußt wurden. Da die Dekorationstypen solcher Glockenbecher die einfachsten der Peripherie der span. Glockenbecherkultur bleiben, kann man nur Spanien als Ursprungsgebiet der Einflüsse ansehen, welche die Glockenbecher im Bericht des w. Mittelmeer verbreitet haben.

b) Balearen. § 67. In der Höhle „des Bous" bei Felanitx ist ein Scherben, anscheinend der Glockenbecherkeramik, gefunden. Es ist ein Randstück einer Kugelkalotte, wohl der sardinischen Art, und hat eingeritzte Verzierungen mit weißer Inkrustation. Doch bleibn die FU unsicher.

c) Sardinien. § 68. Die Glockenbecherkeramik erscheint in der Anghelu-Ruju-Kultur. Sie hat echte Glockenbecher (Anghelu-Ruju) mit Zonen von Vierecken, ausgespart zwischen horizontalen Punktlinien in Rädchentechnik, aber auch andere Formen wohl einheimischer Art mit Dekorationen der Glockenbecherkeramik: es ist dies der Fall bei Kugelkalotten-Schalen mit Füßen, die unverziert in Anghelu-Ruju und Cuguttu, mit Ornamenten aber in S. Bartolomeo (eine Zone von Zickzackbändern ausgespart zwischen Querlinien) erscheinen; auch stammen ähnliche Schalen aber ohne Fuß und eine mit Henkel aus derselben Grotte von S. Bartolomeo, mit krummen Bändern und Strichen gefüllt, sternartig angeordnet, oder mit Zonen von Querlinien in Rädchentechnik. Solche Verzierungen erscheinen auch auf verschiedenen Scherben von unrekonstruierbaren Gefäßen von S. Bartolomeo und von Anghelu-Ruju (hier auch Zonen von Zickzackbändern) und auf einem Henkeltopf aus Cuguttu, wo sonst keine Glockenbecher angetroffen sind.

d) Sizilien. § 69. In der Villafrati-Kultur ist Glockenbecherkeramik gefunden worden. Aus Villafrati selbst ein Glockenbecher mit einfachen Zonen mit Querlinien in Rädchentechnik. Aus Gerace und Puleri einige Scherben wohl derselben Gattung. [S. a. Sizilien B I. Auch zwei Glockenbecher von Carini].

e) Italien. § 70. Außer der echten Glockenbecherkeramik der Remedello-Kultur sind aus der Grotta all'Onda (Provinz Lucca) einige z. T. in Rädchentechnik eingeritzte Scherben bekannt, die Zickzackbänder, gefüllt mit Strichen oder mit Querlinien, sternartig angeordnet, aufweisen. Das Verhältnis dieser Scherben, die sich mit einigen der genannten aus Sardinien vergleichen lassen, zu der eigentlichen Glockenbecherkeramik ist noch ungeklärt.

§ 71. Die FO der eigentlichen Glockenbecherkeramik sind in Italien die Gräber von Santa Cristina (Band VI Tf. 24 f), Ca'di Marco und Remedello in der Provinz Brescia, welche der Remedello-Kultur angehören. Der am reichsten verzierte Glockenbecher ist der von Santa Cristina, mit schmalen Zonen, mit sehr dicht aneinander gestellten Zickzackbändern, alles in Rädchentechnik. Auch gibt es Scherben mit einfachen Zonen, mit Querlinien in Rädchentechnik. Die Glockenbecher aus Ca' di Marco sind recht ärmlich verziert und weisen nur Zonen aus zwei oder drei horizontalen Linien in Rädchentechnik auf. Aus Remedello sind nur wenige Scherben bekannt.

§ 72. In Norditalien und in Sardinien kommen Armschutzplatten zusammen mit Glockenbechern vor. In Italien finden wir einige in der Remedello-Kultur, so in Remedello selbst; sonst gibt es Armschutzplatten noch in den Pfahlbauten von Cremonese, aber ohne Glockenbecher.

f) Der Ursprung der Glockenbecherkeramik der Westmittelmeerländer. § 73. Im Vergleich zu Mitteleuropa darf man die westmittelländischen Glockenbecher (einbeschlossen die aus Norditalien) als sehr schmuckarm ansehen. Außerdem bilden sie nicht das hervortretendste Merkmal der Kulturen, in denen sie erscheinen. Somit darf man wohl, um für das Auftreten solcher Glockenbecher eine Erklärung zu finden, nach der iber. Halbinsel blicken. Die Armut an Dekorationen ist auch typisch bei den Glockenbechern der Almeria-Kultur und, im Grunde genommen, der peripherischen Gruppen Ost- und Nordspaniens. Die Häufigkeit solcher Gruppen der Glockenbecher mit einfachen Zonen mit Querlinien, eine Gemeinsamkeit der w. Mittelmeerländer, macht wahrscheinlich, daß letztere ihre Glockenbecherkeramik aus Spanien übernommen haben, wohl aus der Almeria-Kultur.

Balearen: Bosch *Hisp.* S. 164. — Sardinien: Bull. Paletn. Ital. 24 (1898) S. 246 ff. Tf. 17, 19; 27 (1901) S. 119 ff. Tf. 5—6 Colini-Notizie 1904 S. 301 ff., Mon. Lincei 19, Bull. Paletn. Ital. 1909 S. 100 ff. Taramelli; Åberg *La civilisation énéolithique dans la péninsule ibérique* 1921. — Sizilien: v. Andrian *Prähistorische Studien aus Sizilien* 1878 S. 36 ff.; Bull. Paletn. Ital. 41 (1915) Supplement S. 1 u. 8 Cafici. — Italien: Bull. Paletn. Ital. 26 (1900) S. 196 Tf. 5—7 (Scherben aus der Grotta all'Onda); Bull. Paletn. Ital. 25 (1899) S. 28 Tf. 2—4 (Santa Cristina; Glockenbecherkeramik der Remedello-Kultur), Bull. Paletn. Ital. 24 (1898) S. 1 ff., 88 ff., 206 ff., 280 ff. und Tf., auch 25 (1899) S. 1 ff. (Remedello); ebd. 24 (1898) S. 224 Tf. 11 (Ca'di Marco) Colini; Armschutzplatten von Cremonese: Bull. Paletn. Ital. 25 (1899) S. 28 ff. S. a. Åberg *Civ. énéol.*

IV. Allgemeines zur Frage der Verbreitung der Glockenbecher und der Glockenbecherkultur.

1. Der Ursprung der Glockenbecherkeramik in Spanien und die Verbreitungswege derselben. § 74. Nach der Betrachtung der verschiedenen Kulturgruppen, in denen die Glockenbecherkeramik erscheint, dürfte klar sein, daß, wie schon von H. Schmidt erkannt war, der Ursprung der Glockenbecherkeramik nur in Spanien gesucht werden darf. Nur in Spanien, und zwar in der Zentral-Kultur (Guadalquivir-Tal), ist die Entwicklung der Glockenbecherkeramik mit ihren mannigfaltigen Dekorationen aus der älteren Grottenkeramik der s. Hälfte der Zentral-Kultur zu denken. Nirgends in Europa gibt es sonst Vorstufen.

§ 75. Von Zentralspanien aus geht die Verbreitung des Glockenbechers nach verschiedenen Richtungen: einerseits nach Portugal, andererseits nach Almeria, von wo aus sie bis in die Kulturgruppen des w. Mittelmeeres gelangt ist. Nordwärts hat sich die Glockenbecherkeramik über die nö. Ausbreitung der Almeria-Kultur zuerst nach der span. pyren. Kultur und weiter nach den frz. pyren. Megalithgräberkulturen, die in engen Beziehungen mit der baskischen und katalanischen Gruppe gestanden haben, ausgedehnt. Eine weitere frz. Kulturgruppe, die gleichfalls den Glockenbecher aus der iberischen Halbinsel bekommen hat, ist die Bretagne-Kultur; es kommen dafür zwei Wege in Frage: über die pyrenäische Kultur und von Portugal aus über See. Für letzteren sprechen die reicheren Ornamente der Bretagne-Kultur, weil solche Ornamente mehr in Portugal als in der pyrenäischen Kultur Parallelen finden.

2. Mitteleuropa. a) Die Frage der Verbindung von West- mit Mitteleuropa. § 76. Wie diese Verbreitung des Glockenbechers und seiner Ornamente zu denken ist, muß von der Art und Weise der Bewegungen und Verbreitung der Kulturen, in denen sie erscheinen, abhängen. Man hat öfters die mitteleuropäischen Verhältnisse auf Spanien zurückgeführt, und dadurch ist die Annahme entstanden, daß die Glockenbecher in Westeuropa durch Wanderungen verbreitet worden sind. Nach dem jetzigen Stand der Forschung scheint das Gegenteil der Fall zu sein. Die Kulturen mit Glockenbecherkeramik sind im Grunde genommen verschiedenartig, auch wenn sie untereinander enge Beziehungen unterhalten haben. Ihr Ursprung und ihre Mannigfaltigkeit sind wohl durch verschiedenartige ethnische Gruppen bedingt, die nicht über weite Gebiete gewandert sind, sondern sich nur in ihren Grenzgruppen über Nachbarländer verschoben. Somit muß die Verbreitung des Glockenbechers in Westeuropa als eine durch friedliche Beziehungen bedingte gedacht werden. Wanderungen über ausgedehnte Gebiete sind nur für Südfrankreich annehmbar, wo das Volk der katalanischen pyrenäischen Kultur über die Küste bis in das Rhône-Tal gelangt ist. Wie weit es rhôneaufwärts gekommen ist, vermögen wir bei dem mangelhaften Stand unserer Kenntnis der Kultur der burgundischen und lothringischen Länder nicht zu sagen.

§ 77. Diese Lücke ist ein schweres Hemmnis für die Lösung der Frage nach der Verbindung der mittel- mit den westeurop. Kulturgruppen. Daß sämtliche mitteleurop. Glockenbecherkulturen zusammengehören, ist, wie allg. bekannt, sicher. Dazu kommt noch, daß vom unteren Rhein die G. nach England gelangt ist. Hier scheint die Verbreitung dieser Kultur das Resultat von Einwanderungen eines auch anthrop. zusammengehörendes Volkes zu sein. Vom Rhein aus wäre die Front der sächs.-thüring. Kultur durchbrochen und die G., nach verschiedenen Seiten sich ausbreitend,

a

b

c

d

e

f

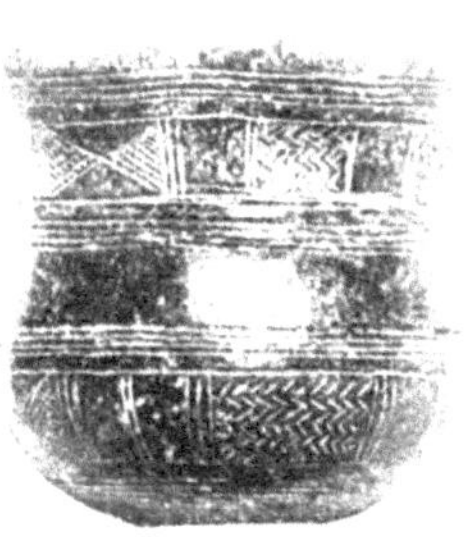

g

Glockenbecherkultur

Sachsen-Thüringen, Braunschweig: a. Bernburg. — b. Achim, Braunschweig. — c. Sandersdorf (Seiten- und Bodenansicht). — d. Schönstedt. — e. Sachsenburg. — f. Gispersleben. — g. Rottleben. — Nach P. Größler.

Glockenbecherkultur

… d. Gefäß im Museum Greifswald. Unbek. FO. e. Woisch-

besonders nach Bayern, Böhmen, Mähren und Thüringen gelangt. Die letzten Ausläufer reichen bis Schlesien und Ungarn. Die Typologie der Gefäßformen und Ornamente berechtigen zu dieser Annahme, da nur am Rhein die wenig entwickelten Dekorationsweisen häufig zu finden sind, während die fortgeschrittenen typol. Entwicklungen, die schon am Rhein angefangen haben (so z. B. die metopenartige Anordnung der Ornamente), an den äußeren Punkten der Ausbreitung überwiegen.

Am Rhein haben die zurückgebliebenen Gruppen der Glockenbecherbevölkerung, wohl durch Vermischung mit sächs.-thüring. Bevölkerungselementen, die Mischtypen der Schnurzonenbecher geschaffen und sie zusammen mit der eigentlichen G. bis zum Niederrhein und weiter bis England gebracht.

b) Die Wege der Verbreitung der Glockenbecher in Mitteleuropa. § 78. Diese Vermischung hat nur am Rhein stattgefunden, während im Saalegebiet die sächs.-thüring. Kultur sich reiner erhalten hat. Sie wurde erst durch das Eindringen der ganzen G. aufgelöst. Man muß wohl hierbei in Betracht ziehen, daß die sächs.-thür. Glockenbecher verhältnismäßig späte Typen der Entwicklung zu sein scheinen, und daß die geogr. Verbindung beider Gruppen der G. (Saale und Rhein) keineswegs nachgewiesen ist. Da im Gegensatz dazu über Bayern (ob durch das Maintal oder über den oberen Lauf des Rheins und Baden wollen wir dahingestellt lassen) und Österreich (s. § 54) eine geogr. Kontinuität mit der mähr.-böhm. Gruppe besteht, und da in Mähren-Böhmen die Glockenbecher gewissermaßen reineren Stil und mehr „spanische Typen“ aufweisen als die thüringischen, könnte man vielleicht eine Zeit ansetzen, in der die G. in Bayern, Mähren und Böhmen schon bestand und parallel mit dem Ende der sächs.-thür. Kultur des Saalegebietes und mit der Bildung der Mischtypen des Glockenzonenbechers des Rheins lief. Darauf folgte die Auflösung der sächs.-thüring. Kultur durch die G. in ihrer eigenen Heimat, was durch das dortige Überwiegen der späteren Typen und besonders des „Metopenstiles“ angedeutet wird. Diese letzte Etappe der Verbreitung der G. ist wohl der Voraunjetitzer Zeit unmittelbar vorausgegangen.

Ein weiteres Zeichen dieses Vorganges und besonders des Zusammenhanges von Bayern, Mähren-Böhmen und endlich Thüringen ist die Vergesellschaftung der G. mit unverzierter Keramik von der Art der Voraunjetitzer. Letztere scheint besonders in Bayern zu Hause zu sein, und vielleicht ist sie dort bodenständig. Freilich sind in Bayern vorläufig nur entwickelte Typen von Glockenbechern gefunden und nicht solche, die mit den einfachsten des Rheingebietes oder Böhmens und Mährens, welche denen klassisch „spanischen Stiles“ ähnlich sind, zusammengehen. Die Erforschung der G. in Bayern steht zwar noch in ihren Anfängen, doch scheint dies mir kein Hindernis für Annahme meiner Hypothese zu sein.

Während sonst in den ö. Gebieten ihrer Ausbreitung die G. nur eine vorübergehende Episode der Kupferzeit bedeutet, scheint sie am Rhein und in Bayern festeren Fuß gefaßt zu haben. Oben ist die Zugehörigkeit einiger rheinischer Glockenbecher zur BZ als möglich angenommen. Auch Schumacher (*Rheinlande* I) meint, daß die G. und die Glockenbecherleute ein Element der rhein.frühbronzezeitl.Kultur und Bevölkerung bilden. Eine Fortdauer der Glockenbecherkeramik in die frühe BZ hinein (Vorkommen mit einem Bronzedolch) wurde in Heidesheim beobachtet (Behrens *Bronzezeit* S. 81 Abb. 21). Für Bayern wird man ähnliches annehmen dürfen, wie der Grabfund von Safferstetten (MAGW 54 [1924] S. 113 Abb. 10) zu beweisen scheint (ein unverziertes „Glockenbecherderivat“ nebst einer Armschutzplatte und Bronzedolch als Beigaben eines Hockergrabes). Diese Einbürgerung der G. am Rhein und in Süddeutschland im Gegensatz zu den ö. Gebieten sowohl wie die Bildung von Mischtypen (Glockenzonenbecher) und die Vergesellschaftung mit einheimischen Erscheinungen („Voraunjetitzer“ Keramik Bayerns) spricht für eine längere Dauer der G. am Rhein und in Bayern und zugleich für unsere Hypothese über den Weg der Verbreitung der G. in Mitteleuropa, gestützt auf eine Basis am Rhein und in Bayern zu einer Zeit, wo die sächs.-thüring. Kultur sich in ihren Kernländern hielt und nur eine unbedeutende Infiltration in Hessen und Westfalen (s. § 39) erfuhr.

§ 79. Man kommt also zu dem Resultat, daß es zwei Gruppen von Glockenbechern gibt, die jede für sich eine geschlossene Einheit bilden. Der springende Punkt ist, wie sie verbunden werden können. Eigentlich sind nur einige Arten der rheinischen Glockenbecher mit den frz., d. h. denen aus SO-Frankreich, zu vergleichen. Außerdem sind die rheinischen Glockenbecher von den südfrz. durch ein Gebiet ohne Glockenbecherfunde getrennt, wenn auch dieses Gebiet immer eine wichtige Verkehrs- und Völkerstraße gewesen ist. Eine Übernahme der G. von Norditalien über die Alpen wäre noch undenkbarer, da geogr. und typol. die nordital. Gruppe der rhein. noch ferner als die südfrz. steht. An die Ausbreitung auf dem Umweg über die böhm.-mähr. Gruppe ist noch weniger zu denken, da letztere Gruppe typol. der nordital. am fernsten steht. Man hat an Auswanderungen von Südfrankreich gedacht. Auch Aberg nimmt an, daß die reiche Verzierung der rheinischen Glockenbecher ihre Muster nicht der Keramik selbst, sondern vielleicht anderen Gegenständen, wie Teppichen usw., entlehnt habe. Beides kann schwerlich stimmen. Die Anthropologie der rhein. G. zeigt nicht dieselben Merkmale wie die der G. Südfrankreichs. Es kommt also keine einheitliche Rasse in Frage (in Südfrankreich z. B. sind in den Megalithgräbern mit Glockenbechern dolichokephale Schädel häufig, wie in der Galerie couverte Grotte du Castellet; s. a. Glockenbecherleute). Die Funde der Ansiedlungen der G. Lothringens stimmen, auch wenn die dortige Keramik so gut wie unbekannt ist, weder mit den südfrz. noch mit den rheinischen überein, trotzdem rege Beziehungen mit beiden Ländern stattgefunden haben, wie aus dem Vorkommen von pyren. Pfeilspitzentypen und mitteleurop. Steinhammer-Typen zu ersehen ist. Wenn die Höhensiedlungen des Rheingebietes wirklich der G. zuzurechnen wären, wie Schumacher annimmt, und wenn sie mit ähnlichen Höhensiedlungen Lothringens und Burgunds verwandt sind, wo tatsächlich pyren. Silextypen vorkommen (s. Frankreich B § 69), ließe sich der Weg vom sö. Frankreich zum Rhein eher glaubhaft machen.

§ 80. Wenn ein Zug südfrz. Bevölkerungselemente nach dem Rhein stattgefunden hat, so hat er wohl aus wenig zahlreichen Stammesgruppen bestanden und sich erst im Rheingebiet zum Glockenbechervolk ausgebildet, wenn dieses Volk nicht früher in der Nähe des Rheingebietes, eben in den Ländern mit wenig bekannter Kultur Ostfrankreichs, angesiedelt und nach Übernahme des Glockenbechers nach dem Rheingebiet gewandert war. Die Frage bleibt einstweilen noch sehr dunkel.

§ 81. Wenn also der Glockenbecher aus Südfrankreich zum Rhein kam, so bleibt noch die Frage des Ursprungs seiner Ornamentik. Die einfachste (Zoneneinteilung, Zonen mit Querstrichen oder Querlinien in Rädchentechnik, usw.) könnte einfach aus Südfrankreich übernommen sein. Andere sind wohl weitere Entwicklungen an Ort und Stelle. Einige aber konnten durch Einfluß der benachbarten sächs.-thüring. Keramik und sogar als Erbe früherer Gruppen von der Glockenbecherkeramik adoptiert sein, so z. B. die Zickzackbänder, ausgespart in mit Querstrichen gefüllten Zonen, die in der südfrz. G. nur selten vorkommen, dagegen in Deutschland sowohl in der sächsisch-thüringischen Keramik wie in früheren Kulturkreisen (Rössen, Bandkeramik) häufig sind. Dieser Einfluß hat vielleicht solche Motive in der Glockenbecherkeramik Deutschlands verstärkt, weshalb sie z. T. den wirklichen span. der klassischen Gebiete der span. G. ähnlicher sehen als diejenigen Südfrankreichs.

c) Die Begleittypen der Glockenbecherkultur Mitteleuropas. § 82. Die Armschutzplatten sind in dem Ursprungsland der G. (Zentralspanien) vollständig unbekannt. In der pyren. Kultur, sowohl Spaniens wie Südfrankreichs, fehlen sie fast ganz, die wenigen Exemplare von etwaigen Daumenschutzplatten aus Knochen, die von dort bekannt sind, können nicht als Prototyp der dtsch. Armschutzplatten angesehen werden. Nur in der Bretagne-Kultur, wenn auch als wenig bedeutsame Erscheinung, kommen sie wieder vor, weshalb vielleicht angenommen werden kann, daß die bretonischen Armschutzplatten wie die Schnurdekorationen und andere mitteleurop. Erscheinungen der Bretagne mehr als Einflüsse von Mitteleuropa wie umgekehrt gedeutet werden müssen. Die Armschutzplatten des w. Mittelmeeres dagegen könnten aus Spanien stammen, und zwar aus Almeria.

§ 83. Die kleinen triangulären Kupferdolche hat man auch mit Beziehung auf Spanien erklären wollen, und man spricht sogar vom Ciempozuelos-Typus, weil tatsächlich die Form mancher Dolche der mitteleurop. G. mit derjenigen der Funde von Ciempozuelos übereinstimmt. Es handelt sich aber um eine recht einfache und primitive Form, die viel eher als internationaler Typus der Kupferzeit anzusehen ist.

§ 84. Die unverzierte voraunjetitzer Keramik Bayerns, Mährens, Böhmens und Thüringens ist wohl aus einer Einwirkung lokaler Umstände zu erklären und wäre vielleicht mit Begleiterscheinungen von früheren Gruppen (z. B. Rössen, Donaukeramik, Pfahlbautenkeramik Süddeutschlands) in Verbindung zu setzen.

§ 85. Man sieht hieraus, daß die Glockenbecherfrage, wenn auch schon vieles befriedigend erklärt werden kann, in manchem Punkte noch der Lösung harrt. Man darf von zukünftigen Funden, besonders in den Zwischengebieten Frankreichs, diese Lösung erwarten. So z. B. bez. des Weges der Einführung der Glockenbecherkeramik ins Rheingebiet. Ob sie durch die Belfortpforte, wie die geogr. Verhältnisse und einige Funde des oberen Rheintales auch glaubhaft erscheinen lassen, erfolgt ist, oder ob der Einbruch zwischen Eifel und Vogesen stattfand, wie Schumacher annimmt, und wie aus der Dichtigkeit der Funde im mittleren Rheintal zu schließen berechtigt erscheint, mag dahingestellt bleiben.

3. Die Frage der Möglichkeit der fernen Einwirkung der G. im O und im N. a) Ägäum. § 86. Man hat Einflüsse der Glockenbecherkeramik sogar im Ägäum annehmen wollen. Nach Schuchardt ist die Form des Silberbechers der zweiten Schicht Trojas als glockenbecherartig anzusehen und steht in Zusammenhang mit anderen span. Einflüssen, wie der Ursprung des Silbers selbst, die Formen der kretischen frühminoischen Dolche usw. Es handelt sich auf jeden Fall um Kulturgruppen, die später anzusetzen sind, da sie meistens in den Anfang der BZ gehören, während die Glockenbecher Spaniens und des w. Mittelmeeres noch kupferzeitlich sind. Im übrigen stützt sich die Annahme der Beeinflussung des Silberbechers von Troja durch die Glockenbecherkeramik auf bloße Profilähnlichkeiten, die schwerlich eine feste Basis für weitere Schlüsse bilden, wie auch anderweitiger span. Ursprung solcher frühen ägäischen Erscheiunngen fraglich erscheint.

b) Nordeuropa. § 87. Daß die Glockenbecherkeramik nach Vermischung mit der sächs.-thüring. Kultur auch auf Nordeuropa eingewirkt habe, wird allgemein behauptet. Es handelt sich aber nicht um einen direkten Einfluß der Glockenbecherkeramik, sondern nur um die Verbreitung an den Rändern des nord. Kulturkreises (z. B. die Funde von Dumsewitz auf Rügen und von Ørebygaard auf Laaland) durch Zonenbecher, die wohl nicht direkt vom Rhein, sondern durch die Vermittlung der Elb-Saalekultur bis dahin gelangt sind.

§ 88. Dieselbe Erklärung könnte die Art und die horizontale Anordnung der Ornamente an den Gefäßen von Gantofta (Schonen) und von Hankasalmi (Tavastland in Finnland; Band III Tf. 125 i) finden, welche zum Bootaxt-Kulturkreis gehören, und die nach Åberg mit einer span. Kulturströmung in Beziehung gebracht werden können. Wenn solche Einwirkung typologisch besteht, muß sie auch durch Vermittlung der Zwischenkulturen erfolgt sein und ist mehr mit den Zonenbechern als mit der G. in Zusammenhang zu bringen.

§ 89. Die Keramik vom Schönfelder Typus (s. d.) und ähnliche Erscheinungen (sog. schwed. Bandkeramik der Bootaxt-Kultur, jütländische Obergrabkeramik) werden von Åberg auch durch Einwirkungen der Glockenbecher-Keramik erklärt, welcher besonders die radiale Anordnung der Bodenornamente zugeschrieben wird. Das vorhandene Material scheint für solche Schlüsse nicht auszureichen, da die geographischen Gruppen der G. zwischen Spanien und dem Rhein nicht solche radiale Anordnung aufweisen, und wenn in den von der G. abhängigen Kulturgruppen ähnliche Erscheinungen vorkommen, wie z. B. in England, so handelt es sich um sehr weiterentwickelte Typen, die durch Vermischung verschiedenartiger Kulturelemente entstanden sind. Dadurch wird die Lösung der Frage erschwert.

4. Die Bedeutung der G. für die Chronologie der Kupferzeit. § 90. Auch diese Frage kann hier nicht ausführlich behandelt werden, sondern sie sei im folgenden nur kurz angedeutet.

Nach Hubert Schmidt ist die Verbreitung des Glockenbechers eins der wichtigsten Elemente zur Gewinnung einer festen Basis für die allg. Chronologie der Kupferzeit. Fast sämtliche Kulturgruppen mit Glockenbechern West- und Mitteleuropas und auch des w. Mittelmeeres dürfen als ungefähr gleichzeitig angenommen werden. Damit ist eine Brücke von Spanien bis zu Mitteleuropa einerseits, andererseits bis Sizilien und Italien geschlagen. Durch die mitteleurop. Gruppen kommt die G. in Berührung mit dem sächs.-thüring. Kulturkreis (dazu tritt noch die Vermischung beider Kulturen am Rhein und die Verbindung der G. mit gewissen voraunjetitzer Keramiktypen an der Saale und in der böhm.-mähr. Gruppe). Die kulturellen Verbindungen der fortgeschrittenen Stufen der Donaukultur der ö. Donau- und Balkanländer mit Thessalien und so zugleich mit den ägäischen Kulturen, deren fortgeschrittene Stufen in den mittl. und oberen Donauländern fehlen (an ihre Stelle tritt die Glockenbecherkultur selbst oder ihr parallel laufende Gruppen), schließen die ö. Seite des durch diese Verbindungen entstandenen Dreiecks. Zu diesen kulturellen Verbindungen in der Kupferzeit kommen andere der frühen BZ, welche die ungefähre Gleichzeitigkeit der der G. folgenden Kulturen überall beweisen. So kommt man zu dem Resultat, daß die frühe BZ, die im Ägäum der II. Schicht Trojas gleichsteht, der Glockenbecherzeit folgt, und daß letztere in die Zeit vor Troja II zu datieren ist. Da Troja II schon eine absolute Chronologie besitzt (nach 2500), so ist die Glockenbecherzeit die erste absolut datierbare Periode der prähistorischen Kulturentwicklung Europas und vor 2500 zu setzen.

A. del Castillo *La cerámica incisa de la cultura de las cuevas de la peninsula ibérica y el problema de origen de la especie del vaso campaniforme* 1922; ZfEthn. 1913 S. 238ff. H. Schmidt; Wien. Präh. Z. 6 (1919) S. 1ff. Palliardi; Ältere Auffassungen über die Frage: Montelius *Chron. d. ält. BZ.* 1900 S. 88ff., 116ff.; S. Müller *Urgeschichte Europas* S. 55; Much *Die Trugspiegelung orientalischer Kultur* 1907 S. 7; Reinecke *Zur jüngeren Steinzeit in Westdeutschland* Westd. Z. 19, 3 S. 258; ZfEthn. 1895 S. 121 Voß; Petrie *Diosp.* S. 15; Déchelette Manuel I 552ff.; Atti della Società romana di Antropologia 10 (1903) Colini; Píč *Starožitnosti;* Archiv f. Anthr. 7 (1909) S. 336ff. Schliz; L. Siret *Questions de chronologie et d'ethnographie ibériques* 1913 S. 205ff.

Zu § 74—75 s. die Literatur bei Frankreich B, Pyrenäenhalbinsel B.

Zu § 76—85: Zitierte Arbeiten von H. Schmidt, Palliardi, Schliz; Schumacher *Rheinlande* I (1921); Åberg *La civilisation énéolithique dans la péninsule ibérique* 1921; ders. *Das nordische Kulturgebiet in Mitteleuropa* 1918; zit. Arbeit von I. von Trauwitz-Hellwig in MAGW 54 (1924) S. 105.

Zu § 86—87: Schuchardt *Alteuropa* 1919 S. 172ff., 209.

Zu § 90: ZfEthn. 1913 S. 245ff.; Präh.Z. 1 (1909) S. 126ff. H. Schmidt.

Kartographisches über die G.: Wien. Präh. Z. 6 (1909) Palliardi; Schumacher *Rheinlande* I; 12. Ber. Röm. Germ. Kom. (1920) Wahle, Beiheft nebst Fundkatalog; Åberg *Nord. Kulturgebiet in Mitteleuropa* 1918; ders. *Die Steinzeit in den Niederlanden* 1916; MAGW 54 (1924) v. Trauwitz-Hellwig; Sächs. Jahresschr. 8 (1909) Größler; Castillo *La cerám. inc.* — Die hier veröffentlichte Karte, von Dr. A. del Castillo zur Verfügung gestellt, darf nur als Versuch einer zusammenfassenden kartogr. Darlegung der G. angesehen werden, stützt sich für Westeuropa auf das in dem Präh. Seminar der Univ. Barcelona zusammengebrachte Material; für das Rheingebiet auf Wahles oben angeführte Arbeit, für Thüring. auf Größler (s. o.); für Böhmen-Mähren hat Direktor Červinka in Brünn freundlichst eine vollständige Fundortliste und eine kartographische Darstellung derselben zur Verfügung gestellt.

P. Bosch-Gimpera

Glockenbecherleute. Der Schädel ähnelt sehr dem von Grenelle (s. d.), auf den er vielleicht zurückzuführen ist. Von oben gesehen ist er fast kreisförmig, im Profil ziemlich hoch und sehr kurz. Oberaugenbögen sind kräftig entwickelt, wohl ein Hinweis darauf, daß er einen Mischtyp darstellt: es dürfte Blut der nordeurop. Rasse bei seiner Bildung mitgewirkt haben, was wohl auch aus der Schmalheit des Gesichts und der prominenten, gut profilierten Nase zu schließen ist. Der Grundstock der Rasse dürfte aus dem zu Beginn des Neol. eingewanderten *Homo brachycephalus, var europaea* (s. d.) ent-

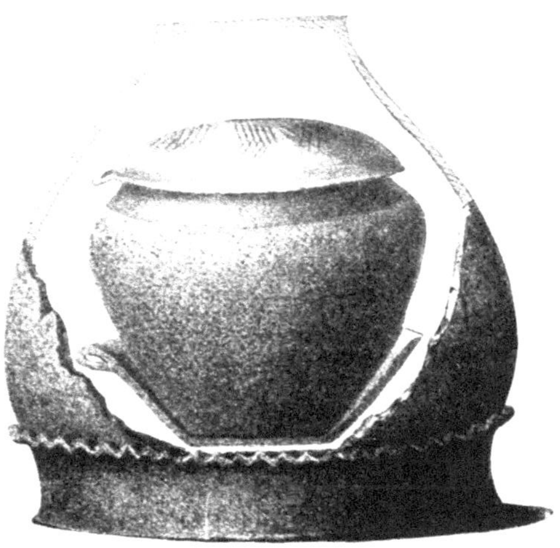

a

b

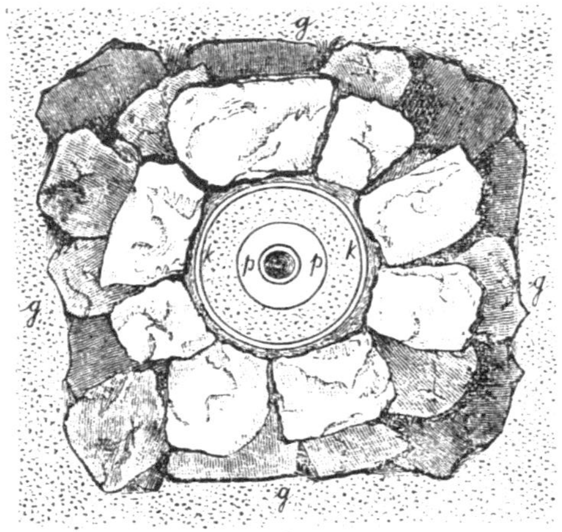

c

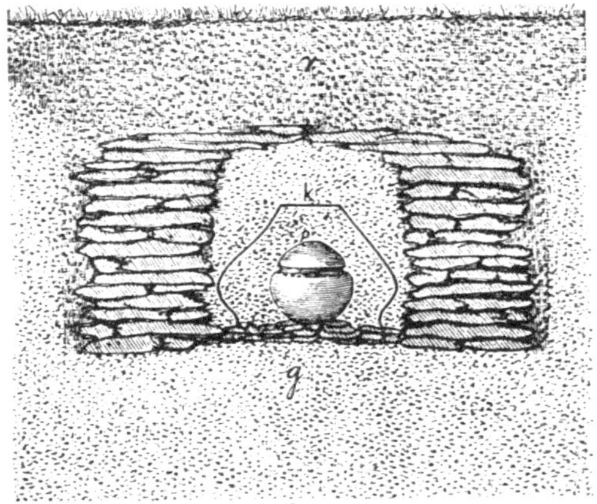

d

Glockengräberkultur

a. Brachnowko, Kr. Thorn. — b. Goscieradz, Kr. Bromberg. — c, d. Łochyńsko, Kr. Piotrkow. — Nach Ossowski.

standen, die G. selbst aus Westfrankreich gekommen sein, wo sich ein Zentrum dieser Rasse gebildet hatte.

A. Schliz *Beiträge zur präh. Ethnologie* Präh.Z. 4 (1912) S. 36ff. Reche

Glockengräberkultur, Ostdeutsch-Polnische (Tf. 153). § 1. Als Glockengräber bezeichnet man nach dem Vorgang Ossowskis solche Gräber, in denen die Urne (oft nebst Beigefäßen) von einem großen, umgestülpten, mehr oder weniger glockenförmigen Tongefäß bedeckt ist, das augenscheinlich als Schutz für den Knochenbehälter diente. Die ersten Glockengräber sind im J. 1870 vom Grafen Jan Zawisza in Grochów (Kr. Warschau) entdeckt worden, und seit dieser Zeit ist die Anzahl der bekannten Fundstätten dieser Gräber in Ostdeutschland und Polen auf etwa 100 angewachsen.

§ 2. Die meisten Glockengräber stehen frei in der Erde, bisweilen sind sie aber noch durch unterirdische Steinsetzungen geschützt (Tf. 153b—d). Die „Glocken" selbst sind durchweg aus ziemlich grobem Ton gefertigt und haben meist eine durch Grusbewurf künstlich gerauhte Oberfläche. Sie kommen in zwei Hauptformen vor. Die eine ist mehr oder weniger eiförmig, ziemlich schlank, ohne Hals, am Rande schräggekerbt und durchweg gerauht, die andere mehr bauchig und mit einem kurzen, glatten Hals versehen, der vom Bauch meist durch einen horizontalen, schräggekerbten Wulst getrennt ist. Jede „Glocke" birgt gewöhnlich nur die mit einer Schüssel bedeckte Urne; in mehreren Fällen steht jedoch die Urne in einem schüsselförmigen Untersatz (Tf. 153a), daneben kommen selten Gräber vor, die neben der Urne und dem schüsselförmigen Deckel noch 1—5 Beigefäße enthalten. In diesem Fall stehen die Beigefäße meist außerhalb der „Glocke". Einmal sind ausnahmsweise auch drei übereinander gestellte „Glocken" beobachtet worden (Gogolewo, Kr. Marienwerder).

§ 3. Die Urnenformen der ostd.-poln. G. ähneln im allg. denen der ostd.-poln. Steinkistengräberkultur (s. Gesichtsurnenkultur), dagegen weisen die Formen der Beigefäße — mit Ausnahme der als Deckel benutzten Schüsseln — oft Anklänge an die „Lausitzer" Keramik auf. Beigaben kommen in den Glockengräbern nur selten vor und dann gewöhnlich in zerschmolzener Form. Am häufigsten werden Bronzeringe mit aufgereihten Glasperlen angetroffen, die wohl als Ohrschmuck anzusprechen sind, seltener Nadeln, z. B. Kropf- oder Schwanenhalsnadeln (s. d.; bisweilen mit vertikalem Schalenkopf), noch seltener andere Gegenstände, z. B. Messer, Spinnwirtel, Pinzetten, Fibeln usw. Von Fibelfunden sind vor allem eine bronzene Tierkopffibel und zwei eiserne Certosa-Fibeln mit Armbrustkonstruktion aus Südpolen (Janina, Kr. Stopnica) zu erwähnen.

§ 4. Glockengräber der beschriebenen Form kommen ungefähr auf demselben Gebiet vor, wo die Steinkistengräberkultur auftritt, haben jedoch eine etwas mehr ö. Verbreitung. Sie sind aus etwa 20 FO in Pommerellen (Westpreußen) bekannt, aus etwa 30 Orten in Posen, etwa 45 im fr. Kongreß-Polen und aus zwei Orten in Schlesien. Im ö. Hinterpommern scheinen sie zu fehlen. Dagegen kommen verwandte Gräber weiter w. in Brandenburg (in den Kreisen: Westhavelland, Luckau, Zauch-Belzig) und in der Altmark vor (im Kr. Stendal und Jerichow II), die allerdings einer viel früheren Zeit angehören. Während nämlich die ostd.-poln. Glockengräber — nach den Gefäßformen und Beigaben zu urteilen — frühestens dem 5. Jh. v. C. angehören und bis in die Mittellatènezeit fortdauern, stammen die brandenburgisch-altmärkischen Glockengräber aus der IV. bzw. V. Per. der BZ. An irgend einen Zusammenhang zwischen den beiden räumlich und zeitlich vollständig isolierten Gruppen ist daher vorderhand nicht zu denken.

§ 5. Die ostd.-poln. Glockengräber kommen im n. Teil ihres Verbreitungsgebietes meist untermischt mit Steinkistengräbern vor, im S dagegen bilden sie oft besondere Gräberfelder für sich. Aus ihrem Zusammenvorkommen mit Steinkistengräbern und aus der Verwandtschaft der Gefäßformen beider Gruppen hat Ossowski auf völkische Identität ihrer Träger geschlossen. Wenn man jedoch berücksichtigt, daß die Steinkistengräber fast durchweg mehrere Bestattungen enthalten, die Glockengräber dagegen Einzelgräber sind, so zeigt sich, daß die Glockengräber einem anderen Volke angehören als die Steinkistengräber. Am nächsten liegt hier, die von der Steinkistengräberkultur überlagerte „Lausitzer" Grundbevölkerung als Träger der G. anzunehmen, und zwar sowohl der Grabform wegen (hier und da Einzelgräber!) als mit Rücksicht auf die Verwandtschaft der Formen der Beigefäße in beiden Kulturen. Westgermanen, an die u. a. Blume dachte, kommen wohl kaum in Frage, schon allein deswegen, weil die Glockengräber eine mehr ö. Verbreitung haben als die Steinkistengräber. Auch die w. Gruppe der Glockengräber, die z. T. dem westgerm., z. T. dem „Lausitzer" Kulturgebiet angehört, scheint einer ähnlichen Ursache ihre Entstehung zu verdanken. Hier und da wird die Tonglocke wahrscheinlich als Ersatz der schwieriger herzustellenden und vielleicht für die herrschende Bevölkerung vorbehaltenen Grabform: der Steinpackung bzw. Steinkiste, zu deuten sein.

Ossowski *Mon. préh.* S. 115 ff; ZfEthn.Verh. 1895 S.102 ff.; Beitr. z. Gesch., Landes- und Volkskunde der Altmark 3 S. 11 ff. P. Kupka.

J. Kostrzewski

Gluttopf. Unter dieser Bezeichnung versteht Bella einen eigentümlichen, jedenfalls dem Ausgange des Neol. angehörigen Gefäßtypus, der anscheinend — von einigen spärlichen gleichartigen Resten von Langenlois, Großweikersdorf, Limberg und Dippersdorf in Niederösterreich (Wien. Präh. Z. 1920/21 S. 70) und von Rossitz in Mähren (Sudeta 1925 S. 3 Abb. 1) abgesehen — bisher nur in Ungarn, hier aber, namentlich in den Siedelungen der ungar. Tiefebene, wenn auch fast ausschließlich nur in Fragmenten, sehr häufig zum Vorschein gekommen ist. Wie ein im Nat. Museum zu Budapest befindliches, gut erhaltenes Stück lehrt, bestanden diese Gluttöpfe aus einem kugeligen Gefäßkörper mit Standfläche und einem mittelhohen, zylindrischen Halse mit scharf abgeschrägtem Rande. Sowohl der Bodenteil als die Innenwandungen des Gefäßkörpers, mit Ausnahme des Halsteils, sind mit zapfenartigen Ansätzen bedeckt, die senkrecht ins Innere des Gefäßes hineinragen. Wie Bella wohl mit Recht annimmt, sollte diese Zapfenbekleidung ein Zusammenfallen und Verlöschen der in den Gefäßen aufbewahrten Kohlenglut verhindern. Außerdem waren diese Gluttöpfe auch noch zum Transport des Feuers besonders gut geeignet. Sie entsprechen also, die Richtigkeit der Deutung vorausgesetzt, bis zu einem gewissen Grade dem noch heute in manchen Gegenden Skandinaviens üblichen, zur Aufbewahrung des heiligen Dauerfeuers dienenden *Lödurr* (d. i. **luk-turó-s* „Lichtkorb"), der quellengemäß auch für Rom, Griechenland und Indien bezeugt ist und seine Analogien in den wannenförmigen Gefäßen vom Laibacher Moor, von Anghelu Ruju, Tepe Aly-Abad usw. hat (Wilke *Religion der Indogermanen* 1923 S. 119f.). Doch fehlt bei diesen Gefäßen die Bekleidung des Bodens und der Wände mit Zapfen. S. a. Ásotthalom, Terramare A.

G. Wilke

Glyptik. A. Ägäischer Kreis (Band VII Tf. 44, 58, 72, 75).

§ 1. Im griech. Gebiet ist die G. zuerst in der früh-min. Zeit Kretas (2. Hälfte des 3. Jht.) nachweisbar, hier aber schon sehr weit ausgebildet. Den Grund dazu bot die Sitte, daß jedermann ein persönliches Insiegel führte. Die min. bestehen meist aus Elfenbein, viel seltener aus weichem, schwarzen Stein. Äg. Einflüsse beweisen Funde von Skarabäen und Nachbildungen von solchen; zahlreich sind auch Petschafte mit knopfförmigen Griffen oder in Form von Affen, Vögeln, Stieren. Auch zwei babyl. Siegelzylinder, einer ins ausgehende 3. Jht. datiert, sind gefunden. Die Form hat sich indessen niemals auf Kreta recht eingebürgert, ebensowenig der Stil.

§ 2. Außer einfachen Linearmustern zeigen diese Petschafte auch reiche Spiralverzierung, Blätter und Zweige, seltener lebenswahr bewegte Tiere. In der G. äußert sich am frühesten die naturalistische Tendenz der min. Kunst. Die Entwickelung schreitet stetig fort durch die ganze mittelmin. Per. (1. Hälfte des 2. Jht.) in enger Verbindung mit der Bilderschrift (s. Kretische Schrift), die auf diesen Insiegeln zuerst erscheint, zugleich mit der Verwendung des Rades, einer altorient. Erfindung, welche die Bearbeitung harter Gesteine wesentlich erleichtert (Furtwängler *Ant. Gemmen* III 29f.). Außer erhaltenen Petschaften, häufig in der Form drei- oder vierseitiger Stäbe, sind massenhaft tönerne Siegelabdrücke gefunden worden, neben solchen mit Bilderschrift, oft auf demselben Tonklumpen, Abdrücke ovaler oder runder Gemmen, mit sehr schönen, lebenswahren Bildern: Pflanzen und Tiere, menschliche Darstellungen, sogar Porträtköpfe eines Fürsten und eines jugendlichen Prinzen.

§ 3. Im späteren Verlauf der mittelmin. Per. wird die Bilderschrift durch eine lineare ersetzt und verschwindet deshalb auf den Petschaften, die nunmehr stets rein bildliche Darstellungen oder dekorative Muster tragen. Um dieselbe Zeit erscheinen die ersten min. Gemmen auf dem Festlande. Als Material tritt neben Halbedelstein das Gold in Gestalt von Ringen und Schiebern. Die Siegelbilder sind z. T. ganz hervorragende Kunstwerke (vor allem einige aus Knossos und die goldenen Ringe und Schieber aus den myk. Schachtgräbern). Auch Szenen mit mehreren Figuren sind nicht selten. Da die Bilderschrift verschwunden ist, führt das Bedürfnis nach individuell unverkennbaren Insiegeln zu einem unendlichen Variieren der Darstellung, besonders zur Erfindung oft grotesk unorganisch zusammengesetzter Fabelwesen (s. Fabeltier A).

§ 4. Ganze Archive solcher Siegelabdrücke sind auf Kreta gefunden worden, mehr als 450 verschiedene Typen in einem Zimmer des Palastes von Hagia Triada, gegen 500 in einem kleinen Hause von Zakro (man könnte es die Bürgermeisterei nennen), sehr zahlreiche auch in Knossos. Außerhalb Kretas ist die kret. Sitte persönlicher Insiegel offenbar nicht eingedrungen (ein paar Siegelabdrücke in Mykenai und Asine, BSA 23 [1921]); daher sind die Typen viel weniger zahlreich und einfacher. Anderseits ist das Festland in der G., wie in allen Künsten, während der jüngeren Phasen der spätmin. Periode Kreta künstlerisch weit überlegen. Mit dem Ende des 15. Jh. setzt ein fortschreitender Niedergang, eine Erstarrung und Verknöcherung der Typen, ein. In den allerjüngsten myk. Gräbern fehlen die Gemmen. Doch hat man in Mykenai noch die Werkstatt eines Gemmenschneiders voll unbearbeiteter Steine gefunden. Die Kunst geht hier mit der myk. Kultur zugrunde. Nur an entlegenen, nicht von den Eroberern zerstörten Orten hält sich die G., vor allem auf den Inseln. Die sog. Inselsteine sind entartete Nachkommen der spätmyk. Gemmen und bieten künstlerisch nichts Neues. Sie reichen wohl bis ins 8. oder 7. Jh. hinab, spielen aber in der sog. geometrischen Kunst keine wesentliche Rolle.

S. Kreta B, Kretische Schrift. — Frühminoisch: Ἐφ. ἀρχ. 1907 Tf. 6—8; Memor. Ist. Lomb. 1905 S. 248 ff. Tf. 10, 11 F. Halbherr; Ausonia 8 (1913) Beibl. S. 19 ff. R. Paribeni; Δελτίον 3 (1918) S. 46 ff. Tf. 15, 16 J. Hazzidakis; A. Evans *Pal. Minos* I 117 f.; ders. *Cretan Pictographs* 1895 S. 112 ff.; H. Bossert *Altkreta*² 1923 Abb. 223, 327; Xanthudides *Vaulted Tombs of Mesarà* (1924) Tf. 4, 8, 14 f. — Ägyptische Einflüsse: D. Fimmen *Kret.-myk. Kultur*² 1924 S. 154; F. v. Bissing *Anteil d. äg. Kunst* Münch. Akad. Festr. 1912. — Babylon. Cylinder: R. Seager *Explor. in Mochlos* 1912 S. 111; A. Evans *Pal. Minos* I 198. — Mittelmin.: Anfänge der Bilderschrift A. Evans *Scripta Minoa* I 1909; ders. *Pal. Minos* I 199 ff. (auch JHS 14 [1894] S. 270, 17 [1897] S. 327). — Frühe Beispiele (MM I): *Scripta* S. 19 ff., 152; BSA 8 S. 107. Jüngere (MM II): *Scripta* S. 270 Tf. 2. — Schöne Bilder vor allem BSA 9 S. 55 ff.; *Scripta* S. 22, 144 ff. — Porträts: ebd. S. 272; *Pal. Minos* I 271 ff. — Spätmin.: Goldringe u. ä. A. Evans *Pal. Minos* I 432 ff.; ders. *Tomb of Double Axes* 1915 S. 9 ff.; JHS 21 (1901) S. 108 ff.; Bossert Abb. 229—235. — Archive v. Siegelabdrücken: Mon. Linc. 13 (1903) S. 29 ff.; BSA 7 S. 133; JHS 22 (1902) S. 76 ff. Tf. 6—10. — Ältere festländ. Gemmen z. B. Ἐφ. ἀρχ. 1899 Tf. 10 Chr. Tsuntas; V. Staïs *Coll. mycén.*² 1915 S. 173 ff. — Jüngere Gemmen: A. Evans *Preh. Tombs Knossos* S. 448; Mon. Linc. 14 (1904) S. 577—718 Tf. 40; Ἐφ. ἀρχ. 1887 Tf. 13, 1888 Tf. 9, 10; V. Stais *Coll. mycén.*² 1915 S. 95 ff.; Perrot-Chipiez VI 843 ff.; H. Bossert Abb. 315 ff. — Vgl. im allg. G. Karo in *RE* XI (1921) S. 1747 ff., 1761 f., 1781 f., 1790 f. (auch Ath. Mitt. 35 [1910] S. 178). G. Karo

B. Ägypten, Palästina-Syrien s. Siegel A, B.

C. Vorderasien (Tf. 154—163). § 1. Zu den häufigsten Fundgegenständen in Vorderasien gehören die Siegel. Ihres kostbaren Materials wegen werden sie heute noch von den Einheimischen vielfach als Schmuck getragen. Von den zwei verschiedenen Arten, den Siegelzylindern und den Siegelstempeln, ist die erstere am weitesten verbreitet. Das Ursprungsland des Siegelzylinders ist Mesopotamien, aber man hat diese Form nicht nur in andern Ländern, wie Assyrien, Palästina, entlehnt, sondern die babyl. Siegelzylinder sind selbst in entlegene Gegenden gewandert, wo man sich des Stempelsiegels bediente. Eine Reihe von Siegelzylindern aus der Hammurapi-Zeit fand man in Memphis (Journ. Eg. Arch. 8 [1922] S. 207f. Sidney Smith), andere wurden von Cesnola in Zypern (Tf. 163 b) ausgegraben (Cesnola *Salaminia* Tf. 12, 15); man fand auch in Olympia (Textband IV 187 A. Furtwängler [s. Tf. 162 c]) einen Siegelzylinder, der beim Prytaneion in tiefster Schicht zutage kam und sich um 700 v. C. datieren läßt. Die leichte Beweglichkeit und der Wert als Schmucksteine brachte es mit sich, daß gerade die Siegel zu den ältesten zahlreicheren Fundstücken gehören, die früh nach Europa gelangt sind (Tf. 163 a). Neben den Originalstücken der Siegelzylinder und Siegelstempel besitzen wir vor allem Zeugnisse ihrer praktischen Verwendung in unzähligen Abrollungen und Abdrücken auf den Tontafeln und Tonplomben (s. d.). Dem Alter nach stehen dabei die Siegel auf Tonplomben voran, die es schon in ältester Zeit häufig gibt, während das Siegeln der Tontafeln erst in sem.-akkad. Zeit (2700 v. C.) allgemein aufkommt.

§ 2. Die älteste Art des Siegels ist der Siegelzylinder, der im alten Babylonien — zeitweise auch im ältesten Ägypten — vorkommt und wegen der leichten Abrollung auf dem gewöhnlichen Material, dem Ton, bis in späteste Zeiten in Babylon im Gebrauch geblieben ist. Erst vom 8. Jh. ab wird allmählich der Siegelstempel (s. § 6) in Verwendung genommen. Die Form des Siegelzylinders ist meist rein zylindrisch, daneben in der Frühzeit konkav eingezogen, später auch konvex, tönnchenartig gestaltet. Der Siegelzylinder ist von beiden Seiten her, der Länge nach, durchbohrt. Man trug ihn vertikal hängend an einem Bande, das durch die Öse eines Metalldrahts gezogen wurde. Der doppelt zusammengelegte Draht wurde durch die Rille des Zylinders gesteckt, an einem Ende zu einer Öse herausgezogen, während am andern Ende des Zylinders die beiden Drahtenden nach auswärts gebogen wurden (Rev. Arch. 28 [1874] S. 114 E. Soldi; O. Weber 1 Nr. 5; V. Place *Ninive* Tf. 76, 36; hier Tf. 154 d; vgl. Rec. de Trav. 30 S. 133 [XIa]; J. Oppert *Expédition en Mésopotamie* Tf. 14, 1). Mitunter ist auch der Siegelzylinder einseitig mit einer Kuppe mit Öse daran gearbeitet oder trägt einen Henkel, alles aus demselben Material (Lajard *Mithra* 17, 8; 52, 5; O. Weber 11; Soldi a. a. O. S. 125; J. B. Nies *Collect.* II Tf. 76e; C. W. King *Ant. gems* III 4). Eine Kuppe mit Bronzering hat der Zylinder bei Menant *Glyptique* I Abb. 13. Nach Siegelabdrücken hatten manche auch eine Kuppe aus Goldblech (Weber 12). Einige mit Kuppe versehene Siegelzylinder sind nicht durchbohrt, tragen vielmehr auch ein Bild auf der runden Schmalseite (MVAG 1900, 4 Tf. 44 1—3 L. Messerschmidt). Ein Zylinder mit zweiseitiger Kuppe ist in Brüssel (Nr. 606; bei Speleers *Catalogue* S. 138). — Der Seltenheit wegen sind hier alle greifbaren Exemplare aufgezählt. — Das Material sind in frühester Zeit Muschel, Kalkstein, Marmor, Kragonit, Alabaster, also weiche Gesteinsarten, dann auch Halbedelsteine, Lapislazuli, Chalzedon, Achat, Jaspis, seit der Dungi-Zeit der Hämatit, in assyr. Zeit besonders Bergkristall und eine bläuliche künstliche Masse (s. Kunstgewerbe D).

§ 3. Die Inschriften auf den Siegelzylindern sind in der Regel — auch noch in assyr. Zeit — vertikal eingeschnitten. Die Schriftzeichen sind in altbabyl. Zeit in Spiegelschrift gehalten, so daß bei der Abrollung die Inschrift lesbar herauskam. Dagegen haben die späteren Siegel, vom 9. Jh. ab, die Inschrift in richtiger Stellung auf dem Original selbst, so daß sie sich im Spiegelbilde abrollte. Hierbei ist die Schrift gewöhnlich nachträglich regellos auf den freien Raum der bildlichen Darstellung verteilt, während in der erstgenannten Zeit die Inschrift eingerahmt, schön geordnet, einen eigenen, vom Siegelmacher vorgesehenen Raum innehat. Die Beischriften enthalten: 1. den Namen des Inhabers, manchmal auch mit einer Widmung an höherstehende Personen, 2. Götternamen oder 3. Wunsch- und Gebetsformeln. Alle Siegel sind mit Bildern geschmückt, meist mythologischen und religiösen Charakters. Sie sind vorwiegend Schmuck des Siegels zur Freude des Besitzers. Die Beischriften 1 und 3 wollen und können in der Regel keine Beziehungen oder Hinweise auf die Darstellung geben, eher noch die Götternamen. Und auch bei diesen ist ein Zusammenhang oft nur recht lose. Am häufigsten sind Götternamen auf Siegeln der Ḫammurapi-Zeit, als man sie fabrikartig her-

a

b

e

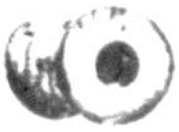

h

k

l

m

Glyptik C. Vorderasien

a—i. Typen von Siegelzylindern und -stempeln in Paris (Bibl. Nat.). Akkad. (h Nr. 71), Kassit. (b Nr. 300), assyr. (a Nr. 399, d 391, e 425, i 354), spätassyr. bzw. neubabyl. (c 530, f 566, g 603), Siegel mit Griff (d 391). Nach Delaporte. — k. Siegel der *Erištišara,* Tochter des *Awêl-Šamaš,* Priesterin („Dienerin") der Götter Marduk und Nergal (Hammurapizeit), in Privatslg. Berlin. Nach „Berl. Tageblatt", Weltspiegel vom 2. 7. 1922 [Nr. 27]. — l—m. Abdrücke eines Siegels mit Beischrift *Enki* und *Damgalnunna* auf Tonhülle einer Tontafel der Zeit des Hammurapi in Philadelphia. Nach Babyl. Exped. VI, 1.

a

b

c

d

e

Glyptik C. Vorderasien

Sumerische Zeit (um 3000): a. Siegelabdruck des Lugalanda von Lagaš. Slg. Allotte de la Fuye. Nach Weber. — b. Desgl. Nach Meissner. — c. Desgl. der Barnamtarra, Gemahlin des Lugalanda von Lagaš. Ebd. Nach Meissner. — d. Desgl. des Eniggal, Haremsekretär von Lagaš. Ebd. Nach Weber. — e. Desgl. des Imdugud-Sukurru von Schuruppak. Berlin (VA 6541). Nach Weber.

a

b

c

Glyptik C. Vorderasien

Sumerische (a) und Akkadische (b–c) Zeit (um 3000 und 2700): a. Lapislazuli-Siegelzylinder des Nammahka aus Schuruppak in Berlin (VA 3407). Nach Photographie. — b. Siegelabdruck des Naram-Sin von Akkad, in Paris. Nach Meissner. — c. Siegelabdruck der Tudašarlibiš, Tochter des Šarkali-šarri von Akkad, in Paris. Nach Meissner.

a

b

c

d

Glyptik C. Vorderasien

Akkadische Zeit (um 2700): a. Nephrit(?)-Siegelzylinder des Zin-ulmaš, Sohn des Naram-Sin von Akkad, in Slg. Sarre. Nach Photographie. — b. Siegelzylinder des Bin-kali-šarri, Königssohn, in New York. — c. Dgl. des Puzur-Šamaš, *šangu* von Duru (Deri), in London (Br. M. 89147). Nach Furtwängler. — d. Dgl. des Schar-kali-scharri von Akkad in Slg. de Clercq (Nr. 46). Nach Meissner.

stellte, wobei man typische Szenen oder Göttertypen eingravierte: z. B. einen Gott im Typus des Naram-Sin von seiner Stele aus Susa (AO 15 Abb. 39 B. Meissner) und eine Göttin mit segnend — nicht fürbittend — erhobenen Händen, wie auf dem Gudea-Siegel (B. Meissner a. a. O. Abb. 69); daneben ließ der Siegelschneider einen leeren Raum für die Inschrift des zukünftigen Besitzers. Fand sich dieser z. B. in der Person eines Priesters des Wettergottes, so wurde nachträglich noch ein Blitzsymbol in der Nähe des „Naram-Sin-Gottes" hinzugefügt, und der Gott wurde dadurch zum Wettergott Adad. Die Götter sind also beliebig hergenommene, feststehende Typen, erst durch äußere Beizeichen zu einem ganz bestimmten Gott gestempelt.

§ 4. In einzelnen Fällen tragen aber auch die Beischriften 1 zur Erklärung der Darstellung bei, wenn eine Widmung enthalten ist und das Bild besondere charakteristische Merkzeichen hat, wie Bartlosigkeit. Die besten Beispiele sind der von E. Meyer vortrefflich erklärte Siegelzylinder des Kalki (E. Meyer *Sumerier und Semiten* Abh. Preuß. Ak. 1906 S. 73) und die dem Naram-Sin (Weber 431) und Ibi-Sin (The Mus. Journal Philadelphia 1920 S. 169ff. L. Legrain) gewidmeten Siegel. Sie sind eigens für die Inhaber angefertigt, die wir in den bartlosen Personen wiedererkennen, die wie Kalki dem durch Vollbart und Barett gekennzeichneten Königsbruder Ubil-Ischtar auf dem Fuße folgen, oder den Sonnengott oder den Ibi-Sin verehren, der als Gottheit, mit dem Phantasievolant-Kleide und der Wollmütze (s. Krone B) angetan, dargestellt und als Sumerer rasiert ist im Gegensatz zu den Göttern sonst (Tf. 204 d). Solche individuell charakterisierten Bilder haben die Siegel in der sumer. und in der akkad. Per. Die sumer. Zeit schuf die mythologischen Motive, Darstellung von Kämpfen von mythischen Helden mit mythischen Tierwesen. Die akkad. Zeit aber fügte die religiösen Motive hinzu, Darstellungen aus dem Kultus, Anbetung der Götter und Opfer vor ihnen. Die neusumer. Zeit erweiterte diese Motive. So bildeten sich typische Formen von Göttern, Wesen und von ganzen Szenen. Schon in der Hammurapi-Zeit war der Sinn der Darstellung verblaßt. Man griff wohlgefällige Typen heraus und komponierte neue Szenen aus ihnen. Erst die Beifügung zahlreicher Symbole gab den Typen einen bestimmten Charakter, wie schon oben gezeigt. Mit dem Wechsel der Kultur in kassitischer Zeit kamen wiederum neue Motive zur Darstellung, die in assyr. Zeit durch eigene mythologische Anschauungen erweitert wurden. Neben diesen mythologischen und religiösen Bildern gingen zu allen Zeiten solche der profanen Kultur einher, treten aber gegen die erstgenannten zurück. Die Vorbilder zu den Darstellungen haben wir in der großen Kunst zu suchen, was z. Z. für die Gudea- und die assyr. Zeit durch Vergleich mit den erhaltenen Reliefs wahrscheinlich ist, für andere Zeiten mangels großer Denkmäler vermutet werden muß.

§ 5. Die Geschichte der G., wie sie hier schon kurz angedeutet ist, ist an der Hand der datierten und erklärbaren Siegel zu entwickeln, die Fürstennamen enthalten. J. Menant (*Glyptique Orientale*) hat dies schon im großen und ganzen durchgeführt. Inzwischen sind aber neue datierte Funde gemacht worden, so daß man noch erheblich weiter damit kommen kann. Erst wenn eine ununterbrochene Reihe festbestimmter Siegelbilder vorliegt, ist es möglich, undatierte, unbeschriftete Bilder heranzuziehen und den Inhalt der Darstellungen zu ermitteln, über den die Beischriften fast gar keine Auskunft geben. Die unbewiesene vorgefaßte Meinung der Panbabylonisten, daß das religiöse System im Alten Orient von Anfang bis zu Ende dasselbe war, daß z. B. assyr. Institutionen auf die graueste Vorzeit zurückgehen, beherrscht gerade noch die Werke über G., in denen man ohne Anstand assyr. Typen mit altsumer. gleichsetzt, indem man so die Stagnation anstelle der Entwicklung annimmt. Die meisten Abhandlungen über die Siegelzylinder sind unter diesen Voraussetzungen verfaßt und bringen unbewiesene Erklärungen von religiösen Motiven, die sich erst nach völkischer Fixierung der Siegel gewinnen lassen; sie sind unfruchtbar, weil sie sich über das Wichtigste, die zeitliche Entwicklung innerhalb von $2^1/_2$ Jahrtausenden, rücksichtslos hinwegsetzen. Es bedarf bez. der hist.

Einordnung der Siegel erst noch minutiöser Untersuchungen, die vorerst L. Curtius für die archaïsch-sumer. Zeit mit Erfolg durchgeführt hat (s. a. Arch. f. Keilschriftf. 2 [1924] S. 30f. E. Unger).

§ 6. Die kalotten- oder kegelförmigen Stempel mit runder oder ovaler, später auch polygoner Stempelfläche kommen vereinzelt in alter sumer. Zeit vor (Weber 2, 2a). Sie wurden aber gänzlich von den Siegelzylindern verdrängt. Im Hettiterlande bevorzugte man zur Amarnazeit die Siegelstempel, wie einige Abdrücke auf Tafeln und Tonplomben zeigen. Vom 9. Jh. an drang diese Siegelart auch in Babylonien und Assyrien allmählich ein und gelangte in neubabyl. und pers. Zeit zur Herrschaft. Die Bilder sind wegen der kleinen verfügbaren Fläche unbedeutender als die der Siegelzylinder. Darstellungen von Tieren, Göttern, opfernden Personen, Symbolen sind dabei verwendet.

§ 7. Als die wichtigen Merkmale der Entwicklungsgeschichte der Siegelbilder haben sich mir, nach dem Stand unserer Kenntnis, folgende ergeben. Die Verschiedenheiten und Kennzeichen erschließen sich dabei aus einer Beobachtung des Inhalts, der künstlerischen Form, der Inschrift und der Kultur. Diese letztere scheidet die gesamte Entwicklung in zwei Teile. Die erste Per., von 3200—1900, steht unter dem besonderen Einfluß der Sumerer; sie umfaßt a) die sumer., b) die akkad., c) die neusumer. und d) die altbabyl. Epoche der Isin- und Ḫammurapi-Zeit. Die zweite Per., von 1700—600, steht unter kassit. und assyr. Einfluß; sie umfaßt die kassit. und die assyr. Epoche (vgl. u. die chronol. Liste von 99 datierten Siegelzylindern).

§ 8. Erste Periode. a) Sumer. Epoche. Inhalt: Mythische Szenen. Ein Löwe greift einen Wisent (so mit M. Hilzheimer *Der Wisent in Mesopotamien* Der Naturforscher 1924 S. 348f.) an, der von der Wisentkuh, mit weiblichem Haarzopf, Brüsten und menschlichen Armen, verteidigt wird. Daneben tritt der „Wilde Mann" auf, bisher willkürlich und irrig als Gilgamesch (s. d.) gedeutet, und zwar als Schützer des Wisents und andrer Tiere, Ur-Kälber, Hirsche usw. Die Form sucht symmetrische Gestaltung und Komposition, auf Füllung berechnet, die Abrollung ist unendlich, ohne Hiatus. Die Inschrift ist nebenbei als Bildbestandteil beigeschrieben, nennt den Siegelbesitzer und ist ohne Beziehung zur Darstellung. Die Sumerer sind die Gründer der Kultur. Die Verehrung des Wisents, der nur in kälteren oder hochgebirgigen Gegenden vorkommt, läßt aber mit M. Hilzheimer auf eine ö. Urheimat der Sumerer im Gebirge schließen (Tf. 155, 156a). b) Akkad. Epoche. Inhalt: 1. Mythische Szenen. Ein neues Gebilde, der (Wisent-)Stiermensch (s. Mischwesen) im Kampf mit Löwen, der „Wilde Mann" im Kampf mit Löwen oder einem neuen Tier, dem Arni-Büffel (so mit M. Hilzheimer). Arni-Büffel im Kampf mit Löwen, der „Wilde Mann" den Arni-Büffel tränkend (Tf. 157, 163a). 2. Religiöse Szenen, Opfer, Anbetung vor der Gottheit (Tf. 156b). 3. Profane Szenen, kriegerischer Zug, oder der Hofbeamte vor der Prinzessin mit ihrer Zofe (Tf. 156c). Die künstlerische Form zeigt die Zusammenfassung des Bildes samt Inschrift zu einer Einheit, die Schrift im Zentrum, das Bild symmetrisch gruppiert. Luftige Darstellung. Symmetrie durch Wiederholung mit Hiatus in der Darstellung oder einfache Reihung der Bildelemente mit unendlicher Abrollung. Elegante, gut proportionierte Gestaltung. Inschrift: Widmung des Inhabers an eine höhere Person mit der Formel „Dein Diener". Beziehung auf die Darstellung nur bei religiöser und profaner Szene, da hier der Inhaber oder auch der mit der Widmung Beehrte abgebildet ist (Tf. 156b—c). Die Inschrift ist wie in der I. Periode rein als Beischrift gedacht, sie nimmt aber immer selbständigeren Raum ein. Die akkad.-sem. Zeit brachte schnell neue Elemente in die Kultur und veränderte sie z. T. völlig, z. B. sogar die Schrift, die damals auf Tontafeln von der senkrecht-linksläufigen in die horizontal-rechtsläufige umgewandelt wurde. Zu gleicher Zeit nahm die Steinschrift die Keilform an. c) Neusumer. Epoche. Inhalt: Religiöse Szenen der Anbetung, Einführung oder Opfer vor dem Gott. Charakterisierung der Götter durch Symbole, die in akkad. Zeit beginnt, wird gesteigert (Tf. 158). Form: Keine Symmetrie, nur Reihung. Schrift und Bild sind selbständig nebeneinander. Keine unbedingte

a

c

b

d

e

f

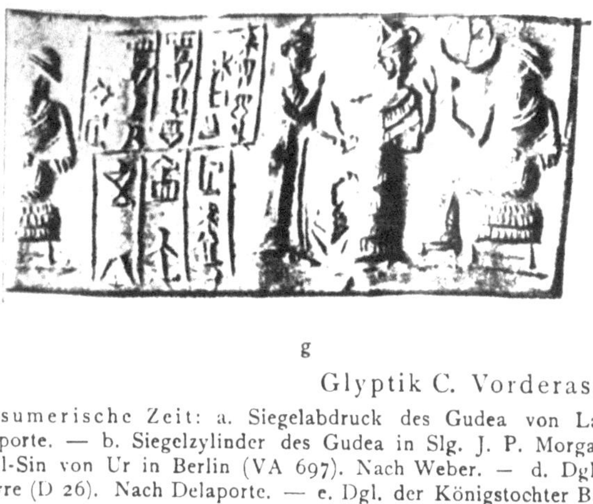

g

h

Glyptik C. Vorderasien

Neusumerische Zeit: a. Siegelabdruck des Gudea von Lagaš in Paris, Louvre (T 108). Nach Delaporte. — b. Siegelzylinder des Gudea in Slg. J. P. Morgan (Nr. 52). Nach Ward. — c. Dgl. des Gimil-Sin von Ur in Berlin (VA 697). Nach Weber. — d. Dgl. der Königstochter Mamaniša in Paris, Louvre (D 26). Nach Delaporte. — e. Dgl. der Königstochter Baqartum ebenda (A 255). Nach Delaporte. — f. Dgl. des Bur-Sin von Ur (oder Isin) in Berlin (VA 2720). Nach Photographie. — g. Dgl. des Ibi-Sin von Ur in Slg. J. P. Morgan (Nr. 61). Nach Ward. — h. Siegelabdruck des Ibi-Sin auf Kappadok. Tontafel, Rücks. unten. Nach Rev. d'Assyr. 8.

a

b

c

d

e

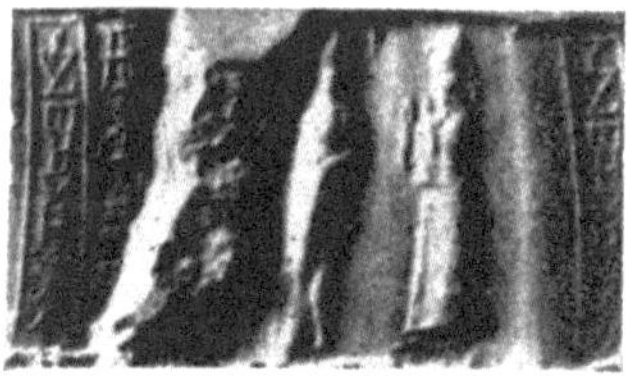

f

g

Glyptik C. Vorderasien

Zeit der Hammurapidynastie: a. Siegelzylinder der Sumu-abum von Babylon in Philadelphia (CBS 1111). Nach Legrain. — b. Dgl. des Sumu-la-ilu von Babylon in Paris (Bibl. Nat. 138). Nach Delaporte. — c. Dgl. des Sin-magir von Isin in Paris (ebenda Nr. 225). Nach Delaporte. — d. Dgl. des Hammurapi von Babylon in Paris (ebenda Nr. 200). Nach Delaporte. — e. Siegelabdruck auf Tontafel der Zeit des Ammizaduga von Babylon in Philadelphia. Nach Babyl. Exp. VI, 1. — f. Siegelzylinder des Ibik-Adad von Tupliasch(?) in Paris, Louvre. Nach Delaporte. — g. Dgl. der Bêltani, Gemahlin des Rim-Sin von Larsa, in Berlin (VA 3589). Nach Messerschmidt.

Raumfüllung, als Erbteil der vorigen Zeit; freigearbeitete Gestalten. Inschrift: Widmung an einen Fürsten durch den Siegelinhaber, der im Bilde dargestellt ist. Am Ende der Periode auch gleichzeitige Darstellung des Beehrten, eines vergöttlichten Königs (Tf. 158e; s. a. Tf. 204d). Das Zeichen der neusumer. Kultur ist teilweise Ausmerzung fremder (sem.) Elemente und langsam aufbauende Entwicklung. d) Altbabyl. Epoche (Isin- und Ḫammurapi-Zeit). Wenn der Siegelzylinder in Berlin (VA 2720; s. Tf. 158f) der Isin-Dynastie angehört, so steht der Anfang der Per. noch ganz im Bann der vorigen Zeit. Sonst ist aber ein gewaltiger Unterschied festzustellen, der auf Konto der neu aufkommenden Semiten zu setzen ist. Inhalt: 1. Religiöse Szenen, Anbeter vor der Gottheit (Tf. 159a, b, f); 2. Darstellung von Göttertypen: „Naram-Sin-Gott", wohl in bewußter Anlehnung an den akkad.-sem. König (Tf. 159c, d, g; 160c, e); segnende Göttin (vgl. § 3; s. Tf. 154k; 159cff.); Gottheit, den r. Fuß auf Postament oder Tier setzend (Tf. 154l, m; 159a—c; 160a, b, d); Göttertypen ohne Beziehung nebeneinandergestellt. Oft findet man Symbole hinzugefügt, meist ohne Beziehung zur Inschrift, zuweilen aber auch in Übereinstimmung mit ihr, z. B. ein Siegel (Tf. 154k), das einer Priesterin des Marduk und des Nergal gehört, die durch Lanze bzw. Löwenkopfkeule symbolisiert sind. 3. Mythische Personen treten wieder auf, ein „Wilder Mann" (Tf. 154l, m) und der „Stiermensch" (Tf. 160b) als Opferer vor der Gottheit. Form: Schematisierung der Figuren; flüchtige, unpersönliche Fabrikarbeit. Inschrift: Name des Inhabers und Widmung an Fürsten. Gelegentlich finden sich erklärende Beischriften von Götternamen (Tf. 154l, m), *Enki* d. i. der sitzende Gott mit Vase in der Hand, vom „Wilden Mann" verehrt, sowie seine Gemahlin *Damgalnunna*, die l. von jenem steht und nach andern Abbildungen desselben Siegels weiblich ist. Sie hält anscheinend eine Vase in der Hand und ist ein Typ, wie alle andern Gottheiten, wie auch *Enki*. Darum ist diesem noch der Ziegenfisch beigegeben, der l. oberhalb im Felde schwebt. — Die Erklärung der Typen stößt sonst auf die größten Schwierigkeiten; sie ist in jedem einzelnen Fall genau zu prüfen, im allg. aber undurchführbar. Die Kultur dieser Zeit holt altsem. Traditionen wieder hervor, steht aber durch flauen, mechanischen Schematismus auf tieferer Stufe und zeigt mehr Zivilisation als Kultur. Auch in der Schrift geht sie neue Wege, durch ihre Vereinfachung zur Kursivschrift auf Ton, während die Monumentaldenkmäler die traditionelle senkrechte, nunmehr archaistisch zu nennende Schreibung beibehalten.

§ 9. Zweite Periode. a) Kassit. Epoche. Inhalt: Religiöse Szenen, Anbetung der Götter, die mit spitzem Kegelhut abweichend von früher dargestellt sind (Tf. 161b, f). Das vermutlich älteste Siegel des Karaindasch (Tf. 161a) zeigt den „Naram-Sin-Gott" und die segnende Göttin als überkommene Elemente. Die Priester (Tf. 161d) sind vollbärtig, vgl. den *Kudurru* Steinmetzer Nr. 40 (Délég. Perse Mém. I 176). Neue Symbole in großer Auswahl tauchen auf (s. Göttersymbol E), u. a. die Fliege (Tf. 161c), die Heuschrecke (Tf. 161e, f), das Kreuz (Tf. 161b, f). auch ohne Umrahmung (Tf. 161c), die Vase beim Siegel des Burnaburiasch (s. Tf. 210b), ferner Tf. 161c (l. über dem liegenden Widder) und in der Hand des Gottes (Tf. 161g), der „Rhombus" (Tf. 161 b, c), Mischwesen (Tf. 161g [Stierkentaur], Tf. 161d [weibliche Sphinxe]) vgl. die Grenzsteine (s. d.). Die künstlerische Form ist sehr flau, schematisch und von unerfreulicher Wirkung. Dagegen ist die Inschrift die Hauptsache geworden. Neben Namennennung des Inhabers, auch als „Diener" eines Fürsten oder Gottes, finden sich zum erstenmal längere Gebete und Lobpreisungen an Götter, sowie Segenswünsche der Besitzer für die Zukunft. Die Kultur, auf kassit., nichtsem. Grundlage aufgebaut, steht im Gegensatz zur I. Per.; sie ist sozusagen abgerissen. Das ist erklärlich durch die über 150 Jahre währende Fremdherrschaft der Hatti, die, der Hyksos-Zeit in Ägypten gleichzeitig, bisher keine Kulturspuren hinterlassen hat, im Gegenteil wohl den Zusammenbruch der Kultur der I. Per. hervorgebracht haben muß. Während seither die Siegelzylinder nur zur Besiegelung des Eigentums oder zur Beurkundung dienten, ist erst jetzt die Annahme möglich, daß sie talismanischen oder apotropäischen Charakter gehabt haben könnten, wofür die Wunsch- und Segensformeln sprechen würden. Die bisherige, willkürliche Behauptung, daß die Siegel überhaupt apotropäischen Charakter gehabt haben, ist darnach zu berichtigen. Ein wesentliches Merkmal der neuen Zeit ist wiederum die Behandlung der Schrift. Sie ist nun auch auf allen monumentalen Denkmälern wagerecht geschrieben. Eine Ausnahme bilden zu allen Zeiten die Inschriften der Siegelzylinder, weil hier die wagerechte Schreibung durch die Krümmung des Siegels erschwert, wenn nicht unmöglich war. In die archaistische Schrift dringt gleichzeitig ein vereinfachender, kursiver Charakter, bis auch die reine Kursivschrift der Tontafeln als Steinschrift verwendet wird. Die kassit. Geschichte und Kultur ist wenig erforscht, woran auch der Mangel an Denkmälern schuld ist. Die Grundlage bildet noch F. Delitzsch *Die Sprache der Kossäer* 1884.

b) Assyr. Epoche. Inhalt: Zur Zeit der altbabyl. Epoche gehen die Darstellungen gemeinsam mit den Siegeln der Hammurapi-Zeit (Tf. 160a—e). In kassit. Zeit aber werden vornehmlich phantastische Mischwesen, die im Kampf miteinander stehen, verwendet (Tf. 160g,h; 161h), der „Wilde Mann" tritt als Träger der geflügelten Sonne auf. In späterer Zeit (9.—7. Jh.) sind die Darstellungen mit Kämpfen von Göttern, mit religiösen Anbetungsszenen vor Götterstatuen, darunter der „Stiermensch" als Göttertrabant und als Träger des Mondes (Tf. 162b), nebst vielen Symbolen dabei (s. Tf. 162d; s. a. Tf. 194b—c, 196, 210a, c, d), gefüllt; aber auch profane Szenen von Krieg und Jagd kommen vor. Die künstlerische Form weicht durch selbständige, elegante Ausführung erheblich von der der gleichzeitigen kassit. Siegel ab, so daß hier durchaus von einem krassen Gegensatz der Kultur gesprochen werden muß. Aus späterer Zeit liegen wenig babyl. Parallelen vor, die einen Vergleich erlauben. Raumfüllung durch viele Symbole ist nach Möglichkeit erstrebt. Die Inschrift ist in älterer Zeit als Bestandteil für sich danebengesetzt und nach alter Manier geschrieben. In der späteren Epoche, vom 9. Jh. ab, ist sie nachträglich eingesetzt, wo der Raum es gestattete. Die Schrift ist hier, abweichend von früher, auf dem Original richtig geschrieben, so daß das Spiegelbild abgerollt wird. Die Beischrift fügt die Bezeichnung „*abnu kunukku*" hinzu, d. h. „Siegelstein", aber auch den Ausdruck „Eigentum" (*ša*) nebst dem Namen des Inhabers. Zuweilen sind Segenswünsche beigefügt oder auch allein für sich dem Siegel beigeschrieben, gewöhnlich „Nabu, Schützer der Seele, schenke Leben". Solche Siegelzylinder sind z B. Lajard *Mithra* 13, 1. 3; 57, 7; 58, 1; de Clercq 346; Place *Ninive* Tf. 76n; Ward *Seal Cylinders* 619, 1305; VA 255 (s. Mischwesen). Darnach könnten auch diese Siegel, neben ihrer Eigenschaft als Beurkundung, einen apotropäischen Charakter besitzen. Die assyr. Kultur ist sem. Ob und inwieweit, seit der Mitte des 2. Jht., etwa hettit. Elemente mitspielen, ist noch unklar, wenn auch die Übernahme von Symbolen (geflügelte Sonne) und Mischwesen möglich ist. Jedoch liegen bisher wenig hettit. Vorbilder als Beweis dafür vor.

Chronologische Liste datierter Siegelzylinder

(Die Siegel der Dynastie tragen einen Stern)

I. Periode. a) Sumer. Epoche

*Lugalanda von Lagaš
1. AO 17—18 Abb. 165 (Tf. 155a).
2. AO 15 Abb. 26 (Tf. 155b).

*Barnamtarra von Lagaš
AO 17—18 Abb. 218 (Tf. 155c).

Eniggal von Lagaš
1. AO 17—18 Abb. 163 (Tf. 155d).
2. Pinches *Amherst Tablets* Tf. 1 S. 2.

*Urukagina von Lagaš
Konstantinopel. Cros *Nouv. Fouilles de Tello* 269.

Imdugud-Sukurru von Schuruppak
Berlin (VA 6541) AO 17—18 Abb. 4, 106 (Tf. 155e).

Ur-Ninpa von Schuruppak
AO 17—18 Abb. 105.

Nammaḫka von Schuruppak
Berlin VA 3407 (Tf. 156a).

b) Akkad. Epoche

Naram-Sin von Akkad
1. AO 17—18 Abb. 431 Louvre (T 36) [Lugal-ušumgal] (Tf. 156b).
2. Rev. d'Assyr. 4 S. 76/77 [Šarru-išdagal].
3. ebd. 4 S. 78 (Louvre T 64) [Urda].
4. ebd. 4 S. 77 (Louvre T 44) [Gimililišu].
5. Louvre (T 103) [Na-da??] (Tf. 199b).

*Zin-ulmaš, Sohn des Naram-Sin.
Berlin, Slg. F. Sarre (Tf. 157a).

Šar-kali-šarri, Sohn des Naram-Sin.
1. Slg. de Clercq 46 [Ibni-šarrum] (Tf. 157d).
2. Rev. d'Assyr. 4 S. 8 (Louvre T 106) [Lugal-ušumgal] (Tf. 199c).

a

b

c

d

e

f

g

h

Glyptik C. Vorderasien

Altassyrische Zeit und Amarnazeit: a. Siegelzylinder des Šamši-Adad I. von Assur in Paris, Louvre (A 284). Nach Delaporte. — b. Dgl. ebenda (A 359). Nach Delaporte. — c. Dgl. in Paris (Bibl. Nat. 216). Nach Delaporte. — d. Dgl. in Graz. Nach Gipsabguß der Abrollung. — e. Dgl. in Péronne. Nach Rev. d'Assyr. 10. — f. Siegelabdruck des Išar-Lim von Ḫana in Paris, Louvre (A 594). Nach Delaporte. — g. Dgl. des Ašur-uballiṭ I. von Assur (um 1380) in Berlin (VAT 8995). Nach Weber. — h. Dgl. des Eriba-Adad von Assur (um 1400) in Berlin (VAT 9011). Nach Weber.

a

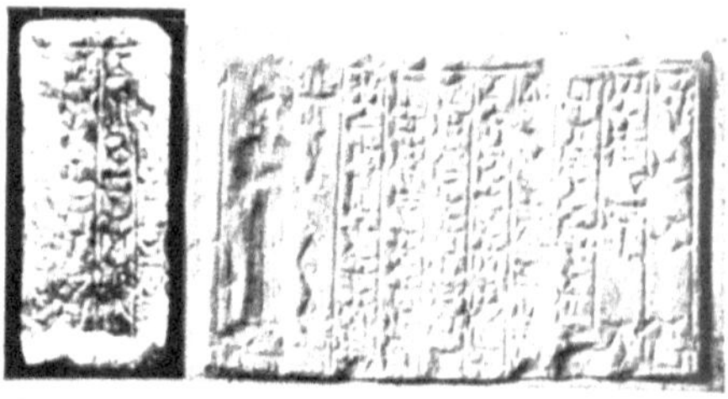
b

c

d

e

f

h

g

Glyptik C. Vorderasien

Kassiten- und Amarnazeit: a. Siegelzylinder des Izgur-Marduk, Sohn des Karaindaš von Babylon in Philadelphia (CBS 1108). Nach Legrain. — b. Dgl. des Kurigalzu von Babylon ebenda (CBS 1062), Abguß der Abrollung(?). Nach Legrain. — c. Dgl. des Kurigalzu von Babylon in Paris, Louvre (D 56). Nach Delaporte. — d. Dgl. des Tunamisaḫ aus Zypern in New York (Metrop. Mus. 392), Abguß der Abrollung(?). Nach Cesnola. — e. Dgl. des Kurigalzu von Babylon in Paris, Louvre (A 606). Nach Delaporte. — f. Dgl. des Širiš-(?), Sohn des Kurigalzu von Babylon, in Paris (Bibl. Nat. 296). Nach Delaporte. — g. Dgl. des Mannu(?)-gini-Marduk, Sohn des Iriba-Marduk aus dem Hause Isin, Sproß von Babylon, Verehrer von Marduk und Gula, in Slg. J. P. Morgan (Nr. 125). Nach Ward. — h. Siegelabdruck des Eriba-Adad von Assur, in Berlin (VAT 9009). Nach Weber.

Glyptik C. Vorderasien

a. Malachitsiegelzylinder des Schreibers Sallak-nuid, Sohn des Ismael *(Išmailu)*, aus akkad. Zeit, in alt. Slg. von Praun. Nach von Murr. — b. Siegelzylinder eines „Dieners des Naram-Sin" aus Zypern (Hammurapizeit) in New York (Metrop. Mus. Nr. 4300). Nach Cesnola-Stern. — c. Siegelzylinder der „Königlichen babyl. Post (Botschaften)" in Paris, Louvre (A 709): Lanze und Griffel, Symbole des Marduk und Nabu, und 2 Steinböcke als Wappen einer Dynastie. Nach Delaporte.

Neu-assyrische Zeit. a. Siegelzylinder des Assur-nimeli, Diener des Bêl-ilsir (778), im Guimet-Mus. (Nr. 109). Nach Delaporte. — b. Siegelzylinder des Istar-duri, Offizier des Großwesiers Nergal-ilai des Königs Adadnirari III. (805), in Paris, Louvre (A 678). Nach Delaporte. — c. Assyr. Siegelzylinder aus Olympia. Abrollung nach Gipsabguß in Berlin, doppelt vergrößert. — d. Assyr. Siegelzylinder aus Bergkristall des Bêl-emuranni (737) aus Assur in Konstantinopel (Nr. 7831). H. 0,041 m. Nach Photographie.

3. ebd. 4 S. 3 (Louvre T 38).
Tudašarlibiš, Tochter des Šar-kali-šarri.
AO 15 Abb. 45 [Dada] (Tf. 156c).
Bin-kali-šarri, Sohn des Naram-Sin.
1. New York (Metr. Mus.) [Izinum] (Tf. 157b).
2. Découv. Chaldée S. 288 [Abi-išar].
Ubil-Ištar
London (Br. M. 89137) [Kalki].
Gé-bá (Tis-sub) von Susa
Louvre Delaporte a. a. O. (S 471) Tf. 47, 3.
Idadu von Susa
1. ebd. ders. (S 485) Tf. 47, 6.
2. ebd. ders. (S 485b) Tf. 37, 7.

c) Neusumer. Epoche

Gudea von Lagaš
*1. Louvre (T 108) (Tf. 158a).
2. Slg. de Clercq 84 [Lugal-me(?)].
3. Slg. Morgan 52 [Abba] (Tf. 158b).
Ur-Nammu von Ur
London (Br. M. 89126) Menant *Glyptique* Tf. 4, 2 [Hašhamer], antike Nachbildung.
Dungi (Šulgi) von Ur
1. London Br. M. 89131; Menant a. a. O. I Abb. 86; AO 17—18 Abb. 442a [Kilulla-guzala], antike Nachbildung.
2. Slg. de Clercq 86 [Ur-nab-?].
3. Louvre (T 186) [Ur-dunpaë].
4. Louvre Delaporte *Cylindres* Tf. 12, 10 [Galu-dugga].
5. Louvre ders. Tf. 12, 2.
6. Louvre ders. Tf. 12, 6 (T 215) [Ur-lama].
7. Pinches *Amherst Tablets* Nr. 44 [Enšinibzu].
8. Slg. Contenau *Umma* 1916 S. 52 [Ur-Negun von Umma].
Bur (Amar)-Sin von Ur (vgl. u. d).
1. Louvre (T 188) Delaporte a. a. O. Tf. 11, 5 [Ur-šaggamu].
*2. Rec. de Travaux 19 S. 49 [Ur-Bau, Sohn des B.].
3. Berlin (VA 2666) Amtl. Ber. Pr. KS. 30 [1909] S. 130 [Dada von Nippur].
Gimil (Šu)-Sin von Ur
1. Rev. d'Assyr. 3 S. 124 [Arad-Nannar von Lagaš].
2. London (Br. M. 91023) Menant a. a. O. I Abb. 75 [Galu-annatum].
3. Berlin (VA 697) Amtl. Ber. Pr. KS. 30 [1909] S. 129 [Dug-Šara] (Tf. 158c).
4. Slg. de Clercq 113 Rev. Archéol. 1889, 2 S. 330 Tf. 22, 4.
Ibi-Sin von Ur
1. Louvre Delaporte a. a. O. Tf. 12, 5 [Galu-Ningirsu].
2. Slg. Morgan 61 (Tf. 158g).
3. Philadelphia Mus. Journal 1920 S. 169 (Tf. 204d).
4. Auf Kappadok. Tontafel Rev. d'Assyr. 8 (Tf. 158h).
Baqartum, Tochter eines Königs von Ur
Louvre (A 255) [Dungi-ili] (Tf. 158e).
Mamaniša, desgl.
Louvre (D 26) [Bá-ša-Mal(?)] (Tf. 158d).

d) Altbabyl. Epoche

Bur-Sin von Isin (?) oder Ur (s. o. c).
Berlin (VA 2720) Amtl. Ber. Pr. KS. 30 [1909] S. 129 [Galu-Enlilla] (Tf. 158f).
Sin-magir von Isin
Paris (Bibl. Nat. 225) [Imgur-Sin] (Tf. 159c).
*Išar-Lim von Hana
Paris Louvre (A 594) (Tf. 160f).
Sumu-abum von Babylon
Philadelphia (Mus. CBS 1111) Mus. Journ. 1922 Abb. 25 (Tf. 159a).
Sumu-la-ilu von Babylon
Paris (Bibl. Nat. 138) (Tf. 159b).
Sabum von Babylon
Philadelphia (Mus. CBS 8978) Mus. Journ. 1922 Abb. 26.
Sin-muballiṭ von Babylon
Louvre (A 522) Delaporte a. a. O. Tf. 114, 1.
Hammurapi von Babylon
1. Paris (Bibl. Nat. 200) (Tf. 159d).
2. Babyl. Exped. Series A VI, 1 Tf. 4 (Tf. 154l—m).
Samsuiluna von Babylon
1. Rec. de Travaux 32 S. 160f.
2. Louvre (A 556) Delaporte a. a. O. Tf. 116, 9.
Ammiditana von Babylon
1. Babyl. Exped. Series A VI, 1 Tf. 8.
2. Louvre (A 562ff.) Delaporte a. a. O. Tf. 117.
Ammizaduga von Babylon
Babyl. Exped. Series A VI, 1 Tf. 6—7 (Tf. 159e).
Rim-Sin von Larsa
*1. Berlin (VA 3589) [Bêltani, Gemahlin des R.] Amtl. Ber. Pr. KS. 30 [1909] S. 129f. (Tf. 159g).
2. Slg. de Clercq 187 [Danatum].

II. Periode. a) Kassit. Epoche

*Karaindaš von Babylon
Philadelphia (Mus. CBS 1108) (Tf. 161a).
Burnaburiaš von Babylon
1. Berlin (VA 3869) AO 17—18 Abb. 458 [Kidin-Marduk] (Tf. 210b).
2. Journ. Amer. Or. Soc. 16, 131 = Langdon 13; Ward *Seal cylinders* Abb. 512 [Uzi-ilišu].
Kurigalzu von Babylon
1. Menant a. a. O. I Abb. 124 = Langdon 6. = Ward a. a. O. Abb. 513 [Duri-ulmaš].
2. Louvre (A 606) [Duri-ulmaš] (Tf. 161e).
3. London (Br. M. 89240) King *History of Babylon* 198 = Langdon 54 [Duri-E(!)ulmaš].
4. Louvre (D 56) = Langdon 7 [Terimanni] (Tf. 161c).
*5. Philadelphia (Mus. CBS 1062) (Tf. 161b).
*6. Paris (Bibl. Nat. 296) = Langdon 35 [Širiš-?, Sohn des K.] (Tf. 161f).
7. London (Br. M. 114704) CT 36, 5 [Ubalisu-Marduk]
*Iriba-Marduk I. von Babylon
Slg. Morgan (125) = Langdon 3 [Mannu(?)-gini-Marduk, Sohn des I.] (Tf. 161g).
Kassitenzeit (ohne Königsnamen)
New York (Metr. Mus. 392) = Langdon 15 [Tunamisah, Sohn des Pâri] (Tf. 161d).
London (Br. M. 89015) King a. a. O. 198 = Langdon 52 [Uzimaššu, Sohn d. Tunamisah].

b) Assyr. Epoche

*Sargon I.
Babyloniaca 4 S. 77 Nr. 1.
Šamši-Adad I.
1. Louvre (A 359) [Sin-iqišam] (Tf. 160b).
2. Louvre (A 284) [Lahar-abi] (Tf. 160a).
3. Paris (Bibl. Nat. 216) [Ibal-erah] (Tf. 160c).
4. Péronne (Mus.) [Pa-za-ia] (Tf. 160e).

5. Graz (Joanneum) [Su-un-na-nu(?)] (Tf. 160d).
*Eriba-Adad
1. Berlin (VAT 9011) Tf. 160h).
2. Berlin (VAT 9009) (Tf. 161h).
*Ašur-uballiṭ I.
1. Berlin (VAT 8995) (Tf. 160g).
2. Berlin (VAT 9034).
Assyr. Beamte (9.—8. Jh.), meist Eponyme, nach dem Datum des Eponymats.
882 Slg. Morgan (160) [Ašur-iddin] (s. Lebensbaum).
877 Berlin (VA 5180) [Ninurta-bêli-uṣur] (s. Mischwesen).
Um 850 *London Bezold *Ninive u. Babylon*[3] Abb. 69 [Fürst Mušeš-Ninurta] (s. Mischwesen).
805 Louvre (A 678) [Nergal-ilai] (Tf. 162b).
804 Paris (Bibl. Nat. 354) [Nergal-êreš] (Tf. 196c).
798 Florenz [Bêl-tarṣi-iluma] (Tf. 194c).
795 Berlin (VA 511) [Manu-kima-mâtu-Aššur] (Tf. 210c).
778 Guimet-Mus. (109) [Bêl-lišir] (Tf. 162a).
737 Konstantinopel (Nr. 7831) [Bêl-emuranni] (Tf. 162d).
Um 730 *Haag 154 AO 17—18 Abb. 341 [Urzana König von Muṣaṣir] (s. Muṣaṣir).

Allotte de la Fuye *Documents présargoniques* 1908f.; De Clercq *Catalogue de la Collection* Paris 1888/90; L. Curtius *Studien zur Geschichte der altorientalischen Kunst* Abh. Bayer. Ak. 1912; Cullimore *Oriental Cylinders, with prospectus, publ. by the Syro-Egypt. Soc.* 1842/3; L. Delaporte *Cylindres orientaux du Musée Guimet* 1909; L. Delaporte *Catalogue des cylindres orientaux de la Bibliothèque Nationale* 1910; ders. *Cylindres orientaux Musée du Louvre* 1924; Rev. Arch. 1910, 1 S. 107f. ders.; Rev. d'Assyr. 1910 S. 147f., 1913 S. 89f. ders.; Fischer und Wiedemann *Babylonische Talismane* 1881; A. Furtwängler *Die antiken Gemmen* 1900; C. W. King *Antique gems and rings* 1872; C. W. King *Handbook of engraved gems* 1885; J. Krauß *Die Götternamen i. d. bab. Siegelzylinderlegenden* Diss. München 1911; F. Lajard *Culte de Mithra* 1847; F. Lajard *Culte du Cyprès* 1854; S. Langdon *The religious interpretation of Babyl. seals* Rev. d'Assyr. 16 S. 42; S. Langdon *Inscriptions on Cassite seals* a. a. O. S. 69f.; J. Menant *Les pierres gravées de la Haute Asie. Recherches de la Glyptique Orientale* 1883, 1886; Amtl. Ber. Pr. KS. 30 (1909) S. 127f. L. Messerschmidt; Ohnefalsch-Richter *Kypros, die Bibel und Homer*; Th. Pinches *The bab. and ass. cylinder seals of the Brit. Mus.* Journ. of the Brit. Archaeol. Assoc. 41 (1885) S. 396ff.; I. Price *Some cassite and other cylinder seals* Harper-Memoir I 381f.; H. Prinz *Altor. Symbolik* 1915; E. Soldi *Les cylindres babyl., leur usage et leur classification* Rev. arch. NS 28 (1874) S. 115f., 145f.; E. Soldi *Les arts méconnus*[3] 1881; L. Speleers *Catalogue des intailles des Musées Royaux du Cinquantenaire* Brüssel 1917; W. H. Ward *Cylinders of the Hermitage* Harper-Memoir I 361f.; W. H. Ward *Cylinders in The Library of J. P. Morgan* 1909; W. H. Ward *The Seal Cylinders of Western Asia* 1910; O. Weber *Altorientalische Siegelbilder* AO 17—18.
Eckhard Unger

Glyptische Periode s. Kunst A § 2.

Gmunden (Oberösterreich). Auf dem Plateau, etwa 1 km nö. vom Bundesbahnhof G., wurden von Wimmer im Jahre 1913 22 Tumuli geöffnet, die aber nur der Rest eines größeren Gräberfeldes, das durch Rodungs- und Ackerarbeiten bereits zerstört wurde, darstellen dürften. Die Tumuli hatten noch einen Durchmesser von 6—8 m und erreichten manchmal noch eine H. von 1 m. Der erhaltene Aufbau bestand aus einer dünnen Erdschichte, darunter mehrere Schichten einer das ganze Grab überspannenden Steinsetzung.

Es waren durchweg Skelettbestattungen ohne jeden Brand, soweit feststellbar liegende Hocker. An Bronzen fanden sich neben Spiralröhrchen und Spiralfingerringen geflammte Nadeln mit einfachem Kopfe, Absatzäxte, eine mittelständige Lappenaxt, trianguläre und lanzettenförmige Dolchklingen, sowie einfache Armringe. Keramische Reste waren äußerst spärlich.

Es handelt sich um ein Gräberfeld der BZ-Stufe B, das aber wegen einiger noch jüngerer Funde auch in die nächste Stufe hineinzureichen scheint.

J. Wimmer *Die Aufdeckung des altbronzezeitl. Gräberfeldes von Gmunden* 17. Jahresbericht des Staatsrealgymnasiums in Gmunden 1913. G. Kyrle

Goarstein s. Sankt Goarstein.

Göhlitzsch (Kr. Merseburg). 1750 wurde zwischen G. und Daspig in einem länglichen Grabhügel das berühmte Steinkistengrab gefunden, das lange Zeit auf dem Schloßhofe in Merseburg stand und jetzt im Hofe des Prov.-Mus. Halle wieder aufgebaut wurde. Es enthielt außer einer schnurkeramischen Amphora mit Deckel einen facettierten Steinhammer „aus schwarzgrauem Marmor" und ein Feuersteinmesser. Der Boden der 7 Fuß l. und 4 Fuß br. Kiste bestand aus einem künstlichen Estrich aus grauem Ton, die Bedeckung aus drei fest aneinander liegenden Steinblöcken. Die Schmalseiten der Kammer waren aus einer, die Langseiten aus je einer größeren und einer kleineren Platte hergestellt. Alle diese Platten zeigten auf der Innenseite eine reiche, eingeritzte Dekoration, die sich mit der schnurkeramischen Gefäßornamentik

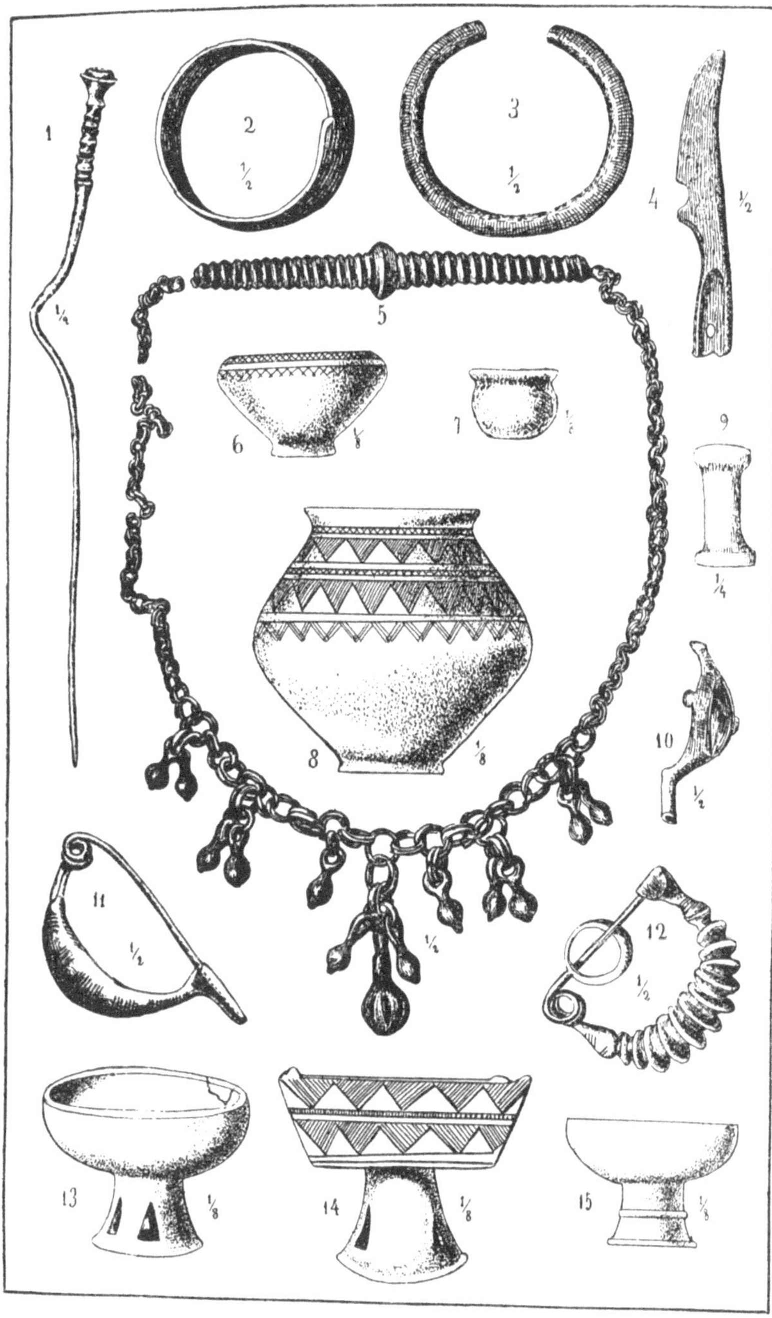

Golasecca

Typen der I. Periode. Nach Bullettino di Paletnologia Italiana 3.

deckt. Trotz der teilweisen Nachbemalung ist sicher, daß alle Ornamente ursprünglich mit roter Farbe ausgefüllt waren. Außerdem sind ein Bogen und ein geschäfteter Steinhammer (letzterer schwarz) dargestellt und offenbar auch ein Köcher mit Pfeilen, in dem man sicher zu Unrecht ein Musikinstrument hat sehen wollen, nebst einem Haken, der als Bogenspanner zu deuten ist (Band II Tf. 16). W. Grimm (*Über deutsche Runen* 1821) faßte diese Dekoration fälschlich als Zeichen auf.

Klopfleisch *Vorgesch. Altert.* Heft 1/2 S. 47ff.; Götze-Höfer-Zschiesche *Thüringen* S. 11f.; Korr. Gesamtv. 1908 S. 343f. G. Kossinna; H. Jacob *Zur Prähistorie Nordwest-Sachsens* 1911 S. 50f.; 8. Ber. röm.-germ. Kom. 1913/4 S. 54 K. Schumacher. W. Bremer

Gol'adь s. Baltische Völker B § 5.

Golasecca und die Golasecca-Stufe (Tf. 164, 165). § 1. Die Lage. Bezeichnung einer Fundstätte von Brandgräbern am l. Ufer des aus dem Lago maggiore austretenden Ticino, die eine Sammelbezeichnung geworden ist für ähnliche Gruppen in der w. Lombardei, Piemont und den s. Tälern der w. Centralalpen. Es sind Gräber, von ihrem ersten Erforscher Castelfranco in zwei Per. zerlegt, die allerdings unmerklich ineinander übergehen, etwa der Dauer von Per. Benacci I bis zur vollen Certosa-Zeit, also etwa 6. Jh., entsprechen, deren Fortsetzungen jedoch, wenn auch mit merklichem gall. Einschlag, bis in die Zeit voller Romanisierung hinabreichen, namentlich in den Alpentälern als solche greifbar. Die zugehörigen Siedelungen müssen in sehr bescheidenen Bauformen aus vergänglichem Material bestanden haben, da trotz sorgsamen Suchens von ihnen nur wenige Reste, besonders von Herden und Abfällen, gefunden wurden, so am r. Ticino-Ufer an den *Il Molinaccio* und *I Merlotitt* benannten Örtlichkeiten, aus jüngerer Zeit auch einige in den Fels gehauene Wohnkammern bei Rondineto, nahe Como (Atti d. Soc. Ital. d. sc. nat. 16 [1874] und 17 [1875], sowie Bull. Paletn. Ital. 15 [1889] S. 82f. Castelfranco).

Die durch die massenhaften Grabfelder, deren hohe Zahl nicht dem Zufall der Ausgrabungen verdankt werden kann, bezeugte ungemein dichte Besiedelung der Südränder des Lago maggiore und des Comer Sees, der dazwischen liegenden Landstriche und der Abdachungsgebiete bis hinab zum Po kann nur ähnlichen Ursachen entspringen, wie sie lange nachher die Blüte von Städten wie Como, Mailand und Pavia herbeigeführt haben, d. h. neben der alluvionalen Fruchtbarkeit des Landes der Lage am Ausgang der Wege über die Alpen, jener Wege, welche schon die ersten „italischen" Siedler (s. Pfahlbau E, Terramare B) sich bahnten, um ihre Wohnsitze n. der Alpen mit solchen südwärts derselben zu vertauschen. Somit haben diese Grabfelder ein besonderes Interesse auch für Erkenntnis der Beziehungen zwischen N und S.

§ 2. Die Gräber. Der aus der Ferne kommende und in die Ferne gehende Handel scheint im wesentl. erst gegen Ende der BZ hier jenes Leben entfacht zu haben, das uns die Gräber verraten, die sich trotz der Einfachheit ihrer Herstellung und Ausstattung doch schon sehr kenntlich unterscheiden von jener alles gleichmachenden Art, wie sie den Bewohnern der Pfahlbauten im Wasser und auf dem festen Lande eigen war zu der Zeit, als sie ins Land kamen und sich langsam durch die Po-Ebene ausbreiteten (s. Terramarenfriedhof).

Die Grabform bleibt durch Jahrhunderte die gleiche, leise fortentwickelt aus derjenigen der Terramaren-Zeit, deren unmittelbare Abkömmlinge wir hier vor uns sehen. Niedersetzung der Urne in die bloße Erde — dies ziemlich selten — oder Umbauung mit großen, aufrecht gestellten oder kleinen, in Trockenmauerwerk zusammengesetzten Steinen, dem Grundriß nach rund, so mehr in der ersten Zeit, oder zum Viereck neigend, in der II. Per., ein Wechsel der Form, der vielleicht den gleichen Wechsel in der Gestaltung der Hütte bzw. des Hauses wiederspiegelt. Auch der Boden ist mit derartigen kleinen Steinen ausgelegt, mehrere große Steine oder Platten decken den Behälter ab. Eine Schale dient regelmäßig als Deckel des Aschentopfes, dessen Form, ebenso wie diejenige der Deckelschale, im Laufe der Zeit gewisse typische Änderungen erfährt; wie denn auch der I. Per. noch Ritzung oder Einpressung der linearen Muster und deren weiße Ausfüllung eigen ist, während später entweder umlaufende Reliefringe farbige, meist rote und schwarze oder netzförmige Streifen einfassen (vgl.

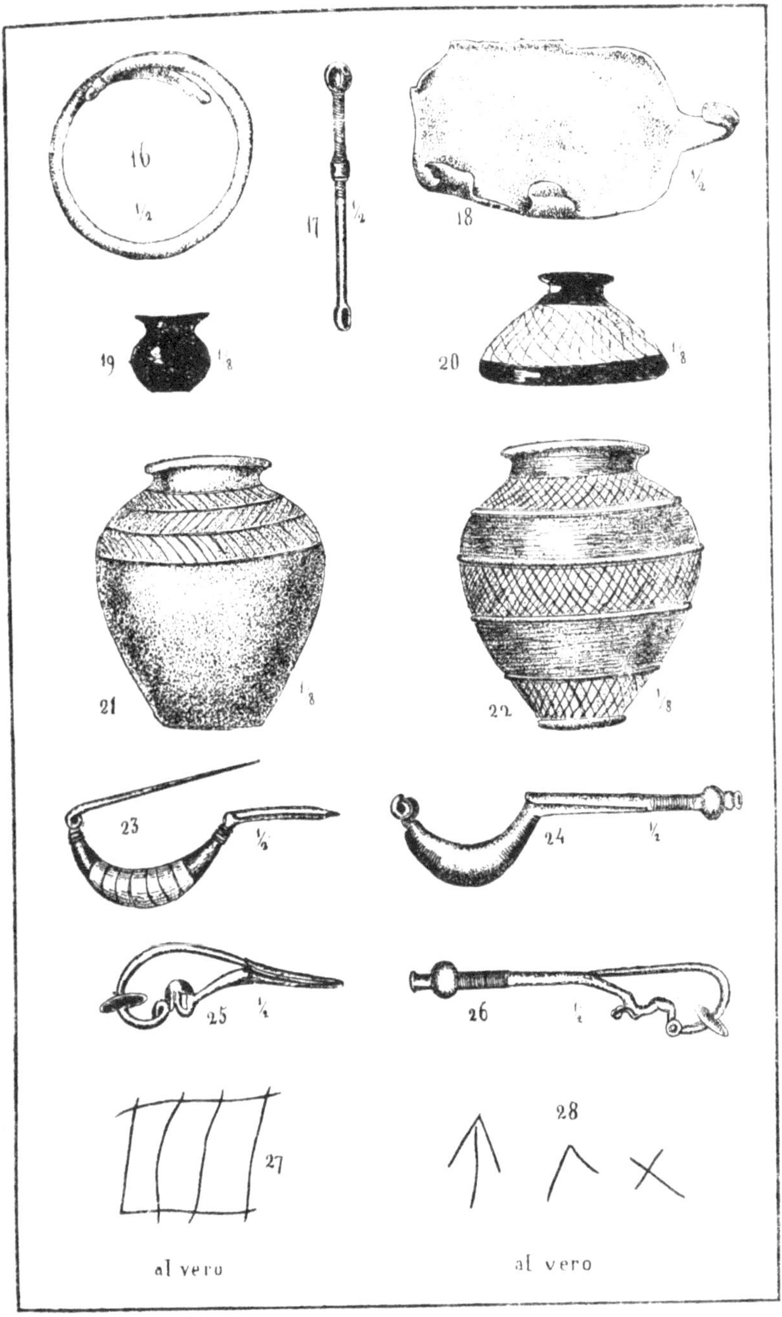

Golasecca

Typen der II. Periode. Nach Bullettino di Paletnologia Italiana 3.

Este Per. III) oder das Gefäß mit einer nur durch Linearverzierung hergestellten und in Politur ausgeführten Musterung geschmückt ist. Die Unterseite des Fußes ist gern mit einem eingeritzten Kreuz oder mit anderen eingeritzten oder eingestempelten Zeichen versehen. Der Raum zwischen der Decke des Grabes und der Erdoberfläche ist meist mit Steinen ausgefüllt und oft noch mit einem großen, unregelmäßigen Stein bezeichnet, der ursprünglich wohl aufrecht stand und als Merkmal diente. Denn das Individualbewußtsein war schon ziemlich früh und stark entwickelt, was sich u. a. ergibt aus der sonderbarerweise nur während der I. Per. in G. selbst und auch anderswo geübten Sitte, ein oder mehrere Gräber durch eine eckige oder kreisförmige Umhegung zu umgeben, innerhalb welcher sich dann oft mehrere Gräber, wohl nacheinander angelegt, finden: also Eigentumsbegriff und Familiensinn! Ob die jüngere Zeit solche Umhegungen vielleicht aus Holz hergestellt hat und sie daher nicht haben beobachtet werden können, steht dahin. Auch führen breite Zugangsstraßen zu jenen Umhegungen, in deren Bereich sich die einfassenden Steinreihen gern noch fortsetzen, so daß Aufschüttung eines Erdhügels innerhalb des alsdann als Krepis aufzufassenden Steinkreises nicht wahrscheinlich ist (s. die Abb. Montelius *Civ. prim.* I Tf. 43; v. Duhn *Ital. Gräberk.* I Tf. 16, 50).

Rituelle Speisenmitgabe, etwa von einem am Grabe gehaltenen Totenmahl, darf wohl aus der häufigen Beigabe anderer kleinerer Gefäße und aus Holzasche mit Tierknochenresten geschlossen werden. In jeder Urne lag ein kleineres, besonderes Beigefäß, sowie das, was von der mitgegebenen Ausstattung den Brand überdauerte, namentlich Fibeln in reicher Zahl, früher einfache Bogenfibeln verschiedener Formen, worunter die diesen Gegenden eigne Rippenfibel (Band III Tf. 108 Abb. 129; hier Tf. 164, 12; eine Gußform dazu im Museum Como: Montelius *Civ. prim.* Tf. 47, 1), später solche mit langem, in einen oder mehrere Knöpfe endigenden Kanal, die sog. Golasecca-Fibel (Band III Tf. 109 Abb. 145; hier Tf. 165, 24), und Certosa-Fibeln in verschiedenen Varianten. Auch mit ähnlich gestaltetem Fuß gebildete Schlangenfibeln (Tf. 165, 26), die sich in die gall. Zeit fortsetzen, neben Latènefibeln, oft mit eingelegten Korallen oder Blutemail gegen den bösen Blick noch widerstandsfähiger gemacht. Sonstige Dinge, als bronzene Armbänder (Tf. 164, 2, 3; 165, 16), kleine, geschwungene Messer (Tf. 164, 4), Nadeln, einfache Gürtelhaken, einiges Hängewerk, z. B. lange, an Fibeln hängende Kettensysteme, in brillenförmige Anhänger endigend, auffällig wenig Waffen, zuerst natürlich Bronze, eigentlich nur Lanzenspitzen, später auch aus Eisen, kaum Edelmetall; als besondere Beigaben aus Ton den Schweizer „Mondhörnern" ähnliche Geräte, vereinzelt auch aus den feine, mit Stanz- und Treibarbeit geschmückte Metallblechgefäße herstellenden Veneter-Gegenden oder aus Etrurien gekommene Rippeneimer und eine sogar figürliches Reliefwerk aufweisende Schale aus Castelletto Ticinese (Montelius a. a. O. Tf. 45, 18; besser Röm. Mitt. 24 [1909] S. 318—319) überraschen in diesen abgelegenen und daher in ihren Kulturäußerungen so gleichförmigen Gebieten.

Bull. Paletn. Ital. 2 (1876) S. 87 ff. Tf. 2, 3 und ebd. 3 (1877) S. 205 ff.; ebd. 4 (1878) S. 72 ff. Tf. 2, 3 Castelfranco. Für die ganze Golasecca-Stufe: Montelius *Civ. prim.* I (1895) S. 231 ff. Tf. 43—47, S. 315 ff. Tf. 63—65; v. Duhn *Ital. Gräberk.* I (1924) S. 125 ff.; Bull. Paletn. Ital. 44 (1924) S. 150 ff. Barocelli. v. Duhn

Golasecca-Fibel s. Golasecca § 2.

Gold. A. Europa. S. a. Bergbau A § 34. Das natürliche Vorkommen des G. ist in Europa weit verbreitet, nicht nur als Erz, sondern auch gediegen im Flußsand, aus dem es durch Waschen leicht gewonnen werden konnte. Goldwäscherei, bei der das Metall durch langhaarige Felle aufgefangen wird, liegt wahrscheinlich der Sage vom goldenen Vließ zugrunde (Strabo II 2, 19). Im Altertum gab es 4 besonders goldreiche Gegenden: 1. Mazedonien, Thrazien und die Insel Thasos; 2. Ungarn (Band II Tf. 171) und Siebenbürgen, dessen Gold sich durch grünliche Färbung auszeichnet; 3. Spanien; 4. Irland (Co. Wicklow; s. d.). Jetzt freilich sind die europ. Fundstellen infolge der starken Ausbeutung im Altertum ziemlich erschöpft. Seine schöne Farbe war geeignet, die Aufmerksamkeit des vorgesch. Menschen schon frühzeitig auf sich zu lenken. Beim Suchen nach nutzbaren Gesteinen muß schon der Neolithiker bemerkt haben, daß es sich durch Hämmern leicht bearbeiten läßt, und tatsächlich kommen schon in den steinzeitl. Dolmen und Allées couvertes Frankreichs kleine goldene Schmucksachen vor, die in der dem Neolithiker geläufigen Bearbeitung mit dem Hammer hergestellt sind (Band IV Tf. 18b, c; 30 b, c). Jedenfalls ist es neben dem Kupfer, das ebenfalls gediegen zur Verfügung stand und sich durch Kalthämmern bearbeiten läßt, dasjenige Metall, das zuerst in Benutzung genommen wurde. In Ägypten finden sich ebenfalls schon in den neol. Gräbern des 5. Jht. goldene Schmucksachen. Als man im Beginn der europ. BZ die Metalle schmelzen lernte, setzte sofort in Per. I ein starker Verbrauch von Gold ein, und man verfuhr damit keineswegs sparsam, wie die massive Prunkaxt und die Armringe des Fundes von Merseburg (Band I Tf. 49 d, e; s. a. Dieskau), sowie zahlreiche schwere Schmucksachen aus den thüringischen Fürstengräbern (Leubingen, Helmsdorf; s. d.; Band V Tf. 95 e—k) und aus Irland (Tf. 255, Band VII Tf. 212), ein Manschettenarmband aus Seeland und ein triangulärer Dolch aus Hohensalza zeigen. Auch zu Plattierungen wurde es schon in dieser Frühzeit verwendet. Der starke Verbrauch von Gold hält durch alle vorgesch. Per. an.

Über die Verarbeitung s. Goldschmiedekunst A, Plattieren; über Elektron s. Legierung.

Chassaigne und Chauvet *Analyses de bronzes anciens du Dép. de la Charente* 1903; Forrer *Reall.* S. 292ff.; Montelius *Chron. ält. BZ.* S. 210ff.; Rev. d'Anthropol. 12 (1902) S. 47 A. de Mortillet; Déchelette *Manuel* I 393, 407, 409, 410, 623; Mannus 6 (1914) S. 1ff. Kossinna; Armstrong *Catalogue of Irish Gold Ornaments in the Collection of the R. Irish Academy* 1920.

Alfred Götze

B. Ägypten.

§ 1. Rohstoff. — § 2. Verarbeitung. — § 3. Handelsware und Wertmesser. — § 4. Religiöse Bedeutung.

§ 1. Als Land der Herkunft des G. wird im allg. Nubien angegeben, und dort lagen auch sicher die ergiebigsten Bergwerke (näheres s. Bergbau C). Wenn in dem Großen Papyrus Harris G. an König Ramses III. von seinen Untertanen nur aus dem Bezirke des Tempels von Theben, nicht aber aus denen der unteräg. Tempel abgeliefert worden ist, so hat das seinen Grund in der Tatsache, daß nur dort Goldbergwerke lagen; dabei ist es gleichgültig, ob das abgelieferte G. Rohmetall war oder verarbeitet war. Im NR spielt G. aus Asien eine steigende Rolle; es tritt in den Kriegen von Thutmose III. und Sethos I. als Beute oder als Tribut der Unterworfenen auf. Ferner wird Punt (s. d.) als Lieferland für G. genannt; in den Bildern und Berichten über die Fahrten nach Punt erscheint G. stets als einer der wichtigsten Stoffe, den die Äg. dort erhalten.

Die verschiedenen Bezeichnungen für G. in den äg. Texten beziehen sich teilweise auf die Herkunft des G., andererseits aber auch auf die Zusammensetzung. Erwähnt wird z. B.: „G. aus der Wüste von Koptos, G. von Nubien, G. von Asien, weißes G., gutes G., G. zweiter Sorte, G. dritter Sorte." Das zuerst genannte G. mag in ziemlich weit im N gelegenen Bergwerken gewonnen worden sein, die noch nicht zum eigentl. Nubien gehörten, und zu denen man auf Wüstenwegen von Koptos (s. d.) aus zog. Das „weiße G." mag eine Art sein, der, wie im natürlichen Vorkommen häufig, Silber beigemengt war. Wodurch die zuletzt genannten Sorten minderwertig gemacht waren, ist nicht zu ersehen. Legierungen von G. und Silber wurden gefunden und auch verarbeitet; bei einem bestimmten Mischungsverhältnis nannte man das Metall äg. *zam* (hieroglyphisch *ḏ῾m*), griech. Elektron (s. d. B).

§ 2. Äg. Goldschmiede (s. Goldschmiedekunst B) werden in den Texten oft erwähnt, und sie sind bei ihrer Arbeit in vielen Bildern dargestellt (Tf. 175 a). Die von ihnen geübten Techniken können wir in ihrer allmählichen Entwicklung und Veränderung verfolgen. Von ihren Erzeugnissen besitzen wir einige Stücke schon aus vorgesch. Zeit, mehr aus den folgenden Epochen (Liste bei Williams *Gold and silverjewelry* 1924 S. 237). Es handelt sich fast ausschließlich um Fundstücke aus Gräbern; nur in vereinzelten Fällen sind Gegenstände erhalten, die im Tempeldienst verwendet worden sind. Was den Toten in das Grab mitgegeben worden ist, war z. T. aus dem Besitze der Lebenden genommen und von ihnen benutzt, z. T.

jedoch eigens als Grabbeigabe gearbeitet. Diese letzteren Stücke sind nur bedingt für die Wiederherstellung gebrauchsfähiger Gegenstände verwendbar.

Die erhaltenen oder erwähnten und abgebildeten Goldarbeiten aus Ä. bestehen zumeist in Schmuck. Der Hals erhält eine oder mehrere Ketten, an denen einzelne Glieder aus G. gearbeitet sein können, oder auch einen breiten Kragen, in dem verschiedenartige Stoffe nebeneinander verwendet werden können. Massive Goldringe oder zusammengesetzte Bänder mit einzelnen Goldteilen trägt man am Handgelenk, später auch am Oberarm; ebenso am Fußgelenk. Goldene Fingerringe werden glatt oder in Zierformen aus G. hergestellt; sie können auch Steine in Käferform (Skarabäen) als festen oder drehbaren Einsatz erhalten. Knöpfe oder schwere Gehänge im Ohrläppchen können ganz oder teilweise in G. gearbeitet sein. Die zweitgrößte Gruppe der Goldarbeiten sind Prunkwaffen. Zu ihnen gehört in vorgesch. Zeit das Feuersteinmesser, dessen Griff aus einem getriebenen Goldblech besteht. Dann folgen aus dem MR, reichlicher aus dem NR, kostbare Ausführungen der üblichen Waffen, jedoch nach Material und Herrichtung von solcher Art, daß sie gewiß nicht für praktischen Gebrauch bestimmt gewesen sind. Da sind Dolche, am Griff wie an der Klinge eingelegt und in geeigneter Zusammenstellung aus G. mit anderen Metallen, bes. Bronze, angefertigt (Tf. 177d, e). Ferner Beile mit eingelegten oder durchbrochenen Klingen (Tf. 177d); an einem berühmten Stück der 18. Dyn. erscheint Goldblech als Belag des Stieles, als Einlage an der Klinge und wieder als Streifen von Goldblech zur Befestigung der Klinge am Stiel (Band III Tf. 9). Dieses Beil wie die wertvollsten Schmuckstücke des MR und des NR entstammen königlichem Besitz. Das Grab des Tut-anch-Amon hat eine ungewöhnlich große Zahl von goldenen Schmuck- und Gebrauchsgegenständen an das Tageslicht gebracht, von denen ein großer Teil von dem König benutzt worden ist bzw. für seinen Gebrauch angefertigt worden war. Am überraschendsten war es aber, eine Reihe von Ausstattungsteilen aus dem Grabe zu erhalten, an denen G. in verschwenderischer Weise verarbeitet worden ist, z. B. Bahren für die Leiche bei der Vollziehung des Totenrituals mit reichem Goldbelag. Derartige Möbel sind in Anlehnung an die Gebrauchsstücke des königlichen Palastes hergestellt; von diesen gibt z. B. der Thronsessel des Tut-anch-Amon eine Vorstellung, der fast vollständig mit dickem Goldblech überzogen ist. Wir haben hier ein einzelnes Beispiel für die Menge des G. vor uns, das am Hofe der Pharaonen verarbeitet worden ist; im allg. können wir nach den Texten und Bildern nur von ferne ahnen, daß der königliche Schatz in der Tat eine Fülle von G. barg, neben dem der private Besitz wohl recht gering war.

Zu dem G. in Privatbesitz gehört auch das „G. der Tapferkeit", das der König seinen bewährten Offizieren als Auszeichnung zu verleihen pflegte. Wir kennen es schon bei einem Gaufürsten der 6. Dyn. in Assuan, wissen allerdings nicht, in welcher Form es ihm gegeben wurde. Im NR rühmen sich die Hauptleute und Kapitäne, die sich für die Pharaonen in allen Kolonien schlugen, in ihren Lebensbeschreibungen, daß sie das G. als Belohnung von Seiner Majestät empfangen hätten, einige von ihnen sogar mehrere Male. Da hören wir auch, daß es in Waffen, Schmuck und in Fliegen (plastischen Nachbildungen für die Halskette) bestand; der materielle Wert war groß und mag im Vordergrunde gestanden haben, aber die Fliegen haben doch schon eine innere Verwandtschaft mit unseren Orden (s. Biene A).

Für die Form der Verarbeitung, in der das G. in den genannten Gegenständen erscheint, sei hier nur erwähnt, daß es zuweilen massiv verarbeitet worden ist, z. B. für kleine Figuren und für einzelne Schmuckteile. Aber der hohe Wert des Rohstoffes veranlaßte schon in vorgesch. Zeit, daß man einen Gegenstand, der rundplastisch erscheinen sollte, aus Goldblech herstellte und mit einer billigen Füllung hinterlegte. Goldblech als Einlage oder Auflage auf Metall, Holz usw. ist angebracht worden, wo es galt, ganze Flächen in G. hervortreten zu lassen. Bei der Einlage (s. d. B) von G. in Metall, besonders Bronze, ist im allg. das Tauschierverfahren gewählt worden, d. h. dünner Golddraht wird in ein vorher ausgehobenes Bett eingehämmert. Andererseits hat das G. auch seinerseits Einlagen erhalten; selten von anderen Metallen, dann höchstens einer schwarzen Legierung (s. Niello B); häufig von farbigen Halbedelsteinen, in später Zeit auch von Glasfluß (Zellenschmelz). Das Vergolden (s. d. B) von Holz o. ä. ist durch Auflegen von dickem Goldblech geschehen, oft auch nur von dünnem Blattgold; bei Metall bedurfte es nur einer ganz feinen Schicht, z. B. an Bronzefiguren. Feuervergoldung ist mit Hilfe von Blei aufgebracht worden.

§ 3. Aus den Berichten über die Einfuhr von G. aus Nubien nach Ä. erhält man den Eindruck, daß alle Expeditionen, die G. mitbrachten, im Auftrage des Königs ausgezogen waren. Man möchte deshalb ein königliches Monopol für die Goldgewinnung annehmen. Dieses ist für die Goldbergwerke in der Wüste schon deshalb wahrscheinlich, weil der Schutz gegen Überfälle und die Sicherung der Brunnen die Begleitung von Soldaten erforderte. In jedem Falle hat der Staat seine schützende Hand über den Betrieb gehalten. In griech. Zeit war es möglich, daß Kaufleute sich zu einer auf eigenes Risiko unternommenen Fahrt nach Punt zusammenschlossen (ÄZ 60 [1925] S. 86 Wilcken); aber diese Art der Unternehmung dürfen wir nicht ohne weiteres auf die älteren Epochen übertragen. Der Wert des G. und die Schwierigkeit seiner Beschaffung wird es von der Frühzeit bis zum NR wahrscheinlich fast immer so gestaltet haben, daß der König das Rohmetall für sich, d. h. den Staat, in den ausländischen Gruben gewinnen und nach Ä. bringen ließ. Dabei sind wohl auch schon in älterer Zeit Kriegsgefangene und Sträflinge beschäftigt gewesen, wie wir es aus griech. Berichten hören. Die königliche Schatzverwaltung hat das G. in abgewogenen Ringen weitergegeben, vielleicht nur an die Tempel, in deren Werkstätten es verarbeitet werden sollte. Ein eigentl. Verkauf hat wohl überhaupt nicht stattgefunden, weil vermutlich gar keine freien Goldschmiede als Handwerker vorhanden waren, die als Käufer in Betracht kommen konnten. Ohne Willen oder Wissen der königlichen Behörden wird kaum G. in die Hände von Privaten gelangt sein. Verarbeitetes G., d. h. Schmuck und Waffen, hat der König als Belohnungen ausgeteilt (s. o. § 2).

Wir wissen, daß die Äg. G. nach Asien ausgeführt haben, und wir kennen die Briefe vorderas. Fürsten (in den Amarna-Briefen), in denen sie den Pharao inständig um Übersendung von G. bitten, an dem er ja so reich sei. Andererseits sehen wir, daß Syrer Vasen und andere Erzeugnisse ihrer Goldschmiede als Tribut nach Ä. bringen (Band VI Tf. 100, 104 a). Man hat diese beiden Tatsachen so in Verbindung gebracht, daß man erklärte: die Äg. führten Rohmetall nach Syrien aus und fertige Erzeugnisse wieder von dort nach Ä. ein. So einfach kann die Sache aber nicht liegen, wenigstens nicht im allgemeinen. Syrische Goldvasen in Ä. können nur vereinzelte Kuriositäten gewesen sein; es hieße die äg. Goldschmiedekunst zu gering einschätzen, wenn man eine starke Einfuhr syr. Goldarbeiten nach Ä. annehmen wollte. Und wie soll eine syr. Goldschmiederei sich ausgebildet haben, wenn das Land kein Rohmetall besitzt? Wir müssen doch wohl annehmen, daß die vorderas. Goldschmiede im eigenen Lande neben einer großen Menge Silber auch genügend G. zur Verfügung hatten, um ein eigenes Kunsthandwerk zu schaffen. Nur so ist es auch verständlich, daß Thutmosis III. auf seinen syr. Kriegen fortgesetzt große Goldmengen erbeutet bzw. sich als Tribut liefern läßt; das kann nicht aus Ä. eingeführtes Metall sein.

Goldringe sind im NR häufig dargestellt und erwähnt. Wir sehen, wie sie auf der Standwage (Tf. 98) gewogen und in den königlichen Schatz oder in die Tempelverwaltung übernommen werden, sei es aus dem Bergwerk, sei es als Beute aus einem Feldzuge. Als allg. Wertmesser bei der Bestimmung von Preisen für Äcker, Sklaven, Häuser und Gegenstände benutzte man zumeist Kupferringe, die nach Deben (fast 91 g) angegeben werden; aber zuweilen auch Goldringe, deren hoher Wert naturgemäß selten einen Vergleich fand (s. Geld § 13).

§ 4. Die äg. Sprache, die gern Bilder und Vergleiche benutzt, verwendet auch das G. an seiner Stelle (Grapow *Die bildl. Ausdrücke des Ägyptischen* 1924 S. 57). Nach dem G., dem erlesensten der Metalle, nennen sich Gottheiten und Könige; sein Leuchten ist dem Sonnenlicht vergleichbar. Als der Sonnengott alt geworden war, wurden seine Knochen zu Silber, sein Fleisch zu G. und sein Haar zu Lapislazuli.

Dämonen sollen durch G. verscheucht werden (Rec. de Trav. 23 S. 26 Moret). In der Spätzeit legt man auf die Nägel der Finger und Zehen sowie auf einzelne Körperteile (Brustwarzen, Nabel, Zunge usw.) kleine Stücke Goldblech, gewiß nicht ohne eine magische Absicht, wenn man die Leiche für die Beisetzung herrichtet. So ausgestattete Mumien sind gelegentlich gefunden (Petrie *Labyrinth* S. 36 Tf. 36; Elliot Smith *Royal Mummies* S. 106).

Erman-Ranke *Äg.*[2] und Wiedemann *Äg.*: vgl. Index; Georg Möller *Metallkunst* 1925 S. 9; C. Ransom Williams *Gold and silver jewelry* The New York Historical Society, Catalogue of egyptian antiquities 1924 S. 1 ff. Roeder

C. Palästina-Syrien.

§ 1. Ortsnamen. — § 2. Amarnabriefe. — § 3. Ophirfahrten. — § 4. Äg. Beute in Pal.-Syrien. — § 5. Salomos angeblicher Reichtum. — § 6. Assyr. Angaben über Beute und Tribut. — § 7. Namen und Wertverhältnis. — § 8. Funde.

§ 1. Die Berge Pal.-Syriens enthalten kein G. Allerdings sind einige Ortsnamen mit dem arab. Worte *ḏahab* (s. u. § 7) zusammengesetzt, z. B. *chirbet eḏ-ḏahab* im s. Basan (ZdPV 20 [1897] S. 193), *wâdi eḏ-ḏahab* sö. von *el-muzērîb* (G. Schumacher *Across the Jordan* 1886 S. 231 f.), *tell eḏ-ḏahab* sö. von *chisfîn* (ZdPV 9 [1886] S. 353 eine alte Ortslage) und der Doppelberg *tulûl eḏ-ḏahab* im Tale des *zerqā*, in dem das alte Mahanaim vermutet wird (auf dem ö. Berge soll eine Höhle ein altes G.-Bergwerk sein; J. L. Burckhardt *Reisen in Syrien* 1822 S. 347 ff.; Mitt. Deutsch. Pal. V. 1899 S. 19 ff. G. Schumacher; Pal. Jahrb. 9 [1913] S. 69 f. Tf. 5 G. Dalman). Aber bestimmte Anzeichen von bergbaumäßiger oder sonstiger Gewinnung von G. fehlen überall.

§ 2. Die alten Nachrichten lassen auch keinen Zweifel darüber, das G. jederzeit aus dem Auslande eingeführt werden mußte. Die Amarna-Briefe zeigen, wie sehr sich die Herrscher der großen Staaten Babylonien und Mitanni (s. d.) nach dem kostbaren Metalle sehnen. Immer wieder richten sie dringende Bitten an die äg. Könige, ihnen G. (akkad. *ḫurâṣu*) zu senden, da es ja in Ägypten wie Staub vorhanden sei (Knudtzon 16, 14 ff.) und früher die Pharaonen es in großer Menge gespendet hätten (16, 21 ff., vgl. Reisebericht des Wen-Amon II 29). Zugleich erheben sie die Klage, daß aus Ägypten erhaltenes G. bei der Prüfung im Schmelzofen sich nicht als vollwertig erwiesen habe (7 Rs. 69 ff.; 10, 19 ff.; vgl. 3, 15). Die kleineren Stadtfürsten wagen offenbar die Bitte um eine derartige Gabe nicht. Nur in einem Briefe des Akizzi von Qatna (55, 61 ff.) findet sie sich, und ebenso bittet Rib Addi von Byblos einmal (91, 17 ff.) um 100 Minen G. Das Metall wurde in Form von Scheiben, Zungen (29, 34 ff.?) und Ringen (deshalb das hebr. Wort *kikkâr*) eingeführt. Das Gewicht wird durchweg in babyl. Talenten (4, 49; 16, 21 ff.), Minen (3, 15; 5, 20 ff.; 9, 11 ff.; 10, 19 ff.; 14 II 34. 74; 91, 17 ff.) und Sekel (29, 34 ff.) bestimmt (s. Gewicht D; vgl. a. Edelmetall).

§ 3. Das AT weiß noch von einer anderen Bezugsquelle zu berichten. Salomo soll von der Hafenstadt Ezeongeber (bei *ʿain el-ṛadjân*, 35 km n. von *el-ʿaqaba*) aus große Seeschiffe, z. T. mit phön. Matrosen bemannt, nach Ophir entsandt haben, die von dort 420 Talente G. brachten (1. Kön. 9, 26 ff.; 10, 11; die Angabe 10, 22, daß die Fahrt drei Jahre beansprucht habe, ist wenig glaubhaft; von dem Namen des Landes kommt die Bezeichnung *ōfîr* Hiob 22, 24; Jerem. 10, 9 und Dan. 10, 5 ebenso für *ʾūfâz* zu lesen). Auf welche Weise die kostbare Ware erworben wurde, ist nicht gesagt. Wahrscheinlich waren es keine kriegerischen Unternehmungen, sondern Handelsfahrten, bei denen als Kaufpreis Sklaven gegeben wurden. Dieses Land Ophir ist sicher nicht in Ostafrika oder Indien, sondern an der Westküste Südarabiens zu suchen. Dahin weisen die Bemerkung in der Völkertafel (Gen. 10, 29), die Ophir zu einem Nachkommen Joktans macht, und der Bericht über Beziehungen Salomos zu dem Reiche von Saba (1. Kön. 10, 1 ff.), die ihm 120 Talente G. eingebracht haben sollen (vgl. Jes. 60, 6; Ezech. 27, 22). Tatsächlich sind an der

Küste von Jemen goldhaltige Bäche nachgewiesen, auf die sich vielleicht auch die späte Nachricht Hiob 28, 1 bezieht (zu 37, 22 könnte man Herod. III 116, IV 18, Plinius Nat. Hist. VII 2 vergleichen; doch ist wohl *zohar* = Glanz für *zāhâb* zu lesen).

B. Moritz *Arabien* 1923 S. 66 ff.

§ 4. Sehr große Vorräte des edlen Metalles scheinen aber niemals im Lande vorhanden gewesen zu sein. Das ergibt sich aus den Amarna-Briefen und den Annalen Thutmosis III. mit ihren Angaben über als Beute oder Tribut aus Pal.-Syrien erhaltenes G. Außer vergoldeten oder teilweise aus G. hergestellten Gegenständen wird folgendes aufgeführt: Beute aus den syr. Küstenstädten flache Scheiben und Ringe (J. H. Breasted *Ancient Records of Egypt* II 436: mit dem Silber 966 *deben* 1 *kite* = 87,92 kg); Tribut aus Retenu flache Scheiben, die nicht gewogen werden konnten (Breasted II 447); Beute in Tunip 100 *deben* (II 459 = 9,1 kg); Tribut aus Retenu 41 goldene Armringe (II 471); Beute in den phön. Städten goldene Gefäße und Ringe 50 *deben* 8 *kite* (II 490 = 4,53 kg); Tribut aus Retenu 55 *deben* 8 *kite* (II 491 = 5,07 kg); Tribut aus Syrien 2 flache Scheiben und Ringe 12 *deben* 1 *kite* (II 518 = 0,101 kg); also, ohne die unsicheren Posten insgesamt 18,801 kg Gold. In späteren Berichten werden leider derartig genaue Angaben nicht gemacht. Unter Ramses III. (1198—1167 v. C.) soll ein Standbild des Königs aus asiatischem, also wohl in Asien erbeuteten G. hergestellt worden sein (Breasted IV 26).

§ 5. Im AT finden sich freilich wesentlich höhere Zahlen. Salomo soll jährlich 666 Talente (hebr. *kikkâr*) G. erhalten haben, abgesehen von dem, was an Steuern von den Karawanen der Großhändler, von den fremden Kleinhändlern, den Königen Arabiens und den Amtleuten der Bezirke einging (1. Kön. 10, 14 f.). Mit den oben (§ 3) genannten Einnahmen ergäbe sich eine Summe von 1206 Talenten. Nimmt man zur Berechnung die babyl. Mine aus der Zeit Sargons (= 501 g; s. Gewicht D § 8), so wären das 36252,360 kg, nach dem heutigen Werte 118594179 Mark (etwa der 18. Teil der gesamten durchschnittlichen Weltproduktion in den Jahren 1913—1919). Dazu kommt noch der von David gesammelte Schatz (1. Kön. 7, 51), in dem sich die dem Milkom, dem Gotte der Ammoniter, geraubte goldene Krone im Gewichte von 1 Talent (2. Sam. 12, 30) und die Beute aus anderen Ländern (2 Sam. 8, 7 ff.) befand. Dem entspricht der großartige Aufwand, den Salomo mit G. treibt. 200 große und 300 kleine Prunkschilde werden aus gehämmertem G. hergestellt, alle Trinkgefäße des Königs und alle Geräte des Libanon-Waldhauses bestanden aus feinem G., der Thron aus Elfenbein war mit G. überzogen (1. Kön. 10, 16 ff.). Ja ein späterer Zusatz berichtet, daß im Tempel alle Wände mit ihrem Schnitzwerke vergoldet gewesen seien (1. Kön. 6, 20 ff.; in gleicher Weise wird dies für die Stiftshütte angegeben Exod. 38, 24: 29 Talente 730 Sekel = 872,47 kg; aber bei Plünderung des Tempels wird nicht davon gesprochen).

§ 6. Diese Zahlen müssen als stark übertrieben angesehen werden. Denn bei späteren Tributen erscheinen z. T. wesentlich niedrigere Summen. Wenn in den assyr. Inschriften als Beute oder Tribut G. ohne bestimmte Zahl genannt wird, können nur geringe Beträge gemeint sein (z. B. Assurnaṣir-apli aus Hatti und Hanigalbat KB II 1 S. 74 f., aus Karkamisch S. 106 f., aus den phön. Städten S. 108 f.; Salmanassar III. von Jehu S. 150 f., aus Aleppo S. 172 f.; Tiglatpileser III. aus Pal.-Syrien II 2 S. 20 f., von Menaḥem von Israel und seinen Verbündeten S. 30 f., aus Gaza S. 32 f.). Aus Karkamisch erbeutete Salmanassar III. 3 Talente G., und als jährlichen Tribut forderte er 1 Mine (KB II 1 S. 162 f.). Adad-nirâris Beute in Damaskus im Jahre 803 v. C. betrug 20 Talente G. neben 2300 Talenten Silber (S. 190 f.), die Tiglatpilesers in Tyrus 150 Talente G. (II 2 S. 22 f.), von Hosea von Israel 10 Talente G. (S. 32 f.), die Sargons II. aus Karkamisch 11 Talente 30 Minen (S. 38 f.), die Sanheribs in Jerusalem 30 Talente (S. 94 f.). Das AT bestätigt diese Angaben. Menahem von Israel soll überhaupt kein G. abgeliefert haben (2 Kön. 15, 19), für Hosea fehlt eine genaue Bestimmung (2. Kön. 17, 3), aber für Hiskia werden wie in den assyr. Berichten 30 Talente genannt (18, 14 ff.; danach soll auch erst Hiskia den Überzug aus G.-Blech im Tempel angebracht haben).

§ 7. In den Amarna-Briefen wird das G. mit dem akkad. Worte *hurâṣu* bezeichnet, dem das hebr. *ḥārûṣ* und das griech. *χρυσός* entspricht. Im AT findet sich meistens das dem arab. *ḏahab* entsprechende Wort *zāhâb* (Gen. 24, 35; 44, 8 in Ringform), daneben *bezer* = Gold-Erz (Hiob 22, 24f.), *pāz* = Fein-Gold (Jes. 13, 12; Hiob 28, 17; Sprüche 8, 19; Psalm 19, 11; 21, 4; 119, 27 u. ö.) und *ketem* (Hiob 28, 19; 31, 24 u. ö.), ein Lehnwort aus dem akkad. *kutimmu* (Beiträge zur Wissenschaft vom AT 21 [1916] S. 47 S. Landersdorffer), was als *ketem* in das äg. übergegangen ist (M. Burchardt *Die altkanaanäischen Fremdworte und Eigennamen im Ägyptischen* II [1910] S. 53 Nr. 1036). Über den Wert erfährt man aus den alten Nachrichten nichts genaues. Doch werden die babyl. Verhältnisse auch für Pal.-Syrien maßgebend gewesen sein. Zur Zeit des 3. Reiches von Ur verhielt sich der Wert des G. zu dem des Silbers wie 15 zu 1 (OLZ 17 [1914] S. 241ff. A. Poebel). Wenn für Schulgis Zeit (etwa 2400 v. C.) das Verhältnis 10 zu 1 oder 7 zu 1 (s. Edelmetall), für die Dynastie von Agade 8 zu 1, für Hammurapi 6 zu 1 (OLZ 12 [1909] S. 382ff. F. Thureau-Dangin) und für dessen 37. Jahr gar nur 3 zu 1 (ebd. 14 [1911] S. 106 A. Ungnad) angegeben wird, so kann sich dies nur auf Legierungen beziehen. Nach Herodot (III 95) verhielt sich das euböische G. zum Silber seiner Zeit wie 13 zu 1. Offenbar handelt es sich auch hier nicht um reines G., und dieses Wertverhältnis war erst möglich nach der Münzreform des Darius (ZDMG 61 [1907] S. 391ff. F. Weißbach). Die Vermutung, daß in der Form, dem Gewichte und dem Werte der Edelmetalle kosmische Zustände ausgedrückt würden (I. Benzinger *Hebräische Archäologie*[2] 1907 S. 196ff.), ist demnach unbegründet.

§ 8. Bei den Ausgrabungen ist G. vom Beginn der BZ ab fast ausschließlich in verarbeiteter Form und zwar verhältnismäßig selten gefunden worden (s. Goldschmiedekunst C). Bei den wiederholten Plünderungen der syr.-pal. Städte konnte nicht viel erhalten bleiben. Nur in Gezer (s. d.) kam aus der 4. sem. Schicht eine kleine Scheibe (Dm 6,4 cm; 1,6 cm dick; 312,42 g schwer) und ein Barren (25,7 cm l.; 0,9 cm dick; 2,2—2,8 cm br.; 782,46 g schwer) zum Vorschein (Macalister *Gezer* II 259 Abb. 405; das Gewicht ist leider nicht genau bestimmt). Peter Thomsen

D. Vorderasien s. Bergbau E, Edelmetall, Vorderasien (Geographie).

Goldberg (bei Nördlingen, Württemberg). Der breite, ebene Gipfel des G. am Rande des württembergischen Ries bei Goldburghausen ist einer der wichtigsten vorgesch. FO in Württemberg, dessen systematische Untersuchung durch Bersu und Goessler 1911 begann. Die Grabung, durch den Krieg unterbrochen, ist jetzt von Bersu wieder aufgenommen worden. Die unterste Schicht gehört wahrscheinlich der Rössener Kultur an. Diese Per. kann nicht nur kurze Zeit gedauert haben, da an einer Stelle zwei Hausgrundrisse übereinander liegen. Sie sind von dem Typus der viereckig in den Boden eingetieften Häuser, wie sie Schliz in Großgartach (s. d.) fand. Die Länge der Seitenwände beträgt 3—5 m, die Form ist fast quadratisch bis rechteckig. Aus der in den Boden getieften Grube springen die Pfostenlöcher halbkreisförmig heraus. In einem Falle zeigen zwei außerhalb der Baugrube liegende Pfostenlöcher, daß das Haus an der Schmalseite eine Vorhalle hatte (Megaron-Typus). Ein anderes Haus hatte im Innern eine Lehmbank und in der Mitte einen runden Keller, über dem ein 10 cm starker Estrich durchlief. Darauf war ein viereckiger Herd aus Steinen gebaut. Die über diesen Rössener Häusern liegenden Pfostenhäuser der Pfahlbaukultur waren nicht in den Boden eingetieft. Sie sind auch rechteckig, aber etwas größer als die der unteren Schicht. S. a. Haus A 1 § 6.

Außerdem ist auf dem G. auch der Altheimer Typus (s. d.) in vorwiegend viereckigen Grubenhäusern mit umlaufenden Pföstchenreihen vertreten (Keramik, vierkantiger Kupfermeißel). Das chronol. Verhältnis der drei verschiedenen neol. Kulturen zu einander ist noch nicht endgültig geklärt. Die keramischen Funde sind sehr reich; aus Feuerstein sind Pfeilspitzen fast aller Formen sehr häufig, ferner

Messer, Sägen, Schaber und Lanzenspitzen. An sonstigen Steingeräten begegnen durchbohrte Hämmer, Äxte und Keulenköpfe, flache, spitznackige Meißel und Schuhleistenkeile. Die Hirschhornfassungen für Steinbeile sind außerordentlich zahlreich. Aus Knochen sind Pfriemen, Meißel und ein Harpunenfragment hergestellt. Auch Hirschhornhacken kommen vor.

Über den neol. Kulturen liegen zwei Hallstatt-Schichten und Spätlatènefunde. Eine röm. Abfallgrube ist neuerdings gefunden worden. Auch BZ und Mittellatènefunde sind früher auf dem Berge gemacht worden. Die Untersuchung der Grabenbefestigung des Goldbergs ist noch nicht abgeschlossen (s. Festung A § 1).

R. G. Korr. Bl. 2 (1910) S. 22 A. Schliz; Fundb. Schwaben 19 (1911) S. 3f.; 20 (1912) S. 25ff.; Korr. Gesamtv. 1913; Festschrift der K. Altertümerslg. in Stuttgart 1912 S. 41ff. G. Bersu; 7. Ber. röm.-germ. Kom. 1912 S. 105f. Abb. 27—30 P. Goessler. W. Bremer

Goldbergwerk s. Bergbau.

Goldelfenbeintechnik (Ägäischer Kreis). Eine herrliche Elfenbeinstatuette (Band III Tf. 13) einer schlangenhaltenden Göttin, angeblich aus Knossos, jetzt in Boston (wohl SM I), trägt an ihrem Falbelrocke breite Säume aus Goldblech. Auch ihr Gürtel, die Brustwarzen und Schlangen sind aus Gold. Die bekannten Elfenbeinstatuetten von Akrobaten aus Knossos hatten Locken aus vergoldeter Bronze. Auf dem Festlande und in der nachmyk.-geometr. Kunst ist die Technik unbekannt, mit Ausnahme einiger Elfenbeingriffe von Dolchen und Schwertern aus den myk. Schachtgräbern, die Muster aus eingehämmerten Goldstiften tragen (Tf. 169).

S. a. Kreta B § 14, Mykenische Kultur.

Göttin: Amer. Journ. Arch. 1915 S. 247ff. Tf. 10ff. Caskey; H. Bossert *Altkreta*[2] Abb. 117ff. — Akrobaten: BSA 8 S. 72ff. Tf. 2f.; Ἐφ. ἀρχ. 1897 S. 104ff. Tf. 7—8 Tsuntas; Ath. Mitt. 40 (1915) Karo. Vgl. auch Rosetten aus Gold mit Einlagen von Lapislazuli oder Schmelz, an elfenbeinernen Griffen von Dolchen oder Spiegeln, bei Tsuntas a. a. O., Atth. Mitt. 34 (1909) S. 273 K. Müller; *Perrot-Chipiez* VI 816f.; Tsuntas Μυκῆναι Tf. 6. G. Karo

Goldfunde. S. a. Nordischer Kreis B § 14c.

A. Frankreich. Bronzezeit. § 1. G. dieser Zeit sind in Frankreich nichts gerade seltenes, aber die Zahl der prachtvoll gearbeiteten Gefäße und Schmuckgegenstände ist gegen den germ. Kulturkreis doch verhältnismäßig sehr gering.

In die frühere BZ fallen manche massive Funde von großem Gewicht; später findet Gold sich sparsamer, meist bei aus Blech gefertigten Stücken.

§ 2. Als Goldquellen sind zu nennen zunächst die einheimischen Alluvialgebiete. Goldführend sind Rhone, Arve, Ardèche, Cèze, Gardon, Garonne, Hérault, Salat und Ariège. Für viel spätere Zeit beschreibt Diodor die Goldwäscherei in Gallien und rühmt den Reichtum an Metall. Eine weitere, wichtige Goldquelle ist Irland, das goldreichste Land diesseits der Alpen. Von dort sind mit dem Metall auch eine Reihe von Gerät- und Schmuckformen nach Frankreich hinübergekommen. Déchelette (*Manuel* II 1 S. 345) zählt 15 Depotfunde mit Goldstücken auf, von denen zwei Drittel in der Bretagne, Normandie und Vendée liegen, was auf irländischen Goldimport hinweist.

§ 3. Besonders reich, oder besser schwer, sind die 12 Armringe von Vieux-Bourg-Quintin (Côtes-du-Nord), die über 8 kg wiegen; auch Mazignon (Côtes-du-Nord). Der bekannteste Fund ist der Goldkegel von Avanton (Vienne), 46 cm h. Die Ornamentierung ist genau die des goldenen Hutes von Schifferstadt in der Pfalz. Die Zeitstellung ist bei beiden gleich: Junge BZ. Déchelette denkt zur Erklärung an einen hohen, tiaraähnlichen Hut und erinnert an die konische Tiara der Schlangengöttin von Knossos (BSA 9 [1902/3] S. 75 Abb. 54). Bekannt ist weiter an ebenso verzierten Goldgefäßen der Fund von Villeneuve, bei Epernay (Marne), wo sich unter einem Stein zwei Goldgefäße, Blechstreifen, Ringe und Spiralen fanden. Die Gefäße (Tf. 57 a, b) gleichen am meisten denen von Kohave auf Seeland und Werder an der Havel. Dann das halbkugelige Schälchen gleicher Technik von Rongères (Dép. Allier) mit Spiralen, Fingerring, Armband mit doppelten Endspiralscheiben (Tf. 57 c—e; Mon. et mém. publiés par l'académie des inscr. 19,2 Tf. 16 Déchelette). Die Stücke sind ohne jeden Zweifel Import aus dem nord.-germ. Gebiet. Goldgefäße anderer Art enthält der Fund von

Nesmy (Vendée), der in einem Teich gehoben wurde, also wohl Weihgabe war: eine Goldtasse ohne Henkel und einen goldenen Löffel. Ein zweiter einfacher Goldlöffel aus dem Dép. Côtes-du-Nord ist *Trésors Armorique* IV 3 (1881) veröffentlicht.

§ 4. Von Schmucksachen sind zunächst eine Reihe von ir.-engl. Funden zu erwähnen, die mit dem Gold herüberwanderten oder auch fertig über den Kanal gehandelt wurden. Von den bekannten, halbmondförmigen Halsbändern (Lunula; s. d.) kennt man aus Nordwestfrankreich 6 Stücke. Diese Form ist irisch. Von etwa 80 bekannten Stücken sind 60 in Irland selbst gefunden. Das berühmteste in Frankreich ist das von Saint-Potan (Côtes-du-Nord; Tf. 50 Abb. 18). Die Fundstellen der frz. Lunulae liegen in den Dép. Côtes-du-Nord, Manche und Vendée (Band VII Tf. 212 a). Ebenso ir. Ursprungs ist eine Art Spiralring aus tordiertem Goldvierkant, die Enden nicht tordiert und zurückgebogen. Etwa 8 Stück sind bekannt. Im Depotfund von Fresné-la-Mère erscheint ein Stück zusammen mit einem massiven Armband aus Gold und einem Bronzehammer mit Tülle; die Form wird also dadurch in die späte BZ datiert. Derselbe Typus findet sich in Hissarlik (Schliemann *Ilios* S. 577 Abb. 757). Ihr Verbreitungsgebiet ist dasselbe wie das der Lunulae, außerdem noch die Dép. Calvados, Oise und Ille-et-Vilaine. Glatte, massive Armringe kennt man aus Morbihan (Dép. Loire-inférieure), dem Dép. Puy-de-Dôme usw., Halskragen aus Goldblech aus der Bretagne und von Deux-Sèvres. Sie bestehen aus breiten Goldblechstreifen mit Rillen und einfachem Verschluß. Zwei entstammen einem Grabhügel von Roc'h-Guyon, Gemeinde Plouharnel (Morbihan). Sie zeigen eine entfernte Ähnlichkeit mit den großen Bronzekragen Skandinaviens.

§ 5. Ir. Herkunft sind ferner noch einige Ohrgehänge: einfache, oben zugespitzte und unten tordierte Ringchen und eine Art von Segelohrringen mit breiter, durch Querstreifen verzierter, unten länglich ovaler, gebogener Platte, die in der Mitte jederseits einen dünnen Draht zur Befestigung trägt. Ein großer Ring aus Blech mit einem Dm innen von 19,5 cm, außen von 23 cm stammt von Guen-an-Floc'h (*Trésors Armorique* Tf. 1; Sonnenbild?). Ganz früh sind olivenförmige Perlen aus Höhlengräbern (Grotte du Castellet, Dép. Bouches-du-Rhone; Tf. 18b, vgl. auch c) und Hügeln (Pouy-Mayou, Dép. Hautes-Pyrénées; Tf. 30b, vgl. auch c) und einfache Spiralringe (Singleyrac, Dép. Dordogne). Diese Stücke gehören in die Kupferzeit und entstammen Dolmen und Ganggräbern mit Glockenbechern. Der Ring von Singleyrac ist aber aus der frühen BZ und fand sich in einem Grabe mit triangulärem Dolch und bronzener Flachaxt. Eine ebensolche Spirale war eingezogen in eine goldene Säbelnadel von Serrigny (Dép. Côtes-d'Or).

§ 6. Mehrfach erscheinen an der Westküste Frankreichs, ebenso wie an der Südküste Englands, kleine, ganz dünne Goldstäbchen als Verzierung an Holzgriffen von Dolchen und Schwertern. So im Hügel von Cruguel (Dép. Morbihan), sonst auch im Dép. Côtes-du-Nord, im Hügel von Kergourognon, Mouden-Bras u. a. O. (Über Mouden-Bras vgl. Extr. Bull. Soc. arch. du Finistère 1907 S. 25 Martin-Prigant.)

Déchelette *Manuel* II 1 S. 345 ff.

E. Rademacher

B. Großbritannien und Irland. Die intensiven Kulturbeziehungen des westmediterranen Gebietes mit den großbritannischen Inseln im Laufe des 3. Jht. v. C. erklären sich durch zwei Gaben, die der N brachte, das engl. Zinn (s. Zinnbergbau) und das ir. Gold. Bis in die neueste Zeit hinein ist hier Gold gewaschen worden, zeitweise, besonders um 1800 herum, mit sehr großem Erfolge, namentlich in der Grafschaft Wicklow. Schon die alten ir. Annalen des frühen Mittelalters wissen von Goldbearbeitung und unendlichen Goldschätzen in Roh- und Fertig-Form zu erzählen. Daß aber das ir. Gold schon sehr früh, im Beginne der BZ, gewonnen und verarbeitet wurde, beweisen die zahlreichen G. aus präh. Zeit in Irland. Mag auch der riesige Wicklow-Fund (s. Wicklow) apokryph sein, so ist doch der Clare-Fund (s. Clare) als einer der größten westeurop. G. überhaupt gesichert. Das klarste Bild von der Handelsverbreitung ir. Goldschmucks während der Per. Montelius I der BZ geben die Lunulae (s. d.) in ihrer Verbreitung über Nordwest-Frankreich einerseits und den germ. N andererseits (Band

VII Tf. 212 a). Diese Schmuckstücke leben in der späteren BZ Irlands fort in ähnlich geformten Halskragen aus dünnem Goldblech mit starker Reliefierung, die hinten beiderseits in massiven, schildartigen Knöpfen enden (Tf. 255 b; Coffey a. a. O. S. 62 ff.). Von besonderen Formen der bronzezeitlichen Goldindustrie Irlands sind außerdem hohle goldene Kugeln, die vielleicht als Pferdeschmuck gedient haben, zu erwähnen (a. a. O. S. 65), kleine Goldscheiben, die sicherlich irrtümlich als „Sonnenscheiben" (s. d.) bezeichnet werden (Tf. 255 a), vor allem aber offene Ringe mit hohlen, petschaftähnlichen Enden (*cup-, funnel-shaped*), deren älteste bis in die Per. I Mont. mit ihrer schlichten Ornamentik zurückgehen, während jüngere Formen, die ganz enge Ringe zeigen und sehr breite, ovale Endstollen, nach Wilde sehr glaubhaft als Gewandhaften aufzufassen sind; die beiden ovalen Endplatten wären dann beiderseits in Knopflöcher eingefügt. So hätten diese „Fibeln" nur äußerlich etwas mit jenen älteren Ringen zu tun, tatsächlich wären sie selbständige Derivate der germ. Fibeln der Per. IV. Die späte Datierung dieser ir. Schmuckstücke ist auch durch den Fund von Coachford, Co Cork, gesichert, wo sie zusammen mit Tüllenäxten gefunden sind. Daß aber jene älteren Ringe auch noch in späterer Zeit fortleben, lehrt der Fund von Beachy Head, Sussex, wo sie zusammen mit einer Lappenaxt vorkommen, und der Clare-Fund, dessen Fülle von zierlichen Ringen mit näpfchenförmigen Enden man gern als Ringgeld bezeichnet. Eher könnten diesen Namen die in Irland häufig gefundenen kunstlosen, aus einem abgeschnittenen Stück Golddraht gebogenen Ringe von nie mehr als 2,5 cm Dm verdienen, für die eine praktische Verwendung nicht zu ergründen ist, wenn auch Ridgeway's Anschauungen über dieses Ringgeld weit über das Ziel hinausschießen (Coffey a. a. O. S. 70; s. a. Geld § 13). Die Datierung dieser kleinen, massiven Ringe in die späte BZ ist durch einen Fund von Belfast (mit Tüllenaxt) gegeben. Über ein verschollenes Goldgefäß von Devil's Bit, Tipperary, das einzige ir. Goldgefäß präh. Zeit, ist nach der erhaltenen Abbildung kein abschließendes Urteil mehr möglich (Wilde a. a. O. Abb. 537). Es ist sicherlich kein Zufall, daß die meisten G. Englands im SW, also Irland gegenüber, gemacht sind. Es handelt sich bei den engl. Goldfunden fast ausschließlich um ir. Typen. Ein Goldgefäß von Rillaton, Cornwall, ist singulärer Form (Evans *Stone Implements*[2] S. 448), es gehört der frühesten BZ an. Wie reich an Gold auch die engl. Bevölkerung während der BZ war, lehrt zur Genüge die Tatsache, daß auch die Pferde mit Gold geschmückt wurden (s. Mold Corslet). Der Goldreichtum der Kelten während der LTZ, der sich vor allem in einer großen Zahl massiver goldener Wendelringe offenbart, ist ohne Zweifel auch noch zu einem großen Teile auf das ir. Gold zurückzuführen.

Wilde *A descriptive Catalogue of the Antiquities of Gold in the Museum of the R. Irish Academy* Dublin 1862; Coffey *The Bronze Age in Ireland* Dublin 1913 S. 46 ff.; Armstrong *Catalogue of Irish Gold Ornaments in the Collection of the R. Irish Academy* 1920; Read *Guide to the Antiquities of the Bronze Age Brit. Mus.* S. 145 ff.; Proceedings of the R. Irish Academy 3. Ser. 36 (1893) 6 S. 776 ff. Frazer, Johnson; G. Kossinna *Der germ. Goldreichtum in der Bronzezeit* I (1913) S. 49 ff.; Belfast: *Archaeologia* 61 S. 153. W. Bremer

C. Kretisch-Mykenischer Kreis s. Kreta B, Mykenische Kultur.

D. Südrußland s. Südrußland C, D.

E. Sibirien. § 1. Man faßt unter „Sibirischen Goldfunden" eine Sammlung von fast ausschließlich goldenen Altertümern, die aus Sibirien stammen, zusammen. Sie gehören zum ältesten Besitz der Petersburger Museen (Kunstkammer) und werden jetzt in der Eremitage aufbewahrt. Aus älteren Reiseberichten wissen wir, daß die Bevölkerung Westsibiriens im 18. Jh. von einem epidemischen Goldfieber befallen wurde, dessen Objekt alte, offenbar unerhört reich mit goldenen Gegenständen ausgestattete Gräber waren. Die Raubgräberei nahm einen derartigen Umfang an, daß die Regierung eingriff. Genaueres über die Herkunft und die FU ist nicht bekannt. Heute scheint es dort ein reicheres intaktes Grab nicht mehr zu geben. Vermutlich stammen die Sachen aus den Gegenden um die Flußläufe des oberen Ob, Ischim und Irtysch. So interessant sie kultur- und stilgeschichtlich sind, wurden sie doch niemals zusammenfassend ediert und abgebildet.

§ 2. Mitgefundene Gordian-Münzen und Münzen der Han-Dynastie, sowie eine durchbrochene Schnalle, wie sie ganz ähnlich aus Südrußland bekannt sind (Präh. Z. 1 [1909] S. 71), und der enge Zusammenhang des ins 3. Jh. n. C. zu setzenden Schatzfundes von Novočerkask (s. d.) mit dieser Gruppe machen es sicher, daß ein Teil der sibir. Goldsachen in die RKZ gehört. Die hervorragendsten und bekanntesten Stücke sind Gruppenbilder in einem flachen Reliefstil, durchbrochen gearbeitet, in viereckigem Rahmen oder ohne Rahmung. Das Hauptmotiv sind Tierkampfszenen, wie sie die vorderas. und skyth. Kunstübung darstellte, und wie sie sich mit merkwürdig archaischer Haltung noch in einer frühmittelalterlichen ungar. Denkmälergruppe finden (Hampel *Altert.* I 597ff.): greifenartige Tiere, die zu zweien einen Vierfüßler zerfleischen, ein Pferd, dem von einem Leoparden der Hals durchgebissen wird, ein mächtiger Raubvogel im Kampf mit einem Löwen (?) und einem Yak, ein anderer mit molchartigem Kopfe, der einen Steinbock in den Fängen hält, ein katzenartiges Raubtier oder ein Eber im Kampf gegen riesige Schlangen, die sie umwinden. Diese Tierfiguren geben sich alle als ein seltsames Gemisch von naivem Naturalismus und stärkster Stilisierung. Einzelne Züge sind vortrefflich beobachtet, das ganze ist immer schematisch erstarrt und fremdartig. Das Komma-Ornament spielt namentlich an den Gelenkteilen, Klauen und Köpfen der Tiere eine große Rolle. Die Bewegungen stärkster Anspannung, den Galopp oder das Herumwerfen des Unterleibes im Todeskampf, sucht der sibir. Goldschmied in einem Maße zum Ausdruck zu bringen, das an die kret.-myk. Kunst (Stier auf Vaphio-Becher [Tf. 173a], Freske mit Eberjagd von Tiryns [Band VI Tf. 42]) erinnert. Er bringt aber nur unglaubwürdige Verzerrungen heraus. Überall kommt dazu das Bemühen, „tierornamental" auszuschmücken. Ein gutes Beispiel dafür ist eine Goldplatte von Verchnij-Udinsk: ein Pferd unter einem Baum, das von einem katzenartigen Raubtier angefallen wird. Dieses selbst ist ziemlich naturähnlich. Mähne und Schwanz des Pferdes laufen in Raubvögelköpfe aus, und der Leib des Pferdes ist vorn mit einem Raubvogel, hinten mit einem Widder und einem andern Kopf bedeckt (vgl. den goldenen Fisch von Vettersfelde; s. d.). Der Baum ist zu einer Hydra mit Raubvögelköpfen geworden. Andersartig, in einem unbeholfenen Naturalismus, ist die Darstellung einer Rastszene in der Steppe. Unter einem Baum sitzen ein Mann, der die beiden Pferde am Zügel hält, eine Frau und in ihrem Schoß eine dritte Person. Am Baum hängt der Goryt (s. d.). Die Pferde haben Zaumzeug, Zügel und Sattel (s. d. A). Die Frau trägt einen konusartigen Kopfschmuck (s. a. Karagodeuašch mit Band VI Tf. 63 und Südrußland D). Auf vielen dieser Stücke sind Zellen und Eintiefungen zum Einsatz von roten Steinen, Türkis, Lapislazuli u. a.

Was die Wurzeln dieser sibir. Gruppe betrifft, so zeigt schon die Wahl der Motive einen starken Einfluß der vorderas., im besonderen der pers. Kunstübung, und nicht weniger Einzelheiten der Dekoration und des Stiles. Es sind in Sibirien auch orient. Goldschmiedearbeiten selbst gefunden, u. a. ein prachtvoller, in geflügelte und gekrönte Löwen (mit Zellenwerk) auslaufender Reif pers. Arbeit (Materialien Arch. Rußl. 31 [1911] Tf. 5 Pridik; Montelius-Festschrift 1913 S. 276 Ebert), etwa aus dem 5. Jh. v. C.; ein Gegenstück fand sich in dem sog. Oxus-Schatz (s. d.). Der Einfluß der skyth. Kunst Südrußlands tritt auf diesen sibir. Arbeiten zurück hinter der von orient. Einwirkungen gemodelten Eigenart, obwohl die auf den Goldblechen dargestellten Personen in Tracht, Kleidung und Bewaffnung den Skythen ähneln. Am nächsten stehen etwa zwei Stücke aus den Funden von Kelermes (s. d.), ein pantherförmiges Beschlagstück (Strzygowski *Altai-Iran* 1917 S. 140 Abb. 131) und ein Gürtelstück (Band III Tf. 7a), beide mit Cloison-Verzierung. Aber grade sie fallen aus dem Rahmen skyth. Kunst heraus und gehören vielleicht zu einer südrussisch-sibir. Gruppe, zusammen mit der Dolchscheide vom Don (Tallgren *Collection Tovostine* 1917 S. 66 Abb. 71), die wir als Vorläufer der westsibir. Goldschmiedearbeiten der RKZ anzusehen hätten.

a

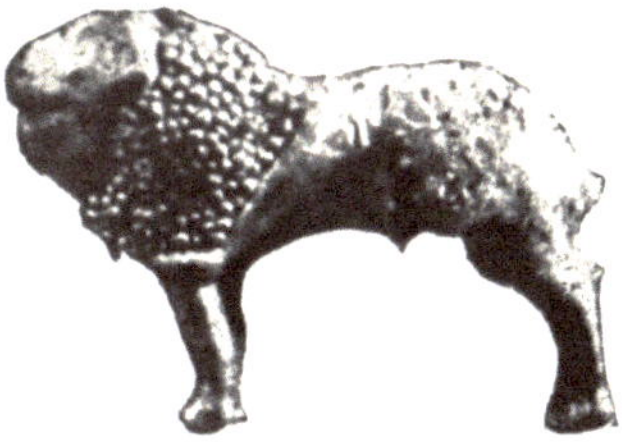

b

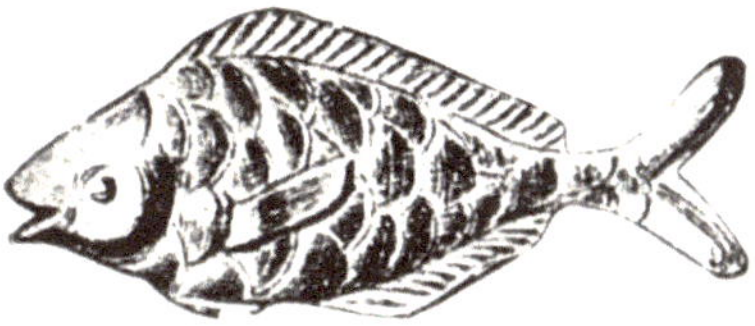

c

d

Goldschmiedekunst A2. Ägäischer Kreis

a. Ente. L. 3,2 cm. — b. Löwe. L. 1,5 cm. — c. Fisch. L. 1,2 cm. — a—c. Knossos. — d. Schmuck. Mochlos. H. des Kreuzes 5,5 cm. — Nach H. Th. Bossert.

a

b

c

Goldschmiedekunst A2. Ägäischer Kreis

a. Goldschmuck mit silberner Nadel. Mykenai, III. Schachtgrab. H. ca. 8 cm. — b. Goldener Armring. Mykenai, IV. Schachtgrab. Dm 8 cm. — c. Nachbildung einer Hausfassade aus Goldblech. Volo. H. 7,5 cm. — Nach H. Th. Bossert.

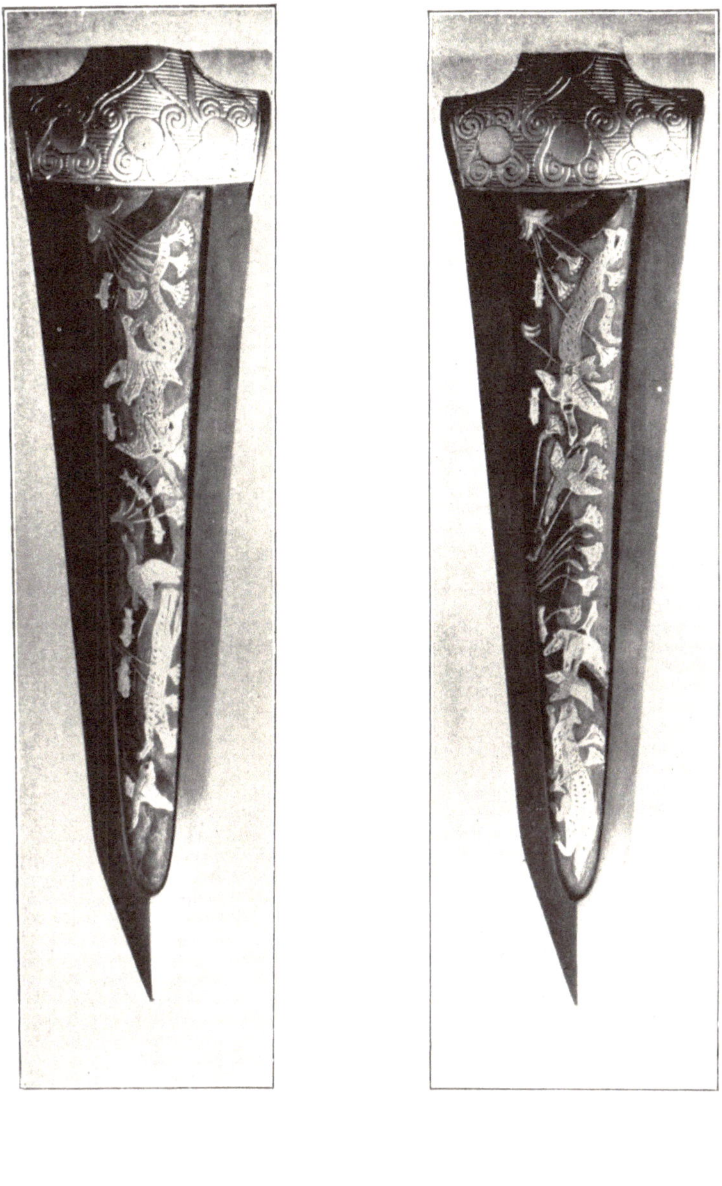

Goldschmiedekunst A2. Ägäischer Kreis

Vorder- und Rückseite einer bronzenen Dolchklinge. Mykenai. L. 22 cm. Mit Einlage von Gold, Silber und Niello. — Nach Nachbildungen.

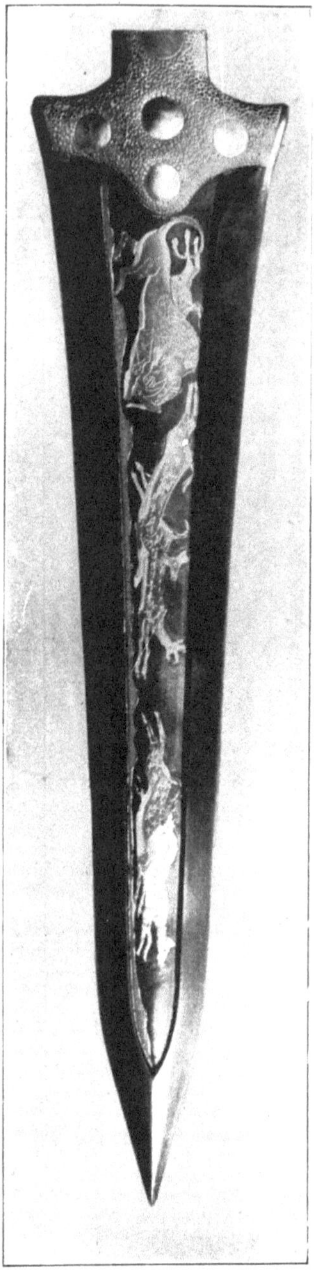

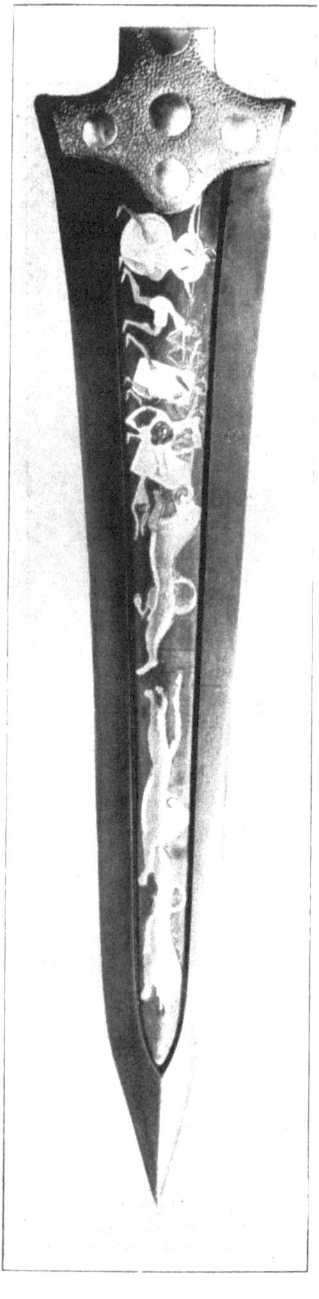

Goldschmiedekunst A2. Ägäischer Kreis

Vorder- und Rückseite einer bronzenen Dolchklinge, mit goldenen Nägeln am Griffabschluß. Mit Gold- und Silbereinlagen auf den Mittelfeldern. Mykenai. L. 27 cm. — Nach Nachbildungen Gilliérons.

a

b

Goldschmiedekunst A2. Ägäischer Kreis

a. Goldbecher. H. 16,5 cm. — b. dgl. H. 14,5 cm. — Beide aus dem IV. Schachtgrabe. — Nach H. Th. Bossert.

a

b

Goldschmiedekunst A2. Ägäischer Kreis

Silberne Schale (c) von Mykenai (H. 8,5 cm) mit der Abwickelung des Randfrieses (a—b). — a und b nach dem Original, c nach ergänzter Nachbildung. — Nach H. Th. Bossert.

a

Goldschmiedekunst A2. Ägäischer Kreis

a b. Goldbecher von Vaphio. — Nach Arch. Jahrbuch 1915.

a

b

Goldschmiedekunst A2. Ägäischer Kreis

a, b. Abgewickelte Reliefdarstellungen auf den beiden Goldbechern von Vaphio (Tf. 172). Nach Arch. Jahrb. 1915. S. 326 f.

Goldschmiedekunst A2. Ägäischer Kreis

Goldene Gesichtsmaske aus dem IV. Schachtgrabe von Mykenai. L. 34,5 cm. — Nach H. Th. Bossert.

a

Goldschmiedekunst B. Ägypten

a. Goldschmiedewerkstatt. Grabrelief NR. Kairo. — b. Goldschmuck von Königen der 12 Dyn. Kairo. Nach Erman-Ranke.

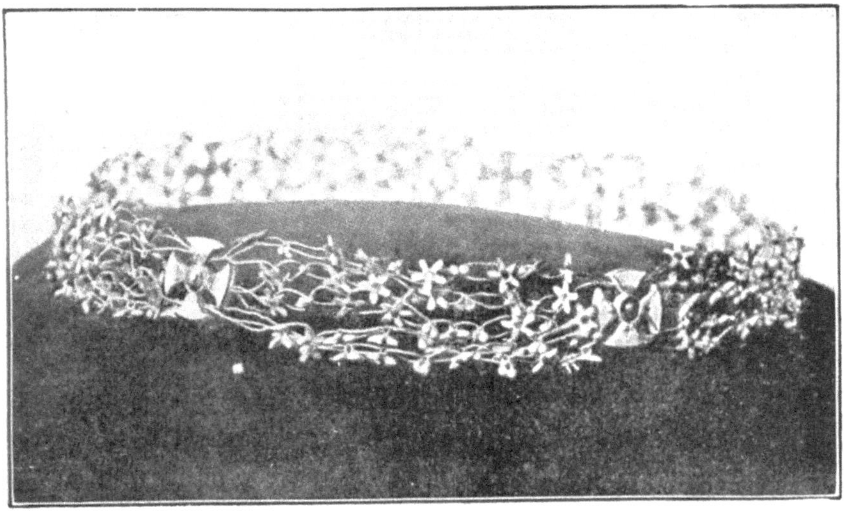

a

b

Goldschmiedekunst B. Ägypten

a. Krone einer Prinzessin (Dyn. 12). Auf 4 parallelen Strähnen von Golddraht, die sechsmal durch Blütenrosetten unterbrochen sind, sitzen verstreut kleine fünfblättrige Blüten. Alle Blüten bestehen aus eingelegten Steinen. Museum in Kairo. — b. Krone einer Prinzessin (Dyn. 12). Breite Goldfassungen in Form von Blüten und Rosetten haben Einlagen von farbigen Steinen und Glasstücken erhalten. Acht aufrecht stehende Blüten umschließen den Kopf, auf dem ein Geier mit ausgebreiteten Flügeln liegt. Museum in Kairo.

a

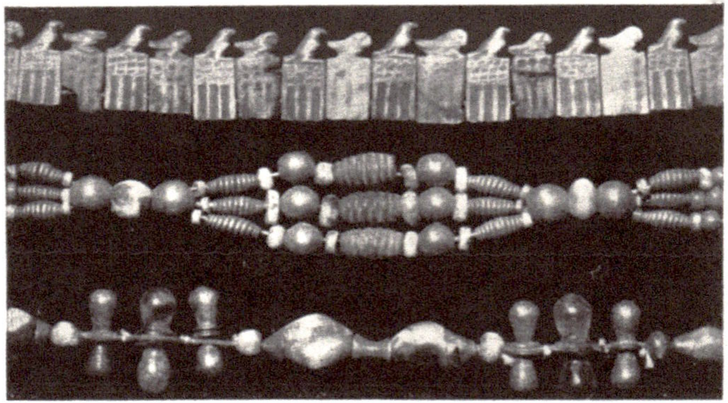

c

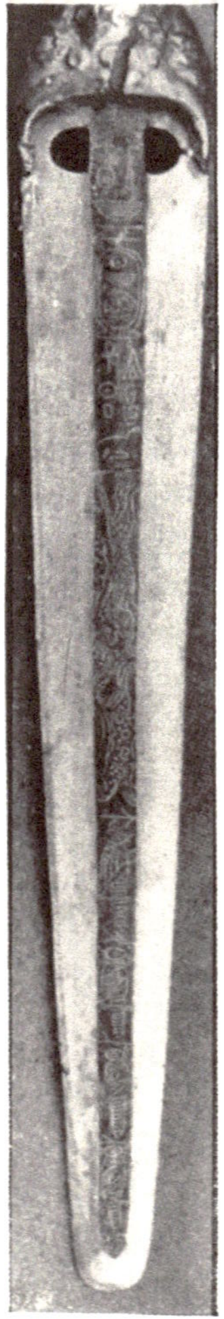

e

b

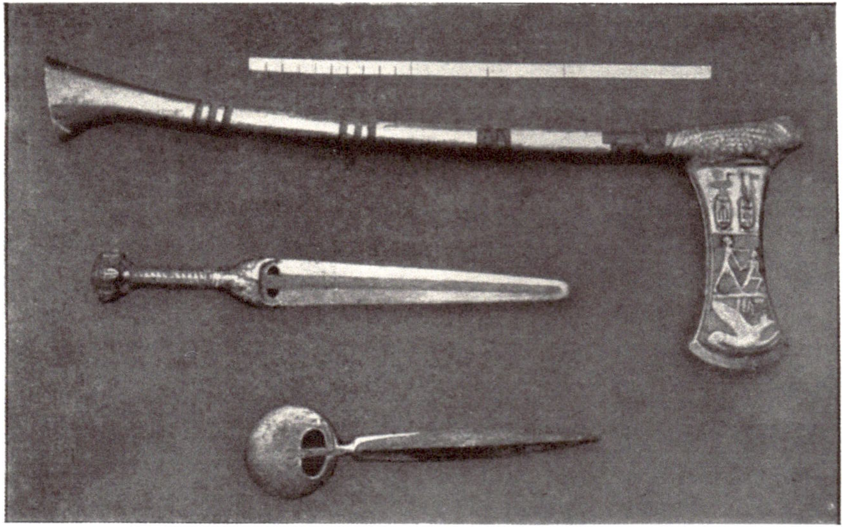

d

Goldschmiedekunst B. Ägypten

a. Goldener Kopf eines Falken; an der Krone waren Straußenfedern befestigt. — b. Goldene Dose mit Zickzack-Ornament in aufgelöteten Gold-

§ 3. Von Dalton, Minns u. a. wird angenommen, daß die in diesem osteurop.-sibir. Kreise auftretende Zellenverglasung und Tierornamentik in entscheidender Weise den Kunststil der germ. Völkerwanderung beeinflußt habe. Die Vermittler und frühsten Empfänger wären die Goten, die Alanen und andere mit den Ostgermanen Südrußlands vermischte und in sie eingesprengte Ostvölker. Wie ich schon früher dargelegt habe (Baltische Studien zum Pleskauer Kongreß 1914 S. 57 ff.), läßt sich dies Problem nicht auf eine so einfache Formel bringen. Die bei den Germanen beliebte Dekoration von Goldschmiedearbeiten mit bunten, besonders roten Steinen erscheint schon vor dem Auftreten der Goten in den Pontusländern auf Erzeugnissen spätgriech. Ateliers und geht letzten Endes auf eine die ganze nahöstliche Welt in frühhellenistischer Zeit ergreifende Neigung für farbige Wirkung zurück (s. Artjuchovkurgan), die sich den sarmatischen Nachfolgern der Skythen mitteilt und in dem sarmatisch-griech. Kunstgewerbe Südrußlands weiterlebt, wobei festzustellen wäre, wieviel die Sarmaten selbst an Neigung dafür aus ihren östlicheren Sitzen mitgebracht haben. Tierornamentale Einzelheiten (vgl. die Raubvogelköpfe an gewissen germ. Schnallen; Götze *Gotische Schnallen* o. J. [1907] z. B. Tf. 9—11) in den Germanenfunden Südosteuropas mögen von der Geschmacksrichtung dieser ö. Steppenvölker entlehnt sein, der Tierstil der germ. Völkerwanderungszeit als Ganzes, insbesondere der nordgerm. (Salin *Die altgerm. Thierornamentik* 1904), ist ein kompliziertes, aus Eignem und den mannigfaltigsten fremden Quellen sich organisch entwickelndes, keineswegs aus ö. Impulsen entstandenes, im Grunde germ. Gebilde.

Kondakoff *Antiq. Russie mérid.* S. 379 ff.; de Linas *Origines de l'orfèvrerie cloisonnée* 1877; O. M. Dalton *The treasure of the Oxus* 1905; Archaeologia 58 (1902) S. 237 ff. ders.; Minns *Scythians and Greeks* 1913 S. 253, 271 ff.; J. Strzygowski *Altaï-Iran und Völkerwanderung* 1917 S. 143 ff.; A. Riegl *Spätrömische Kunstindustrie* I (1901) S. 172 ff.; F. H. Marshall *Catalogue of the Jewellery . . . British Museum* 1911; O. v. Falke in G. Lehnert *Geschichte des Kunstgewerbes* I (o. J.) S. 195 ff.; M. Rostovtzeff *Iranians and Greeks in South Russia* I (1922) S. 181 ff.; M. Rosenberg *Geschichte der Goldschmiedekunst* Frankfurt a. Main seit 1910.

M. Ebert

Goldgewinnung s. Bergbau, Gold.

Goldgrube (Heidetränktalenge; Ringwall bei O.-Ursel; Hessen-Nassau). An beiden oberen Hängen des Heidetränkbachs (540 bzw. 450 m H.) war ursprünglich je ein selbständiger kelt. Ringwall errichtet, die Althöfer Mauer und die Goldgrube; später, aber wohl erst in germ. Spätlatènezeit, wurden sie durch Verbindungs- und neue Ringmauern über das Tal hinweg zu einer großen Festung zusammengeschlossen, die ungefähr 200 ha Flächeninhalt umfaßt und die ganze vorliegende Wetterauebene mit ihrer uralten Völkerstraße beherrscht (Band III Tf. 75 b). Die zur Herstellung der Wallänge von 9587 m nötige Arbeitsleistung wird von Ch. Thomas auf ungefähr 197654 Arbeitstage berechnet. Im Innern sind sehr viele Hüttenstellen zu beobachten (sog. Podien), namentlich an den sonnigen unteren Hängen beim Bach und bei einer Quelle. Talabwärts schloß sich durch den sog. Heidegraben und durch ein ihn wohl fortsetzendes Gebück beiderseits des Bachs noch eine weit größere Umfriedigung an, so daß selbst die größten Herden in Zeiten der Gefahr hier sichere Unterkunft fanden. Es ist zweifelsohne die Gauburg und Dingstätte der Suebi Taunenses, welche in Nauheim (s. d.) das große Gräberfeld hinterlassen haben, vielleicht das oppidum Artaunon (ad Taunum?) des Ptolemäus, die Vorgängerin des Vororts der civitas Taunensis, Heddernheim (Nida). S. a. Nauheim.

Westd. Z. 14 (1895) S. 125 f.; Nass. Annalen 36 (1906) S. 212 f.; Frankfurter Festschr. 1908 S. 21 f. Thomas; Schumacher *Rheinlande* I 152 f.

K. Schumacher

Goldschmiedegerät. Entsprechend der geringen eigenen Entwicklung der Goldschmiedekunst (s. d. A) in der europ. Vorgeschichte sind spezielle Goldschmiedegeräte kaum bekannt geworden. Man nimmt an, daß einige in Irland gefundene steinerne Gußformen zum Gießen von Goldbarren und gewisse kleine Schmelztiegel aus Ton zum Gold- und Silberschmelzen gedient haben; in letzteren ist aber wahrscheinlich nicht Edelmetall, sondern Email geschmolzen worden. Eine Anzahl kleiner tönerner Tiegel wurde auch in Troja gefunden.

E. C. R. Armstrong *Catalogue of Irish Gold Ornaments in the Collection of the Royal Irish Academy* 1920 S. 4 ff.

Alfred Götze

Goldschmiedekunst. A 1. Europa. Allgemein.

Die Freude an der schönen Farbe und dem Glanz der Edelmetalle besitzt der primitive Mensch in hohem Maße. So wird er schon in der jüngeren StZ auf das Gold aufmerksam und benutzt es, um in einfacher Technik durch Hämmern kleine Schmuckstücke anzufertigen. In der frühen BZ lernt man es gießen; gleichzeitig nimmt man in manchen Gegenden das Silber in Gebrauch. Aber zur Entwicklung einer eigentlichen G. mit Ausbildung eigener Arbeitsmethoden und eigener künstlerischer Probleme kommt es vorläufig nicht. Die bronze- und hallstattzeitl. Goldsachen — Silber spielt überhaupt eine untergeordnete Rolle — stehen technisch und formal im engsten Zusammenhang mit der Entwicklung der einheimischen Bronzetechnik. Nur in nebensächlichen Dingen wird die Technik durch die Besonderheiten des Materials beeinflußt. Schüchterne Ansätze einer besonderen bronzezeitl. G. kommen n. der Alpen nur in Irland vor, wo der Goldreichtum der County Wicklow die Anregung gab (s. Goldfunde B). Es genügt daher im allg. auf die bei Bronzeguß A und Bronzetechnik A angeführten Bearbeitungsarten hinzuweisen (vgl. auch die Zitate am Ende des Artikels). Zu voller selbständiger Entwicklung kann die G. nur auf dem Nährboden einer höheren Kultur gelangen. Deshalb steht sie auch in den alten Kulturländern um das ö. Mittelmeer in hoher Blüte, hier hat sie ihre verschiedenen Zweige ausgebildet, und von hier aus strahlt bald die eine, bald die andere Technik nach dem N aus. Eine wichtige Etappe bildet die G. der Etrusker (s. d. A), die es in der Granulation (s. d. A und Fibel B § 4 ff.) zu einer weder vorher noch nachher jemals erreichten Feinheit und Exaktheit gebracht haben. N. der Alpen kann man von einer besonderen G. etwa erst in der kelt. Latènekultur sprechen, was offenbar damit zusammenhängt, daß die kelt. Kultur überhaupt von der griech. stark beeinflußt ist. Auf germ. Boden entsteht eine eigene G., die mit andern als den von der Bronzetechnik her bekannten Methoden arbeitet, erst in der RKZ.

S. a. Blech, Draht A, Drücken, Einlage A, Email A, Feingehalt A, Filigran A, Gold A, Granulation A, Lahn, Legierung, Löten A, Niello A, Nieten A, Plattieren, Schwefel A, Silber A, Tauschierung, Vergolden A, Versilbern.

M. Rosenberg *Geschichte der Goldschmiedekunst auf technischer Grundlage* 1908 ff.; Hoops *Reall.* II 265 Hampe. Alfred Götze

A 2. Ägäischer Kreis (Tf. 166—174). § 1. Die frühesten Beispiele der G. im ägäischen Kreise bieten außer einem vereinzelten Anhänger von Dimini in Thessalien (s. Ägäische Kultur § 3) die frühmin. Gräber auf Kreta (s. d. B), vor allem die von Mochlos (2. Hälfte des 3. Jht. v. C.). Es sind Stirn- und Armbänder, Gehänge, Halsketten, Ringe aus Goldblech und Draht, mit gravierten, punktierten und gepunzten einfachen Mustern. Wichtig ein Stirnband mit zwei Augen, das wohl die Augen des Toten bedeckte; anmutige Zweige und Blüten aus Goldblech gehören zu den ersten Anzeichen der min. Freude an der Pflanzenwelt (Tf. 166d). Zwei silberne Stirnbänder von Syra und Siphnos, dieses mit punktierten Rändern, Hunden und Idolen (?), könnten frühmin. sein. Sicher festländische Erzeugnisse sind ein prachtvoller gleichzeitiger Goldschmuck aus Thyreatis in Berlin und eine goldene „Saucière" aus dem arkadischen Steraia im Louvre (Nr. 1885; de Ridder *Cat. somm. d. bijoux ant. du L.* 1924 Tf. 6). Auch Troja (s. d.) bietet gerade in der II. Stadt reiche einheimische G. Metallgefäße fehlen im frühmin. Kreta, mittelmin. Exemplare sind sehr selten (da bisher keine reichen Gräber gefunden!), aber aus tönernen Nachbildungen zu erschließen, vor allem aus köstlichen Fayenceväschen und der feinsten „Eierschalenware" von Knossos, die aus MM II—III stammen (s. Kreta B). Sie bezeugen das Vorhandensein getriebener kostbarer Reliefgefäße, wohl auch farbig eingelegter Stücke. Aus SM I sind solche in den myk. Schachtgräbern reichlich erhalten: glatte und ornamental verzierte Gold- und Silbervasen verschiedener Formate, prunkvolle Rhyta (goldener Löwenkopf, silberner Stierkopf; das silberne Hirschrhyton wohl hettitischer Import), prächtige große Silbergefäße mit figürlichen Reliefs (Trichter mit Stadtbelagerung, dreihenkelige „Amphora"

a

b

Goldschmiedekunst B. Ägypten

Ohrgehänge mit Bommeln. In einzelnen Teilen in Gold getrieben und zusammengefügt, z. T. gelötet. Zeit Sethos II. (Dyn. 20). Museum Kairo. Nach Photographie.

mit Kriegerkämpfen; die steinernen Reliefgefäße waren z. T. mit Goldblech überzogen, also Surrogate der metallenen), Silberbecher mit Einlagen aus Gold und Niello (Tf. 170—171).

§ 2. Diese letztere sehr reiche und kunstvolle Technik führt zu den wundervollen Metallmalereien der Dolchklingen aus den Schachtgräbern von Mykenai (Tf. 168, 169), mit ihren aus mehrfarbigen Legierungen von Gold, Silber, Kupfer (und vielleicht auch Eisen?) eingelegten farbigen Bildern. Dazu andere Klingen mit Reliefverzierung oder eingelegten gravierten Goldplatten, Hefte und Knäufe aus Goldblech auf hölzernem Kern, Elfenbein mit Mosaikmustern aus eingehämmerten Goldstiften, Goldstegen mit Einlagen aus Halbedelsteinen (in SM I noch kein Schmelz). Beziehungen führen von diesen Prachtstücken nach Ägypten, wo im Dolche und der Axt des Königs Kamosis (Ahmose; Tf. 177 d, e) min. Einflüsse ebenso deutlich sind wie äg. in der Nillandschaft eines myk. Dolches. Die min.-myk. Künstler arbeiten sehr selbständig, mit einer erstaunlichen Vielseitigkeit verschiedener Techniken. Ihre Werke erscheinen unter den Gaben der Keftiu (s. d.) auf äg. Darstellungen; jüngst auch in einem Grabe der 12. Dyn. in Byblos in Syrien zwei Silbergefäße, die mittelmin. oder einheimische Nachbildungen sind (s. Ägäischer Einfluß auf Palästina-Syrien § 3).

§ 3. In Mykenai sind min. Importstücke von den Werken min. Goldschmiede auf dem Festlande und ihrer einheimischen Nachahmer oft schwer zu scheiden. Sicher myk. sind die goldenen Totenmasken (Tf. 174), die ältesten europ. Bildnisversuche, und eine Menge fürs Grab gefertigter Schmucksachen (Kronen, Haarpfeile, Ohrringe, Halsketten, Besatzbleche, auch Ordensketten für Fürsten, Schmuckbleche von Wehrgehenken und Schwertscheiden). Auf Kreta sind bei dem Fehlen an reichen Gräbern nur wenige kleine Schmucksachen aus MM III—SM I gefunden, darunter ein Löwe mit granulierter Mähne (Tf. 166 b), eines der frühesten europ. Beispiele dieser Technik, ein paar Goldringe mit schönen Bildern (auf einem Bleikern in das starke Goldblech tief eingraviert), genau den prachtvollen Ringen und Schiebern aus dem IV. Schachtgrabe von Mykenai entsprechend, und zahlreiche Siegelabdrücke solcher Ringe, sowie Nachbildungen von Goldschmuck in Fayence. Die G. hat auf K. damals (16. Jh. v. C.) einen verblüffend hohen Stand erreicht. Ein Glanzstück aus dem Ende dieser Periode bilden die berühmten Goldbecher von Vaphio (Tf. 172, 173).

§ 4. SM II—III und die entsprechende myk. Entwicklung außerhalb Kreta's bedeuten auch für die G. einen fortschreitenden Niedergang. Besonders verschwinden Gefäße aus Edelmetall fast ganz, während reichverzierte Bronzevasen nicht selten sind. Der Goldschmuck beschränkt sich im wesentl. auf Halsketten, in der Technik spielen Treibarbeit, Granulation und Schmelzeinlagen, in den Mustern Epheu, Papyrus, Lilie, Polypen und Nautili die Hauptrolle. Die kunstvoll mühsamen alten Techniken sind verschwunden, ebenso die figürlichen Kompositionen. Aus denselben Steinformen wurden Schmucksachen aus Goldblech, Fayence, Glas hergestellt. Kronen und Ohrringe fehlen, Gürtel, Arm- und Knöchelringe kennen wir nur aus Darstellungen auf Fresken, Gemmen und Goldringen; diese letzteren werden auch immer seltener und gröber. Die beiden prachtvollen Ringe aus dem Schatzfunde von Tiryns stammen wohl aus älteren Gräbern (SM I—II). Die mit ihnen gefundenen Räder aus Golddrahtgeflecht mit bernsteinbesetzten Speichen sind unerklärt und vorläufig undatierbar. Unter den Waffen dieser späten Zeit treten noch einige Schwerter mit Griffverkleidung aus getriebenem Goldblech oder Rosetten aus granuliertem Gold und Schmelz hervor. Der spätestmyk. G. gehören einige Schmucksachen aus kyprischen Gräbern an, sowie ein merkwürdiger Schatzfund aus Ägina im Brit. Museum.

§ 5. Aus der Übergangszeit zum Geometrischen stammt ein merkwürdiges Gürtelblech von Kavusi mit Greifen und Kriegern. Die geom. Kunst ist an Goldschmuck ziemlich arm; einige Diademe mit eingestempelten Ornamenten und Figuren (auch Löwen, also spät-geom.), ein paar Armbänder und Ohrringe mit Granulation und Bernsteineinlagen. Erst die orientalisierende Kultur des 7. Jh. bringt der alten G. neue Impulse und neuen Reichtum.

Frühmin. Goldschmuck: R. Seager *Explor. in Mochlos* 1912 S. 26 ff.; Maraghiannis *Antiqu. crét.* II Tf. 5—9; Xanthoudides *Vaulted Tombs of Mesarà* Tf. 4, 8, 15, 43, 57 f. — Diadem von Siphnos: 'Εφ. ἀρχ. 1899 Tf. 10, 1, von Syra 1898 Tf. 8. — Fayenceschmuck und -väschen MM III: BSA 9 S. 65 ff., ein in Gold gefaßtes ebd. 8 S. 25. — Funde aus den myk. Schachtgräbern: Schuchhardt *Schliemanns Ausgr.*[2] 1891 S. 209 ff.; V. Staïs *Coll. mycén. du Musée Nat. d'Athènes*[2] 1915 S. 7 ff.; *Katalog d. Geislinger Metallwaren-Fabrik* (Wolters) Tf. 1 ff.; Bossert *Altkreta*[2] Abb. 202 ff.; Ath. Mitt 40 (1915) S. 169 ff. Karo. — Rhyta: Arch. Jahrb. 26 (1911) S. 249 ff. Karo; Ath. Mitt. 43 (1918) S. 153 ff. V. Müller. — Reliefgefäße: Arch. Jahrb. 30 (1915) S. 311 ff., 325 ff. K. Müller (Schmucksachen ebd. S. 294 ff.); Ath. Mitt. 40 (1915) S. 45 ff. Tf. 7 f. V. Staïs. — Dolchklingen: Perrot-Chipiez VI (1894) Tf. 17 ff.; F. Winter *Kunstg. in Bild.* I 3 Tf. 1; 'Εφ. ἀρχ. 1889 Tf. 7. — Zur Technik: Arch. Anz. 1903 S. 157 ff. Karo; M. Rosenberg *Niello*. — Knäufe und Griffe: Ath. Mitt. 40 (1915) S. 193 ff. (vgl. Arch. Jahrb. 26 [1911] S. 257) Karo; 'Εφ. ἀρχ. 1897 S. 97 ff. Tf. 7 f. Tsuntas. — Prunkwaffen des Königs Kamosis: F. W. v. Bissing *Ein theban. Grabfund* Tf. 1 ff.; Winter a. a. O. Farbtf. 1; Evans *Pal. Minos* I 715. — Grab von Byblos: Syria 3 (1922) S. 273—304 Tf. 59—67 Virolleaud, Naville, Pottier (Tf. 64 zwei den MM I—II verwandte Silbergefäße, 67 Obsidianväschen mit Goldfassung und Inschrift der 12. Dyn.). — Kret. Schmucksachen: MM III—SM I BSA 8 S. 25, 39, 69 ff., 80; Bossert Abb. 184 ff., 190 f.; Evans a. a. O. S. 252, 698, 715 ff; Rosenberg *Granulation* S. 25 ff.; *Zellenschmelz* 1921 S. 12 ff. — Ringe und Schieber: JHS 21 (1901) S. 99 ff.; Evans *Scripta Minoa* S. 22, 272. SM II—III: Evans *Prehist. tombs Knossos* S. 119 ff.; ders. *Tomb of the Double Axes* S. 10, 31; ders. *The Ring of Nestor* 1925; Maraghiannis *Antiqu. crét.* I Tf. 16, 18; Mon. Lincei 13 S. 519 ff. Tf. 40, 14 S. 595 ff. Tf. 39 Savignoni. — Festländ. jüngerer Schmuck: 'Εφ. ἀρχ. 1887 Tf. 13, 1888 Tf. 9; Perrot-Chipiez S. 843 ff.; Staïs *Coll. myc.*[2] S. 81 ff. — Becher von Vaphio: Arch. Jahrb. 30 (1915) S. 325 ff. Tf. 9 ff. K. Müller. — Andere Gefäße späterer Zeit: BSA 9 S. 122 ff.; 'Εφ. ἀρχ. 1888 Tf. 7. — Schatzfund von Tiryns: Arch. Anz. 1916 S. 146 ff. — Kyprische Schmucksachen: Murray-Smith *Cyprus* Tf. 5 ff.; Marshall *Cat. of Jewell. in the Brit. Mus.* S. 1 ff. Tf. 1 ff. — Schatz von Ägina: JHS 13 (1893) S. 195 ff. Evans; Marshall a. a. O. S. 51 ff. Tf. 6 f., 73. — Gürtelblech von Kavusi: Amer. Journ. Arch. 1901 S. 148. — Geometr. Diademe: Arch. Ztg. 1884 Tf. 8 f. Furtwängler. — Armbänder und Ohrringe: 'Εφ ἀρχ. 1885 Tf. 9; 1892 Tf. 10 ff.; 1898 Tf. 6.

G. Karo

B. Ägypten (Tf. 175—178). § 1. Geschichte. Die Äg. haben in der älteren Zeit, als ihre Kultur noch durchaus steinzeitl. war, wohl gelegentlich schon Kupfer für Waffen und Gerät verwendet, aber eine beinahe noch größere Rolle spielte das Gold (s. d. B) für Schmucksachen. Wir besitzen aus der vorgesch. und frühdyn. Zeit eine Anzahl von Schmucksachen aus Gold, die dem Träger in das Grab mitgegeben waren. Am Arm der Gattin des König Zer sind in seiner Grabanlage in Abydos ihre Armbänder gefunden worden, aus Gold und Edelsteinen gearbeitet (Tf. 177 c). Aus einem Privatgrabe stammt ein goldener Armreif (Reisner *Naga ed-Der* I [1908] Tf. 9; etwas jünger: Petrie *Royal Tombs* II [1909] Tf. 9). Der Frühzeit gehört auch ein goldener Fingerring an (Reisner *Naga ed- Der* I [1908] Tf. 9 b; II [1909] Tf. 48) und ein goldener Stirnreif aus Goldblech (ebd. I Tf. 9 d). In jener alten Zeit hat man auch Halskragen aus mehreren Reihen mit Bommeln als Anhänger und Scheiben als Halter angefertigt; diese Halskragen, an deren Enden die Bänder herunterhingen, mit denen sie zusammengebunden wurden, haben das Schriftzeichen für Gold ergeben. — Im AR finden wir die G. hoch entwickelt. Der Kopf des Falken aus Hierakonpolis (Tf. 177 a) ist in Goldblech getrieben, seine Krone als durchbrochene Platte gearbeitet. Ein goldenes Rollsiegel mit dem Namen des Königs Dedefrê zeigt feine Ziselierung. Von König Antef (Dyn. 11) besitzen wir einen silbernen Stirnreif von prächtiger Arbeit, die Königsgräber der 12. Dyn. haben Kronen von Prinzessinnen in ausgezeichneter Arbeit geliefert (Tf. 176). In dieser Zeit beginnt der Einfluß der Mittelmeer-Völker die Motive und Techniken der G. umzugestalten und zu bereichern (Tf. 177 d, e; vgl. Tf. 239; s. a. Granulation B). In der 18. Dyn. wird der fremde Einfluß noch stärker, in der 19. handhaben die Äg. die von außen angenommenen Arbeitsweisen wie ihre eigenen (Tf. 178).

§ 2. Technik. Die Behandlung des Goldes hat eine Reihe von Arbeitsweisen, die mit denen der Bronzetechnik übereinstimmen. Z. B. ist bei den alten Darstellungen von Gießereien (s. Bronzeguß B) oft nicht ohne Weiteres zu unterscheiden, ob Kupfer bzw. Bronze oder Gold geschmolzen wird (Tf. 175 a). Bei dem Gießen in Gold handelt es sich natürlich meist um kleinere Formen als in Bronze. Das Treiben (s. d. B) des Goldes auf kaltem Wege konnte verhältnismäßig leicht geschehen und ist vorzüglich ausgeführt, obwohl man mit ungestielten Steinen schlug. Die leichte Aufpressung von Goldblech auf eine mit Relief versehene Stein- oder Holzunterlage hat die Herstellung von Schmuckteilen in dieser Weise ermöglicht. Die erste Prägung (s. Prägen B) eines Goldstücks als Münze fällt in die griech. Zeit, und wir haben diese Technik für die älteren Epochen nicht anzunehmen (s. Geld § 17). In der G. spielt Durchbrucharbeit (s. d. B), verbunden mit dem Auflöten von besonders geformten Teilen aufeinander oder auf eine vorbereitete Unterlage, eine große Rolle. Das Löten (s. d. B) mit Gold ist schon in älterer Zeit durch Zusatz von Metallen mit niedrigerem Schmelzpunkt möglich geworden. Im NR erhält Goldschmuck einen erhöhten Reiz durch Granulierung (s. Granulation B). Die Herstellung von Draht (s. d. B) aus Gold ist schon früher gelungen mit Hilfe von durchbohrten Steinen. Goldschmuck hat Farben erhalten durch Einlagen von Steinen und Glasstücken (s. Einlage B). — Die angegebenen Techniken sind fast sämtlich auch für Silber angewendet worden, das in älterer Zeit einen höheren Wert als Gold hatte. Nachdem im NR das Silber auf einen geringeren Wert als Gold herabgesunken war, schritt man auch zum Vergolden (s. d. B) von Silber, und zwar durch Feuer-Vergoldung.

H. Blümner *Technol.* IV (1887) S. 302; Vernier *Bijouterie et joaillerie* 1907; Bull. Inst. Franç. Caire 6 (1908) S. 181, 8 (1911) S. 15 Vernier; Georg Möller *Metallkunst* 1925; Car. R. Williams *Gold and silver jewelry* New York 1924. — Tonmodelle eines Goldschmieds: Ancient Egypt 1 (1914) S. 112. — Goldschmuck des MR: de Morgan *Fouilles à Dahchour* Ancient Egypt 1 (1914) S. 3; *Riqqeh and Memphis* VI (1915) S. 11 mit Tf. 1; Mace und Winlock *Tomb of Senebtisi at Lisht* 1916 Tf. 22—23; Ancient Egypt 1920 S. 74 Winlock. Roeder

C. Palästina-Syrien.

§ 1—4. Nachrichten des Altertums (§ 1. Äg. Nachrichten; § 2. Äg. Abbildungen; § 3. Amarnabriefe; § 4. Das AT). — § 5-6. Funde (§ 5. Werkzeuge; § 6. Einzelne Arbeiten).

§ 1. Die ältesten Nachrichten über G. in Palästina-Syrien enthalten die Annalen Thutmosis III. mit ihren Angaben über Beute oder Tribut aus Syrien. So wird z. B. berichtet, daß die Streitwagen der Feinde in der Schlacht bei Megiddo mit Gold und Silber verziert waren (J. H. Breasted *Ancient Records of Egypt* II 430f.). In den phön. Städten wurden Ringe aus Gold in der Hand der Goldschmiede erbeutet, außerdem eine Figur mit goldenem Kopf, 6 Sessel aus Elfenbein, Ebenholz, Holz des Johannesbrotbaumes mit Gold verziert, ein hölzernes Szepter mit Gold und Edelsteinen besetzt, ein Standbild aus Ebenholz und Gold (ebd. II 436), auf dem 9. Feldzuge 15 Streitwagen, mit Gold und Silber geschmückt, sowie goldene Gefäße und Ringe (ebd. II 490). Unter dem Tribut von Retenu finden sich goldene Schmucksachen, 5 vergoldete Streitwagen mit goldenen Deichseln, 5 Streitwagen mit Elektron verziert, ein goldenes Horn mit Einlagen von Lapislazuli, ein Harnisch aus Bronze mit Goldeinlage (ebd. II 447); später wieder 41 goldene Armringe (ebd. II 471), 31 Streitwagen, mit Gold und Silber verziert und bemalt (ebd. II 491); unter Thutmosis IV. Gold (ebd. II 820). Syrien liefert auf dem 15. Feldzuge Goldringe (ebd. II 418). Amenemḥeb, ein General unter Thutmosis III., erbeutete in der Schlacht w. von Aleppo 13 Gefangene mit 13 Dolchen aus Bronze mit goldener Einlage.

§ 2. Diese Angaben werden durch die Abb. in den äg. Gräbern bestätigt. Die syr. Häuptlinge und Gesandten bringen dem Pharao Ringe aus Gold (um 1550 v. C. Grab des Enene W. M. Müller *Egyptological Researches* I [1906] Tf. 8; um 1475 Grab des Ipuimre Wreszinski *Atlas* I Tf. 149; 1450 Grab des Amenemḥeb I Tf. 4 [Band VI Tf. 100]; Amenmose Tf. 88, 285; Imaunezeḥ Tf. 269; Mencheperrê῾-seneb Müller *Researches* II [1910] Tf. 5, Wreszinski a. a. O. I 273; Rechmerê῾ I 335; um 1415 Ḥaremḥeb I 247f.; Sebekḥotep I 56; nach 1400 Grab Nr. 91 in *šēch ῾abd el-gurna* I 290; um 1120 Grab des Imisiba I 225), Goldklumpen (Amenmose I 168; Ḥaremḥeb I 247) oder ein goldenes Horn (Amenmose I 88). Vor allem tragen sie wundervoll gearbeitete goldene Gefäße, aus denen Blumen oder Tiere (Frösche, Antilopenköpfe u. dgl.) hervorstehen (um 1475 v. C. Grab des Ipuimre Wreszinski I 34; um 1450 Grab des Amenemḥeb I 4; Amenmose I 88, 168, 285; Rechmerê῾ I 335ff.; Imaunezeḥ I 269, Müller *Res.* II 42f. Tf. 23; Senye MVAG 9 [1904] 2 S. 12 Tf. 1 W. M. Müller; um 1435 Nebamon Wreszinski I 115 [Band VI Tf. 104a];

um 1415 Zenone I 46; Sebekhotep I 223; Haremheb I 247f.; N. de G. Davies *The Rock Tombs of El Amarna* I Tf. 31, II Tf. 37, III Tf. 14; nach 1400 Grab Nr. 91 in *šêch ʿabd el-gurna* Wreszinski I 293; unter Sethos I. Lepsius *Denkmäler* III 126b, 127b; Champollion *Monuments* IV 295, 302; um 1120 Grab des Imisiba Wreszinski I 225). Diese Blumen und Tiere müssen sich in den Gefäßen, nicht etwa am Rande oder am Henkel (Ausnahme Löwengriffe an myk. Gefäßen Müller *Researches* II 12 Tf. 2 und 6, vgl. den ähnlichen Henkel an einem Tongefäße aus Thaanach Sellin *Tell Taʿannek* S. 73 Abb. 95) befunden haben. Die künstlich aus Edelmetall geformten Blumen können als Ersatz für natürliche in der Vase gesteckt haben. Ebensogut können aber Tiere und Blumen auf einem niedrigen Einsatz befestigt gewesen sein, der in dem Gefäße stand und sichtbar wurde, wenn die Flüssigkeit darin abnahm. Von dem äg. Maler wurden sie darüber gezeichnet, während sie in Wirklichkeit von der Seite her nicht gesehen werden konnten. Die Herkunft dieser Gefäße (Ägypten, ägäisches Gebiet?) ist noch nicht mit Sicherheit bestimmt. Die Möglichkeit bleibt, daß sie in Syrien nach ausländischen Mustern gearbeitet worden sind, zumal fast immer Syrer als Träger erscheinen (Ausnahme Keft-Leute im Grabe des Rechmerēʿ).

H. Schäfer *Die altäg. Prunkgefäße mit aufgesetzten Randverzierungen* 1903; Arch. Jahrb. 23 (1908) S. 209ff. A. Jolles.

§ 3. Auch die Amarnabriefe erwähnen mehrfach kunstvolle Arbeiten aus Gold. Aber diese sind offenbar fremden Ursprungs, nämlich Betten, Sessel, Sänften aus *ušû*-Holz mit Elfenbein und Goldüberzug (Knudtzon 5, 20ff.; 14 II 19ff.; 34, 20; 120, 16), Wagen (14 II 157), Kästchen (14 II 7), Gefäße (14 I 61. 69; II 1, 8; 31, 15), Götterfiguren mit Gold überzogen (14 I 68; II 11ff.; 41, 25f.), Ringe und andere Schmucksachen (14 I 72ff.; II 2), sämtlich aus Ägypten. Babyl. sind in Gold gefaßte Edelsteine (13, 1ff.), mitannisch Dolchgriffe (22 I 34), Hörner (25 III 39ff.), Wedel (22 I 58; 25 II 53), Schmucksachen (17, 41; 25 I 15ff.; II 4ff.), Ringe (25 II 24), Siegel (25 I 38ff.), Holzbilder mit Goldüberzug (26, 40; 27, 19ff.) u. a. Verschiedene Ausdrücke bezeichnen die Art der Bearbeitung (*mazû* legiert 19, 38; *muššuru* 29, 50. 109. 136ff. oder *uṣṣuru* 22 I 32ff.; III 8 ziseliert). Im Lande selbst hergestellte Gegenstände scheinen nicht genannt zu werden.

§ 4. Nach dem AT haben die Israeliten die G. von den Phönikern gelernt (1. Kön. 7, 48ff.; 10, 16ff.). Goldschmiede (hebr. *ṣôrēf* Richt. 17, 4 oder *meṣārēf* Mal. 3, 2; Neh. 3, 32) werden gelegentlich genannt. Sie schmolzen (hebr. *ṣāraf*) das Rohmetall im Schmelzofen (*kur* Jes. 1, 25? Sprüche 17, 3; 27, 21; vgl. *utunu* in den Amarnabriefen Knudtzon 7, 71; 10, 20), reinigten (*ziqqaq* Psalm 12, 7; 66, 10 oder *pāzaz* 1. Kön. 10, 18) es mit Laugensalz (*bōr*? Jes. 1, 25) und schieden die Schlacken (*šîgîm* Jes. 1, 25; Ezech. 22, 18f.; Sprüche 25, 4; 26, 23; Psalm 119, 119) aus. Auf dem Amboß (*paʿam*? Jes. 41, 7) wurde mit dem Hammer (*paṭṭîš* ebd.) das Metall zu Blech (*paḥîm* Exod. 39, 3; Num. 17, 3) gehämmert, um Figuren aus Holz (Jes. 40, 19; 41, 7) oder Bronze (*ʾafuddâ* Jes. 30, 22; *ṣippûj* Exod. 38, 17. 19; Num. 17, 3; Jes. 30, 22) zu überziehen (das fertige Bild heißt *ʾēfôd* Richt. 8, 27; 17, 5; 18, 14ff.; Hos. 3, 4; 1. Sam. 21, 10; 23, 6ff.; 30, 7; vgl. Jes. 2, 22; Exod. 32, 4; 1. Kön. 12, 28). Mit dem Ziseliermeißel (*ḥereṭ* Exod. 32, 4) konnte nachgearbeitet werden. Aus Gold und Elfenbein war der Thron Salomos gefertigt (1. Kön. 10, 18f.), golden sollen seine Trinkgefäße und alle Geräte des Libanon-Waldhauses gewesen sein (10, 21), ebenso die Gefäße und Geräte der Stiftshütte (Exod. 37, 1ff.; Num. 7, 14. 86). Goldüberzug bedeckte angeblich die Wände des Tempels (1. Kön. 6, 21f.). Goldschmuck wird mehrfach erwähnt (Gen. 24, 22. 47 Nasenringe, Armspangen; Jes. 3, 18ff.; Psalm 45, 10; Richt. 8, 24 Ohrringe bei den Midianitern). In die Priestergewänder waren Goldfäden eingewebt (Exod. 39, 3).

H. Guthe *Kurzes Bibelwörterbuch* 1903 S. 223.

§ 5. Aus allen diesen Angaben könnte man schließen, daß verarbeitetes Gold in Pal.-Syrien reichlich vorhanden war. Dieser Annahme stehen jedoch manche Bedenken entgegen (s. Gold C). Auch wenn man berücksichtigt, daß den wiederholten Plünderungen und Zerstörungen gerade goldene Schmucksachen und Geräte am wenigsten entgehen konnten, befremdet doch die geringe Zahl der tatsächlichen Funde (s. § 6). In Gräbern kommt Gold als Beigabe nur sehr selten vor. Andererseits ist die Kunst, Gold zu bearbeiten und in geschmackvolle Form zu bringen, seit dem Beginn der BZ bekannt gewesen. Das bezeugen bei den Grabungen entdeckte Werkzeuge. Auf dem *tell el-ḥesî* fanden sich in späteren Schichten Geräte für G. (Bliss *Tell el Hesy* S. 105 Abb. 200 Zungen aus Bronze, Abb. 220f. Tuben oder Blaspfeifen), in Gezer Schmelztiegel aus Stein oder Porzellan (Macalister *Gezer* II 260; III Tf. 136, 19.20), Gußformen aus Stein (III Tf. 136, 21.22 für Ohrringe; II 260 Abb. 407 für mehrere Schmucksachen) und ein Goldschmiedhammer (III Tf. 197, 27 aus der 4. sem. Schicht).

§ 6. Wie die Bearbeitung erfolgte, zeigen die einzelnen Fundstücke. Das einfachste war natürlich, das Gold durch Hämmern in die Form von beliebig dünnen Platten zu bringen, die dann mit Steinmessern zerschnitten werden konnten. Auf diese Weise wurden kleine Scheiben (Macalister *Gezer* I 126; II 261; III Tf. 31, 22; 136, 11), Rosetten (I 119f.; III Tf. 31, 19; 136, 10), längliche Blechstücke, die man zu Arm- oder Stirnreifen umbog (II 260; III Tf. 31, 1; Sellin *Tell Taʿannek Nachlese* S. 14 Abb. 16 Tf. 4), kleine Plättchen mit getriebenen Verzierungen (Macalister *Gezer* II 260 Abb. 406; Schumacher *Mutesellim* S. 89 F; Syria 3 [1922] S. 287f. Ch. Virolleaud; später in Form von Olivenblättern den Toten auf den Mund gelegt Schumacher *Mutesellim* S. 170; vgl. dazu ArchfRW 8 [1905] S. 390ff.; 10 [1907] S. 393ff. M. Siebourg; Syria 4 [1923] S. 224ff. W. Deonna) und der kleine Falkenkopf (Macalister *Gezer* II 261, III Tf. 136, 13 aus der 3. sem. Schicht) hergestellt. Das ganz dünne Goldblech benutzte man zur Einlage in andere Stoffe (Syria 3 [1922] S. 288 Abb. 7 Ch. Virolleaud) und zur Vergoldung von Geräten (vgl. die Keule im Grabe des Zenone um 1415 v. C. Wreszinski *Atlas* I Tf. 46; Schmucksachen in dem Fürstengrabe zu Byblos Syria 3 [1922] S. 281, 286f. Abb. 6 Ch. Virolleaud) oder Bronzefiguren (s. o. § 4 und Bronzeguß C § 8). Aus stärkerem Goldblech sind in Treibarbeit die Prunkgefäße hergestellt, von denen wir aber nur Abb. besitzen. Die schmalen Streifen, in die man die Platten zerschnitt, wurden durch immer engere Löcher gezogen und zu Golddraht umgeformt. Diesen konnte man dann zu Armreifen, Finger- und Ohrringen (Sellin *Tell Taʿannek Nachlese* S. 14 Abb. 16; Macalister *Gezer* II 191 Abb. 287) oder ihrem Verschluß (Schumacher *Mutesellim* S. 71 Tf. 17g) umbiegen. Dickere Ringe, Anhänger und Nadeln wurden gegossen (Macalister *Gezer* I 120, II 99, 450; III Tf. 31, 28.33; 136, 12ff; Schumacher *Mutesellim* S. 21, 71, 139 Tf. 30n; Sellin *Tell Taʿannek* S. 62, 65f., 80; Bliss-Macalister *Excavations* S. 60), ebenso wohl die Perlen (Macalister *Gezer* I 120; II 109; III Tf. 31, 20ff.; Monuments et mémoires acad. inscr. 25 [1921—22] S. 244 Abb. 6, S. 263 P. Montet [aus Byblos]). Die goldene Fassung des Salbgefäßes aus Obsidian in Byblos (Syria 3 [1922] S. 291ff. E. Naville) und der Skarabäen (Macalister *Gezer* I 98, 120, 127ff.; II 100, 317ff.; III Tf. 26, 10. 19; 31, 3.18.24; 35, 1ff.; 36, 16; Syria 3 [1922] S. 286f. Ch. Virolleaud [aus Byblos]) ist durchweg äg. Arbeit. Größere massiv goldene Stücke sind sehr selten (z. B. die äg. Königsfigur, in einem Grabe bei Askalon mit Anhängern und Perlen gefunden, R. Dussaud *Les monuments palestiniens et judaïques* 1912 S. 65ff. Nr. 70ff.; flache Schalen in dem Fürstengrabe zu Byblos: Syria 3 [1922] S. 287 Ch. Virolleaud). Peter Thomsen

D. Vorderasien. S. a. Kunstgewerbe D. Der Goldschmied wurde im Zweistromlande unterschieden von dem Edelsteinarbeiter. Der erste besorgte das Mischen und Reinigen der Edelmetalle und brachte sie dann noch halbweich in die gewünschte Form. Für Massenartikel existierten Gußformen aus Kalkstein und Serpentin, wo die Schmucksachen en gros hergestellt wurden. Arbeiten in Email cloisonné sind bisher nicht sicher nachgewiesen (vgl. aber E. de Sarzec *Découvertes en Chaldée* Tf. 44ter Nr. 3a). Das hohe Können der altsumer. Goldschmiede zeigt deutlich die herrliche Silbervase des Entemena (2800 v. C.; Band I Tf. 5a, b), die auf der Außenseite mit interessanten Gravierungen geschmückt ist. Vielleicht noch in die Hammurapi-Periode (ca. 2000 v. C.) gehört eine Kette aus gerieften Goldkugeln, an die Götterembleme mit Kornfiligranverzierungen angehängt sind. Diese selbe Granulierkunst, die in dem Auflöten kleinster Goldkügelchen auf eine Unterlage besteht, wird auch bei Goldkuppen von Siegelzylindern angewandt. Auch aus späterer Zeit hat sich allerlei wertvoller Schmuck erhalten. Die assyr. G. ging im wesentl. der babyl. parallel, nur zeichnete sie sich durch besonders schwere Formen aus. Sehr merkwürdig ist ein dreiflammiger Goldblitz, der ursprünglich zu einer Statue des Wettergottes Adad (s. d.) gehörte. B. Meissner

Gollenstein. G. oder Gallenstein (Galgenstein?) ist der Name des Menhirs von Blieskastel (Pfalz). H. 7,5, Dm. 1 m (s. Menhir B). Die Zeitstellung des G. ist nicht sicher.

Sprater *Die Urgeschichte der Pfalz* 1915 S. 41 Abb. 34; Anthr. Korr.-Bl. 50 (1919) S. 22 Mehlis. W. Bremer

Gorge d'Enfer - Höhle („Grotte du Poisson"). Gelegen in dem gleichnamigen Seitentale der Vézère, bei Les Eyzies (Dép. Dordogne). Mit Aurignacienstraten und, an der Decke, mit dem Flachrelief eines Salms. Entdeckt 1912. Abgebildet bei M. C. Burkitt *Prehistory*² 1925 Tf. 25 D. S. Kunst A § 2 und II. H. Obermaier

Gorge-Meillet, La (Dép. Marne). Auch bekannt unter der Fundortangabe: Somme-Tourbe. Wohl das reichste Wagenbegräbnis der sog. Marne-Kultur (s. d. und Somme-Bionne). Der Tote lag zwischen den Rädern, mit Schwert und Hiebmesser zur Linken, Lanze und einem Bündel Bratspießen (wie Montefortino) zur Rechten. Zu Füßen mehrere Tongefäße mit der Totenmahlzeit, Rind- und Schweinefleisch, Wild (Geflügel, wie bei einem Grabe zu Châlons, dort noch Hase), dann ein Bronzehelm (Band IV Tf. 63, 5) und 6 Schmuckscheiben aus Eisen in durchbrochener Arbeit. Auf einer etwas erhöhten Erdstufe im Grab lag eine schöne Schnabelkanne und weiter ab Teile des Pferdegeschirres, einfache Gebisse ganz aus Bronze, Ringe, Beschlagteile und für jedes Pferd eine hübsche Bronzekette, einerseits mit Kreuz, andererseits mit Triskele in Bronze mit Koralleneinlage, alles im Latènestil. Merkwürdig sind einige kleine Werkzeuge: ein kleiner Hammer, 9 cm l., eine Zange, Meißel u. ä. An Schmuck waren eine Frühlatènefibel und ein goldenes Armband, glatt, 39 g schwer mit etwas aufgetriebenen Enden vorhanden. Zu dem Wagen gehörte vielleicht ein besonderer Befund: ein Stück wollenen Stoffes, der in Gegend der Brust des Toten lag. Sicher zum Wagen gehören Beschlagteile von Eisen. Das Schwert ist eine echte Frühlatèneform mit rundem unteren Scheidenbeschlag. Der größte Tontopf ist ein Fußgefäß mit mehreren Rippen am Oberteile, ähnlich wie in Somme-Bionne (s. d.). Über den schönen Helm mit Korallenverzierung am Knopf s. Helm A § 13.

Das Grab unterscheidet sich von den andern Häuptlingsgräbern dadurch, daß zwei Tote bestattet waren: Über dem Haupttoten am Boden, zwischen den Wagenrädern ausgestreckt, lag ein zweiter. Der höher Liegende hat wenig Beigaben, sein Schwert ist ebenfalls ein echtes Frühlatèneschwert. Die Köpfe liegen an der Südwand des Grabes. S. Wagengrab B.

Reinach *Album des Moulages de St.-Germain* (wo sich das Grab befindet) Tf. 28; Déchelette *Manuel* II 3 S. 1025 f. E. Rademacher

Gorica (Jugoslavien). A. Gräberfeld. § 1. Im Sovičko polje, Bez. Ljubuški. Großes Gräberfeld d. j. HZ und LTZ. Besonders bemerkenswert sind die von Truhelka mit Recht als Krematorium angesprochenen, aus Trockenmauerwerk bestehenden Gebäudereste. Ihren Hauptteil bildete ein 5 × 4 m großer Raum, der durch eine massive Quermauer in zwei gleichgroße, durch eine schmale Öffnung miteinander verbundene Kammern gegliedert war. Die Außenkammer war vollständig mit verbrannten Menschenknochen, Holzkohle, Asche, zu Kalk gebrannten Steinen und zahlreichen, vielfach untereinander verschmolzenen Eisen- und Bronzegeräten ausgefüllt, während sich in der anstoßenden Innenkammer nicht eine Spur von Brandresten, sondern nur einige offenbar von Nachbestattungen herrührende Skelettreste ohne Beigaben fanden. Truhelka hält daher die erste Kammer für das eigentl. Krematorium, die zweite für den Heizraum, von dem aus jenes beschickt wurde. Eine an den Heizraum anstoßende und aus einer losen Steinsetzung bestehende

a

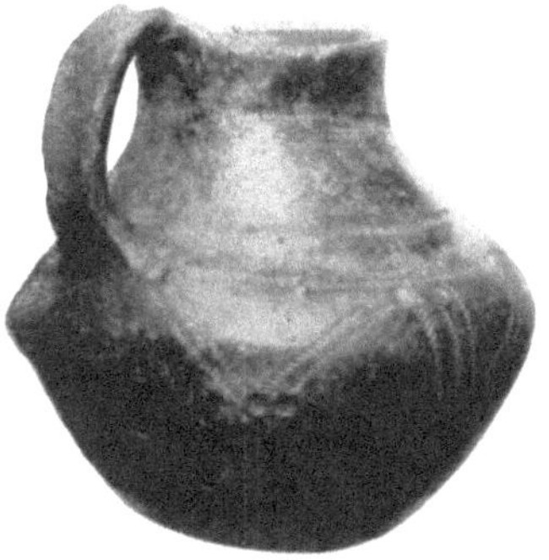

b

c

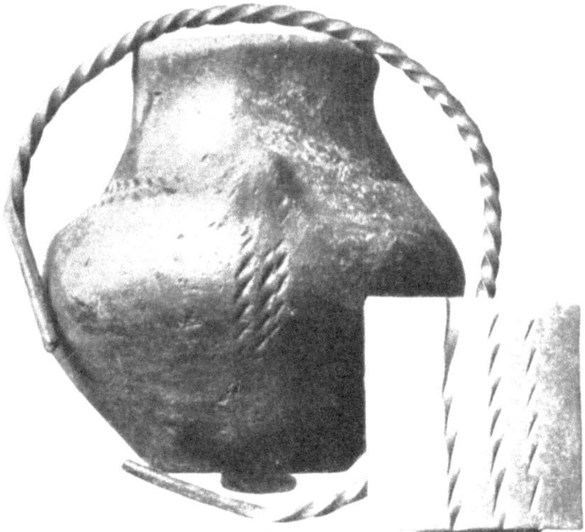

d

Göritzer Typus

a. Älterer Typus. Göritz, Kr. Weststernberg. — b—c. Jüngerer Typus. Podelzig, Kr. Lebus. — d. Gefäß des j. Göritzer Typus. Podelzig. Herstellung der imitierten Schnurverzierung durch einen Torques. Nach A. Götze.

Nebenkammer diente wahrscheinlich als Depotraum für die bei den Bestattungsfeiern benötigten Requisiten. Endlich fand sich noch hinter dem Gebäude, an dessen Rückwand schräg anstoßend, ein aus einer soliden Steinsetzung gebildetes Skelettgrab ohne Beigaben.

§ 2. Unter den im „Krematorium" und in dessen unmittelbarer Umgebung zutage geförderten zahllosen Funden ist am interessantesten ein Bronzehelm mit gerade abgeschnittenem Stirnteil, halbkugelig gewölbtem, durch zwei vorspringende Grate verstärkten Scheitelteil und schmalen, feststehenden Wangenstücken, der, wie einige ähnliche Stücke von Gruda, Donja Dolina, Drinovci, Puticevo, Umgrej in Albanien, Kupanova in Mazedonien und von einigen andern FO, in seiner Form an die korinthischen Helme (7. u. 6. Jh.) erinnert, sich von ihnen aber durch das Fehlen eines Nasenschutzes und die wesentlich schmäleren Wangenstücke unterscheidet (vgl. Band V Tf. 91 a, c). Von Trutzwaffen sind neben den in verschiedenen Formen auftretenden Eisenlanzen besonders die Hiebmesser bemerkenswert, die in zwei Formen erscheinen: eine mit geschweifter Klinge, eine mit konkaver Schneide und dreieckig in der Mitte vorspringendem Rücken. Beachtung verdient ferner ein 32 cm br., mit getriebenen Buckeln verziertes, bandartiges Diadem, das wahrscheinlich wie die *στεφάνη* der homerischen Helden zur Verstärkung der Lederkappe diente. Unter den Fibeln finden sich neben Brillenspiralfibeln mit Achterschleife besonders häufig die auch sonst in Bosnien oft vorkommenden, auf griech. Einflüsse zurückgehenden Bogenfibeln mit großer dreieckiger oder quadratischer, bisweilen in Tremoliertechnik verzierter Fußplatte, von ital. Formen Kahnfibeln, Zweiknopffibeln und Certosa-Fibeln. Außerdem erscheinen auch zahlreiche Latènetypen sämtlicher Latènestufen, darunter auch einfache und zweiteilige Lanzenfibeln mit einfacher und Doppelnadel. Von Nadeln sind neben den Doppelnadeln und einigen anderen Typen besonders die Dornkopfnadeln erwähnenswert, die einigermaßen den nord. Bombennadeln (s. d.) ähneln. Sehr mannigfaltig ist auch der Hängeschmuck, der vielfach an die Funde von Olympia erinnert: Hängespiralen, Pferdchen, vasenförmige Anhängsel usw. Ein sehr typisches Schmuckstück bilden ferner halbkuglige, in eine sehr lange Spitze auslaufende Bronzeknöpfe (wie von Postranje, Sovići, Gruda, Varvara u. a. FO) und endlich ein aus Bronzeblech hergestellter, in der Mitte stark rinnenartig eingezogener, breiter Ring, der, nach einigen Parallelen von Sanskimost (s. d.) zu schließen, wahrscheinlich als Zopfhalter diente.

Mitt. Bosnien 8 S. 1 ff. Truhelka. G. Wilke

B. Schatzfund. Ca. 600 m von dem unter A § 1 beschriebenen Krematorium aufgedeckt. Er enthielt außer zahlreichen Perlen aus Glas und Glasflüssen (weiß-blaue, gelbblaue, rote Augen auf schwarzem Grund) und außer einer Menge Bronze- und Silberfibeln vom Mittellatèneschema (darunter mehrere, deren drahtförmiger Bügel aus einer Reihe von Achterschleifen besteht) mehrere, auch in Latènegräbern öfter vorkommende Armreifen mit drahtförmig ausgezogenen, um den Reifen gewundenen Enden, einige an einem verschlungenen Silberdraht befestigte Kauri-Muscheln, eine Silbernadel mit rechtwinklig umgebogenem und oben nagelkopfförmig verbreiterten Kopfteil sowie als besondere Merkwürdigkeit zwei auf einem herkulesknotenförmigen Drahtgestell befestigte, in schöner Filigranarbeit mit Blattornament verzierte Silberplatten (Broschen) und als interessanteste Stücke 28 Ohrringe, deren eines Ende S-förmig umgebogen ist und mit einem Knöpfchen abschließt, während das andere Ende ein aus dünnem Silberblech getriebenes, mit Filigranauflagen verziertes Köpfchen von sehr abenteuerlicher Form trägt, in dessen Gesichtsseite zwei runde Korallenaugen eingesetzt sind; darüber sind zwei zurückgebogene, fühlerartige Drahtansätze, die in einer Spirale enden und gleichfalls mit Korallen besetzt waren. Wahrscheinlich sind dies Importstücke aus Griechenland oder einer der griech.-nordpontischen Kolonien.

Mitt. Bosnien 8 S. 42 ff. Truhelka. G. Wilke

Göritzer Typus (Tf. 179). § 1. Der nach dem Gräberfelde von Göritz (Kr. Weststernberg) benannte keramische Stil ist eine Abwandlung des Lausitzer Typus (s. Lausitzische Kultur) und zwar dessen letzte Stufe im nördlichen Grenzgebiet. Er geht hier seinem s. Nachbar, dem Billendorfer Typus (s. d.), parallel. Zeitlich füllt er den ganzen ersten Abschnitt der ältesten EZ (800—500 v. C.) aus und reicht bis in den zweiten Abschnitt, in dem weiter s. die hallstättische durch die Latène-Kultur abgelöst wird, hinein. Dann verschwindet er ebenso geräuschlos wie der Billendorfer Typus, ohne daß eine Verbindung zu den später hier siedelnden Germanen führt, d. h. die „Göritzer" Bevölkerung verschwindet.

§ 2. Man kann eine ältere und jüngere Stufe unterscheiden. Die Hauptform der älteren (Stil A) ist ein bauchiges Gefäß mit konischem Hals und manchmal scharf ausladendem Rand (Tf. 179a). In der Ornamentierung sind ältere Lausitzer Kanneluren und Halbkreisfurchen und neu auftretende geschnittene, gefurchte und gestochene Motive nebeneinander verwendet, wodurch ein unruhiger Zug in den Stil hineingetragen wird, eine Folge verschiedener Einwirkungen, unter denen solche aus dem hallstättischen Formenkreis unverkennbar sind. In der zweiten Stufe (Stil B) runden sich die Gefäßprofile ab und eine gelegentlich schon in Stil A auftretende Verzierungsweise, die imitierte Schnurverzierung, beherrscht die Ornamentik (Tf. 179b–d); sie wird durch Abrollen eines tordierten Metallstabes (Halsringes) hergestellt. Durch die imitierte Schnurverzierung nimmt der G. T. an einer Moderichtung teil, die am Ende der BZ einsetzt und in der ältesten EZ einen großen Teil Europas mit Ausnahme des germ. Nordens durcheilt und bis nach Südrußland und Troja VII vordringt. S. a. Dechseler Kulturfigur und Band II Tf. 174.

§ 3. Die typischen Begleiterscheinungen des G. T. sind blaue Glasperlen mit weißen Wellenbändern, Bronzebommeln, Wendelringe (s. d.), kleine, kantige Bronzeperlen, Schwanenhalsnadeln (s. d.) und gekröpfte Nadeln aus Bronze und Eisen, ferner aus Eisen Lanzenspitzen, Messer, eine Sichel.

§ 4. Die Bestattungsform ist Leichenverbrennung mit Beisetzung der Brandknochen in Urne. Die Zahl der Beigefäße geht stark zurück, die Gräber liegen zu großen Friedhöfen vereinigt.

A. Götze *Die Vorgeschichte der Neumark* 1897 S. 25ff; ZfEthn. 35 (1903) S. 184ff. Voß; Götze *Lebus* S. XIff. Alfred Götze

Gorodišče. § 1. Russische wissenschaftliche und volkstümliche Benennung der vor- und frühgeschichtlichen Burgen. Das G. ist gewöhnlich eine befestigte Siedelung. Es ist noch nicht ausgemacht, ob es unter ihnen auch Burgen im strategischen Sinne gab. Bei der Wahl des Gorodišèeplatzes hat man Stellen bevorzugt, die schon von der Natur einigermaßen dafür geschaffen waren. Da Rußland meistens Flachland ist, kommen Berge nur ausnahmsweise in Betracht. Gewöhnlich sind es steile Flußabhänge, also auf einer Seite vom Fluß und auf einer anderen Seite von einer Schlucht (russ. *ovrag*) begrenzt, die zum Flusse führt. Es bildet sich so eine spitzwinklige Landzunge von dreieckigem Grundriß. An der Basis des Dreieckes ist die Landzunge durch Wall und vorliegenden Graben von der Hochfläche abgetrennt. Vereinzelt hat man auch 2—4 Wälle mit Gräben vorgelegt. Im Kr. Sarapul an der Kama kennt man sogar einzelne G. mit sechsfachem Wall. Das Plateau auf der so geschützten Halbinsel, sowie auch die Abhänge wurden besiedelt. Die Häuser lagen meistens halb unter der Erde und waren nicht aus Stein gebaut. Die Kulturschicht kann eine große Mächtigkeit, bis 2 m, haben und schließt Tongefäßscherben, Tierknochen usw. ein. Auch Reste von Werkstätten, Gußformen und Gußabfall kommen häufiger vor.

§ 2. In Ostrußland sind die ältesten G. die sog. „Kostenosnie", („Knochenburgen"). In diesen sind kolossale Mengen von Tierknochen, von wilden und Haustieren, gefunden. Man kann von „Kjökkenmöddingern" sprechen. Sie sind am häufigsten am Nordufer der Kama und weiter von den ö. Abhängen des Urals (Kr. Jekaterinburg) längs Belaja, Kama, Vjatka und Wolga bis in die Gouv. Ufa, Kazan, Perm, Vjatka und Kostroma verbreitet. In ihnen findet man u. a. Bronzegegenstände aus der Anan'ino-Periode (s. Anan'ino), wie auch Knochenwerkzeuge, welche die bronzenen ersetzen und mit plastischen oder eingravierten Tierdarstellungen im Anan'ino-Stil verziert sind. Auch einzelne Gegenstände aus Stein sind auf ihnen gefunden worden, obwohl es fraglich und sogar unwahrscheinlich ist, daß die G. schon in der StZ besiedelt waren. Ihre Blüte fällt in die Zeit von 500 v. C. bis 500 n. C. Im N, im Gouv. Perm, sind sie noch lange weiter benutzt; die meisten Funde auf den G. in den Kreisen Čerdyn und Solikamsk des Gouv. Perm stammen aus der jüngsten EZ (Čudische Funde) und gehören einer nomadisierenden Jägerbevölkerung an. — Die wichtigsten Knochenfund-Gorodiščen sind Pišma an der Vjatka mit etwa 1000 bearbeiteten Knochengeräten aus der Anan'ino-Zeit, Soročji-Gory an der unteren Kama mit Resten einer Gießerei aus derselben Per., Nyrgynda unweit Sarapul, Išnjak ö. vom Ural und Čortovo an der Vetluga im Kr. Kostroma.

§ 3. G. vom Djakova-Typus nennt man die zentralruss. Burgen an der Oka und mittl. Wolga, in den Gouv. Rjĕzan, Tula, Vladimir, Tambov, Saratov, Kostroma, Jaroslav, Tver und Petrograd. Im ganzen sind von hier etwa 70 Burgen bekannt. Die Form ist dieselbe wie bei den obenbeschriebenen, es kommen hier aber auch runde Hügel ohne Wälle vor. Die Kulturschicht ist dünner, die Artefakte aus Knochen sind seltener, Tierknochen fehlen meistens. Sehr allg. sind aber Fischgräten; Tierornamentik ist unbekannt. Häufig finden sich Spinnwirtel aus Stein, Pfeilspitzen aus Knochen und Bronzen der Völkerwanderungszeit; „gotische" mit Emaileinlage, darunter auch Fibeln. In einigen Fällen liegt unter dieser jüngeren Strate eine datierbare ältere Schicht, die spärliche Stein- und Knochensachen und Tongefäßscherben mit Textilabdrücken enthält, der Zeit v. C. Geb. angehört und also mit der ostruss. einigermaßen gleichzeitig ist. Weiteres über die Gorodišče-Kultur s. Finno-Ugrier A.

§ 4. In Ostrußland gibt es endlich G., die aus der Bolgary-Zeit (um 900—1400 n. C.) stammen. Es waren befestigte Städte, die aber auch G. genannt werden (Gouv. Simbirsk, Kazan, Ufa, Vjatka, Elabuga). Sie bilden große Flächen an einem Fluß und sind mit hohen Erdwällen und tiefen Gräben umgeben. Im Walle befinden sich ein oder zwei, auch drei Toröffnungen. Die Fundobjekte haben tatarischen Charakter. Die bekanntesten G. von diesem Typus sind Bolgary, Biljarsk, Kazan im Kazanschen, Elabuga und weiter Uvek im Saratovschen Gouv. Zu derselben Kultur gehört Isker, unweit Tobolsk, obwohl es noch vom Typus der „Knochen"-Burgen ist.

Über die balt. Bauernburgen und litauischen *Pilkalnai* s. Südostbaltikum C.

Tallgren *L'époque dite d'Ananino* Z. d. Finn. Alt. Ges. 31 (1919) S. 58ff., 81ff. mit Bibliographie; ders. *Zaoussailov* II 19.

A. M. Tallgren

Gorszewice-Kazmierz. § 1. Gorszewice, ein zu Kazmierz, Kr. Samter (Posen), gehöriges Vorwerk, ist durch ein hier entdecktes Gräberfeld der frühen EZ bekannt geworden, das sich durch eine Fülle von Metallbeigaben auszeichnet. Insgesamt sind hier etwa 80 Gräber gefunden worden, die z. T. mit Steinen umpackt und bedeckt, z. T. auch ohne jeden Steinschutz sind.

§ 2. Die Keramik ist im allg. die gleiche, wie sie in anderen früheisenzeitl. Posener Gräberfeldern der Lausitzer Kultur angetroffen wird. Neben den einfachen braunen Gefäßen kommen recht häufig auch schwarzglänzende, z. T. graphitierte Tongefäße vor, die bisweilen weiß inkrustierte Ornamente aufweisen, daneben ist in G. ziemlich reichlich die bemalte Keramik vertreten, die hier ihre Nordgrenze erreicht (s. Bemalte ostdeutsch-polnische Keramik).

§ 3. Unter den Metallbeigaben stechen besonders zwei Bronze-Hallstattschwerter hervor, eins davon mit dem dazugehörigen Ortband. Ferner sind zu nennen eine Eisenaxt mit Goldeinlagen in Form von Punktkreisen sowie mit Goldblechbelag auf dem Nacken (*AuhV* 4 Tf. 49, 3), ein kleines, eiförmiges Bronzegefäß mit 2 Ösenhenkeln und bronzenem Deckel, ein Bronzeschälchen, drei bronzene Harfenfibeln, eine bronzene Fibel mit Glasbügel (Kostrzewski *Wielkopolska*[2] Abb. 373), mehrere Garnituren von Toilettengeräten (ebd. Abb. 355), mehrere Pferdetrensen, zahlreiche bronzene Tüllenäxte, 5 eiserne Flachäxte mit Seitenzapfen (Ärmchenbeile), viele Schmucknadeln, Bernstein- und Glasperlen (Tf. 136 Abb. 215, 216) usw.

§ 4. Infolge der zahlreichen in Gorszewice gefundenen importierten Gegenstände ist das Gräberfeld sehr wichtig für die Chronologie der frühen EZ Westpolens und Ostdeutschlands. Die ältesten Gräber scheinen hier noch in die jüngste BZ (V.

Per. Mont.) zurückzureichen, doch stammt die Mehrzahl der Gräber aus der frühen EZ (= III. u. IV. Per. der HZ Reineckes).

Schwartz *Materialien zur präh. Kartographie der Prov. Posen* I. Nachtrag 1879 S. 7, 8, 11 mit Tf.; II. Nachtrag 1880 S. 5ff. Tf. 1—2; III. Nachtrag S. 6f. m. Tf.; IV. Nachtrag S. 3f.; Zeitschrift d. Hist. Ges. f. d. Prov. Posen 5 (1890) S. 181ff.; ebd. 7 (1892) S. 68; Zapiski Posen 1 S. 34f.; Blume *Vor- und frühgeschichtliche Altertümer aus d. Gebiet der Prov. Posen* Ausstellung im Kaiser-Friedrich-Museum. Posen 1909 S. 29.
J. Kostrzewski

Gortyn. Kret. Stadt in der Ebene der Messarà, in deren Gebiet die wichtigsten Gruppen frühmin. Kuppelgräber mit reichem Inhalt gefunden wurden, bei den heutigen Dörfern Kumasa (s. d.), Platanos u. a.; ein Dutzend Ansiedelungen des 3. Jht. im Umkreis einer Wegstunde (s. Kreta B § 4). In G. selbst bisher nur geringe neol. und min. Funde.

Ann. Scuola Ital. Atene 1 (1914) S. 372; Fimmen *Kret.-myk. Kultur*[2] 1924 S. 21.
G. Karo

Goryt. Der G. (*γωρυτός, κορυτός*) — bei Assyrern, Iraniern und skolotischen Skythen gebräuchlich — ist eine Vereinigung von Köcher und Bogenbehältnis. Er bestand aus zwei flachen, übereinanderliegenden, oblongen Kästen, die unten einen gemeinsamen Bodenteil hatten, nach oben auseinandergingen. Der Köcher lag über dem Behälter des Bogens. Von der Seite gesehen waren es also zwei nach oben breiter werdende Trapeze, die sich unten deckten. Oben lag das Köcherende wie eine Tasche auf dem breiter ausladenden Bogenetui auf. Der Bogen steckte bespannt so tief in dem Etui, daß nur ein kleines Stück von ihm heraussah. Der Bodenteil des Etui war unten, wo das gebogene Ende des einen Bogenarmes auflag, abgerundet, der Köcher vielfach oben ausgeschnitten und mit einem Klappdeckel versehen. Das Ganze bestand aus einem zweiteiligen Holzgerüst, das mit Leder überzogen war. Originale sind nicht erhalten. Wir kennen den G. aber von zahlreichen Abbildungen (z. B. Skythenvase von Kul Oba: Band III Tf. 154). Ein hölzernes Modell fand sich in einem Kindergrabe in Kerč. — S. a. Band II Tf. 19b.

Kostbare Gorytbeschläge aus Gold und Elektron mit getriebenen Darstellungen aus der griech. Sage, Skythenkämpfen u. a. haben die Kurgane von Čertomlyk (Band II Tf. 153), Iljincy, Karagodeuašch, Solocha u. a. gespendet.

Materialien Arch. Rußl. 13 (1894) S. 124ff.; Bobrinskoj-Festschrift 1911 S. 51ff. Farmakovskij.
M. Ebert

Goten s. Germanen B § 5.

Gotiglazial s. Diluvialgeologie § 7.

Gotland (Tf. 180—193).

A. Steinzeit.

§ 1—2. Älteste Funde. — § 3—6. Limhamn-Walzenbeilstufe. — § 7. Dolmenzeit. — § 8—13. Ganggräberzeit. — § 14. Steinkistenzeit. — § 15. Zusammenfassung.

§ 1. Noch bevor das Litorina-Meer das Maximum seiner Ausdehnung erreicht hatte, beginnt die steinzeitl. Besiedlung G. Bei Svalings (Ksp. Gothem) an der Ostküste der Insel hat man eine kleine Kulturschicht gefunden, die zwischen den Ablagerungen der Ancylus- und Litorina-Zeit, ca. 5 m unter dem Litorina-Maximum liegt. Die geol. Verhältnisse geben also an die Hand, daß wir hier einen Wohnplatz vor uns haben, der in der Zeit entstand, als das Litorina-Meer noch ca. 5 m unter seinem Maximalstand lag oder beträchtlich vor dem Jahre 5000 v. C. In der Schicht sind nur ein paar geschlagene Flintstücke, Seehundsknochen, eine viereckige Steinsetzung u. a. gefunden worden. Eine nähere Datierung ist nicht möglich. Immerhin ein sicheres Zeugnis für die Anwesenheit des Menschen auf G. schon in der ä. StZ.

§ 2. An der Westküste bei Snoder (Ksp. Sproge) hat man einen Wohnplatz ähnlicher Art gefunden. Nur einige zugeschlagene Flintstücke zeugen für einen besiedelten Platz. Der Fund wurde im Litorina-Wall gemacht, der nach geol. Beobachtungen wahrscheinlich damals gerade entstand. Der Wohnplatz steht zeitlich in der Mitte zwischen dem frühen Fund vom Svalings und späteren, die in die Zeit des Maximums des Litorina-Meeres gehören.

§ 3. Diese letzteren Funde sind in eine Kulturstufe zu setzen, deren Beginn ungefähr mit dem Zeitpunkt zusammenfällt, von dem an man die Hauptmasse der nord. Kökkenmöddinger rechnet, der Zeit um 5000 v. C. In ihr macht sich bereits eine kräftige Expansion menschlicher Siedlungstätigkeit geltend, die rund um die Insel herum die Ufer besetzt. Funde aus dieser Per. sind zahlreich. Eigentl. Kulturschichten finden sich

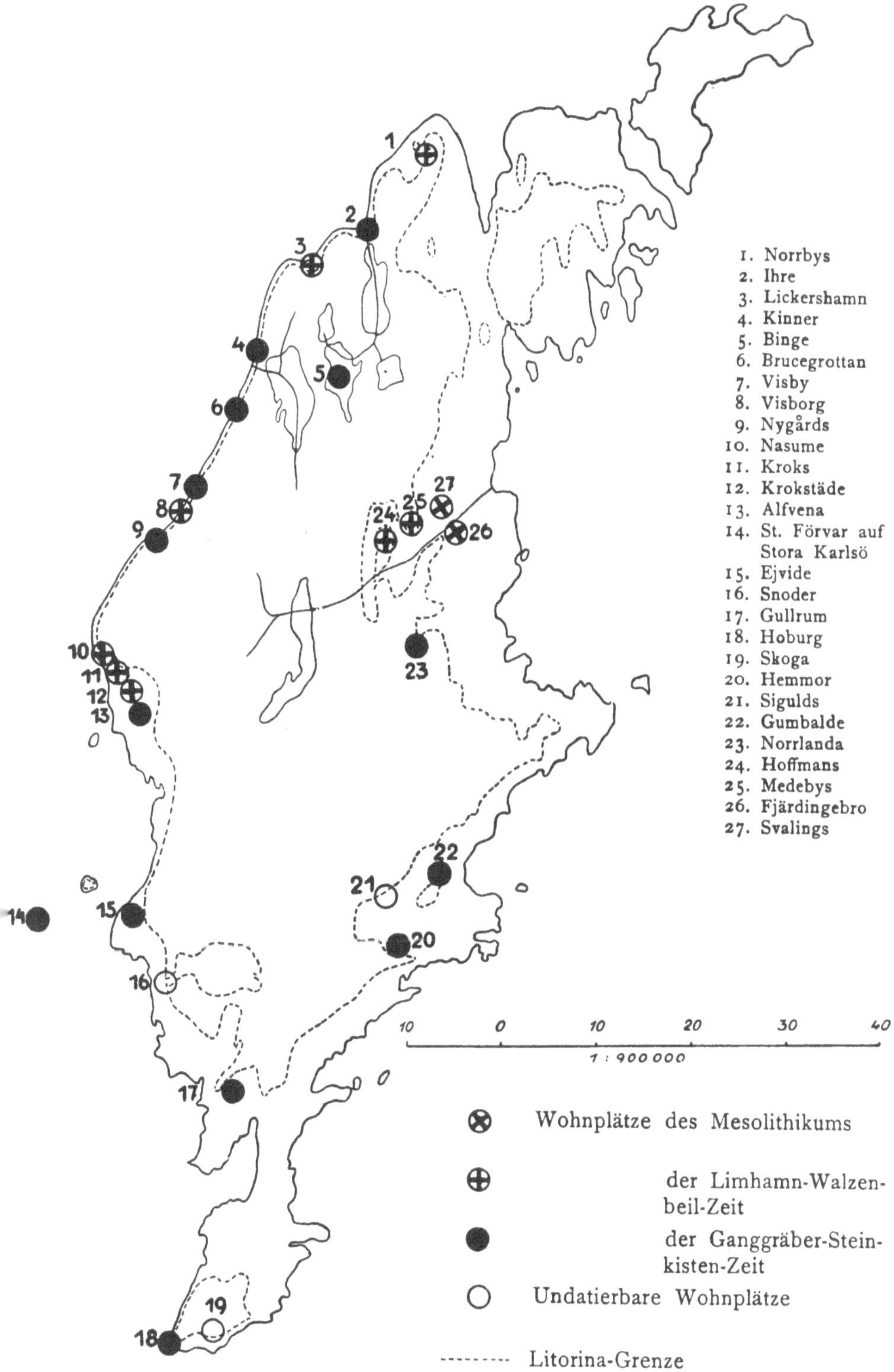

Gotland A. Steinzeit

Karte der steinzeitlichen Wohnplätze Gotlands

allerdings nicht, wohl aber haben wir einen außerordentlichen Reichtum an Geräten und Abfällen, die von der Herstellung solcher stammen, die Gewähr, daß hier Menschen zusammen wohnten, die ihre Nahrung in See und Wald gewannen. Es sind Geräte und Waffen von besonders primitiver Art, die die Epoche kennzeichnen. Äxte von Grünstein, die sich in hunderten von Stücken auf diesen Plätzen finden. Grob zugehauen, ohne Schliff, können sie nach ihrer Form im allg. verglichen werden mit den Limhamn- und Lihult-Äxten (Lithberg *Gotlands stenålder* Abb. 1, 2, 4, 5). Doch haben sich in G. gewisse lokale Typen ausgebildet, die stark von den obengenannten abweichen, z. B. die kleinen dünnblattigen oder ovalen Äxte von dreieckiger Grundform, die auf diesen frühen Wohnplätzen sehr zahlreich sind.

§ 4. Die wichtigsten von den gotländischen Wohnplätzen der Limhamn-Walzenbeilstufe sind Norrbys (Ksp. Hall), der nördlichste, die reichen Fundplätze von Nasume, Kroks und Krokstäde an der Westküste (Ksp. Tofta) und Medebys an der Ostküste (Ksp. Vallstena). Dies letztere in besonders bevorzugter Lage an dem tief ins Land einschneidenden Linavik, an dessen Ufer sich allmählich eine dichte und lange Zeit währende Besiedlung ausbreitete. Auch die Wohnplätze in Tofta waren lange Zeit besiedelt. Die zahlreichen (ca. 1200) Fundstücke von ihm: Äxte und Bruchstücke von Äxten, Material für Äxte, Pfeilspitzen usw. zeigen, daß der Platz den Mittelpunkt für die Waffen- und Gerätindustrie des ganzen Gebietes bildete. Funde ähnlicher Art aus der Gegend stützen diese Annahme.

§ 5. Die Wohnplätze liegen im allg. an oder direkt unter der Grenze des Litorina-Meeres. Die Wohnplätze von Kroks, Nasume und Krokstäde liegen jedoch mit ihren untersten Schichten bei 76% der letzten Hebung und sind sicherlich auch während der nächsten Per. bewohnt gewesen, wie die hier auftretenden Walzenbeile zeigen. Von diesen ist nämlich eine große Zahl auf den Plätzen gefunden worden, und neben äußerst primitiven Geräten hat man geschliffene Äxte mit breiter Schneide angetroffen, die bedeutend jüngere Formen repräsentieren. Auch in Norrbys und Medebys ist das Walzenbeil durch einige Stücke vertreten, die erweisen, daß diese Siedelungen auch in der nächsten Stufe fortdauern.

§ 6. Die Grenze zwischen dieser und der dritten Siedlungsepoche ist dagegen fließend. Daß jedoch die Walzenbeile mit ihren vielen Varianten wahrscheinlich ein neues und jüngeres Stadium repräsentieren, zeigt ihre Verbreitung. Man sieht, wie auch das Innere der Insel allmählich besiedelt wird (Lithberg a. a. O. Tf. 2, 3), an den Flüssen und Wasserläufen entlang mit Bevorzugung der fischreichen Binnenseen. Um den weitgestreckten Martebo-See im N entstanden eine Reihe kleiner Kolonien. Auch am Roma-See und dessen Abfluß zum Linavik ließen sich zahlreiche Ansiedler nieder. Verstreute Funde über ganz G. beweisen, daß man von der ganzen Insel Besitz genommen hat. Am unvergleichlich stärksten ist die Besiedlung aber noch immer im n. Teil der Insel, in der die Tradition der voraufgehenden Stufe kräftig weiterlebt.

§ 7. Festzustellen, wann die Walzenbeilperiode aufhörte, ist unmöglich, da dies einheimische Gerät, das einer Epoche den Namen gibt, auf vielen Plätzen bis zum Ende der StZ in Verwendung war. Die folgende Stufe dürfte, im großen gesehen, mit der nord. Dolmenstufe („Dös-Zeit") zusammenfallen und wird durch eine Anzahl neuer Waffen- und Gerätformen gekennzeichnet, die auf die ersten Verbindungen mit der Küste jenseits des Meeres deuten. Während der Walzenbeil- und Dolmenstufe erscheinen spitznackige Flintäxte mit spitzovalem Querschnitt und dünnnackige Feuersteinäxte (Lithberg a. a. O. Abb. 12, 13), doch nur in geringer Anzahl. Sie werden auch in einheimischem Material nachgebildet. Die Besiedlung ist etwa die gleiche wie vorher (Lithberg a. a. O. Tf. 4). Zu dem Vallstena-Gebiet mit 24 Funden und dem Martebo-Gebiet mit 11 kommt noch Klinte, das an einer Bucht in der Mitte der Westküste liegt, mit drei neuen Funden dieser Per. hinzu. Es war wahrscheinlich dieser Strich, der zuerst von den Ausstrahlungen der großen Megalithkultur des SW berührt wurde. Der einzige steinzeitl.

Depotfund G. stammt aus der Dolmenzeit (Kullstäde, Ksp. Vall). Irgendwelche größeren besiedlungsgeschichtlichen Bewegungen sind nicht bemerkbar. Das Walzenbeil lebte weiter und dürfte im allg. auch noch in dieser Epoche geherrscht haben, freilich in etwas veränderter Form (Lithberg a. a. O. Abb. 8—10). Im ganzen geht die gotländische Steinzeitkultur noch ihre eigenen Wege.

§ 8. Während der Ganggräberzeit, einer auf G. lange dauernden und inhaltsreichen Epoche, wurden die Einwirkungen der Megalithkultur stärker, doch trägt im ganzen die Kultur der Insel auch in dieser Per. „submegalithischen" Charakter. Neue Formen erscheinen. Die dicknackigen Flintäxte werden massenhaft in Grünstein nachgebildet (Lithberg a. a. O. Abb. 15—22). Der Feuerstein wird mit Geschick für allerhand Geräte und Waffen verwendet. Nicht minder bedeutsam ist das Auftreten der Schaftlochaxt. Die Verbreitung der vielkantigen (s. d.), bootförmigen (s. Bootaxt), doppelschneidigen (s. d.) und rhombischen (s. d.) Axt deckt sich ungefähr mit der der Flintäxte. Die schon früher besiedelten Gebiete bei Vallstena, Martebo und Klinte weisen auch Funde mit diesen neuen Typen auf, die sich im allg. längs der West- und Südküste, in geringerem Maße auch im O verbreiten. Daß Flint- und Schaftlochäxte sich in großer Zahl gerade an der Westküste finden, ist sicherlich kein Zufall.

§ 9. Während der Ganggräberzeit entwickelt sich auf G. eine besonders reiche Wohnplatzkultur, die zweifellos ihre Wurzeln in älteren einheimischen Voraussetzungen hat. Aus dieser Epoche kennen wir auch die ältesten Gräber. Die Besiedlung hat sich weiter ausgebreitet (Lithberg a. a. O. Tf. 5) und ist nicht mehr so eng wie früher an die Küste gebunden, wie zahlreiche Funde aus dem Innern der Insel zeigen. An den tief ins Land einschneidenden Buchten des Südteiles von G. herrscht jetzt regeres Leben. Doch liegen die meisten Wohnplätze, auch die der Ganggräberzeit, noch immer an der Westküste. Ihr Kulturinventar ist reicher und vielseitiger als das der älteren Wohnplätze. Das Land hat sich unterdessen bedeutend gehoben, und wir finden jetzt eine Strandbesiedlung auf 50—60 % der Litorina-Grenze. An der offenen Küste oder um kleine, in das Land einschneidende Buchten, in schützenden Strandgrotten oder auf Eilanden draußen im Meer liegen diese interessanten Wohnplatzreste aus der Glanzzeit des Jäger- und Fischerstadiums auf G. (Tf. 180). Waffen und Geräte, besonders die für Jagd und Fischfang bestimmten, erhalten eine hohe Vollendung (Tf. 181; Lithberg a. a. O. Abb. 62—95). Seehund, Wildschwein, Elch und Hase sind bevorzugtes Wildbret; neben den Resten von Fischen aller Art finden sich die Knochen von Vögeln, wie Adler, Schwan und Eidergans. Wenigstens auf einem Teil dieser Wohnplätze gab es auch Haustiere. Hund, Schaf und Ziege sind die häufigsten. Möglicherweise trieb man auch Viehzucht, welches einige Funde von Tierknochen auf dem Wohnplatz von Visby andeuten. Vielleicht besaß man auch eine gezähmte Art des Wildschweins.

§ 10. Das bei weitem häufigste Material in diesen Kulturschichten sind Tongefäßscherben, verzierte und unverzierte. Die Dekoration besteht aus der typischen sog. Grübchenornamentik (Tf. 182, 183). Auf 4 Wohnplätzen hat man Gräber angetroffen von der denkbar einfachsten Art. Man hat den Toten auf dem Wohnplatz selbst bestattet und rings um ihn ein paar Steine herumgelegt (s. Wohnungsbestattung). Etwas reichere Grabformen zeigt der Wohnplatz von Visby, wo etwa 10 Skelette ausgegraben sind. In drei Gräbern lag das Skelett in einer Bettung von kleinen Kalksteinplatten, von einem Lager von Eisenocker umgeben. Mehrere von diesen Gräbern hatten deutliche Grabausstattung, z. B. lag in einem Grabe beim Kopfe ein Klumpen von stark färbendem Eisenocker, eine Flintaxt vom dicknackigen Typus, ein Pfriem von Knochen und ca. 30 Dentaliumperlen (Tf. 184b); in einem zweiten Grab ein Gürtelschmuck aus durchbohrten Seehundzähnen (Tf. 184a) und in einem dritten Grab eine Harpune von Horn, zwei Wildschweinzähne, ein Eberzahn und ca. 70 polierte Röhrenperlen. Diese Funde deuten an, daß es auch bei diesen Jägern und Fischern irgend eine höhere Form des Totenkultus gab. Auch die Anfänge einer plastischen Kunst erscheinen auf den Wohnplätzen (s. Plastik B). Ein Knochenkamm mit plastischen Menschen- und Tierköpfen und ein paar Tierdarstellungen aus Ton geben uns eine Probe von der neol. Kunst auf G. (Tf. 185a; Lithberg a. a. O. Abb. 164; Ekholm *Studier i Upplands bebyggelse-historia* I Abb. 59, 60: Parallelen aus Uppland).

§ 11. Bei Ihre (Ksp. Hangvar) liegt der nördlichste Wohnplatz der Ganggräberzeit, der bisher bekannt ist. Irgendwelche Funde von Bedeutung außer Tierfigürchen aus gebranntem Ton sind dort nicht gemacht. Bei Visby fand sich eine große Ansiedlung mit viel Tonware, Äxten vom dicknackigen Typus, Schabern und Pfeilspitzen von Feuerstein, Harpunen, Angelhaken, Bohrern, Meißeln und einigen interessanten Hausgrundrissen in der reichen Kulturschicht. Hier lagen auch, wie gesagt, mehrere Gräber, in denen durchbohrte Seehundszähne (Tf. 184a) und Pfeilspitzen als Grabausstattung beigegeben waren. Im innersten Teil der Burgs-Bucht im Ksp. Näs (an der Grenze des Ksp. Hafdhem) findet sich der seit langem bekannte Wohnplatz von Gullrum. Alle Knochen- und Horntypen der Stufe sind hier vertreten. Kleine, dicknackige Steinmeißel, in großer Zahl in Gullrum gefunden, haben ihren Namen von dem Platz erhalten (Lithberg a. a. O. Abb. 81, 82). Sie sind überhaupt für diese ganze Kulturstufe G. charakteristisch. Ebenso fanden sich hier doppelschneidige Äxte, Walzenbeile und die für G. typische Axt mit dünnem Blatt und dreiseitiger Grundform. Massen von Säugetier-, Vogel- und Fischknochen in der Kulturschicht vermitteln eine gute Vorstellung von der Fauna jenes Zeitabschnittes. Auch hier sind mehrere Gräber angetroffen. An der Westküste kennen wir zusammen 9 Wohnplätze dieser Zeit.

§ 12. Von der Ostküste der Insel sind nur zwei Ansiedlungen der Ganggräberzeit bekannt. Sie liegen beide an der Landbucht, die damals tief ins Land hineinging: die Wohnplätze von Hemmor und Gumbalde. Eine systematische Untersuchung des ersteren hat im allg. dasselbe Resultat wie in Gullrum ergeben. Auch in Hemmor sind einige Hausgrundrisse gefunden.

§ 13. Die gotländischen Wohnplätze vertreten mit geringen lokalen Abwandlungen die sog. ostschwedische Wohnplatzkultur (s. Nordischer Kreis A § 4c2). Ein gotländischer Zug ist es, daß neben Grünstein auch Horn und Knochen im weitesten Maße für Werkzeug und Waffen verwendet werden. Das anthropol. Material, das über die Rasse der steinzeitl. Bevölkerung G. Auskunft geben könnte, ist verhältnismäßig groß. Einige auf den Wohnplätzen von Hemmor und Gullrum und in Stora Förvar gefundene Kranien haben eine langschädelige Form und gehören derselben Rasse an, wie die steinzeitl. Bevölkerung des schwed. Festlandes. Die 10 Schädel aus Visby, die man anthrop. untersuchen konnte, sind hauptsächlich Langschädel nord. Art, zwei Schädel ausgenommen (einer von diesen brachykephal). Dies zeigt, daß die gotländischen Wohnplätze derselben nord. Rasse angehören, die noch heute G. und den ganzen nord. Kreis bevölkert.

§ 14. Während der letzten Stufe der gotländischen StZ, die ungefähr mit der Steinkistenzeit des Festlandes zusammenfällt, legt sich die Besiedlung wie ein dichtes Netz über die ganze Insel. Die Megalithkultur beherrscht jetzt G. Man kennt mehr als 10 gotländische Steinkistengräber und zahlreiche Funde von herzförmigen Pfeilspitzen, Sägen, Flintäxten mit breiter Klinge und Feuersteindolchen. Der Ackerbau drängt jetzt die älteren Wirtschaftsformen völlig zurück, deren natürliche Grundlagen nicht mehr wie früher eng mit der Meeresküste und den Flußläufen verknüpft sind. Die einfachen Schaftlochäxte vom Ende der StZ zeigen durch ihre Verbreitung über das mit Sand vermischte Mergelerdegebiet den andersartigen Charakter der Besiedelung.

Ein ähnliches Verbreitungsgebiet wie die einfachen Schaftlochäxte haben die sog. „Schwertschleifsteine" mit langen, tiefen Rinnen, die allg. in der Nähe von Bächen, Flüssen und Seen gefunden werden. Sie wurden wahrscheinlich zum Schleifen von Geräten benutzt, scheinen jedoch bis tief in die BZ hinein verwendet zu sein.

§ 15. Die gotländische StZ zeigt, wie aus den obigen Darlegungen hervorgeht, eine kontinuierliche Entwicklung, die trotz mancher Besonderheiten mit der fest-

Gotland A. Steinzeit

a. Harpune. Hemmor. L. 15,1 cm. — b. Harpune. Visby L 12,8 cm. — c. Pfeilspitze. Hemmor. n. Gr. — d. Harpune. Stora Förvar. L. 12,7 cm. – e. Harpune. Stora Förvar (Stora Karlsö). L. 11,4 cm — f, g. Pfeilspitzen. Hemmor. $^2/_3$ n. Gr. — h. Pfeilspitze aus Knochen. Visby. $^1/_2$ n. Gr. — i—j. Pfriemen aus Schweineknochen. $^2/_3$ n. Gr. — k. Knochennadel. Norrlanda. $^2/_3$ n. Gr. — Nach Photographien.

a

b

Gotland A. Steinzeit

a. Verzierte Tongefäßscherben. Gullrum. — b. Dgl. Visby. — Nach Photographien.

a

b

c

Gotland A. Steinzeit

a. Verzierte Tongefäßscherben. Visby. — b. Tongefäß. Visby. $^{2}/_{3}$ n. Gr. — c. Tongefäßböden. Visby. — Nach Photographien.

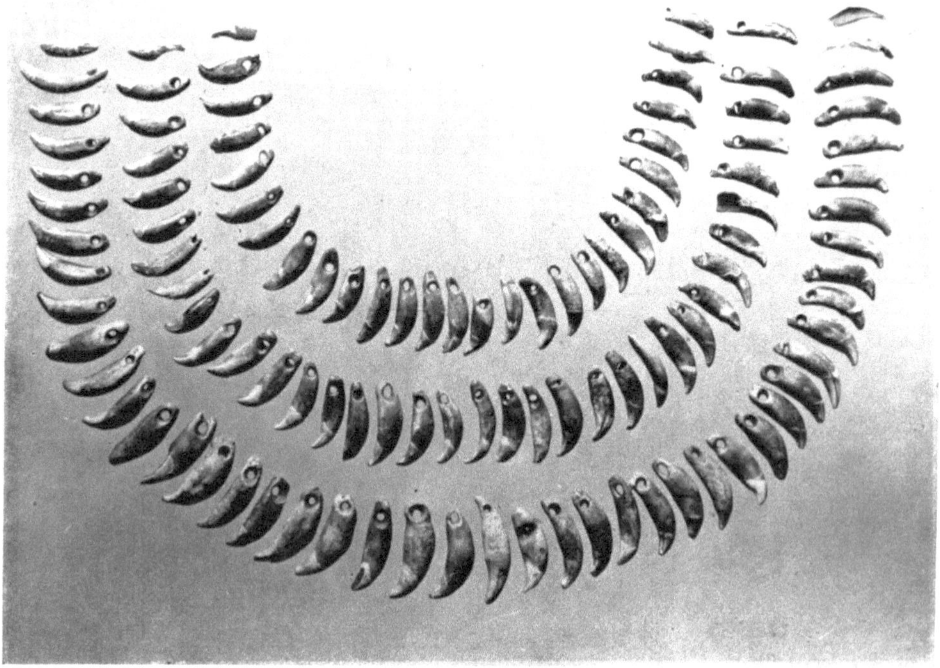

a

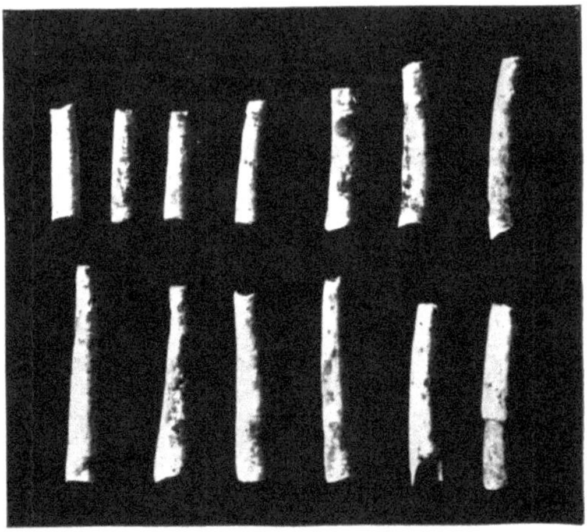

b

c

Gotland A. Steinzeit

a. Gürtelschmuck aus durchbohrten Seehundzähnen. Visby. — b. Dentaliumschmuck. Visby. — c. Durchbohrter Tierzahn. Visby. — Nach Photographien.

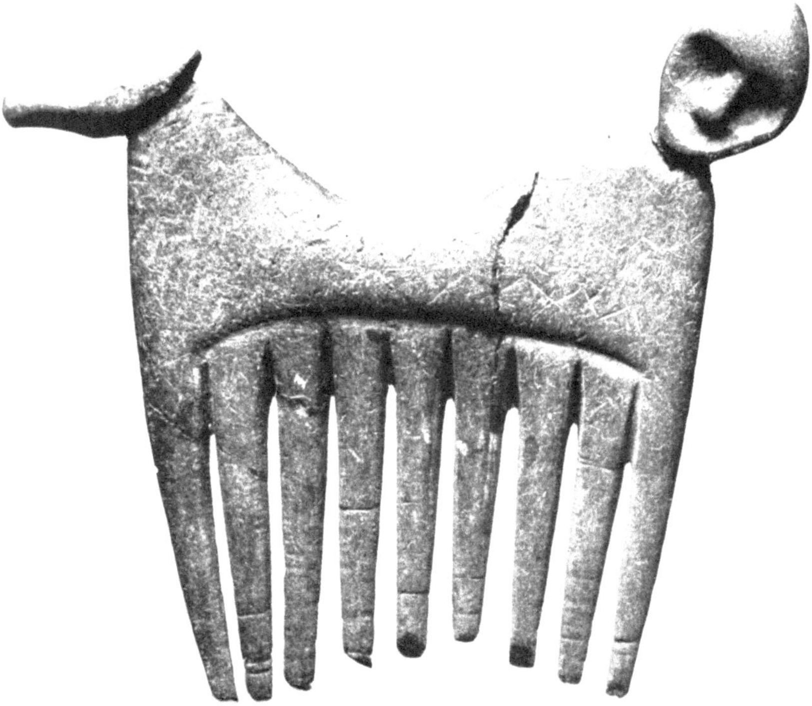

a

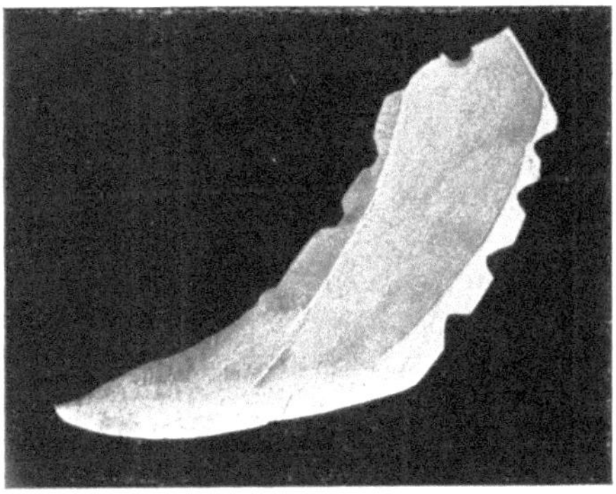

b

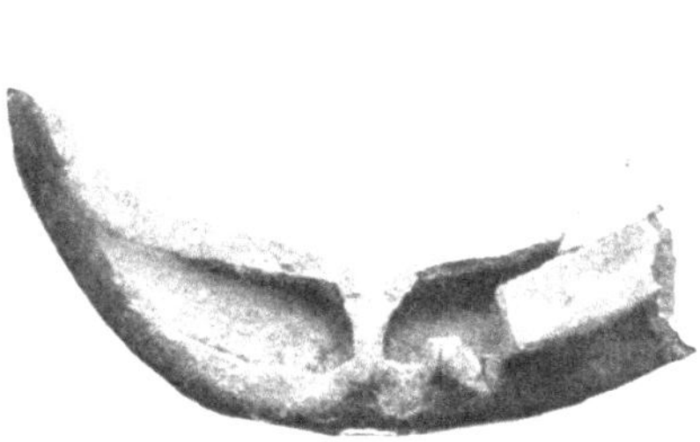

c

Gotland A. Steinzeit

a. Knochenkamm. Gullrum. 1/1 n. Gr. — b. Messer aus Eberzahn. Ejvide. 1/2 n. Gr. — c. Messer aus Eberzahn. Hemmor. 1/2 n. Gr. — Nach Photographien.

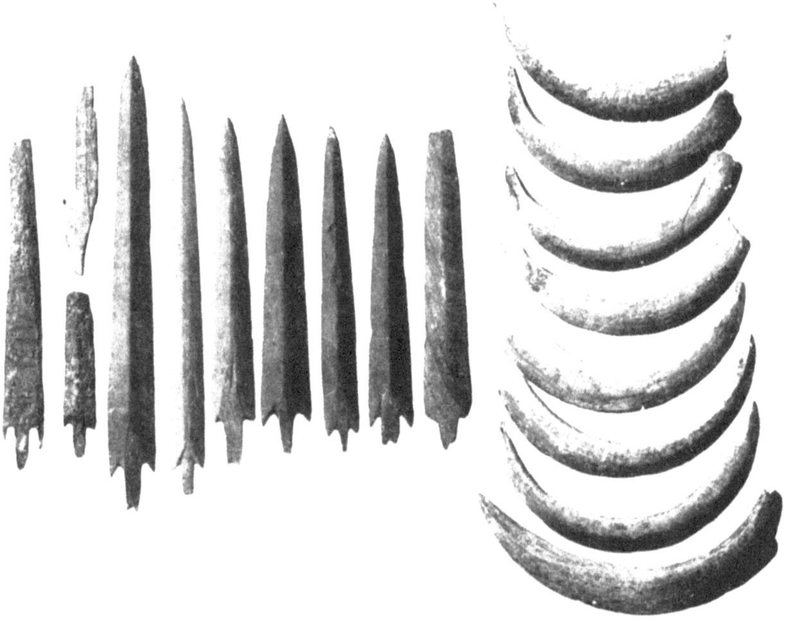

a

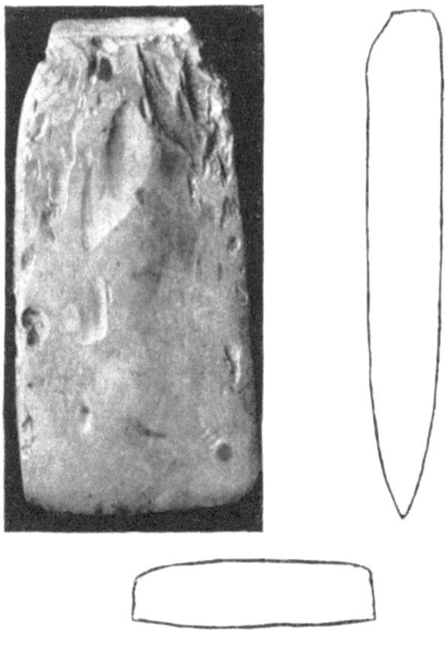

b

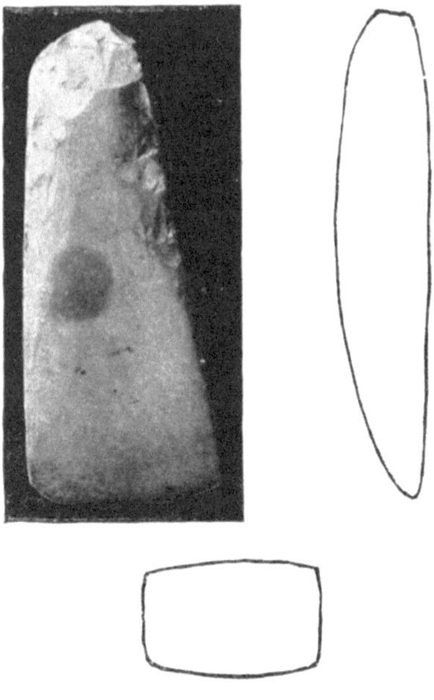

c

Gotland A. Steinzeit

Grabfund (Flachgrab) von Vesterbjers, Ksp. Gothem: a. $^1/_3$ n. Gr., b. 12,9 cm, c. 12,3 cm L. — Nach Photographien.

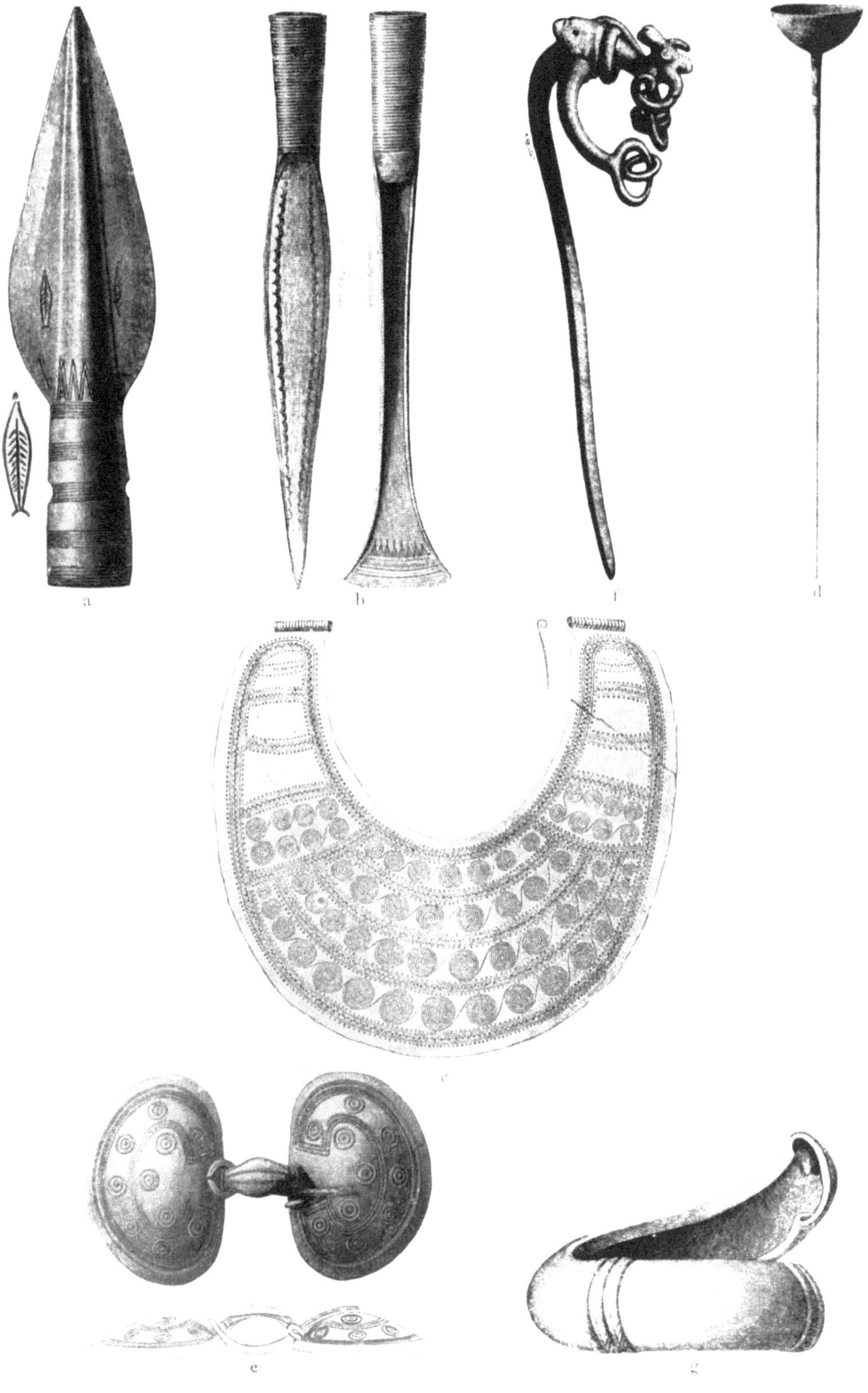

Gotland B. Bronzezeit

a. Lanzenspitze. Haga. $^1/_2$ ($^1/_1$) n. Gr. — b. Tüllenaxt. Gotland. $^1/_4$ n. Gr. — c. Halskragen. Gotland. $^1/_4$ n. Gr. — d. Nadel. Hultungs $^1/_8$ n. Gr. — e. Plattenfibel. Stenbro. $^1/_4$ n. Gr. — f. Nadel. Rovalls. $^2/_3$ n. Gr. — g. Armring. Valls. $^4/_9$ n. Gr. — Sämtlich aus Bronze. Nach O. Montelius.

Gotland B. Bronzezeit

ländischen parallel läuft und mit ihr im Zusammenhang steht. Die primitive Kultur mit Jagd und Fischerei als Hauptnahrungsquelle der Bevölkerung erreicht ihren Höhepunkt in den Wohnplätzen der Ganggräberzeit. Sie geht am Ende der StZ in der Megalithkultur der Steinkisten-Stufe auf, die den Ackerbau auf der Insel zum Siege führt. S. a. Nordischer Kreis A.

Ekholm *Ett arkeologiskt bidrag till frågan om nivåförändringarnas anomalier* Geol. För. förh. 45 (1923) S. 107 ff.; Sv. Fornm. Tidskr. 10 (1897—1900) S. 1 ff. H. Hansson; Månadsblad 1887 S. 110 ff. H. Hildebrand; G. Lindström *Om postglaciala sänkningar av Gotland* Geol. För. förh. 8 (1886); Lithberg *Gotlands stenålder* Diss. Uppsala 1914; H. Munthe *Studier över Gotlands senkvartära historia* Sv. geol. unders. Ser. Ca Nr. 4 (1910); ders. *Huvuddragen av Gotlands fysisk-geografiska utveckling efter istiden* Ymer 1911 S. 349 ff.; ders. *Drag ur Gotlands odlingshistoria* Sv. geol. unders. Ser. Ca Nr. 11 (1913); John Nihlén *Från det förhistoriska och medeltida Visby* Fornvännen 1925; ders. *En gotländsk huggtandskniv från stenåldern* Fornvännen 1924 S. 298 f.; A. Hj. Olsson *Om de äldsta spåren av människan på Gotland* Geol. För. förh. 33 (1911); v. Post *En profil genom högsta Litorinavallen på södra Gotland* Geol. För. förh. 25 (1903—04); Rig 1919 S. 177 ff. Sernander; Fornvännen 1909 S. 198 ff. Wennersten.

John Nihlén

B. Bronzezeit (und Frühste Eisenzeit; VI. Per. Mont.).

§ 1. Allgemeines. — § 2—6. Ältere Bronzezeit. — § 7—20. Jüngere Bronzezeit und Frühste Eisenzeit.

§ 1. Schon im J. 1874 gab Montelius eine Zusammenstellung der damals bekannten BZ-Denkmäler G. (Congr. intern. préh. Stockholm 1874 S. 510 ff.). Seine Fundziffer (159) hatte sich 10 Jahre später in G. Gustafsons Verzeichnis der „Gotl. Bronzezeitfunde" bereits verdoppelt (Sv. Fornm. Tidskr. 6 S. 209 ff.). Eine erneute Materialuntersuchung, die sich hauptsächlich auf die im „Statens Historiska Museum" in Stockholm und in zwei größeren Sammlungen in Visby aufbewahrten Funde stützt, ergab ca. 570 Gegenstände in 350 Funden, auf die ä. und j. BZ im ungefähren Verhältnis von 2 : 7 verteilt. Im Lichte der übrigen schwed. Landschaftsuntersuchungen zeigt sich, daß G. eine bedeutende Bronzezeitprovinz war, darin vielleicht nur noch von Schonen übertroffen.

I. Ältere Bronzezeit. § 2. Die Anfangsperiode der BZ ist vor allem durch die für sie charakteristischen Äxte und Speerspitzen vertreten. Die Äxte zeigen die Entwicklung von niederen zu hohen Seitenkanten und stehen in der Form und in der Ausbildung der Einzelheiten im übrigen im allg. Lissauers „armorikanischen" und nordd. Typen nahe (ZfEthn. 1904), knüpfen auch in gewissen Fällen an die Entwicklung auf dem Kontinent an, so durch eine Axt mit stark ausgeschwungener, halbkreisförmiger Schneide und hohen Seitenkanten vom „ostbaltischen" Typus an Ostpreußen (ZfEthn. 1904 Lissauer; Bezzenberger *Analysen* S. 6 Abb. 10—11), durch Ausschnitt im Nacken bei einer andern an Italien. Die Streitaxt nach armorikanischem Prototyp erreicht ihre höchste Ausgestaltung in einer ausgesucht schönen, verzierten Axt, gefunden im Lau-Moor (*Minnen* Abb. 863). Die alte Drahtumwicklung ist hier auf der Tülle im Guß nachgebildet. Die Form zeigt deutlich, wie die Tüllenaxt direkt aus der Randaxt entstehen kann, eine Entwicklung, die bei der Herstellung von Waffen verständlich ist, wo die Freude am Schmuck wenigstens in demselben Grade wie die Notwendigkeit, Zuverlässiges zu schaffen, die Formgebung bestimmt (Tf. 187 b). Die Arbeitsaxt erhält hier wie überall im nord. Kreise einen Absatz für die Schäftung, bevor sie zur Tüllenaxt umgebildet wird. Hervorgehoben zu werden verdient eine Axt mit Loch durch die Schmalseiten nahe dem Tüllenrand (statt der Öse), wie auch eine aus der III. Per. von oberschwed. Form. Beide zeugen für beginnende Verbindungen mit dem mittelschwed. Gebiet um den Mälar-See (Monteliusfestschrift 1913 S. 79 ff. S. Lindqvist), die während der j. BZ sich befestigen.

§ 3. Die älteste Lanzenspitze zeigt außer der frühen charakteristischen gradlinigen Dekoration eine Verzierung, die damit oft zusammenhängt (*Minnen* Abb. 919; Aarb. 1914 S. 343): Punktreihen zu beiden Seiten der Tülle. Diese deuten darauf, daß die Lanzenspitze aus dem Metallblatt entstand, das in einen gespaltenen Schaft gesetzt und an ihm festgebunden wurde (Ekholm *Studier i Upplands bebyggelse-historia* II. *Bronsåldern* S. 11; Åberg *Kalmar läns bronsålder* Meddel. fr. Kalmar läns fornminnesförening 9 S. 14). Ein anderes kleines Ornament, das auf einigen gotl. Lanzenspitzen auftritt, geht zurück auf die Verzierung an Feuersteindolchen. Es besteht aus einer Reihe kleiner, schräggestellter, von der Basis des Blattes bis zum Nietloch laufender Striche (Fornvännen 1908 Abb. 112) und erinnert nach Aussehen und Anordnung an die fein verzierten Schaftkanten auf gewissen Flintdolchen, die wohl die Säume auf der Lederbekleidung des Griffes nachahmen. Die Übereinstimmung ist wohl so zu erklären, daß die bronzene Lanzenspitze, eine Umbildung der Feuersteinlanzenspitze, von der älteren, kürzeren, verwandten Waffe das Ornament übernahm. Auf einer Reihe von Lanzenspitzen ist die Tülle mit Gruppen paralleler Linien verziert. Diese Verzierung, die oft charakteristisch ist für die nord. Lanzenspitzen der ä. BZ, dürfte nach Entstehung und Entwicklung eine Analogieerscheinung sein zu den Querlinien auf den schönen Streitäxten und einer Anzahl von Tüllenäxten der II. Periode. Diese Liniengruppen erklären sich als dekoratives Rudiment der Umwicklung, die notwendig war, als die Speerspitze (von Feuerstein oder Bronze) statt der Tülle eine Angel hatte. Eine Lanzenspitze der I. Per. von Haga (Ksp. Gothem) ist auf jeder Seite des Blattes mit zwei Fischen dekoriert Tf. 187a). Dieses in der ä. BZ Schwedens einzigartige Motiv (ein Fisch auf einem Rasiermesser von Schonen aus der V. Per. Fornvännen 1923 Tf. 3,2) erscheint auf einer dän. (Aarb. 1909 S. 33 Abb. 31: Valsømagle auf Seeland) und wohl auch auf einer norw. Lanzenspitze, beide aus der ä. BZ. S. Müller neigt zu der Ansicht (Aarb. 1920 S. 142ff.), daß diese Fischbilder heilige Zeichen waren, die später rein ornamental wurden.

§ 4. Die eingepunzte Spiralornamentik findet sich bloß auf einem einzigen Denkmal, dem schönen Halskragen der III. Per. (Tf. 187c), aufbewahrt in der Berliner Vorgesch. Staatssammlung. Der Typus ist, wie Kossinna gezeigt hat, südskand., er findet sich in Schonen und auf Bornholm (Mannus 8 S. 80). — G. hat bloß einen Goldfund aus dieser Zeit, nämlich einen bei Smedegårda (Ksp. Björke) gefundenen Fingerring von doppeltem Draht, die Enden zu einer Spitze vereinigt (Fornvännen 1916 Montelius). Auf denselben Wegen wie die Goldspiralen, vielleicht noch weiter von S, dürfte ein Bronzedolch mit nach oben zu verbreiteter Klinge und schmaler Angel gekommen sein (Fornvännen 1908 S. 249 Abb. 114). — Das übrige Inventar der ä. BZ G. zeigt die gewöhnlichen nord. Formen und braucht keine besonderen Erklärungen. Ob die älteren Griffzungenschwerter (s. d.), von denen G. zwei Exemplare besitzt, einheimischer oder ital. Herkunft sind, darüber ist die Ansicht geteilt (Aarb. 1909 S. 45ff., ebd. 1914 S. 319ff. S. Müller; Mannus 4 S. 275ff. Kossinna).

§ 5. Da nur 6 sichere Grabfunde bekannt sind, kann über den Grabbrauch G. in der ä. BZ nichts Sicheres gesagt werden. Bei zwei Dolchgräbern der II. Per. weiß man von dem einen etwas mehr. Es war eine mannslange Steinkiste in einer „Röse" (= Steinhügel), die auf Kontinuität eines im jüngsten Abschnitt der StZ gebräuchlichen Grabtypus bis in die BZ deutet (Lithberg *Gotlands stenålder* S. 90f.). Interessant ist eine Nachbestattung der II. Periode. In einer Steinplattenkiste aus der StZ, die man während der ä. BZ in 3 kleinere Kisten geteilt hatte, wurde eine verzierte nord. Absatzaxt in der mittleren Kiste gefunden. Vielleicht zusammen mit dieser (vielleicht aber auch in einem naheliegenden Grab) fand man eine durchlochte Axt aus Bein, wahrscheinlich bronzezeitlich (vgl. Müller *Bronzealderens Kunst* Abb. 22). In die nächste Per. gehört ein drittes Skelettgrab aus einer gestörten Kalksteinpackung, das als Inventar eine Fibel und ein paar Knöpfe enthielt (Månadsblad 1903 S. 48 Abb. 65—66). Aus dem Ende der ä. oder dem Beginn der j. BZ stammt ein Fund von Tongefäßscherben, Leichenbrand, einem Rasiermesser, einem Miniaturschwert(?), einem kleinen Armring mit spiralig aufgerollten Enden und drei Doppelknöpfen (Fornvännen 1908 S. 299 Abb. 183—188), alles — nach den kargen Fundangaben zu urteilen — aus einer kleinen Steinkiste in einem niedrigen Hügel. Wahrscheinlich gehört zur III. Per. auch eine Dolchklinge mit Leichenbrand, zusammen gefunden auf dem Boden des großen *Angantyrs rör* (Ksp. Grötlingbo). Das gleichzeitige Auftreten von Skelett- und Brandgräbern dürfte für G. zu dem Schlusse berechtigen, daß die Leichenverbrennung dort während der III. Per. eingeführt wurde. Für eine Axt der I. Per., ein Schwert der II. Per., zwei Schwerter und eine Speerspitze der III. Per. wird angegeben, daß sie sich in oder unter einem Steinhügel fanden. Dies (vgl. *Angantyrs rör*) und der Umstand, daß die Depots der j. BZ (s. u.) in großen Rösen gefunden sind, zeigt, daß die großen Steinhügel der ä. BZ angehören können. Gewisse Verhältnisse machen es indessen wahrscheinlich, daß sie hauptsächlich der j. BZ zuzurechnen sind, weshalb darüber unten gesprochen werden soll.

§ 6. In ruhigem Tempo löst so das Metall allmählich den Stein ab. In ihrem Konzentrationsgebiet zeigt sich die Besiedlung der ä. BZ als eine direkte Fortsetzung der j. StZ. Die Hauptquelle von G. Kultur ist wie für das übrige Schweden: Dänemark. Gleichzeitig wird Berührung gewonnen mit der lokalen schwed. Industrie um den Mälar-See, und die Verbindungen mit dem Kontinent auf den seit der StZ bekannten Wegen werden weitergeführt (Lithberg a. a. O. S. 110ff.).

II. Jüngere Bronzezeit und frühste Eisenzeit. § 7. Die Kulturentwicklung, die sich während der ä. BZ ganz gleichmäßig auf deren verschiedene Abschnitte verteilt, fährt in demselben Takte während der IV. Per. fort, steigt aber plötzlich mit der V. Per., die allein eine größere Anzahl von Funden bietet als alle andern zusammen, aufwärts und läuft so durch eine kurze Schlußperiode hinüber in die durch eine blühende einheimische Industrie ausgezeichnete erste EZ.

§ 8. Aus der Menge der Tüllenäxte, dem gewöhnlichen Einzelfund der j. BZ, kann hier nur eine Auslese besonders wichtiger Formen gegeben werden. Beinahe ein Drittel aller bekannten Äxte bildet eine Gruppe für sich mit einem für sie alle gemeinsamen Charakter: die Begrenzungslinien zwischen der glatten Breitseite und den Schmalseiten biegen sich nach aufwärts zusammen und laufen dann nach außen (Montelius *Minnen* Abb. 1064), daran zeigt sich deutlich der typol. Zusammenhang mit den Absatzäxten, besonders mit den von Lissauer als „nord." bezeichneten. Gewisse von diesen Äxten, mit gleichmäßig breitem Körper und grader Schneide, dürften zur IV. Per., die mit ausgeschwungener Schneide zur V. Per. gehören. Tüllenäxte dieser Art scheinen mit Ausnahme von Ostpreußen (Kemke *Katalog des Prussiamuseums* I 38 Abb. 38; Bezzenberger a. a. O. Abb. 31—32) im nord. Gebiet im übrigen äußerst selten vorzukommen — während die dort in der IV. Per. gewöhnlichen Äxte (Montelius *Minnen* Abb. 1057—58, 1061, 1066) sich auf G. nur in einem Exemplar finden. Man könnte versucht sein, in dieser Axt eine gotl. Lokalform zu sehen. Jedenfalls haben sie eine deutlich ostbalt. Verbreitung. Im Zusammenhang damit mag darauf hingewiesen werden, daß ein kleines Ornamentdetail auf den eben erwähnten Äxten (Typus *Minnen* 1064), das aus fingerförmigen Linienverzierungen an der unteren Ansatzstelle des Öhrs, auch im SO auf der andern Seite der Ostsee auftritt (Hausmann *Rig. Katalog* Tf. 3, 5). Eine kleine Gruppe von Mälar-Äxten (Band III Tf. 134a; *Minnen* Abb. 1054, 1171; Ekholm a. a. O. S. 43f.) deutet auf Fortsetzung und Steigerung der während der ä. BZ gewonnenen Verbindung mit dem mittelschwed. Gebiet. Die übrigen Tüllenäxte hängen mit den südskand. zusammen.

§ 9. Schwerter und Dolche sind vom nord. Typus mit Ausnahme eines in die V. Per. zu setzenden einzigartigen Kurzschwertes (Fornvännen 1920 Anhang S. 22 Abb. 2), das am jetzigen Ufer des Tingstäde-Moores gefunden wurde. Der Griff endet in einer Drahtverzierung, die im Guß hergestellt ist, mit mehreren Spiralen, ähnlich wie gewisse dän. und schwed. Messer. Sicherlich ist dies Kurzschwert aus Mitteleuropa eingeführt, ebenso wie zwei schweiz. „Pfahlbaumesser" (*Minnen* Abb. 1254).

§ 10. Vortreffliche Zeugen für die Stellung G. während der j. BZ und seine Verbindungen geben, wie das auch zu erwarten ist, die Schmucksachen. Die beiden Goldsachen, ein bei Enbjänne (Ksp. Hogrän) gefundener Armring von dünnem Gold und eingebogenen Kanten, an jedem Ende in eine Spirale auslaufend. und ein goldener Eidring von Kossinnas Typus II, gefunden in einem Moor bei Rovalls (Ksp. Vänge), sind bereits früher in der Literatur behandelt (Fornvännen 1916 Montelius; Mannus 8 Kossinna). Ein hohl gegossener Zapfenhalsring und ein Prototyp dieses, ein massiver Halsring, deuten beide auf Verbindungen, die während der IV. Per. mit dem alten Kulturzentrum am Øresund bestehen. Die für Dänemark wie für das s. und w. Skandinavien charakteristischen Halsringe der V. Per. mit abgeplatteten Enden, oft auch mit Endspiralen, fehlen dagegen auf G. (Müller *Ordning Bronzealderen* Abb. 410—411; Montelius *Minnen* Abb. 1276–79, 1291–95). Ebenso die allg. späten Entwicklungsformen der VI. Per., also die dicken tordierten Ringe (*Minnen* Abb. 1459—61), die mit scharf herausgedrehten Windungen („Wendelringe": *Minnen* Abb. 1457—58) und die mit voneinander getrennten Gruppen von Querstrichreihen (*Minnen* Abb. 1467). Während der I. Per. der EZ erscheinen neben einheimischen Ringformen aufs neue südskand. (Almgren *Gotland* Tf. 2, 20—21). In großer Zahl treten in vielen reichen Depotfunden frühe, gedrehte Halsringe auf, deren eigentl. Heimatland Nordostdeutschland ist (Mannus 8 S. 19ff. Kossinna). Außer 6 Ösenringen liegen ganz oder in Stücken 36 Wendelringe (s. d.) vor, von denen die meisten Hakenverschluß haben oder hatten. Für die Zusammengehörigkeit mit dem nordostd. Kulturgebiet sprechen weiter eine Anzahl Spiralarmringe, ein Depotfund der VI. Per. mit 4 Hohlwulstringen, die erhöhte, mit Schrägstrichen verzierte Querbänder haben (Tf. 187g; Mannus 5 S. 339 Kostrzewski; Månadsblad 1880 S. 108 Montelius), ferner gewisse ziemlich seltene Bronzeschmucksachen, so Ringe mit Klapperscheiben, teils aus einem schönen Depotfund von Ekes (Ksp. Bro; *Minnen* Abb. 1234), teils aus dem bekannten Eskelhem-Funde (s. Eskelhem; Band III Tf. 24c), der außerdem u. a. 12 Bronzescheiben (ebd. Tf. 24b) und einige Schmucksachen mit gegossener Drahtverzierung enthielt. Eine Pinzette, nach unten zu ausgebogen, im übrigen gleichmäßig breit, hat ihre nächsten Verwandten in den ostd. Schieberpinzetten. Hinterpommersche Hufeisenverzierung haben drei Plattenfibeln (Tf. 187e; Mannus 8 S. 120 Kossinna). Es sind wahrscheinlich einheimische Nachbildungen, zwei davon aus einem Depotfund.

§ 11. Unter den Stücken, die zur Ausschmückung und Befestigung der Kleider verwendet werden, nehmen die Nadeln der V. und VI. Per. die erste Stelle ein. Zwei wichtige Hauptgruppen sind große, 18,7—70,5 cm l. Nadeln mit Schalenkopf, meistens am oberen Schaftende mit Spiralwindungen oder Strichen und Punkten verziert (Tf. 187d; *Minnen* Abb. 1315—17; vgl. das Ornament mit dem während der I. Per. der EZ auf demselben Gebiet auftretenden: Almgren *Gotland* Tf. 1, weiter mit dem auf schles. bronzezeitl. Nadeln: Mertins *Wegweiser* Abb. 144, 146, 198a), und Nadeln, die am Kopf eine senkrecht in die Verlängerung des Schaftes gestellte Scheibe tragen, auf der erhöhte konzentrische Kreise um einen Buckel in der Mitte angebracht sind (*Minnen* Abb. 1331). Die erstere Gruppe, die Schalennadeln, alles Einzelfunde, nicht weniger als 15 an der Zahl, tragen ein ausschließlich gotländisches Sondergepräge. Die im übrigen nord. Gebiet auftretenden bekannten Nadeln mit Schalenkopf haben alle ein anderes Aussehen. Sie sind klein und erscheinen im übrigen bloß vereinzelt. Wie weit diese als ihre Vorbilder anzusehen sind, muß dahingestellt bleiben. Der Gedanke dazu kann nach G. auf den gewöhnlichen Verkehrswegen der BZ gekommen sein und sich danach selbständig entwickelt haben. Die Nadeln mit scheibenförmigem Kopf sind in 6 mehr oder weniger vollständigen Exemplaren vorhanden. Ein Depotfund mit zwei Nadeln, ebenso wie zwei Nadelfunde aus Uppland (Ekholm a. a. O. Abb. 126 und 135; vgl. ein paar mit Ketten verbundene Nadeln mit drei gewölbten Scheiben und andere Nadeln aus den jütl. *Tue-grave;* Aarb. 1894 S. 184f.), lassen vermuten, daß mindestens manche Nadeln paarweise getragen wurden. Diese Nadeln mit Scheibenkopf sind weitere Zeugen für direkte kulturelle Zusammenhänge zwischen G. und Mittelschweden (Ekholm a. a. O. S. 70), die während der vorausgehenden Per. durch die mittelschwed. Tüllenäxte bekundet werden. Für diese Verbindung spricht auch die Nadel mit einem Kopfstück von drei runden Scheiben, eine Nadelform, die einem begrenzten Ausbreitungsgebiet eigen ist: Uppland, G., Öland und Rügen. Die nächsten Verwandten zu der Nadel mit großem, spiralig aufgerollten Kopf dürften in Uppland und Ostdeutschland gefunden werden (Ekholm a. a. O.; Bezzenberger a. a. O.; Conwentz *Das westpr. Prov.-Museum*). Eine kleine Nadel hat eine wagrecht zum Kopf gestellte, mit konzentrischen Kreisen verzierte Scheibe. In ihr wie in einer größeren aus Bohuslän (*Minnen* Abb. 1335, 1314) spürt man vielleicht noch den Einfluß, der während der ä. BZ vom südd.-böhm. Gebiete ausging und in Norddeutschland und Dänemark seinen Ausdruck in einer Reihe von Entwicklungsformen fand (Beltz *VAM* Tf. 28, 54; 39, 38; Müller *Ordning* Abb. 315). Mit den älteren dtsch. Radnadeln verglichen werden kann eine kleine Nadel mit radförmigen Kopf (*Minnen* Abb. 1318). Doch kann für die Verwendung eines so allg. gebräuchlichen bronzezeitl. Symbols, wie es das Rad ist, auch an bloße Ideenübertragung gedacht werden. Die Herkunft, Ausbreitung und Bedeutung des Vogelmotives, von Interesse bei einer Nadel mit Vogelkopf (*Minnen* Abb. 1336), ist in der arch. Literatur mehrmals behandelt worden (Månadsblad 1889 S. 125ff. und Sv. Fornm. Tidskr. 11 S. 71 Montelius; Müller *NAK.* I 386; Aarb. 1920 S. 133ff. ders.). Zwei gebogene Nadeln, in einen runden Knopf mit kleinen Vorsprüngen endend, knüpfen an die vielen dän. und nordwestd. gebogenen Nadeln mit Kugelkopf an (Müller *Ordning* Abb. 212—214; Beltz *VAM* Tf. 39, 50). Die höchst merkwürdige Nadel Tf. 187f, deren Kopf eine Kombination von einem Menschenkopf mit Horn und Ringen und einem Widderkopf bildet, dürfte in dieser Zusammensetzung kaum ein Gegenstück haben und schwer zu deuten sein. Wahrscheinlich ist es ein Schutzamulett gegen Dämonen, ein Stück Magie, die für die BZ des Nordens auch sonst bekannt ist (Svenska Landsmål 1919 S. 34ff. Em. Linderholm, der mir diese Deutung an die Hand gibt). Was den Menschenkopf mit Horn betrifft, so kann auf Figuren derselben Art hingewiesen werden, z. T. auf die nord. Statuetten der BZ (Montelius *Vår forntid* 1919 S. 156 Abb. 153), z. T. auf die Bohuslänschen Felsenzeichnungen, die sämtlich von gewissen Forschern als Götterdarstellungen angesehen werden (s. Felsenzeichnung A). Die eigentümlichen Ringe dürften am ehesten als Sonnenbilder aufzufassen sein. Der Widderkopf weist auf den Orient (Aequinoktialzeichen; vgl. auch Linderholm a. a. O.; Ekholm a. a. O. S. 96ff.; Fornvännen 1923 S. 49 Collin). Im ganzen deutet die Nadel auf orient. Einflüsse.

§ 12. Ital. sind zwei dünne, gehämmerte Bronzegefäße, wovon Fragmente im Eskelhem-Fund (VI. Per.) liegen (s. u.). Nach Montelius kam aus Italien auch die Sitte, den Leichenbrand in Hausurnen (s. d. A) beizusetzen, nach dem N. Die Hausurnen selbst dürften einheimischer Arbeit sein (*Minnen* Text zu Abb. 1415—18; Rig 1920 S. 89 B. Thordeman). Die ältesten sind nach G. Krüger (Mannus 5 S. 330f.) die skand., von ihnen stammen zwei von G. (Band V Tf. 70f; *Minnen* 1417—18). Weiteres s. u. S. a. Hausurne A.

§ 13. Ebenso wie für die ä. BZ sind hier für die j. BZ die Typen besprochen, die G. kulturelle Zusammengehörigkeit und die Verbindungen mit dem Gebiete außerhalb der Hauptprovinzen der nord. BZ am Øresund und an den Belten dartun. Diese bleiben fortdauernd für die Insel das wichtigste Kulturzentrum. In Übereinstimmung mit der allg. nord. Kulturentwicklung, die in diesen Gegenden gewiß ihre tiefsten Wurzeln hat, werden die Äxte, Schwerter und Dolche, Hängegefäße (8 Stück), Gürtelbeschläge, Fibeln, Toilettengeräte usw. ausgebildet. In Übereinstimmung mit dem allg. nord. Brauch legt man Depots in die Erde, und die allg. nord. Bestattungssitte herrscht auch hier, wenn auch vielfach örtlich umgebildet oder durch fremde Einflüsse verändert.

§ 14. Eine große Zahl der in G. aus der BZ gefundenen Altertümer, besonders sehr vieles von den Stücken der V. und VI. Per., stammt aus Depotfunden. Einige davon sind in ältere Grabhügel eingesenkt worden. Die gotländischen Depots können hier nicht aufgezählt werden (vgl. Sv. Fornm. Tidskr. 6 S. 72, 210ff.; Månadsblad 1897 S. 60ff.; *Minnen* a. m. O.). Der wichtigste ist der Fund von Eskelhem (s. d.) mit Sonnenrad, Pferdegeschirr und Bronzegefäß, die nach Montelius zu einem Wagen des Sonnengottes gehören (Band III Tf. 23, 24). Der Fund ist in einer Gegend gehoben, wo schon die aus W kommende Megalithkultur, zu frühst auf G., festen Fuß faßte, und die die Tradition als wichtigen Platz kennt. Was die Zusammensetzung der Depotfunde betrifft, so hat die Mehrzahl einen mannigfachen Inhalt, ähnlich wie bei den Depots, die S. Müller Schatzfunde nennt, einige könnten als Metall- oder Gießereifunde angesehen werden. Zwei zusammen gefundene Scheibennadeln, ebenso zwei gleichartig verbogene Halsringe und vier Hohlwulstringe, alle gleich, tragen ein den dän. Opferfunden ähnliches Gepräge. Wie diese aus einem einzigen Gegenstand bestehen können, hat man auch auf G. mehrmals einzelne Gegenstände angetroffen, sowohl aus der ä. wie der j. BZ, die nach den Fundverhältnissen, ihrer Kostbarkeit oder ihrer Moorpatina als absichtlich niedergelegt angesehen werden müssen.

§ 15. Über den Grabbrauch der j. BZ geben etwa 40 sichere Grabfunde gute Auskunft. Die Beigaben bestehen nach der Sitte der Zeit aus Toilettengerät, kleineren Schmucksachen, Pfeilspitzen o. ä. Viele der als Einzelfunde bezeichneten Rasiermesser und Pinzetten dürften ebenfalls aus Gräbern sein. Wo Tongefäße vorkommen, sind sie doppelkonisch mit scharf profilierter Kante oder mit ausgebogenem Profil (*Minnen* Abb. 1428), bemerkenswert ist das kuglige Gefäß *Minnen* Abb. 1424. Zwei Hausurnen, eine mit viereckiger (Band V Tf. 70f), die andere mit runder Türöffnung, beide mit Runddach, sind bereits erwähnt. Bisweilen ist das Gefäß von einem Deckel verschlossen; als solcher diente einmal ein Tonteller. Unter den Grabformen können, wie in andern Gebieten des nord. Kreises, verschiedene Typen beobachtet werden: 1. Die kleine Steinkiste auf oder unter der Erdoberfläche; 2. dieselbe mit Tongefäß sekundär eingesetzt in ältere Röse oder wie bei 1; 3. Ossuarien als Sekundärgräber in Röse, in besonders hergerichteter Röse, mit oder ohne Steinschutz unter flacher Erdoberfläche.

§ 16. Daneben tritt eine neue örtliche Grabform auf, die dem Bestattungsbrauch während der ganzen j. BZ und der I. Per. der EZ einen höchst eigenartigen Charakter verleiht und mehr als alles andere die kulturelle Selbständigkeit Gotlands zeigt. Es sind das die schiffsförmigen Steinsetzungen, die, wie sich zeigt, hier dieser Epoche angehören, während sie auf dem schwed. Festlande erst während der j. EZ auftreten. Die gotl. Schiffssetzungen (Tf. 188—191) sind von zwei verschiedenen Typen. Die eine Art besteht aus einem kurzen, breiten Schiff mit hohen Steinen an den Steven und Seiten, die andere aus einem langen und schmalen Schiff mit im allg. recht hohen Stevensteinen, aber im übrigen aus kleineren, rundlichen Steinen gebaut. Das Schiff hat immer die ungefähre Richtung N—S. Ihr Verbreitungsgebiet scheint hauptsächlich zusammenzufallen mit einer anderen Grabform, nämlich den großen Steinhügeln, von denen so mindestens die Hauptmasse der Zeit der Schiffssetzungen angehört. Ihr Vorkommen ist im ganzen beschränkt auf eine Randzone, ein Stück von der Küste einwärts rund um die Insel. Sie finden sich überwiegend längs des Litorina-Walles. Damit fallen nicht selten — wie in noch höherem Grade mit der Ancylus-Grenze — die heutigen Landwege zusammen, und besonders ist dies der Fall, wo die Gräber sich häufen. Die Schiffssetzungen und Steinhügel, Gotlands stolzeste Grabdenkmäler, dürften auch die Wege während der BZ bezeichnen, wie dies N. Lithberg (a. a. O. S. 58f.) für das Ende der StZ und S. Müller (*NAK.* I 331) nach der Lage der Grabhügel für die ä. BZ nachgewiesen haben.

§ 17. Von den etwa 80 Schiffssetzungen, die von G. bekannt sind, wurden bisher etwas über 20 systematisch untersucht (darüber kurzer Bericht Aarb. 1920 S. 43ff. B. Schnittger). Drei verschiedene Arten der Grabanlage hat man dabei angetroffen: 1. Urnen mit Leichenbrand in kleinen Steinkisten; 2. Brandschüttung; 3. Skelette in mannslanger Steinkiste oder einer Steineinfassung. Von 8 untersuchten Urnengräbern werden 6 durch die Keramik in die j. BZ datiert. Vier Urnen, darunter eine Hausurne, enthielten außerdem datierbare Gegenstände, Toilettengeräte, aus der IV. (1 mal), V. (2 mal) und wahrscheinlich

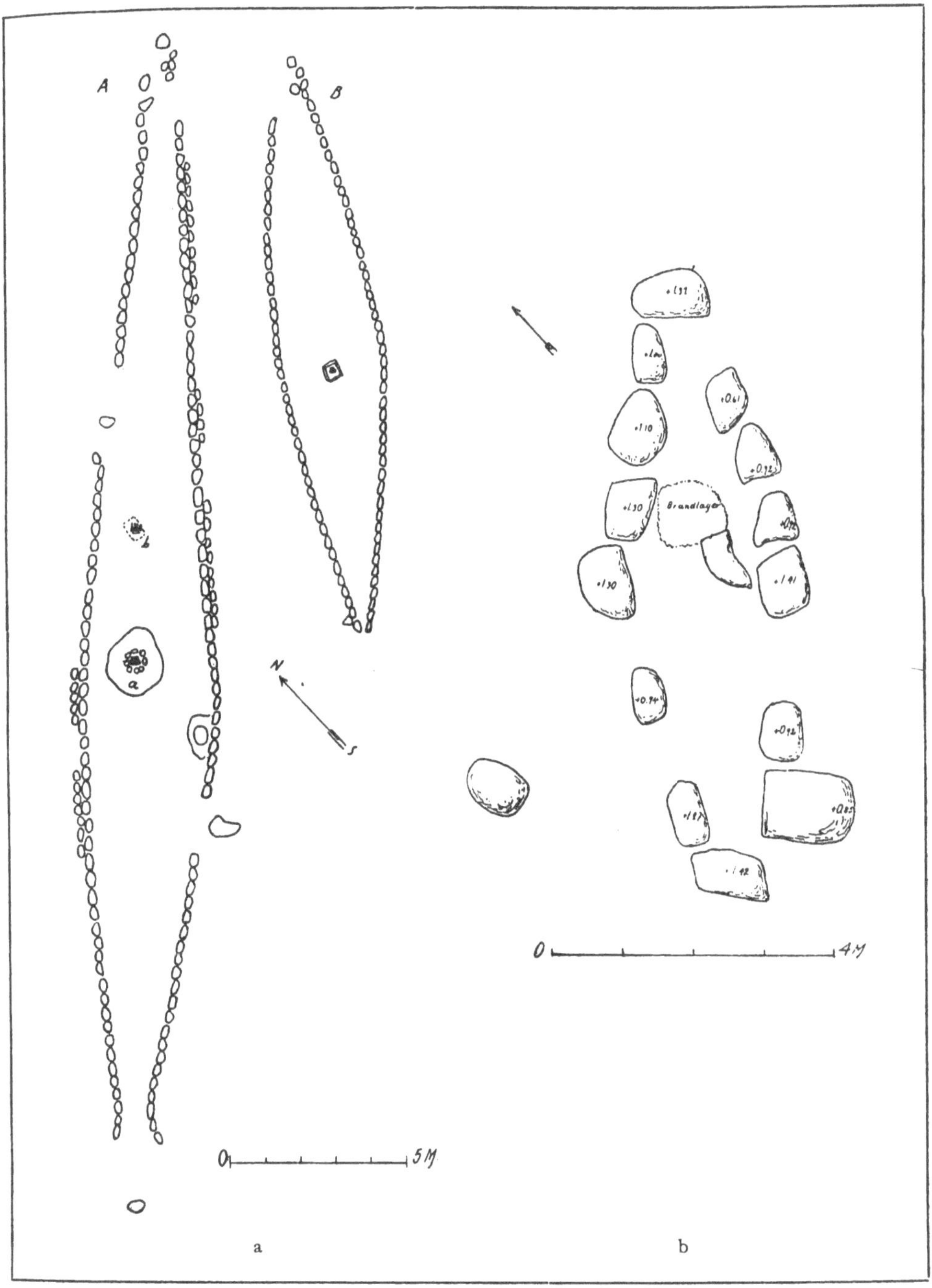

Gotland B. Bronzezeit

Schiffsförmige Steinsetzungsgräber: a. bei Brajdfloar, Ksp. Levede. — b. bei Olleifs, Ksp. Alskog.

VI. Per. (1 mal). Die Gräber mit Brandschüttung (5) dürften an das Ende der BZ, die 4 mit Skelettbestattung zur frühsten EZ zu rechnen sein. In einem von ihnen, einem Doppelgrab, fand sich am Halse des einen Skelettes, einer Frau, ein Bronzehalsring dieser Stufe. Nach den bisherigen Ergebnissen der Untersuchungen gehören also die gotl. Schiffssetzungen den letzten drei Per. der BZ und dem Beginn der EZ an. Dieser Grabtypus in dieser Zeit ist der frühste unbezweifelbare, greifbare Ausdruck für die nord. Totenschiffvorstellung, eine Idee, die sich in der Grabform sonst erst nach der Mitte des 1. Jht. n. C. bemerkbar macht, und die in einer andern greifbaren Form, wie bisher allg. anerkannt, sich nicht vor dem 3. Jh. n. C. zeigt (Präh. Z. 12 [1920] S. 179ff. Ebert). Erst in den letzten Jahren hat man in den Schiffsbildern der skand. Felsenzeichnungen (s. d. A) geglaubt, das zu finden, was die gotl. Schiffssetzungen tatsächlich sind, Toten- oder Grabschiffe, bereits in der BZ verwendet (Ymer 1916, Fornvännen 1922 S. 213f. Ekholm).

§ 18. Was die Entstehung dieses frühen Totenschiffbrauches betrifft, so hält Schnittger s. Einfluß für unwahrscheinlich, nimmt also Bodenständigkeit an (Aarb. 1920 S. 43ff.). Wenn aber die Felsenzeichnungen „der Ausdruck für durch die jüngeren Megalithgräber vom Orient gekommene Vorstellungen von einem besonderen Totenreich, von der Welt der Lebenden durch ein Meer oder einen Fluß getrennt," sind (Ekholm *Studier* S. 86) — und G. hat eine Felsenzeichnung, die bereits der II. Per. angehört (Fornvännen 1911 S. 144 F. Nordin) —, so kann wohl die Möglichkeit vorliegen, daß auch die Schiffssetzungen unter demselben Einfluß entstanden sind. Doch ist erst von weiteren Grabungen eine klarere und sicherere Beurteilung dieser Fragen zu erwarten (s. a. Bornholm B § 4, Bootsgrab, Felsenzeichnung A, Schiff A, Südostbaltikum B).

§ 19. Nicht nur die äußere Grabform ist für diese Zeit sehr merkwürdig. Das einzige Vorkommen von gleichzeitigen Schiffssetzungen außerhalb Gotlands, nämlich in Kurland nahe dem Rigaschen Meerbusen (Präh. Z. 12 [1920] S. 195f. Ebert; C. Grewingk *Die Steinschiffe von Musching* 1878; Aarb. 1872 S. 409), ist wohl als das Resultat von gotl. Kolonisation in Kurland zu deuten, wie von Ebert dargelegt ist. — Die Zeitstellung der bornholmischen Schiffssetzungen ist noch ungewiß. — Skelettbestattung ist ebenfalls eine Sitte, die in dieser Zeit mit wenigen Ausnahmen im ganzen germ. Gebiet unbekannt war. Wahrscheinlich macht sich darin kelt. Einfluß geltend. Ausläufer der kelt. Skelettgräber d. j. HZ erscheinen noch im Saalegebiet und n. des Harzes, im O gehen sie von Böhmen und Mähren nach Niederschlesien über die Oder hinweg. Die Oder war wohl der Weg, den diese kelt. Einwirkung auf die n. Nachbarn nahm, und die hinterpommerschen Skelettgräber dürfen als Mittelglied angesehen werden.

Skelettgräber: Heininge, Slagelse auf Seeland, 4 Skelette, davon eines mit Funden der j. BZ (Aarb. 1892 S. 288). — Billerbeck (s. d.) Kr. Pyritz. — Gotland: 5 Skelette, bei jedem ein Halsring I. Per. der EZ (Almgren *Gotland*) und ein Skelett I. Per. der EZ mit Bronzebuckelchen (Fornvännen 1917 Anhang S. 16 Inv. nr. 15655). — Öland: Bronzehalsring der frühesten EZ bei Skelett (Montelius *Om tidsbestämning* S. 309). — Außerdem 2—3 Skelette der LTZ. Vgl. weiter Zentralbl. f. Anthr. 1901 Almgren; Mannus 7 S. 114ff. Kossinna; Schles. Vorz. NF 2 (1900) S. 44ff.

§ 20. Die Besiedlung G. schreitet in Anlehnung an die der ä. BZ fort; die der ä. EZ ist eine direkte Fortsetzung der vorausgehenden Epoche. Handgreiflich erweisen das mehrere Friedhöfe, die ohne Abbruch von der j. StZ bis zur frühen EZ dauern. Von den Hauptkulturzentren der nord. BZ gewinnt die Bernsteinküste n. der Elbemündung sehr früh großen Einfluß auf G. In enger Berührung mit den Ländern am Belt und am Øresund wird die ä. BZ-kultur G. entwickelt. Was auf andern Wegen kommend einwirkt, hat noch verhältnismäßig geringe Bedeutung. Bis weit in die j. BZ hinein wird der allg. Kulturablauf G. von Südskandinavien bestimmt. Diese Einwirkungen werden schwächer in dem Maße, wie andere Einflüsse auf alten und neuen Wegen von Ostschweden, dem Südostbaltikum und aus Zentraleuropa sich geltend machen und einheimische Möglichkeiten entwickelt werden. Während der späteren BZ und der ä. EZ ist G. eine

a

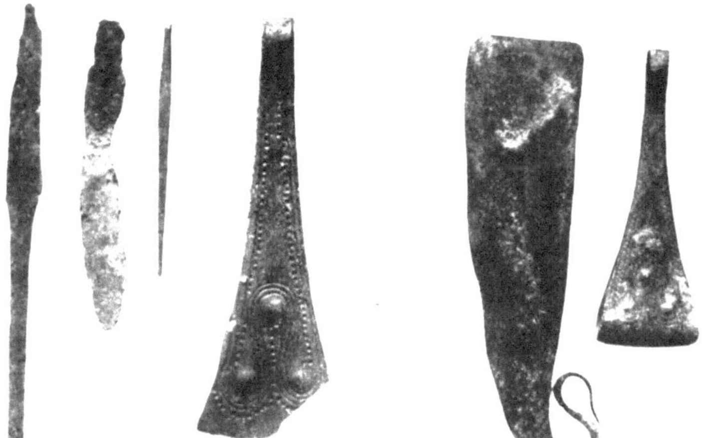

1 2 3 4 5 6

b

Gotland B. Bronzezeit

a. Schiffsförmiges Steinsetzungsgrab nach der Ausgrabung (1916). Darin Urne in kleiner Steinkiste. Brajdfloar, Ksp. Levede. — b. Bronzen aus den Schiffsgräbern von Olleifs, Ksp. Alskog. — Nach Photographie.

Gotland B. Bronzezeit

Steinkistengrab mit Urne in einer Schiffssetzung. Olleifs, Ksp. Alskog. Nach Photographie

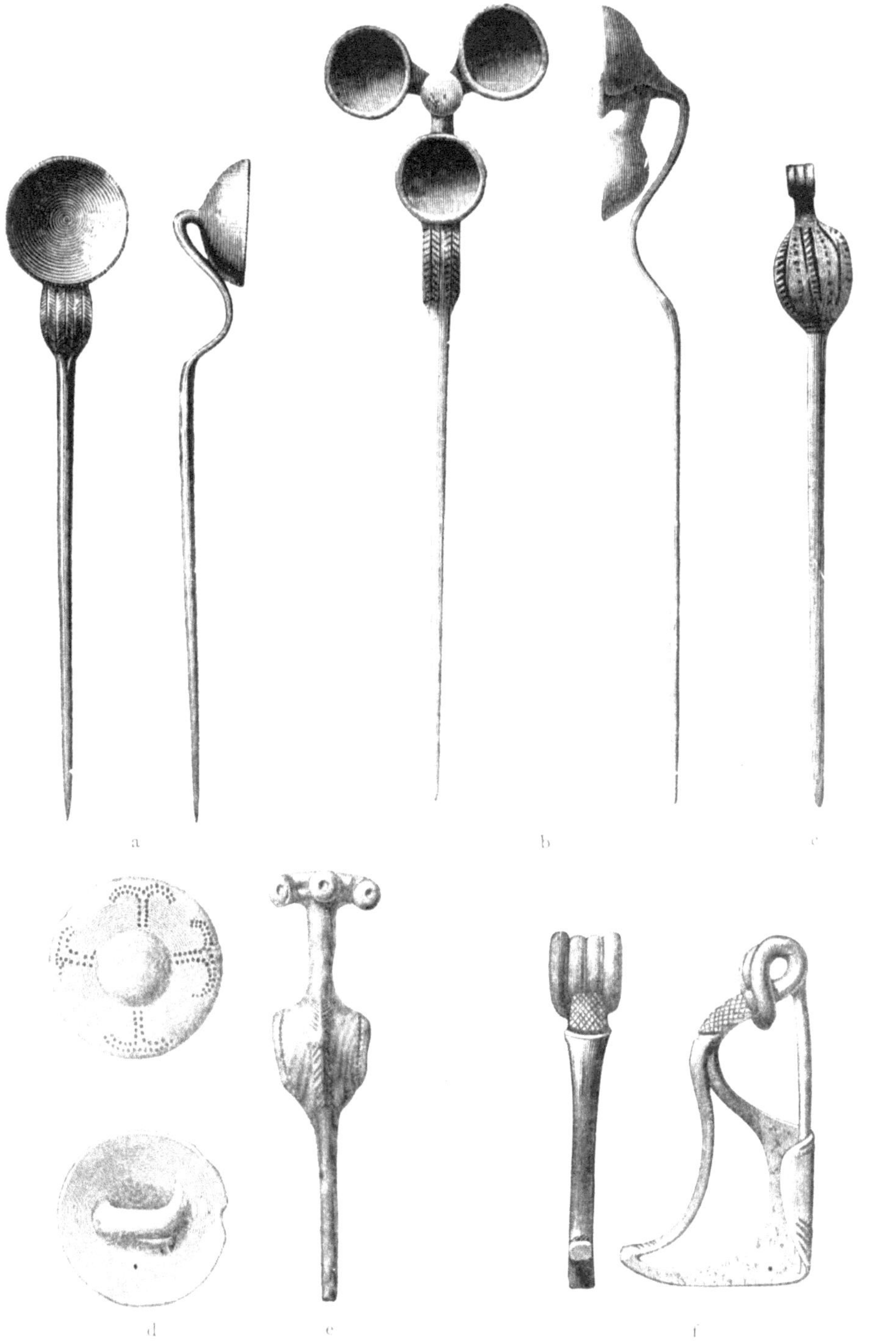

Gotland C. Eisenzeit

a. Kropfnadel mit Schalenkopf. $^1/_2$ n. Gr. — b. Dgl. mit drei Schalen. $^2/_3$ n. Gr. — c. Dgl. mit eingerolltem Kopf. $^2/_3$ n. Gr. — d. Gebuckelte Scheibe mit Öse. $^2/_3$ n. Gr. — e. Kropfnadel seltener Form. $^1/_1$ n. Gr. — f. Spätlatènefibel vom Mittellatèneschema. $^1/_1$ n. Gr. — Sämtlich aus Bronze. Nach O. Almgren, Gotland.

a

b

Gotland

a. Stora Karlsö. — b. Blick vom Klinteberg. — Nach Photographien.

reiche und selbständige Insel. G. beginnt selbst jenseits des Meeres zu kolonisieren, die verhältnismäßig große Zahl der Funde erlaubt aber nicht, mit Kossinna eine größere Auswanderung aus G. anzunehmen.

Harald Hansson

C. Vorrömische Eisenzeit.

§ 1. G. nimmt in dieser Epoche wie überhaupt während der EZ eine Sonderstellung ein. Aus der I. Per. Mont. hat keine andere Prov. Schwedens so viele Funde geliefert. Formen wie Ornamentik (schräggestellte Striche) zeigen selbständige Entwicklung. Auffallend ist, daß Fibeln ganz fehlen. Anstatt der tutulusförmigen Fibeln, die auf dem Festlande Schwedens und in Dänemark vorkommen, finden sich auf G. runde, gewölbte Schmuckscheiben verschiedener Größe. Unter den Nadeln sind besonders die reich entwickelten, interessanten Kropfnadeln (Tf. 192a—c, e) zu nennen. Die Halsringe Band IX Tf. 155e, g stammen aus G. und gehören in die I. Per. Auch eine Sichel und ein (fragm.) Krummesser sind schon aus dieser Stufe bekannt.

§ 2. Die II. Per. ist auf G. durch auffallende Fundlosigkeit gekennzeichnet, während die III. sehr reich vertreten ist. Unter den Funden dieser Stufe sei eine kelt. Münze, die einzige, die man aus dem N kennt, hervorgehoben (Almgren *Gotland* Abb. 34). Latènefibeln kommen sehr häufig vor, namentlich solche, die eine späte Entwickelung des Mittellatèneschemas darstellen. Charakteristisch für sie ist es, daß die Umfassung des Bügels erst am Kopfende liegt, und daß das Fußende quer abschneidet (Tf. 192f). Fibeln mit oft sehr langen „falschen Spiralen", sind auch für G. typisch. Sehr zahlreich und in lokalen Varianten vertreten sind Gürtelringe. Ferner gehören in die III. Per. zwei Bronzeschalen; die eine ist groß und flach mit steilen Wänden (Band IX Tf. 161e), die andere ist eine schöne röm. Arbeit aus einem Grabfund von Sojvide (Ksp. Sjonhem; Band IX Tf. 159g). Aus demselben Funde stammen auch ein Goldberlock (Band IX Tf. 159a), eine Latènefibel, Gürtelringe, Riemenzungen, zerschmolzene Glasperlen usw. Die Waffen: einschneidige Schwerter, Lanzenspitzen und Schildbuckel — das meiste, was wir kennen, lag in zwei Depotfunden — sind von ö. Typus.

§ 3. Die wichtigsten Depotfunde sind: Aus der I. Per. ein Fund von Norrgårda (Ksp. Vallstena) mit drei Schmuckscheiben (Band IX Tf. 153c) und zwei kleinen, runden Scheiben, einem kleinen Eisenring und einer Sichel; aus der III. Per. ein Fund von Träskvälder (Ksp. Tingstäde) mit 4 Schwertern und zwei Scheidenzwingen, 7—8 Lanzenspitzen, zwei Schildbuckeln, Bruchstücken von drei(?) Tongefäßen und einem Wetzstein. Ein anderer Fund ohne nähere Fundangaben enthielt u. a. 9 (fragm.) Schwerter, 11 Lanzenspitzen nebst Fragmenten und 5 Schildbuckel.

§ 4. Die Gräber der I. Per. sind teils Brandgräber, teils, was sehr merkwürdig ist, auch Skelettgräber. Die meisten von den letzteren sind nicht wissenschaftlich untersucht, sie scheinen aber Flachgräber, meist in Kiesböden, gewesen zu sein; ein Skelettgrab war Nachbestattung in einem großen Hügel. Eine Gattung für sich bilden die schiffsförmigen Steinsetzungen (s. B § 16ff.), die bis in die I. Per. hineinreichen.

An der Grenze zwischen BZ und EZ steht ein Brandgrab von Norrgårda (Ksp. Vestkinde) mit merkwürdiger Anlage. Der Hügel war aus kleinen Steinen und Erde aufgebaut. In seiner Mitte, dicht unter dem Rasen, befand sich eine kleine Steinkiste. Der Boden des Hügels war mit Kalksteinplatten gepflastert, die Pflasterung durch konzentrische Steinringe abgeteilt. Einen kleinen Grabhügel von Butraifs (Ksp. Norrlanda) umgab unten ein weiter, 5 m vom Fuß entfernter Steinring. Ähnliche Anlagen finden sich bei mehreren Gräber der III. Periode. Sonst sind Brandgräber in kleinen, flachen, aus Erde und Steinen aufgeschütteten Hügeln die charakteristische Grabform der III. Periode. Tongefäße kommen als Ossuarien auf G. nur in zwei Gräbern der I. Per. vor, in der III. Per. nur als Beigefäße. Größere Gräberfelder mit Gräbern auch aus der vorröm. Zeit gibt es auf G. u. a. bei Bläsnungs (Ksp. Västkinde; Sv. Fornm. Tidskr. 6 S. 130ff. F. Nordin; Band II Tf. 10), Backhagen, Furubjärs (Ksp. Tingstäde; Sv. Fornm. Tidskr. 5 S. 114ff. F. Nordin; Band IX Tf. 163a), Guffride (Ksp. Alskog; Ant. Tidskr. 8, 4 S. 80ff. G. Gustafson).

Almgren *Gotland*; Zentralbl. f. Anthr. 6 (1901) S. 257ff. O. Almgren; Aarb. 1920 S. 43ff. Schnittger. Hanna Rydh

Götschenberg (bei Bischofshofen, Salzburg). Auf einem 25 m l. und 20 m br. Plateau unweit der Salzach, das steil zu Tale fällt, etwa 100 m über diesem Flusse, wurden von M. Much eine Anzahl fertiger und halbfertiger Flachäxte, der Hauptsache nach aus Serpentin, dann zahlreiche angearbeitete Flußgeschiebe, Schleifsteine, Unterlagsplatten und Klopfsteine gefunden. Ferner Bruchstücke von Gefäßen der ostalpinen Pfahlbau-Keramik (s. Pfahlbau F) und unbearbeitete Tierknochen. Es handelt sich um ein äneol. Werkzeugatelier, das sein Gesteinsmaterial aus den Schottern der nahen Salzach bezog und möglicherweise die fertigen Steinartefakte in das nicht allzu entfernt liegende Gebiet der ostalpinen Pfahlbauten verhandelte. — Am gleichen Plateau fanden sich auch spärliche Besiedelungsfunde der Hallstattstufe C und der Latènestufe D, die eine flüchtige Besiedelung dieser isolierten Bergkuppe auch in diesen Zeiten bezeugen. Auch einige röm. Funde wurden gehoben. Die Verwallung des Berges ist spät-mittelalterlich, ebenso wie verschiedene am Fuße des Berges gehobene Eisengegenstände.

G. Kyrle *Urgeschichte des Kronlandes Salzburg* Österreichische Kunsttopographie 17 (1918) S. 4ff., 86ff. G. Kyrle

Gott s. Dämon, Religion.

Götterbild.

A. Allgemein s. Religion A.

B. Agäischer Kreis s. Religion B.

C. Ägypten. § 1. In dem äg. Tempel hat das für den Kultus bestimmte G. im Allerheiligsten, also in dem hintersten Raum des Gebäudes, gestanden. Meist wurde es dort in einem Naos bewahrt, einer aus einem einzigen Steinblock gearbeiteten Kapelle in Gestalt eines kleinen Tempelhauses oder Schreines. Als ein wirkliches Kultbild wird die Kalksteinstatue einer Kuh angesehen, die in einer Seitenkapelle des Tempels von Der el-Bahri gefunden worden ist. Die mehr als lebensgroß dargestellte Kuh trägt eine Federkrone, und vor ihr steht die Figur des weihenden Königs (Museum zu Kairo Nr. 338: Maspero-Roeder *Führer* 1912 S. 39 mit Tf. 24—25). Aber auch andere große Steinbilder haben wahrscheinlich dem Kultus gedient. Wir besitzen eine große Zahl von ihnen aus verschiedenen Zeiten und von vielen Gottheiten. Aus vorgesch. Zeit stammen die großen Statuen des Min aus dem Tempel von Koptos (s. d. und Band VII Tf. 23). Späterer Zeit gehören Bilder des Ptah von Memphis an, des Osiris von Abydos, des Chons und des Amon von Theben usw. Aber in den meisten Fällen haben auch große Steinstatuen von Gottheiten nur dekorative Aufgaben gehabt. Z. B. wird man bei den zahlreichen Sachmet-Statuen, die eine Prozessionsstraße zwischen den großen Tempeln in Karnak säumen, nicht auf den Gedanken gekommen sein, diesen eine besondere Verehrung zu erweisen oder vor ihnen zu opfern. Das schließt natürlich nicht aus, daß auch solche Götterbilder mit Ehrfurcht betrachtet wurden, und daß sich Leute aus dem Volk mit ihren Gebeten gelegentlich auch an diese gewendet haben.

Die Anlage des Sonnenheiligtums der 5. Dynastie bei Abu Gurâb (s. d.) ist so gemacht, daß den Mittelpunkt des Bauwerks ein gewaltiger Obelisk bildet, vor dem die Anrufung des Sonnengottes als ein Naturdienst vollzogen wurde. In diesem Falle enthält der Tempel also kein Allerheiligstes mit einem Kultbilde. Im allg. haben aber Götterbilder der üblichen Gestalt im Allerheiligsten der äg. Tempel gestanden. Wir finden Götterbilder im Allerheiligsten heute nur noch, wenn sie aus unvergänglichem Material gearbeitet und mit dem Bau fest verbunden waren. Das ist bei den nub. Felsentempeln von Ramses II. des Fall, bei denen an der Rückwand der Allerheiligsten einige Kolossalfiguren aus dem gewachsenen Fels herausgemeißelt sind. In Betel-Wali saßen drei Figuren dort nebeneinander; sie sind in christlicher Zeit beseitigt, um einem Altar Raum zu geben (Lepsius *Denkm. aus Äg.* Text V [1913] S. 17). Ebenso in Sebua, wo ein Petrus über den neu hergerichteten Altar gemalt ist (ebd. S. 88; vergl. hier Band I Tf. 83b). In Derr erkennt man noch 4 Göttergestalten, die nach den hieroglyphischen Beischriften gewesen sind: Ptah von Memphis, Amon von Theben, König Ramses II., Re-Harachte von Heliopolis (ebd. S. 108 und Tf. III 184b). In Abu Simbel sind die Gestalten vollständig erhalten; der König sitzt als Gott an der gleichen Stelle wie in Derr (ebd. S. 141 und Tf. III 190c; Phot. bei Weigall *Report on the antiqu. of Lower Nubia* 1907 Tf. 72). In Abu Simbel und in Gerf Hussein (Lepsius *Denkm.* Text V 55) steht frei im Allerheiligsten in der Mitte vor den Figuren ein kubischer Block, den man als „Altar" zu bezeichnen pflegt. Ein wirklicher Altar (s. d. C) zum Opfern ist in äg. Tempeln niemals in dieser Form vorhanden gewesen. Hier handelt es sich um einen sog. Kapellenuntersatz, d. h. um einen Block, auf dem die heilige Barke mit dem Götterbilde stand, wenn sie nicht in Prozession umhergetragen wurde; Untersatz nebst Schiff sind in Tempelreliefs dargestellt (Caulfeild *The temple of the kings at Abydos* 1902 Tf. 4; Erman-Ranke *Äg.* Abb. 143).

§ 2. Es war ein wesentlicher Bestandteil des äg. Gottesdienstes, daß Götterbilder in Prozession vorher herumgetragen und dem Volke gezeigt wurden. Das konnte natürlich nicht mit schweren Steinstatuen geschehen, sondern dazu dienten leichte Figuren aus Holz, die durch Auflage oder Einsetzen von Gold und edlen Steinen sowie durch Bemalung ein leuchtendes Aussehen erhalten hatten. Solche Götterbilder sind in den Inventaren der Tempel häufig erwähnt, und sie müssen eine prächtige Wirkung gehabt haben, obwohl sie vergänglich waren. Sie mögen gelegentlich wohl in dem Naos im Allerheiligsten gestanden haben; in anderen Fällen an irgend welchen anderen Plätzen in den Schatzkammern des Tempels. Bei der Prozession wurden sie in einen Naos aus Holz gestellt, der vorn durch Türflügel geschlossen war, vielleicht auch nur durch einen Vorhang. Der Gott zeigte sich dem Volke dann in einem bestimmten Augenblick der öffentlichen Verehrung. Diese Götterbilder sind es wohl auch gewesen, die bei Orakeln befragt wurden und dabei ihre Zustimmung, wie die Texte es schildern, durch Neigen ausdrückten; ein solches Neigen konnte durch einen verborgenen Mechanismus leicht bewirkt werden.

§ 3. Außer den Steinstatuen und den Prozessionsfiguren haben wir von allen Gottheiten eine große Zahl von Statuetten aus Bronze, zuweilen auch aus Silber oder Blei, von mäßiger Größe. Einige von ihnen stammen aus dem NR, die Mehrzahl erst aus der Spätzeit und der ptolemäischen Zeit. Ein Teil von ihnen ist an einer Kette um den Hals getragen worden, und zwar geschah das sogar bei ziemlich großen Bronzefiguren, für die man es nicht erwarten sollte. Andere sind fest aufgestellt gewesen und bilden Teile von kultischen Aufbauten irgendwelcher Art, wie man aus gewissen Ösen und den Spuren antiker Befestigung entnehmen kann. Aber die große Masse von ihnen läßt nicht erkennen, woher sie stammen, und wozu sie verwendet worden sind. Vielleicht haben wir in ihnen Weihungen von Privatpersonen zu sehen, die auf Altären in Seitenräumen der äg. Tempel aufgestellt worden sind. Dafür spricht, daß am Sockel vieler Bronzefiguren die Widmung eines Privatmannes angegeben ist, dem die dargestellte Gottheit Leben verleihen möge.

§ 4. Die Darstellung der Gottheiten in den äg. Tempeln, und auch in den Gräbern, ist so gut wie gleichartig an Statuen und Reliefs. Sie liegt uns in einer Fülle von Götterbildern vor, die an der betreffenden Stelle nur angebracht worden sind, um die Gottheit zu veranschaulichen, ohne daß eine Anbetung damit verbunden wäre.

Auf vorgesch. Denkmälern treten uns Darstellungen von Gottheiten nur spärlich entgegen, so daß man nur in wenigen Ausnahmefällen eine äg. Göttergestalt bis in die Zeit vor den Dyn. zurückverfolgen kann. Aus dem AR haben wir einige Götterbilder aus den Reliefs der Tempel bei Memphis und andere auf den Felsenstelen auf der Sinai-Halbinsel. Sogar für das MR sind Darstellungen von Gottheiten nicht häufig. Erst nach dem MR werden sie zahlreich und vielseitig; sie kommen aus den vielen Neubauten für die abgerissenen Tempel der älteren Zeit.

Zu den festen Typen in der Haltung der Gottheiten gehören der stehende, hokkende und thronende Mann; ebenso bei Göttinnen. In einigen Fällen ergibt sich aus den verwandtschaftlichen Beziehungen der Gottheiten eine Gruppe, meist nur durch lose Nebeneinanderstellung der Personen, zuweilen auch durch innere Verbindung, wie bei der Mutter Isis mit ihrem Säugling Horus (Band I Tf. 77a). Götter schreiten mit den Beinen kräftig aus; Göttinnen setzen einen Fuß ein wenig vor oder stehen, wie in älterer Zeit stets, mit geschlossenen Füßen. Die Haltung der Arme gehört ebenfalls zum Typus. Meist hängen die Hände herunter oder sind leicht vorgestreckt, um ein Zepter zu halten. Aus dem Wesen des Kriegsgottes ergibt sich, daß er mit dem Speer stoßen, die Keule schwingen oder den Schild halten kann. Jeder Gottheit gehört eine bestimmte Tracht an, die sich nicht nur auf das Kleid oder den Schurz bezieht, sondern ganz besonders auf den Kopfschmuck und die Kronen, oft die einzigen Attribute, aus denen sich die dargestellte Persönlichkeit erschließen läßt. Roeder

D. Palästina-Syrien s. Religion D.

E. Vorderasien (Tf. 194—204).

1. Archäologie.

§ 1. Tempelstatuen („Goldelfenbeinstatuen"); Geschichte der Statue des Marduk von Babylon. — § 2. Reste von Statuen: 1. „Augen"; 2. „Perrücke"; 3. Symbole; 4. Schmuck; 5. Thron. — § 3. Statuen aus einheitlichem Material. — § 4. Keilschriftliteratur. — § 5. Bildliche Darstellung von G. — § 6. Adad (Hadad, Teschup). — § 7. Ašur. — § 8. Bau. — § 9. Ea (Enki). — § 10. Enlil. — § 11. Gula. — § 12. Igigi. — § 13. Ištar. — § 14. Marduk. — § 15. Nabu. — § 16. Nanâ. — § 17. Narude. — § 18. Nergal. — § 19. Nîna. — § 20. Ningirsu. — § 21. Ningišzida. — § 22. Ninlil. — § 23. Ninsun. — § 24. Ninurta. — § 25. Nisaba. — § 26. Papsukkal. — § 27. Šamaš. — § 28. Sin. — § 29. Wilder Mann. — § 30. Gottkönig. — § 31. Niedere Götter. — § 32. Unbekannte Götter.

§. 1. In den Tempeln der ältesten Zeit, der sumer. und altbabyl. Periode bis 1900, waren Statuen der Gottheiten aufgestellt, des Inhabers des Tempels und seiner Untergötter, seines Gefolges. Urnina fertigte verschiedene Statuen, der Nîna, des Dunšagga, des Lama usw. (VAB I 2 ff.). Auf einer Tontafel der Zeit des Urukagina werden die Statuen der Gatumdug, der Innina als zerstört angegeben (VAB I 57 K). Die Anfertigung dieser G. spielt aber in den Inschriften eine geringe Rolle, entweder weil alte Statuen vermutlich vorhanden waren oder mit dem Tempelbau die Anfertigung eines G. selbstverständlich war. So ist in den Inschriften des Gudea von solchen G. keine Rede, und nur aus einer einzigen Stelle, Statue B, VII 21 f. (VAB I 72), geht hervor, daß die Statue des Ningirsu vorhanden war und jener gegenübergestanden hat. Auch in der folgenden Periode sind die Erwähnungen von G. so allgemein, daß man gerade nur von ihrer Existenz weiß. Die Götterstatuen des Marduk und der Ṣarpanitum von Babylon, die von den Hettitern beim Sturz der Hammurapi-Dynastie (um 1900) geraubt worden waren, wurden vom kassit. König Agukakrime (1750) aus dem Lande Hani, d. h. die Gegend um Ana am mittleren Euphrat, zurückgebracht (Keilinschr. Bibl. III 138 f.). Um 1250 entführte Tukulti-Ninurta I., König von Assur und Babylon (Arch. f. Keilschriftf. 2 S. 19 E. Unger), die Statue Marduks nach Assur, wo sie [6] 6 Jahre blieb, bis sie vom assyr. König Ninurta-tukulti-Ašur zurückgegeben wurde. Die Ergänzung der Zahl (ein senkrechter Keil = 60) in Chronik P IV 12 (Delitzsch *Babyl. Chronik* Abh. Sächs. G. W. 1906) ergibt sich aus der Jahreszahl der babyl. Könige nach Tukulti-Ninurta I. mit ungefähr 68 (MVAG 1908, 1 S. 39, 42 P. Schnabel) bis zum Auftreten des Ninurta-tukulti-Ašur (MVAG 1921, 2 S. 14 E. Weidner), sowie daraus, daß die Statue schon 8 Jahre später wiederum auswanderte. Denn um 1176 wurde die Marduk-Statue von Kutur-Nahunte II. nach Elam verschleppt und von Nebukadnezar I. um 1150 wiederum nach Babylon gebracht (King *Babyl. Bound. Stones* 1912 S. 96; Br. M. 92987). Mit der Zerstörung der Stadt durch Sanherib 689 wanderte die Statue wieder aus, nach Assur, wo sie 21 Jahre blieb (VAB IV 270 Nr. 8, I, 23), bis sie Assurbanipal 668 nach Babylon in den Tempel führte (VAB VII 233, Z. 7 f.). Herodot (I 183) verdanken wir die Mitteilung, daß die Statue sitzend und aus Gold sei, daß dabei ein goldener Tisch stehe, daß Stuhl (s. § 2, 5) und Schemel auch aus Gold seien. Xerxes endlich habe die Statue zerstört. Das ist die Geschichte der Marduk-Statue während $1^1/_2$ Jht. Daß es immer wieder dieselbe Statue ist, ist möglich.

§ 2. Die Statue des Marduk — und die der andern Götter — waren vermutlich aus edlen Materialien zusammengesetzt, aus Gold — Agukakrime stiftet ein Goldkleid (V Rawlinson 33, Kol. II, 28 f.) —, mit Edelsteinen besetzt; sie waren mit kostbaren Gewändern behangen (vgl. Keil.

Bibl. VI 2 S. 24f. Z. 3, 15), die mit symbolischen Tieren und Ornamenten, Palmetten, Rosetten, knopfartigen Scheiben („Augen“) verziert waren; vorn hing eine Kette von großen, runden Schmuckscheiben (Tf. 195 a—c). Von solchen Statuen haben sich nur Überreste gefunden: 1. „Augen“, meist aus Onyx, mit dunkler Mittelfläche und heller Peripherie, quer durchbohrt zum Aufnähen. Als Beispiele führe ich an: Ein „Auge“ des Arad-Sin (2100; vgl. Rec. de Trav. 32 S. 44). Ein Doppelauge (Br.: 0,021, H.: 0,014 m) für Göttin Ningal, geweiht von Abiešuḫ, dem 2. Nachfolger des Hammurapi (1900), als Beute von Ašur-uballiṭ I. (1380) nach Assyrien gebracht (Rev. d'Assyr. 20 [1923] S. 9 S. Langdon); „Auge“ des Kurigalzu III. (? 1340) mit Weihung an Enlil aus Nippur (Clay *Babyl. Records* Library of J. P. Morgan IV Nr. 47, Tf. 6; H. V. Hilprecht *Old Babyl. Inscriptions* I Nr. 134/5); von Sargon II. (710) an Ningal (Pottier *Antiqu. Assyr.* 1917 Nr. 120); von Nebukadnezar II. (580) an Marduk von Babylon geweiht (Clay a. a. O. Nr. 48, Tf. 6). Berühmt ist das „Auge“ desselben Königs mit späterem Bildnis eines Diadochenfürsten in Florenz aus der alten Sammlung des Paters Vaini in Rom (vgl. L. A. Milani *Il R. Museo archeol. di Firenze* 1912 I Nr. 32, Tf. 133). Diese „Augen“ sind auf dem Relief einer Adad-Statue (wegen des Stiers) aus Babylon zwischen den Palmetten des ersten Frieses zerstreut wiederzuerkennen (AO 15 Abb. 141). 2. Oberer Teil des Schädels (sog. „Perrücke“), Haar mit Diademband, aus Diorit, in Lagaš von einem Priester der Göttin Nîna dieser geweiht für das Leben des Dungi von Ur (2500); vgl. VAB I 194, x (Band V Tf. 9c). 3. Symbole in der Hand solcher G., z. B. der dreizackige Goldblitz der Adad-Statue aus Assur (AO 15 Abb. 197, S. 116), nicht älter als Adadnirari III. (800), zu dessen Zeit der Dreizack (s. d.) in Assyrien aufkommt. 4. Als Schmuck dieser G. wären wohl geweihte Perlen in Olivenform aus Halbedelsteinen zu betrachten, z. B. aus Karneol von Dungi für Ningal gestiftet, in Susa gefunden (VAB I 194, y); von Tukulti-Ninurta II. (890) an Šamaš, von Sargon II. (710) an Damkina geweiht (E. Pottier *Antiqu. Assyr.* M. du Louvre Nr. 121, 119). 5. Ein Götterthron aus Holz stand in einer Cella des Esagila-Tempels von Babylon, der sich auf dem Asphaltüberzug des Postaments im Abdruck erhalten hatte; vgl. Koldewey *Das wieder erstehende Babylon* 1914 S. 200f.; MDOG 7 S. 17 = B. Meissner *Babylonien und Assyrien* I Abb. 61, S. 249. Weibliche Göttinnen mit wassersprudelnder Vase in den Händen (= Igigi?) bildeten die Füße des Throns, „der Kopf eines Drachens“ und ein Fisch waren vom Schnitzwerk noch erkennbar. Koldewey sieht daher in dem Thron einen Bestandteil des Ea-Bildes. Vielleicht ist es auch der des Marduk. — Weitere „Augen“ und Schmuckgegenstände für G. im *Guide to the Babyl. and Assyr. Antiquities* London[3] 1922 S. 167 II. Nur wenig Sicheres hat sich demnach von diesen G. erhalten, die man mit den Goldelfenbeinstatuen der Griechen vergleichen könnte. S. a. Kunstgewerbe D.

§ 3. Daneben gibt es G. aus einem Stoff, im allgemeinen aus Stein oder Metall oder Ton. Aus älterer Zeit sind davon nur kleine G., die bei Gründungszeremonien (s. Gründungsurkunde) in dem Grundstein des Bauwerks vermauert wurden, gefunden worden. Die älteste erhaltene größere Gottesstatue ist die der Ištar von Ninive, die Ašur-bêlkala (1090) weihte (AO 15 Abb. 173/4, S. 101 B. Meissner; vgl. hier Tf. 201 a—b). Ferner die Statuen des Gottes Nabu, die der Statthalter Bêl-tarṣi-iluma (798) in Kalchu für Adadnirari III. und seine Mutter Semiramis weihte, in London Nimr. Centr. Sal. 69/70 (*Guide*[3] S. 48 = AO 15 Abb. 175, S. 102). Von diesen Nabu-Statuen sind 4 Stück an einer Stelle ausgegraben, und es zeigt sich, daß man es nicht mit der Hauptstatue des Gottes, sondern nur mit Wiederholungen zu tun hat, wohl um die Kraft des Gottes durch seine Vervielfältigung zu stärken. Auch aus andern Ländern Vorderasiens sind nur wenig rundplastische G. erhalten, so die Hadad-Statue aus der Nähe von Samʿal (s. d.) in Berlin (vgl. *Ausgr. in Sendschirli* II 49ff.) und die Statue des Wettergottes aus Karkamisch (B 25; hier Tf. 197b). Alle diese G. sind außerordentlich einfach dargestellt: Ištar nackt, die Brüste pressend, Nabu im langen Chiton mit gehörntem Helm,

Arm- und Handringen, ähnlich einfach die syrischen, aramäischen Götter, der von Karkamisch schwer imposant auf dem Löwenpostament sitzend.

§ 4. Die Literatur der Keilinschriften enthält in ihren Hymnen und Gebeten nur poetische Lobpreisungen, aus denen für das G. (*ṣalmu*) nichts zu gewinnen ist, ebensowenig aus den geschichtlichen Texten. Die wenigen Beschreibungen von G., die wir besitzen, beziehen sich auf Mischwesen (s. d.), auf gute oder böse niedere Geister; vgl. KB VI 2 S. 2ff. P. Jensen; KAR VII Nr. 298 (VAT 8228) E. Ebeling; dazu ZfAssyr. 35 (1924) S. 151ff. H. Zimmern. Diese Texte kommen also für die G. der größeren Götter nicht in Betracht.

§ 5. Diesem Mangel, den die Originalstatuen und die Literatur zeigen, ist aber in weitgehendem Maße durch die Darstellung von G. auf den Reliefs, auf Siegelzylindern und Malereien abgeholfen. Hier ist die Verehrung, die Anbetung des G. dargestellt, und darnach sind wir imstande, uns eine gewisse Vorstellung von den G. zu machen. Die Ermittelung, um welche Gottheit es sich handelt, stützt sich teils auf die Inschriften der Reliefs, teils auf Beischriften, teils auch auf die Göttersymbole (s. d. E), die wiederum durch Beischriften genau bestimmt sind. Neben den Göttersymbolen haben die G. auch Fabelwesen als Begleiter, auf denen sie stehen, im späteren Assyrien, in Kleinasien und Syrien. So sind die Hauptgötter des assyr. Pantheons auf den Reliefs von Maltaja-Bawian (s. d.) auf ihren Tieren stehend dargestellt. Diese Mischwesen (s. d.) bilden ein besonders schwieriges Kapitel. Eine alleinige Schlußfolgerung von dem Mischwesen auf den betr. Gott, um ihn benennen zu können, ist nicht möglich, da mehreren Göttern, wie z. B. in Babylonien dem Marduk, Nabu und vielleicht auch Enlil, dasselbe Mischwesen, der *Mušruššu*, dient und in Assyrien dem Gott Ašur und dem Gott Adad ebenfalls gleichartige Fabelwesen untertan sind, vielleicht nur zeitweise und an bestimmten Orten. Es ist darum unbedingt geboten, Herkunft (Ort), Nationalität und Zeit des Denkmals festzustellen, wenn keine andern Unterscheidungsmerkmale vorhanden sind. Der Übersichtlichkeit halber habe ich im folgenden die G. nach den einzelnen Gottheiten in alphabetischer Reihenfolge zusammengefaßt.

§ 6. Adad (s. d.; Hadad, Teschup), der Wettergott. a) Ein G. des Wettergottes ist in sumer. und altbabyl. Zeit nicht nachzuweisen, abgesehen von den Darstellungen auf den Siegelzylindern der Hammurapi-Zeit, wo Adad jedoch in verschiedenen Typen auftritt, nur charakterisiert durch den Blitz (Dreizack; s. d.), ohne daß eine bestimmte Form des G. herauszuschälen wäre. Die älteste monumentalere Abbildung des Adad findet sich auf einem Kudurru mit Inschrift der Zeit des Kurigalzu (um 1400), dessen andere Seite Reliefs von Symbolen und Göttern in 3 Reihen trägt, die älter und durch Meißelhiebe und Keilschrift verunstaltet sind. Der untere Fries zeigt Adad im langen, geriefelten Volantrock, mit langem Vollbart, die Keule mit der Rechten, den Dreizack mit der Linken erhebend. Er steht vor einer sitzenden Göttin (King *Bab. Bound. Stones* Br. M. 102588, S. 4f. Tf. 107 = Steinmetzer Nr. 2). Das Relief könnte wohl noch der Hammurapi-Zeit angehören. — Kassit. Kudurru aus Susa (Délég. Perse Mém. I 176, Abb. 382 = Steinmetzer Nr. 40) mit Relief eines ähnlichen Adad mit Dreizack in der Rechten, die Zügel des rechtshin galoppierenden Stieres, auf dem der Gott steht, mit der Linken fassend. — Bruchstück eines Lapislazuli-Siegels in Paris (Delaporte *Catal. Cylindres or. du Louvre* Tf. 93, 16 = A 830; hier Tf. 195 c). Ein babyl. König mit dem weiten, hinten Falten schlagenden Chiton steht vor dem G., das in der gesenkten Rechten den Bumerang aufstützt und auf ziegelartig gemauertem Unterbau auf größerem Postament steht. Vorn hängt die Schmuckscheibenkette herab. Neben dem G. liegt ein Stier mit kurzem Flügel, den Adad (die Identifizierung ist jedoch ungewiß) am Zügel hält (teilweise zu ergänzen). Der Inschriftrest, 1:]*qaqqadu ellu* (reines Haupt); 2: *i*]*z-zu-ti* (starke); 3:]*šu* (sein); 4:]? *ana bêli-šu* (seinem Herrn), enthält keine Aufklärung über Zeit und Person des Weihenden; paläographisch könnte die Schrift zwischen 1100—800 entstanden sein. — b) Unter assyr. Einfluß steht das Relief des Šamaš-rêši-usur, Statthalters von Mari (s. d.) und Suḫi

(9. Jh.), aus Babylon in Konstantinopel (AO 15 Abb. 132, S. 75; vgl. hier Tf. 194a), wo der Fürst zwischen mehreren G. anbetend steht. Das G. des Adad trägt vorn die großen Scheiben, die hinten herum noch besonders befestigt sind; die Füße stecken im flachen Postament, mit gebirgsartiger Füllung verziert. Adad hält in der Linken Zweizack und Ring, in der Rechten den Zweizack allein; auf dem Kopfe sitzt die mit Federn gekrönte hohe Mütze. Durch Beischrift ist das G. benannt. — Siegelzylinder des Ašurbêli-uṣur, Offizier des Nergal-êreš (803), in Paris (Bibl. Nat. 354) gibt das G. des Adad auf dem liegenden Stier stehend. Die Rechte segnet, die Linke faßt die Axt, an deren Griffende ein Band befestigt ist. Außer dem Schwert an der Taille, hängen auf dem Rücken zwei gekreuzte Goryte, oben in Sternscheiben ausgehend (s. Tf. 196c). Vgl. auch das Siegel im Louvre (A 680; Delaporte Tf. 88, 6; hier Tf. 194b). — Ohne Tier ist das G., sonst fast ganz mit obigem Siegelzylinder übereinstimmend, auf dem Siegel des Rimmani-ilu, Offizier des Bêltarṣi-iluma (798), in Florenz (Tf. 194c) dargestellt. — Lapislazuli-Siegel mit Widmung des Asarhaddon (680) und Vermerk der Zugehörigkeit zum Esagila-Tempel aus Babylon in Berlin. Es zeigt eine plastische Darstellung des G. auf dem Ziegelpostament, das die Füße verdeckt. Adad trägt den weiten, hinten gefältelten babyl. Chiton mit Gürtel, von dem eine Kette von 3 Sternscheiben herabhängt. Auf der Brust ist neben astralen Symbolen noch ein fünfstufiger Tempelturm (s. d.) gezeichnet. Hoher Federhut, Zweizack in jeder Hand, in der Linken noch zwei Zügel für die neben Adad liegenden Tiere, einen geflügelten Löwen mit spitzen Ohren und ein Kalb (AO 15 Abb. 134, S. 76; hier Tf. 195b). — Stele des Asarhaddon aus Sendschirli in Berlin (VA 2708) hat neben den Göttersymbolen (s. d. E) den auf dem schreitenden Stier stehenden Adad, die Rechte drohend erhoben, die Linke mit dem Dreizack. — Die Reliefs von Maltaja (s. d.), Asarhaddon oder Assurbanipal (650) angehörend (AO 15 Abb. 226, S. 135), zeigen als 6. Gott den Adad, mit dem Dreizack in der Linken, die Rechte wahrscheinlich segnend erhoben, auf einem geflügelten Löwen mit Stierhorn, Löwenvorder- und Adlerhinterbeinen, sowie Skorpionsschwanz, d. i. eins der 2 Tiere des Ašur. — Dasselbe Tier hat der Gott, durch die Axt in der Hand auch besonders kenntlich gemacht, auf dem assyr. Siegelzylinder in Paris (Bibl. Nat. 355), der um 800 anzusetzen ist (s. Mischwesen). — Die hier angeführten Beispiele sind für das G. des Adad recht mannigfaltig und keineswegs einheitlich. Von allgemein gültigen Regeln für die Darstellung des G. ist keine Rede. Es wird Aufgabe der Spezialforschung sein, die Eigentümlichkeiten aus dem Zeit-, Orts-, oder Nationalitätsunterschiede aufzuklären. Reste eines G. des Adad s. § 2, 1, vgl. § 2, 3 und § 16.

Angeblich aus Armenien (Erzerum) stammt die Bronze eines Gottes, der auf einem liegenden, löwenköpfigen, gehörnten Mischwesen (s. d.) mit Stiervorder- und Löwenhinterbeinen steht (E. Pottier *Antiqu. Assyr.* 1917 Nr. 144, Tf. 30), wozu eine Bronze in London (Br. M. 91243; *Guide*[3] S. 173,87 = Mansell Phot. 1638) herangezogen sei, einen Gott auf liegendem Stier mit fehlendem, eingesetzten Kopf darstellend. Da beidemal der Oberteil des G. abgebrochen ist, fehlt eine klare Bestimmung dieses G., etwa durch Symbole. Die Pariser Bronze hat auf der Unterseite einen viereckigen Ausschnitt, vermutlich zum Aufstecken der Bronze auf eine Standarte (s. d. C) oder an ein Möbel. — c) Der Wettergott von Hatti (s. d.; Boghasköj) im Relief von Jasilikaja hat den Bart rasiert, spitzen Kegelhut, Schwert, die Axt links geschultert und steht auf einem pantherartigen Tier (Band III Tf. 48; Weber *Hethit. Kunst* Abb. 13). Auf einem 2. Relief daselbst hält er den König mit der Linken umarmt (E. Meyer *Reich und Kultur der Chethiter* Abb. 76, S. 98). Das Relief von Karabel (s. d.; Band VI Tf. 61a), wo der Gott den Bogen schultert (Meyer a. a. O. Abb. 1, S. 5), zeigt wohl den Wettergott. Diese Reliefs sind um 1300 zu datieren. Um 1100 v. C. etwa ist das hettit. Relief von Melidia (s. d.) des Wettergottes (Meyer a. a. O. Abb. 80, S. 103) anzusetzen. Er steht hier auf einem Hirsch (!). — d) Der aramäische Wettergott Hadad hat ein Postament von Löwen, gebändigt durch einen menschlichen Genius mit Adlerkopf. So in Karkamisch (B 25; s. § 3 und Tf. 197b). In massiver Schwere thront der Gott, die

Rechte mit der Keule, die Linke mit der Axt auf die Knie gestemmt. Den Helm schmücken zwei gewaltige Hörner. Im Kampfe gegen den Löwen zeigt den Gott das Relief aus Karkamisch (Weber a. a. O. Abb. 21). Wie bei der Statue trägt Hadad den Aramäerbart mit ausrasierten Lippen, Ballonhelm mit Hörnern und schwingt die Axt mit der Rechten (vgl. Band VI Tf. 66 c). Diese Skulpturen sind nicht älter als 9. Jh. Ungefähr gleichzeitig ist das Relief des Hadad aus Samʿal (s. d.) in Berlin (Weber a. a. O. Abb. 3): Aramäerbart, Ballonhelm, Hammer (oder Axt) in der Rechten, Dreizack in der Linken. Aus dem 8. Jh. stammt die Statue des Hadad aus Gerdschin (s. § 3 und Samʿal; Weber a. a. O. Abb. 4). Sein Haupt bedeckt der Hörnerhelm wie beim Gott von Karkamisch (Relief). Die Hände mit den Symbolen sind abgeschlagen. Die späteste Darstellung des Hadad bietet die Reliefstele mit „hettit." Ritzschrift aus Babylon in Konstantinopel, um 600 angefertigt, eine schwächliche Imitation des Reliefs von Samʿal, vermutlich 555 von Nabunaid bei der Besetzung Nordmesopotamiens nach Babylon in sein Museum gebracht. Der aramäische Hadad trägt an der Fessel des rechten Fußes einen Ring, ein interessantes, noch ungeklärtes Symbol. — Auf einem Relief Tiglatpilesers III. aus Nimrud (PKOM V Unger Nr. 21) ist der Transport mehrerer erbeuteter Götter dargestellt, darunter ein stehender Wettergott mit großen Hörnern am Haupte, Axt und Dreizack in den Händen, vermutlich die Darstellung eines aramäischen Hadad (s. Tf. 197 c).

§ 7. Ašur. Das G. des Gottes Ašur (s. Ausar), des obersten Assyrergottes, ist bisher nirgends durch Beischrift identifizierbar nachgewiesen. Der Gott in der geflügelten Sonnenscheibe (s. Göttersymbol E), seither irrig und willkürlich als Ašur angesprochen, ist vielmehr der Sonnengott Šamaš. Das G. des Ašur ist jedoch nach der Stele des Asarhaddon aus Samʿal und den Reliefs von Maltaja (s. d.), wo es als erstes G. neben andern erscheint, zu ermitteln; dazu kommt das Relief Sanheribs von Bawian, sowie das Gründungsrelief vom „Neujahrstempel" in Assur in Konstantinopel (Nr. 7847), das den Gott allein mit seiner Gemahlin Bêlit (= Ninlil; s. § 22) darstellt. Als König der Götter bezeichnet ihn die Spitze auf dem hohen Königshut (Samʿal, Bawian); er trägt den Bumerang (Krummholz, Schwirrholz „*šibirru*" LSS II 2, 26) gesenkt, Ring (und Stab) vor die Brust erhoben. Zwei Fabeltiere, der *mušruššu*, wohl vom Enlil (s. § 10) oder Marduk (s. § 14) entlehnt, sowie ein geflügelter gehörnter Löwe (s. Mischwesen) dienen ihm als Postament. In Bawian steht Ašur nur auf einem dem Schakal ähnlichen Tier, gleichfalls vom Enlil übernommen. Die Doppelnatur, die sich in diesen späten G. ausspricht, dürfte sich schon in der alten Titulatur der altassyrischen Könige verraten, die sich „Statthalter des Enlil, Priester des Ašur" nennen. Die Ašur-Hymne (K 3258) ist einer Enlil-Hymne nachgearbeitet; Jastrow *Religion* I 519 ff.; Beitr. z. Assyr. 5 S. 594 f. Macmillan. So war auch in Assyrien der Kult des Enlil weit verbreitet, z. B. in den Städten Aššur, Kalḫu, Kalzi [Kakzi], Harrân, Imgur-Enlil; vgl. auch ZfAssyr. 33 S. 125[5] O. Schroeder. Das dem Ašur eigentümliche Tier scheint der geflügelte gehörnte Löwe zu sein nach dem Relief aus Assur in Berlin (VA 8750 = AO 15 Abb. 224 S. 133; s. Mischwesen). Die Rechte segnet, die Linke faßt die Herrscherkeule. Außer dem Schwert sind hinter dem G. zwei gekreuzte Goryte (Bogentaschen) gezeichnet. Ohne Tier zeigt ihn die Malerei aus Aššur auf einem Postamente, Keule und Perlring haltend, die Spitze auf dem Hute ist blumenartig gestaltet; darüber schwebt ein Stern im Ringe. Die Rechte segnet den Anbeter vor ihm; vgl. Andrae *Farbige Keramik aus Assur* Tf. 10. Weiteres s. Mischwesen, Göttersymbol E, oben § 6 und § 16.

§ 8. Bau wird auf dem Reliefbruchstück von der Stele Gudeas in Konstantinopel (Nr. 1533) als sitzende Göttin mit Hörnerkrone und Volantrock, die wassersprudelnde Vase vor der Brust, dargestellt, wenn überhaupt die Deutung dieser Figur richtig ist; sie wird durch eine Beischrift nicht erwiesen; vgl. *Découv. Chaldée* Tf. 8 bis 4. Es käme auch die Deutung auf Nisaba in Frage (§ 25).

§ 9. Ea (Enki; s. Oannes). Das Bruchstück eines kassit. Kudurrus (Délég. Perse Mém. I 177 Abb. 383 = Steinmetzer Nr. 41) zeigt einen bärtigen Gott mit hohem Federhut,

a

b

Götterbild E. Vorderasien

a. Relief des Šamaš-rêši-uṣur von Suḫi und Mari aus Babylon. In Konstantinopel (Nr. 7815). Nach Meissner. — b. Assyr. Siegelzylinder in Paris (Louvre A 680). Nach Delaporte. — c. Assyr. Siegelzylinder des Rimmani-ilu (Anu), Offizier des Bêl-tarṣi-iluma (798 v. C.). Jetzt in Florenz (Nr. 2). Nach Milani.

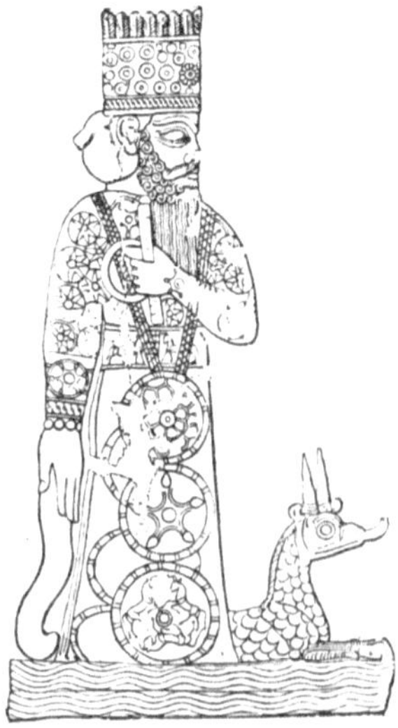

a

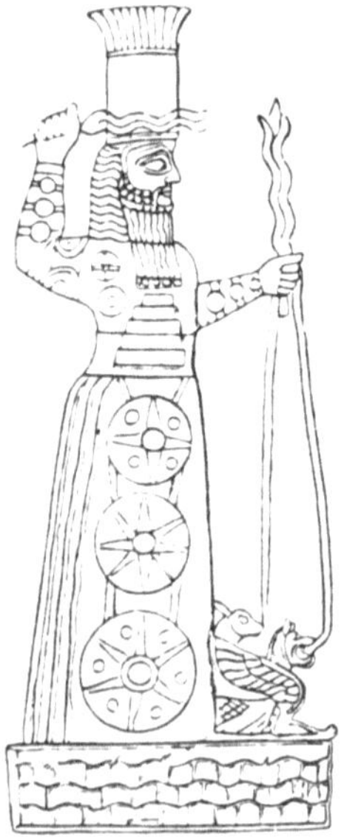

b

Götterbild E. Vorderasien

a. Lapislazulisiegel mit Marduk von Marduk-zakir-šumi (850) von Babylon, in Berlin. — b. Lapislazulisiegel mit Adad von Asarhaddon (680) aus Babylon. Berlin. Nach Meissner. — c. Lapislazulisiegel mit Adad (?) und babyl. (kassit.?) König. Paris (Louvre A 830). Nach Delaporte.

a

b

c

Götterbild E. Vorderasien

a. Assyr. Siegelzylinder aus Bergkrystall der Sammlung Arthur v. Brietzke. — b. Assyr. Siegelzylinder in London. Ištar. Nach Weber. — c. Assyr. Siegelzylinder des Ašur-bêli-uṣur, Offizier des Nergal-êreš (804) Paris (Bibl. Nat. Nr. 354). Nach Delaporte.

a

c

b

Götterbild E. Vorderasien

a. Relief Tiglatpilesers III. (740) aus Kalḫu (PKOM V Unger Nr. 9). Nach Layard. — b. Aramäische Götterstatue des Hadad aus Karkamisch (B 25). Nach Woolley. — c. Relief Tiglatpilesers III. aus Kalḫu (Unger Nr. 21). Nach Layard.

a

b

Götterbild E. Vorderasien

a. Relief des Marduk auf dem Kudurru des Meli-Šipak. London (Br. Mus. Nr. 90827). Nach B. Meissner. — b. Relief des Nabuaplaiddina von Babylon (860) mit Schamasch aus Sippar. London (Br. Mus. Nr. 91000). Nach Photographie.

a

b

c

d

Götterbild E. Vorderasien

a. Siegelabdruck des Ur-dun, Priester des Ningirsu, aus Lagaš in Paris, Louvre (T 110). — b. Desgl. aus d. Zeit des Naram-Sin aus Lagaš in Paris, Louvre (T. 103). — c. Desgl. des Lugal-ušumgal von Lagaš z. Z. d. Šar-kali-šarri von Akkad in Paris, Louvre (T. 106). Nach Delaporte. — d. Siegelzylinder des Adda in London (Br. M. 89115). Nach Weber.

a

b

c

d

Götterbild E. Vorderasien

a. Gipssteinstatuette einer Göttin aus Lagaš in Berlin (VA 4854). — b. Relief einer Göttin von der Basaltvase des Entemena aus Lagaš in Berlin (VA 7248). Nach Weber. — c. Relief der Igigi vom Weihbecken des Gudea aus Lagaš in Konstantinopel (Nr. 5555). Nach der unvollendeten Wiederherstellung. Seitenansicht. Nach Photographie. — d. Relief der Göttin Ninsun, aus Lagaš, Gudeazeit, in Paris (Heuzey, Catal. Nr. 28). Nach Meissner.

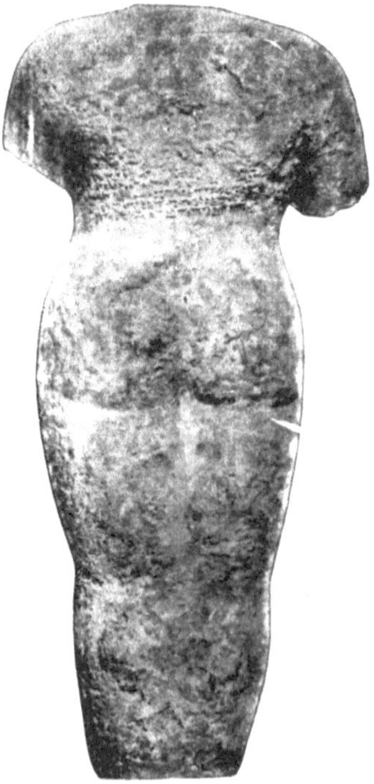

a

b

d

c

e

Götterbild E. Vorderasien

a—b. Statue der Ištar von Ninua des Ašurbêlkala (1080). Vorder- und Rückseite. London (Brit. Mus. 249). Nach Meissner. — c. Babylonisches Tonrelief einer Göttin. Paris, Louvre. Nach Andrae. — d—e. Stuckrelief vom Ištar-Tempel von Assur. Nach Andrae.

die wassersprudelnde Vase vor der Brust haltend. Er steht hinter einem Tier, das verstümmelt ist, dessen Reste aber (spitze Hörner, dünner, langer Schwanz, dünnes Hinterbein, geschuppter Leib) zum *mušruššu* passen würden. Die Deutung auf Ea ist daher nicht zwingend, Enlil wäre naheliegender. Die Karyatide eines Gottes mit wassersprudelnder Vase vor einem Tempel des Palastes in Dur-Sargon (s. d.) ist aber ziemlich sicher als Ea zu deuten, da Sargon II. diesem Gotte einen Tempel dort stiftete (Band II Tf. 223a; AO 15 Abb. 205/6 S. 120). Die Beschreibung einer Ea-Statue findet sich in einer Asarhaddon-Inschrift (vgl. LSS II 2 S. 12 C. Frank). Ein anderes als Ea bestimmbares G. bringt der assyr. Siegelzylinder des Ašur-kassuni in Berlin (VA 2706). Ea steht auf seinem Ziegenfisch (*suḫurmašu*), hält einen Krummstab, in einen Schafskopf oben, in eine Hand unten endigend (noch deutlicher auf der Stele Asarhaddons aus Samˁal), die gekreuzten Goryte oben in Sternscheiben auslaufend, hinter sich. Als Trabant steht ein Mensch mit Fischmaske daneben (s. Mischwesen). Ea im Knielaufschema mit Ziegenfisch und seinem Krummstab stellt der assyr. Siegelzylinder bei Layard *Monuments* II Tf. 69, 43 dar.

§ 10. Enlil. Die älteste vermutliche Darstellung des Enlil s. § 9. In assyr. Zeit ist er anscheinend der 4. Gott in Maltaja (s. d.) und der 3. Gott auf der Stele von Samˁal. Hier ist sein Tier der *mušruššu* (vgl. § 7), dort anscheinend der Schakal (s. Göttersymbol E1 § 37). In der Literatur wird Enlil gelegentlich als zweiköpfig bezeichnet, und ein solcher janusköpfiger Gott ist r. auf dem Siegel des Adda (Tf. 199d) gezeichnet (Beitr. z. Assyr. 10, 1 Nr. IX, Z. 10 Meek); vgl. dazu Mischwesen und oben § 2, 1.

§ 11. Gula. Die sitzende Göttin, die Hände segnend vorstreckend, mit Volantrock bekleidet, die Hörnerkrone auf dem Haupte, häufig auf den Kudurrus dargestellt, ist das G. der Gula und wird durch ihren Hund noch näher gekennzeichnet. Die Kudurrus Délég. Perse Mém. 7 S. 140 Abb. 452 = Steinmetzer Nr. 49, sowie ebd. 10 Tf. 13, 2 = Steinmetzer Nr. 62 tragen auch die Beischrift *ilu Gu-la* (Abb. eines ähnl. G. der Gula hier Tf. 205a). Diese Darstellung ist von etwa 1400—1100 nachzuweisen, vgl. F. Steinmetzer S. 130ff.

§ 12. Igigi. Die „sieben Zwillingstöchter" des Ningirsu und der Bau, namens *Zazaru*, *Impaë*, *Urnuntaëa*, *Ḫegirnunna*, *Ḫešagga*, *Gurmu* und *Zarmu*, die Gudea (2600) als Regen- und Quellwasser spendende Göttinnen an seinem Weihbecken für den Tempel des Ningirsu abbildete, sind vermutlich den weiblichen Igigi gleichzusetzen (s. Tf. 200c). Die einen stecken in der Wolkenbank, hängen schwebend herab, die andern stehen auf dem Erdboden. Sie sind schon zur Zeit des Urukagina von Lagaš (2900) in der Literatur genannt. Die geflügelten Göttinnen aus dem Palaste Assurnassirpals II. (880), die den alten Volantrock noch tragen und den „Lebensbaum" (s. d.) segnen, dürften späte Ausläufer der Igigi-Darstellung sein (s. Mischwesen). Mangels an Beischriften sind sie jedoch noch nicht sicher erklärt. Auch fehlen die Zwischenglieder. Als Stütze eines Götterthrons erscheinen solche Göttinnen im Esagila-Tempel von Babylon, in einem Abdruck auf Asphalt erhalten und von Koldewey gefunden: MDOG 7 S. 17; Meissner *Babylonien und Assyrien* I Abb. 61 S. 249, vgl. oben § 2; E. Unger *Das Weihbecken des Gudea an Ningirsu* AOTU II 2/3 S. 27ff. Drei Bruchstücke eines kleineren Weihbeckens (?) der Gudea-Zeit mit einer Kette von Göttinnen, die wassersprudelnde Vasen halten, aus Nippur, jetzt in Konstantinopel (Nr. 453—55); Hilprecht *Old Babyl. Inscriptions* I Tf. 12 Nr. 29—31.

§ 13. Ištar. Inschriftlich beglaubigt ist Ištar (s. d.), als Göttin Innina, auf dem Felsrelief des Königs Anubanini von Lullubi (2200) in Seripul (s. d.) dargestellt. Außer der Hörnerkrone und dem Volantrock, als göttliche Kennzeichen allgemeiner Natur, wachsen ihr aus den Schultern je drei Halme mit Mohnkapseln. Ihr Stern, fünfstrahlig, ist vor ihr gezeichnet. Als Kriegsgöttin führt sie dem Könige die gefangenen Feinde zu (Band III Tf. 45b). Dieselben Schulterhalme, nur die Kapseln in Aufsicht gezeichnet, hat die Göttin der Reliefvase des Entemena (3000) in Berlin (VA 7248; vgl. hier Tf. 200b). Die Dattelrispe in ihren Händen — der Gedanke O. Webers an einen Maiskolben (Amtl. Ber. Pr. S. 36 S. 118) ist lediglich durch die dort (Abb. 45) wiedergegebene Zeichnung Bollachers verursacht —, sowie der in der Inschrift erwähnte „Datteltempel" der Nîna (VAB I 30, 6 Kol. IV, 3/4) legen eine Identifizierung dieser Relieffigur mit Nîna (s. § 19) nahe. Man sieht, daß die Symbole keineswegs ausschlaggebend für alle Zeiten sind, sondern ihren Inhaber wechseln können. Die von Weber vermutete Identifizierung mit Nisaba ist schon deshalb unhaltbar, weil diese die Hauptgöttin der Stadt Umma war, einer damals Lagaš stets feindlichen Stadt, die der Sieger Entemena nicht gut verherrlichen konnte. Auf dem Siegelzylinder Tf. 199b (um 2750) sitzt eine Göttin mit Schultergewächsen, in der Hand die wassersprudelnde Vase, und hinter ihr ist ihr G. auf Postament sichtbar. Es ist hier vermutlich Nisaba gemeint, die Göttin des Getreides, dem das Schultergewächs ähnelt (s. § 25). Unsicher ist die Deutung der kleinen, geflügelten Göttin auf dem Siegel (um 2500) Tf. 199d, die, wie die Nîna des Entemena-Reliefs, eine Dattelrispe halten könnte. — Den Typus der nackten Ištar, meist die Brüste pressend, haben wir in einem bemalten Tonrelief, das nach Andrae (WVDOG 39 Tf. 28c; vgl. hier Tf. 201 d/e) angeblich im archaïschen Ištar-Tempel angebracht war (um 2500?). Ihr Schmuck ist ihr Haar und ein riesiger Zierkamm, der sich auf dem altbabyl. Tonrelief (Tf. 201 c) wiederfindet, das um 2000 anzusetzen ist und von Andrae damit verglichen ist. Die Statue der Ištar von Ninive des assyr. Königs Ašur-bêl-kala (1090) dürfte nach Ergänzung des Kopfes (vgl. Tf. 203c) ähnlich ausgesehen haben. Hier ist die Gleichsetzung inschriftlich sicher (s. Tf. 201 a, b). Ob die zahlreichen ähnlichen Terrakotten (Tf. 203 b, d, e), die nackte Göttin mit und ohne Kind, sämtlich Ištar darstellen, ist möglich, aber ungewiß. Später ist Ištar, kenntlich am Stern über dem hohen Götterhute, auf den assyr. Siegeln in Berlin (VA 2706 s. Mischwesen; VA 511, um 795, s. Göttersymbol E, Tf. 210c), als Göttin an sich dargestellt. Die eine Hand segnet, die andere hält den Perlring; gekreuzte Goryte oder Bogen, in Sterne oder Scheiben endigend, sind hinter der Figur gezeichnet. Sie trägt den kurzen Chiton und den vorn offenen Göttermantel, der das vortretende Bein frei läßt. — Als G., auf dem Postamente stehend, zeigt sie das Relief (9. Jh.) des Šamaš-rêši-uṣur (Tf. 194a); das G. der Ištar ist inschriftlich benannt als *ṣalam ilu Ištar*. Im bergartigen Postament stecken anscheinend die Füße. Die Rechte segnet, die linke Faust faßt den aufgestützten Bogen, den Ring und trägt die Sternscheibe. Das Haupt schmückt die Federkrone, das Gewand verzieren große Scheiben, mit Horizontalbändern hinten herum befestigt. Ständig ist also die Kriegsgöttin vornehmlich betont. Als G. auf dem Postament ist Ištar später auf assyr. Siegelzylindern wiedergegeben: Tf. 194b, Tf. 196c (um 804), ferner Tf. 210a (VA 508, um 800). Wieder ist der Stern auf dem Hut das Kennzeichen; die segnende Hand, der Perlring in der andern, Schwert, die gekreuzten Goryte; aber etwas Neues, vermutlich eine Erfindung späterer Zeiten ist bei VA 508 und Tf. 194b der große Perlring mit Außenspitzen (bei VA 508 auch noch in Sternen endigend), der hinter dem Oberkörper des G. nimbusartig gekennzeichnet ist. Welche Bedeutung dies hat, ist unsicher (s. § 22). — Eine dritte Darstellung der Ištar als G. mit dem Löwen als Postament findet sich als letzte Gottheit auf dem Relief von Maltaja (s. d.). Auf dem Siegelzylinder aus Bergkristall der Sammlung v. Brietzke (Tf. 196a) steht die Göttin auf einem mehr pantherartigen Tier, das sie mit der Linken am Zügel führt; gleichzeitig den Bogen und den r. vorgesetzten Fuß auf seinen Kopf aufstützend; auf der Linken ruht, wie bei dem G. des Šamaš-rêši-uṣur (Tf. 194a), der Stern. Die Rechte segnet. Schwert und Goryt vervollständigen ihre kriegerische Ausrüstung. Ihrem Angesicht gegenüber ist zum Überfluß ihr achtstrahliger Stern nochmals gezeichnet. — Auf dem Siegel (Tf. 196b) steht die Göttin auf liegendem Panther, der den Kopf zurückwendet. Sie setzt den Bogen, ihn in der Mitte mit der Linken fassend, die zwei Pfeile hält, auf den Kopf des Tieres. Statt der Goryte oder Bogen sind hinter der Gestalt zwei gekreuzte Köcher voller Pfeile dargestellt, von einem hängt eine Art Sichelschwert hinten herab, und die Göttin trägt ein Schwert. — Auf ein ähnliches G. mit anbetendem assyr. König auf einem Siegelabdruck bei Layard *Monuments* II Tf. 69,6 sei noch ergänzend

a

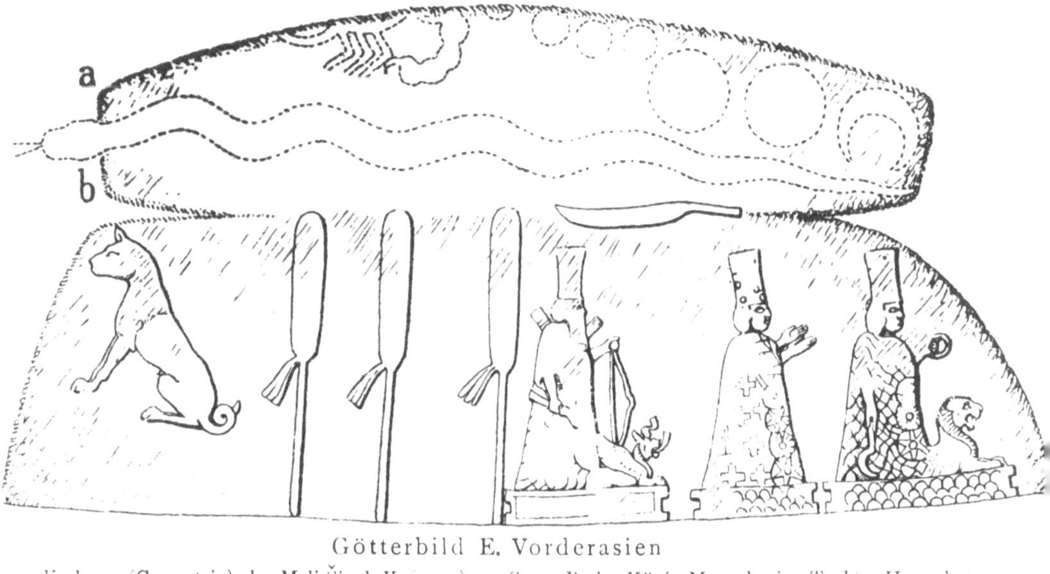

Götterbild E. Vorderasien

a. Kudurru (Grenzstein) des Meli-Šipak II. (1200) aus Susa. Paris. König M. und seine Tochter Ḫunnubat-Nanâ vor der Göttin Nanâ. (Steinmetzer Nr. 61). Nach Scheil. — b. Kudurru des Nabu-šumi-iškun (754). Berlin (VA 3031; Steinmetzer Nr. 73). Nach VASD I.

d

c

e

b

a

Götterbild E. Vorderasien

a. Reliefbruchstück vom Palaste Assurbanipals in Ninive, in Lyon. Nach Ley. — b. Terrakotte in Philadelphia. Nach Mus. Journ. 1916. — c. Assyr. Kopf der Ištar (?) aus Ninive. Nach Meissner, — d–e. Babyl. Terrakotten aus Babylon. Nach Koldewey.

verwiesen. S. auch § 3 und das Bronzeamulett Band VII Tf. 175b.

Mar-bîti s. § 16.

§ 14. Marduk, der Stadtgott von Babylon und seit Hammurapi der am meisten verehrte, höchste Gott Babyloniens, ist als G. bisher nur in Begleitung des ihm zu Füßen liegenden Drachen von Babylon, des *mušruššu*, dargestellt. Das älteste Bild ist das des Kudurrus des kassit. Königs Melišipak II. (um 1200) in London (Br. M. 90827 = Steinmetzer Nr. 3); es zeigt den Gott mit Federkrone, die R. mit dem Bumerang senkend, die L. mit der Herrscherkeule zur Brust erhebend. Er trägt den Volantrock. Vor dem Gesicht schwebt die Lanzenspitze, das Göttersymbol (s. d. E1 § 26) des Gottes. Die Füße sind nicht sichtbar (King Tf. 21; vgl. hier Tf. 198a). Die Deutung dieses G. als Enlil, wie Steinmetzer S. 123 vorschlägt, ist nicht haltbar, da dieser Gott durch den Schakal (s. Göttersymbol E1) schon vertreten ist (King Tf. 19) und Gott und Symbol ohne Grund getrennt worden wären. Ein anderes jüngeres G. von dem Lapislazuli-Siegel des Königs Marduk-zakir-šumi (850) mit Inschrift stammt aus Babylon (Tf. 195a) und stellt den Gott in ähnlicher Haltung, ebenfalls mit seinem Tier dar, doch in veränderter Kleidung, mit den Schmuck- und Sternscheiben verziert. Die großen Scheiben hängen an einer breiten, über die Schultern gelegten Kette vorn tief herab. Die R. hält wieder den Bumerang gesenkt zu Boden, die L. jedoch Ring und Herrscherstab an die Brust gepreßt. Die Füße sind unsichtbar. Das Postament ist wasserwellenartig, wohl in Nachahmung des Ozeans, geschmückt. Auf dem assyr. Siegelzylinder des Louvre (A 686; s. Mischwesen) steht Marduk in assyr. Manier gebildet auf dem liegenden *mušruššu*. Das lange Gewand ist vorn geöffnet, ein Bein tritt daraus vor; die R. segnet, die L. hält Herrscherkeule und Perlring. Der hohe Hut trägt eine Scheibe, hinter der Gestalt sind zwei gekreuzte Goryte, oben in Scheiben endigend, gezeichnet. Ein Schwert ist noch hinzugefügt. Vor diesem G. ist auf niedrigem Postament die bewimpelte Lanze aufgestellt. Die Geschichte der Marduk-Statue s. § 1, vgl. § 2, 1; der Thron des Marduk s. § 2, 5.

§ 15. Nabu (s. d.), der Gott der Nachbarstadt Babylons, Borsippa *(Barsip)*, hat dasselbe Symboltier wie Marduk, den *mušruššu*, und ist ähnlich dargestellt auf dem oben erwähnten assyr. Siegelzylinder des Louvre (A 686; s. Mischwesen). Zum Unterschied von Marduk ist das lange Gewand geschlossen, und der Gott hält in der linken Hand einen kleinen Gegenstand, der vermutlich eine Tontafel ist. Nabu ist der Schreibergott, vgl. sein Symbol, den Keilschriftgriffel (s. d.), der hier auf kleinem Postament vor dem G. steht und wie zwei ineinandergesteckte Keile stilisiert ist. Von Nabu sind mehrere G. im Tempel in Kalḫu, vier Stück an Zahl, gefunden worden, von denen sich zwei in London (Br. M. Nimr. Centr. Sal. 69/70; *Guide to the Babyl. and Assyr. antiquities*[3] 1922 S. 48) befinden. Die Inschriften besagen, daß der Statthalter Bêl-tarṣi-iluma (vgl. das Siegel Tf. 194c), um 798, für König Adadnirari III. und seine Mutter Semiramis die Statuen stiftete (C. Bezold *Ninive und Babylon*[3] Abb. 52, S. 67). Nabu trägt den Hörnerhelm, langen Chiton, Armspangen und legt die R. in die geöffnete L. Die Taille ist durch den Gürtel stark eingeschnürt. Das G. ist mit niedrigem, viereckigen Postament aus einem Stück gearbeitet; vgl. auch § 3.

§ 16. Nanâ, eine Abart der Ištar, ist als G. auf dem Kudurru des Meli-Šipak II. in Paris, um 1200, sitzend dargestellt (Tf. 202a, vgl. Steinmetzer Nr. 61). Der König selbst führt seine Tochter vor die Göttin, der sie als Priesterin geweiht ist. Nanâ sitzt auf einem gerillten „Thronaltar", die Hände segnend erhoben, mit dem Volantrock bekleidet, auf dem Kopf die Federkrone. Das G. steht auf einem breiten, von Löwenfüßen getragenen Schemel. Oberhalb ist der achtstrahlige Stern angebracht. Ein zweites Götterbild, in charakteristischer, neuartiger Veränderung gegenüber dem 500 Jahre älteren Bilde, zeigt der Kudurru des Nabu-šumi-iškun von Babylon (754) in Berlin (VA 3031; hier Tf. 202b; Steinmetzer Nr. 73). Hier sind drei G. gezeichnet, zwei weibliche und ein männliches. Die Deutung des ersten (von rechtsher) ist mit Nanâ naheliegend, die fortwährend in der Inschrift des Denkmals angerufen wird. Neben ihr lagert der Löwe. Ein geschupptes, fellartiges Gewand umhüllt die Gestalt, deren

Füsse unsichtbar sind. Vorn hängen drei große Sternscheiben herunter. Die R. ist gesenkt mit dem Sichelschwert. Die l. Hand faßt den Ring. Auf dem Kopfe sitzt ein sehr hoher, etwas konkav eingezogener Polos. Das G. steht auf einem breiten Postament mit bergartiger Verzierung. Dasselbe Postament hat die zweite Gottheit, die weiblich ist, die Hände segnend erhebt, ein mit Kreuzen besticktes Gewand trägt, an dem vorn vier große Sternscheiben herabhängen, mit einem Band um den Hals befestigt. Das G. ist weiblich, und vielleicht haben wir hier eine Abart der Nanâ vor uns. Wenn man den älteren Kudurru (s. o.) als Vorbild nähme, würde man die zweite Gestalt für Nanâ halten wollen. Es ist also zurzeit noch äußerst schwierig, bestimmte G. zu identifizieren, wenn nicht eine Beischrift Sicherheit bietet. Der dritte Gott wäre Mar-bîti, dessen Name zusammen mit dem der Nanâ häufig in der Inschrift genannt ist. Das Wesen dieses Gottes ist bisher wenig erkannt. Es soll dem des Nabu gleichkommen (A. Deimel *Pantheon babylonicum* S. 48). Das Symboltier ist das des Gottes Ašur, geflügelter Löwe mit Stierhorn (s. § 7), auch Adad käme in Frage; s. Mischwesen. Der Gott hat kreuzweise zwei Köcher umgehängt, den Bogen, den Steinmetzer (S. 123) irrig für Zügel hält, stützt er auf den Nacken des Tieres. Die r. Hand hält schräg nach vorn gesenkt die Keule(?). Das Postament ist von den übrigen verschieden, nämlich glatt gehalten, nur von einer Leiste eingesäumt.

§ 17. Narude, eine elam. Göttin, der von dem Patesi *Puzur (Bâ-ša)-iluŠušinak* um 2700 in Susa eine Statue geweiht ist, die ein G. an sich darstellen dürfte (Band VII Tf. 162 d). Die Göttin, deren Kopf fehlt, sitzt im Volantrock da und hält eine Vase in der Hand, in der L. einen Stab oder einen Palmzweig (?); so nach C. Frank *Die altelamischen Steininschriften* 1923 S. 16. Den Hals umschließt eine vierreihige Kette (C. Frank *Die Entzifferung der altelam. Inschriften* Abh. Preuß. Ak. 1912 S. 10; Délég. Perse Mém. XIV Tf. 3—4).

§ 18. Nergal. Ein inschriftlich bezeugtes G. des Gottes Nergal (s. d.), unter dem Namen *Šitlamtaë* bringt der Siegelzylinder des Kilullaguzala an König Dungi von Ur (2500) in London (Br. M. 89131; AO 17/18 Abb. 442; F. Hommel *Geschichte Babyloniens* S. 336). Die r. Schulter des Gottes ist nackt, ein gegürteter, plissierter, langer Rock bekleidet ihn. In der R. hält er die dreiköpfige Keule, in der L. eine Art Sichelschwert geschultert. Auf dem Kopfe sitzt eine einfache Hörnermütze. Schrift und Darstellung sind nicht exakt, so daß das Siegel vielleicht eine Nachahmung späterer Zeiten sein könnte, wie es das Siegel des Ur-Nammu von Ur und die sog. „Blaumonumente" in London (Br. M. 89126, 86260/1: *Guide*[3] 1922 S. 231, 232/3) sind (E. Unger *Babylonisches Schrifttum* 1921 S. 10 Anm.).

§. 19. Nîna, die Göttin von Girsu, wahrscheinlich im Bezirke von Lagaš gelegen, ist als G. vermutlich auf der reliefierten Vase in Berlin (VA 7248) dargestellt. O. Weber will in dieser Göttin (Tf. 200 b) Nisaba sehen (Amtl. Ber. Preuß. S. 36 [1915] S. 114 f.); jedoch dürfte die Dattelrispe in der r. Hand des G. und die gerade oberhalb der Figur stehende Inschrift, daß der König Entemena einen „Datteltempel", genauer *E-engur-ra-Ka-lum-ma*, für die Göttin Nîna gebaut habe, die Deutung auf Nîna eher rechtfertigen als auf Nisaba (s. o. § 1 und 25). S. a. § 2, 2.

§ 20. Ningirsu, der Stadtgott von Lagaš, ist als G. inschriftlich noch nicht nachgewiesen, doch ist er auf den Denkmälern des Gudea (2600) in zwei Fällen zu erkennen, wo der König durch seinen Schutzgott Ningišzida vor Ningirsu geführt wird, auf der Stele in Berlin (VA 2796; s. Kunst E) und auf dem Siegel des Gudea, im Abdruck in Paris (T 108; s. Mischwesen; Tf. 158 a). Der Gott sitzt auf einem Thron, mit oder ohne Lehne, der mit Löwen, oder wassersprudelnden Vasen geschmückt ist. Er ist mit dem Volantrock bekleidet, trägt die vielfache Hörnerkrone und hält in den Händen wassersprudelnde Vasen. Auf dem Siegel sind zwei gleichartige Vasen als Fußschemel und eine dritte hinter dem Thron aufgestellt, in deren Wasser die Vasen in den Händen des Gottes ihr Wasser ergießen. — Daß der auf der Vorderseite der „Geierstele" (Band VII Tf. 138 a) stehende Gott, der ein mit Feinden gefülltes Netz am Wappen von Lagaš (s. Göttersymbol E1)

a

b

c

d

Götterbild E. Vorderasien

Gottkönig: a. Hammurabi von der Gesetzesstele (Paris, Louvre). Nach Meissner. — b. Kopf des Gudea von Lagaš aus Nippur. Nach H. V. Hilprecht. — c. Assyr. Siegelzylinder mit Königsstele als Kultgegenstand. London (Br. Mus. 89502). Nach Meissner. — d. Siegelabdruck auf Tonplombe mit Darstellung des Ibi-Sin von Ur. Philadelphia. Nach Legrain.

hält, der Gott Ningirsu ist, ist möglich. Da aber der König Eannatum ein Netz des Ningirsu in der Steleninschrift nicht erwähnt und sagt, er, Eannatum, habe das Netz geworfen, so ist die Vermutung nicht von der Hand zu weisen, daß vielleicht Eannatum selbst hier, dann allerdings in göttlicher Funktion, dargestellt sei. Die Hörnerkrone, die entscheidend sein könnte, ist abgebrochen; vgl. Amtl. Ber. Preuß. S. 36 (1915) S. 76f. O. Weber; PKOM I (1916) S. 7f. E. Unger. Der Netzhalter ist mit einem Schurz bekleidet, hat langes, aufgeknotetes Haar und einen langen Kinnbart. Außer dem Wappenvogel führt er die Keule. Ningirsu wird dem Ninurta gleichgesetzt (s. Göttersymbol E1). Ein anderes G. des Ningirsu wird auf dem Siegel des Ur-Dun (2500) aus Lagasch (Tf. 199a) verehrt. Löwen wachsen dem bärtigen, mit Hörnerkrone geschmückten Gott aus den Schultern. In der R. hält er eine vielköpfige Keule, in der L. ein Sichelschwert, dessen Spitze ein Löwenkopf ziert. Der Gott sitzt auf hochlehnigem Thron, der von zwei sich kreuzenden Löwen unter dem Sitze geschmückt ist und auf bergartigem Postament ruht. Ein liegender Löwe dient dem G. als Fußschemel. Daneben im Felde schwebt der doppellöwenköpfige Adler. Der Inhaber bezeichnet sich als Priester des Ningirsu, so daß die Deutung dadurch gegeben ist.

§ 21. Ningišzida (Ningizzida). Durch den inschriftlich dem Gotte Ningišzida geweihten Steatitbecher des Gudea aus Lagaš in Paris (Heuzey *Catalogue* Nr. 125; s. Mischwesen) ist das Symboltier des Gottes, das, wenn es nicht beflügelt wäre, dem *mušruššu* vollkommen gleichen würde, erkannt worden. So ist das G. des Ningišzida auf den beiden in § 20 genannten Denkmälern des Gudea (Tf. 158a) wiedergefunden worden. Der Gott ist dem Ningirsu gleichartig gestaltet, doch steht er, führt seinen Schützling Gudea vor den Thron des Ningirsu, und die Köpfe seines Tieres, des Drachen, wachsen aus den Schultern heraus. In ähnlicher Situation zeigt ein Stelenbruchstück des Gudea in Konstantinopel (Nr. 6089) die Gottheit. Sitzend ist Ningišzida auf einem Siegelzylinder aus Lagaš dargestellt in Paris (Louvre T 111, Delaporte *Cylindres orientaux* Tf. 5, 8). Als Thron dient ihm der Drache, der jedoch ungeflügelt ist. Die Arbeit dieses Siegels macht einen schlechten, dekadenten Eindruck.

§ 22. Ninlil. Nur als Gemahlin des Ašur und auf assyr. Denkmäler ist Ninlil dargestellt, jedoch inschriftlich nicht bestätigt. Auf dem Relief von Maltaja (s. d.) sitzt sie auf einem hohen Thron, an dessen Lehne fünf Sternscheiben befestigt sind (s. u.), und der mit vier kleinen Göttern und Vogelkentauren (s. Mischwesen) geschmückt ist. Die R. segnet, die L. hält den Ring. Der hohe Hörnerhut trägt die königliche Spitze. Der Thron ruht auf einem Tier, der dem Drachen des Ašur ähnlich scheint. Nach dem Relief von Bawian (s. Maltaja) steht die Göttin, ihre L. faßt außer dem Ring, in dem sich eine kleine Gestalt befindet, noch einen Stab, oben mit fächerartiger Palmette verziert. Das Symboltier ist anscheinend das gleiche wie in Maltaja. — Eine 2. Auffassung gibt der assyr. Siegelzylinder in Paris (Louvre A 681; s. Mischwesen), wo Ašur auf dem geflügelten Löwendrachen mit Stierhorn steht (vgl. § 7) und hinter ihm die Göttin Ninlil auf einem fast gleichartigen Wesen, vom ersteren aber durch spitze Ohren und Vogelschwanz unterschieden. Dies ist dasselbe Tier, das Gott Ašur auf mehreren Siegelbildern bekämpft. Der Oberkörper der Göttin ist von einem nimbusartigen Ring, mit sternbesetzten Zacken geschmückt, umschlossen, auch die gekreuzten Goryte sind vorhanden. Sitzend auf dem Thron, dessen Lehne von sieben Sternen verziert ist — oder soll hier (und in Maltaja) etwa der „Nimbus" im Profil gesehen gemeint sein? —, getragen vom gleichartigen Mischwesen, ist Ninlil auf einem Bronzeamulett in Paris (Louvre; Pottier Nr. 172; s. Mischwesen) dargestellt, die R. segnend, die L. mit dem Ring. Dasselbe Tier ist auf der Rückseite des Amuletts zweimal stehend, in Opposition zueinander, nochmals wiedergegeben. Auf dem hohen Hut befindet sich auch hier ein kleiner Aufsatz, ist jedoch undeutlich erkennbar. — Eine 3. Auffassung der Ninlil zeigt die Stele des Asarhaddon aus Saʿmal (s. Göttersymbol E1): Hinter Gott Ašur ist die sitzende Göttin, die R. segnend, in der L. den Ring, gezeichnet; an der Thronlehne fünf Scheiben. Getragen wird das G. vom Löwen, der das Göttersymbol (s. d. E) der Ištar ist. Die Spitze auf dem hohen Hörnerhut stempelt sie aber zur Götterkönigin, Ninlil, Gemahlin des Asur. So würde man auch das G. auf dem assyr. Siegelzylinder bei Layard *Monuments* II 69, 40, vom liegenden Löwen getragen, als Ninlil ansprechen. — Die dreimal verschiedene Darstellung derselben Göttin innerhalb eines kurzen Zeitraums, zwischen 700 und 650, mag ihren Grund haben in der verschiedenen tendenziösen politischen Einstellung der Sargoniden, Sanherib, Asarhaddon und Assurbanipal, dem vielleicht die Reliefs von Maltaja zu verdanken sind, von welchen Herrschern der erste und der letzte mehr assyr. Politik, der zweite jedoch entschieden Babylon freundliche Politik führten. Aber es bedarf noch eingehender Forschung, um zur vollen Klarheit hierüber zu kommen. — Layard fand in Babylon das Kalksteinfragment eines Thrones(?) mit stützenden Götterfiguren in spätem Geschmack. Die Beischrift *iluNin-lil* läßt vermuten, daß wir hier eventuell den Thron einer Ninlil-Statue vor uns haben. Layard *Nineveh und Babylon* S. 580 = AO 15 Abb. 140 S. 80.

§ 23. Ninsun. Von Gudea ist ein Reliefbruchstück erhalten (s. Tf. 200d), das inschriftlich und darstellerisch die Göttin Ninsun wiedergibt. Die Göttin trägt den Volantrock und sonst nur ein Diadem als Abzeichen. Man kann vermuten, daß die kleine Gipssteinstatuette (Tf. 200a) in Berlin (VA 4854), die über den Ohren am Diadem Bohrung zur Aufnahme eines Horns zeigt und eine Tontafel auf dem Schoß liegen hat, dieselbe Gottheit ist; beweisbar ist es aber noch nicht.

§ 24. Ninurta, der Kriegsgott, der auch bei Beschwörungen als Schutzgott angerufen ist, wird von C. Frank (Leipz. Sem. Stud. 3, 3 S. 53, 55) mit dem Gott identifiziert, der neben dem Löwendämon, „*ilu limnu*", auftritt, den l. Arm drohend erhebt, den r. Arm senkt (s. Tf. 203a). Diese Deutung ist aber nur hypothetisch.

§ 25. Nisaba. Das G. der Göttin des Getreides ist inschriftlich noch nicht gesichert, doch liegt die Vermutung nahe, sie z. B. auf dem Siegelzylinder der Zeit des Naram-Sin von Akkad (2750) in der sitzenden Göttin, die eine wassersprudelnde Vase in der Hand hält, und der aus den Schultern getreideartige Halme wachsen, zu suchen. Die Statue auf Postament dürfte eine Abbildung des G. selbst sein (Tf. 199b). Die angebliche Darstellung der Nisaba auf dem Berliner Vasenfragment ist eher als Nîna zu deuten (s. § 19 und § 8).

§ 26. Papsukkal. In Ziegelkapseln, *simâku* genannt, die im Fußboden unter dem Postament der G. eingemauert waren, legte man Nachbildungen eines Gottes aus Ton. Das stehende, ganz in den langen Chiton eingehüllte G., langbärtig mit Schopf, den Hörnerhelm auf dem Haupte, in der R. einen langen Stab oder eine Lanze, in der L. die Keule als *bêl haṭṭi*, ist nach Ausweis von Beischriften der Gott Papsukkal. Er findet sich auch unter Türen in solchen Kapseln. Am besten erhalten war das G. der Türen des Ninurta-Tempels *Epatutila* in Babylon, wo sich Wehrgehänge mit Schwert aus Kupfer, silberner Gürtel, Keule mit Onyx-Kopf, von der hölzernen Hand gefaßt, und kleine Eimerchen gefunden haben. Alle diese G. stammen aus später Zeit um 600. R. Koldewey *Die Tempel von Babylon und Borsippa* WVDOG 15 S. 68; ders. *Das wieder erstehende Babylon* Abb. 140/1 S. 223; Abb. 145/6 S. 226; Abb. 243 S. 289; A. Deimel *Pantheon Babylonicum* S. 241f.; s. auch Gründungsurkunde.

§ 27. Šamaš (s.d.), der Sonnengott, der Lieblingsgott der Dynastie von Akkad, ist als G. auf mehreren Siegelzylindern dieser Zeit (2700) meist in Abdrücken erhalten; Delaporte *Cylindres orientaux. M. du Louvre* Tf. 9, T 105/6, S. 11. Sonnenstrahlen wachsen ihm aus den Schultern, er steigt zwischen 2 Bergen empor und in der Nähe steht ein Zypressenbaum (Tf. 199c; vgl. AO 15 Abb. 44). Er trägt Hörnerkrone, langen Vollbart und kurzes Volantgewand. Dieser Gott ist inschriftlich sogar einmal gekennzeichnet (AO 15 Abb. 89 = London Br. M. 89110; Prinz *Altorientalische Symbolik* Tf. 10, 9). Wie Prinz richtig erkannte, hält der Sonnengott in einer Hand den Schlüssel, ein sägeartiges Werkzeug, womit er die Himmelstüren öffnete, die dann von zwei göttlichen Torwächtern offengehalten werden. Den somit dargestellten Sonnenaufgang geben eine große Anzahl von Siegelzylindern, die jener akkad. Zeit angehören mögen, wieder (z. B. AO 17/18 Abb. 373—385, darunter das Siegel des Schreibers *Adda* in London Br. M. 89115 = *Guide*[8] 1922 Abb. S. 235 = AO 17/18 Abb. 375; vgl. hier Tf. 199d). Das G. des Šamaš begegnet um 2300 auf einer Stele aus Susa in Paris (AO 15 Abb. 118 S. 66 unvollständig wiedergegeben, da der obere Teil später hinzugefunden ist; Band VII Tf. 143). Das Symbol des Gottes, der flammende Stern, schwebt im oberen Bogenfelde des Reliefs. Das G. ist mit dem Volantrock bekleidet; die R. hält Ring und Stab, die L. ruht geballt vor der Brust. Das G. sitzt auf tempelartigem Thron. Fast ganz ähnlich hat Hammurapi auf seiner Gesetzesstele (Délég. Perse Mém. 4 Tf. 3 = AO 15 Abb. 107 S. 59) den Sonnengott dargestellt mit seinen aus der Schulter wachsenden Strahlen, Ring und Stab (Band VII Tf. 145b). Als Fußschemel dient dem G. ein gebirgsartiges Postament. — Das G. des Šamaš von Sippar (s. d.), das z. Z. des Königs Adad-apla-iddina (1080) von den Sutî (wohl = Aramäer, die damals Nordmesopotamien und Assyrien bedrohten) zerstört war, wurde im 31. Jahre des Nabu-apla-iddina (854) im Modell wiedergefunden und aus rotem Gold und Lapislazuli neu angefertigt. Zur Erinnerung daran meißelte dieser König ein Relief (jetzt in London Br. M. 91000; vgl. hier Tf. 198b), das das G. wiedergibt. In den Volantrock gehüllt, den Hörnerhelm auf dem Kopfe, in der R. Ring und Stab, die L. als Faust vor die Brust gelegt, sitzt Šamaš auf einem lehnenlosen Würfel. Dieser wird von zwei Pfeilern gestützt, die kanneliert sind. An sie lehnen zwei Stiermenschen, sog. „Engidus", ihre Standarten (s. d. C). Die Sitzplatte ist wellenartig, die Fußplatte des Throns bergartig verziert. Den Fußschemel des G. bildet eine schmucklose Platte. Das G. sitzt in seiner Zelle, die, im Querschnitt gezeichnet, sich über das G. wölbt und in zwei Götter mit Hörnerhelm und gegürtetem Volantrock (?) endigt, die einen Altar mit dem Symbol der flammenden Sternscheibe an Tauen herabgelassen haben, zur Verehrung für den herannahenden König. Die ganze Szene wird getragen von einem breiten Wellenbande, dem Himmelsozean mit vier Sternscheiben, die man als die vier Planeten deuten könnte. Die Decke der Zellenwölbung stützt vorn eine geschuppte Palmsäule. — Aus assyr. Zeit ist auf dem Relief von Maltaja (s. d.) das 5. G. als Samaš gedeutet worden, gänzlich verschieden von der babylon. Darstellung. Das G. hat Schwert, Ring und Stab in der L., die R. segnet, und es steht auf einem Pferde. Durch die geflügelte Sonnenscheibe über dem Polos des G. ist diese Identifizierung gesichert (vgl. a. *RE* s. v. Schamasch F. H. Weissbach; s. auch Göttersymbol E1 und oben § 2, 4).

§ 28. Sin (s. d.), der Mondgott, ist als G. nicht sicher belegt. Man sucht es auf den Siegelzylindern der 3. Dynastie von Ur in dem bärtigen G., ohne einen Anhalt dafür zu besitzen. C. Frank (LSS 2, 2 S. 14) will das 3. G. von Maltaja (s. d.), auf dem geflügelten Stier, mit Schwert, Bumerang in der R., Ring und Stab in der L., als Darstellung des Sin ansprechen. Ob das zutrifft, ist ungewiß.

§ 29. Wilder Mann (sog. „Gilgameš", „Nimrod") s. Mischwesen § 29.

§ 30. Gottkönig. Ob die Vergöttlichung der Könige schon in sum. Zeit stattfand, ist ungewiß (vgl. jedoch § 20). Den Statuen der Könige wurden damals aber bestimmt göttliche Ehren bezeugt, Opfer dargebracht (Christliebe Jeremias *Die Vergöttlichung der babylonisch-assyrischen Könige* AO 19, 3/4 S. 13). Die akkad. Fürsten verliehen sich Göttlichkeit und gaben dem Ausdruck durch Vorsetzung des Wortes „Gott" vor ihrem Namen, sowie auch in Darstellungen ihrer Person. Naram-Sin trägt auf dem Relief der Stele aus Susa in Paris (Band IV Tf. 70) einen Hörnerhelm, andererseits auf dem Relief aus Miafarkejn in Konstantinopel (AO 15 Abb. 37, S. 23) den Helm (s. d. D) ohne Hörner, dafür aber den göttlichen Volantrock (Band V Tf. 93). Die L. schultert ein Sichelschwert (?), die R. führt vermutlich eine Axt, die dem knienden Feind den Kopf spaltet, falls die Ergänzung nach dem Relief in Paris (AO 15 Abb. 108 S. 60) richtig ist. — Gudea von Lagaš, der Schöpfer der neusum. Kultur, ist der erste Fürst, der sich eine Wollmütze auf das Haupt setzt, irrtümlich für einen Turban angesprochen (Tf. 204b). Wenn ein Rückschluß erlaubt ist — es handelt sich hier nur um einen Zeitraum von 50—100 Jahren —, so ist diese Mütze das Zeichen der Vergöttlichung: Die langbärtigen Götter der Siegelzylinder z. Z. der dritten Dyn. von Ur, die kurz nach Gudea regierten, tragen nämlich ebendieselbe Mütze (z. B. AO 15 Abb. 88 S. 51). Die sumer., also bartlosen Herrscher dieser Dyn. haben die gleiche Kopfbedeckung, und auf dem Siegelabdruck einer Tonplombe in Philadelphia (Tf. 204d) sitzt König Ibi-Sin, wie ein Gott mit Volantrock bekleidet und die Mütze auf dem Kopfe; er hält in der r. Hand eine Vase, gleich andern G. dieser Zeit. In Mari (s. d.) hat der göttliche Fürst, ein Semit, auf der Mütze noch zwei Hörner (s. Krone B) befestigt, um das Zeichen der Göttlichkeit zu verstärken. Den Beschluß dieser vergöttlichten Könige der sumerischen Epoche bildet der sem. König Hammurapi (Tf. 204a), der sich selbst als göttlich bezeichnet. Er trägt den profanen sumerischen Mantel, wie der Verehrer des Ibi-Sin (Tf. 204d), und die Mütze gilt hier als das Abzeichen der göttlichen Würde. — Ob die Vergöttlichung der Könige nach der großen Pause in der Geschichte Mesopotamiens, die durch die Verwüstung des Landes und längere Fremdherrschaft durch die Hettiter entstanden war, wieder aufgenommen wurde, ist möglich, da sich bisweilen, aber nicht häufig, das Wort „Gott" vor den Namen der kassit. Herrscher findet (AO 19, 3/4 S. 22). Es hat aber den Anschein, als ob die Vergöttlichung des Königs zu Lebzeiten außer Brauch gekommen ist. Bei den assyr. Königen ist sie nicht nachzuweisen. Dagegen werden den Statuen oder Königsstelen göttliche Ehren erwiesen, wie der assyr. Siegelzylinder in London (Br. M. 89502 *Guide*[3] 1922 S. 233 Nr. 5) deutlich zeigt (Tf. 204c).

§ 31. Niedere Götter. Zahlreiche G. von niederen Göttern finden sich unter den Darstellungen, deren Deutung die größten Schwierigkeiten macht. Einige Beispiele führe ich hier an: Es sind G. mit Hörnerhelm als Thronstützen, z. B. auf dem Relief Sanheribs vor Lachisch (Paterson *Assyrische Skulpturen* Tf. 69), oder die Bronzestatuette eines Gottes in London (Br. M. 91147 = *Guide*[3] Abb. S. 171), ein Gott, der einen Löwenkentauren bändigt (Layard *Monuments* I Tf. 44,5) oder 2 Schafe (ebd. I Tf. 47,2). Andre G. haben Hörnermützen und dienen als Thronstützen (vgl. AO 15 Abb. 140, S. 80; s. § 20; Rec. de trav. 18 S. 64f. Scheil; ebd. 19 S. 36, 185f. Thureau-Dangin; Babyl. Exped. 20,1 S. 51 Hilprecht). Wieder andre sind nur mit einem Diadem geschmückt. Sie tragen Blüten und segnen. Die bisherige Deutung als Priester ist nicht erwiesen. Vgl. Budge *Assyrian Sculptures* Tf. 36 (London Nimr. Gall. 27); 39,2 (Nimr. Gall. 32); sie opfern auch ein Zicklein, Paterson *Assyrische Skulpturen* Tf. 7. Ein andrer bändigt 2 Löwenkentauren: Layard *Monuments* II Tf. 69, 42 (Siegelzylinder). Weitere Literatur darüber s. Mischwesen.

§ 32. Unbekannte Götter. Zahlreiche G. der vorderas. Welt sind noch unerklärt geblieben. Ich verweise nur auf die Götterprozession von Jasilikaja bei der Stadt Hatti (s. d. und Band III Tf. 48), die Felsreliefs von Iwris (s. d.) mit dem Wein und Getreide spendenden Gott (Band VI Tf. 40). Auch die auf den assyr. Reliefs (Tf. 197a, c) abtransportierten, erbeuteten G. von feindlichen, vermutlich syrischen Ländern bedürfen noch einer eingehenden Deutung, die sich erst auf einheimische Funde stützen wird. Vgl. auch die Reliefs Sanheribs Paterson *Assyr. Skulpt.* Tf. 38, 91 = Layard *Monuments* II Tf. 50, 30.

C. Frank *Bilder und Symbole babylonisch-assyrischer Götter* LSS 2, 2 (1906); H. Prinz *Altorientalische Symbolik* 1915; G. Contenau *Les déesses nues babyloniennes* Paris 1914; ders. *La représentation des divinités solaires en Babylonie* Revue Biblique Internat. 13 (1916) S. 527ff.; A. Deimel *Pantheon Babylonicum* Scripta Pontificii Instituti Biblici 16 (1914); Th. Paffrath *Zur Götterlehre in den altbabylon. Königsinschriften* Studien z. Gesch. u. Kultur des Altertums 6, 5/6 (1913); F. Steinmetzer *Die babylon. Kudurru (Grenzsteine) als Urkundenform* ebd. 9, 4/5 (1922).

Eckhard Unger

2. Religion s. Kultus D, Religion E.

Götterdynastien s. Ägypten B, Religion C.

Göttergrab s. Grab G § 8.

Götterkrankheit. Sagen von Erkrankungen des Sonnengottes Râ, der Göttin Isis und ihres Sohnes Horus spielen in der äg. Religion eine gewisse Rolle und haben auch in die äg. Medizin übergegriffen.

a

b

Göttersymbol E1. Vorderasien

a. Grenzstein von Nebukadnezar I. in London (Br. Mus. 90858 [Steinmetzer Nr. 6]). Nach Photographie. — b. Grenzstein von Meli-Šipak II. in Paris (Steinmetzer Nr. 38.) Nach de Morgan.

Göttersymbol E 1. Vorderasien

Grenzstein (Kudurru) aus Babylon. H. 0,50 m. Kalkstein. Berlin. Nach Photographie.

Drastisch schildert ein Turiner Papyrus, wie der alternde Gott an Auswurf leidet und Isis aus seinem auf die Erde gespuckten Sputum und der anhängenden Erde einen „ehrwürdigen“ Wurm knetet, den sie zusammengerollt auf den Weg des seine Reiche durchwandelnden Gottes warf. Der Wurm sticht nun den Sonnengott, der laut klagend sein Leiden schildert, wie das Gift des Wurmes (*Filaria Medinensis* nach Öfele) den Körper durchdringt, ihm Zähneklappern, Gliederzittern, Frost und Hitze und Schweißausbruch hervorbringt. Im Papyrus Ebers hat sich ein kleines Büchlein ganz erhalten (Sp. 46, 10—47, 10), das für Krankheiten der Götter die Mittel lehrt, bereitet von ihren Gottheitsgenossen, auch für Krankheiten von Menschen naturgemäß von größtem Werte. Die meisten Mittel sind für den alternden Gott Râ bestimmt, namentlich für sein Leiden im Kopfe, um das sich die Göttinnen Nut und Isis und Tefnut bemühen. Auch für dysenterische Leibschmerzen des Horus trifft man Verordnungen und einen Zauberspruch. Das im Kampfe mit seinem Bruder Set dem Horus verloren gegangene Auge wird ihm in Heliopolis wieder geheilt.

In der Zaubertherapie Ä. wird auf diese Götterkrankheitsgeschichten vielfach Bezug genommen; in den Heilsprüchen finden sie Verwendung. Auch eine Brustdrüsenentzündung, welche die Göttin Isis nach der Geburt der Götter Schow und Tefnut in der Stadt χebt durchgemacht haben sollte, findet in der Zaubertherapie magische Verwendung.

v. Oefele *Studien über altäg. Parasitologie* Arch. de Parasitologie 4, 4 (1901) S. 507 ff.; Archiv f. Gesch. d. Med. 1 S. 24; Erman-Ranke *Äg.* S. 304.

Sudhoff

Göttersymbol.

A. Allgemein s. Religion A.

B. Ägäischer Kreis s. Kreta B.

C. Ägypten. § 1. Das Symbol, an dem man äg. Götter in der Darstellung erkennt, liegt schon in ihrer Körpergestaltung und in ihrer Haltung (s. Götterbild C). Dazu kommt dann die Tracht, die, wenigstens in vielen Fällen, für die einzelnen Göttertypen festgelegt ist und gleichbleibend beibehalten wird. Ferner die Kronen, Zepter oder Waffen, die von den Gottheiten getragen werden und oft die einzigen Kennzeichen ausmachen, durch die wir sie von anderen unterscheiden können. Diese Symbole haben eine innere Beziehung zu dem Wesen der dargestellten Gottheit. Z. B. bildet man Isis, die Mutter des vielverehrten Knaben Horus, als Mutter mit dem Kinde auf dem Schoß ab (Band I Tf. 77a). Oder gewisse Kriegsgötter werden mit einem langen Kleide und mit Waffen in der Hand dargestellt. Welche Krone eine Gottheit trägt, bestimmt in vielen Fällen das Herkommen; diese Götterkronen haben oft eine einzigartige Gestalt, die nur in diesem einem Falle verwendet wird und deshalb eine Art Symbol für diese Gottheit genannt werden kann.

§ 2. Für einige, aber nicht alle äg. Gottheiten gibt es wirkliche Symbole. Es sind Gegenstände meist lebloser Art, aber auch Teile von Tieren in gewissen gleichmäßigen Verbindungen. Dem Osiris ist ein Pfahl *Ded* geweiht, dessen Sinn den Äg. der geschichtlichen Zeit gewiß nicht mehr bekannt gewesen ist; man deutet ihn jetzt entweder als einen entlaubten Baum oder als Rückgrat des Osiris. Seiner Gattin Isis gehört ein Knoten „Isisblut“ an. Beide Symbole werden auch als schutzverleihende Amulette (s. d. B) verwendet, wie natürlich der Zusammenhang zwischen Symbolen und Amuletten auch sonst vielfach vorhanden ist.

Auf den Totengott Anubis weist ein Fell auf einer Stange, ein sonst nicht vorkommendes Symbol. Neben Min, dem Erntegott von Koptos (s. d.), stehen Bäume und eine Kapelle von eigenartiger Form. Mit Hathor (s. d.) ist ein breites Frauengesicht mit Kuhohren verbunden, das dieser Göttin seit vorgesch. Zeit angehört (Band I Tf. 16). Als Symbol für verschiedene Götter erscheint die Ägis, d. h. ein Halskragen, auf dessen Mitte der Kopf eines oder mehrerer Tiere sitzt. Eine Ägis mit Löwinnenkopf ist der Sachmet, der grimmigen Kriegsgöttin, geweiht; die Ägis mit Katzenkopf gehört der freundlicheren und sanften Frauengöttin Bastet (s. d.) an. Auf Schow und Tefenet, die uralten Kinder des Sonnengottes, weist die Ägis, wenn sie entweder zwei Löwenköpfe trägt oder nebeneinander den Kopf eines Mannes mit Federkrone und den einer Löwin mit Sonnenscheibe.

Auch heilige Tiere sind in Ä. zum Symbol für Gottheiten geworden. Der liegende Hund ist nicht nur das heilige Tier des Totengottes Anubis, und der stehende Wolf ist nicht nur das heilige Tier des kriegerischen Stadtgottes Wepwawet von Siut, sondern diese Tiere sind Erscheinungsformen der betreffenden Götter, an die jeder sofort denkt, wenn er die Tiere sieht. Die Tiere sind irdische Verkörperungen jener Götter, und deshalb können sie in Darstellungen wie in der Schrift als Symbole für diese Götter verwendet werden. Ebenso steht es mit dem Ibis für Thot, mit der Katze für Bastet, mit dem Falken für Horus usw. Diese Tiere können auch auf Standarten (s. d. B) gesetzt werden, zusammen mit irgend welchen symbolischen Gegenständen, die zu Gauen oder Städten gehören. Dann werden sie oft dem König vorangetragen oder dienen sonst bei Prozessionen als symbolische Hinweise auf die Gottheiten, die sie vertreten.

Roeder

D. Palästina-Syrien s. Religion D.

E. Vorderasien (Tf. 205—210).

1. Archäologie.

§ 1. Allgemeines und Literatur. — § 2—3. Geschichte der Göttersymbole in Babylonien. — § 4. Dgl. in Assyrien. — § 5—50. Alphabetische Liste der Göttersymbole.

Liste der in den §§ vorkommenden Götter: Adad: 1, 4, 5f. 7, 16, 45, 47. — Anu: 9, 17, 20. — Aruru: 31, 34. — Ašur: 17. — Babbar: 30, 42. — Bau: 18, 19. — Bêl-Harrân: 28c. — Bêlit-ilani: 34. — Bêlit-ṣêri: 33. — Ea (Enki): 11a, 11b, 17, 30, 37a, 38, 49, 50. — Enlil: 17, 30, 37b. — Enzu: 28, 30. — Geštinna: 33. — Gibil: 25. — Gula: 19. — Hadad s. Adad. — Igigi: 49. — Išḫara: 42a. — Ištar: 1, 27a, 44. — Marduk: 1, 15, 26a. — Nabu: 1, 15, 47, 48. — Nannar: 28. — Nergal: 4, 22, 26b, 27b, 27c, 27d, 43. — Nîna: 8. — Ningirsu: 2, 5a, 30, 43, 49. — Ninḫursag: 6, 24b, 30, 35. — Ninmaḫ: 6, 34, 35. — Ninurta: 5a, 27b, 30, 43, 49. — Nusku: 4, 9, 25. — Papsukkal: 34, 39. — Šamaš: 1, 2, 4, 24a, 32a, 42, 49. — Šargaz: 27b. — Šarur: 27b. — Sibitti: 1, 4, 40. — Sin: 1, 2, 13, 28a, 28b, 28d. — Sin von Harrân: 28c. — Sîru: 39. — Šitlamtaë: 27b. — Šulpaë: 26a. — Šumalija: 27c. — Šuqamuna: 22, 27c. — Tešup s. Adad. — Zamama: 5e. — Zarpanitum: 6, 35.

§ 1. Symbole (*šurinnu*) sind charakteristische Abzeichen der Götter, durch die ihre Eigenschaften, ihre Tätigkeiten, gewissermaßen ihr Beruf zum deutlichen Ausdruck gebracht werden; der Sonnengott wird durch die Sonne, der Mondgott durch den Mond, der Wettergott durch den Blitz symbolisiert. Vielfach erscheinen die Götter mit ihren Symbolen in der Hand, z. B. auf der Stele des Šamaš-rêši-uṣur (Tf. 194a), wo Adad mit dem Blitz und die Göttin Ištar mit ihrem Stern in der Hand dargestellt ist. Auf demselben Denkmal aber sind auch andere Götter, die für den Stifter der Stele von geringerem Interesse sind, aber der Vollständigkeit halber nicht fehlen dürfen, nur durch ihre Symbole allein vertreten, nämlich Marduk, Nabu, Sonne (Šamaš) und Mond (Sin) durch Lanze, Griffel, geflügelte Sonnenscheibe und Mondsichel. Im allgemeinen behalten die Götter dieselben Symbole bei; doch kommen auch Übertragungen vor (vgl. § 49). Neben Denkmälern mit gemischter Darstellung von G. und Götterbildern gibt es eine ganze Reihe von andern, auf denen nur Symbole vorkommen. Das sind vor allem die babyl. sog. „Grenzsteine" (s. d.) oder „Kudurrus", Belehnungsurkunden mit endlosen Fluchformeln am Ende, denen zur sichtbaren Bekräftigung die Symbole der angerufenen Götter *in figura* beigegeben sind. Die beste Ausgabe dieser Urkunden bietet L. W. King *Babylonian Boundary Stones* London 1912, worauf hier mit King und der Nummer des Britischen Museums verwiesen ist. Eine ausführliche Behandlung dieser Grenzsteine und ihrer G. stammt von Hinke *A new boundary stone of Nebuchadrezzar I. from Nippur* Philadelphia 1907; zusammenfassend bearbeitet von F. Steinmetzer *Die babylon. Kudurru (Grenzsteine) als Urkundenform* Stud. z. Gesch. u. Kult. des Altert. 11, 4—5 (1922). Die Grenzsteine beginnen in der Kassitenzeit etwa um 1500 und reichen bis um 650. Sie sind rein babyl. und in Assyrien so gut wie ungebräuchlich. Dagegen sind die sog. „babylonischen Beschwörungsreliefs", um 700 v. C., rein assyr. Ursprungs, was durch das Vorkommen von rein assyr. Symbolen (geflügelte Sonnenscheibe, Siebengestirn) an die Hand gegeben ist, und wogegen auch die Inschriften nicht sprechen. Den ersten und richtigen Schritt zur Erklärung der Symbole überhaupt hat F. v. Luschan in Mitt. a. d. Or. Samml. 11 S. 11ff. und danach K. Frank unternommen (*Bilder und Symbole babylonisch-assyrischer Götter* Leipz.

Sem. Stud. 2, 2; *Babylonische Beschwörungsreliefs* ebd. 3, 3; Zf. Assyr. 22 S. 105f.; vgl. PKOM II [1916] S. 40 Anm. E. Unger; zuletzt auch Beitr. z. Assyr. 8, 2 und AO 19, 1—2 [1919] S. 16f. F. Steinmetzer, ferner Rev. d'Assyr. 16 [1919] S. 134f. Thureau-Dangin). Am häufigsten treten die Göttersymbole ferner auf den Darstellungen der Siegelzylinder auf, wo sie natürlich wegen der Kleinheit der Abbildungen beliebt sind (vgl. O. Weber *Altorientalische Siegelbilder* [=AO 17/8], das hier wegen seiner vielen brauchbaren Bilder zitiert ist).

§ 2. Der Gebrauch, die Götter mit Symbolen auszustatten, ist schon in altsumer. Zeit vorhanden, aber in beschränktem Maße. Auf der Geierstele des Eannatum um 3000 (Band VII Tf. 138; AO 15 Abb. 18 S. 12) hält der Gott Ningirsu(?) das Wappen der Stadt Lagasch, den löwenköpfigen Adler (=das Land Sumer) und 2 Löwen (=Lagasch selbst), während eine kleinere Göttin (Ninni?) hinter Ningirsu seine Adlerstandarte faßt. Neben diesen tierischen Symbolen sind Darstellungen der Gestirngottheiten erst später nachgewiesen, der Mond um 2900 in Obeid (s. § 28a), ferner Sterne um 2750, auf der Stele des sem. Naram-Sin von Akkad (Band VII Tf. 139a; AO 15 Abb. 38, S. 25). Der Rest des erhaltenen Reliefs zeigt eine Mondsichel (?) und zwei achtstrahlige Sterne, mit Flammenbündeln zwischen den Spitzen. In fast gleichartiger Weise hat man später die Sonne symbolisiert. Ob sie aber auch hier damit gemeint ist, bleibt wegen der Zweizahl und wegen der Unvollständigkeit des Reliefs ganz unsicher. Zur sem.-akkad. Zeit aber bleiben die G. immer noch spärlich, man findet noch die Strahlen des Sonnengottes, die ihm aus den Schultern wachsen, den Baum, die sprudelnde Vase als G. Auch die Gudea-Zeit (2600) und die Periode der sumer. 3. Dyn. von Ur (um 2400 v. C.) haben die G. wenig vermehrt; erwähnt sei die Komposition von Halbmond und Stern. Erst die Herrschaft der sem. Hammurapi-Dynastie hat die Verwendung von Symbolen und wohl auch ihre Neuerfindung weiter durchgeführt. Bei den Darstellungen der Götter auf den Siegelzylindern waren damals die Figuren der Götter zu reinen Typen erstarrt, denen jeder Hinweis auf die Eigenschaft eines bestimmten Gottes vollständig abging. Man mußte daher, um die dargestellte Gottheit benennen zu können, zu dem Mittel greifen, ihr ein Symbol in die Hand zu drücken, oder, was am meisten geschah, ein solches Symbol in der Nähe der Gottheit anzubringen. Erst durch das Symbol also gewann der Typus einen Spezialbegriff, und so findet man z. B. den „Naram-Sin-Mann", dessen klassisches Vorbild der König auf der erwähnten Stele des Naram-Sin ist, als Wetter-, Sonnen-, Mond- oder Kriegsgott, immer denselben Typ, doch mit jeweils anderem G. Diese Periode verwendet also eine große Fülle von Symbolen. Sie endet um 1900 v. C. S. a. Glyptik C.

§ 3. Die Eroberung Babyloniens durch die damals noch auf niedrigerer Kulturstufe stehenden Hettiter brachte das Ende der alten sumer. Kultur mit sich. Erst um 1400 tauchen wieder Denkmäler auf. Sie zeigen ein anderes Bild als früher in vielen Beziehungen, so auch in den Göttersymbolen. Sie zehren zwar auch von der Überlieferung, aber sehr viele Symbole sind neu hinzugekommen, vielleicht von den neuen Herren, den Kassiten, mitgebracht. Die Grenzsteine sind die hervorragendsten Denkmäler dieser Zeit. Ihr Einfluß erstreckt sich bis in die spätbabyl. Zeit hinein (500 v. C.). Hier findet man noch dieselben Symbole wie zu kassitischer Zeit; der Typenvorrat aber ist etwas zusammengeschrumpft, einige ältere Symbole sind vergessen und verloren (z. B. Kentaur), und die Kultur ist zu schwach geworden, neue Göttersymbole zu erfinden.

§ 4. Assyrien nimmt gegenüber Babylonien eine Sonderstellung ein. Zwar ist es von babyl. Kultur durchdrungen, doch sind nicht geringe, starke eigene Strömungen vorhanden. Darstellungen der mythischen geflügelten Löwen, Stiere, Sphinxe (s. Mischwesen) findet man in Assyrien, aber selten in Babylonien. So ist von den G. die geflügelte Sonnenscheibe eine assyrische Symbolisierung der Sonne. Rein assyr. sind auch die G. des Siebengestirns, des Feigenbaums oder -zweigs, des Diptychons (s. d. = Nusku), der Standarte (Nergal), die in Babylonien nicht nachgewiesen oder, wie das Siebengestirn, erst von Assyrien her übernommen sind (vgl.

PKOM II [1916] S. 33 E. Unger). Andrerseits übernimmt Assyrien von Babylonien einige Göttersymbole, z. B. die Lanze, den Griffel und den Typus des dreiteiligen Blitzes (s. Dreizack; vgl. a. a. O. S. 33 f.). Die Symbole finden sich namentlich auf den zahlreichen assyr. Königsstelen, die als Zeichen der assyr. Herrschaft überall errichtet und auch in Felsen gemeißelt wurden (s. Nahr-el-Kelb). Die wichtigsten Göttersymbole, die im vorderas. Gebiete vorkommen, sind in alphabetischer Folge folgende:

§ 5. a) Adler. Der gewöhnliche Adler, mit ausgebreiteten Schwingen dargestellt, als Standartenzeichen, ist schon um 3000 v. C. in Lagasch das Symbol des Gottes Ningirsu, identisch mit Ninurta oder Nimurta, in dem man den Nimrod der Bibel zu sehen glaubt (vgl. oben § 2). Der Adler hat bis in die späte Zeit hinein demselben kriegerischen Gotte als Symbol gedient. In kassitischer Zeit (1400 f.) und später sitzt der Adler auf einem Thronaltar (King Br. Mus. 87220 = Steinmetzer Nr. 10; MDOG 42 S. 13; hier Tf. 206). Zu den letzten Darstellungen gehört die Abbildung auf dem Kudurru des Marduk-apla-iddina II. (700) in Berlin (VA 2663: Beiheft zu Vorderas. Schriftdenkm. I; Band VII Tf. 161) sowie auf den Felsreliefs Sanheribs am Berge Nipur (s. d. = Dschudi Dağh nö. von Dschesiret ibn Omar am Tigris), wo der Vogel als G. des Ninurta durch die Inschrift erwiesen ist (Proc. Soc. Bibl. Arch. 1913 S. 66 f. L. W. King; Beitr. z. Assyr. 8, 2 S. 24 F. Steinmetzer; vgl. auch den Adler auf dem Emailfries Sargons II. [710] von Dur-Sargon [s. d.]; Band II Tf. 223; s. § 10 und PKOM II 39 E. Unger; AO 15 Abb. 260, S. 151; s. unten e). Auf einem Dioritgefäß mit eingelegtem Relief des Rimusch (?) von Akkad (2800) aus Adab ist ein Adler mit 2 Schlangen in wappenartiger Verbindung dargestellt (auf einem Bruchstück in Konstantinopel); die Deutung dieses Adlers als G. ist aber ungewiß. Ein sehr ähnliches Gefäßbruchstück in Berlin (B. Meissner *Babyl. u. Assyr.* I [1920] Tf. Abb. 125) trägt eine Inschrift des Rimusch mit dem Relief eines kämpfenden Löwen und einer Schlange. — b) Doppeladler als G. ist ebenso alt wie der Adler, aber seine Zuweisung als G. an Ningirsu (Ninurta) ist nicht sicher. Diese Form des zweiköpfigen Adlers begegnet 1600 Jahre später in Kleinasien in Hatti wieder. Es ist hier der Trabant zweier noch namenloser Göttinnen (weiteres s. Adler B sowie Amer. Journ. Arch. 22 S. 66 f. C. Torrey und Quart. Stat. Palest. Expl. Fund 1920 S. 41 f. J. Offord). — c) Der löwenköpfige Adler findet sich als speziell sumer. G. schon in ältester Zeit auf der Geierstele (s. oben § 2), von Gudea (2600) noch übernommen. Dieses G. hat in Lagasch zwei Löwen in seinen Klauen, es schwebt mitten über den Tieren und bildet das Wappen der Stadt Lagasch. Gemäß den Gravierungen auf der Silbervase des Entemena (3000; vgl. Band I Tf. 5 a, b) diente der löwenköpfige Adler mit andersartigen Tieren zusammen, wie Steinböcken und Damhirschen, als Wappen anderer Städte, Kisch und Uruk (vgl. auch AO 17/8 Abb. 277; s. Obeid). Demzufolge werden die Städte im besonderen durch die verschiedenen Tiere symbolisiert, während der löwenköpfige Adler ein allgemeineres Symbol vorstellt, nämlich das des Landes Sumer (s. Wappen D). — d) Eine Abart des letzteren Symbols scheint der Doppeladler mit zwei Löwenköpfen zu sein, der sich auf sumer. Siegelzylindern findet (Tf. 199 a). — e) Die Adlerkeule, auch Geierkeule genannt, ist das G. des Zamama, Kriegsgott der Stadt Kiš (s. d.), der dem Ninurta gleichgesetzt wird, seit kassit. Zeit auf den Grenzsteinen nachgewiesen. Die Keule hat eine bumerangartige Schweifung, ist gelegentlich am unteren Griff durch eine Rille geteilt und hier horizontal eingekerbt. Auf dem Grenzstein des Meli-Šipak (AO 19, 1 Abb. 5 S. 19), wo den Göttern meist zwei Symbole gegeben sind, steht ein Adler neben der Adlerkeule (Tf. 205 b; vgl. auch § 27 b). Auf dem Grenzstein Steinmetzer Nr. 36 ist die Gleichsetzung mit Zamama inschriftlich gesichert. — f) Axt. Das G. des hettit. Wettergottes Teschup (s. d.) in Hatti am Felsrelief von Jasilikaja ist die Axt (E. Meyer *Reich u. Kultur der Chetiter* 1914 Abb. 68, S. 89). Eine Axt scheint auch der aramäische Gott Hadad auf der Stele aus Babylon mit späthettit. Ritzschrift (6. Jh.) zu halten, während dagegen sein Prototyp auf dem älteren Relief aus Samʿal (9. Jh.) statt

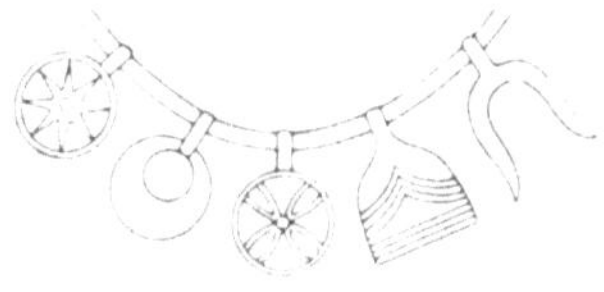

a

b

c

Göttersymbol E 1. Vorderasien

a. Halsband vom Relief des Königs Assurnassirpal II. (880) in London (Nimr. Gall. 39—40). Nach Meissner. — b. Relief des Obelisken Adadniraris II. (900) in London (Nimr. Centr. Saloon 63). Nach Paterson. — c. Relief vom Basaltobelisken Salmanassars III. (830). London (Nim. Centr. Saloon 98). Kniefall des Jehu von Israel vor dem König. Nach Photographie.

dessen den Hammer in der Rechten schwingt (E. Meyer a. a. O. Abb. 56/7 S. 67; Archiv f. Keilschriftf. 1 S. 81 E. Unger; weiteres Material s. Götterbild E1 § 6, sowie auch Doppelaxt C).

§ 6. Band. Ein Omega-förmiges Band, bald nach oben, bald nach unten geöffnet, manchmal auch nur mit eingerollten Enden, ist das G. der Göttin Ninḫursag oder Ninmaḫ, aber auch das der Zarpanitum, der Gemahlin des Stadtgottes von Babylon Marduk, „das Große Band von Esikkila" = Esagila (B. z. Assyr. 8, 2), z. B. auf dem Türpfostenschuh aus Bronze in Berlin (VA 204; Köppen und Breuer *Geschichte des Möbels* 1904 S. 89). Dies G. ruht (der Zeichnung nach: steht) bei den Kudurrus auf einem Thronaltar und läßt sich von kassitischer Zeit an nachweisen: Kudurru des Nebukadnezar I. (1150; Tf. 205 a; AO 19, 1 Abb. 4, S. 17), des Meli-Šipak (ebd. Abb. 5, S. 19; hier Tf. 205 b). Auf letzterem Denkmal findet sich auf dem Thronaltar des Bandes auch noch der Reißstift (s. § 35). Andere Darstellungen des Bandes bei King Br. M. 90835/40/41/50/58, 102485, 104405; Br. M. 104415 zeigt das G. auf einem Bergsockel, wohl in Anlehnung an den Namen: Ninḫursag = „Bergherrin" (R. Wurz *Spirale und Volute* 1914 S. 66 f.). — Baum s. Lebensbaum.

§ 7. Biene (Fliege?). Ein seltenes G. ist die Biene; welcher Gottheit sie zugeeignet ist, ist daher noch nicht ermittelt. Sie kommt vor auf dem durch König Burnaburiaš datierten, kassit. Siegelzylinder in AO 17/8 Abb. 458, um das Jahr 1400 anzusetzen (Tf. 210 b). Vgl. auch das Siegel des Kurigalzu in Paris, Louvre (D 56; s. Glyptik C; Tf. 161 c). — Blitz, das G. des Wettergottes Adad, s. Dreizack (Band II Tf. 180 b, c). Durch Beischrift auf dem kassit. Grenzstein Steinmetzer Nr. 62 (Délég. Perse Mém. 10 Tf. 13, 2) ist die Gleichsetzung bestätigt. — Bogen ist das Abzeichen des hettit. Wettergottes in Melidia (s. § 16) und in Karabel (s. d.; Band VI Tf. 61 a).

§ 8. Dattelrispe. Die Frucht der Dattelpalme kommt auf einer reliefierten Vase des Entemena von Lagasch (3000) in der Hand der sitzenden Göttin Nîna vor (Tf. 200 b), jetzt in Berlin VA 7248. Die von O. Weber in Amtl. Ber. a. d. kgl. Kunsts. 36 (1915) S. 118 ausgesprochene Vermutung, daß es sich um Maiskolben handeln könnte, ist schon deshalb hinfällig, da der Mais seine Heimat Amerika erst im Jahre 1493 n. C. verlassen hat (F. M. Feldhaus *Lexikon der Erfindungen und Entdeckungen* 1904 S. 20). Die Zeichnung von A. Bollacher bei Weber a. a. O. Abb. 45 ist allerdings irreführend und findet keine Stütze am Original, auf dem man sehr genau zwei Zickzackstengel unterscheiden kann, an denen die einzelnen Datteln sitzen.

§ 9. Damhirsch s. § 5 c und § 16. — Diptychon (s. d.), unsicheres G., dem Nusku gehörig, s. Altar E § 5 zu VA 8146. — Drache s. Mischwesen. — Ente s. § 13.

§ 10. Feigenbaum und Feigenzweig. Dieses G. kommt vorderhand erst in der spätassyrischen Zeit vor; die zugehörige Gottheit ist noch nicht ermittelt. Der Feigenbaum hat einen unverhältnismäßig dicken Stamm gegenüber oben ansitzenden dünnen Ästen, an denen kreisrunde Früchte an kurzen Stilen sitzen. Die Art des Feigenbaums ist der *Caprificus*, der männliche F.; vgl. V. Hehn *Kulturpflanzen* 1911[8] S. 99 f. Der F. findet sich auf einem emaillierten Ziegelfries neben 4 andern Göttersymbolen aus Dur-Sargon (s. d.; Band II Tf. 223; vgl. Place *Ninive* III Tf. 6, 26, 31 (I 119). Der Fries war am Tor Z, Zimmer 166 am Hofe XXVII angebracht und stammt von Sargon II. (um 710). Von demselben Orte ist ein ähnlicher, aber kahler, fruchtloser Baum zu nennen, von dem mit Symbolen geschmückten Bronzefries einer Tür; Place *Ninive* Tf. 73, 2 und 9. Dazu kommen zwei assyr. Siegel bei Delaporte *Catal. du Musée Guimet* 1909 Nr. 105 (= AO 17/8, Abb. 352) und Nr. 107. Nachbildungen von F. nach der Natur bieten die profanen Reliefs: Layard *Monuments* I 33; II 15, 23; C. Bezold *Ninive u. Babylon*[8] Abb. 6 S. 8. Eine Abkürzung dieses G. ist der Feigenzweig. Er kommt vor auf der Stele Adadniraris III. aus Saba'a (805), vgl. PKOM II (1916) S. 36 ff. E. Unger; ferner auf dem Siegelzylinder des Nisannâi in Berlin VA 508 = AO 17/8 Abb. 257 (hier Tf. 210 a). Ein ähnliches G. liegt vielleicht in dem altbabyl. Siegel (etwa 2400) der Sammlung Poche vor = AO 17/8 Abb. 442. Doch fehlt jede

Verbindung mit dem späteren assyr. G., so daß jeder Rückschluß unsicher ist. Übrigens scheint dieses Siegel unecht zu sein. Der Feigenzweig hat einen Mittelzweig mit Frucht, woran seitlich je zwei Seitenzweige sitzen, teils mit Früchten (Saba'a), teils ohne Früchte (Siegel VA 508). Vier abgepflückte Früchte liegen noch seitlich, entweder auf einem Haufen zu vier (Saba'a), oder je zwei links, je zwei rechts (Siegel VA 508). Beim Relief ist das Symbol horizontal liegend gezeichnet, beim Siegel aber aufrechtstehend. Beidemal ist das G. dem des Gottes Adad benachbart. Vgl. auch: Délég. Perse Mém. 12 S. 160f. Toscanne.

§ 11. a) Fisch. Zur Symbolisierung des Wassers überhaupt oder des Flusses dient seit ältesten Zeiten der Fisch an sich, so auf einem altsumer. Relief aus Schuruppak in Berlin (unveröffentlicht), wo ein Kahn auf Fischen dahinfährt mit kinnbärtigen Göttern als Insassen (3000). Man vergleiche auch das Siegel aus Schuruppak VA 6700 (AO 17/8 Abb. 410). Noch im 9. Jh. zeigt ein aramäisches Relief des Kapara von Gusana (s. d.) ein Schiff mit zwei Fischen, als alleinige Andeutung des Flusses. Vielfach aber gesellt sich der Wasserstrom selbst zu den Fischen, die, gegen den Strom schwimmend, die Richtung des fließenden Wassers markieren, auf den Siegeln: AO 17/8 Abb. 375, 396. Als G. erscheint der Fisch auf assyr. Siegeln: AO 17/8 Abb. 295, 304. Ob Ea, der Gott der Wassertiefe, damit symbolisiert sein soll, ist noch nicht bekannt, aber wohl möglich. — b) Fischmaske. In assyr. Zeit zogen sich die Beschwörungspriester bei der Abhaltung von Zeremonien zur Austreibung böser Krankheitsdämonen eine Fischmaske über; es war das Gewand des Gottes Ea, des Gottes der Wassertiefe, der Weisheit und der Beschwörungskunst; vgl. K. Frank *Babyl. Beschwörungsreliefs*. Tonfigur eines Priesters mit Fischmaske: AO 15 Abb. 254 S. 148; Labartu-Relief in Bronze: B. Meissner *Babyl. u. Assyr.* Tf. Abb. 213 (3. Fries); Reliefbruchstück Asarhaddons aus Ninua in Konstantinopel (AOTU II 2—3 Abb. 6). — c) Fischmensch s. Mischwesen.

§ 12. Fuchs s. § 37b.

§ 13. Gans. Dieser Vogel ist vermutlich das Wappentier der Stadt Susa in Elam, auf dem altsumer. Siegelzylinder (3000) des *Gal* (AO 17/8 Abb. 162) abgebildet. Er kommt noch auf einem Kudurru (um 1200) in London vor, aber die zugehörige Gottheit ist nicht bekannt; King Br. M. 104414 Tf. 23 = Steinmetzer Nr. 31. — Die Ente ist als Ausdrucksform der Gewichtssteine in Babylonien und Assyrien von 2600 an üblich. Ob ihr symbolische Bedeutung zugrunde liegt, ist ungewiß. Wenn das der Fall wäre, käme wohl nur der Mondgott Sin in Betracht, dem eine ganze Reihe von Gewichten (s. d. E) durch Inschriften und durch das G. der Mondsichel geweiht sind, so daß er als Patron des Gewichtswesens zu gelten hat: E. Unger *Katalog der babyl. u. assyr. Sammlung*; *Gewichte* Konstantinopel 1918 S. XI, XVIf. — Geier s. § 5 (Adler).

§ 14. Getreidehaufen. Auf einem Kudurru in London ist auf dem Thronaltar ein niedriger, kegelförmiger Gegenstand, der wie ein Getreidehaufen aussieht, als G. abgebildet; vgl. King Br. M. 102485 (Steinmetzer Nr. 11). Über seine Bedeutung ist nichts bekannt.

§ 15. Griffel. Der Keilschriftgriffel (s. d.) ist das Symbol des Schreibergottes Nabu von Borsippa und ist fast auf jedem Kudurru aller Zeiten, auch auf den assyr. Königstelen (Tf. 208/9), dargestellt (F. H. Weissbach *Denkmäler u. Inschriften an der Mündung des Nahr el-Kelb* 1922 Abb. 8—10 S. 26/7). Der Griffel ist aus einem Stück Rohr geschnitten; die Schreibseite ist nach den Denkmälern teils gerade abgeschnitten, teils leicht bogenförmig, teils keilförmig ausgekerbt; der untere Teil des Griffelschaftes verjüngt sich, er ist manchmal durch Strichzeichnung verziert. In späterer Zeit, seit dem 9. Jh., haben die Griffel breitere Formen; sie sind oben fast gerade abgeschnitten, sehen aus wie aufgeschnittene Rohrhalme, deren Wände als zwei senkrechte Stege erscheinen, mit einer Querverbindung in der Mitte. So zeigen es auch viele neubabyl. Siegelzylinder. Manchmal ist der Griffel hier auch wie zwei ineinandergesteckte Keile oder auch wie ein Keil gestaltet (VA 508; hier Tf. 210a). Der Griffel wird zum Teil stehend, mit der Schreibseite nach oben hin, zum Teil

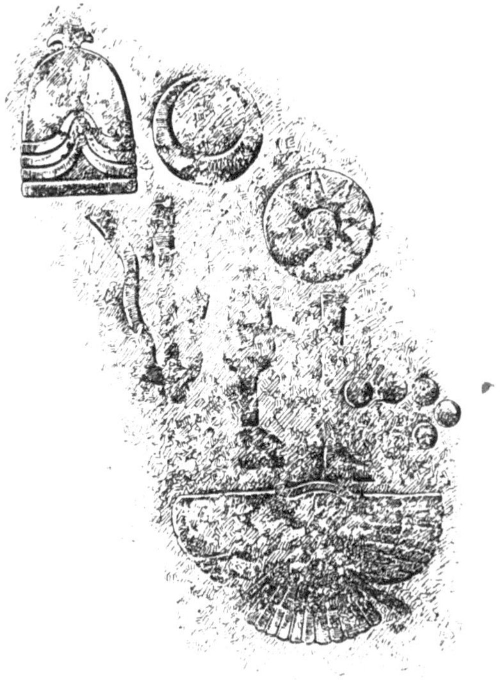

a

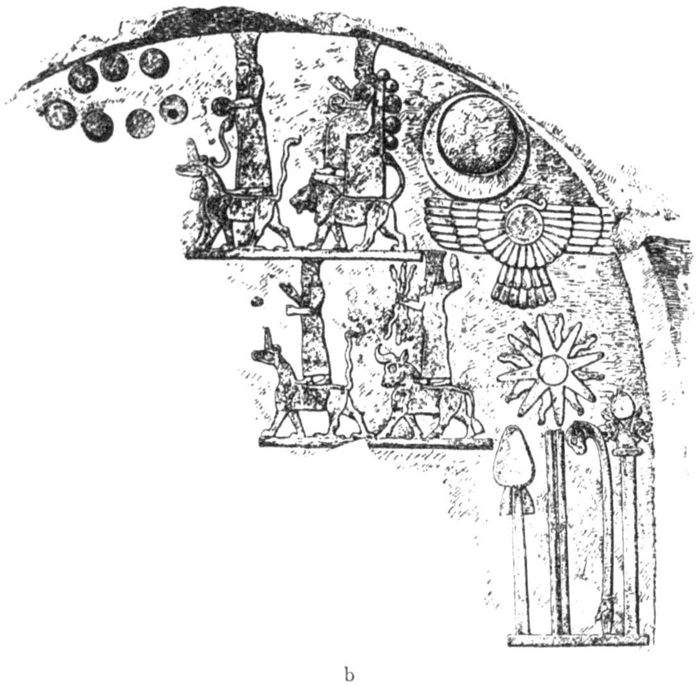

b

Göttersymbol E1. Vorderasien

a. Von der Stele Sargons II. aus Zypern in Berlin (VA 968). — b. Von der Stele Asarhaddons aus Sam'al in Berlin (VA 2708). — Nach Weissbach.

liegend abgebildet, auf dem Thronaltar, auch zusammen mit einer Tontafel (Tf. 205 b) oder noch häufiger mit dem „Drachen von Babylon", dem *Mušruššu*, dem G. des Nabu und seines Vaters Marduk von Babylon. Die Form des Keilschriftgriffels ist bekannt von 1500–500 v. C. (E. Unger *Babylonisches Schrifttum* 1921 S. 8f. Abb. 4, 6, 39/40); gerade abgeschnittene Griffel: Hinke Abb. 13, 28; King Br. M. 90833/41/50/936/40; eingeschnittene Griffel: Hinke Abb. 19, 21, 47; King Br. M. 90835/40/58/933, 102485, 104407/15; VASD Beiheft Tf. 1, 1 (VA 3031), Tf. 5 (VA 209); Koldewey a. a. O. Abb. 121 S. 188 = MDOG 42 S. 13 (hier Tf. 206); Griffel mit Tontafel: King Br. M. 90836; aufgeschnittene Rohrhalme: King Br. M. 40006, 90922; VASD Beiheft Tf. 7 (VA 2708); Tf. 8 (VAG[ips] 31). — Hammer s. § 5 f.

§ 16. Heuschrecke. Eine Landplage war die Heuschrecke im Altertum, wie heute noch in Assyrien, gleichzeitig aber ein Leckerbissen an der Tafel des Königs Sanherib (700; B. Meissner *Babyl. u. Assyr.* I 72, 416, Tf. Abb. 45). Als Symbol einer unbekannten Gottheit kommt die Heuschrecke auf kassit. Siegelzylindern des Kurigalzu (s. Glyptik C; Tf. 161 e) und auf einem altassyr. Siegelzylinder des Louvre vor (Ward *Seal Cylinders* Abb. 1091 = AO 17/8 Abb. 356); dieser ist aber der Fälschung verdächtig, so daß als einziges assyr. G. die Malerei eines assyr. Königs aus Assur, vielleicht des Tukulti-Ninurta II. (890), gilt. Der König betet zu Ašur und andern symbolisierten Göttern um Schutz vor der Plage der Heuschrecke, die oberhalb des Beters gemalt ist; W. Andrae *Farbige Keramik aus Assur* Tf. 10. — Hirsch. Der hettit. Wettergott mit Dreizack und Bogen aus Melidia (s. d.; um 1100 v. C.) steht auf einem Hirsch (E. Meyer *Reich und Kultur der Chetiter* Abb. 80 S. 103). S. a. § 5 c.

§ 17. Hörnerkrone. Eine mit mehreren Hörnern besetzte Krone oder Mütze ist seit ältesten Zeiten das Kennzeichen der höheren Götter; sie wird aber seit der Kassitenzeit (etwa 1500) das G. für die drei allerhöchsten Götter, Anu, Enlil und Ea, vielfach nur für die beiden ersteren, da Ea mit eigenen Symbolen, Schafskopf und Ziegenfisch, aufwarten kann. Die Hörnerkrone ruht auf einem Thronaltar. Auf assyr. Denkmälern hat die Hörnerkrone, meist als Hörnerhelm gestaltet, die Bedeutung des höchsten assyr. Gottes Ašur neben denen von Anu und Enlil. Vgl. die assyr. Königsstelen und s. Krone B (s. Tf. 208 a, 209).

§ 18. Huhn. Ein schreitendes Huhn oder eine Henne ist ein G. auf den kassitischen Kudurrus (1500) bis zu neubabyl. Siegelzylindern (550) hinab: King Br. M. 90835/40/41, 90940, 104405/14; auf einem Thronaltar: MDOG 42 S. 13 = Koldewey a. a. O. Abb. 121 S. 188 (hier Tf. 206); AO 17/8 Abb. 463, das folgende Siegel 463 a mit einem Hahn ist eine Fälschung; dieser ist aber auf einem assyr. Stempelsiegel abgebildet (B. Meissner *Babyl. u. Assyr.* I Abb. 53 S. 222), sowie auf einem späten Siegelzylinder aus Babylon (VA 6944; AO 17/8 Abb. 493). Die Gottheit, die das Huhn symbolisiert, ist in kassit. Zeit laut Beischrift auf dem Grenzstein Steinmetzer Nr. 36 (Délég. Perse Mém. 1 S. 168) die Göttin Bau.

§ 19. Hund. Das G. der Göttin Gula (= Bau), der Gemahlin des Kriegsgottes Ninurta (s. § 5), ist der Hund, meist in hockender Stellung sitzend, mit eingerolltem Schwanz, aber auch vor seiner Herrin am Boden liegend. So zeigen ihn die kassitischen Grenzsteine und die späteren, auch die Siegelzylinder bis hinab zur neubabyl. Zeit. Hockend mit Ringelschwanz: King Br. M. 90833; MDOG 42 S. 13 = Koldewey a. a. O. Abb. 121; sitzend neben der Göttin Gula: King Br. M. 90835; liegend vor Gula: King Br. M. 90858 (hier Tf. 205 a), 104404; ausnahmsweise ist der Hund springend dargestellt: King Br. M. 90829. Zu andern Nachbildungen von Götterhunden vgl. OLZ 1919 S. 114.

§ 20. Katze. Auf einem Kudurru aus Babylon, an der NO-Ecke des Peribolos des Tempelturms Entemananki gefunden, findet sich als erstes G. im 1. Fries (Tf. 206) eine auf dem Thronaltar sitzende Katze. Da das dritte Symbol das des Gottes Ea ist und die Hörnerkronen der höchsten Götter fehlen, die sonst stets vorhanden sind, so dürften die beiden vorhergehenden Göttersymbole für Anu und Enlil bestimmt sein. Es ist also Anu Symbolherr der Katze

Göttersymbol E 1. Vorderasien

Kalksteinstele von der „Königsstraße" in Ninua. In Konstantinopel (Nr. 1). König Sanherib im Gebet vor dem G. des Ašur, Anu, Enlil, Ea; Sin, Šamaš, Adad, Ištar und Sibitti [von l. nach r.]. Nach Photographie.

a

b

c

d

Göttersymbol E 1. Vorderasien

a. Assyr. Siegelzylinder des Nisannâi. Berlin (VA 508). — b. Kassit. Siegelzylinder des Kidin-Marduk, Offizier des Königs Burnaburiaš (1400). Berlin (VA 3869). Nach Weber. — c. Assyr. Siegelzylinder des Adad-naṣir, Offizier des Manu-kima-mâtu-Aššur (795 v. C.). Berlin (VA 511). Nach Photographie. — d. Abdruck eines assyr. Siegelzylinders auf einer Tontafel in Berlin (VAT 5389). Nach VASD I.

(Koldewey a. a. O. Abb. 121 S. 188 = MDOG 42 S. 13).

§ 21. Kelle. Ein unsicheres Symbol auf einem Londoner Kudurru, das (vgl. King Br. M. 90836 S. 87 Tf. 82, 2. Reihe r.) vielleicht eine Kelle darstellen könnte, befindet sich auf einem Ziegel(?), der über einem Thronaltar liegt (in der Zeichnung steht). Die Bedeutung dieses G. ist unklar. Ich vermute aber, daß das G. gegen King (S. 87 Anm. 2) und Steinmetzer (S. 160) ein Reißstift (§ 35) ist. Vgl. auch das Symbol VASD Beiheft 1 Tf. 1 (Steinmetzer Nr. 73), das von Steinmetzer a. a. O. S. 183 als Wurfschaufel oder Maurerkelle angesprochen wird. — Kentaur s. Mischwesen.

§ 22. Keule. Die Kudurrus King Br. M. 90840/41 haben das Symbol einer einfachen Keule mit Kugelkopf, die dem Gott Nergal gehört (B. z. Assyr. 8, 2 S. 28f.). Eine gigantische Keule hält ein Stiermensch wie eine Standarte auf dem Grenzstein aus Babylon im 4. Fries (Tf. 206; Koldewey a. a. O. Abb. 121 S. 188). Eine Keule mit quadratischem Kopf ist auf dem Kudurru Steinmetzer Nr. 36 inschriftlich dem Gott Šuqamuna, der dem Nergal nahesteht, zugeeignet.

§ 23. Korb. Der in § 14 besprochene Getreidehaufen ist über einem hohen, korbartigen, oblongen Gebilde gezeichnet, statt dessen sich sonst der Thronaltar findet.

§ 24. a) Kreuz. Ein speziell kassitisches G. scheint das Kreuz zu sein, da es auf den kassit. Siegelzylindern (Tf. 161 b, f, 210 b) vorkommt (AO 17/8 Abb. 330, 458, 459, 485; AO 15 Abb. 127 S. 72), sonst aber selten ist. Der assyr. König Assurnassirpal II. (880) trägt es, diagonal als Andreaskreuz in einen Ring eingesetzt (AO 15 Abb. 116 S. 64; hier Tf. 207 a), und Schamschi-Adad V. (820) hat das Kreuz ordensmäßig um den Hals gehängt (Hunger und Lamer *Altor. Kultur im Bilde* 1923[2] Abb. 123 und S. 44). In allen Fällen handelt es sich um eine Umwandlung der babyl. Sonnenscheibe, die im 9. Jh. von den Assyrern als Schmuck übernommen wurde (S. Lönborg *Korset och Labarum* Le monde oriental 9 [1915] S. 115ff.). Auf dem Relief Tiglatpilesers III. (PKOM V Nr. 4 E. Unger) ist das K. neben Mond und Stern dargestellt. Es erscheint auf angeblich alten Siegelzylindern aus Susa in Paris (Delaporte *Catalogue des Cylindres orientaux* Musée du Louvre Tf. 16, 6, 11—13 [S. 77, 80, 78, 79]). — b) Kuh. Das G. der Ninḫursag ist die Kuh, kürzlich in Obeid (s. d.) auf dem Fries ihres dortigen Tempels gefunden; vgl. Archiv f. Keilschriftforschung 1 S. 44f. E. F. Weidner; OLZ 1908 S. 234f., 551f.

§ 25. Lampe. Ein sehr häufiges G. auf den Kudurrus (1500—700) ist die Lampe, für sich allein oder auf einem Ständer ruhend. Sie ist Symbol des Gibil, des Feuergottes, oder auch seines Vaters, des Gottes Nusku; vgl. King a. a. O. und AO 19,1 Abb. 2, 4, 5. Inschriftlich ist die Lampe auf dem Kudurru Steinmetzer Nr. 36 dem Nusku zugewiesen.

§ 26. a) Lanzenspitze. G. des Gottes Marduk von Babylon (auch Šulpaë genannt) von 1500—550 auf vielen babyl. und assyr. Denkmälern; vgl. King a. a. O. und die Siegelzylinder (s. Tf. 210). Die Lanzenspitze steht auf kurzem Schaft aufrecht auf einem Thronaltar, häufig liegt der Drache von Babylon (*Mušruššu*) daneben, zum Überfluß ist auch der Gott selbst noch mit Keule und Bumerang in den Händen dabei abgebildet (AO 15 Abb. 124 S. 71; King Br. M. 90827; hier Tf. 198 a). Die Beischrift *Marduk* hat das G. auf den Kudurrus Steinmetzer Nr. 36 und 54. — b) Lanzenstandarte. Eine Lanze mit langem Schaft und Quasten am Halse findet sich auf zwei Kudurrus (1200) neben dem G. des Marduk, ist also einem andern Gotte zugeeignet, vielleicht dem Nergal, dessen G. in Assyrien (9.—7. Jh.) eine Standarte mit Scheibe und Quasten ist, deren Schaft über die Scheibe hinausragt (vgl. PKOM II 34f. E. Unger und unten § 43). Die zwei Lanzenstandarten s. King Br. M. 90829 und MDOG 42 S. 13 = Koldewey a. a. O. Abb. 121 S. 188 (3. Fries, mittleres Symbol [Tf. 206]). — Lebensbaum s. d.

§ 27. a) Löwe. Der Löwe ist in altsumer. Zeit (3000) das Symbol der Stadt Lagasch in ihrem Stadtwappen, vgl. § 5 c. In Assyrien ist er G. der Ištar, die auf ihrem Tier stehend abgebildet wird, z. B. in Maltaja (s. d.) oder auf Siegelzylindern (AO 17/8 Abb. 222), ferner der Löwe allein auf dem Emailfries von Dur-Sargon (Band II Tf. 223);

vgl. § 10. Der Löwe ist endlich das Eigentumszeichen der assyr. Könige, in dem sie die ihnen gehörigen „königlichen" Gewichte (s. d. E) darstellen, nämlich in Löwenform, oder das sie den Gegenständen, z. B. Vasen, die sie besitzen, einmeißeln lassen; vgl. E. Unger *Kat. d. babyl. u. assyr. Sammlung, Gewichte* Konstantinopel 1918 S. XIV. Über die Darstellung des Löwen vgl. Rev. d'Assyr. 12 S. 173f., auch Th. Kluge *Darstellung der Löwenjagd im Altertum* Diss. Gießen 1906. — b) Löwenkeule. Ähnlich der Adlerkeule (§ 5 e) gestaltet und neben ihr als G. verwendet für den Gott Šitlamtaë oder Šarur und Šargaz, eine Abart des Nergal. Das älteste Beispiel gibt ein Stelenfragment Gudeas mit axtartiger Schneide (AO 15 Abb. 71). — Das Tier hat meist spitze Ohren, hoch aufgerichtet, wohl mythisch verändert. Das Unterende verjüngt sich; King Br. M. 90835/50; 104405/414 MDOG 42 S. 13, Br. M. 90922 hat Horn, Kamm, sowie Schuppen am Halse; auf einem Thronaltar steht das G. in Br. M. 102485. Löwen- und Adlerkeule sind noch in assyr. Zeit in Gebrauch als G. bei den Standartenwagen des Königs, die Nergal und Ninurta geweiht sind; vgl. A. Jeremias *Handbuch der altor. Geisteskultur* Abb. 139 S. 293; PKOM II 35f. E. Unger; Hunger-Lamer *Altor. Kult. i. Bilde*² Abb. 139; s. § 43. Auf dem Kudurru Steinmetzer Nr. 36 (Délég. Perse Mém. 1 S. 168) findet sich die Beischrift *ilu Nergal.* — c) Doppellöwenkeule. Gleichartig der vorigen Keule, aber mit zwei einander abgewendeten Löwenköpfen; sie symbolisiert Šuqamuna und Šumalija, ebenfalls eine Abart des Nergal, und tritt gleichfalls auf den kassit. Kudurrus auf, z. B. King Br. M. 90836/40/41. Zuletzt noch in Bawian (700); vgl. Leipz. S. St. 2, 2 S. 39f. H. Zimmern (s. Maltaja). — d) Doppellöwenkeule mit rundem Keulenkopf ist neben der vorigen gebräuchlich und bis in späte Zeiten hinab nachzuweisen: MDOG 42 S. 13 (hier Tf. 206); King Br. M. 90829 (ebd. S. 19), 104 404/414. Letztere (Br. M. 104414), sowie Br. M. 104415 stehen auf dem Thronaltar, der bei diesem Kudurru bergartig gearbeitet ist.

§ 28. a) Mondsichel. Schon in altsumer. Zeit um 2900 verwendet als Schmuck oder G. über der Eingangstür der Hürde auf dem Relief von Obeid (s. d.), ähnlich über einer Tempeltür aus etwas späterer Zeit (B. Meissner *Babyl. u. Assyr.* I Tf. Abb. 164). Das G. ist das Zeichen des Mondgottes Nannar oder Enzu oder Sin. Als Patron des Gewichtswesens sind die Gewichte häufig mit seinem G. versehen; vgl. § 13. Zur Zeit der Oberherrschaft der 3. Dynastie von Ur, der Stadt des Sin, ist natürlich die Sichel oft zu finden, namentlich auf den Siegelzylindern; Siegel des Ur-Nammu: Br. M. 89126: Menant *Glyptique* Tf. 4, 2. Sie erhält sich auf kassitischen Kudurrus (vgl. King), auf assyr. Königstelen und Siegeln (Tf. 208, 209) bis in neubabyl. Zeit, wo die Anbetung des G., auf den Thronaltar und einen geigenförmigen Gegenstand gesetzt, dargestellt ist (AO 17/8 Abb. 461 auf einem fünfteiligen gerillten Aufbau ruhend; ebenda Abb. 463). — b) Mondsichel mit Gott. Der Mann im Mond, entsprechend dem Mann in der geflügelten Sonne (s. § 42 c), ist eine späte assyr. Personifizierung des G., z. B. auf dem assyr. Siegelzylinder des Adad-naṣir in Berlin (VA 511; hier Tf. 210 c). Andre derartige assyr. Siegel, wo der Mond mit Gott über Palmette oder Baum schwebt, vgl. Layard *Monuments* II Tf. 69, 5. 29. 42. — c) Mondsichel auf Säule. Das spezielle G. des Sin von Harrân, des Bêl-Harrân, ist dieses auf niedrigem Schafte oder einer Säule stehende G., mit Quasten geschmückt. Inschriftlich bezeugt ist das G. auf dem Relief des Königs Bar-Rekub von Samʿal (730) in Berlin (abgebildet O. Weber *Hethitische Kunst* 1922 Tf. 24), sowie auf dem Siegel VA 508 (um 800); s. Tf. 210 a [im Rücken des Vogelkentaurs]. — d) Mondsichel mit Sternscheibe. Die Ausbildung dieses G. als Darstellung des Mondes scheint der Periode der 3. Dynastie von Ur (2400) anzugehören, wo es oft auf Siegeln erscheint; auch späterhin bleibt es meist als Mond mit blanker Scheibe beibehalten: AO 15 Abb. 109/10; Relief aus Sippar (870); Meissner *Assyr. u. Babyl.* I Tf. Abb. 184; assyr. Stele des Bêl-harran-bêli-uṣur in Konstantinopel (Nr. 1326, um 775 v. C.): AO 15 Abb. 204.

§ 29. Mörserkeule. In der l. Hand einer Göttin befindet sich auf einem Kudurru ein Gegenstand, der einer Mörserkeule ähnlich sieht; seine Bestimmung ist aber auch sonst unklar; King Br. M. 90829; Steinmetzer Nr. 4. — Muschel s. § 38.

§ 30. Netz. G., mit dem verschiedene Götter die Feinde des Königs gefangen nehmen; auf der Geierstele des Eannatum von Lagasch (3000) ist es Enlil, Ninḫursag, Enki, Enzu und Babbar, die das Netz gebrauchen, im Relief aber vielleicht Eannatum selbst (Amtl. Ber. kgl. Kunsts. Berlin 36 S. 76f. O. Weber), der mit dem großen Netz, mit dem Wappen der Stadt die Öffnung schließend, die Feinde gefangen hat (Band VII Tf. 138; AO 15 Abb. 18 S. 12). Eine ähnliche Darstellung ist bisher nur auf der Dioritstele z. Z. des Sargon von Akkad (2800) bekannt (Rev. d'Assyr. 21 S. 71f. Essad Nassuhi; vgl. M. Pézard und E. Pottier *Antiquités de la Susiane* Musée du Louvre 1813 Nr. 2 S. 31). In der Sammlung Nies befindet sich, gemäß der Veröffentlichung von Keiser, ein Tongefäß mit Inschrift des Entemena von Lagasch (2900), das er als „Net-cylinder" bezeichnet. Es handelt sich aber um eine Vase, deren Hals abgebrochen ist, und die auf der halbkugligen Unterseite von unregelmäßigem Netzwerk in Relief überzogen ist, um die Vase in einem Gestell standfester zu machen. Zu vergleichen ist die Silbervase des Entemena mit ihrem breiten Bronzefuß (AO 15 Abb. 30 S. 20). Das Netzwerk des Nies'schen Gefäßes hat keine symbolische Bedeutung; J. B. Nies und C. E. Keiser *Historical, religious and economic texts and antiquities* II (1920) S. 1 Nr. 1 Tf. 1—3. S. auch Vasenurkunde.

§ 31. Pfeil. Als G. auf den kassit. Kudurrus, mit der Spitze abwärts gerichtet, wohl der Göttin Aruru zugeeignet: King Br. M. 90833/35/40/41, 104404; B. z. Assyr. 8, 2 S. 30. In späterer Zeit kommt der Pfeil als G. nicht vor. Er wird aber von den assyr. Königen, Assurnassirpal II. (880) u. f., symbolisch verwendet. Der König hält zwei Pfeile in der r. Hand, bei Gelegenheit von Kriegszügen, Märschen, Tributempfängen. Ist die Spitze der Pfeile abwärts gerichtet, so bedeutet es Krieg, Angriff, Feindschaft, Ungnade, ist sie aber aufwärts gehalten, so heißt es Waffenstillstand, Gnade, Friede.

§ 32. a) Pferd. Erst auf dem Relief von Maltaja (s. d.) begegnet das Pferd als G., und zwar des Sonnengottes Šamaš, im 7. Jh.; AO 15 Abb. 226 S. 135. — b) Pferdekopf, in einem gewölbten, gerippten Gehäuse auf einem Thronaltar, ist auf dem Kudurru (1150 v. C.) King Br. M. 90858 (AO 19, 1 Abb. 4 S. 17; hier Tf. 205 a) abgebildet. Ob das G. auch hier schon Beziehungen zum Sonnengott hat, ist unbekannt.

§ 33. Pflug. Vermutlich das G. der Göttin Geštinna (Bêlit-ṣêri = Herrin des Feldes), ist der Pflug auf kassit. Kudurrus und Siegelzylindern dargestellt: AO 19, 1 Abb. 5 S. 19 (4. Fries s. Tf. 205 b; vgl. a. Band I Tf. 4 b, c; B. Meissner *Babyl. u. Assyr.* I Abb. 40 S. 195 Tf. Abb. 79). Letzteres Bild stammt von dem Emailfries Sargons II. von seinem Palast in Dur-Sargon (Band II Tf. 223) um 710, wo der Pflug als G. neben andern auftritt. Auf dem Schwarzen Stein Asarhaddons (Br. M. 91027: Meissner a. a. O. Tf. Abb. 80), um 670, ist das G. ebenfalls dargestellt (Hilprecht-Festschrift 1909 S. 165f. K. Frank; ZdPV 36,4 [1913] G. Dalman; OLZ 1921 S. 74 V. Christian).

§ 34. Rabe. Auf einer oft oben zweigabligen Stange sitzt der Rabe als G. der Göttin Aruru (Bêlit-ilani = Götterherrin, auch Ninmaḫ), vorläufig nur auf älteren Kudurrus nachgewiesen (14.—12. Jh.): King Br. M. 90833/35/40/41/58; MDOG 42 S. 13, hier steht die Stange noch auf dem Thronaltar; vgl. B. z. Assyr. 8, 2 S. 33 (s. Tf. 206). Das G. ist aber gemäß Kudurru Steinmetzer Nr. 62 inschriftlich dem Papsukkal zugeschrieben (Délég. Perse Mém. 10 Tf. 13,2).

§ 35. Reißstift. Bisher nur einmal ist auf dem Kudurru des Meli-Šipak (AO 19, 1 Abb. 5 S. 19; hier Tf. 205 b) im obersten Friese auf dem Thronaltar des Bandes noch ein Reißstift als G. gegeben, das mitsamt dem Bande als das der Ninḫursag usw. (s. § 6) bestimmt werden kann. Ältere Vorbilder für den Reißstift sind auf den sumer. Statuen B und F. des Gudea (2600), auf einem Backstein liegend, plastisch dargestellt und in Nachbildung in der „Nippurelle", etwa derselben Zeit angehörig, erhalten; vgl. E. Unger *Die Nippurelle* PKOM I 5f., 13f. Tf. 1. Vgl. § 21.

§ 36. Rhombus. Ein G., in Form eines Getreidekorns, von einem Rhombusbande, das auch in älterer Zeit runde, konvexe Seiten hat, umschlossen, tritt auf den kassit. Siegelzylindern (Tf. 210b) auf, vorläufig noch nicht auf den Kudurrus (AO 17/8 Abb. 458, 460, 480); am häufigsten ist aber das G. in der assyr. Zeit auf Siegeln (a. a. O. Abb. 257, 304, 335; hier Tf. 210c). Das G. ist wagerecht oder senkrecht gezeichnet, seine Bedeutung ist unbekannt.

§ 37. a) Schafskopf. Der Kopf eines Schafes (Widders) ist das G. des Gottes der Weisheit, Wahrsagung und Beschwörung Ea. Möglicherweise hat die Wahrsagung aus den Lebern des Schafes diesem Symbolkraft verliehen. Der Schafskopf allein ist selten dargestellt, z. B. auf dem assyr. Siegelzylinder in Berlin VA 508 (Tf. 210a), gewöhnlich sitzt der Kopf auf einem längeren oder kürzeren Hals, der teils gerippt (King Br. M. 90827), teils geschuppt ist (King Br. M. 90937), auf der Stele des Asarhaddon aus Samʿal (s. Tf. 208b) auch in eine menschliche Hand endigt. Der Kopf steht auf dem andern G. des Ea, dem Ziegenfisch (King Br. M. 90850), vielfach aber auf dem Thronaltar (King Br. M. 90922, 104404). Das Symbol ist von kassit. bis neubabyl. Zeit gebräuchlich. Alle 3 Symbole tragen auf dem Kudurru Steinmetzer Nr. 36 die gemeinsame Beischrift *iluE-a* (Délég. Perse Mém. 1 S. 168). — b) Schakal. Ein seltenes G. ist der Schakal, gelegentlich einem Fuchs ähnelnd. Er ist G. des Gottes Enlil gemäß dem Kudurru aus Babylon (Koldewey *Das wieder erstehende Babylon* Abb. 121 S. 188; hier Tf. 206), wo es in dem obersten Friese hinter der Katze (s. § 20), dem G. des Anu, und vor dem Ziegenfisch, dem G. des Ea, erscheint. Der Schakal kommt noch vor auf dem Kudurru King Br. M. 90827, wo er vor dem Thronaltar mit Hörnerkrone (s. § 17) liegt, ferner auf einem Siegel der Zeit des Tukulti-Ninurta I. (1250) mit dem Tempelturm (s. d.) aus Assur in Berlin, endlich auf einem gleichzeitigen Siegelabdruck aus Assur: E. Meyer *Reich u. Kultur d. Chethiter* 1914 Abb. 55 S. 65.

§ 38. Schildkröte. Neben Schafskopf und Ziegenfisch ist die Schildkröte ein G. eines Trabanten des Ea, oder des Gottes selbst, des Gottes der Wassertiefe, des Ozeans. Sie wird in aufrechter (King Br. M. 90827) oder wagerechter Haltung, von oben gesehen, dargestellt (AO 19, 1 Abb. 4 S. 17; hier Tf. 205a). Auf dem Kudurru des Meli-Šipak (a. a. O. Abb. 5 S. 19; hier Tf. 205b) erscheint anstelle der Schildkröte eine Muschel auf dem Thronaltar. Die Schildkröte kommt auch auf dem Thronaltar ruhend vor. Der assyr. König Sanherib (700) weihte dem Gott Ea eine goldene Schildkröte nach Vollendung der Bawian-Wasserleitung: III Rawlinson 147, 28. Die assyr. Glocke (s. d.) ist dem Beschwörungsgotte Ea durch eine Schildkröte auf der Spitze der Glocke geweiht (Band IV Tf. 144; Feldhaus *Technik* S. 463 Abb. 307; B. Meissner *Babylonien u. Assyrien* I Tf. Abb. 142). Über ihre Darstellung in Mesopotamien und Elam vgl. Rev. d'Assyr. 9 S. 13f.; B. z. Assyr. 8, 2 S. 33; Archiv f. Keilschriftforschung 2 (1924) S. 24f. B. Meissner.

§ 39. Schlange. Das G. der Schlange ist ein Symbol, das wohl auf keinem Kudurru aller Zeiten (1400—650) fehlt. Sie ist die Symbolisierung des Gottes Ṣîru (= Schlange) oder auch des Gottes Papsukkal gemäß einer Beischrift (Délég. Perse Mém. 12 Abb. 464 S. 227); vgl. King a. a. O. und Délég. Perse Mém. 12 S. 153f. Toscanne. Als Wappentier erscheint sie schon 2800 auf einer Reliefvase des Rimusch von Akkad (vgl. § 5a). — Schlangentier = Drache s. Mischwesen.

§ 40. Siebengestirn. Ein speziell assyr. G. ist das Siebengestirn, auf assyr. Königsstelen häufig, z. B. Stele des Adadnirari III. von Sabaʿa (805), s. auch Tf. 208, 209, und in spätbabyl. Zeit auf die babyl. Kudurrus übertragen (s. Tf. 202b). Es ist G. des Gottes Sibitti, der Siebengottheit (vgl. PKOM II 33 E. Unger). Die Darstellung ist zu 4 und 3 oder 1 und zweimal 3 Scheiben in wagerechter Stellung; auf dem assyr. Siegel VA 508 (Tf. 210a) aber ist die Sternform zum Durchbruch und Ausdruck gelangt.

§ 41. a) Skorpion. Sehr häufiges G. auf den Kudurrus ist der Skorpion, als Symbol der Göttin Išhara, wagerecht oder aufrecht dargestellt; vgl. King a. a. O., auch Rev. d'Assyr. 14 S. 187f. P. Toscanne. Eine Beischrift hat der Kudurru Steinmetzer Nr. 62 (Délég. Perse Mém. 10 Tf. 13, 2). — b) Skorpionmensch (Vogelkentaur) s. Mischwesen.

§ 42. a) Sonnenscheibe. Der Stern,

meist vier-, aber auch achtstrahlig, mit Flammenbündeln zwischen den Spitzen, ist eins der ältesten G., mindestens zweimal auf der Stele des Naram-Sin abgebildet (s. § 2; Band VII Tf. 139a). Die Sonnenscheibe ist ein rein babyl. G. des Gottes Šamaš (Babbar in sumer. Zeit) und nach Assyrien nur als Schmuck übertragen; vgl. § 24 (Tf. 207a). Dasselbe G. zeigt das Relief einer der sieben Stelen des Gudea von Lagasch (2600; Konstantinopel Nr. 6002). Auf jedem Kudurru begegnet auch die Sonnenscheibe. Sie ist mitunter nach Laune der Bildhauer verschieden gezeichnet, der Stern mit lanzettförmigen Spitzen (King Br. M. 104405/415), die Strahlen einseitig gebogen (ebenda) oder zickzackförmig (Br. M. 90850). Auf dem Thronaltar des assyr. Königs Tukulti-Ninurta I. (1250) erscheint die Scheibe und die Sonnenstandarte (§ 42d), wohl durch Babylon beeinflußt, da der König auch König von Babylon war (Band VII Tf. 147). — b) Geflügelte Sonnenscheibe. Das Ursprungsland ist Ägypten, von dem es die Hettiter und Syrer übernahmen (z. B. in Hatti, Saktschegözü, Gusana; s. d.). Vermutlich von den Hettitern haben die Assyrer das G. entlehnt und, im Gegensatz zur reinen Sonnenscheibe, als speziell assyr. G. des Šamaš verwendet (s. Tf. 207c). Auf dem Obelisk des Adadnirari II. (AO 15 Abb. 168 S. 98) schwebt dieses G. mit menschlichen Händen, mit der Linken dem König den Bogen reichend. Daneben befinden sich die Symbole des Ašur, Sin, Adad und der Ištar (Tf. 207b). Auch auf allen späteren Königstelen tritt das Symbol auf (s. Tf. 208, 209), auch auf einer assyr. Stele aus Babylon (King Br. M. 90834), vermutlich der Gründungsurkunde des Königs Asarhaddon für die Stadt Babylon (Archiv f. Keilschriftf. 2 S. 22f. E. Unger). Für assyr. Siegel vgl. Tf. 210a. — c) Geflügelte Sonnenscheibe mit Gott. Lediglich eine Abart des assyr. Sonnengottsymbols für Šamaš ist die geflügelte Scheibe mit der Halbfigur eines Gottes, der meist den Bogen trägt oder ihn abschießt. Die bisher geläufige Meinung, daß es sich um eine Darstellung des Gottes Ašur handle, ist unhaltbar und durch nichts bewiesen. Vielmehr ist die Parallele des § 42b angeführten Reliefs von Adadnirari II., wo die geflügelte Sonnenscheibe dem König den Bogen mit den menschlichen Händen reicht, zur Gleichsetzung mit Šamaš genügend. Außerdem erscheint auch der „Mann im Mond" (§ 23b) auf dem Siegel des Adad-naṣir VA 511 (Tf. 210c) neben dem „Mann in der Sonne", auf dem ferner noch neben den Symbolen des Marduk (Lanze), Nabu (Griffel), Ištar (Stern), Sibitti (Siebengestirn), Rhombus, Ea (Ziegenfisch), Adad in Person auf dem Stier (zu Ehren des anbetenden Inhabers) und Ištar in Person, zuguterletzt auch die Hörnerkrone des Ašur vorkommt. Der Mann in der geflügelten Sonne ist auf Malereien des Tukulti-Ninurta II. (890) abgebildet: W. Andrae *Farbige Keramik aus Assur* Tf. 8, ferner auf zahlreichen Reliefs des Assurnassirpal II. (880): O. Weber *Assyrische Plastik* Orbis pictus 19 Tf. 17/8, endlich auf dem Siegel des Ašur-bêli-uṣur (Tf. 196c; AO 15 Abb. 243 S. 143), wo ebenfalls der Inhaber des Siegels den Gott Adad anbetet. In Anlehnung an dieses assyr. G. entstand das G. des pers. Gottes Ahuramazda, z. B. auf dem Siegel: AO 17/8 Abb. 464, 506. — Eine Variation ist die geflügelte Sonnenscheibe mit dem Mann und je einem Kopf auf den beiden Flügeln nach dem assyr. sog. Siegel des Königs Sanherib (AO 15 Abb. 242 S. 143; hier Tf. 204c), s. auch den Siegelabdruck VAT 5389 (vgl. hier Tf. 210d). — d) Sonnenstandarte mit Wimpeln zeigt der Thronaltar des Tukulti-Ninurta I. (1250); O. Weber *Assyr. Plastik* Tf. 9. — e) Stab. Ein nach Form und Inhalt bisher noch unerklärtes G. ist ein schmales, stabartiges Symbol, das oben und unten verbreitert und manchmal eingekerbt ist. In der Mitte des Stabes befindet sich einseitig eine knopfartige Verdickung. Der Stab steht aufrecht. Er kommt auf Siegelzylindern der Hammurapi-Zeit (2000) vor (AO 17/8 S. 17, 283, 450, 451), auf einem Siegelabdruck aus Kerkuk (a. a. O. S. 469, Mitte des 2. Jht.) und auch auf assyr. Siegeln (a. a. O. S. 301).

§ 43. Standarte. In assyr. Zeit treten in den Darstellungen der Kriegszüge nebeneinander zwei Wagen mit Standarten, Stangen mit bildverzierten Scheiben auf, z. B. Relief des Assurnassirpal II. (880) bei Hunger-Lamer *Altor. Kult. i. Bilde*[2] Abb. 132, Bronzerelief des Salmanassar III. (ebenda

Abb. 130), ferner im Lager des Königs Sanherib (Band III Tf. 43a). Es sind die Standarten der Kriegsgötter Ninurta und Nergal; die Standarte des letzteren als zweite und daran kenntlich, das der Lanzenschaft die Scheibe überragt, im Gegensatz zur Standarte des Ninurta. Genauer bestimmt und bestätigt wird die Sonderung durch die Darstellung im Lager (s. o.), wo der eine Wagen als Deichselschmuck eine Adler(Geier)keule = Ninurta (s. § 5e), der andere Wagen aber eine Löwenkeule hat (§ 27b). Die Feldzeichen der Babylonier und Assyrer tragen den Namen *urigallu*, der sich mit dem des Nergal deckt. Auf einem Kudurru (um 1200; Tf. 206) ist eine lange, bewimpelte Lanzenstandarte (§ 26b) als G. des Nergal anzusprechen. Vgl. auch § 28c und 42d. — Steinbock s. § 5c.

§ 44. Stern. Meist achtstrahliger, auch gelegentlich siebenstrahliger Stern, allein oder auf der Scheibe, ist auf kassit. Kudurrus und späteren Denkmälern (1400—550) als G. der Ištar nachgewiesen; vgl. King. Der Stern ist auf jedem Kudurru dargestellt, gewöhnlich in Gesellschaft von Sonne und Mond. Ebenso häufig auf Siegelzylindern und assyr. Reliefs und Königsstelen (s. Tf. 205, 207—210).

§ 45. Stier. Ein liegender Stier ist das Symbol des Wettergottes Adad, zuerst auf den Kudurrus (King Br. M. 90850/58; hier Tf. 205a; MDOG 42 S. 12 = Koldewey *Das wieder erstehende Babylon* Abb. 121 S. 188; s. a. hier Tf. 206) vor dem Thronaltar mit dem Blitz liegend. Auf assyr. Siegelzylindern, sowie auf dem Götterrelief von Maltaja (s. d.) steht der Gott auf dem Stier; VA 511 (hier Tf. 208b und 210c; vgl. § 42c). Auf dem Kudurru (King Br. M. 90827) liegt der Stier vor dem Thronaltar mit Hörnerkrone, was wahrscheinlich ein Unikum und ein Versehen des Bildhauers sein dürfte. In assyr. Zeit ist das G. auf dem schwarzen Stein Asarhaddons (670; Br. M. 91027: Meissner *Bab. Ass.* I Tf. Abb. 80) und auf dem Emailrelief aus Dur-Sargon (s. d.) von Sargon II. (710) abgebildet: AO 15 Abb. 260 S. 151 (Band II Tf. 223). Es kehrt zuletzt am Ištar-Tor Nebukadnezars II. von Babylon (580) wieder: Bezold *Ninive u. Babylon*³ Abb. 18 S. 23.

§ 46. Strahlen. In altbabylonischer Zeit wird der Sonnengott durch Strahlen gekennzeichnet, die ihm aus den Schultern hervorwachsen, z. B. auf der Gesetzesstele des Hammurapi (2000; AO 15 Abb. 107 S. 59; hier Band VII Tf. 145b).

§ 47. Tempelturm. Die Zikkurat oder der Tempelturm ist nach dem Kudurru Steinmetzer Nr. 5 ein G. des Nabu. Er erscheint auch als Verzierung auf dem Brustteile des Gewandes des Adad gemäß dem Lapislazuli-Zylinder des Königs Asarhaddon (670; AO 15 Abb. 134 S. 76; s. Götterbild E1; Tf. 195b); s. Tempelturm.

§ 48. Tontafel. Auf dem Grenzsteine des Britischen Museums (King Br. M. 90836 = Steinmetzer Nr. 16) und auf einem Kudurru aus Susa (Hinke Abb. 2) ist als G. des Gottes Nabu eine Tontafel, auf dem Thronaltar liegend (in der Zeichnung stehend), abgebildet, auf ersterem Denkmal ein Griffel (s. § 15) dabei; vgl. E. Unger *Babylonisches Schrifttum* 1921 S. 9. — Vogel s. § 5, 13, 18, 34. — Vogelmensch s. Mischwesen.

§ 49. Wassersprudelnde Vase. Als G. des Gottes Ningirsu (Ninurta) in Lagasch zur Zeit des Gudea (2600) ist die wassersprudelnde Vase nachgewiesen. Auch eine höhere Göttin hält die w. V. (*Découv. Chaldée* Tf. 8bis, 4). Zwei karyatidenartige Statuen eines Gottes mit w. V. vom Palaste Sargons II. (710) in Dur-Sargon (Band II Tf. 223) werden als Ea angesprochen; vgl. Place *Ninive* S. 125 Tf. 31bis, 1—3 Tf. 31bis, 4. Außerdem erscheint die w. V. in den Händen der regen- und quellwasserspendenden sieben Zwillingstöchter des Ningirsu auf dem Relief des Weihbeckens des Gudea von Lagasch (Tf. 200c). Diese Göttinnen sind wohl den Igigi gleichzusetzen; näheres vgl. E. Unger *Das Weihbecken des Gudea an Ningirsu* Altor. Texte u. Unters. 2, 2/3 S. 93 ff.; vgl. AO 17/8 Abb. 262, 432. Der Gott mit Wasserstrahlen, die aus seinen Schultern herab zur Erde strömen, ist noch nicht sicher bestimmt (vgl. AO 17/8 Abb. 396/7, 399). Vielleicht ist er auch als Ea anzusehen. Die w. V. ist demnach mehreren Gottheiten zugeeignet bzw. ist von einer Gottheit auf eine andere Gottheit übertragen.

§ 50. Zeichenstift s. § 35. — Ziegenfisch, das G. des Gottes Ea, s. Mischwesen. — Zweig s. § 10.

S. a. Götterbild E1, Mischwesen.

Eckhard Unger

2. Religion s. Religion E.

Gottesfriede s. Friede, Politische Entwicklung.

Gottesurteil.

§ 1. Die Stellung des Gottesurteils in der sozialen Gestaltung und in der Geistesverfassung. — § 2. Der Glaube an Vorbedeutungen und an den Zusammenhang von Ereignissen. — § 3. Die Beziehung von Vorbedeutungen oder willkürlich herbeigeführten Vorgängen zu den als verbrecherisch geltenden Tatbeständen. — § 4. Das G. im ordentlichen Gerichtsverfahren. — § 5. Wirtschaftsinteressen im Widerspiel gegen das G. — § 6. Verfallserscheinungen bei Anwendung des Gottesurteils. — § 7. Das G. bei Hirten-Ackerbauvölkern (Kulturvölkern).

§ 1. Ähnlich wie das Asyl (s. d.) oder die Blutrache (s. d.) ist auch das G. eine Erscheinung im rechtlichen Leben, die an fest umschriebene Voraussetzungen gebunden ist. Zu diesem gehört der Begriff des Verbrechens und der Schuld (s. d.), insbesondere aber die Einrichtung eines an gewisse traditionelle Autoritäten geknüpften gerichtlichen Verfahrens (s. Gericht A). Es muß überhaupt ein Interesse vorhanden sein, Tatbestände zu ermitteln und festzustellen. Dies alles bedingt eine gewisse Höhe der politischen und sozialen Entwicklung (s. d.), insbesondere aber der Autoritäten (s. Häuptling, König A). Andererseits muß innerhalb dieser Gestaltungen eine bestimmte Geistesverfassung, eine eigenartige Methode der Gedankenverknüpfungen und der Denkvorgänge bestehen (s. Primitives Denken, Zauber A).

Es ist sicher kein bloßer Zufall, daß Afrika gewissermaßen als der klassische Boden des Gottesurteils zu betrachten ist, ein Land, in dem höhere politische Einrichtungen (Hirtenadel, Despotismus, auch mit delegierten Richtern) von außen eingedrungen sind, während vielfach alte Denkweisen bestehen blieben. Es ist ähnlich wie an einem anderen Blüten-Zentrum des Gottesurteils, nämlich in der malayischen Welt. Während äußere politische Einrichtungen von diesen Völkern übernommen wurden, reichte ihre Assimilationskraft nicht aus, sich auch kompliziertere Gedankengänge anzueignen. Man kann sich daher des Eindrucks nicht entziehen, daß eine gewisse „Denkfaulheit" stellenweise zur örtlichen Bereicherung und Vervielfältigung der Gottesurteile beigetragen habe.

Als Ausgangspunkt für die Einführung des Gottesurteils haben wir unzweifelhaft Omen (s. d. A) und Orakel zu betrachten. Das G. stellt in der Tat nichts weiter vor als ein Orakel zur Ermittlung des Tatbestandes dort, wo man sich bei widerstreitenden Behauptungen nicht zu helfen weiß. Es besteht in einem Kurzschluß des Denkens, wie er in der primitiven Geistesverfassung oft vorkommt und insbesondere den Zauber kennzeichnet.

Bemerkenswert ist, daß besonders häufig das G. an die wichtigste Kulturgrundlage des Menschen, an das Feuer (s. d. A) und seine Wirkung, anknüpft: mag es sich um die Flamme selbst handeln oder um die Rauchsäule, wie sie aufsteigt und sich verzweigt (§ 3) oder vom Winde geblasen wird, oder um das mystische Sieden des Wassers (§ 4), um geheimnisvoll glühende Metalle oder heiße Steine.

Das Vordringen wirtschaftlicher Interessen und Gesichtspunkte, wie es sich auch in Afrika geltend machte, scheint zu einer schärferen Schulung des Geistes geführt zu haben; indessen zweifellos erst auf gewissen Umwegen, wie wir sie in einigen Gegenden Ost- und Westafrikas beobachten können (§ 5). Der Versuch einer Beeinflussung, eines Nachhelfens, zum Ausgang des G. zeigt schon einen erschütterten Glauben und trägt weiter zur Kritik und Skepsis gegenüber dem Zusammenhang der Vorgänge beim Verbrechen und bei der Ausführung des Gottesurteils bei. In einem Punkt mag man trotzdem vielleicht noch an der hergebrachten Übung (z. B. Duell) festhalten, an anderen Stellen sehen wir sie sich dagegen oft völlig lockern (§ 6).

Während den Ausgangspunkt für das G. eine gläubige Mystik bildet (§ 2), verblaßt später diese ältere Stufe der Geistesverfassung, und das G. wird von den herrschenden Autoritäten manchmal durch Korruption mißbraucht. Damit ist seine Rolle zu Ende gespielt.

§ 2. Der Zusammenhang zwischen G. und verschiedenen Vorbedeutungen im Sinne besonderer, mehr oder minder mystischer Kausalzusammenhänge tritt klar zutage, wenn wir einige solcher Vorbedeutungen uns vor Augen führen, wie sie z. B. unter dem Yuin-Stamm in Australien vorkommen. Ein Mann besaß einen Beutel mit kräftigen Zaubermitteln, den er von einem Verwandten erhalten hatte. Darüber gab er folgende Erklärung: „Wenn ich gehe, und ich sehe ein altes Känguruh auf mich zukommen und mich anblicken, so weiß ich, daß es mich vor in der Nähe befindlichen Feinden warnt. Dann mache ich meinen Speer bereit, und ich halte den Zauberbeutel in der Hand, so daß, wenn ein Mann etwas auf mich wirft, ich sicher bin". In diesem Fall hatte der Mann das Känguruh als Totem von seinem Vater ererbt (s. Totemismus B). In einem solchen Beutel befinden sich unter anderem z. B. Quarzkristalle, von denen man annimmt, daß sie ungesehen auf das beabsichtigte Opfer als magische Substanz geworfen werden können (s. Idol A1). — Unter den Turrbal-Leuten weissagt das Zirpen von Insekten das Herannahen von Fremden. — Bei dem Wakelbura wurde beobachtet, daß ein Mann einer grau und weißen Eidechse (*bungah*) die Zunge ausriß und sie seinem ungefähr 13 Monate altem Kind gab zu dem Zwecke, daß das Essen der Zunge nun dem Kleinen ermöglichen sollte, bald sprechen zu lernen, usw. (Howitt S. 400ff.).

§ 3. Die Buschleute der Namib in Südwestafrika veranstalten eine Rauchprobe, wenn einer im Verdacht eines Verbrechens steht. Die Rauchsäule zeigt auf den Schuldigen. Teilt sich die Rauchsäule, so gibt es mehrere Schuldige, steigt der Rauch nach oben, dann sind die Verdächtigen unschuldig (Trenk S. 169). Die Verwendung des Rauchs für die Zwecke des Gottesurteils ist hier zweifellos auf die besondere Verehrung zurückzuführen, die dem Feuer unter den Stämmen dieser Gegend entgegengebracht wird. (Man vgl. übrigens die Brudermordszene Kain's in der Genesis.)

Die Entscheidung durch Ringkämpfe ist außerordentlich verbreitet im Innern von Canada und auch unter den Eskimo-Stämmen (s. a. Zweikampf). Dabei handelt es sich gewöhnlich um eine Frauenangelegenheit (Wissler S. 183).

Im Gebiete des Amazonen-Stroms pflegt man einen Arm oder ein Bein in ein Gefäß zu halten, das mit giftigen Insekten gefüllt ist, um seine Unschuld zu erweisen. Giftige Ameisen werden dazu gebraucht, um die Reue für das einem Anderen zugefügte Unrecht zu zeigen, indem man sich von ihnen beißen läßt (Wissler S. 183). — Bezüglich der alten Mexikaner vgl. Loewenthal S. 589.

§ 4. Die gedanklichen Zusammenhänge eines G. können nur aus dem ganzen Vorstellungs- und Glaubenssystem eines Volkes verstanden werden. So kann z. B. nach der Meinung der afrik. Hausa die Seele eines Menschen, die als sein Schatten gedacht wird, von einem Zauberer durch Händeklatschen, wenn der betreffende Mensch vorübergeht, eingefangen werden, und zwar mit des Zauberers Faust, in der er die Seele nach Hause trägt. Dann, wie wenn er ein Insekt eingefangen hätte, stülpt er rasch ein Gefäß darüber. Das Opfer mag zunächst nichts davon merken, später jedoch Übelbefinden verspüren. — Dagegen versucht man in Nordafrika eine Gegenwirkung auszuüben. — In Nigeria jedoch pflegten früher die männlichen Angehörigen nach dem Hause eines Menschen zu ziehen, dessen Name der Erkrankte genannt hatte, und den man als ihm feindlich kannte. Dieser wurde angeklagt, die Seele ihres Vaters, Bruders oder sonstigen Verwandten gestohlen zu haben. Der Betreffende, der so der Hexerei angeschuldigt wurde, dies aber leugnete, wurde mit noch anderen Zauberern vor den Oberhexenmeister gerufen, um zum Hause des Kranken sich zu begeben. Dort stellte man ein großes Becken mit Wasser auf das Feuer und forderte jeden der Zauberer auf, das Feuer zu schüren. Wer dazu sich bereit fand, wurde als der Schuldige angesehen. Hierauf erging an sie die Aufforderung, das Wasser zu trinken, und wieder ist nur der Täter bereit, wie man meint, dies zu tun, „denn in diesem Falle würde nämlich die durstige Seele des Kranken auch trinken wollen, und so würde der Zauberer großen Durst zeigen". Dies gilt als genügender Beweis, daß er die Seele eingefangen und dadurch das Übelbefinden des Kranken hervorgerufen habe. Der Oberhexenmeister läßt hierauf den „Schuldigen" fesseln und befragt ihn, wo er die Seele versteckt habe. Macht der Missetäter darüber keine Angaben, so wird er durchgepeitscht, und der Hexenmeister läßt Leute ein Gefäß aus dem Hause des Schuldigen holen und es dem Kranken bringen. Ist dies geschehen, so berührt er den Kranken mit seiner Hand, worauf die Seele zu ihm zurückkehrt und der Kranke geheilt aufsteht. Dabei sieht niemand die Seele selbst, aber die Erholung des Kranken gilt als genügender Beweis für das, was sich zugetragen hat (Tremearne S. 133f.; vgl. a. Dundas S. 42).

Bei dem Hirtenvolk der Lango von Uganda (Ostafrika) sind die G. an die Tiere, die gehalten werden, geknüpft: an Ziege, Hund und Kuh. Man glaubt fest daran, daß ein Ordal die Unschuld unzweifelhaft zutage bringt; wer hingegen sich weigert, der Probe sich zu unterziehen, brandmarkt sich schon dadurch als schuldig.

Den wesentlichen Teil der Gerichtstätigkeit vieler ostafrik. Fürsten, insbesondere unter den Wahehe, macht das G. aus. Es bestand bei den Wahehe Ostafrikas: 1. in der Probe am Beschuldigten selbst bei schwereren Anklagen, 2. in der Probe an dem ihn vertretenden Tier, Hund oder Huhn, bei leichteren Anschuldigungen. — Für die Giftprobe hielt der Sultan selbst einen Beutel mit Giftpulver aus einer Pflanze in Verwahrung. Von diesem Gift wurde etwa eine starke Prise in Wasser aufgelöst und dem Angeschuldigten oder dem Probetier zu trinken gegeben. Starb der Mensch oder das Tier, so galt er als überführt, brach er es aus, und blieb er am Leben, so war seine Unschuld erwiesen, und der Ankläger wurde bestraft. — Außerdem war die Wasserprobe üblich, bei der ein Stein aus einem Topf mit kochendem Wasser herausgelangt werden mußte, und die Feuerprobe, die im Lecken an einer glühenden Hacke bestand. Auch hier galt derjenige, welcher sich weigerte, sich dem G. zu unterwerfen, als überführt und konnte getötet werden. Insbesondere wurde das G. auch gegen Zauberer angewendet. Mit der Tierprobe begnügte man sich bei Beschuldigungen wegen Eigentumsvergehens, des Ehebruchs, der Herstellung von Giften usw. (Nigmann S. 33, 71ff.; vgl. Brincker S. 75 [hlg. Feuer] und 87 [Messerprobe]).

Besonders gegen Zauberer werden gern G. zur Feststellung der Richtigkeit einer Beschuldigung angewendet. Um Zauberer zu entlarven, schreibt Klamroth (S. 77), wurde früher, zur Zeit der alten Hehe-Herrlichkeit in Ostafrika, eine richtige Feuerprobe angestellt. Nur der *Mutunasa* kann den Ort angeben, wo der Missetäter steckt. Falls der Oberhäuptling die Sache weiter verfolgen will, läßt er die ganze Einwohnerschaft, Männer, Frauen und Kinder, des Dorfes zusammenkommen. Ein großes Feuer wird angezündet und eine Hacke darin glühend gemacht. Dies alles geschieht unter der Leitung des *Muna Kunana*, des „Oberleckers" oder Festordners. Dieser fängt an, dreimal an der Hacke zu lecken, darauf wird dieselbe wieder glühend gemacht, und der nächste kommt an die Reihe. Alle, ohne Ausnahme, müssen heran, selbst der Dorfhäuptling, etwaige Ärzte, auch Wahrsager sind nicht ausgenommen. Nur der Oberhäuptling leckt nicht mit, und die Zunft der Schmiede. Wer ein ganz reines Gewissen zu haben glaubt, der leckt wohl auch vier- oder fünfmal. Da die Prozedur ruhig weitergeht, wenn auch schon einer entdeckt ist, so werden bei einer „Feuerrazzia" oft vier oder fünf „Zauberer" gefaßt. Haben endlich nun alle geleckt, so werden die ertappten angeblichen Missetäter zum Oberhäuptling geführt. *Mahinja* soll, wenn es sich um einen oder zwei handelte, meist die Todesstrafe verhängt haben. Waren es mehrere, so wurde etwa die Hälfte zur Verbannung begnadigt. Noch jetzt erbietet sich einer manchmal zum Hackenlecken, um seine Unschuld zu beweisen, allein im großen Stil wird die Feuerprobe nicht mehr abgehalten (Fülleborn S. 218).

Bei den Akikuyu Ostafrikas wird außer einer Giftprobe, einer Siedend-Wasserprobe und einer mit glühendem Eisen, noch folgende mit einem kleinen bissigen Tier (nicht eine Ratte) erwähnt, wobei die Angeschuldigten, welche einen Mann vergiftet haben sollen, in einer Reihe aufgestellt waren. Das Tier wurde an ihr Gesicht gehalten. Drei von ihnen wurden von dem Tier an der Nase gebissen. Darauf wurden sie einer weiteren engeren Wahl unterzogen. Sie mußten ein Schaf bringen, das getötet und gegessen wurde. Der Schuldige, hieß es, würde vermöge dieser Speiseprobe in einem Monat sterben. Tatsächlich starb jedoch keiner, aber auch der Verdacht wurde von ihnen dadurch nicht entfernt, und man glaubte dennoch, daß einer von ihnen das Verbrechen begangen hatte. — Die Alten veranstalten auch ein anderes G., indem sie den Urin der beiden Parteien mischen und beide trinken lassen. Der Schuldige soll dann in einem Monat sterben. Stirbt keiner, so heißt es, daß beide gelogen haben. — Bei einem Streit wegen eines angeblichen Mordes durch Zauber kam es schließlich zu einem G. Der Beschuldigte saß in der Mitte eines Platzes mit einem Kragen von Gras oder Stöcken, den ihm der Oberzauberer angelegt hatte, und über seinen Schultern hing ein kleines Schaf, dessen Beine er zunächst mit der linken und dessen Kopf er mit der rechten Hand hielt. Zwei Stöcke waren durch den Nakken gesteckt, dessen Haut so aufgeschlitzt war, daß das Fleisch daraus hervorquoll. Nun fing der Mann an, dieses rohe Fleisch abzubeißen und zu verzehren und es auf das Gras wieder auszuspucken, indem er laut seine Unschuld beteuerte, während er kaute. Die Zuschauer bemerkten dazwischen von Zeit zu Zeit: „Warum sterben denn die Leute, wenn er in die Nähe eines Dorfes kommt, gesetzt den Fall, daß er wirklich kein Übel getan hat?" Unterdessen legte er das Schaf auf die andere Seite, so daß jetzt der Schwanz an seiner rechten Hand war. An der unteren Seite der beiden Stöcke traten die Gedärme hervor, und diese begann er nun in der gleichen Weise zu verzehren. Der ganze Vorgang dauerte ungefähr 20 Minuten oder eine halbe Stunde. Dann nahm der Mann das Schaf herunter, ergriff den oben erwähnten Halskragen an seinem Nacken und warf ihn weg; hierauf verzehrte er zwei Stück Kartoffel und später Zuckerrohr. Einer der Zuschauer rief nun aus, daß der Beschuldigte nicht mehr für einen Giftmörder gehalten werden dürfe, weil er die strenge Rohfleisch-Probe völlig bestanden habe. Drei Leute bekamen den Auftrag, darüber zu wachen, daß er sich nicht an einen Medizinmann zur Reinigung wende und so etwa dem Entscheid der Gerechtigkeit vorgreife (Routledge S. 213ff.).

In welcher Weise der Gedanke des G., und zwar in der traditionellen Weise des Medizintrinkens, in Ostafrika im Denken der Leute Fuß gefaßt hat, zeigt eine Geschichte, die Roscoe erzählt. Ein Mann, den er des Kuhdiebstahls verdächtigte, machte sich mit Entrüstung über die Beschuldigung ohne weiteres erbötig, durch Trinken aus einer Flasche, die R. eben in der Hand hielt, seine Unschuld zu erweisen. Da sich in dieser Flasche starkes Gift befand, verweigerte R. dem Mann die gewünschte Genugtuung, worauf dieser mit Beschwerde drohte. Um sich aus dem Dilemma zu helfen, bot er dem Eingeborenen ein anderes G. an, nämlich die Handgriffe einer Leitung zu fassen, die mit einer elektrischen Batterie verbunden war. Der Strom wurde nun zusehends verstärkt. Schließlich gestand der Mann, zwei Kühe gestohlen zu haben, die er auch brachte, und noch zwei Kälber, die dazu gehörten (Roscoe S. 120f.).

Das Prozeßverfahren der Nabaloi-Igorot, des Gaues von Benguet in Luzon (Philippinen-Inseln), ist erfüllt von G., um die Schuld festzustellen. Eine gewöhnliche Methode bestand darin, ein Huhn zu töten und seine Galle zu untersuchen. Im allg. richtete sich die Entscheidung nach der Zahl der Zeugen, die einer herbeibringen kann. Handelte es sich um Eigentum, und ein jeder hat gleich viel Zeugen, so wird der Besitz dann häufig geteilt. War einer jedoch nicht imstande, Zeugen zu bieten, so verlangte er ein G. Die gewöhnlichste Art eines solchen G. bestand darin, daß ein alter Mann eine Eisenspitze auf den Kopf eines jeden der Streitenden stieß, und derjenige, welcher dann mehr blutete, als der Verlierer betrachtet wurde. Der zugrunde liegende Gedanke besteht darin, daß die Sonne daran schuld ist, daß das Blut aus dem Kopfe desjenigen herausfließt, der im Unrecht ist. Eine andere Form der Rechtsprobe bestand im Ringkampf (s. a. Zweikampf). Wenn derjenige Mann, der eine Schuld von einem anderen forderte, im Ringkampf gewann, so mußte der andere die Schuld bezahlen. Vorher wurde die Sonne von jedem der Kämpfer angerufen, der dabei seinen Rechtsstandpunkt behauptete. — Waren mehrere des Diebstahls verdächtig, so wurde die Probe des Reiskauens veranstaltet. Ein jeder bekam die gleiche Menge Reis. Darauf kauten sie alle gleich lange Zeit und spieen den Reis auf ein Blatt, das der Altenrat (*tongtong*) untersuchte. Derjenige, welcher den Reis nicht gut gekaut hatte, galt als der Verlierer. Wenn einer keine Zähne hatte, so wurde nicht Reis gekaut, sondern heißes Wasser getrunken. (Diese Probe erinnert an das „Trinken von Bierjungen".) — Bei der Probe mit kochendem Wasser mußten die Prüflinge ihre Hände bis zum Gelenk ins Wasser stecken; derjenige, der dabei stark verbrüht wurde, galt als der Schuldige. — Außerdem gibt es ein orakelähnliches G. zur Ermittlung des Diebes mit Hilfe eines Eisens an einem Faden, wobei die Namen der in Betracht kommenden Verdächtigen hergesagt werden (s. Gericht A). Wird der Name des Diebes genannt, so bewegt sich das Eisen (Moss S. 265ff.).

Eine eigenartige Wasserprobe ist aus Hinterindien bekannt. Bei den in den Bezirken Kachar, Silhet und Nagâ-Hills wohnenden Kuki versammelt sich zum Wasser-Ordal das ganze Dorf an der tiefsten Stelle des Flusses. Dort werden zwei Bambusstöcke in das Bett des Flusses eingerammt. Zunächst zerschneidet der Zauberpriester an der Stirn eines jeden der zwei Prozeßgegner einen weißen Vogel und läßt das Blut über das Gesicht des Prüflings herabrinnen. Ist das Blut dunkel, so gilt dies schon als übles Vorzeichen. Das Blut soll jedoch nur eine Weihe mit besonderer Kraft zur Erlangung des rechten Gottesurteils sein. Die Entscheidung folgt: jeder muß nach dem Fluß eilen und in das Wasser springen, um mit Hilfe der Bambusstäbe den Grund des Wassers zu erreichen und Schlamm oder einen Stein heraufzuholen. Dem es nicht gelingt, diese Tat auszuführen, der wird als der schuldige Teil betrachtet (Klemm S. 129, nach Soppitt *Kuki-Lushai Tribes*).

§ 5. Unter den westafrik. Stämmen spielen die G. eine große Rolle. Dem König steht bei den Kpelle jederzeit ein Ordal-Leger zur Seite, der in allen unklaren Fällen ohne weiteres seine Kunst zeigt. Wird z. B. eine junge Frau aus des Königs Harem verdächtigt, unerlaubte Beziehungen zu unterhalten, so wird der Ordal-Leger gerufen. Zunächst erhält der Ordal-Leger selber eine „Medizin", eine Gottesurteil-Speise, die er verzehren muß, und auf die er schwört. Diese soll seine Redlichkeit verbürgen. Verfährt er betrügerisch, so hat die „Medizin" die Wirkung, daß er daran stirbt. Die Medizin wird *Sass* genannt, wahrscheinlich ein Fremdwort aus dem engl. „Sauce" (Brühe). Sie ist ein Abguß von der giftigen Rinde des *Erythrophlaeum guineense*, der auch sonst für G. verwendet wird. Bricht sie der aus, der sie genießt, so wird er als unschuldig betrachtet; behält er dagegen das Gift bei sich und stirbt daran in kurzer Zeit, so erweist sich daraus seine Schuld; ist schwere Krankheit die Folge, so wird das Ordal wiederholt und diesmal wahrscheinlich so gründlich, daß sich eine zweite Wiederholung erübrigt. Der Ordal-Leger ist ein Mann, der Zauber gut zu handhaben versteht, und der selber einen „starken Zauber" (s. a. Mana B) besitzt; denn dieser ist der eigentliche Faktor beim G. — Um jedem Verdacht der Parteilichkeit zu begegnen, besteht der Ordal-Leger in der Regel darauf, sowohl bei privaten, wie bei öffentlichen Verhandlungen die Medizin seines Antragstellers zu essen, d. h. sich unter die Wirkung desselben Zaubers, der gleichen Probespeise, zu stellen, damit jede Unredlichkeit sich in einer Erkrankung bei ihm selbst zeigen kann. „Besitzt" der Ordal-Leger keine genügende „Zauberkraft", so „leiht" er sie sich vom König: Bei öffentlichen Untersuchungen kommt stets nur die des Königs zur Anwendung. Die Zuhilfenahme des Königszaubers ist auch deshalb empfehlenswert, weil dieser unparteiisch und am kräftigsten ist. Es kann nämlich der Fall eintreten, daß der Zauber des schuldigen Angeklagten stärker als der des Ordal-Legers ist, wodurch der Ausgang des G. zugunsten des Schuldigen in ungerechter Weise beeinflußt werden würde. — In dem oben erwähnten Sonderfalle legt der Ordal-Leger das Urteil aus der Hand der betreffenden Frau. Fällt dieses ungünstig aus, so muß die Frau den Namen ihres Liebhabers nennen, der dann genötigt wird, Leibeigener des Königs zu werden oder ihm eine weitere

Frau zu besorgen (Westermann S. 117ff., 292ff.). Dieser Zauber wird reichlich dazu mißbraucht, um den Besitz des Königs an für ihn tätigen weiblichen und männlichen Arbeitskräften zu vermehren. — Ursprünglich gehört er allerdings zu den mystischen Verfahrensarten, um Verborgenes kund zu machen, worüber der Häuptling und der Ordal-Leger verfügen. — Der Häuptlingszauber dient nicht nur der persönlichen Wohlfahrt seines Besitzers, sondern zugleich auch der des ihm unterstehenden Gemeinwesens. Er wird in einem Beutel von der Hauptfrau des Häuptlings aufbewahrt und begleitet ihn überallhin (S. 205). — Zu jeder Veranstaltung eines G. muß vorher der Oberhäuptling oder das Stadthaupt seine Genehmigung erteilen. Sind des Angeklagten Eltern noch am Leben, so werden diese zunächst gerufen, um auf das Herbeiführen eines gutwilligen Geständnisses einzuwirken. Der Ordal-Leger selber besteht darauf, daß dieses Mittel friedlicher Beilegung vorher angewendet werde. Häufig findet vor der Veranstaltung des eigentlichen Ordals eine „Probe hinter dem Busch", d. h. an einem verborgenen Ort außerhalb des Dorfes, statt, zu der außer dem Antragsteller und dem Veranstalter einige Männer als Zeugen zugezogen werden, die später bei der Hauptverhandlung zum Staunen der Versammlung bezeugen, daß beide Male: dort im Busch und hier in der Öffentlichkeit die gleiche Person als schuldig bezeichnet wurde. Bei der vorausgehenden geheimen Zusammenkunft handelt es sich indessen hauptsächlich um eine Besprechung. Erkundigungen über den vermutlich Schuldigen werden eingezogen oder darüber, wessen Verurteilung den Stadthäuptern oder den einflußreichen Persönlichkeiten genehm ist. Bei einem Viehraub oder einer Menschentötung ist auch die Frage aufzuklären, ob ein Tier oder ein Mensch der Täter ist, und ob, wenn ein Tier, dies ein „Busch-" oder ein „Menschenleopard" ist. Gibt das Probe-Ordal einen „Buschleoparden" als Täter an, so erübrigt sich damit eine Hauptverhandlung. — Nicht allein durch Medizinessen sucht man aufklärende Zeichen zu erhalten und Unbekanntes festzustellen, sondern auch noch durch andere Verfahren, wie durch das Ruten-Ordal. Ein solches wurde z. B. angewendet, um den Diebstahl von 15 Kisten Schnaps aufzuklären. Der Ordal-Leger hatte auf eine vor ihm kniende nackte Frau etwas von einer Zauberbrühe gerieben; dann berührte er mit seinem Stock ein Rutenbündel der Frau und redete das Bündel an. Dabei geriet die Frau in Verzückung, zitterte am ganzen Leib, ihre Gesichtszüge verzerrten sich, die Augen rollten wild, während sie mit dem Kopfende des Rutenbündels wild im Boden herumkratzte, so daß der Sand nach allen Seiten auseinanderstob; dann wirbelte sie mit der Rute in verschiedenen Richtungen in der Luft umher und schlug sie wie rasend auf den Boden. Das wiederholte sie einige Male. Dazwischen besprengte der Ordal-Leger das Rutenbündel mit der Brühe, redete heftig auf dieses ein und stellte ihm Fragen. Zunächst nannte er eine Reihe von Ortschaften, in denen der Diebstahl vorgekommen sein konnte. Nachdem der Ort ermittelt war, zählte er die Männer in demselben auf, bis er den rechten traf (vgl. das Verfahren § 4 und Gericht A § 3). Die Frau äußerte bei der ganzen Handlung kein Wort. Die Antworten gab das Rutenbündel bei dem zutreffenden Namen des Ortes oder des Mannes, indem es eine zustimmende Bewegung machte. Am Schlusse blickte der Veranstalter triumphierend um sich und hielt an die Versammelten eine kurze Ansprache des Inhaltes, wie töricht es sei, die Kraft und die Entscheidung des G. anzuzweifeln. Sowohl diese Äußerung wie auch gelegentliche Ermunterungen an das Rutenbündel: „Sie sagen: du seiest ein Lügenordal, aber ich weiß, daß du nichts als die Wahrheit sagst, du hast mich noch nie im Stiche gelassen", weisen darauf hin, daß Zweifel wiederholt geäußert werden. — Ist der Täter unter den Anwesenden, so reißt der Zauber das Medium, die Frau, in die Höhe, „wie ein Totengeist einen Menschen emporreißt", und es geht auf den Täter los und schlägt ihn mit dem Rutenbündel so lange, bis das Geständnis erfolgt. Darauf besprengt der Veranstalter sein Medium mit einer kühlenden Medizin, so daß es sich beruhigt. Auch der überführte Schuldige wird mit einer „Medizin" eingerieben, welche die Kraft des Ordalzaubers von ihm nimmt (s. a. Rausch). — Nicht nur Frauen sondern auch Männer treten als solche Medien zur Aufdeckung von Verbrechen auf. — Das Öl-Ordal findet ohne Benutzung eines Mediums statt. Palmöl wird in einem Topf auf dem Feuer erhitzt. In das siedende Öl legt der Veranstalter vier Steine oder Metallringe und „wirft den Namen" des Angeklagten oder Verdächtigten in das Öl. Er redet die in dem Öl wirksame Zauberkraft und das Feuer an und bittet beide, die rechte Entscheidung herbeizuführen. Ist der, dessen Namen er in das Ordal geworfen hat, in der Tat der Schuldige, so ist es dem Veranstalter nicht möglich, die Ringe oder Steine aus dem Topf zu nehmen, denn das Öl würde ihm die Hand verbrennen, und wenn er dennoch hineinlangte, würde er die Steine nicht finden: Der Angeklagte ist, wie man sagt, „im Ordal geblieben", ist schuldig. Wurde dagegen der Name eines zu Unrecht Verdächtigten in den Topf geworfen, so „fallen beim Hineinlangen die Flammen in sich zusammen, das Öl ist kühl wie kaltes Wasser", und mühelos werden die Steine oder Ringe aufgefischt. Man sagt: der Unschuldige ist „aus dem Ordal herausgenommen". — Will ein schuldig Gesprochener sich nicht bei dem ersten Bescheid beruhigen, so kann der Versuch wiederholt oder in anderer Form angestellt werden, oder der Angeklagte selber kann gemeinsam mit dem Veranstalter die Probe machen. Der Unschuldige nimmt die Steine gemächlich heraus, dem Schuldigen gelingt es nicht, die Hand überhaupt in die Flüssigkeit einzutauchen. Der Unschuldige nimmt einen Löffel voll des siedenden Öles in den Mund, während der Schuldige es nicht über die Lippen bringt. Bekennt sich einer überführt, so bricht die Menge in ein scheues Beifallsgemurmel aus, und der Veranstalter verlangt in kühler Gelassenheit von der unterlegenen Partei eine nachträgliche Entschädigung: Sie muß ihn nun seinerseits „aus dem Ordal herausnehmen". — Den vor ein Gottesgericht Geladenen wird in den meisten, jedenfalls in wichtigeren Fällen ein Anwalt beigegeben, ein Mann, der die Schuld des Angeklagten zu leugnen hat; auf jede erneute Behauptung des Ordals erwidert er: „Nein, er ist nicht schuldig", bis er sich zuletzt von der überwältigenden Beweisführung des Gottesurteils überzeugen läßt. In Wirklichkeit dürfte diese Einsicht auf ein Scheinmanöver hinauslaufen, das der Verherrlichung des Ordals dient. — Dem als Täter Bezeichneten bleibt in jedem Falle nichts anderes übrig, als sich für den Schuldigen zu bekennen, ob er es nun wirklich ist oder nicht. Leugnen würde nichts nützen, da die öffentliche Meinung, trotz gelegentlicher Skepsis Einzelner, es doch nicht wagen würde, gegen das G. Stellung zu nehmen. Daß ein Angeklagter aus dem Ordal als unschuldig hervorgeht, ist ziemlich selten; es würde auch dem Interesse des Ordal-Legers zuwiderlaufen, da er in einem solchen Falle seinem Auftraggeber die bezahlte Gebühr zurückerstatten muß (Westermann S. 293ff., 333ff.).

§ 6. Bei den Ukinga Ostafrikas wird folgende Methode zur Ermittlung eines Diebes gebraucht. Der Bestohlene wendet sich an den Zauberdoktor und bringt die Leute, auf die sich sein Verdacht gelenkt hat, vor ihn. Der Hexenmeister nimmt eine Kalebasse, deren Hals abgeschnitten ist, salbt sie mit „Zaubermedizin", legt etwas Feuer hinein und reibt dann mit diesem Gefäß, die Öffnung gegen den Leib des Betreffenden gekehrt, auf diesem hin und her. Saugt sich das Gefäß fest, „brennt" die Haut des Betreffenden, so ist er des Diebstahls überführt. — Die Feuerprobe hat zunächst der Bestohlene zu bestehen, denn vielleicht befindet sich der Dieb unter seinen eigenen Verwandten. Dann „brennt" er selbst, und die Sache ist erledigt. Erst wenn er sich als schuldlos erwiesen hat, kommen die Verdächtigen an die Reihe. Der Gebrannte ist der Dieb, die Kalebasse kann nur mit Gewalt von dem Leibe des Betreffenden entfernt werden. — Mit Hunden wird an Stelle von beschuldigten Menschen eine Speiseprobe angestellt, indem man diese „Medizin" essen läßt. Stirbt solch stellvertretender Hund, so gilt der Dieb als entlarvt; gibt der Hund die Medizin von sich, so ist der Verdächtigte schuldlos. — Einige Zauberer operieren mit einer Art Würfel. Drei Eisennägel mit allmählich enger werdendem Kopf werden in ein Bambusrohr gesteckt. Ist der, für den diese Würfel befragt werden, schuldig, so vereinigen sich die Nägel, ist er unschuldig, so steht jeder Nagel für sich. Beteuert der also ertappte Dieb auch fernerhin seine Unschuld, so wird ihm ein Ohr durchbohrt und einer der Nägel durchgesteckt bzw. gezogen. Geht er glatt durch, so ist der Betreffende unschuldig, widrigenfalls bleibt der Nagel mit dem Kopf im Ohr sitzen und kann selbst mit Gewalt nicht wieder herausgezogen werden. — Oftmals versucht ein und dieselbe Person alle vier Arten bei verschiedenen Zauberern und wird, obgleich unschuldig, von allen vier für schuldig erklärt, zumal wenn der Ankläger dem Zauberer eine Ziege oder dgl. gezahlt hat. Obwohl man danach den Zauberer schmäht, sucht man ihn das nächste Mal doch wiederum auf. Trotzdem, daß durch die Speiseprobe des sog. Medizinessens, des *Muavi*, in Opangua viele Leute zugrunde gehen, äußerte ein Häuptling: „Soll ich denn die Krankheit einfach hinnehmen, wenn mich meine Leute behexen? Ja, vier von fünfen sind an *Muavi* gestorben". Da der *Muavi*-Trank von Kundigen gegen Bezahlung bereitet wird, sind natürlich dabei allerlei Beeinflussungen des Gottesurteils möglich (Missionare Wolff und Klamroth bei Fülleborn S. 446).

Während bei den Somâl-Stämmen Nordostafrikas die Feuerprobe und das Duell als G. verbreitet sind, benutzen die Galla-Völker die Giftprobe in ähnlicher Weise, wie sie aus anderen Teilen Afrikas bekannt ist. Bei der Feuerprobe der Somâl muß der Verdächtigte einen glühenden Eisenstab ungefähr 10 Sekunden in der Hand halten oder eine glühende Lanzenspitze aus dem Gluthaufen eines Schmiedes herausziehen. Entstehen dadurch erhebliche Brandwunden, so werden sie als Zeichen der Schuld gedeutet, und der Betreffende wird, wenn es sich um Schaden an Eigentum handelt, ersatzpflichtig. — Mitunter wird auch eine Wasserprobe vorgenommen, wobei in einem Metallgefäß Wasser zum Sieden gebracht wird und drei kleine Kieselsteine oder Bohnen von dem Angeschuldigten aus dem Gefäß herausgeholt werden müssen. Nachdem der Beschuldigte mehrere Male sich der Heißwasserprobe unterzogen hat, wird er von den Mitgliedern des Gerichtshofs geprüft. Vor Beginn der Probe jedoch wird er nicht untersucht, so daß er nicht selten durch sachgemäße Vorkehrungen, wie starkes Einfetten oder Einreiben der Hände mit Hexenmehl die Situation zu seinen Gunsten beeinflussen kann. So kommt es, daß dieses Verfahren oft glücklich überstanden wird und unbeliebt ist. — Eine andere Art der Feuerprobe besteht darin, daß der Angeschuldigte mit glühenden Kohlen in beiden Händen über eine einen Meter hoch gespannte Schnur springen muß, ohne dabei etwas von den Kohlen zu zerstreuen. Entfällt ihm etwas bei dem Sprung, so wird er als schuldig betrachtet, manchmal ihm aber eine Wiederholung des Sprunges erlaubt. — Haben die Feuerproben gegen einen entschieden, so gilt er unter allen Umständen als der von der Gottheit als schuldig Bezeichnete. Hier hören wir, daß die Ordale von den Eingeborenen gehaßt werden und allgemein in Abnahme begriffen seien. — Das Duell wird in langen Besprechungen vorbereitet, und Sekundanten und Schiedsrichter spielen dabei eine ähnliche Rolle wie bei europäischen Zweikämpfen. Das Duell besteht in einem wilden gegenseitigen Einstechen der Gegner mit der Stoßlanze aufeinander. Man erstrebt, mit Lanze und Schild, einander gegenüber aufgestellt, den Gegner zu töten, was auch meistens schon im ersten Gange gelingt, wenn die Kämpfer nicht besonders gewandt sind. Die Zweikämpfe (s. d.) sind heute sehr selten, bei den westlichen Somâl nicht mehr in Übung, weil sie von den Mohammedanern als Stück alten Heidentums bekämpft werden (Paulitschke S. 52ff.).

§ 7. Das G. reicht weit in die Ackerbauer- und Hirtenkulturen herein. Verhältnismäßig gering ist es in der alten griech. und röm. Kultur vertreten (v. Wilamowitz-M. S. 26; Hitzig S. 44). Dagegen begegnet es in der Gestalt der Feuer- und Wasserprobe neben dem Eid, dem es in den Quellen oft gleichgestellt wird, in der altindischen Kultur (Oldenberg S. 81f.; *Sacred Books of the East* 33 S. 144ff. Jolly). Die sem. Völker benutzen das G. ebenfalls, namentlich entscheidet das heilige Los bei den Hebräern die Schuld (Josua 7; I. Sam. 14). Auch das vorislamische Arabertum bedient sich neben dem Schwur gelegentlich des Gottesentscheides, z. B. des Feuerorakels, das auch noch bei den arab. Beduinen sich erhalten hat (Maltzan *Reise nach Südarabien* 1873 S. 263, 299) und von dort durch die Verbreitung des Islam in das Gebiet der malaischen Völker gelangt ist (Wilken *Beydragen tot de Tal-, Land- en Volkenkunde van Nederl. Indie* 1883 S. 57/64, nach Nöldecke S. 97 und Goldziher S. 109; vgl. auch Pedersen S. 104, 152 Anm. 3 und Hirzel).

Die Auffassung, daß das Feuer (s. d. A, E) Träger besonderer Kräfte und Fähigkeiten ist, findet sich auch sonst bei vielen Völkern (s. a. Eid A, Fluch A). — Im alten germanischen Recht wird das G. ungleich angewendet. Neben dem Los-Orakel tritt hauptsächlich der Zweikampf hervor (Roethe S. 66), der sich halb als Rache, halb als G. am längsten erhalten hat, während andere Formen des G., wie Wasser- oder Feuerprobe, teils in die Folter übergegangen sind, teils in das Inventar des mittelalterlichen Strafvollzugs (vgl. a. Ruth S. 225 [Reinigung mit Eideshelfern] und Heusler S. 34, 195; Wilutzky III 151).

S. a. Gericht A, Häuptling, Idol A1, König A, Mana B, Omen A, Primitives Denken, Schuld, Strafe, Totemismus B, Zauber A, Zweikampf.

Brincker *Charakter, Sitten und Gebräuche der Bantu Dtsch.-SW-Afrikas* Mitt. Sem. Orient. Spr. 3 (1900); Driberg *The Lango* 1923; Dundas *The Wawanga and other Tribes of the Elgon District, Brit. East Afrika* Journ. anthr. inst. 43 (1913); Fülleborn *Das deutsche Nyassa- und Ruwuma-Gebiet* 1906; Goldziher s. Mommsen; Heusler *Das Strafrecht der Isländersagas* 1911; Hirzel *Der Eid* 1902; Hitzig s. Mommsen; Howitt *The Native Tribes of S.E.-Australia* 1904; Klamroth *Deutsch-Ostafrika, Synode Heheland* Berl. Miss. Ber. 1904; Klemm *Ordal und Eid in Hinterindien* Zvgl.RW. 13 (1899); Lasch *Der Eid* 1906; Loewenthal *Ein Gottesurteil der alten Mexikaner* Anthropos 14—15 (1919—20); Mommsen *Zum ältesten Strafrecht der Kulturvölker* 1905; Moss *Nabaloi Law and Ritual* Un. Cal. Publ. Am. Arch. a. Ethnol. 15 (1920); Nigmann *Die Wahehe* 1908; Nöldecke s. Mommsen; Oldenberg s. Mommsen; Paulitschke *Ethnogr. NO-Afrikas* 1896; Pedersen *Der Eid bei den Semiten* Stud. z. Gesch. u. Kult. d. islam. Orients 3 (1914); Roethe s. Mommsen; Roscoe *25 Years in East Africa* 1921; Routledge *With a Prehistoric People. The Akikuyu* 1910; Ruth *Zeugen u. Eideshelfer i. d. dtsch. Rechtsquellen des Mittelalters* Unters. z. dtsch. Staats- u. Rechtsgesch. 133 (1922); Tremearne *The Ban of the Bori* 1914; Trenk *Die Buschleute der Namib* Mitt. a. d. dtsch. Schutzgeb. 23 (1910); Westermann *Die Kpelle* 1921; v. Wilamowitz-M. s. Mommsen; Wilutzky *Vorgesch. des Rechts* 1903; Wissler *The American Indian* 1922.

Thurnwald

Gourdan-Höhle s. Kunst A § 2.

Gourdanien s. Kunst A, Magdalénien.

Goyetien s. Belgien A.

Gozo s. Malta B.

Grab. A. Paläolithikum (Tf. 211).

§ 1. Altpaläolithische Gräber und Totenbräuche. — § 2. Aurignacienzeitliche Grabanlagen. Ockerbettung. Hockerstellung. — § 3. Grabanlagen des Solutréen, Magdalénien und Azilien. Schädelbestattungen und verwandte Riten.

§ 1. Die Erscheinung des Todes mußte immer und überall besonders auf die nächststehenden Hinterbliebenen tiefen Eindruck machen und deren Phantasie und Traumleben nicht gering beeinflussen. Dies hat anscheinend verhältnismäßig früh zur Ausbildung eines wirklichen „Totenkultes" geführt, welcher eng mit dem Ahnenkult verknüpft ist. Für Ankermann u. a. wäre das Ursprüngliche die Ahnenverehrung, der alsdann ein allg. Totenkult und, mit der Herausbildung der Seelenvorstellungen, ein wirklicher Seelenkult gefolgt wäre. Tylor, Wundt u. a. sehen den Seelenglauben und den aus ihm entspringenden Seelenkult als das Primäre an, aus dem sich erst der Totenkult entwickelt hätte. Wieder andere, wie K. Th. Preuss, vertreten die Anschauung, daß ein derartiger Seelen- und Ahnenkultus nicht in die frühesten Zeiten gefallen sein könne, sondern eine längere Entwicklung voraussetze.

In irgendeiner Form mußte sich der Mensch von jeher mit dem Körper des Toten abfinden, dazu nötigte ihn bereits die rasch einsetzende Verwesung. In diesem Sinne stoßen wir bei den heutigen Naturvölkern auf die mannigfachsten Bräuche. In verschiedenen Fällen wird die Leiche einfach liegen gelassen oder ausgesetzt, anderwärts wird sie flüchtig oder sorgsam überdeckt bzw. geschützt. Bald schreitet man zum schlichten, vertieften Erdgrab, bald zur primitivsten Form der Verbrennung auf offenem Feuer. Bei manchem Stamme ist der Tote, geraume Zeit hindurch und nach streng beobachteten Riten, Gegenstand komplizierter Behandlung, welche merkwürdige Schädelpräparierung, kunstvolle Mumifizierung u. ä. im Gefolge haben kann.

Die ältesten, bisher bekannt gewordenen Menschenreste gestatten keinerlei positive Schlüsse auf die Totenbräuche unserer fernsten Vorfahren. Der Unterkiefer des prächelléenzeitlichen Altelefantenjägers von Mauer bei Heidelberg ist wohl das isolierte Überbleibsel eines Ertrunkenen. Die Menschenreste von Piltdown (s. d.; wahrscheinlich Chelléenzeit) und jene aus den Ilmtuffen bei Taubach lassen keinerlei intentionelle Totenbehandlung erkennen.

Um so bestimmter ergibt sich die letztere für eine ansehnliche Reihe von Moustérien-Gräbern Europas. Das vorzüglich erhaltene männliche Skelett von La Chapelle-aux-Saints (s. Chapelle-aux-Saints [La]; Corrèze) ruhte, nach A. und J. Bouyssonie und L. Bardon, in Schlafstellung und den rechten Arm nach oben gehoben, in einer regelrechten Grube von 1,45 m L., 1 m Br. und 0,30 m T. Unmittelbar bei ihm fanden sich ein Bisonschenkel, wohl als „Speisebeigabe", Silexgeräte und Ockerfragmente. Die von O. Hauser im J. 1907 aufgefundene Leiche von Le Moustier (Dordogne) ließ eine ähnliche Ruhelage wahrnehmen; der Kopf wäre mit seinem Wangenteile auf dem Ellbogen des erhobenen rechten Armes, die rechte Hand am Hinterhaupte gelegen gewesen; darunter hätte sich eine Art Steinkissen befunden, das aus Silexstücken sorgsam zusammengesetzt war. Am gleichen Orte entdeckte D. Peyrony im J. 1914 die Reste eines neugebornen Kindes, inmitten einer konischen Grube, die aus der sandigen Schicht unterhalb des Endmoustériens ausgehoben war. Noch lehrreicher sind die Funde, welche Peyrony und L. Capitan in der Höhle La Ferrassie, unweit Le Bugue (Dordogne), machten. Hier ließ sich die nachstehende Schichtenfolge festlegen:

a) Oberflächlicher Schutt (Humus und Steine); 1,20 m.
b) Oberes Aurignacien; 0,65 m.
c) Trümmer eines alten Deckeneinsturzes; 0,35 m.
d) Hoch-Aurignacien, mit Feuerstätten; 0,50 m.
e) Schwache Strate mit Alt-Aurignacien; 0,20 m.
f) End-Moustérien, mit Herdplätzen und den Resten von Bison, Hirsch, Pferd, u. dgl.; 0,50 m. Strate der menschlichen Gräber.
g) Spät-Acheuléen (mit Faustkeilen, Rentier u. a.); 0,50 m.
h) Schuttschicht und leere, rote Sande; 0,40 m.

In der Moustérienschicht (f) kam zunächst im J. 1909 ein erwachsenes Männerskelett zutage, in Rückenlage in einer seichten, wohl natürlichen Vertiefung eingebettet. Der Rumpf und Kopf waren leicht nach links geneigt, die Beine stark abgebogen. Einige Steinplatten hatten den Zweck, das Haupt zu schützen. Jedenfalls hatte man den Toten ursprünglich mit Fellen, Zweigwerk und Erde zugedeckt, da ihn die Raubtiere nahezu unversehrt ließen. Nahe daneben, aber umgekehrt orientiert, fand sich im J. 1910 das Skelett eines sehr kleinen Weibes, in rechtsseitiger Lage. Auffallend war die außerordentliche Zusammenbiegung des Körpers, d. h. die Beine waren hoch gegen den Rumpf aufgezogen und der rechte Arm abgeknickt und stark an die Brust gepreßt; Teile des Rumpfes und der Schädel fehlten und scheinen alsbald nach der Beisetzung unabsichtlich zerstört worden zu sein. Dazu gesellten sich, im J. 1912, mehr ö., zwei Kindergräber, die in zwei künstlichen Gruben von 0,30 bzw. 0,35 m T. angelegt waren, welche in die Acheuléenschicht eindrangen. Im J. 1920 stieß man auf die weitere Bestattung eines Fötus oder ganz kleinen Kindes, welches, zweifellos zusammengekrümmt, in einer künstlichen ovalen Bodenhöhlung von 40 cm L., 32 cm Br. und 5 cm T. lag. Dazu kam endlich, im J. 1921, ein letztes Kinderskelett ohne Kopf; es ruhte am Rande einer großen, ziemlich unregelmäßigen Erdgrube, mit stark aufgezogenen Beinen und von einer mit künstlichen Näpfchen versehenen Kalksteinplatte überdeckt; der plattgedrückte Schädel kam in 1,25 m Entfernung zum Vorschein.

Angesichts dieser Funde ist die hauptsächlich von G. de Mortillet vertretene

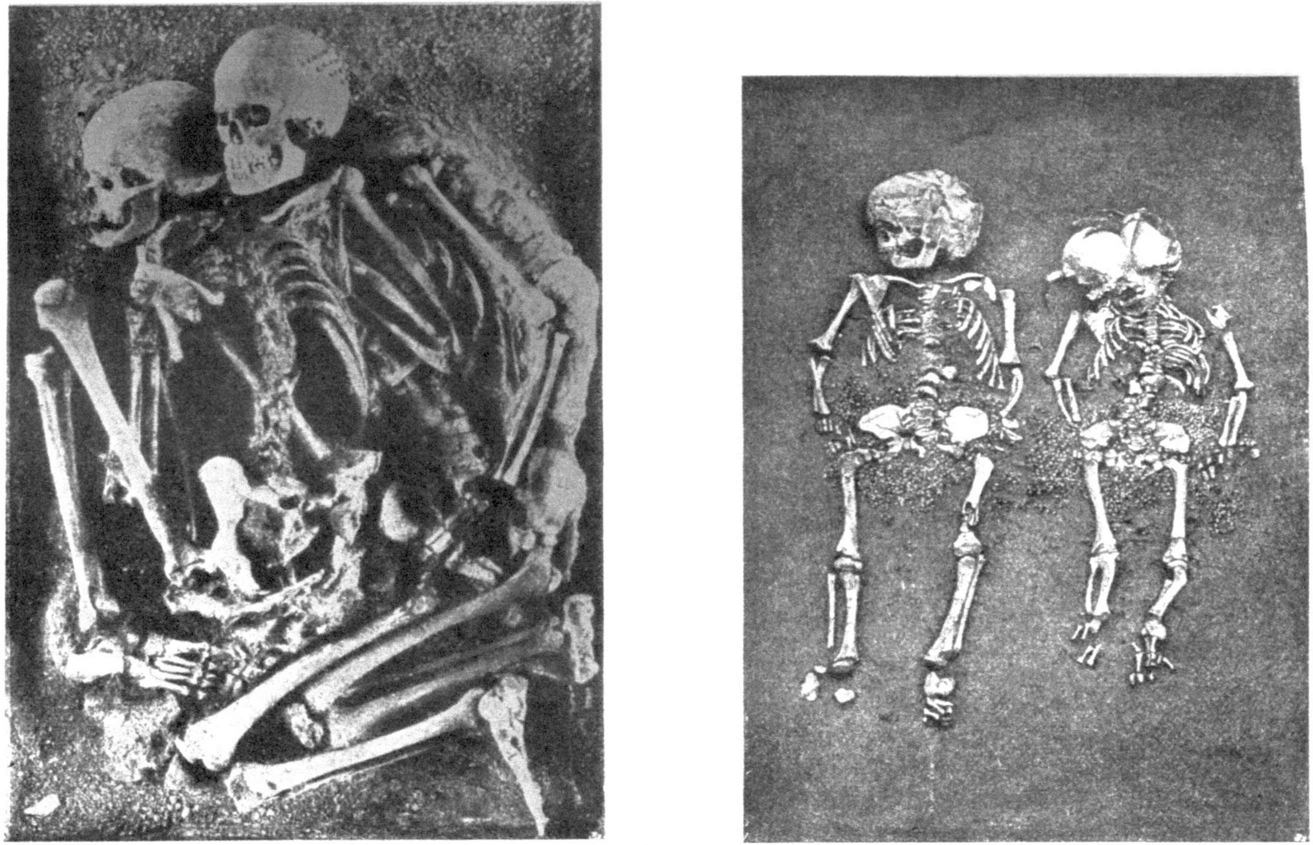

Grab A. Paläolithikum

Kindergrotte von Mentone: a. Tiefstes Doppelgrab. — b./Kindergrab. — a nach R. Verneau; b nach E. Rivière.

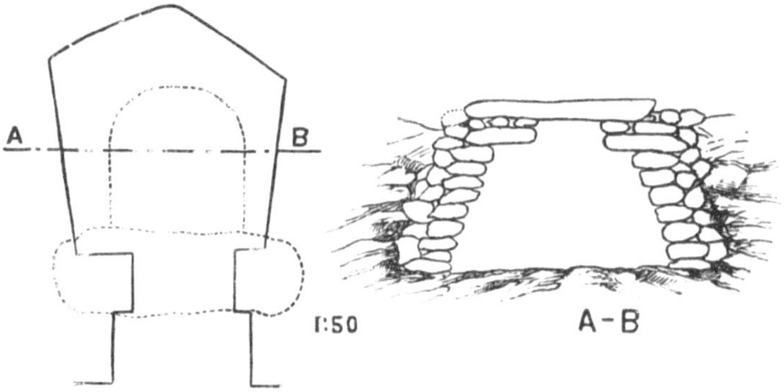

a

b

c

d

e

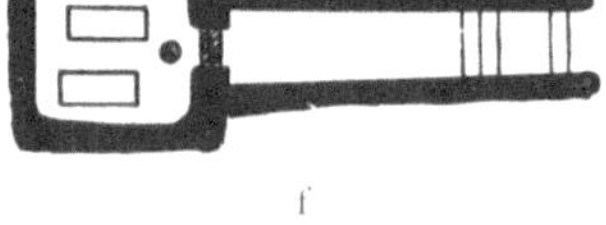

f

Grab C. Ägäischer Kreis

a. Syros (schematisch). — b. Plattengrab in Orchomenos. — c—f. Grabtypen (schematisch): c, e. Manika bei Chalkis, d. Phylakopi, f. Zafer Papura. — Nach D. Fimmen.

a

b

Grab C. Ägäischer Kreis

a. Tholos. Hagia Triada. — b. Kuppelgräber. Pylos-Kakovatos. — Nach D. Fimmen.

b

a

Ansicht, die Paläolithiker hätten noch keine Grabanlagen hergestellt, nicht aufrecht zu erhalten. Es ist für die namhaft gemachten Fälle unannehmbar, daß es sich um die Opfer von „Unfällen“, wie Felsstürzen, Überschwemmungen u. ä. handle, und wir gehen kaum irre, wenn wir auch die beiden Moustérien-Vorkommnisse von Spy (s. d.; Belgien) und jenes von Neandertal (s. d.; Rheinlande) mit echten Grabanlagen in Zusammenhang bringen.

Es besteht kein Zweifel mehr darüber, daß die Moustérien-Leute, mindestens bestimmter Gegenden, zum allerwenigsten einen Teil ihrer Toten intentionell bestatteten, sei es auf offener Erde, sei es in zu diesem Behufe ausgetieften Gräbern. Schützende Steinpackung u. ä. lassen sich in bescheidenen Anfängen erkennen. Die in nächster Nähe der meisten Skelette gefundenen Steinwerkzeuge dürfen wohl als „Grabbeigaben“ gefaßt werden. Das Auftreten von Aschenmassen und Tierknochen in eigenen kleinen Gruben, unfern der Kindergräber von La Ferrassie (1912) und beim Gerippe von La Chapelle-aux-Saints, lassen, wenigstens theoretisch, an Totenmahlzeiten, Totenopfer und Verwandtes denken. Auf jeden Fall offenbart sich eine gewisse Ehrfurcht und Pietät für die Verstorbenen, deren man sich keineswegs in brutaler Weise zu entledigen suchte.

Besondere Beachtung verdient die gewaltsame Stellung der weiblichen Leiche von La Ferrassie, auf welche wir gleich zurückkommen werden. Interessant ist ferner, daß am letztgenannten Orte ein wirklicher „Totensammelplatz“ vorliegt, denn es ist nicht anzunehmen, daß hier der reine Zufall die Anhäufung von sechs Gräbern ergeben hätte, die überdies wohl ursprünglich auch äußerlich, durch ihre Form oder bestimmte Zeichen, kenntlich gewesen sein dürften. Daß im letztentdeckten Kindergrabe dieser Höhle eine „zweistufige“ Bestattung vorliege, mit ritueller Sonderbehandlung von Haupt und Rumpf, ist nicht ausgeschlossen, doch könnte es sich wohl auch um uralte zufällige Verlagerung handeln.

Das an der Basis der Moustérien-Station von La Quina (s. Quina [La]; Charente) entdeckte weibliche Skelett lag in einer Schlammschicht, gehörte also wohl einem ertrunkenen Individuum an. Ebenda erschienen, in den höheren Horizonten (des Jung-Moustérien), bunt zerstreut die Einzelreste zahlreicher Individuen, ohne daß die verschiedenen kleinen Bruchstücke sich auch nur zum Teil irgendwie ergänzten oder zusammensetzen ließen. H. Breuil denkt ebendeshalb an spezielle Totenbräuche, ähnlich jenen gewisser australischer Stämme, welche ihre Verstorbenen zunächst frei aussetzen, dann deren Gebeine sammeln und den Ameisen zur Reinigung überlassen, ausgenommen bestimmte Knochen, die entweder feierlich zertrümmert oder von den Überlebenden aufbewahrt und getragen werden. Tatsächlich haben sich auch an anderweitigen Moustérien-Plätzen menschliche Einzelreste gefunden, wie Schädel oder Schädelteile (Pech de l'Azé; Petit-Puymoyen; Gibraltar), speziell Zähne (La Cotte de Saint-Brelade auf der Insel Jersey) und Unterkiefer (Šipka-Höhle in Mähren; Malarnaud, Arcy-sur-Cure, Gourdan in Frankreich; La Naulette in Belgien u. a. m.). In manchen Fällen dürfte es sich einfach um die Residuen zerstörter Gräber handeln, deren Inhalt durch Raubtiere verschleppt oder durch spätere Besiedler des Platzes unabsichtlich vernichtet wurde. Andererseits legen aber gerade die vielen isolierten Unterkiefervorkommnisse nahe, daß diese Reste mit primitivem Totenkult, Magie und verwandten Ideen in Zusammenhang stehen könnten. P. Wernert wies auf zahlreiche diesbezügliche ethnologische Parallelen in Afrika und Ozeanien hin, wo vor allem Kiefer als Erinnerungsstücke oder schützende Amulette, von denen magische Kräfte ausgehen, Verwendung finden und besonders in Form von Armbändern getragen werden. Dies ließe zugleich auch an Anthropophagie denken, deren Vorhandensein die Funde von Krapina (s. d.; Kroatien) in der Tat sehr wahrscheinlich machen. Hier entdeckte man die Residuen von mindestens 10 Individuen jugendlichen und ausgewachsenen Alters, deren Knochen wirr und bunt vermischt mit tierischen Resten lagen, alle mehr oder minder zerbrochen und nicht selten angebrannt. Da speziell die Mehrzahl der Röhrenknochen der Länge nach aufgeschlagen waren, dürfte dies behufs Markgewinnung geschehen sein. Dieser

Kannibalismus (s. d.) könnte in rein wirtschaftlichen Motiven wurzeln, ebenso gut aber sich mit der Vorstellung verknüpfen, daß mit dem Genuß des Fleisches auch die Kraft und sonstigen Vorzüge des Opfers auf den Sieger übergehen. Bei einigen australischen Stämmen erfolgt das Verzehren natürlich verstorbener Angehöriger direkt aus Gründen der Pietät.

§ 2. Vielseitige Streiflichter auf die Totenbräuche des ausgehenden Quartärs ergeben sich aus den mannigfachen Grabanlagen des europ. Jungpaläolithikums.

Dem Aurignacien gehören die Gräber der Grimaldi-Höhlen, unweit Ventimiglia-Mentone (Oberitalien), an, welche von L. de Villeneuve, M. Boule, R. Verneau und E. Cartailhac studiert wurden. In der Grotte des Enfants (s. Kindergrotte) fand sich, in 2 m T., das Skelett einer Frau, unter welcher, in 2,70 m T., zwei Kinderleichen lagen; rings um deren Beckenknochen erschienen nahezu 1000 durchbohrte Nassa-Schnecken, sicherlich die Überbleibsel reich verzierter Schürzchen oder Röckchen (Tf. 211 b). 7,05 m unter der ursprünglichen Oberfläche stieß man auf das Einzelgrab eines hochgewachsenen Mannes, in gestreckter Rückenlage, die Arme an die Brust gelegt und derart abgebogen, daß die Hände am Kinne ruhten. Muschelschmuck erschien in der Brust- und Stirngegend; das Haupt und die Beine schützte je eine Steinplatte. Noch interessanter war das in 8,50 m T. angetroffene Doppelgrab (Tf. 211 a). Es barg, unmittelbar auf eine erkaltete Feuerstelle gebettet, die Leiche eines negroiden jungen Mannes, mit stark aufgezogenen Beinen, so daß die Fersen unter das Gesäß zu liegen kamen. Daneben befand sich, etwas später beigesetzt, das Skelett einer alten, ebenfalls negroiden Frau. Die Beine der letzteren waren abermals derart geknickt und gegen den Rumpf heraufgezogen, daß die Füße das Becken berührten; beide Vorderarme waren abgebogen, so daß die Hände sich in Halshöhe befanden. Überdies hatte man diesen zusammengepreßten „Hocker" ventral, d. h. mit dem Gesichte nach unten begraben. Rings um den männlichen Schädel liefen 4 Reihen durchbohrter Nassa-Schnecken, wohl die Zier einer Haube; am Körper lagen einige Feuersteinklingen. Den linken Arm des Weibes zierte, am Ellenbogen, bzw. Handgelenk, je ein Armband, angedeutet durch je zwei Reihen angeöhrter Muscheln.

Noch reicher waren die gleichaltrigen Leichen der Nachbarhöhlen ausgestattet. In der Grotte du Cavillon (s. Cavillon-Höhle) stieß E. Rivière, in 6,55 m T., auf das Skelett eines erwachsenen Mannes. Es ruhte, in linksseitiger Schlafstellung, auf einer künstlich hergestellten Strate pulverisierten Rötels, der sich entsprechend auf die Knochen und Grabbeigaben niedergeschlagen hatte, sie intensiv rot färbend. Die beiden Arme waren nach aufwärts gebogen und stützten den Unterkiefer, die Füße waren leicht nach oben angezogen. Rings am Schädel klebten Nassa-Muscheln und 22 ebenfalls angelochte Hirschzähne, mit denen zweifellos ehedem ein Kopfnetz oder eine Haube benäht war. An der Stirne lehnte ein 17 cm l., scharfer Knochendolch, hinter dem Kopfe kamen zwei, 8 bzw. 9 cm l., feine Feuersteinklingen zum Vorschein.

Noch weiter ö. liegt die Barma Grande (s. d.). Diese Höhle lieferte L. Julien in 8,4 m T. ein männliches Skelett, ausgestreckt auf einer Steinstrate; das Haupt war dick mit Rötel überkrustet und durch zwei vertikale und einen horizontalen Block gestützt. Annähernd im nämlichen Niveau und weiter im Innern der Grotte lag in einer künstlichen, mit Ocker bestreuten Vertiefung die dreifache Bestattung eines Mannes, jungen Weibes und etwa 15 jährigen Individuums. Der erstere trug ein Kollier aus den Augenzähnen vom Hirsch, Fischwirbeln und einigen verzierten Knochenanhängseln, ferner die bekannten Schmuckreste am Schädel und, bei jedem Knie, je zwei große, angeöhrte Cypräa-Muscheln, die sicherlich Bekleidungsstücken oder Zierbändern aufgenäht waren. Bei der linken Hand lag ein 23 cm l., trefflich gearbeitetes Steinmesser; ein ebensolches (26 cm l.) wurde an der linken Hand der Frau und (17 cm l.) unter dem Haupte des jungen Individuums beobachtet. Die Frauenleiche trug ähnlichen Schmuck wie jene des Mannes; sorgfältig war auch das dritte Skelett verziert. Kurz darauf wurde ein weiteres, fünftes Skelett bloßgelegt, das unter drei großen Steinplatten geborgen war. Im nämlichen Niveau, aber ganz im Hintergrunde der Höhle, stieß Abbo endlich noch auf eine sechste Leiche. Sie war ziemlich unvollständig und stark verkohlt, doch konnte man wahrnehmen, daß die Beine in hockender Stellung aufgezogen waren. Da sich die Knochen in normaler Lage befanden, darf man schließen, daß die ebenfalls Nassa-Schmuck aufweisende Leiche an Ort und Stelle geröstet worden war. Darauf deutete auch eine große, 60 cm starke Brandschicht unter ihr hin; auf diese muß der Körper gelegt worden sein, als dieselbe noch glühend war.

Die letzte der „Grimaldi-Höhlen" ist die Grotte Baousso da Torre. Sie barg in 3,75 bzw. 3,90 m T. zwei rötelgefärbte Erwachsenenskelette und, annähernd im Mittelniveau zwischen beiden, das Grab eines jugendlichen Individuums. Die Unterlage bildete jeweils eine Herdstrate. Durchbohrte Zähne und Muscheln in der Höhe des Hauptes, der Halswirbel, Ellenbogen, Handgelenke und Oberschenkel lassen wiederum auf entsprechenden Schmuck schließen. Nur das junge Individuum war ohne Beigaben und lag auf dem Gesichte. Etwas tiefer fanden sich noch einige zerbrochene Kinderknochen, wahrscheinlich die Überbleibsel einer von Hyänen zerstörten Beisetzung.

Ähnliche, desgleichen aurignacienzeitliche Gräber müssen im Schutzfelsen von Cro-Magnon (s. d.; Dordogne) vorgelegen haben. Sie enthielten, teilweise rötelgefärbt, die Skelette eines Greises, zweier erwachsener Männer, einer Frau mit schwerer Stirnwunde, und eines Foetus. Die Leiche von Combe-Capelle (s. d.; unweit Montferrand; Périgord) ruhte, in Rückenlage und mit etwas aufgezogenen Beinen, in einer Vertiefung. Muschelschmuckreste fanden sich am Schädel, Steinbeigaben ebenda, an der Brust und an den Füßen.

Hierher gehören ferner die jüngst (1923 und 1924) von A. Arcelin, Ch. Depéret und L. Mayet entdeckten 5 Aurignaciengräber von Solutré (Saône-et-Loire). Drei derselben wiesen in der Kopfgegend je zwei aufrechte Steinplatten auf, welche ehedem die damalige Bodenoberfläche etwas überragt und die Begräbnisstätten angezeigt haben dürften. Einer der Schädel war durch drei Kalkplatten geschützt und einer der Körper teilweise verkohlt.

England besitzt, aus gleicher Zeit, die Höhlenfundstätte von Paviland (Glamorganshire; Wales). Die überreiche Ockerbedeckung des (tatsächlich männlichen) Paviland-Skelettes trug letzterem den Beinamen der „Red Lady" ein. Dabei lagen Schmuckmuscheln und Elfenbein-, sowie Knochengeräte. Eine unmittelbar daneben ausgehobene Grube enthielt, vielleicht als Opferbeigabe oder aus totemistischen Schutzgründen, einen vollständigen Mammutschädel samt Stoßzähnen.

Zum Schlusse seien noch die spätaurignacienzeitlichen Gräber von Brünn (s. d.) und Předmost (s. d.; Mähren) namhaft gemacht. Der Brünner Fund geht auf das J. 1891 zurück; hier stieß man, in der Franz-Joseph-Straße, in 4,5 m T. und im reinen Löß, auf ein männliches Skelett, das reich geschmückt war, wie ungefähr 600 Dentaliumperlen, 5 teils durchlochte und mit Randkerben verzierte Steinscheiben, 11 flache Scheibchen aus Knochen oder Elfenbein und eine Idolfigur aus Elfenbein erhärten. Unmittelbar über dem Grabe lagen der Stoßzahn und das Schulterblatt eines Mammuts. Von hervorragender Bedeutung ist endlich das von K. Maška entdeckte Massengrab der freien Mammutjägerstation von Předmost, unweit Prerau, das inmitten einer schützenden Steinpackung 14 vollständige Skelette und die Reste von 6 weiteren, durch Raubtiere dislozierten Individuen enthielt. Erhalten, bzw. völlig zusammengesetzt sind 10 Schädel, von denen 6 Erwachsenen und 4 Halberwachsenen angehören; drei der ersteren scheinen männlichen und drei weiblichen Geschlechtes zu sein; sie sind anthropologisch als Belege einer eigenen „Předmost-Rasse" von hervorragender Bedeutung. Grabbeigaben fehlten merkwürdigerweise; nur bei einem jugendlichen Skelette wurde ein aus 14 gerillten Elfenbeinstäbchen bestehender Halsschmuck gefunden (s. Böhmen-Mähren A).

Aus diesen mannigfachen Funden erhellt, daß die Aurignacienleute ihre Toten teils in Höhlen, teils im Freien zu bestatten pflegten, wobei neben Einzelgräbern auch Sammelgräber (Barma Grande etc.) und große Massengräber (Předmost) vorkommen. In den Höhlen pflegte man die Leichen nicht selten auf einer alten, aufgelassenen Herdschicht niederzulegen, welche man dann und wann etwas aushob. In anderen Fällen beerdigte man sie in wirklichen Gruben. Das vertiefte G. wurde bisweilen ersetzt durch eine Art primitiver Steinwände, die aus aufrecht gestellten Platten bestanden und manchmal horizontale Deckplatten erhielten, die jedoch nie geschlossene „Kisten" bildeten, sondern nur das Haupt oder die Füße schützten.

Häufig wurden die Leichen auf ein Lager von Eisenrötel oder Ocker gebettet, mit denen sie man auch vielfach überstreut oder eingerieben zu haben scheint, wohl unter dem Einflusse nicht näher bekannter Ideen (Körperbemalung? Farbe des Blutes und Lebens?). Sobald die Weichteile der Verwesung anheimgefallen waren, schlugen sich diese Farbstoffe auf die Skeletteile und Beigaben nieder, oft in durchaus unregelmäßiger Form. Nichts bestätigt die vielfach geäußerte Annahme, daß die Knochen erst nach der natürlichen Verwesung der Weichteile oder nach künstlich erfolgter Mazerierung bemalt und alsdann endgültig beigesetzt worden wären. Dagegen spricht, daß die Skelettbestandteile bis auf die kleinsten Knochen vollständig und in genau anatomischer Anordnung aufgefunden wurden, von einigen Fällen gewaltsamer Störung oder sehr wahrscheinlich späterer, sekundärer Zusammenschlichtung abgesehen.

Streng einheitliche Regeln für Orientierung und Haltung der Körper sind nicht wahrzunehmen. Die Leichen werden bald in Rückenlage mit ausgestreckten unteren Extremitäten bestattet, bald als rechts- oder linksseitige Seitenschläfer, die Füße leicht aufgezogen und ein Unterarm bzw. eine Hand unter den Kopf gelegt. Dazu kommt eine weitere Körperstellung, bei welcher die unteren Extremitäten stark im Knie- und Hüftgelenk gebeugt werden, so daß die Kniee vor oder neben die Brust und die Fersen gegen die Sitzknorren des Beckens zu liegen kommen; auch die Arme werden im Ellenbogengelenk gebeugt, gelegentlich über der Brust gekreuzt oder so gelegt, daß die Hände den Mund oder die Wangen berühren. Also entstehen zusammengekrümmte „Hocker", die bei heutigen Naturvölkern keineswegs selten sind. Die Leichen pflegen, ebenda, in der angegebenen Stellung verschnürt oder eingenäht und alsdann sitzend oder liegend beerdigt zu werden.

Auch im Paläol. lernen wir derartige zusammengekauerte Hocker kennen, so die weibliche Moustérien-Leiche von La Ferrassie, das tiefe Doppelgrab der Grotte des Enfants, die verkohlte Leiche der Barma Grande. Etwas jünger, d. i. magdalénienzeitlich, sind die einschlägigen Gräber von Laugerie-Basse, Raymonden (Dordogne) etc. Über die Ursachen der Hockerbestattung existieren verschiedene Hypothesen. Wenig Wahrscheinlichkeit hat es für sich, daß Raummangel oder Bequemlichkeit eine Hauptursache dieser Beisetzungsart wären, oder daß sie die normale Schlaflage bzw. Stellung des Kindes im Mutterleib nachahmen wolle. Nach Rud. Martin und anderen wäre das „Hocken" die gebräuchlichste Ruhestellung und würde der Hocker, die Ellenbogen auf die Kniee und die Hände unter das Kinn gestützt, ruhende, im Familienkreise um das Herdfeuer kauernde Abgestorbene darstellen. Tatsächlich ist der Zusammenhang zwischen Wohnung und Erdgrab an einigen paläol. Fundstellen offensichtlich: der häusliche Herd verwandelt sich unmittelbar in die fernere Ruhestätte des Verstorbenen, der ebendort „wohnen" bleibt, indes die Überlebenden abziehen. Die reichen Beigaben beweisen, daß man annahm, daß der Tote nicht völlig zu existieren aufgehört habe, sondern „weiterlebe", und ebenso allg. verbreitet ist der Glaube, daß die engstens an die Leiche gebundene Seele („Körperseele") das von ihr bewohnte Grab verlassen und die Überlebenden schwer belästigen könne. Aus solchen Furcht-Vorstellungen heraus dürfte mindestens der größere Teil der präh. und modernen Hockerbestattungen zu erklären sein, wie denn auch tatsächlich in zahlreichen Fällen die bündige Erklärung heutiger Naturvölker dahin geht, daß die charakteristische Fesselung und Einwickelung des Hockers geschähe, um den Toten am Gehen und Gebrauch der Hände zu hindern und seinem „Geiste" den Austritt aus dem Grabe unmöglich zu machen. Als raffinierte paläol. Vollhocker treten uns vor allem die negroide Frauenleiche von Grimaldi und jene von Laugerie-Basse entgegen, die überdies — eine erhöhte Vorsichtsmaßregel — verkehrt, mit dem Gesichte nach abwärts, bestattet waren. Hatte man vor gewissen Personen oder bestimmten Todesarten eine besondere Furcht? S. a. Hockerbestattung.

Die Toten beiderlei Geschlechtes wurden zumeist in ihrem vollen Schmucke bestattet, der hauptsächlich aus Kopfnetzen (Diademen, Mützen, Zierbändern?), Halsbändern, Brustlätzen, Arm- und Handgelenkbändern und Zierbändern an den Knien bestand. Dies läßt auch auf weitere unverzierte Kleidung aus Fellen, Pflanzenfasern und ähnl. schließen. Der Schmuck (s. d. A) war für Männer wie Frauen im wesentlichen der gleiche.

Auf und bei den Körpern sind häufig Gebrauchsgegenstände oder Waffen aus Silex, Horn, Elfenbein oder Knochen niedergelegt. Man pflegte mithin dem Verstorbenen mitzugeben, was er im Leben liebte und brauchte, damit er es auch fernerhin nicht entbehre. Eben deshalb dürfen sicher auch unmittelbar neben den Leichen lagernde tierische Reste als Speisebeigaben interpretiert werden. Beachtenswert ist die manchenorts zutage tretende pietätvolle Behandlung selbst der Kinder.

Nicht erwiesen scheint uns die Existenz regelrechter Leichenverbrennung, d. i. völliger Einäscherung, als allenfallsiges Vernichtungsmittel besonderer Krankheits- oder Totengeister, sowie zur Beruhigung und zum Schutze der Überlebenden. Das Auftreten verkohlter oder stark angebrannter Skelette in der Barma Grande und in Solutré legt eher den Gedanken nahe, daß diese unvollständige Verbrennung akzidentell erfolgte. Man kann sich hierbei vorstellen, daß man die Verstorbenen des öfteren auf dem Familienherde bettete, bevor die Glut völlig erloschen war, oder daß man, ähnlich modernen Naturvölkern, die Wohnhütte oder wichtigeren Siedlungsutensilien bei der Totenfeier über dem Leichnam in Brand steckte. An rituelle Grabfeuer oder „Wärmefeuer" zu Gunsten des erkalteten, starren Leichnams darf sicherlich desgleichen gedacht werden.

§ 3. Aus dem Solutréen wurden bislang nur wenige Gräber bekannt, so das in Ocker gebettete G. der mittl. Klausenhöhle bei Neu-Essing (Niederbayern); dem Magdalénien gehören u. a. an: der bereits erwähnte Hocker von Laugerie-Basse (s. d.), die stark zusammengekrümmte Leiche von Raymonden (bei Chancelade; s. d.), das reich geschmückte Skelett von Duruthy (s. d.; Landes) und jenes von Les Hoteaux (bei Rossillon, Ain). Letzteres war gerade ausgestreckt, reich mit Ocker umhüllt und wies, neben anderen Beigaben, einen gravierten Kommandostab (s. d.) auf. Aus Deutschland seien die zwei ockergefüllten Gräber von Obercassel (s. d.; bei Bonn) erwähnt, welche übrigens möglicherweise älter als magdalénienzeitlich sind.

Neue Probleme rollen die epipaläolithischen Grabanlagen des Azilien auf. E. Piette fand in Mas d'Azil (s. d.; Ariège) zwei Skelette, deren rotbemalte große Knochen in anatomisch ungenauer Anordnung lagen, indes die kleinen überhaupt fehlten. Da die ersteren überdies Schnitt- und Schabespuren erkennen lassen, nimmt der genannte Fachmann an, daß hier eine sog. „zweistufige Bestattung" vorliege, insofern man die Körper zunächst entfleischt und hernach bemalt und endgültig beigesetzt hätte. Hierzu kommen noch merkwürdige rituelle Teilbestattungen (s. d.). Eine typische Probe hierfür liegt aus der bayrischen Ofnet-Höhle (s. d.) vor, wo R. R. Schmidt in den Jahren 1907—08 in zwei kreisförmigen, rötelbestreuten Gruben ein mit 27 bzw. 6 Schädeln ausgelegtes „Nest" hob. Sämtliche Kranien waren nach W orientiert; sie verteilen sich auf 9 Frauen (mit reichem Hals- und Kopfschmuck aus durchbohrten Hirschzähnen und Schnecken), 20 Kinder und Halberwachsene (mit spärlicherem Schmuck) und 4 Männer (ohne jeglichen Schmuck). Da bei mehreren Schädeln noch die obersten Halswirbel in ihrer natürlichen Lage und z. T. mit Schnittspuren gefunden wurden, ist es klar, daß die Köpfe alsbald nach dem Tode vom Rumpfe getrennt wurden, als sie noch mit Fleisch umhüllt waren. Daß die pietätvoll angelegten Bestattungen nicht zur gleichen

Zeit, sondern nach und nach stattfanden, dafür könnten die durchweg stärker ineinandergedrückten Crania des Gruben-Inneren sprechen, während die äußeren Schädel der größeren Anlage weit besser, teils sogar vollkommen erhalten vorgefunden wurden. Die übrigen Körperteile wurden möglicherweise verbrannt (Schmidt *Diluv. Vorzeit* S. 37 ff. und Tf. 14). Ein genau in gleicher Weise behandelter Schädel kam im J. 1913 am Kaufertsberg (Schwaben; Bayern) zum Vorschein.

Diese Vorkommnisse lassen auf einen wahren „Schädelkult" schließen, wie denn tatsächlich viele Völker den Kopf als Sitz des Geistes fassen und konsequenterweise auch dem Schädel besondere Verehrung zollen und in ihm einen Fetisch erblicken, der heiliges Familiengut ist und wunderbare Kräfte besitzt. Dies gilt in erhöhtem Maße von den Ahnenschädeln. S. Kopfjagd.

Teilbestattungen von Schädeln kommen übrigens, wenn auch selten, schon seit dem Magdalénien vor; wir erwähnen nur den völlig isolierten, reich geschmückten weiblichen Schädel der Placard-Grotte (Charente). Dies erinnert unwillkürlich an die Bräuche moderner Primitiver, den Schädel sorgfältig zu präparieren, zu schmücken, und in eigenen Behältern oder hinter Ahnenmasken und ähnl. aufzubewahren. Schon im J. 1873 schrieb Piette von den Schädeltrümmern der Gourdan-Grotte (Haute-Garonne), daß sie äußerlich deutliche Schnittspuren trügen, als ob sie skalpiert oder sonst absichtlich entfleischt worden wären. Noch bezeichnender sind die Funde echter, aus Schädelkalotten gefertigter „Becher", wie sie aus dem Solutréen und Magdalénien von Placard, Laugerie-Basse und der nordspan. Castillo-Höhle (s. d.) vorliegen. Sie können ebensowohl auf verstorbene Vorfahren wie getötete Feinde zurückgehen, und wir werden in ihnen wohl am ehesten Kultobjekte zu erblicken haben. Daß diese fossilen Reste auch mit uralter Kopfjagd und überhaupt mit Menschenopfern in Zusammenhang stehen könnten, ist nicht ausgeschlossen.

Nicht unerwähnt darf endlich bleiben, daß auch an Tierschädel sich ähnliche Vorstellungen knüpfen, und daß sie desgleichen in totemistischem oder überhaupt apotropäischem Sinne Verwendung finden konnten. S. a. Tierbestattung, Totemismus.

So viel dürfte, auf jeden Fall, schon heute feststehen, daß die Bestattungsbräuche der europ. Paläolithiker bereits sehr kompliziert und differenziert waren. Sie gewinnen im Lichte der modernen Völkerkunde wieder fesselnde Lebendigkeit, wennschon natürlich allen diesbezüglichen Vergleichen nur der Wert von Analogieschlüssen innewohnt.

Als außereurop. Vorkommnisse seien die Gräber der Capsienzeit namhaft gemacht, welche A. Debruge in den Schneckenhaufenstraten von Mechta-el-Arbi (bei Château-dun-du-Rhumel; in Ost-Constantine, Algerien) erschloß (s. Nördliches Afrika [Paläolithikum] § 5). Hier fanden sich, ohne deutlichere Beigaben, die Reste von 16—18 Kindern und jugendlichen Individuen und die vollständigen Skelette von 3 Erwachsenen. Speziell die Kinderknochen bildeten regellose Häufchen und waren des öfteren angebrannt und zertrümmert, ähnlich wie die isolierten Menschenreste der Antelias-Höhle in Syrien (s. Palästina-Syrien A § 4), so daß der Gedanke an etwaige Anthropophagie nicht von der Hand zu weisen ist. Auf jeden Fall erinnern diese Bestattungen an ähnliche Skelettfunde inmitten der epipaläol. Muschelhaufen von Mugem in Portugal (s. Pyrenäenhalbinsel A § 9).

Rud. Martin *Über Skelettkult und verwandte Vorstellungen* Mitt. d. Geograph.-Ethnograph. Gesellschaft in Zürich 1920. Mit zahlreicher Literatur; P. de Mortillet *Origine du culte des morts. Les sépultures préhistoriques* Paris 1913; D. Peyrony *Les Moustériens inhumaient-ils leurs morts?* Bull. de la Soc. historique et archéologique du Périgord 1921; H. Breuil *Remarques sur les sépultures moustériennes* L'Anthrop. 31 (1921) S. 342ff.; P. Wernert *Representaciones de antepasados en el arte paleolitico* Commisión de Investigaciones Paleontológicas y Prehistóricas. Memoria Nr. 12. Madrid 1916; L. de Villeneuve, M. Boule, R. Verneau, E. Cartailhac *Les Grottes de Grimaldi (Baoussé-Roussé).* 2 Bde. Monaco 1906—1919; R. Andree *Ethnologische Betrachtungen über Hockerbestattung* Archiv f. Anthr. NF 6 (1907); H. Breuil und H. Obermaier *Crânes paléolithiques façonnés en coupes* L'Anthrop. 20 (1909) S. 523; H. Obermaier *Der Mensch der Vorzeit.* O. J. (1912)

1. Teil, c. 10 (Der Diluvialmensch nach seiner psychischen Beschaffenheit). H. Obermaier

B. Europa (Allgemein). Neolithikum, Bronzezeit und ältere eisenzeitliche Perioden.

S. besonders Altar A, Amulett A, Baumsarg, Bautastein, Beigabe (in Gräbern) A, Bootsgrab, Brandgrubengrab, Brandschüttungsgrab, Bustum, Charonspfennig, Doliengrab, Domus de Gianas, Forumgräber, Fossagrab, Friedhof, Gesichtsurne, Glockengräberkultur, Grabgrotte, Grabhaus, Grabsitte, Grabstele A, Hausgrab, Hausurne, Heroengrab, Hockerbestattung, Hügelgrab, Kammergrab, Kenotaphion, Kindergrab, Kuppelgrab, Lebender Leichnam, Leichendörrung, Leichenverbrennung, Loculusgrab, Megalithgrab A—D, Mehrstufige Bestattung, Menhir, Miniaturbeigabe, Moorleiche, Nachbestattung, Ockerbestattung, Opferplatte, Pia fraus, Pithos-Bestattung, Reihengrab, Sarg, Steinkreisgrab, Teilbestattung, Terramarenfriedhof, Tierbestattung A, Totenkultus B, Totenmahl, Totenmaske, Totenopfer, Totenschuh, Trilithengrab, Urnengrab, Ustrine, Wagengrab, Wohnungsbestattung. — S. a. die Behandlung der Gräber bei den einzelnen Ländern und Kulturgruppen.

C. Ägäischer Kreis (Tf. 212—215).

§ 1. In der neol. Kultur der Ägäis fehlen alle sicheren Spuren von G. sowohl in Nord- und Mittelgriechenland wie auf Kreta. Die scheinbaren, ganz vereinzelten Ausnahmen können jünger sein (Skelette in Chaironea und Drachmani, Töpfe mit Kinderleichen in Rachmani; s. Ägäische Kultur; Wace-Thompson *Thessaly* S. 41, 242 ff.). Auf Kreta (s. d. B) gehört die früheste Grabstätte, eine große Höhle bei Pyrgos, nö. von Knossos, mit Hunderten von Skeletten, auch schon in den Anfang des FM. Die üblichen FM-Grabformen sind indessen: im ö. Kreta für die Armen Felslöcher, Steinkisten, Grabbezirke aus niedrigen Mäuerchen (Ossilegien, ähnliche auch in Gurnes unweit Knossos; Nachleben neol. Hausgrundrisse), für die Vornehmen rechteckige Kammergräber mit Türen und flachen Lehmdächern, offenbar den Häusern der Lebenden nachgebildet (bisher nur in Mochlos); im mittl. Kreta (Ebene der Messarà) mächtige runde Kuppelgräber aus Feldsteinen mit behauener Steintür im O (nur Sockel erhalten, Dm 4,50—8, bisweilen sogar 13 m; Band VII Tf. 38): Familien- oder Stammesgrüfte für Hunderte von Leichen. Daneben manchmal gepflasterte Festplätze. Die Beigaben sind selbst in den ärmeren Gräbern verhältnismäßig zahlreich, in den vornehmen Grüften z. T. sehr reich: außer Tongeschirr Schmuck aus Gold, Silber und Halbedelsteinen, elfenbeinerne und steinerne Petschafte, Toilettengerät aus Kupfer und Silber, Waffen aus Stein und Kupfer, herrliche bunte Steinväschen, tönerne und steinerne Idole u. a. Die Kuppelgräber der Messarà wurden z. T. bis MM I benutzt, dann, wenn sie voll waren, außen Kämmerchen angebaut. Gegen Ende von FM III erscheinen die ersten Tonsärge. Einzelheiten der Bestattung sind nicht mehr nachweisbar.

§ 2. Derselben Zeit (FM II—MM I, etwa 2500—1800) gehören die G. der sog. Kykladen-Kultur an (s. Ägäische Kultur). Meist sind es rechteckige Kisten aus Steinplatten (aus dem Grabloch mit Steinsetzung entwickelt) mit stets unverbrannten Leichen in liegender Hockerstellung; mit wenigen Ausnahmen Einzelgräber, wechselnder Größe, aber nie so lang wie ein ausgewachsener Mensch. Ausgedehnte Nekropolen auf den Kykladen, z. T. mit reichen Beigaben, unter denen marmorne Gefäße und Idole hervorragen. Singulär sind die winzigen „Kuppelgräber" auf Syros (Tf. 212 a), unregelmäßigen Grundrisses, mit zum Einführen der Leiche viel zu kleiner Tür und Vorplatz, wohl nicht von den Tholoi der Messarà beeinflußt, da es stets Einzelgräber für liegende Hocker sind. Bisher ist nur eine solche Nekropole bekannt. — Die gewöhnlichen Steinkistengräber (Tf. 212 b) sind auch auf dem ganzen Festlande überaus häufig, durch ihren Inhalt und durch Schichtengrabungen, z. B. in Tiryns, als den Kykladen-Gräbern gleichzeitig erwiesen. Sie bilden die normale Form bis zum 16. Jh. v. C. Ganz vereinzelt sind bisher kleine Schachtgräber mit runden oder ovalen seitlichen Höhlen (Korinth, ähnlich auf Kypros; s. d.), ferner die großen Rundgräber auf Leukas (s. d), mit Steinplattenkreis und Kistengräbern. In Aphidna und auf Amorgos kommen tief eingeschachtete, plattengedeckte Gräber dieser Periode vor: die unmittelbaren Vorläufer der fürstlichen Schachtgräber von Mykenai (s. d.), die nur viel größer sind und meist mehrere (2—5) Tote mit überreicher Ausstattung enthielten: von den 6 Grüften ist das kleinste (1 Leiche) 8 qm, das größte (5 Leichen) 34 qm groß. Die Toten sind langgestreckt, wohl auf hölzernen Bahren oder in Särgen, bestattet worden. Die Männer trugen z. T. goldene Masken (Tf. 174), beide Geschlechter reichen Schmuck. Die Schächte waren mit Mauern aus kleinen Steinen verkleidet und mit Steinplatten auf Holzbalken bedeckt. Über den Gräbern standen glatte oder in flachem Relief skulptierte Stelen (Ornamente, Jagd- und Kriegsbilder; Tf. 237A). In reifmyk. Zeit (Anfang 14. Jh. v. C.) wurde hoch über den alten Fürstengrüften ein großer Ring aus doppelten hohen Steinplatten mit offenem, breiten Eingang angelegt, eine monumentale Stätte für den Ahnenkult (Tf. 215a). Diese ist innerhalb der kret.-myk. Kultur ebenso vereinzelt wie die großen Schachtgräber und die Stelen; sie sind durchaus festländisch, obwohl der Inhalt der Grüfte zahlreiche kret. Importstücke und Nachbildungen von solchen enthält und dadurch eine sichere Datierung ermöglicht: S(pät) H(elladisch) I = SM I = 16. Jh. Leider fehlen uns bisher auf Kreta reiche Grüfte von MM II bis SM I gänzlich. Ärmliche G. aus MM III und SM I sind zahlreich, meist über die Leichen gestülpte oder liegende Pithoi, vereinzelte Tonsärge.

§ 3. Aus dem 15. Jh. (SM II) stammen einige vornehme Grüfte von Knossos, vor allem das sog. Königsgrab von Isopata (Tf. 214b), eine geräumige, rechteckige Kammer mit Grabgrube und Nische, davor ein Vorzimmer mit zwei kleinen Seitenkammern und einem langen Zugang (Dromos): das Ganze in einer gewaltigen, ausgeschachteten Grube aus Quadersteinen gut gebaut. Das gleichzeitige „Grab der Doppeläxte" ist in den weichen Felsen getrieben, die Kammer durch einen vorspringenden Felspfeiler in zwei Hälften geteilt; der Vorraum mit Seitenkammern fehlt, ebenso wie an einer Reihe einfacherer, gleichzeitiger und jüngerer G. (meist mit 2—3 Skeletten). Besondere Grabgruben im Innern der Kammer sind häufig, in den jüngeren Gräbern (SM III) auch einfach und reich verzierte Tonsärge mit Hockerleichen (vereinzelt ein mit Kultszenen bemalter Steinsarg gleicher Form aus H. Triada; Band V Tf. 12, 13). Daneben finden sich Schachtgräber mit oder ohne Seitengrube. Dieselben Kammergräber sind auch im S und O von Kreta allg. gebräuchlich. Dagegen fehlt es ganz an den großen runden Kuppelgräbern, die auf dem Festlande die Schachtgräber ablösen: die älteren (Mykenai, Heraion, Amyklai-Vaphio, Pylos-Kakovatos [Tf. 213b], Thorikos, Volo) noch aus SH II = 15. Jh., die jüngeren aus SH III (Mykenai, Orchomenos wohl Anfang 14. Jh., Tiryns, Menidi bei Athen, Eleusis, Euboea, Dimini und Sesklo in Thessalien, Kephallenia, Naxos, Mykonos u. a. wohl späteres 14.—13. Jh.). Charakteristisch für alle sind: die Anlage in einer großen Baugrube, der kreisförmige Grundriß (in Thorikos einmal elliptisch), der Aufbau aus allmählich vorkragenden Blöcken bis zur Kuppelwölbung, ohne Klammern, Dübel oder Mörtel, die hohe Eingangstür, der ungedeckte Dromos (einzige Ausnahme hierfür Eleusis). Die älteren Tholoi zeigen noch etwas unregelmäßigen Quaderbau, sie ermangeln der Fassade und des Entlastungsdreiecks; die reifsten Schöpfungen, vor allem das sog. Atreusgrab in Mykenai (Tf. 214a) und das wohl von demselben Architekten stammende in Orchomenos (Tf. 215b) sind Wunderwerke der Baukunst aller Zeiten, aufs regelmäßigste gefügt, z. T. aus riesigen Blöcken. Die Wirkung dieser gewaltigen Kuppeln (Dm 14 und 15,50, H. 13,60 m) wird erst nach anderthalb Jahrtausenden vom Pantheon in Rom erreicht und übertroffen. Die jüngsten Kuppelgräber sind aus viel kleineren Steinen unregelmäßig geschichtet. Es ist von höchster kultur- und kunstgeschichtlicher Bedeutung, daß diese größte Leistung der Architektur des 2. Jht. selbständig festländisch, ohne kret. Einfluß, entstanden ist. Nur die Ornamente der wenigen reich mit ornamentalen Flachreliefs verzierten Tholoi („Atreusgrab", Orchomenos [Tf. 215b]) und die vereinzelten Säulen neben der Tür („Atreus"- und „Klytaimnestra"-Grab) sind minoisch, nicht die Bauten selbst. Dagegen sind

a

b

Grab C. Ägäischer Kreis

a. Gräberrund von Mykenai. — b. Kuppelgrab von Orchomenos. Nach D. Fimmen.

a

b

Grab D. Ägypten

a—b. Hockergräber von Abusir el-Meleq: a. Flaches Sandgrab; b. Ausgemauerte Grube.
Nach Photographie der Ägypt. Abt., Staatl. Mus., Berlin.

Grab D. Ägypten

a. Tonsarg von Abusir el-Meleq. Nach Phot. der Ägypt. Abt. der Staatl. Museen. Berlin. — b. Grab der 1. Dyn. von Naga ed-Dêr mit Treppe und Nebenkammern. Nach Reisner.

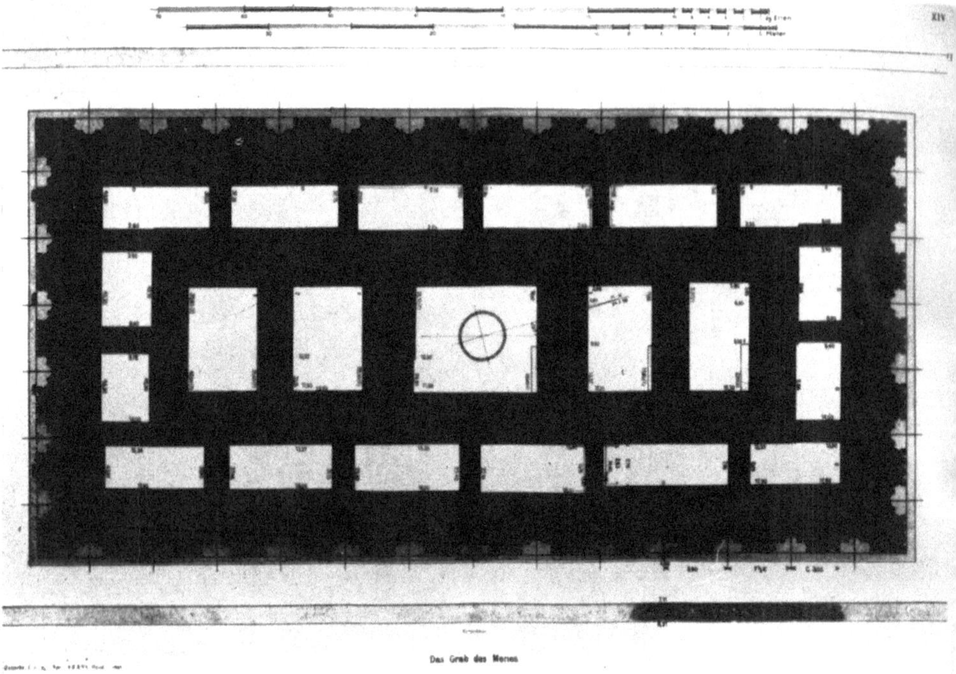

a

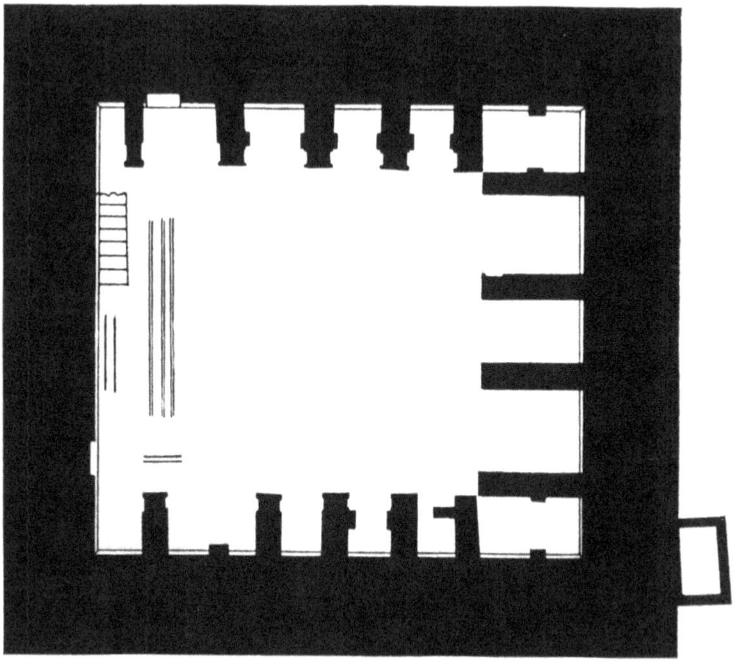

Grab D. Ägypten

a. Grundriß des Menes-Grabes von Negade. Nach Borchardt. — b. Grundriß der Grabkammer des Zer bei Abydos. Nach Petrie.

die zahlreichen kleinen kret. Kuppelgräber, aus dem Ende von SM III und der Übergangszeit zur geometr. Per., offenbar von festländischen Vorbildern abhängig. (Singulär bei einigen der quadratische Grundriß.) Da von diesen fast alle ausgeraubt sind, wissen wir über Bestattungsart und Beigaben wenig. Meistens waren im Kuppelraum oder Dromos Grabgruben, besonders in den älteren Tholoi, im „Atreusgrab" und dem von Orchomenos eine besondere Seitenkammer, wohl die eigentl. Gruft, neben der der Kuppelraum dann als Kultstätte diente. Jeder König von Mykenai scheint sich sein monumentales Grab erbaut zu haben, wie die Pharaonen ihre Pyramiden. Neben den Kuppelgräbern gibt es auf dem Festlande und den Inseln, bis zur kleinas. Küste hinüber, sehr zahlreiche Felskammergräber mit Dromos, den kret. ähnlich, aber ohne Tonsärge. Auf Kypros überwiegt durchaus der Schacht mit seitlichem Kämmerchen für die Leiche (Band I Tf. 10a links), von der frühen BZ bis zur geometr. Periode. Während der ganzen min.-myk. Kultur herrscht allg. die Bestattung; die Annahme einer völligen oder teilweisen Verbrennung oder Dörrung (Schliemann, Dörpfeld) scheint mir nach dem gesamten Befunde unhaltbar.

§ 4. Die geometrische Per. (s. „Geometrische" Kultur) bringt keine neuen Grabformen mit. Die kleinen Kuppel- und Kammergräber leben noch bis etwa zur Wende des 2. Jht. fort, auf Kreta wie auf anderen Inseln und dem Festlande. Daneben finden sich Steinkisten- und Gefäßgräber. Außer an den Beigaben erkennt man die neue Kultur an der nun neben der Bestattung gebräuchlichen Verbrennung, die aber niemals ganz allein herrscht. Daraus ergibt sich naturgemäß die zunehmende Häufigkeit der Aschengefäße aus Ton, selten aus Bronze. Man benutzt gerade verfügbare Gefäße, nur selten eigens gefertigte Aschenurnen. Auch Tonsärge fehlen. Die prachtvollen riesigen Grabvasen des Dipylonstils mit Szenen des Leichenbegängnisses (Band II Tf. 203e, vgl. auch c) bargen nicht die Asche, sondern standen auf dem Grabe, als dessen Wahrzeichen und zur Aufnahme von Totenspenden, die durch den hohlen Boden in die Gruft flossen. Wie in der gesamten Architektur, hat die geometrische Kultur auch im Grabbau kaum etwas geleistet.

Älteste Gräber: Kreta FM. Höhle von Pyrgos: Ἀρχ. Δελτίον 3 (1918) S. 136ff.; Evans *Pal. Minos* I (1921) S. 59. — Ossilegien: BSA 14 S. 363ff. Kammergräber: R. Seager *Mochlos* 1912; Maraghiannis *Antiqu. crét.* II Tf. 1ff. —. Kuppelgräber der Messarà: Mem. Ist. Lomb. 1905 S. 248ff. F. Halbherr; Ausonia 8 (1913) Beibl. S. 13ff. R. Paribeni; Ἀρχ. Δελτίον 1 (1915) S. 59, 3 (1918) S. 46 J. Hazzidakis; *RE* XI (1921) S. 1747ff. Karo; zusammenfassend jetzt S. Xanthoudides *Vaulted Tombs of Mesara* 1924. — Kykladenkultur: Ath. Mitt. 11 (1886) S. 15ff. = F. Dümmler *Kl. Schr.* III 45ff.; Ἐφ. ἀρχ. 1898 S. 139ff., 1899 S. 77ff. Tsuntas; Fimmen *Kret.-myk. Kultur*[2] 1924 S. 13ff. — Korinth: Amer. Journ. Arch. 1897 S. 313ff.; *Mesara* 1924; Blegen *Korakou* 1921 S. 18ff., 100ff. — Leukas: Dörpfeld *VI. Brief über Leukas-Ithaka* 1910 S. 9ff.; Fimmen S. 58. — Aphidna: Ath. Mitt. 21 (1896) S. 385ff. Tf. 13. — Schachtgräber von Mykenai: Schliemann *Mykenai* 1877; C. Schuchhardt *Schliemanns Ausgrabungen*[2] 1891 S. 183ff.; Ath. Mitt. 40 (1915) S. 113ff. Karo; JHS 41 (1921) S. 262f. und BSA 25 S. 103ff. Wace. — Kypros: Ath. Mitt. 11 (1886) S. 209ff. Dümmler; R. Dussaud *Les civil. préhell.* 1910 S. 135. — Kretische Gräber: MM III - SM I: BSA 8 S. 88f.; Arch. Anz. 1910 S. 153; Ath. Mitt. 38 (1913) S. 43 Hazzidakis; *RE* XI (1921) S. 1760 G. Karo. — SM II — III: Evans *Preh. tombs Knossos* 1906; ders. *Tomb of the Double Axes* 1914 (aus Archaeologia 59 und 65); Karo a. a. O. S. 1786. — Festländische Kuppelgräber: Mykenai: Ἐφ. ἀρχ. 1888 S. 119ff.; Perrot-Chipiez *Hist. de l'Art* VI (1894) S. 355ff.; BSA 25 S. 283ff. Wace. Heraion: C. Waldstein *Argive Heraeum* I 41, 79, II 74. Vaphio: Ἐφ. ἀρχ. 1889 S. 129ff. C. Tsuntas. Pylos: Ἐφ. ἀρχ. 1912 S. 268, 1914 S. 99ff. Kuruniotis. Kakovatos: Ath. Mitt. 32 (1907) S. XV, 33 (1908) S. 295ff., 38 (1913) S. 97ff. Dörpfeld-K. Müller. Thorikos: Ἐφ. ἀρχ. 1895 S. 221; Πρακτικά 1893 S. 12 V. Staïs; Fimmen S. 8. Orchomenos: H. Bulle *Orchomenos* I (1907) S. 85ff. Volo: Ἐφ. ἀρχ. 1906 S. 211. — Jüngere Gräber: Tiryns: Ath. Mitt. 38 (1913) S. 347; Karo *Führer d. Tiryns* 1915 S. 29. Menidi: (Lolling) *D. Kupp. v. M.* 1880. — Eleusis: Ἐφ. ἀρχ. 1912 S. 18 Tf 3. — Euböa: Papavasiliu Π. τ. ἐν Εὐβοίᾳ ἀρχ. τάφων S. 39ff. Weitere Literatur über Kuppel- und Kammergräber bei Fimmen S. 2ff., 54ff. — Verbrennung und Dörrung: Zehetmaier *Leichenverbr. und Leichenbest.* 1907 S. 100ff.; Mélanges Nicole 1905 S. 99ff. und Neue Jahrb. 29 (1912) S. 1ff. W. Dörpfeld. Übergang vom Min.-myken. zum Geometr.: *RE* XI 1786 Karo; Schweitzer *Untersuch. zur Chron. d. geom. Stile in Griech.* I (1918) S. 9ff. (wichtig); Ath. Mitt. 35 (1910) S. 17ff. S. Wide; Wace-Thompson *Thessaly* 1912 S. 134ff., 215. — Geometrische Nekropolen: F. Poulsen *Die Dipylongräber* 1905; Ath. Mitt. 18 (1893) S. 73ff. Brückner-Pernice; H. Dragendorff *Theräische Vasen*

(= *Thera* II [1903]); Ath. Mitt. 28 (1903) S. 1ff. E. Pfuhl; W. Müller-Fr. Oelmann *Tiryns* I (1912) S. 127ff; Schweitzer a. a. O. und Ath. Mitt. 43 (1918) S. 49ff. G. Karo

D. Ägypten (Tf. 216—229).

§ 1—3. Allgemeines. — § 4—7. Typen der Hockergräber. — § 8 9. Gebrauch von Särgen und Betten. — § 10. Schacht- und Treppengräber. — § 11. Königsgräber der Frühzeit. — § 12—14. Mastaba, Pyramide, Felsgrab. § 15—16. Sonstige Gräber, Pfannengräber (Pangraves). —

§ 1. Frage der Dolmen; Hockergräber, Friedhöfe. Eine Übersicht über die gesamte äg.-präh. Literatur findet sich unter Vase C am Ende von § 15. — Wie bei so vielen Kulturen, beginnt unsere Kenntnis der altäg. bei den Gräbern der vorgesch. Zeit. Für den Prähistoriker, der sei es Nordafrika oder die Länder des ö. Mittelmeerbeckens einschließlich Ä. als eine gewisse Einheit betrachtet, sei vorweg bemerkt, daß die Frage der Dolmen und Megalithbauten für Ä. kaum gestellt, geschweige denn gelöst worden ist. Ein sicherer Dolmen aus der Zeit kurz vor der 1. Dyn. (um 3400 v. C. nach Ed. Meyer) ist von Frau E. Baumgärtel *(Dolmen und Mastaba* Beihefte zum Alten Orient Nr. 6) in Hierakonpolis (Quibell-Green *Hierakonpolis* II Tf. 68 unten) erkannt worden; ferner sei auf die Abbildung eines Steinkreises (Morgan *Origines* 1896 S. 239) in der Gegend von Edfu verwiesen. Für beide Bilder ergibt der Begleittext nichts, und manch anderer Fund zur Klärung dieser für die Vorgeschichte so wichtigen Frage wird infolge der Nichtbeachtung durch die älteren Ausgräber verloren gegangen sein.

Die ältesten die äg. Forschung beschäftigenden Gräber (s. Staffeldatierung) sind Hockergräber der auch sonst bekannten Art; sie wurden erst verhältnismäßig spät in Ä. gefunden und sind nicht sofort als die Vorfahren der längst bekannten, großartigen Grabanlagen der hist. Zeit erkannt worden (die älteste Publikation darüber ist Petrie-Quibell *Naqada*). Über die verschiedenen Typen der Hockergräber s. § 4—6. Über die Ursachen, die zur Bestattung gerade in Hockerstellung geführt haben, vgl. Schuchhardt *Alt-Europa* 1919 S. 23. Trotz seiner Ablehnung dürfte in Ä. doch auch die schwierige Herstellung der Grube dabei mitbestimmend gewirkt haben, zumal auch Bestattungen auf Betten vorkommen (§ 9; s. a. Hockerbestattung). Die Gruben wurden nämlich nur mit Tonscherben, die sich häufig im Schutt fanden und an der starken Abnutzung als Scharrwerkzeuge kenntlich sind, aufgescharrt (vgl. MDOG 34 [1907] S. 4). — Man hat in Ä. durchweg ausgedehnte präh. Friedhöfe, nicht Einzelgräber, freigelegt, die jetzt durch die Namen von in der Nähe gelegenen modernen Ortschaften kenntlich gemacht zu werden pflegen (s. z. B. Abusir el-Meleq, Amrah, Diospolis, Negade u. a. m.; dort auch Angaben über die ungefähre Anzahl der Gräber eines Friedhofs).

§ 2. Orientierung des Grabes, mehrere Leichen in einem Grabe, Verstümmelungen an den Leichen, Wiederbenutzung der Gräber. Das vorgesch. G. in Ä. ist in der Regel n.-s. orientiert; die Leiche liegt darin in Hockerstellung auf der l. Seite. Auf den meisten Friedhöfen (z. B. in Abusir el-Meleq) ist es dabei Sitte, den Kopf der Leiche nach S zu legen, so daß die Hände, die, oft eine der Beigaben haltend, vor dem Gesicht liegen, nach W gerichtet sind. Auf andern, vor allem jüngeren Friedhöfen ist dagegen das Umgekehrte (Kopf nach N, Hände nach O) ebenso oft der Fall (Junker *Turah* S. 27). Aber erst im frühen AR setzt sich die letztere Art der Orientierung als herrschend durch, was wohl mit der Festigung der religiösen Vorstellungen zusammenhängt, wonach der Tote in der Unterwelt die Sonne — also nach O — zu schauen hoffte (s. Religion C). — Bestattungen mehrerer Leichen in einem Grabe sind im s. Oberägypten häufig, im n. selten belegt; in Abusir el-Meleq kam auf rund 1200 Gräber nur ein klarer Fall; eine sehr alte Doppelbestattung ist veröffentlicht bei Petrie *Naqada* Tf. 83 Nr. 362/3; ähnlich Maciver-Mace *Amrah* S. 7 Kl. 1; Petrie *Diospolis* S. 33 G. B 86, B 125, B 140. Petrie glaubte anfänglich, an den Leichen Spuren von Kannibalismus (s. d.) feststellen zu können, weil zuweilen Kopf und Arme vom Körper abgerissen und Knochen zerbrochen gefunden wurden, auch die Leichen künstlich zerteilt und mit geordneten

Knochen neu zurechtgemacht schienen (Petrie *Naqada* S. 32, 62). Die Erklärung für die beiden ersten Tatsachen ist sehr einfach: Grabräuber haben von jeher Gräber aller Art ausgeplündert und sahen es dabei hauptsächlich auf Halsketten und Armbänder ab, die gewaltsam von den Leichen abgerissen wurden (Maciver-Mace *Amrah* S. 7; ein klarer Fall auch in Abusir el-Meleq, noch unveröff.; vgl. auch Müller *Anthropol. Ergebnisse v. Abusir el-Meleq* [27. Wiss. Veröff. der DOG] 1915 S. 3f.); auch Hyänen und Schakale werden beim Durchwühlen der Friedhöfe nicht selten die Leichen übel zugerichtet haben. Die Leichen mit geordneten Knochen dürften entweder dadurch zu erklären sein, daß man die Toten nicht auf der Seite, sondern auf dem Rücken liegend, beisetzte, so daß sich die langen Röhrenknochen der Arme und Beine sozusagen von selbst sortierten, oder spätere Wiederbenutzung der Gräber ist ihre Ursache. Der schon einmal aufgescharrte Boden war naturgemäß viel lockerer und daher leichter neu aufzugraben als der von Natur sehr feste Wüstenboden; die vorgefundene, ältere Bestattung wurde mehr oder weniger sorgfältig zur Seite gelegt — bei einer solchen Leiche mit sortierten Knochen fanden sich Karneolperlen in den Augenhöhlen (Petrie *Diosp.* S. 35 § 52 G. H 36) — und die neu hinzukommende Leiche mitbestattet. Möglicherweise spielten bei solchen Wiederbestattungen auch religiöse Motive mit; man denke an das Ordnen der Knochen des toten Osiris (E. Meyer *G. d. A.*³ § 170 Anm.). Über die Wiederbenutzung desselben Grabes in etwas späterer Zeit und in einem anderen Falle sogar erst in der Hyksos-Zeit vgl. MDOG 34 (1907) S. 6, 10.

§ 3. Keine Leichenverbrennung in Ä. Immer wieder (so Wiedemann *Äg.* S. 109) taucht die Meinung auf, man könne auf Grund von Brandspuren in den Gräbern, vor allem in dem sogenannten Menes-Grab bei Negade (s. § 11 a), auf Leichenverbrennung schließen. Nichts lag dem Jenseitsglauben der Äg. ferner als Verbrennung der Toten. Bei den Königsgräbern sowohl wie bei vielen gewöhnlichen handelt es sich um Zufallsbrände, die bei Plünderungen späterer Zeit entstanden sind (Petrie *Royal Tombs* I 7; Abusir el-Meleq unveröff.). Über die Sitte, dem Toten Lebensmittel in verbranntem Zustand mitzugeben, s. Aschenkrüge und Beigabe B. Hierzu wurden die Beigaben auf besonderen Brandplätzen in der Nähe der Gräber verbrannt (*Diospolis* S. 34/35).

§ 4. Flache, runde Gräber (Tf. 216a). Die Entwicklung des vorgesch. Grabes ist bei Maciver-Mace *Amrah* Tf. 4 zeichnerisch dargestellt. Der älteste, hauptsächlich im s. Oberägypten belegte Typ ist das nahezu kreisrunde G., wie ihn Petrie *Diosp.* S. 34 § 51 beschreibt (Abb. ebd. Tf. 5). Die Grube hat einen Durchmesser von ungefähr 1 m und ist nur 30—50 cm tief. Bezeichnend für diese ältesten Gräber ist die Einhüllung der Leiche in ein Ziegenfell (ein Beispiel in Berlin; Inv. 14592). Die Fellhülle ist aus mehreren Häuten zusammengenäht, die Leiche lag auf einer Matte und war mit einer solchen zugedeckt. Etwas jünger sind die in Leinen und gegerbtes Leder gehüllten, außen ebenfalls mit einer Matte zugedeckten Hockerleichen. Über die Beigaben s. hier wie bei den ff. §§ Beigabe B. Das runde G. tritt bald hinter den anderen Typen zurück; es hat sich in Nubien viel länger gehalten (s. E § 1).

§ 5. Ovale Gräber. Von mittelpräh. Zeit an kommen tiefere Gruben von länglicher oder auch ovaler Form auf. Ein anschauliches Beispiel dieser Art aus Abusir el-Meleq befindet sich vollständig mit allen Beigaben im Berliner Museum (Inv. 18611—21). Die Grube ist 70 cm t., 105 cm l. und 68 cm br. Die Hockerleiche liegt ohne irgendeine Hülle oder Bedeckung auf dem nackten Erdboden. Gräber dieser Art sind abgebildet z. B. bei Maciver-Mace *Amrah* Tf. 5 Nr. 3 und 7.

§ 6. Rechteckige Gräber. Die rechteckigen Gräber stellen einen wesentl. fortgeschritteneren Typ dar, an ihnen können wir den allmählichen Übergang zum ausgemauerten G. verfolgen. Folgende Stadien sind auf diesem Wege zu unterscheiden: a) mit Nilschlamm ausgeschmierte Gruben, teilweise liegt die Verschmierung auf einer Rohrverkleidung; b) ebensolche mit Holzzargen; c) mit lufttrockenen Ziegeln (s.

Ziegelei) ausgemauerte Gräber mit und ohne Holzzargen, mit und ohne Überdachung auf hölzernem Rahmenwerk. Beispiele zu a) Abusir el-Meleq G. 36 i 5 (unveröff.), 1,30 m t., 1,60 m l., 0,67 m br.; zu b) Ayrton-Loat *Mahasna* Tf. 9 Nr. 43; zu c) Abusir el-Meleq G. 52 h 8 (unveröff., spätpräh.; eine verkleinerte Nachbildung des Grabes ist im Berliner Museum ausgestellt; Tf. 216b), 1,60 m t., 1,10 m br., 2,14 m l. In halber Höhe ist in die Ziegelausmauerung eine Holzzarge eingelassen, quer über die Grube waren, parallel zu den Schmalseiten, 6 Dachbalken gedeckt, die in der Mitte auf einem Unterzugbalken lagen. Über dieses Dach war eine Matte gebreitet und hierüber Wüstensand geschüttet. Ein gutes Bild von solch einer Überdachung gewährt Petrie *Tarkhan* I Tf. 23, 257. Zu dieser Gruppe gehört auch das durch seine Wandmalereien berühmte G. von Kom el-Ahmar (s. Kom el-Ahmar), das ansehnliche Abmessungen aufweist: L. 4,5 m, Br. 2 m, T. 1,5 m (Quibell-Green *Hierakonpolis* II Tf. 67, Text S. 20/21). Schließlich seien als merkwürdige Einzelheit bei dieser Gruppe erwähnt: Gräber mit aufgemauertem Schwellenrost aus Ziegeln. Die Schwellen laufen parallel mit den Schmalseiten; nur in einem dieser Gräber wurde eine vielleicht nachträglich bestattete Kinderleiche festgestellt, im übrigen auch in völlig unberührten Gräbern nur Beigaben. Der Sinn dieser Kenotaphe ist noch nicht aufgeklärt (nur in Abusir el-Meleq; MDOG 34 [1907] S. 5). — Gräber mit gewölbter Ziegeldecke, nach Art des sog. falschen Gewölbes, belegt im spätesten Teil des Friedhofs von Turah (Junker *Turah* S. 20) und in Naga ed-Der (Reisner *Naga ed-Der* I Tf. 62d, e).

§ 7. Ziegelgräber mit mehreren Kammern. Sie bilden eine Fortbildung der zuletzt besprochenen Gruppe und gehören bereits der frühdynastischen Zeit an. Zwei bis vier kleinere Räume sind zur Aufnahme der Beigaben vom Hauptraum abgetrennt, ohne Verbindung mit diesem (Junker *Turah* Tf. 15, 16; Text S. 18; Reisner *Naga ed-Der* Tf. 4, 10; Text S. 29 mit Grundriß).

§ 8. Gebrauch von Särgen in ältester Zeit (Tf. 217a). Die ältesten Särge bestanden aus Ton. Man unterscheidet zwei Formen: Kübel und Wanne; ersterer wurde zuweilen über die Hockerleiche gestülpt (Morgan *Origines* II 140). Auch große, kugelige Töpfe dienten der Leiche als Behälter (Mace *Naga ed-Der* II Tf. 32). Die Leichen mußten, um sich diesen Särgen anzupassen, ganz besonders stark zusammengezogen werden; zum Durchlassen der Verwesungssekrete wurden die Böden häufig durchlöchert (Mace *Naga ed-Der* II Tf. 54/55, Originale im Berliner Museum, Inv. 19609/10, aus Abusir el-Meleq). Die Tonsärge finden sich zuerst in den länglichen Gräbern von § 5, dann auch häufig in den rechteckigen von § 6, sie sind meist durch einen Tondeckel lose verschlossen (Junker *Turah* Tf. 19—24; Reisner *Naga ed-Der* I Tf. 16, Mace ebd. II Tf. 20—22 und 37). In spätvorgesch. und vor allem frühdynastischer Zeit kommen Holzsärge auf (Petrie *Tarkhan* II Tf. 17 und 19; vgl. auch Junker *Turah* S. 15 [11 Holzsärge bei 580 Gräbern]); ein besonders schöner aus der frühen 3. Dyn. weist durch die Gliederung und Ornamentierung der Außenfläche als Hausfassade schon auf die kommende Entwicklung des Sarges, „des Hauses des Toten", hin (Band V Tf. 61a; Petrie *Tarkhan* I Tf. 28). — Korbsärge für kleine Kinder sind erwähnt bei Junker *Turah* S. 12; Geflechtsärge frühdyn. Zeit bildet Petrie *Tarkhan* I 26 ab.

§ 9. Gebrauch von Betten im Grabe. Das älteste Beispiel für die Bestattung der Leiche auf einem Bett liegt aus spätpräh. Zeit vor (Petrie *Naqada* S. 24 G. Nr. 3). Die Grube war 3,15 m × 1,70 m groß, das Bett stand im Südende des Grabes, der Tote lag in Hockerstellung darauf, mit dem Kopf wie gewöhnlich nach S. Die Betten bestanden aus Holzrahmen, die mit Mattengeflecht oder Ledergurten bespannt waren. Die Beine der Betten waren vielfach als Stierfüße gebildet. (Ein trefflich erhaltenes Bett unbekannter Herkunft im Berliner Museum, Inv. 9592; ferner vgl. Petrie *Tarkhan* I Tf. 8.) Von den Betten der Königsgräber (§ 11) sind herrlich geschnitzte Stierfüße aus Elfenbein erhalten (Petrie *Royal Tombs* I Tf. 12 Nr. 8 und 9, ebd. II Tf. 6a Nr. 7; abgebildet bei H. Schäfer-W. Andrae *Kunst des alten Orients* [Propyläen-Kunstgesch. Bd. 2 ⟨1925⟩] S. 196; s. a. Bett B).

a

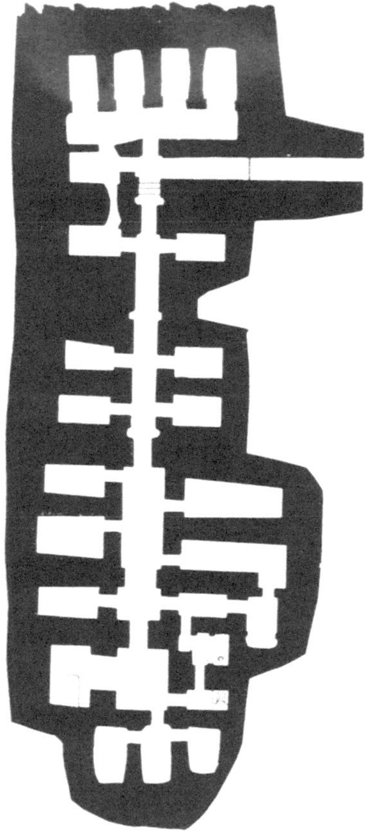

b

Grab D. Ägypten

a. Kalksteinkammer im Grabe des Königs Chasechemui bei Abydos. Nach Petrie. — b. Grundriß eines großen Grabes der 2. Dyn. bei Sakkâra. Nach Quibell.

a

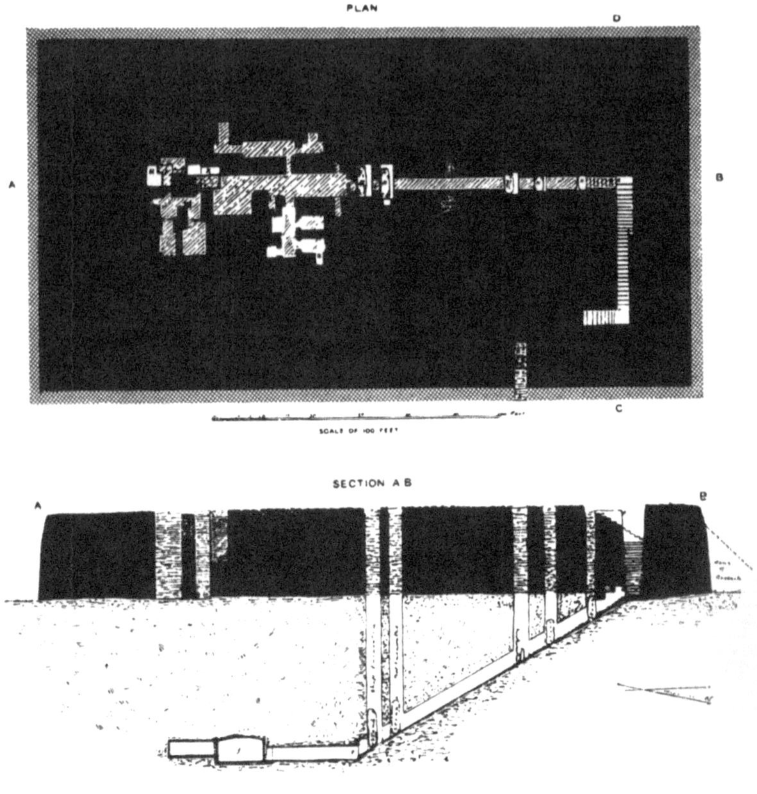

b, c

Grab D. Ägypten

Die Königsmastaba von Bêt Challâf: a. Ansicht. — b—c. Grundriß und Schnitt. Nach Garstang.

§ 10. Schacht- und Treppengräber. Die Ziegelgräber (§ 7) mit mehreren Kammern erfuhren in frühdyn. Zeit weitere Ausgestaltung, wohl hauptsächlich aus dem Gefühl heraus, dem Toten ausreichenderen Schutz im Grabe zu bieten. Man grub einen kurzen, senkrechten Schacht und ließ meist n. an ihn die eigentl. Grabkammer mit der Bestattung anstoßen; die Kammer wurde dann gegen den Schacht durch eine Mauer abgeschlossen (Junker *Turah* S. 24, Abb. 33 und Tf. 25). Ein weiterer Schritt war, daß man den Schacht durch eine Treppenanlage bequem zugänglich machte, die zuweilen mit Holzbalken überdacht wurde (Petrie *Naqada* Tf. 4, G. 201; Reisner *Naga ed-Der* I 38 und Tf. 19, G. 1512 mit 4 Nebenkammern zu beiden Seiten der Hauptkammer [hier Tf. 217b]; ferner ebd. Tf. 24, 32. Vgl. auch die große Anlage bei Junker *Turah* S. 25/26). Ganz besonders suchte man diese Gräber dadurch zu sichern, daß man den Schacht lagenweise mit groben Bruchsteinen ausfüllte (z. B. Mace *Naga ed-Der* II 22, Abb. 38). Auch gab man der aus Ziegeln bestehenden Decke zuweilen die Form des falschen Gewölbes (z. B. Reisner *Naga ed-Der* I Tf. 62d,e, 63a, 64, 65a). Dazu kommen oberirdisch niedrige Aufmauerungen, die den Zugangsschacht verdecken sollten. Sie sind teils unregelmäßig hügelig, teils länglich rechteckig und bestehen teils aus massivem Mauerwerk, teils aus einem Kern von Schutt und Bruchsteinen, der mit Mauerwerk verkleidet ist (Petrie *Tarkhan* II Tf. 15; Mace *Naga ed-Der* II 22—30). Ein solcher Oberbau zeigt in seinen Resten eine türartige Nische (Mace ebd. II 24, Abb. 49). Dieses G., selbst schon aus dem frühen AR, bildet die unmittelbare Vorstufe zur sogenannten Mastaba des AR (§ 12).

§ 11. Die Königsgräber der Frühzeit. Näheres über Namen und Regierungszeiten der ersten äg. Könige s. Ägypten B § 33—37. Weit schneller als die Gräber der Untertanen entwickelten sich naturgemäß die Königsgräber zu imposanten Bauwerken. Und zwar stehen, sobald die Schrift und damit die ersten Königsnamen erscheinen, gleich auf einmal zwei kunstvolle Arten von Königsgräbern vor uns. Die erste Gruppe ist durch einen Oberbau aus Ziegeln mit Nischengliederung ausgezeichnet, die zweite, ohne Oberbauten, weist eine große Mannigfaltigkeit und kunstvolle Anordnung der unterirdischen Grabräume auf. Die Hauptvertreter der ersten Gruppe sind das sogenannte Menes-Grab bei Negade (s. d.) und das G. des Ezôjet (früher König „Schlange“ genannt) bei Nezlet Batran (s. d.; Gegend von Gizeh). Die Herkunft dieser unter a) und b) beschriebenen Gräber ist noch durchaus unsicher; neuerdings bringt sie H. Frankfort (*Studies in early pottery of the near East* I [1924] S. 124) mit ähnlichen Bauten mit Nischengliederung im Zweistromland zusammen (z. B. Palast von Telloh; vgl. Koldewey *Das wieder erstehende Babylon* 1913 S. 287 Abb. 242). Zur zweiten Gruppe gehören die Königsgräber von Abydos (s. Umm el-Ga'âb). Ihre Vorstufen sind in den Ziegelgräbern mit mehreren Kammern (§ 7) zu suchen. Einen Übersichtsplan der Königsgräber von Abydos s. bei Petrie *Royal Tombs* II Tf. 58.

a) Das Menes-Grab von Negade (Tf. 218a).

Das G. ist entdeckt und besprochen von de Morgan (*Origines* II 147ff.; vgl. die wichtigen Ergänzungen von Borchardt in ÄZ 36 [1898] S. 87ff.). Die Frage, ob das G. wirklich dem berühmten Einiger Ä., Menes, oder einem seiner nächsten Vorgänger oder Nachfolger zuzuweisen ist, ist noch strittig, zumal sich bei Abydos ein zweites G. (s. unter c) gefunden hat, das ebenfalls Menes zugesprochen wird. An sich ist dies kein Gegengrund, da sich viele Herrscher der Frühzeit zwei Gräber, je eins für die beiden Landeshälften Ober- und Unterägypten, anlegen ließen. Welches G. in diesen Fällen das wirklich benutzte, welches ein Kenotaph war, läßt sich bei den meist ungünstigen Fundumständen in der Regel nicht entscheiden. Der durchweg oberirdische Bau besteht aus einem inneren Kernbau und einem äußeren Schalenbau, der in ziemlich regelmäßigen Abständen durch Zungenmauern mit dem Kernbau verbunden ist. Die mittlere und größte der 5 Kammern des Kernbaus war für die Bestattung des Königs bestimmt, die andern Räume für die Beigaben. Die Verbindungstüren zwischen den Kammern wurden vermauert, und da der Schalenbau auch keine Tür aufwies, war also das G. auf die denkbar sicherste Art von der Außenwelt abgeschlossen. Nach außen zeigte letzterer eine schöne architektonische Gliederung mit je 6 zurückspringenden Nischen an den Schmalseiten und je 13 ebensolchen an den Langseiten. Die Bedachung bestand aus einer Lage dicht nebeneinander gelegter Palmstämme; nach Borchardts Berechnung wurden dazu allein 250 cbm Holz benötigt. Der ganze Bau mißt 53 × 23 m, die Böschung der Fassaden beträgt 2°. Das G. war bei der Aufdeckung ausgebrannt, was infolge der reichlichen Verwendung von Holz ja leicht erklärlich ist. Daß auf keinen Fall an Leichenverbrennung zu denken ist, ist schon in § 3 gesagt worden. Vgl. dazu Petries Bemerkungen über den ähnlichen Befund im Grabe des Miëbis bei Abydos (*Royal Tombs* I 7).

b) Das Königsgrab bei Nezlet Batran und andere nicht königliche Gräber mit Nischengliederung.

Gräber mit ähnlicher Nischengliederung wie bei dem Menes-Grab hat man aus der Zeit der ersten Dynastien auch sonst in Ä. gefunden. Der Unterschied zwischen dieser Gruppe und dem Menes-Grab besteht darin, daß die Innenräume des Grabes mehr oder weniger tief unter der Erde liegen, was diese Gräber mit den bis § 10 besprochenen verbindet, und daß der von der gegliederten Ziegelmauer eingefaßte Oberbau mit Bruchsteinen und Erde gefüllt ist. Dadurch kommen auch die Zungenmauern zwischen Kern- und Schalenbau des Menes-Grabes in Fortfall. Das G. von Nezlet Batran (s. d.), das mit Wahrscheinlichkeit dem König Ezôjet der 1. Dyn. (sein anderes G. bei Abydos s. unter c) gehört hat, ist hier in erster Linie zu nennen. Die Hauptkammer liegt 2 m tief; in sie ist die eigentliche Sargkammer aus Holz eingebaut. Die Holzwände waren durch Ziegelpfeiler mit den Wänden der Hauptkammern verbunden. Wie bei dem Menes-Grab lagen an den beiden Schmalseiten der Hauptkammer je zwei Vorratskammern. Die Fassade zeigt eine ähnliche Nischeneinteilung wie die des Menes-Grabes. In einiger Entfernung vom Grabe liegen rings herum ohne Verbindung mit ihm eine Anzahl gewöhnlicher, kleiner Gräber von Angehörigen oder Untertanen des im Hauptbau bestatteten Königs (Ann. Serv. Antiqu. 6 [1905] S. 99 ff. und Petrie *Gizeh and Rifeh* Tf. 1—6, Grundriß auf Tf. 6). — Das G. mit Nischengliederung am Oberbau und mit unterirdischen Kammern findet sich aus der Zeit der ersten Dynastien auch sonst in Ä., ohne daß man mit Sicherheit sagen kann, ob diese Gräber lediglich von Königen oder auch von vornehmen Privatleuten benutzt wurden. G. 2185 in Sakkara, das nach einem Fundstück vielleicht das G. des Königs Zer der 1. Dyn. ist (das andere G. des Königs bei Abydos s. unter c), enthält 8 Innenkammern, die rund 1,40 m tief liegen. Einige Kammern sind mit einem Steindach aus dicken Platten gedeckt (Quibell *Excavations at Saqqara* [1912—1914] 1923 S. 15 und Tf. 5—8). Weitere Gräber dieser Art sind veröffentlicht von Wainwright in Petrie *Tarkhan* I 1913 S. 13 mit Tf. 15—18, Petrie *Tarkhan* II 1914 S. 3 ff. mit Tf. 15, 18, und ders. *Gizeh and Rifeh* 1907 S. 7 mit Tf. 7. Das letztere G. gehört schon der 3. Dyn. an und zeigt in der Anordnung der Innenräume Ähnlichkeit mit der Königsmastaba von Bet Challaf (s. § 12). — Wie der Grabtypus mit Nischengliederung des Oberbaus im Menes-Grab auf einmal fertig vor uns steht, so ist auch sein Verschwinden unvermittelt. Nach der 3. Dyn. kommt er nicht mehr vor. Nur an einigen großen Steinsarkophagen hat sich die Rillenarchitektur, die dann mehr an eine Palastfassade mit mehreren Türen erinnert, erhalten (z. B. Sarg des Mykerinos, 4. Dyn.; J. Capart *L'Architecture* [1922] Tf. 23; vgl. a. Band I Tf. 79). Schließlich hat die Spätzeit, die in vielen Dingen auf das ganz Alte zurückgriff, in manchen ihrer Grabpaläste das alte Königsgrab mit gegliedertem Oberbau nachgeahmt (z. B. H. Schäfer-W. Andrae *Kunst des alten Orients* [Propylaen Kunstgesch. Bd. II ⟨1925⟩] S. 405 oben).

c) Die Königsgräber der 1. Dyn. bei Abydos.

Zur Lage dieser und der unter d genannten Gräber s. Umm el Gaʿâb, wie die Örtlichkeit bei den Königsgräbern nahe von

Abydos heutzutage heißt. Die Gräber wurden zuerst von Amélineau aufgedeckt und ohne jede Wissenschaftlichkeit mehr ausgeplündert als ausgegraben (die höchst unzuverlässigen Veröff. sind: Amélineau *Le tombeau d'Osiris* 1899 und ders. *Les nouvelles fouilles d'Abydos* I—III [1899, 1902, 1904]). Erst Petrie hat eine wissenschaftliche Nachlese gehalten und das von ihm noch vorgefundene Material ausreichend veröffentlicht (Petrie *Royal Tombs* I, II [1900, 1901]). Sämtliche hier gefundenen Gräber unterscheiden sich grundsätzlich von den unter a und b besprochenen dadurch, daß sie keinerlei, wenigstens heutzutage auch nicht in Spuren sichtbaren Oberbau haben; die Anordnung der Räume unter der Erde ist aber in den meisten Fällen umso kunstvoller. Die Gräber schließen sich also lückenlos der bis § 10 geschilderten Entwicklung des äg. Grabes an. Die beiden ältesten Gräber, das des Narmer und das sogenannte kleine des Menes (das große s. unter a), bestehen nur aus einer rechteckigen Grube (bei Narmer 7,93 m l., 4,88 m br., 3,20 m t.) mit dickwandiger Ziegelausmauerung. Die Mauern sind an den Schmalseiten 1,53 m, an den Langseiten 2,14 m dick. Die Überdachung scheint von 12 hölzernen Pfosten getragen gewesen zu sein (Petrie *Royal Tombs* II 7 § 8 Grab B 10 und Tf. 56, 1 [Narmer] und ebd. Grab B 19 [Menes = Aha] auf Tf. 59). — Bei dem Grabe des Zer (nicht Chenṭ zu lesen trotz Ed. Meyer *G. d. A.*[3] § 211 Anm. — vgl. die Lagepläne bei Petrie *Royal Tombs* II Tf. 58 und 60) ist die eigentliche Grabkammer ganz aus Holzbalken errichtet, die durch kupferne Nägel und Bänder verbunden waren; auch der Boden war mit Holz gedielt. Der Holzbau maß 13,11 × 11,6 m. An drei Wänden sind im Innern kurze Scherwände aus Nilschlamm gezogen, die offene Kämmerchen, wohl für Beigaben, abteilten (Tf. 218b). Der Holzbau ist umgeben von unregelmäßig um ihn herumliegenden Gruppen von kleinen Kammern, die teilweise Beigaben, teilweise, wie die darin gefundenen Grabsteine zeigen, die Bestattungen Angehöriger des Königs enthielten. Das G. wurde aus unbekannten Gründen später für das Osiris-Grab gehalten, was den Einbau einer Treppe zur Zeit der 18. Dyn. (um 1400 v. C.) — damals war es schon ausgebrannt — und den einer Kapelle in saïtischer Zeit (um 600 v. C.) zur Folge hatte (Petrie *Royal Tombs* II Tf. 56, 3 [Treppe], 4 [Scherwände]; Beschreibung ebenda S. 8). Diesem G. am nächsten steht das G. des Ezôjet (Zet, griech. Wenephes, „König Schlange"; über sein zweites G. bei Nezlet Batran s. unter b), dessen berühmter Grabstein Band I Tf. 1b abgebildet ist. Bemerkenswert ist, daß in den die Grabkammer umgebenden offenen Nischen Teile der Rück- oder der Seitenwände rot gestrichen sind. Möglicherweise sind in den rot gestrichenen Flächen der Rückwände die Vorläufer der späteren Scheintüren (§ 12) zu erkennen (Petrie *Royal Tombs* I Tf. 61 [Grundriß], 63 [Rekonstruktion, rot gestrichene Nischen], 64, 1—4 [Ansichten], Beschreibung ebd. S. 8). An welcher Stelle im Grabe der von Amélineau gefundene Grabstein saß, ist nicht mehr festzustellen. — Das G. des Wedimu (früher Den genannt, griech. Usaphais) ist das erste G. mit einer Treppenanlage ähnlich der oben (§ 10) beschriebenen Art. Die Grabkammer ist mit Granit aus der Gegend des ersten Nilkatarakts gepflastert (Petrie *Royal Tombs* I Tf. 59, II Tf. 62, Abb. der Treppe II Tf. 56 Nr. 5 und 6, des Fußbodens II Tf. 56A Nr. 1—4, Beschreibung I 11, II 9/10). — Ähnlich diesem ist bis auf kleine Abweichungen das G. des Miëbis (Petrie *Royal Tombs* I Tf. 61 [Grundriß], Tf. 65 [Schnitt], Tf. 66, 1 [Dielung], Tf. 66, 2 [Treppe], S. 12 [Beschreibung]). — In dem G. des Semempses, wieder mit holzgedieltem Fußboden, sind die Kammern der Angehörigen und der Beigaben eng an die Grabkammer angelehnt (Petrie *Royal Tombs* I Tf. 60 [Grundriß], Tf. 67 [Schnitt], Tf. 66 Nr. 3—4 [Ansichten], S. 13/14 [Beschreibung]). — Am weitesten entwickelt ist das G. des Königs Kea, des letzten Herrschers der 1. Dyn. Der Eingang mit der Treppe liegt, wie das von jetzt an üblich wird, an der Nordseite. Zu beiden Seiten der Treppe sind Kammern angelegt, ebenso um die Sargkammer herum. In vielen dieser Kammern fanden sich Hockerbestattungen in Holzsärgen und viele Grabsteine. Da die ganze Anlage mit ihrem einzigen, in ihre Mitte führenden Treppenzugang im Gegensatz zu den früheren durchaus einheitlich ist, also auf einmal erbaut und notwendigerweise anch belegt worden ist, müssen wir in diesem Falle die barbarische Sitte annehmen, daß dem König sein Gefolge (Diener, Zwerge, Hunde) gewaltsam in den Tod folgen mußte (vgl. darüber Petrie *Royal Tombs* I 14 § 17; ferner ebenda Tf. 60 [Grundriß], Tf. 67 [Schnitt], Tf. 66 Nr. 5—6 [Ansichten]). Über dieselbe Sitte in Nubien vgl. E § 3; s. a. Menschenopfer A.

d) Die Königsgräber der 2. Dyn. bei Abydos.

Die Gräber der Könige der 2. Dyn. unterscheiden sich von ihren Vorgängern vor allem dadurch, daß für die eigentliche Grabkammer der Holzbau aufhört und zunächst der Ziegelbau an seine Stelle tritt. Bei dem Grabe des Königs Perjebsen liegen die Kämmerchen für die Beigaben, nur durch offene Scherwände getrennt, rings um die länglich rechteckige Hauptkammer herum (Petrie *Royal Tombs* II Tf. 61 [Grundriß], S. 11 [Beschreibung]). Im Grabe des Chasechemui ist die Hauptkammer mit rechteckig behauenen und ordnungsgemäß miteinander verbundenen Kalksteinblöcken gepflastert und verkleidet (Tf. 219a). Die große Zahl der durch Scherwände abgeteilten Kammern (man zählte 58) liegt an zwei sehr langen Ziegelmauern, die in der Richtung der Langseiten der Hauptkammer laufen (Petrie *Royal Tombs* II Tf. 63 [Grundriß], Tf. 57 Nr. 3—6 [Kammer aus Kalkstein], S. 12 [Beschreibung]). Dieses erste Königsgrab mit einer Kammer aus weißem Kalkstein bildet den Ausgangspunkt für die gewaltigen Steinbauten der Könige des AR, die Pyramiden (§ 13).

§ 12. Die Mastaba des Alten Reiches (Tf. 219—222). Mastaba ist ein arab. Wort und bezeichnet die vor der Fellachenwohnung aus Ziegeln oder aus Lehm errichtete große Bank. Wegen der Ähnlichkeit der Form dieser Bänke mit den Oberbauten der Gräber des AR wurde der Name M. zuerst von den Einheimischen auf diese übertragen und hat sich dann auch in der Gelehrtensprache fest eingebürgert. Die M. des AR schließt unmittelbar an die in § 10 besprochenen Grabformen an, wo am Schlusse schon von einer in den Anfang des AR gehörenden Mastaba die Rede war (vgl. die Entwicklungsübersicht bei Garstang *Third Dyn.* Tf. 19, 20 und bei Mace *Naga ed-Der* II 11 Abb. 13). Das Wesentliche der Mastaba ist die unterirdische Grab- oder Sargkammer mit der Bestattung und zuweilen mehreren Nebenräumen, zu der ein Schacht oder eine Treppe hinabführt, und die oberirdische Aufmauerung mit einer oder mehreren Kultnischen, die, später zur Opferkammer mit einer oder mehreren Scheintüren erweitert, in den Oberbau selbst einbezogen wurden. Zuweilen findet sich in der Nähe der Scheintür ein kleiner Obelisk aus Kalkstein (Tf. 222b) mit den Titeln und dem Namen des Verstorbenen (Berl. Mus. Inv. 7705 und 1146, zu diesem vgl. R. Lepsius *Denkmäler* Text I [1897] S. 69; ferner G. Maspero *Gesch. d. Kunst in Äg.* [1913] S. 41 Abb. 65). Zwei obeliskenförmige, etwa 1 m hohe Steine ohne Inschrift stehen links und rechts vom Eingang zum Kultraum in dem bei Assuan gelegenen Felsgrabe des Sabni aus dem späten AR (Rec. de trav. 34 [1912] S. 19 [von Bissing]). Ob diese Steine mit den Grab-Obelisken in Verbindung zu bringen sind, was diese wie jene bedeuten, und ob etwa an einen Ableger des Menhirs (s. d.) dabei zu denken ist, ist noch völlig unklar. Außer den schon in § 10 genannten kleinen Vorstufen zur Mastaba in Naga ed-Dêr gibt es Ziegelmastabas aus den ersten Dynastien, die in der Menge und Anordnung der unterirdischen Räume nicht hinter den Königsgräbern zurückstehen; als Besonderheit sei erwähnt, daß in mehreren Gräbern sogar Aborte (die Fundumstände und Abbildungen lassen darüber keinen Zweifel) gefunden worden sind. Das G. (Tf. 219b) war also vollkommen als Wohnung des Toten hergerichtet. In der oberirdischen Ziegelumwallung liegen bei diesen Gräbern an der Ostseite 1—2 Kultnischen (Quibell *Excavations at Saqqara [1912—1914]* 1923 Tf. 1 [Lageplan], Tf. 17, 18 [Ansichten], Tf. 30 [Grundrisse der unterirdischen Räume], Tf. 31 [Aborte], Text zu dem wichtigsten G. Nr. 2302 auf S. 29). — Auch die Mastabas der 3. Dyn. sind noch Ziegelbauten, z. T. schon wie bei den

a

b

Grab D. Ägypten

a. Mastabastraße hinter der Chefren-Pyramide. — b. Mastaba mit Vorhof bei Gise. Nach Junker.

a

b

Grab D. Ägypten

a. Die Stufenmastaba von Sakkâra. — b. Die Knickpyramide von Dahschûr.
Nach Photographie der Ägypt. Abt., Staatl. Mus., Berlin.

Grab D. Ägypten

Cheops-Pyramide, Sphinx und Sphinx-Tempel bei Gise. Nach Phot. Roeder.

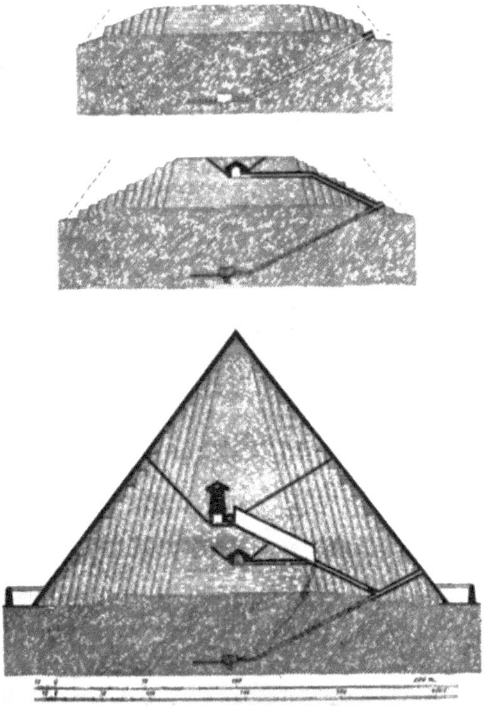

Abb. 1. Die drei Entwürfe in der großen Pyramide bei Gise.
a) Stand des Baus bei Aufgabe des ersten Entwurfs.
b) „ „ „ „ „ „ zweiten „
c) Bau nach Fertigstellung des dritten Entwurfs.

a

b

Grab D. Ägypten

a. Schnitt durch die Cheops-Pyramide mit Angabe der drei Entwürfe für die Grabkammer.
b. Schnitt durch die Sahurê-Pyramide bei Abusir. Nach Borchardt.

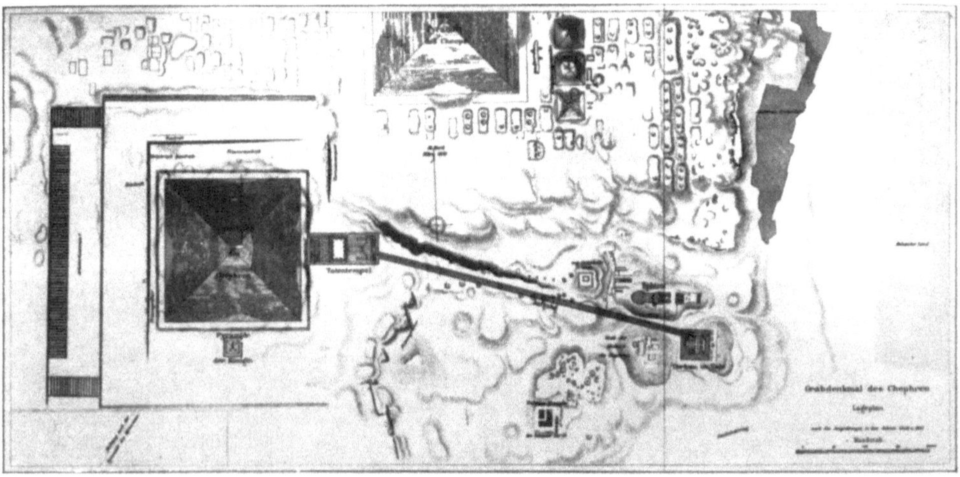

a

b

Grab D. Ägypten

a. Plan der gesamten Grabanlage des Königs Chefren bei Gise. Nach Hölscher. — b. Rekonstruktion des Pyramidenfeldes von Abusir. Nach Borchardt.

a

b

Grab D. Ägypten

a, b. Eingang und Säulenhalle eines Felsgrabes des MR bei Beni Hasan. a. Nach Phot. der Ägypt. Abt., Staatl. Mus., Berlin. — b. Nach Jéquier.

späteren Steinbauten mit geböschten Seitenflächen. Sie sind vor allem in Oberägypten bei Bêt Challâf (s. d.) gefunden worden, und die größte dortige gilt als zweites G. des Königs Zoser (sein anderes G. ist die sogenannte Stufenpyramide von Sakkara; s. § 13). Für diese Mastabas (Tf. 220) ist charakteristisch, daß mehrere parallele, senkrechte Schächte durch die Mastaba nach der Treppe hinabführen, durch welche man nach der Beisetzung große Sperrblöcke hinabschleuderte. Bemerkenswert sind auch die hier auftretenden echten Gewölbe (Garstang *Third Dyn.* Tf. 14; s. Gewölbe B). Auch eine Mastaba mit kleiner Opferkammer und Scheintür findet sich hier schon vor (ebd. S. 49 und Tf. 25). Veröffentlicht sind die Mastabas der 3. Dyn. bei Garstang *Mahasna and Bet Khallaf* (S. 8ff., 14ff. mit Tf. 6, 7, 24, 25) und ders. *Third Dyn.* (S. 21 ff. mit Tf. 4Aff. [Gräber bei Reqaqnah]).

Mit dem bei dem G. des Königs Chasechemui zuerst erwähnten Aufkommen des Kalksteinbaus (Ende von § 11 d), in dem man bereits in der 3. Dyn. Riesenbauten wie die Stufenpyramide von Sakkara (s. § 13) aufführt, erreicht auch die Mastaba ihre Vollendung. Statt des Oberbaues aus Ziegeln wird von der 4. Dyn. an feiner, weißer Kalkstein für diesen verwendet. Der Grundriß bleibt rechteckig, der Steinbau erhält zum besseren Halt gegen die das Innere füllenden Geröll- und Schuttmassen geböschte, mit feinen, weißen Kalksteinblöcken verkleidete Seitenwände, so daß der Längsschnitt durch eine Mastaba ein Trapez ergibt. Die Kultnische wird an der Ostseite in den steinernen Oberbau einbezogen und zur Kult- oder Opferkammer mit reliefgeschmückten Wänden erweitert; in die Westwand sind eine oder auch zwei Scheintüren (Tf. 222 a) eingefügt, vor der südlichen wurden die Opfergaben niedergelegt. Bei dem Grabe des Kaninisut wurde neben der ins Innere verlegten Opferkammer mit zwei Scheintüren — sie ist jetzt im Museum zu Wien aufgestellt — die nördliche Außennische in der Ostwand der Mastaba beibehalten (Junker *Kultkammer des Prinzen Kanjnjsut* [Wien 1925] Abb. 4). Auf der Scheintür, die keine wirkliche Tür ist, sondern nur in Stein eine solche vorspiegelt, ist in der Regel der Tote dargestellt, als ob er herausträte. Über die Entwicklung der Scheintür vgl. ÄZ 58 (1923) S. 101 A. Rusch. Der runde Querbalken in der Scheintür und die manchmal noch erhaltenen, balkenähnlichen Decken der Kultkammern erinnern an die Zeiten, in denen Holzstämme als Türsturz und als Deckenbelag verwendet wurden (z. B. die Decke der im Berl. Mus. befindlichen Opferkammer des Meten). Ein wesentliches Bauglied der Mastaba ist schließlich der Serdab (Keller), ein kleiner Raum für die Statue des Toten und etwaige Dienerfiguren, der niemals mit der Außenwelt, dagegen zuweilen durch einen Mauerschlitz mit der Opferkammer in Verbindung stand (ebenfalls in der Opferkammer des Meten im Berl. Mus.). Ganz vereinzelt findet sich vor dem Kultraum eine von Pfeilern getragene Vorhalle (Tf. 221 b) und vor dieser wiederum ein offener Hof mit Eingangstür (H. Junker *Vorl. Ber. über die Grabungen bei den Pyr. von Gizeh* 1912 Tf. 2). Ein Schacht führt senkrecht durch die Mastaba in die Tiefe zur Grabkammer, in welcher der Tote in einem schmucklosen, rechteckigen Holzsarge, teilweise noch in Hockerstellung mit Gesicht nach O (vgl. § 2), lag (2 Särge des AR aus Gizeh im Berl. Mus. Inv. 17942/3, unveröff.; ähnl. Abb. bei Petrie *Tarkhan* I Tf. 27 unten). Die Strecklage setzt sich erst allmählich, wohl im Zusammenhang mit dem sorgsameren Mumifizieren, durch. Im Wesentlichen sind in den Mastabas die Verwandten des Königs und die Großen des Hofes bestattet; sie liegen meist in der Nähe der Pyramiden. Von Mastabas der 4. Dyn. sind nicht allzuviele ausreichend veröffentlicht (Junker *Vorl. Ber. über die Grabungen bei den Pyr. von Gizeh* I—III [1912—1914]; Berlin Inv. 1105 [Meten], veröff. von Lepsius *Denkm.* I 38 [Plan], II 3—7 [Bilder], und 1107 [Mereb, ein Sohn des Königs Cheops], veröff. ebd. I 22 [Plan], II 18—22 [Bilder]).

Die Weiterentwicklung der Mastaba kann nur angedeutet werden. Von der 5. Dyn. an wird die oberirdische Opferkammer wesentlich erweitert und durch eine beliebig große Anzahl von Nebenräumen — sämtlich mit bemalten Reliefs geschmückt — ergänzt. Ohne daß ein einheitlicher Grundriß der Innenräume gewahrt wird, entstehen wahre

Grabpaläste wie die berühmten Gräber des Ti, das ein Familiengrab mit 3 Scheintüren für Vater, Mutter und Sohn ist und hinter dem Eingang eine geräumige Pfeilerhalle aufweist, und des Mereruka, das mit über 30 oberirdischen Räumen wohl die größte derartige Anlage darstellt — beide in Sakkara (Georg Steindorff *Das G. des Ti* 1913; das G. des Mereruka harrt noch immer der Veröffentlichung; Grundriß im Baedeker von Ägypten [1913] S. 153). Aus der übrigen Menge der Veröffentlichungen seien genannt: Fr. W. von Bissing *Die Mastaba des Gemnikai* (2 Bde.) 1905, 1911; L. Borchardt *Das Grabdenkmal des Neuserre* (7. Wiss. Veröff. der DOG) 1907 S. 25ff. und 109 ff. mit vielen Abb.; J. Capart *Une rue de tombeaux à Saqqarah* 1907 (2 Bde.).

Auch im MR kommen noch zuweilen Mastabas vor, aber sie sind entsprechend dem Größenrückgang der Pyramiden auch erheblich kleiner geworden. Gute Beispiele der kleinen Kalksteinoberbauten bei de Morgan *Fouilles à Dahchour* 1895 Tf. 6—10. Nach dem MR kommt das Mastabagrab nicht mehr vor.

§ 13. Die Pyramiden. Die Pyramiden nehmen letzten Endes wie die Mastabas ihren Ausgang bei der aus Kalkstein gemauerten Grabkammer des Königs Chasechemui (2. Dyn.; s. § 11 d), und es erscheint kaum glaublich, daß nur wenige Generationen später bereits der ungeheure Steinbau der sogen. Stufenpyramide (Tf. 223 a) geschaffen wird. Über die große Ziegelmastaba des ersten Königs der 3. Dyn., Zoser (über die Namen der Pyramidenerbauer s. Ägypten B § 42 ff.), vgl. § 12. Mag die Absicht gewesen sein, den in die Tiefe führenden Schacht durch Umlegung eines Mantels um die Mastaba herum besser zu schützen, oder nur das Königsgrab vor den Gräbern der übrigen Menschen weiter auszuzeichnen, — architektonisch betrachtet entsteht die Pyramide allmählich durch die Ummantelung der Mastaba. Ein wichtiges Glied in dieser Reihe ist die allerdings etwas späterer Zeit angehörende sogenannte Mastaba el Faraun bei Sakkara, eine zweistufige Steinmastaba, bei der um den eigentlichen Kernbau in annähernd halber Höhe ein Mantel aus Stein herumgelegt ist (J. Capart *L'Art égyptien.* I. *L'Architecture* [1922] Tf. 43 und R. Lepsius *Denkm.* Text I [1897] S. 199f.). König Zoser hat sich als zweites G. eine Steinmastaba bei Sakkara bauen lassen, um die 5 solcher Mäntel unter Hochreckung des inneren Kernbaus gelegt sind, so daß ein sechsstufiges Bauwerk auf rechteckiger Grundfläche entstand, die Stufenmastaba; der Ausdruck „Stufenpyramide" ist mangels einer quadratischen Grundfläche nicht angängig. (Vgl. dazu am besten ÄZ 30 (1892) S. 87ff. und Blatt 2 Borchardt.) — Ein Bindeglied zwischen der Stufenmastaba und der richtigen Pyramide stellt die sogen. Knickpyramide bei Dahschur dar (Tf. 223 b), die wahrscheinlich von dem letzten König der 3. Dyn., Huni, erbaut ist. Sie hat quadratischen Grundriß, die Stufen sind durch einen glatten Mantel verdeckt, es verbleiben aber immerhin zwei verschiedene Böschungswinkel (unten 54° 41′, oben 42° 59′), die die Knickung hervorrufen (vgl. ÄZ 32 [1894] S. 94ff. Borchardt). Mit dem Beginn der 4. Dyn. ist die Pyramide völlig ausgebildet; die Pyramiden der Herrscher der 4.—6. Dyn. liegen in einer langen Reihe von Abu Roasch bei Kairo über Gizeh, Abusir, Sakkara, Dahschur s. bis nach Medum. Für das Innere der Pyramiden vgl. die Schnitte auf Tf. 225. Der Zugang ist stets auf der N-Seite, die Grabkammer liegt unter der Erde oder ebenerdig (Tf. 225 b), die drei Kammern der Cheops-Pyramide, von denen zwei im Bauwerk selbst liegen, bilden eine Ausnahme (Tf. 225 a). Der Zugangsweg wurde durch Sperrblöcke gesichert und an der Außenwand so verkleidet, daß er an der Pyramidenfläche nicht auffiel. Einige Literaturangaben müssen genügen:

Die unvollendete Pyramide des Snofru bei Medum: Petrie *Medum* 1892 Tf. 2 und ders. *Meydum and Memphis* III (1910) Tf. 1, 2. — Die Cheops-Pyramide bei Gise (Gizeh) (Tf. 224): richtige Theorien zur Baugeschichte: R. Lepsius *Über den Bau der Pyramiden* 1843 S. 177ff., erweitert von L. Borchardt in ÄZ 30 (1892) S. 102. Dagegen Petrie *The pyramids and temples of Gizeh* 1883 und 1885. Alles, was über die Zahlenmystik und sonstige Spekulationen in Verbindung mit der Cheops-Pyramide

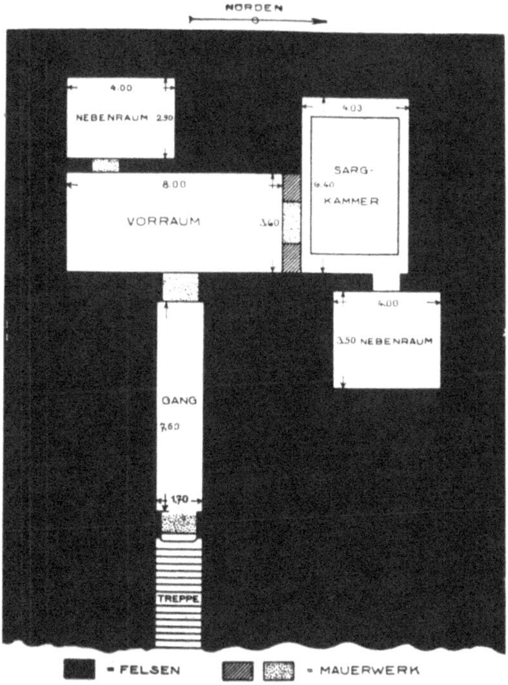

a

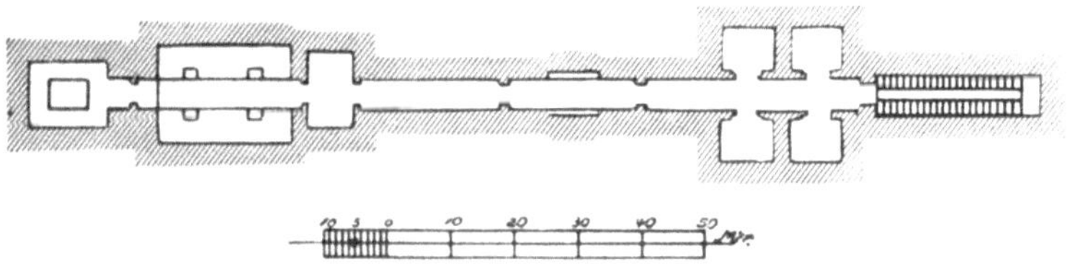

b

Grab D. Ägypten

a. Grundriß des Tutanchamon-Grabes. Nach Carter. — b. Grundriß des Grabes Ramses' IX. Nach Daressy.

geschrieben ist, ist jetzt neu zusammengestellt und widerlegt von L. Borchardt *Gegen die Zahlenmystik an der großen Pyramide bei Gise* Berlin 1922.

Während bei den bis hierher genannten Pyramiden keine oder nur kümmerliche Reste der zugehörigen Kultbauten gefunden sind, sind bei den im Folgenden genannten Pyramiden große Kulttempel (s. Baukunst B § 3) freigelegt worden. Sie entsprechen den Opferkammern der Mastabas (§ 12). Ein ansteigender, gedeckter Gang verbindet sie mit dem an der Fruchtlandgrenze gelegenen kleineren Taltempel. Bei der Anlage des Königs Chefren wird dieser von dem gewaltigen Sphinx (Tf. 224) beherrscht, der in älterer Zeit als Abbild des Königs Chefren, später als Bild des Sonnengottes galt. Die Chefren-Pyramide: M. Hölscher *Das Grabdenkmal des Königs Chefren* 1912 (Tf. 226a). — Die Pyramiden der 5. Dyn. liegen bei Abusir und wurden von der DOG ausgegraben (Tf. 226b): L. Borchardt *Das Grabdenkmal des Königs Neuserre* (7. Wiss. Veröff. der DOG) 1907; ders. *Neferirkere* (11. Wiss. Veröff. der DOG) 1909; ders. *Sahure* (14. und 26. Wiss. Veröff. der DOG) 1910 und 1913. Eine Übersicht bietet ferner: ders. *Die Pyramiden, ihre Entstehung und Entwicklung* 1911. — Die Pyramiden der 6. Dyn. bei Sakkara haben weniger als Baulichkeiten als vielmehr durch die auf ihre Innenwände niedergeschriebenen religiösen Texte („Pyramidentexte") große Berühmtheit erlangt. Über die Bauten vgl. Rec. de Trav. 3 (1882) S. 177 ff., 5 (1884) S. 1 ff. und 157 ff., 9 (1887) S. 177 ff., 12 (1892) S. 53 ff. G. Maspero. — Pyramiden des MR, wesentlich kleiner, aus Ziegeln aufgeführt und nur mit Kalksteinplatten außen verkleidet: E. Naville *The XI*[th] *Dyn. Temple at Deir-el-Bahari* I (1907) S. 9 ff. und Tf. 2 ff., ebd. II (1910) Tf. 21 ff., Rekonstr. Tf. 23; die Pyr. liegt hier auf dem Dache des Tempels. — Pyramiden der 12. Dyn.: Morgan *Dahchour* I (1895) Tf. 2, 3, 12, 32 und II (1903) S. 28 ff., 87 ff., 98 ff. und Tf. 2, 15—17; Petrie *Kahun, Gurob and Hawara* 1890 S. 12 ff. und Tf. 2—4, das im Altertum als „Labyrinth" bekannte Bauwerk. — Pyramiden aus dem Anfang des NR, ebenfalls klein und aus Ziegeln: Prisse d'Avennes *Hist. de l'Art* 1878 Atlas I Tf. 46. Über Pyramiden in Nubien s. Grab E § 4.

§ 14. Felsgräber. Seit der 5. Dyn. etwa hören die Großen des Hofes auf, sich in einer Mastaba in der Nähe des Herrschers bestatten zu lassen; sie legen sich nun Felsgräber in der Nähe ihres Heimatsortes an. Das Umsichgreifen dieser Sitte hängt mit dem Aufkommen der Feudalherrschaft im späteren AR zusammen (s. Ägypten B § 47); örtlich wird sie in Oberägyten besonders dadurch begünstigt, daß das schmale Nil-Tal kaum genügend Platz für unzählige Mastabas bieten würde, während die steilen Felswände auf beiden Talseiten — die Westseite wurde bevorzugt — sich von selbst zur Anlage geräumiger Grabgrotten anboten. Das Felsgrab wird das herrschende G. der Vornehmen vom Ende des AR bis in die Spätzeit. Auch die Könige lassen sich seit der 18. Dyn. in Felsgräbern beisetzen. Nur einige wichtige Veröffentlichungen seien genannt.

AR: N. de Garis Davies *The Rock Tombs of Deir el Gebrâwi* I, II (1902).

MR: P. Newberry *Beni Hasan* I, II (1893/4); darin die berühmten Felsgräber mit einer durch sog. protodorische Säulen gegliederten Eingangshalle (Tf. 227). — In Theben: N. de Garis Davies *The Tomb of Antefoker* 1920.

NR: Königsgräber im sog. Tal der Könige (Biban el-Moluk), auf der Westseite von Theben (Tf. 228); die älteren Gräber zeigen einen unregelmäßigen Grundriß (z. B. das berühmte, neu entdeckte G. [Tf. 229a]; vgl. Carter-Mace *Tut-ench-Amun, ein äg. Königsgrab* 1924 S. 111 [Grundriß]), die jüngeren dringen gangartig (Tf. 229b) in einer ziemlich geraden, abwärts führenden Linie in die Tiefe (z. B. Th. Davis *The Tomb of Harmhabi* 1912 S. 59 [Plan] und Tf. 1 ff.). Über ein besonders waghalsig angelegtes Felsgrab der Königin Hatschepsut vgl. Journ. Eg. Arch. 4 (1917) S. 107 ff. (H. Carter). Die Kulttempel der Könige liegen von den Felsgräbern getrennt am westlichen Wüstenrand, gegenüber von Theben (z. B. die Tempel von Dêr el-bahari und Medînet Habu, das Ramesseum u. a.).

Unzählige Privatgräber bei Theben, z. B. A. H. Gardiner *The Tomb of Amenemhet* 1915, N. de Garis Davies *The Tomb of Nakht* 1917, mit köstlichen Wandmalereien in vorzüglicher farbiger Wiedergabe. Vgl. Band VII Tf. 130.

Privatgräber bei El Amarna: N. de Garis Davies *The Rock Tombs of El Amarna* I—VI (1903—1908).

Spätzeit: Ein G. saïtischer Zeit bei Theben mit Bildern im Stile des AR: V. Scheil *Le tombeau d'Aba* 1894 (Mém. Miss. du Caire 5, 4). Ein G. aus der Zeit kurz vor Alexander d. Gr. mit merkwürdigen Reliefs in äg.-griech. Mischstil: G. Lefebvre *Le Tombeau de Petosiris* 1923/4.

§ 15. Sonstige Gräber historischer Zeit. Die in den § 11—14 besprochenen Grabtypen waren sämtlich den Herrschern und den oberen Schichten der Bevölkerung vorbehalten. Das niedere Volk wurde ähnlich wie in vorgesch. Zeit in Erdgräbern, jetzt aber in der Regel in Strecklage, Kopf nach N, Gesicht nach O, bestattet. Die meist unscheinbaren Gräber dieser Art sind lange nicht in so großer Zahl aufgedeckt und untersucht worden wie die Gräber der Vornehmen, weil sie schnell verfallen und in den meisten Fällen bald wieder umgepflügt worden sind. So sind eigentlich nur Zufallsfunde dieser Art erhalten. Aus dem AR: Mace *Naga ed-Der* II Tf. 43/44, Text S. 48ff., z. T. noch Schachtgräber älterer Art. Ein Friedhof der 5. Dyn. mit Gräbern verschiedenster Art (einschl. geräumigen Felsgräbern) wurde von Petrie bei Deshasheh freigelegt; hier fanden sich auch wie in der ältesten Zeit (vgl. § 2) zerteilte Leichen (Petrie *Deshasheh* 1898 S. 20 und Tf. 35—37; Plan des Friedhofs Tf. 1—2). Für das MR ist der zu Füßen der (in § 14 erwähnten) Felsgräber von Beni Hasan liegende Friedhof der Untertanen jener oben in den Felsgrotten bestatteten Gaufürsten wichtig: J. Garstang *Burial Customs of Ancient Egypt* 1907 S. 45ff. Ferner seien die durch Skarabäen in die Hyksos-Zeit datierten Gräber erwähnt, die sich mitten unter den Bestattungen vorgesch. Zeit auf dem Friedhof von Abusir el-Meleq gefunden haben (MDOG 30 [1906] S. 24f. mit Abb. 25 und MDOG [1907] S. 10 Abb. 8; hier eine Hyksos-Bestattung in einem vorgesch. Grabe). — Gräber des NR (Erdgräber, kleine Schachtgräber u. ä.) haben sich so ziemlich an allen Ausgrabungsplätzen gefunden und werden häufig erwähnt. Zusammenfassende Veröffentlichungen darüber fehlen. Im NR und in der Spätzeit kommen auch sog. Massengräber vor, d. h. Anlagen mit mehreren Kammern, in denen Berufs- oder Priestergemeinschaften ihre Angehörigen beisetzen (z. B. im frühen NR: Carnarvon-Carter *Five years Exploration at Thebes* [1912] S. 64 Nr. 37 Tf. 30, und in der Spätzeit: ÄZ 41 [1904] S. 3 Abb. 3 [O. Rubensohn]).

§ 16. Die Pfannengräber (Pangraves). Als Pfannengräber (Pangraves) bezeichnet man in Ä. Gräber aus der Zeit zwischen MR und NR (also Hyksos-Zeit), die, vornehmlich rund und flach und mit Hockerleichen wie in vorgesch. Zeit belegt, in auffallendem Gegensatz zu den sonstigen Gräbern jener Zeit stehen. Sie kommen nur in Oberägypten vor (die nördlichste Fundstelle ist Rifeh bei Assiut) und zeigen vor allem in der beigegebenen Keramik und dem häufigen Vorkommen von Leder eine auffallende Ähnlichkeit mit den gleichzeitigen nubischen Gräbern (s. Grab E § 3), so daß man die in den Pfannengräbern Bestatteten für nub. Eindringlinge oder wegen der besonders häufig vorkommenden Waffen für nub. Söldner im Dienste der äg. Könige zu halten pflegt. Ausreichend gelöst ist die Frage, vor allem in ihren wichtigen Zusammenhängen mit der nub. Kultur, noch nicht.

Petrie *Diosp. Parva* S. 45ff. und Tf. 35—36, 38—40; ders. *Gizeh and Rifeh* S. 20—21 und Tf. 25—26; am ausführlichsten: G. A. Wainwright *Balabish* 1920 S. 8ff. und 42ff., dazu Tf. 2—15, auf letzterer die verschiedenen Grabtypen. Über das Vorkommen in Nubien: Junker *Kubanieh-Nord* S. 30ff. Scharff

E. Nubien (Tf. 230—233).

§ 1. Gräber der A-Gruppe (= äg.-präh.-frühdyn. Zeit). Über die Einteilung der nubischen Gruppen A—C s. Vase D; außerdem sind die verschiedenen äg. Grabtypen (besonders Grab D § 4—7 und § 10) zu vergleichen. Die nub. Gräber der A-Gruppe stimmen im wesentlichen mit den äg. Typen überein (Tf. 230a). Häufiger und zeitlich später kommt das runde G. vor, vor allem in der Abart mit Erweiterung nach unten hin (sog. Bienenkorbtyp [Tf. 230b], der in Ä. fehlt), ebenso hat sich die Bestattung der Hockerleichen in Ziegen-

a

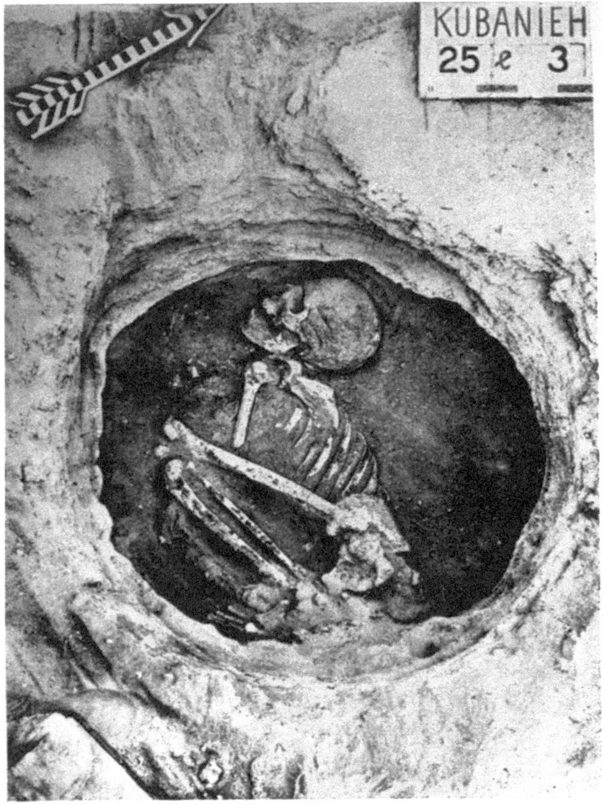

b

Grab E. Nubien

a. Der Friedhof von Kubanieh-Süd. — b. Rundgrab (Bienenkorbtyp) von Kubanieh. Nach Junker.

a

b

Grab E. Nubien

a. Ziegeloberbauten des Mittleren Reiches bei Buhen. Nach Mac Iver-Woolley. — b. Steineinfassungen von Gräbern der C-Gruppe. Nach Phot. Roeder.

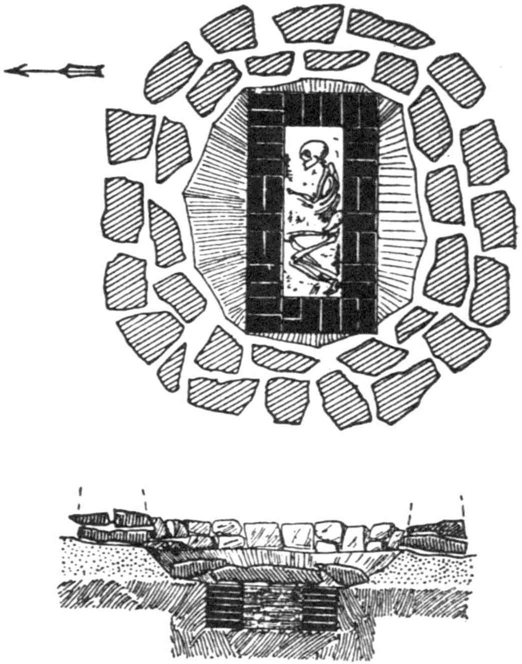

a

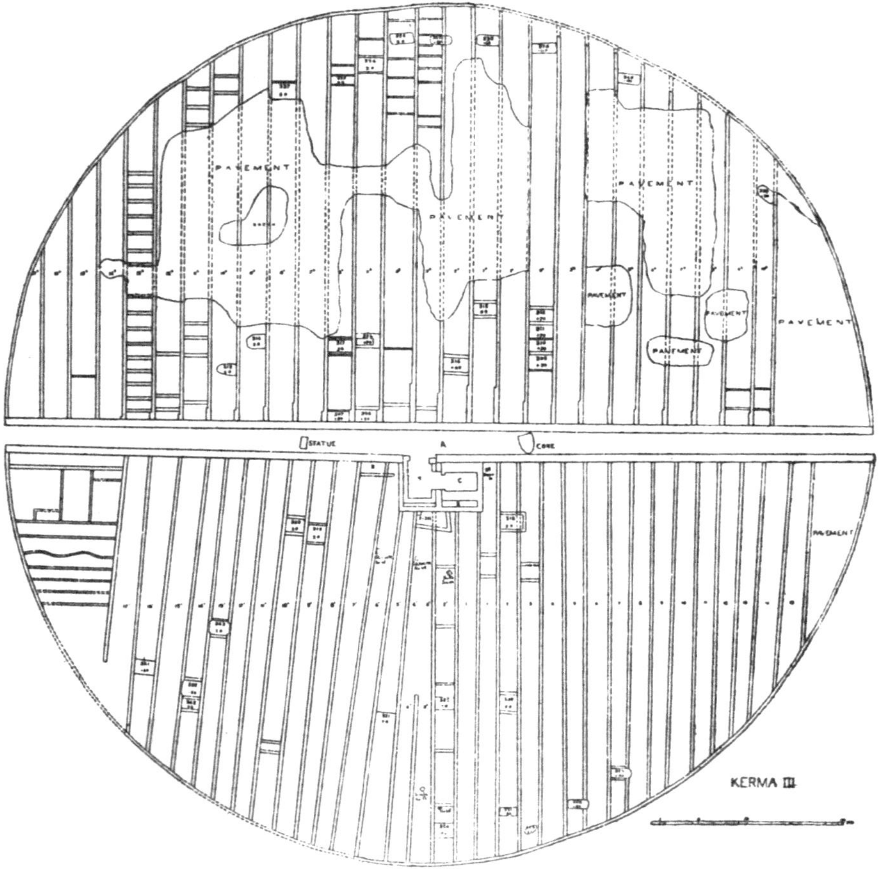

b

Grab E. Nubien

a. Grundriß und Schnitt eines Grabes der C-Gruppe. Nach Junker. — b. Grundriß eines Grabtumulus von Kerma. Nach Reisner.

fellen länger gehalten; Doppelbestattungen sind häufiger als in Ägypten. Dagegen fehlt der Ziegelbau. Eine gute Übersicht über das reiche nub. Material gibt Reisner *Survey* 07/08 S. 300; ihm folgt im wesentl. Junker *Kubanieh-Süd* S. 27, dazu ebd. die sehr anschaulichen Tf. 1—24. Wie in Ä. ist auch die Orientierung der Leiche, Kopf nach S, Gesicht nach W, vorherrschend.

§ 2. Gräber der B-Gruppe (= äg. AR). Die Gräber dieser nub. Verfallzeit zeigen keine besonderen Eigentümlichkeiten gegenüber der A-Gruppe. Die Orientierung der Leichen ist unregelmäßig, vorherrschend nach N und W. Bestattungen in Ziegenfellen sind wieder besonders häufig (vgl. die Zusammenstellung bei Junker *Kubanieh-Süd* S. 16 ff.).

§ 3. Gräber der C-Gruppe (= äg. MR). Auch in dieser besonderen Blütezeit Nubiens ist das Hockergrab und die Bestattung in Tierhaut (Leder) weitaus am häufigsten. Die Gräber zeigen einen in Ä. unbekannten kreisförmigen, niedrigen Steinoberbau, der den Eingang zum Schacht verdecken soll (Tf. 231 b und 232 a). Der Schacht ist im Gegensatz zur A-Gruppe jetzt häufig mit Ziegeln ausgemauert, auch Ziegelgewölbe kommen vor (s. Ziegelei). Die Orientierung der Leichen ist entgegengesetzt zur gleichzeitigen äg. Sitte westöstlich, der Körper liegt auf der rechten Seite mit dem Gesicht nach W. Interessant ist der Vergleich dieser Gräber mit ähnlichen der Bega-Stämme, die heute noch die Gegenden östlich von Oberägypten und Nubien bewohnen (G. Schweinfurth *Auf unbetretenen Wegen in Ägypten* 1922 S. 273). In Gegenden, die dem äg. Einfluß näher lagen (z. B. Kubanieh), macht sich dieser im Gebrauch von Särgen und damit von Leichen in Strecklage bemerkbar (vgl. Junker *Kubanieh-Nord* S. 41 ff. und Blatt 1—3, 17—19 [auf 17 Steintumuli]); Firth *Survey* 08/09 Tf. 17/18; Randall-Maciver und Woolley *Buhen* (Bd. 8 der Coxe Exp.) 1911 Tf. 77 ff. (vor allem auf Tf. 82 eigenartig geformte Oberbauten aus Ziegeln und Nilschlamm; s. hier Tf. 231 a), Text dazu (dies. *Buhen* 1911 [Bd. 7 der Coxe Exp.] S. 185 ff.). — Über einen äg. Friedhof dieser Zeit in Nubien vgl. Junker *Kubanieh-Nord* S. 129 ff. — Ferner ist hier auf die sogenannten Pfannengräber (Pangraves) zu verweisen (s. Grab D § 16), die in die Übergangszeit zum NR gehören und nub. Ursprungs sind. Pfannengräber in Nubien: z. B. Reisner *Survey* 07/08 S. 53 G. 161 ff.; vgl. dazu Junker *Kubanieh-Nord* S. 30 ff.

Schließlich ist eine ebenfalls zeitlich in das äg. MR gehörige Gruppe nubischer Gräber zu erwähnen, die Reisner bei Kerma (Provinz Dongola, in der Gegend des 3. Nil-Katarakts) aufgedeckt hat. Sie sind mit den Gräbern der C-Gruppe insofern verwandt, als auch sie einen tumulusartigen Oberbau haben. Dieser ist aber in Kerma gewaltig vergrößert und bedeckt eine große Anzahl von Bestattungen. Der runde Tumulus ist von Steinplatten eingefaßt, die Masse des Gerölls war außen von einer Schicht weißer Kiesel bedeckt. Der Tumulus III z. B. hat einen Durchmesser von 90 m (Tf. 232 b und 233 a). Er ist durch einen aus Ziegeln aufgemauerten Gang in zwei segmentartige Teile geteilt, die ihrerseits wieder durch rund 2 m hohe Mauern senkrecht zum Hauptgang gegliedert werden. Diese innere Ziegelkonstruktion diente als Unterlager für die darauf lastenden Erd- und Schuttmassen des Tumulus. Ungefähr an der Mitte des Hauptgangs lag der Raum für die Hauptbestattung; in den übrigen Gängen waren an vielen Stellen (bei Tumulus III: 38) besondere Schachtgräber angelegt. Im Gegensatz zur äg. Bestattungsweise lag eine Leiche auf einem Holzbett (Angareb), in der auch bei der C-Gruppe üblichen Richtung, während andere Leichen in verschiedenen Stellungen am Boden lagen; zuweilen waren Hauptleichen und Nebenleichen mit einer gemeinsamen Kuhhaut überspannt. Widderschädel bildeten eine der wichtigsten Beigaben. In kleinerem Maßstab liegt dieselbe Bestattungsart auch in den Schachtgräbern vor, wo neben dem einen Toten auf dem Bett wenigstens eine Leiche am Boden lag. Reisner hat aus diesem seltsamen Befund auf die grausame Bestattungssitte geschlossen, nach der dem Fürsten (oder wer der auf dem Bett Bestattete sonst gewesen sein mag) seine Angehörigen und Diener gewaltsam in den Tod folgen mußten, und vergleicht sie mit dem in Indien üblichen „Satî-Burial" (vgl. auch die Möglichkeit einer ähnlichen

Sitte bei den Königsgräbern der 1. Dyn. § 11c). Junker widerspricht dieser Annahme aufs energischste (*Kubanieh-Nord* 1920 S. 19ff. und *Der nubische Ursprung der sogenannten Tell el-Jahudîye-Vasen* 1921 S. 95ff.). Die Tumuli von Kerma sind veröffentlicht von G. A. Reisner *Excavations at Kerma* 1923 (Harvard African Studies Bd. V); s. vor allem S. 135 (c. 8) über den Tumulus III, Plan XV bei S. 136/7, Tf. 5—11 (Ansichten), S. 169 Abb. 46, 47 (Beisp. für die Schachtgräber).

§ 4. Gräber späterer Zeit. Hier genüge der Hinweis auf Maciver-Woolley *Buhen* (Bd. 7 der Coxe Exp.) 1911 S. 129ff. (Friedhöfe der 18. Dyn.); dies. *Areika* (Bd. 1 der Coxe Exp.) 1909 S. 19, 23 und *Karanog* (Bd. 3 des Coxe Exp.) 1910 S. 1ff.; G. A. Reisner *Excavations at Kerma* 1923 (Harvard African Studies Bd. V) S. 41ff. (Friedhöfe meroïtischer [nachchristl.] Zeit). Die einheimischen Könige bauten sich nach dem Muster der äg. Pharaonen Pyramiden, die aber wesentlich kleiner als die äg. sind und in vielen Punkten von ihnen abweichen; gefunden wurden nubische Pyramiden in der Gegend des 4. Kataraktes bei Nuri und am Berge Barkal, sowie aus späterer Zeit noch weiter südlich bei Meroe (Tf. 233b; vgl. z. B. Rich. Lepsius *Denkmäler* I Tf. 129, 135—138 und Journ. Eg. Arch. 9 [1923] Tf. 2, 3 G. A. Reisner).

Scharff

F. Palästina-Syrien (Tf. 234, 235).

§ 1. Vorbemerkungen. — § 2. Paläol. — § 3—7. Neol. (§ 3. Leichenbrand; § 4. Höhlenbestattung; § 5—6. Gräber in Jerusalem; § 7. Dolmen). § 8—15. BZ (§ 8. Krugbestattung; § 9. Krüge mit Masken in *bēsân*; § 10. Fürstengräber in Gezer; § 11. desgl. in Byblos; § 12. desgl. in Megiddo; § 13. Schachtgräber; § 14. Karmel-Gebiet, Tumuli, Steinhaufen; § 15. Bestattungen im Hause, in Zisternen). — § 16—18. EZ (§ 16. Israel. Gräber; § 17. Königsgräber in Jerusalem; § 18. Angaben im AT). — § 19. Sonderfälle (Teilbestattung, rote Farbe). — § 20. Schlußbemerkungen.

§ 1. Wirklich alte Gräber sind nur in verhältnismäßig geringer Zahl aufgefunden worden, so daß die Entwicklung der Bestattungssitten noch nicht lückenlos verfolgt werden kann. Besonders bedauerlich ist es, daß Syrien in dieser Beziehung so gut wie gar nicht erforscht ist, während für Palästina mehrere Beispiele nachgewiesen sind. So ist es im folgenden nur möglich, die einzelnen Funde vorzuführen und aus ihnen mit allem Vorbehalt einige Schlüsse zu ziehen.

§ 2. Bestattungen aus dem Paläol. sind bis jetzt überhaupt noch nicht entdeckt worden. Vor kurzem ist in der Nähe von *eṭ-ṭâbra* am n. Ufer des Sees Genezareth in beträchtlicher Tiefe nebst Feuersteingeräten des Moustérien ein Schädel von der Art des Neandertaler ausgegraben worden. Doch kann er einem dort verunglückten Manne angehören. An den bekannten Stellen paläol. Siedlungen fanden sich zwar hier und da Knochen von Tieren, aber keine menschlichen Reste. S. Muṛâret ez-zuṭṭîje.

§ 3. Besser sind wir über das Neol. unterrichtet. Die ältesten Bewohner von Gezer (s. d. § 8; Band IV Tf. 131c) um 3000 v. C. verbrannten ihre Toten. Zu diesem Zwecke war eine natürliche Höhle als Brandstätte eingerichtet worden. In ihr sind, nach der etwa 30 cm starken Aschenschicht und den darin liegenden Knochen zu urteilen, ungefähr 100 Personen verbrannt worden. Als einzige Beigabe hatte sich in der Asche ein ganz schlichtes Amulett (s. d. C) aus dem Knochen einer Ziege erhalten (Macalister *Gezer* I 74f., 285f.). Vielleicht darf aus merkwürdigen Funden in Jerusalem (s. d. § 10) geschlossen werden, daß auch die ältesten Siedler auf dem Zion die Leichenverbrennung ausführten. Ein großer Haufen rötlichbrauner Erde enthielt außer zahlreichen neol. Tonscherben auch schwarz und braun geröstete Knochenstücke, Feuersteinsplitter und Asphaltknollen. Der Entdecker nimmt an, daß die Leichen an einer Stelle verbrannt worden seien, an der sich ein Loch (46 cm Dm, 15 cm t.), umgeben von 4 (ursprünglich 8?) strahlenförmig angeordneten schalenartigen Vertiefungen (30 cm l., 20 cm br., 13 cm t.), befand (Quarterly stat. 56 [1924] S. 166f. J. Garrow Duncan). Ob der Übergang von der Verbrennung zur Bestattung mit einem Rassenwechsel, hier also mit der Einwanderung der Semiten in Pal.-Syrien, zusammenhängt, ist vorläufig noch sehr zweifelhaft (vgl. a. die Funde in Deve-Huyuk in N-Syrien; Liverpool Annals 7 [1916] S. 115ff. C. L. Woolley). Die Kohlenstücke, Knochen- und Aschenreste, die sich unter einigen Dolmen fanden (G. Schumacher *Northern 'Ajlûn*

1890 S. 176 bei *kefr jûba;* ZdPV 9 [1886] S. 268 ders. im *ǧolân*), rühren wohl nicht von Leichenbrand, sondern von einem Totenmahle her (P. Karge *Rephaim* 1917 S. 415 denkt an ein bei der Bestattung vollzogenes Opfer).

§ 4. Außer diesen beiden bisher vereinzelten Fällen ist überall für das ausgehende Neol. und die spätere Zeit die Leichenbestattung nachgewiesen. Dazu benutzte man im w. Teile des Landes die zahlreichen natürlichen Höhlen, die früheren Geschlechtern als Wohnung gedient hatten (s. Haus C § 3f.). Bei *tarteǧ* auf dem w. Abhange des Libanon führte ein etwa 4 m t. Schacht in eine finstere Grotte (10 m l., 7—8 m br.), die links hinten in ein 5—6 m t. Loch abstürzte. In den Ecken und Winkeln dieses Loches lagen durcheinandergeworfene Knochen von Menschen, an einer Stelle ein vereinzeltes Skelett, mit rohen Tongefäßen, einem Ziegenschädel und zwei Knochendolchen als Beigaben (Anthropos 5 [1910] S. 161f. Abb. 9 G. Zumoffen). Auch in dem sog. Krematorium von Gezer sind von einer späteren Bevölkerungsschicht mehrere Tote zugleich beigesetzt worden. Einige lagen auf dem Boden in Hockerstellung. Ringsherum waren an den Wänden auf Steinpflaster oder niedrigen, bankartig künstlich erhöhten Plätzen Tote, wohl die Vornehmeren, lang ausgestreckt beigesetzt, einmal 3 Erwachsene und 2 Kinder, dann 4 und 2 Erwachsene, soweit man sehen konnte, Männer und Frauen. Den meisten waren Tongefäße und Schmucksachen in größerer Zahl beigegeben. Da sich von Kleidungsstücken keine Reste fanden, ist es möglich, daß die Leichen in Tierfelle (so erzählt z. B. der Äg. Sinuhe Z. 198 H. Greßmann *Altorientalische Texte und Bilder zum AT* I [1909] S. 215) oder Schilfmatten eingewickelt wurden (Macalister *Gezer* I 286ff.; Vincent *Canaan* S. 217). Vielleicht hatte die Steinpackung, auf der die Toten ruhten, einen symbolischen Sinn. Weitere Beispiele dieser Art boten in Gezer die Höhlen 8 II (3 Skelette Macalister *Gezer* I 82), 11 II (I 83f.), 15 I (I 93), 16 I (I 99 mehrere Erwachsene und Kinder), 17 II (I 105), 19 III (I 105f.), 19 IV (I 109 aus der BZ), 27 I (I 109f. 5 Erwachsene, 1 Kind), 29 I (I 141f.) sowie G. Nr. 42 (I 318), 56 (I 320f.), 60 (I 331), in Bethsemes die große Höhle mit den Resten von 7—8 Personen und reichen Beigaben (PEF Annual 2 [1911—12] S. 15, 51ff. D. Mackenzie), s. von Jerusalem die Felskuppe *er-rās*, wo eine Höhle als Beigaben 10 große, vierhenkelige Krüge und etwa 400 kleinere Tongefäße und Lampen enthielt (Das heilige Land 53 [1909] S. 33ff. H. Hänsler), und bei *ʿain jebrûd* eine Höhle mit mehrfachen bis zur Decke übereinander geschichteten Beisetzungen (ebd. 56 [1912] S. 43ff., 147ff. ders.). Im N des Landes herrschte dieselbe Sitte. Das zeigt die später in ein Schachtgrab umgestaltete Höhle am ö. Abhange von Megiddo, in der ebenfalls die Vornehmeren auf Bänken, die einfachen Toten auf dem Boden lagen (Schumacher *Mutesellim* S. 165f., Abb. 241). Auch im Karmel-Gebiete fanden sich solche Höhlen, z. B. bei *qarnîfet el-wâsiṭ* (ZdPV 31 [1908] S. 71f. E. v. Mülinen). Abweichend von der Regel, daß mehrere Leichen in einer Höhle beigesetzt wurden, lag nur je ein Skelett in den Höhlen zu Gezer 7 II (I 80f.), 17 I (I 103), 19 I (I 108). Selbst in der 2. sem. Schicht (1600—1200 v. C.) kommt diese Form der Höhlenbestattung noch vor (z. B. Höhle 9 I mit 2 Personen ebd. I 83; 11 III S. 84f.).

§ 5. Die ältesten Gräber in Jerusalem (s. d. § 8) zeigen die gleiche Art (Tf. 234). Unter der Gipfelfläche des Zion zieht sich eine natürliche Höhle hin, an der ein langer, unterirdischer Gang vorbeiläuft. Der Einstieg war durch einen Kamin möglich. In den Winkeln und Ecken dieser Räume sind Tote bestattet worden. Die einzelnen Stellen waren durch Reihen von Steinen eingehegt. Die niedrige Felsbank war roh bearbeitet und mit einer Schicht festgestampfter Erde belegt. Darauf lagen in einer Aschen- und Kalkschicht die Knochenreste. Die Körper selbst waren mit Erde und Kieselsteinen bedeckt. An der einen Stelle (G. Nr. 2; Tf. 234, 2—3) fand sich bei den Knochen nur eine Tonscherbe, aber in einer kleinen Felshöhlung darüber lagen mehrere Scherben, Vogel- und Schafknochen sowie Eierschalen. Die dritte Stelle enthielt, ebenfalls in einer Felsnische verborgen, eine Reihe von Tongefäßen, die sich als die ältesten in Palä-

a

b

Grab E. Nubien

a. Ansicht eines Grabtumulus von Kerma. Nach Reisner. b. Pyramiden von Begeranije. Nach Reisner.

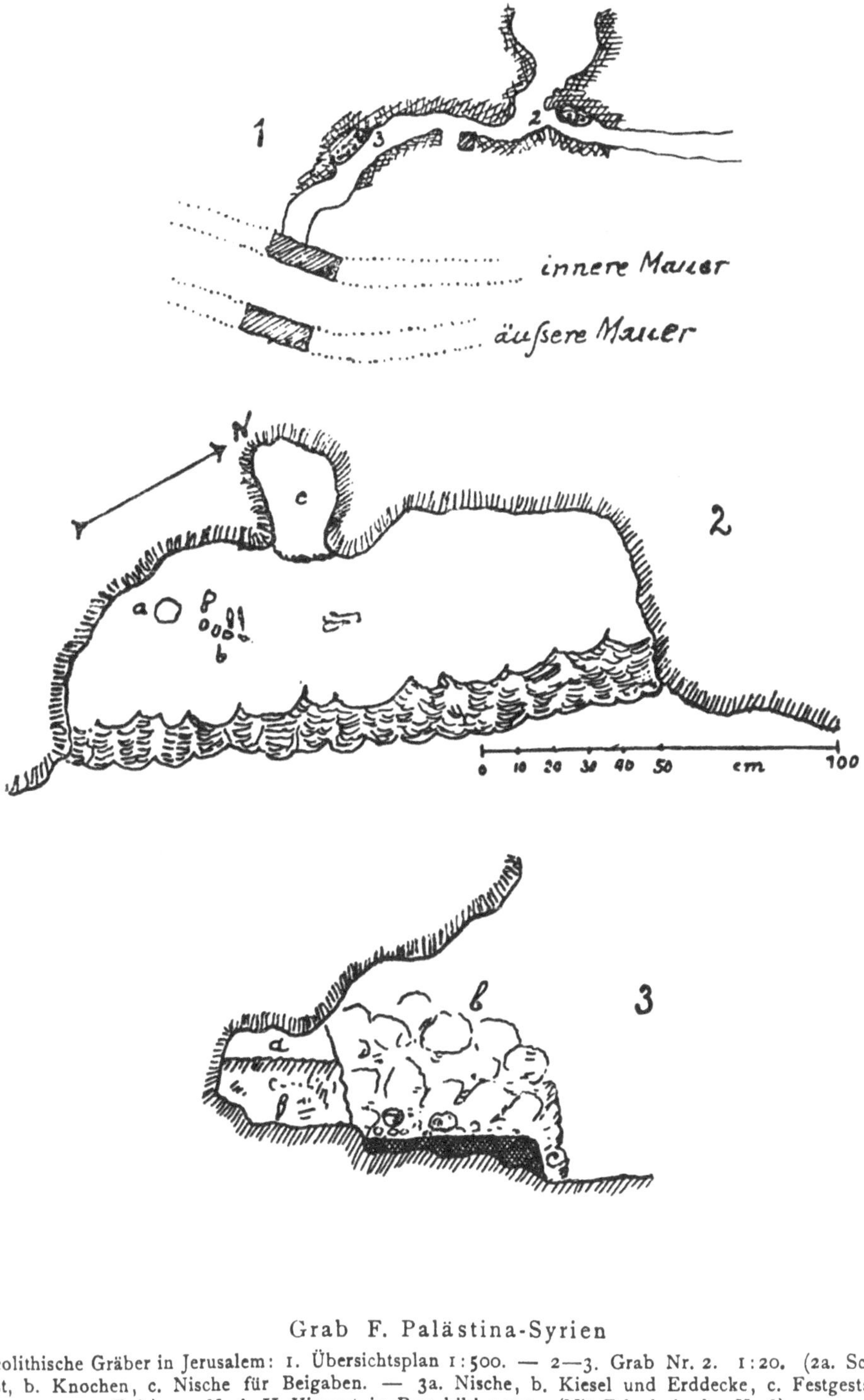

Grab F. Palästina-Syrien

Neolithische Gräber in Jerusalem: 1. Übersichtsplan 1:500. — 2—3. Grab Nr. 2. 1:20. (2a. Schädelrest, b. Knochen, c. Nische für Beigaben. — 3a. Nische, b. Kiesel und Erddecke, c. Festgestampfte Erde). — Nach H. Vincent in Rev. bibl. 1912. (Mit Erlaubnis des Verf.).

stina erwiesen. Da sie z. T. nach äg. Vorbildern gearbeitet sind, läßt sich die Zeit der beiden letzten Bestattungen etwa auf 3000—2500 v. C. festsetzen. Es ist nach der Lage und den Beigaben recht wohl möglich, daß die Höhle die Gruft des damals in Jerusalem herrschenden Fürstengeschlechtes war.

Rev. bibl. 9 (1912) S. 443ff., 544ff., Tf. 16; 33 (1924) S. 184f. L.-H. Vincent; ders. *Jérusalem sous terre* 1911 Tf. 10; ZdPV 36 (1913) S. 19f. E. Baumann.

§ 6. Ähnlich waren weitere Bestattungen, die von R. Weill entdeckt wurden. Dafür hatte man natürliche Nischen oder künstliche Aushöhlungen in der Felswand des Hügels benutzt. Der hintere Teil dieser Grotten war vertieft und nach vorn durch eine Art Felsbank abgeschlossen. In der Vertiefung lag der Tote lang ausgestreckt auf einem Bett aus festgestampfter Erde, das an der Vorderseite durch eine Steinschichtung abgegrenzt war. Die Beigaben waren ziemlich geringfügig. Auf die Felsschwelle waren wohl Gefäße mit Speisen und Getränken gestellt worden. Ein G. hatte man zu zwei Bestattungen nacheinander benutzt. In jüd. Zeit sind diese Stellen entweder ausgeräumt oder zerstört und umgewandelt worden.

R. Weill *La cite de David* 1920 S. 130ff., Tf. 11ff.

§ 7. Während der w. Teil des Landes reich an natürlichen Höhlen ist und damit seinen Bewohnern die bequemste Möglichkeit der Totenbestattung bot, fehlen solche im ö. Gebiete. Hier hat man deshalb den Toten ein G. über der Erde bereitet, indem man Dolmen baute und dazu die großen Steinplatten verwendete, wie sie die Natur lieferte. Der O ist zudem immer von einer hin und her flutenden Bevölkerung bewohnt gewesen, die nicht die Zeit hatte, ihren Toten ein unterirdisches Gemach anzulegen. Welche Völker und Stämme dies waren, können wir heute noch nicht sagen. Man hat verschiedentlich versucht, die Dolmen mit der Wanderung idg. Stämme in Verbindung zu bringen. Tatsächlich sind solche auch in Pal.-Syrien gewesen, aber, wie es scheint, vor allem im N und im Westjordanlande. An diesen beiden Stellen fehlen die Dolmen zwar nicht ganz, sind aber weit seltener als im O, von Nordarabien an bis zum *ǧōlân*. Daß die Dolmen Gräber sind, läßt sich nicht bezweifeln, wenn auch genauere Untersuchungen bisher nur an zwei Stellen vorgenommen worden sind (s. o. § 3). Entstanden sind sie aller Wahrscheinlichkeit nach in der Zeit von der 1. Hälfte des 3. Jht. bis zur Mitte des 2. Jht. Einzelne Stücke können sogar erst dem 1. Jht. angehören. Sicher sind die Plätze, an denen sie sich in größerer Zahl finden, jahrhundertelang als Begräbnisstätten benutzt worden (Einzelheiten s. Megalithgrab F). Dieselbe Entstehungszeit ist für die älteren *nawāmîs* der Sinai-Halbinsel anzunehmen. Diese bestehen aus einem Steinring (durchschnittlicher Dm 5 m) und einer Steinkiste, die aus 4 oder mehr aufrecht in den Boden gesteckten Platten errichtet und mit einer weiteren, jetzt meist verschwundenen, bedeckt war. Da der Innenraum ziemlich eng ist (1,25 × 0,75 m), müssen die Leichen in Hockerstellung beigesetzt worden sein (E. H. Palmer *The Desert of the Exodus* I [1876] S. 140ff., 253f.; II 320; Rev. bibl. 4 [1907] S. 400f. M. R. Savignac).

P. Karge *Rephaim* 1917 S. 379ff.

§ 8. Eine besondere Eigentümlichkeit wies die Höhle 3 III in Gezer auf. Sie besteht aus zwei Räumen, deren erster, durch eine kleine Treppe zugänglich, den frühesten Siedlern als Wohnstätte gedient hat (von dort stammen Feuersteinmesser und rohe Tonscherben), dann aber in der 1. sem. Zeit zu Bestattungen verwendet wurde. Nachdem der Körper verwest war, sind die Knochen in halben, der Länge nach geteilten Krügen gesammelt worden (Macalister *Gezer* I 77f.). Diese Tonscherben dienten also dem gleichen Zwecke wie die aus Kalkstein hergestellten Ossuarien der spätjüd. Gräber. Ganz ähnliche Vorkommnisse in Höhle 28 II (ebd. I 123) und in Megiddo (Schumacher *Mutesellim* S. 171). Eine eigentliche Krugbestattung, wie sie im hettit. Gebiete (Liverpool Annals 6 [1913] S. 87ff.; 7 [1914] S. 116ff. C. L. Woolley; *Carchemish* II [1921] S. 39, 119 und vgl. die sonderbaren Bestattungen in Toneiern auf dem *tell et-tīn* CR acad. inscr. 23 [1895] S. 453ff. J.-E. Gautier), in Ägypten (J. de Morgan *Recherches sur les origines de l'Égypte* 1896 Abb.

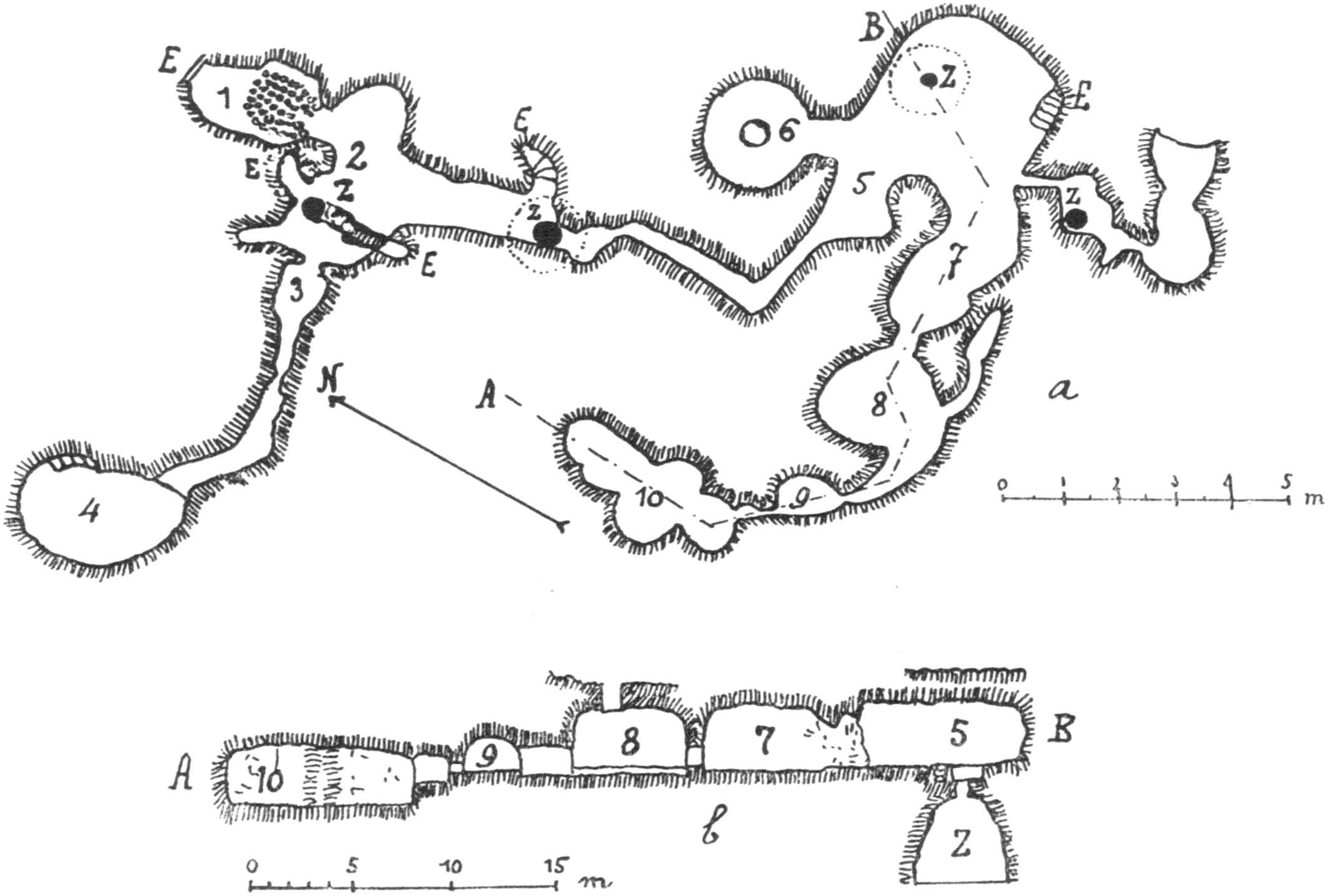

Grab F. Palästina-Syrien

Die königliche Begräbnisstätte in Gezer: a. Plan. Nach Macalister, Gezer I 111 Abb. 38 (E = Eingang; Z = Zisterne. Mit besonderer Erlaubnis des Pal. Explor. Fund). — b. Schnitt A—B. Nach L.-H. Vincent in Rev. bibl. 1924 S. 165. (Mit Erlaubnis des Verf.).

468 ff.; A. Wiedemann *Äg.* 1920 S. 108 f.) und Elam (Vincent *Canaan* S. 279 ff.) üblich war, ist in Palästina anscheinend nur für Frühgeburten, totgeborne oder jung verstorbene Kinder verwendet worden. Sw. von der Stadt auf dem *tell el-ḥesî* waren große Krüge aufrecht in der Erde aufgestellt. Sie waren mit einer Schale bedeckt und enthielten Knochen, feinen Sand, kleinere Gefäße und in einem Falle ein Drahtarmband (Petrie *Tell el Hesy* S. 32; Bliss *Tell el Hesy* S. 87 f.); ein weiteres Beispiel lag anscheinend unter dem Fußboden eines Hauses (Bliss S. 116). Der *tell es-ṣâfi* lieferte nur eine Urne mit Knochen aus altvorisrael. Zeit (Bliss-Macalister *Excavations* S. 151 f., Tf. 82). In Thaanach (s. d.) konnte ein ganzer Kinderfriedhof nachgewiesen werden. Auch hier enthielten die 60—90 cm h. Krüge feinen Sand und Knochen von kleinen Kindern (Sellin *Tell Taʿannek* S. 33 ff., 96 f.). In Gezer war das früheste Beispiel ein Krug mit den Resten eines Kindes in der ältesten Begräbnishöhle 2 I (Macalister *Gezer* I 286 f.). Unter dem Fußboden der Häuser war öfter ein Kind in einem Kruge vergraben (II 431 f., Abb. 513). In größerer Zahl fanden sich solche Bestattungen auf dem Platze der Steinpfeiler. Die Kinder waren mit dem Kopf zuerst in das Gefäß gesteckt und mit nachgeschütteter Erde bedeckt (II 402, 431 ff.). In Megiddo (s. d.) und Jericho (s. d.) sind Kinder bis in die jüd. Zeit hinein in dieser Weise bestattet worden (Schumacher *Mutesellim* S. 18 Abb. 14 und 15: zwei Krüge in Steinumfassung mit Lehm und kleinen Steinen bedeckt; S. 25 Abb. 23: Krug mit einer Schüssel als Deckel; S. 44 Abb. 41; 54 S. 54 f., 61 Abb. 74: Frühgeburt; S. 122, 166; Sellin-Watzinger *Jericho* S. 63, 65, 70). Man hat mehrfach die Meinung geäußert, daß diese Kinder geopfert worden seien, da sie in der Nähe von Heiligtümern (Pfeilerreihe in Gezer; in Thaanach glaubte Sellin einen Felsaltar dabei entdeckt zu haben) bestattet worden waren. Dagegen spricht die Tatsache, daß keins der kleinen Skelette Spuren von gewaltsamer Verletzung oder Verbrennung aufwies, was allein eine solche Deutung erlaubt hätte. Vielmehr hat man offenbar nach einer weit verbreiteten Sitte Kinder bis zu zwei Jahren in dieser Weise beigesetzt und erst ältere für geeignet zur Teilnahme an der Familiengruft befunden (Vincent *Canaan* S. 282 ff.; vgl. Plinius Nat. Hist. XVII 15, 72; A. Dieterich *Mutter Erde*[2] 1913 S. 21 ff.; Pal. Jahrb. 4 [1908] S. 50 G. Dalman).

§ 9. In Bethsean (s. d.) hingegen waren auch Erwachsene in Krügen bestattet. Aus einigen stark zerstörten Gräbern kamen 12 fast ganz erhaltene, mehr als mannshohe Tonkrüge und die Scherben von 12 weiteren zum Vorschein. Sie waren glatt, ohne Hals, mit flachem Boden und hatten oben eine kreisrunde Öffnung, groß genug, um einen fest zusammengeschnürten Leichnam hindurchzuschieben. Unter dem verdickten Rande dieser Öffnung war aus aufgelegtem Ton eine menschliche Maske (Band II Tf. 1 a und b) gebildet. Augen und Mund sind geschlossen, die Ohren ziemlich groß. Den Kopf umgibt bei den bartlos dargestellten Männern ein Perlendiadem, bei den Frauen ein Schleier. Die merkwürdig verkleinerten Arme umrahmen das Gesicht, die Hände berühren sich unter dem Kinn. So ungeschickt zunächst die Darstellung erscheint, so beabsichtigt stilvoll erweist sie sich bei näherer Betrachtung. Da die Krüge unzweifelhaft als Leichenbehälter benutzt wurden, können sie als Vorläufer der später in Phönizien verbreiteten, aus Ägypten übernommenen menschenähnlichen Särge betrachtet werden. Auch erinnern sie trotz aller Unterschiede stark an die Masken von Mykenai und Karthago, an die trojanischen Gesichtsvasen (Vincent *Canaan* S. 315 Abb. 201 c) oder an die Masken an den Aschengefäßen aus Chiusi (s. d. und Band II Tf. 160 a). Die Beigaben (Perlenhalsbänder, nachgeahmte Skarabäen, äg. Figuren) deuten auf das 12. Jh. als Zeit dieser Bestattungen. Danach könnte man annehmen, daß sie von den Seevölkern (s. d.) herrühren, die um diese Zeit in Palästina eindrangen und auf ihren Wanderfahrten ägäisch-kretische und äg. Einflüsse erhalten hatten.

Rev. bibl. 32 (1923) S. 435 ff. L.-H. Vincent.

§ 10. Auch in Gezer (s. d.) ist es gelungen, die Begräbnisstätte des Herrscherhauses aufzufinden (Tf. 235). Unter dem ö. Abhange des w. Hügels, der sicher einst die Burg getragen hat, zieht sich eine unterirdische, aus 10 Räumen bestehende Anlage (Höhle 28 II) hin. Der Boden des Raumes 1 ist bedeckt mit 42 napfartigen Vertiefungen, die in Reihen von 9,15 und 24 hufeisenförmig angeordnet sind. Raum 2 hat drei Eingänge und zwei nachträglich ausgegrabene Zisternen. Von hier führt ein enger Gang (3) nach Raum 4, der später in eine Zisterne umgewandelt worden ist. Von Raum 2 läuft ein Gang zu einigen Stufen, über die man Raum 5 betritt. Dieser hat wiederum einen besonderen Eingang von außen, nahe der nö. Wand eine Zisterne und in der Decke darüber 5 runde Löcher (Dm etwa 15 cm), die siebartig verteilt sind und an die eigentümlichen Löcher über spätphön. Gräbern erinnern. Eine weitere Reihe von Räumen (7—10) schließt sich nach W zu an. Der w. Ausgang aus Raum 7 konnte mit einem großen Block fest verschlossen werden. In Raum 8 waren die Wände mit besonderer Sorgfalt bearbeitet uud der Fußboden mit Zement belegt. Der nach oben führende Luftschacht war durch einen Stein gesperrt. Auch in dem kleinen, nach O gebogenen Seitenraume war der Boden zementiert. Diese Anlage barg sehr wertvolle Fundstücke, goldene Schmucksachen (Rosetten, ein bandartiges Diadem, gefaßte Steine und Skarabäen), Salbgefäße aus Alabaster, Stücke mit Elfenbeineinlagen, Bronzegeräte, Straußeneier und viele Tongefäße. Während die ersten Räume ziemlich ausgeraubt waren, hatte der Einsturz der Decke den späteren Räubern die Fortsetzung von Raum 5 an verborgen. Deshalb waren die Bestattungen, deren ursprüngliche Lage nicht mehr festgestellt werden konnte, mit ihren Beigaben, hauptsächlich in Raum 8 (hier fanden sich mehr als 30 Skarabäen), unversehrt geblieben. Ein Teil der Funde erwies sich als echt äg. Arbeit, einiges (z. B. das Diadem Macalister *Gezer* III Tf. 31,1; Gefäße Tf. 43,1) als ägäische Erzeugnisse, der Rest war im Lande hergestellt. Nach den Tongefäßen waren die Bestattungen in der I. und II. BZ (2500—1600 v. C.) erfolgt. Die wohlüberdachte Art der Anlage und der Reichtum der Beigaben lassen kaum einen anderen Schluß zu, als daß hier die letzte Ruhestätte der Stadtfürsten von Gezer war.

Macalister *Gezer* I 111ff., III Tf. 30—43; Rev. bibl. 33 (1924) S. 161ff. L.-H. Vincent.

§ 11. Diese Deutung wird nachdrücklich durch die Funde in Byblos (s. d.) bestätigt. Nachdem bereits 1922 durch einen Felssturz das G. eines Fürsten von Byblos freigelegt worden war (s. Ägäischer Einfluß auf Palästina-Syrien), dessen Beigaben eine eigentümliche Mischung äg., ägäischer und einheimischer Arbeiten aufwies, ist es P. Montet, dem Leiter der Ausgrabungen in *ǧbēl*, gelungen, in unmittelbarer Nähe dieser Kammer noch vier weitere aufzufinden. Diese Totenstadt des Herrschergeschlechtes liegt an der Küste nw. von den beiden Tempeln (einem äg. und einem phön.) und nicht weit von der alten Burg. Die Anlage war bei allen 5 Gräbern gleich. Aus einem viereckigen Schachte (etwa 10 m t.) führt eine seitliche Öffnung in die geräumige Kammer, die den Sarg, bei Nr. 1, 4 und 5 aus Stein, bei Nr. 2 und 3 aus Holz mit Gold-, Elfenbein- und Fayenceeinlagen verziert, enthielt. Den Toten war eine Unmenge von Gefäßen aus Metall und Ton mit Speisen und Getränken, von Geräten, Waffen und kostbaren Schmucksachen beigegeben (Nr. 4 und 5 waren leider zum großen Teil ausgeraubt), die von gleich gemischter Herkunft wie die in G. Nr. 1 waren. Nr. 3 ist in die Zeit vor Amenemhêt III. (1849—1801 v. C.), Nr. 1 in dessen Regierungszeit, Nr. 2 (nach der Hieroglypheninschrift auf dem Sichelschwert die Ruhestätte des Fürsten Ipšemuabi von Byblos) in die Regierung Amenemhêts IV. (1801—1792 v. C.) und Nr. 5, das G. des Aḥirâm (s. Schrift E), in die Zeit Ramses II. (1292—1225) zu setzen. Besonders beachtenswert ist die Tatsache, daß in G. Nr. 1 der Leichnam in Asphalt gelegt war. Obwohl in Anlage und Ausschmückung dieser Grüfte äg. Einfluß stark hervortritt, haben sie doch ihre unverkennbare Eigenart und zeigen, wie entwickelt Kunst und Kunsthandwerk schon in frühester Zeit an der phön. Küste waren.

Eine umfassende Veröffentlichung dieser Funde fehlt noch. Vgl. vorläufig Syria 4 (1923) S. 334 ff. P. Montet; Bulletin de la Faculté des Lettres de Strasbourg 1924 S. 24ff. ders.; Rev. bibl. 34 (1925) S. 177ff. L.-H. Vincent.

§ 12. Unter der Nordburg von Megiddo wurde die freilich viel bescheidenere Gruft der Stadtfürsten gefunden, deren Anlage trotz aller Unterschiede die in Byblos zuerst erkennbare Entwicklung fortsetzt. Auch hier war der Zugang zur Kammer ein Schacht, der aber nicht aus dem Felsen gebrochen, sondern aus unbehauenen Steinen aufgemauert ist. Aus dem Schacht führt eine Tür, die durch eine verkeilte Steinplatte fest verschlossen war, in einen niedrigen Gang (H. 70, Br. 80 cm, L. 1,60 m), der sich zur eigentl. Kammer erweiterte. Diese war ebenfalls aufgemauert und mit einem Gewölbe (s. d. C und Band IV Tf. 127) bedeckt, das sich im Laufe der Jahrhunderte außerordentlich widerstandsfähig gezeigt hatte. Hier waren 6 Tote bestattet. Der eine lag mit fast gestreckten Knien auf einer aus Steinen aufgemauerten Bank (1,85 m l., 40 cm br. und h.). Bei ihm fanden sich in Gold gefaßte Skarabäen und anderer Schmuck aus Bronze und Stein. Dicht daran geschmiegt lag ein weibliches Skelett, ein weiteres an der Ostwand, außerdem drei männliche an den Wänden oder quer auf dem Boden mit hochgezogenen Knien. An die Wand angelehnt waren 42 größere und kleinere Vorratskrüge, bei den Toten selbst lagen viele Kamelzähne (Amulette?) und Tongefäße, in denen sich Speisen, Knochen von Kühen und Schafen und gelbliche Reste einer milchartigen verdickten Flüssigkeit, befanden. Eine zweite ähnlich gebaute unterirdische Kammer enthielt die Reste von 12 Toten, die ebenfalls in Hockerstellung, aber anscheinend wirr durcheinander beigesetzt waren. Zwei Gerippe stammen von 12—15 jähr. Kindern, die an den Knöcheln aus je 25 Bronzeperlen hergestellte Fußspangen trugen. Als Beigaben fanden sich Gefäße aus Ton und Alabaster, Feuerstein- und Knochengeräte, Bronzemesser, Bronzespiegel, äg. Fayenceperlen und Skarabäen. Einige Schädel lagen auf dem Gesicht, was Schumacher zu der Vermutung veranlaßte, daß die Körper enthauptet worden seien.

Schumacher *Mutesellim* S. 14ff., 19ff., Tf. 5 und 6.

§ 13. In der folgenden Zeit (BZ bis etwa 1200 v. C.) bleibt der Schacht das wesentl. Merkmal. Er erlaubt es, die Bestattung an jeder beliebigen Stelle, wo Felsgrund vorhanden ist, vorzunehmen, sie aber dann durch Auffüllen des Schachtes mit Steinen und Erde völlig unsichtbar zu machen, so daß eine Störung des Toten ausgeschlossen erscheint. Der Schacht, meistens rund, seltener quadratisch (was auf äg. Einfluß zurückgeführt wird), hat eine Weite von 1—2 m, eine T. von 2 m. An seinem Boden führt ein enges Loch (viereckig, rund oder in Form eines Ochsenauges) in die Kammer (Tf. 131 b). In den Wänden des Schachtes sind kleine Nischen oder Vorsprünge, um das Hinabsteigen zu ermöglichen. Die Kammern haben keine bestimmte Form, sondern sind zunächst nur eine halbrunde Erweiterung der nach vorn offenen Felsgrotte, die bei dem ältesten G. vorkommt, später etwas weiter nach Art der natürlichen Höhlen ausgearbeitet. Die Toten liegen darin auf dem Boden oder auf natürlichen Felsbänken an den Seiten, versehen mit reichlichen Beigaben, besonders an Tongefäßen. Nach den Funden möchte man annehmen, daß sich diese Art des Grabes vom N her, also von Phönizien aus, verbreitet hat. Die neuesten Grabungen haben dort an mehreren Punkten derartige Gräber nachgewiesen, z. B. bei *ṣaida* (Syria 1 [1920] S. 57; 5 [1924] S. 124f. G. Contenau) und bei *mišrîfe* (Syria 5 [1924] S. 167f. R. Dussaud). Daß sich diese Art sehr lange erhalten hat, zeigen die von Renan entdeckten Schachtgräber (vgl. sonst *muġâret el-ablûn* bei Sidon und *tell er-rašēdîje* bei Tyrus Rev. bibl. 1 [1904] S. 563ff. Th. Macridy; *tell et-tīn* mit 25 m l. Gang CR acad. inscr. 23 [1895] S. 461 J.E. Gautier). Für Palästina wären folgende Punkte als FO zu benennen: *tell el-ǧudêde* zylindrischer Schacht, 2 m t., Kammer 1,80—2,00 × 1,50 m (Bliss-Macalister *Excavations* S. 199); *Gezer* G. Nr. 1 mit Beigaben, Gefäße mit Speisen (eins war sorgfältig mit einer Schüssel zugedeckt, in einem anderen lag eine Speerspitze zum Zerteilen der Speise) und Bronzewaffen; Nr. 2 ohne Beigaben; Nr. 3—5 mit viereckigen Schächten, darin Bronzewaffen und Nadeln, Skarabäen, äg. Fayencetöpfchen (Macalister *Gezer* I 301ff., 393; III Tf. 56 und 60ff.); Megiddo, am ö. Abhange des Hügels sowie sw. und s. von ihm mehrere Schachtgräber (darunter eins, das aus einer Höhle nachträglich umgewandelt worden ist), der Zugang zur Kammer mit besonderem Stein verschlossen, einmal außerdem in halber Höhe des Schachtes durch eine Platte (Schumacher *Mutesellim* S. 165ff., 172, Abb. 241, 250, 255); *el-ʿēzarîe* (Bethanien), Dm des Schachtes 1,75 m, Kammer 3,10×2,90 m, Decke nach hinten abfallend, darin auf dem Boden Reste eines Erwachsenen mit Tongefäßen, einem Bronzedolch und Bronzemesser (Rev. bibl. 11 [1914] S. 438ff. H. Vincent); *ʿain jebrûd* etwa 50 Schachtgräber auf mehreren Felsterrassen mit Lanzenspitzen aus Bronze (Das heilige Land 56 [1912] S. 43f., 147ff. H. Hänsler); *bēt sāhûr el-ʿatîqa* mehrere Gräber aus etwas späterer Zeit (schon mit Lampen), Tongefäße in der Sammlung der dtsch. Benediktiner auf dem Sion (ebd. 52 [1908] S. 187ff., 53 [1909] S. 30ff. ders.); *mâlḥa* 12 Gräber am Abhange eines Berges mit Tonwaren, Bronzedolchen, Skarabäen und Alabastergefäßen (Katholik 5 [1910] S. 210 L. Heidet; Das heilige Land 58 [1914] S. 72, 88 H. Hänsler); *qalʿat ed-dabbe* in der Nähe des alten Jamnia, von Ch. Clermont-Ganneau 1881 ausgeräumt, die zahlreichen Tonwaren im Louvre (H. Dussaud *Les monuments palestiniens et judaïques* 1912 S. 109ff. Nr. 155ff.); *ʿain sâmie* ein ganzer Friedhof, viel ägäische Ware (American Journal of Archaeology 12 [1908] S. 66f. D. G. Lyon).

§ 14. Noch in die ausgehende StZ und beginnende BZ sind wohl auch die Gräber im Karmel-Gebiete zu setzen. Bei *qarnîfet el-wâsiṭ* waren die Leichen in natürliche Felsritzen gelegt und mit Steinplatten (0,60—1,30 m l., 40—50 cm br.) zugedeckt. Auf den Platten waren Napflöcher angebracht (ZdPV 31 [1908] S. 72f., Abb. 35 E. v. Mülinen). Unterhalb der *murâret umm aḥmed* war auf zwei parallele Reihen länglicher, hochgestellter Feldsteine eine roh geglättete Steinplatte (L. 1 m, bei einer sogar 1,70 m, Br. 60 cm) gelegt, so daß eine gewisse Ähnlichkeit mit Dolmen entstand (ebd. S. 113f., Abb. 49). Wahrscheinlich bergen die zahlreichen Tumuli (bis zu 10 m h.) im Jordan-Tale ebenfalls Bestattungen (Baedeker *Pal.*[6] 1904 S. LXXXVII). S. von *bēsân* wurden 40 Stück untersucht, 17 enthielten sehr alte Tonware (Bulletin British School of Archaeology in Jerusalem Nr. 1 [1922] S. 8). Knochenreste mit neol. Schabern und äneol. Tonscherben fanden sich unter einem Basaltsteinhaufen (*cairn*?) in der Nähe von *ibl* (ebd. Nr. 6 [1924] S. 75ff. P. L. O. Guy).

§ 15. Neben allen diesen Bestattungen, die immerhin die Absicht erkennen lassen, die Toten von den Lebenden zu trennen, kommen schon früh solche unter dem Fußboden des Hauses vor (vgl. § 18). Für Kinder ist dies bereits (§ 7) erwähnt. In Jericho und Gezer ließ sich diese Sitte bis in die israelit. Zeit verfolgen (Sellin-Watzinger *Jericho* S. 71, 190; Macalister *Gezer* I 287, II 431). Eigenartig waren mehrere Fälle in Megiddo. Quer über die untersten Steine einer Mauer war eine 5 cm starke Lehmschicht gelegt, darauf der Körper eines 15jähr. Mädchens, wiederum 8—10 cm dick mit Lehm bedeckt. Darauf stand eine Ziegelmauer. Der Körper war von kleinen Feldsteinen umgeben, und am Kopfe stand ein kleiner Krug (Schumacher *Mutesellim* S. 54f., Abb. 58 und 59). Ganz nahe dabei waren zwei Männer in Hockerstellung beigesetzt. Weitere Bestattungen von Kindern und Erwachsenen waren in gleicher Weise mit einem Kreise von Steinen eingefaßt (ebd. S. 57 Abb. 62 und 63, S. 58 Abb. 66—68, S. 60, 69). In Gezer lag eine alte Frau von Steinen umgeben in der Ecke eines Hauses, an anderer Stelle ein Mann, dem die linke Hand fehlte, unter dem Fußboden, sowie zwei Männer und der Oberkörper eines Jünglings (Macalister *Gezer* II 427ff., Abb. 508f.). Bauopfer werden diese Leichen, wie vielfach angenommen wurde, nicht sein, sondern ärmere Leute, die ein kostspieliges gemauertes oder in den Felsen gehauenes G. nicht bezahlen konnten und darum mit einer einfachen Erdbestattung vorliebnehmen mußten (ebd. I 288; Schumacher *Mutesellim* S. 22, 70, Tf. 16). In Gezer sind Zisternen und Felsgruben sogar zur Massenbestattung verwendet worden. Die Zisterne bei der Pfeilerreihe enthielt die Reste von 14 Männern, 2 Frauen und 2 Kindern, außerdem noch Knochen von Kühen, Schafen, Hirschen und Ziegen, ganz durcheinander gemischt (Macalister *Gezer* II 401). In einer anderen Zisterne lagen 14 Männer im Alter von 18—50 Jahren, zumeist in Hockerstellung, und der Oberkörper eines 16jähr. Mädchens, dabei Speerspitzen aus Bronze, eine Axt, ein Messer, dessen Griff einst mit Elfenbein belegt war, eine Nadel, ein Kuhhorn und ein kleiner Krug (II 429ff. Abb. 511). Elf Gruben, die Zisternen ähnelten, aber nicht so tief waren, fanden sich mit einer Masse Knochen von Menschen, Kamelen, Kühen, Pferden, Schafen, Ziegen und Eseln gefüllt. Beigaben fehlten; was an Schmuck oder Scherben vorhanden war, konnte nur versehentlich hineingefallen sein (I 342f.; III Tf. 78). In einer Erdbank lagen 11 Schädel mit zerbrochenen Knochen, in einer Zisterne, die wohl der 4. Schicht angehört, mehrere Schädel ohne weitere Knochen (II 367). Möglich wäre es, daß man sich auf diese Weise auch gefangener oder getöteter Feinde entledigte, was für eine Felsgrube in Jerusalem wahrscheinlich ist, da sich in ihr eine große Menge von Skeletten und, wie es scheint, absichtlich abgetrennter Schädel fand (R. Weill *La cité de David* 1920 S. 135ff., Tf. 14). Auch wenn man annimmt, daß die gefundenen Felsgräber mehrfach belegt worden sind, ist doch ihre Zahl viel zu gering im Verhältnis zu der Bevölkerung. Sie können also nur für die Begüterten angelegt worden sein, während die Armen eine Ruhestätte einfachster Art bekamen, die nur zu bald mit ihrem Staube vergessen und vernichtet wurde (Vincent *Canaan* S. 244f.).

§ 16. Mit dem Beginn der EZ verändert sich allmählich das Aussehen des Grabes. In Gezer werden zunächst noch natürliche oder künstliche Höhlen verwendet, aber sie sind nunmehr nicht durch einen seitlich angebrachten senkrechten Schacht zugänglich, sondern durch ein in die Decke, gewöhnlich am Ende der Höhle, gebohrtes Loch oder einen kurzen Stollen. Wenn sich ausnahmsweise auch über der Mitte der Höhle ein Loch findet, so ist dieses nicht zum Einsteigen bestimmt. Unterhalb des Schlupfloches sind gelegentlich kleine Vertiefungen in die Wand gegraben, um dem Fuße des Hinabsteigenden Halt zu gewähren, oder der Zugang ist so schräg, daß man hinabgleiten bzw. auf rohen Stufen hinabsteigen kann. Oben darauf liegen große Steinplatten. Die seitliche Stollenöffnung ist mit Erde und kleinen Steinen sorgfältig verschlossen. Der Innenraum ist entweder in seiner natürlichen Form belassen oder künstlich erweitert, wobei man Felspfeiler als Deckenstützen stehen ließ. Oft sind zwei bis drei Räume mit einander verbunden und durch oben abgerundete, türartige Öffnungen zugänglich gemacht. Die Toten liegen in Hockerstellung auf Felsbänken, die bei der Ausarbeitung der Höhle stehen gelassen wurden (H. 30—60 cm, Br. 90 cm), oft noch auf einem unter sie gebreiteten Bett von Kieselsteinen. Unbedenklich sind auf die bereits bestatteten neue Leichen gelegt worden. Jeder Tote erhält reiche Beigaben an Gefäßen mit Speisen und Getränken. Auch Lampen (s. Beleuchtung C) treten auf, gelegentlich in sehr großer Zahl. Die Tongefäße sind oft zerbrochen, womit gewiß die Meinung ausgedrückt werden sollte, daß sie in diesem Zustande am besten zu dem Toten paßten. Auch Waffen (Pfeil- und Lanzenspitzen) finden sich, darunter einmal ein prachtvolles Sichelschwert (Macalister *Gezer* I 313; III Tf. 75, 16) und in einer Vertiefung desselben Grabes 131 Pfeilspitzen, ebenso Schmuckgerät aller Art (II 393ff.: 35 Gräber aufgedeckt). In Bethsemes (s. d.) ist zunächst im Stadtbezirk begraben worden, später außerhalb in Kammergräbern mit ringsherum laufender Felsbank (sog. Diwan-Gräber; Nr. 4 scheint eine Übergangsform zu sein). Auch hier sind Tongefäße in großer Menge aufgestapelt, manchmal auf schmalen Felsbändern oberhalb der Bänke (PEF Annual 2 [1911—12] S. 40ff., Tf. 17ff. D. Mackenzie). Der viereckige Eingang zur Kammer ist hier mit einer Steinplatte verschlossen, die durch eine Steinwalze von außen festgehalten wird. Ein größerer Friedhof der beginnenden EZ, der wohl zu der Siedlung auf dem *tell abū ḥuwâm* gehört, wurde am Abhange des Karmel bei *ḥaifâ* entdeckt. In die Höhlen führte ein eiförmiger Eingang von der Seite hinein. Die Toten lagen ausgestreckt, anscheinend mit Feldsteinen bedeckt, auf dem Boden und hatten viele Beigaben an Tongefäßen erhalten (Bulletin British School of Archaeology in Jerusalem Nr. 5 [1924] S. 47ff. P. L. O. Guy). Einer späteren Zeit gehören zwei G. in Thaanach an. Das eine war auf der l. Terrasse des n. Abhanges aus bogenförmig an die Felswand gelegten Steinen hergestellt und enthielt einen eigentümlich geformten Krug, den ein Tonteller deckte, mit Knochen, Perlen, Steinen, einem Skarabäus und einer Bēs-Figur. Noch deutlicher war die äg. Herkunft einer leider nur zur Hälfte erhaltenen Grabfigur aus Basalt mit Hieroglyphen-Inschrift (Sellin *Tell Ta'annek* S. 66ff., 88, 98, Abb. 82, 122ff.). Durch die vollendete Ausführung des Einganges und des Innenraumes (die ringsherum laufende Steinbank erinnert sehr an die Diwan-Gräber) wird der bekannte Monolith von *silwân* als spätisrael. erwiesen (Vincent *Canaan* S. 237ff., Abb. 168ff.). Die spätphön. Gräber, insbesondere die Grüfte der sidonischen Könige mit ihren menschenähnlichen Sargdeckeln und den wundervollen Sarkophagen aus dem 5. und 4. Jh. können hier nicht behandelt werden.

§ 17. Für die königliche Familie in Jerusalem waren Familiengräber angelegt. In ihnen sind, wie das AT berichtet, alle Könige von David an bis zu Hiskia (2. Kön. 20, 20; 21, 18) beigesetzt worden (abweichende arab. Legenden s. Das heilige Land 55 [1911] S. 23ff. F. Dunkel). Begreiflicherweise ist nach dieser Stätte seit langem besonders eifrig gesucht worden, zumal sie zur Zeit des Herodes noch bekannt gewesen sein soll (Josephus antt. XVI 7, 1; Apostelgesch. 2, 29). Anscheinend ist sie von R. Weill gefunden worden. Ziemlich am s. Ende des Zion sind in den Felsen nebeneinander zwei parallel von S nach N laufende Stollen gegraben. Ihre L. beträgt 16,50 m, die Br. 2,50, die H. 4,10 m. Die Decke (z. T. durch spätere Steinbrucharbeiten zerstört) war flach gewölbt. Am Ende des einen Stollens steht ein aus Kalk und Steinen gearbeiteter Sarkophag, unter dem eine spätere Kammer angelegt worden ist. Weiter nach W zu befindet sich ein unterirdisches Gemach (5×7 m) mit tiefen Nischen in den Wänden, zugänglich durch einen kurzen Stollen. Aus der sorgfältigen Arbeit, die man trotz der weitgehenden Zerstörung erkennt, läßt sich schließen, daß diese Gräber für eine vornehme Familie, d. h. also wohl für das Königshaus, angelegt wurden. Weitere Teile liegen vielleicht n. und w. von den bereits aufgedeckten. Wie in Byblos hatte auch hier jeder Tote ein besonderes G. mit eigenem Eingang. Nur ist hier die Kammer gegen den Stollen abgesetzt.

R. Weill *La cité de David* 1920 S. 157ff., Tf. 17ff.; Pal. Jahrb. 11 (1915) S. 76ff. G. Dalman; ZdPV 45 (1922) S. 29 ders.

§ 18. In Israel war man sich, wie das AT zeigt, noch deutlich der ältesten Sitte bewußt. Von dem Stammvater Abraham erzählte man, daß er für sich und seine Angehörigen eine Höhle auf dem Grundstücke *makpēlâ* bei Hebron (s. d.) gekauft habe (Gen. 23,4ff.; 49,30). Auch sonst gehört das G. der Familie (Richt. 8,32; 2. Sam. 2,32; 21,14). Deshalb wird von dem Toten gesagt, daß er zu seinen Vätern versammelt worden sei (2. Sam. 21, 14; 1. Kön. 13,22; 2. Kön. 22,20; Richt. 2, 10). Doch kennt namentlich die Quelle E Einzelgräber von bedeutenden Gestalten der Vorzeit (Josef bei Sichem Jos. 24,32; Josua in Timnath Sirach 24,30; Eleazar in Gibea 24,33; Debora bei Bethel Gen. 35,8; Rahel an der Straße nach Ephrat mit noch vorhandenem Malstein Gen. 35,19; die sog. Richter Thola, Jair, Ibzan, Elon und Abdon Richt. 10,2.5; 12,10ff.), womit sicher irgendwelche Megalithgräber (s. d. F) gemeint sind. Sonst kamen Einzelbestattungen nur in besonderen Fällen vor (Absalom 2. Sam. 18,17; Achan Jos. 7,26; der König von Ai Jos. 8,29 — auch hier knüpft die Erzählung wohl an alte Steinhaufen an). An solchen Stellen konnte man die Geister der Toten beschwören und befragen (*ōbôth* = Totengeister Num. 21,10f.; 33,43f.; vielleicht auch in Endor 1. Sam. 28). Totenverbrennung gilt als Schmach (Lev. 20,14; 21,9; Jos. 7,25; Amos 2,1; 1. Sam. 31,12 und Amos 6,10 ist der Text zu ändern), Unterlassung der Bestattung als Grausamkeit (1. Kön. 14,11; 16,4; 21,24; 2. Kön. 9,10; Jes. 14,15; 33,12; Jerem. 16,4; Ezech. 29,5; 32,23). Wie noch heute wurde die Leiche sehr bald nach eingetretenem Tode ohne Sarg (Gen. 50,26 ist eine begreifliche Ausnahme), aber in ihren Kleidern (darum ist der Tote an ihnen kenntlich 1. Sam. 28,14; Ezech. 32,27) auf einer Bahre (2. Sam. 3, 31) zum G. getragen. Dieses konnte im Hause selbst sein (Samuel 1. Sam. 25,1; Joab 1. Kön. 2,34) oder in der Nähe der Lebenden (die Königsgrüfte in Jerusalem Ezech. 43,7f.), oder es wurde in den Felsen gehauen (Jes. 22,16; 2. Kön. 23,16). Über dem G. der Vornehmen wurden wohlriechende Gewürze verbrannt (Jerem. 34,5; 2. Chron. 16,14; 21,19) und die Totenmahlzeit gehalten (Jerem. 16,7; Ezech. 24,17; Hosea 9,4). Noch in spätester Zeit war es üblich, den Toten Nahrung zu spenden (Deut. 26,14; Tob. 4,17; Sirach 30,18), Mit armen Leuten verfuhr man sehr einfach (2. Kön. 23,6; Jerem. 26,23; Jes. 53,9, vgl. das dem Könige Jojakim angedrohte Eselsbegräbnis Jerem. 22, 19). Aus der Sitte des Familiengrabes erwuchs, aber wohl unter fremden Einflüssen, die Vorstellung der Unterwelt (hebr. *šᵉôl*), in der die vereinigt sind, die im Leben verbunden waren (Ezech. 32,17 ff.). Die spätere Gesetzgebung hat alles mit dem Tode Zusammenhängende für unrein erklärt (Num. 19,10 ff.; Lev. 22,4 vgl. 2. Kön. 23,14), um die mit dem reinen Jahwe-Dienste unvereinbaren Gebräuche abzuschaffen (Jes. 8,19; 28,15; Lev. 19,31).

I. Benzinger *Hebräische Archäologie*[2] 1907 S. 127 ff.

§ 19. Zum Schlusse seien noch einige merkwürdige Sonderfälle besprochen. Über die bereits erwähnten Männer in Gezer (§ 15) war die obere Körperhälfte eines jungen Menschen von etwa 18 Jahren gelegt, der also vor der Bestattung in zwei Teile zerschnitten worden war. Bei den 14 Personen in der Zisterne fand sich der Oberkörper eines 16jähr. Mädchens, das unter den Brustrippen zerteilt war (Macalister *Gezer* II 427 ff., Abb. 509 ff.). Wahrscheinlich ist hier die auch anderwärts (z. B. in Hallstatt) nachgewiesene Teilbestattung, aber nicht Menschenfresserei (s. Kannibalismus) anzunehmen. In einem Sammelgrab zu Megiddo lagen die Schädel von drei kleinen Kindern getrennt von den Körpern (Schumacher *Mutesellim* S. 57, Abb. 63). Schumacher nimmt an, daß die Kinder vor der Bestattung enthauptet worden seien, ebenso einige Tote in der Grabkammer II, da sie mit dem Gesicht nach unten lagen (ebd. S. 21). Das könnte Einwirkung äg. Sitte sein (Wiedemann *Äg.* S. 31, 108), obwohl die äg. Bräuche (namentlich Mumifizierung) sonst in Pal.-Syrien nicht nachweisbar sind. Rätselhaft bleibt auch die rote Farbe, die an Knochen in Jerusalem (Rev. bibl. 8 [1912] S. 444 H. Vincent) und Megiddo (Schumacher *Mutesellim* S. 141) festgestellt wurde. Da sie nur an den Knochen, nicht an den Beigaben haftete, kann sie kaum durch eingedrungene Flüssigkeit oder Rost verursacht sein, sondern ist anscheinend absichtlich angebracht worden, was freilich zur Voraussetzung hat, daß vor der Bestattung das Fleisch von den Knochen gelöst worden war (Vincent *Canaan* S. 274 mit Angabe weiterer Literatur; s. Rote Farbe im Totenkultus). Bestattungen von Fremden sind mehrfach gefunden worden, so von Ägyptern in Thaanach (§ 16) und in Gezer (s. d.). Dagegen fehlen bisher solche noch gänzlich für die Philister; denn die sog. Philistergräber in Gezer sind erst im 8. Jh. angelegt.

§ 20. Aus der vorstehenden Übersicht ergibt sich, daß auch die Bestattungsbräuche mancherlei auswärtige Einflüsse erfahren haben. Aber abweichend von der Sitte anderer Völker hat man sich in Pal.-Syrien seit ältester Zeit bemüht, die Ruhestätte der Toten unsichtbar zu machen und den Zugang zu ihr möglichst zu erschweren (oberirdische Denkmäler und kunstvolle Anlagen finden sich erst in hellenist. Zeit). Der Tote sollte nicht gestört werden. Daraus erklären sich auch die Drohungen gegen die Grabschänder, die in den Grabinschriften der späteren Zeit ausgesprochen werden (frühestes Beispiel auf dem Sarkophage des Aḥirâm in Byblos s. § 11). Särge sind nur ausnahmsweise, wie es scheint unter äg. Einfluß, für Fürsten verwendet worden. Bis in die israel. Zeit hinein ist der Tote (mit Ausnahme der Vornehmen) in Hockerstellung, auf der linken Seite liegend, beigesetzt worden. Die Richtung des Körpers ist dabei ganz beliebig und hängt von der Form des Grabes ab. Beigaben und Trauergebräuche zeigen, daß man sich den Toten im Grabe weiterlebend vorstellt. Aber er ist von der Gnade der Überlebenden abhängig. Sie müssen seinen Namen erwähnen (vgl. die Inschrift des Aḥirâm in Byblos und des Panammu in Sendschirli, Rev. bibl. 34 [1925] S. 190 L.-H. Vincent), ihm Speise und Trank, seine Waffen und Geräte liefern. Von einem wirklichen Totenkult findet sich keine

a

b

c

d

Grab G. Vorderasien

a. Spätbabyl. Tonsarg (mit flachgewölbtem Deckel) geöffnet. Nach Koldewey. — b. Assyr. provinzielle Grabstele (Totenmahl) in Kopenhagen (Nr. 836b). — c. Doppeltopfgrab aus Assur. Nach Hunger-Lamer. — d. Inneres einer spätassyrischen gewölbten Gruft mit Tonsärgen. Nach Hunger-Lamer.

Spur; wohl aber haben sich allerhand abergläubische Bräuche entwickelt, mit denen man den Toten befragen oder erscheinen lassen konnte. Dem hat später die Religion Jahwes ein Ende bereitet.

Macalister *Gezer* I 392ff.; Vincent *Canaan* S. 205ff.; I. Benzinger *Hebräische Archäologie*[2] 1907 S. 127ff.; H. Greßmann in *Die Religion in Geschichte und Gegenwart* I (1908) S. 1005ff.; Gemeindeblatt der Jüd. Gemeinde zu Berlin 1924 S. 117ff. ders.; P. Thomsen *Kompendium der Palästinischen Altertumskunde* 1913 S. 74ff.; BJ 129 (1924) S. 1ff. F. W. von Bissing.

Peter Thomsen

G. Vorderasien (Tf. 128b; 236).

§ 1. Feuerbestattung. — § 2—3. Erdbestattung. — § 4. Topfgrab. — § 5. Tonsarg. — § 6. Grabgewölbe. — § 7. Ort der Bestattung. — § 8. Göttergrab. — § 9. Königsgrab. — § 10. Steinsarkophag. — § 11. Grabstele.

§ 1. Die Feuerbestattung ist in Mesopotamien literarisch zwar nicht sicher nachzuweisen, doch haben Ausgrabungen das Bestehen dieser Sitte zu verschiedenen Epochen in mehreren Städten, Adab, Assur und Babylon, ergeben. Aus dem 3. Jht. hat Koldewey in Hibba (s. d.) und Surgul (s. d.) Nekropolen der Feuerbestattung gefunden. Auf künstlichen Terrassen wurden die in Schilfmatten und Asphalt mit Lehmpackung eingehüllten Leichen verbrannt. Diese Terrassen wurden mit fortschreitendem Gebrauch erhöht. Auch Beerdigung der verbrannten Leichen in Töpfen kommt vor.

§ 2. Die Erdbestattung fand bei Massengräbern der in den Schlachten gefallenen Soldaten statt, wie die Geierstele des Eannatum von Lagasch (Band VII Tf. 138; profane Seite; *Découv. Chald.* Tf. 3) zeigt. Im allg. aber bestattete man die Toten in einer besonderen Umhüllung aus Lehm, Ton oder Stein.

§ 3. Die einfachste Beerdigung ist die, daß man die Leiche in Schilfmattenpackung wickelte und sie mit einem Lehmziegelwerk umgab, ähnlich der Art, die bei den Totenverbrennungen angewendet wurde (MDOG 42 S. 9).

§ 4. Eine sehr häufige Bestattungsart ist die in Tontöpfen, auch in Doppeltöpfen, die aneinanderschlossen. Der Tote hatte dabei die Hockerstellung. Der Topf am Fuße ist unten durchlöchert (Tf. 236c).

§ 5. Lang ausgestreckt bestattet wurden die Leichen in trogähnlichen Tonsärgen mit Deckeln. Die Zeit der Verwendung ist in Babylonien ganz verschieden: In Schuruppak sind sie in ältester Zeit das Übliche, erst um 3000 kommt das Doppeltopfgrab vor. Dagegen finden in Babylon zunächst die Doppeltopfsärge Verwendung, aber erst nach 2000, während die Tonsärge noch später im 6. Jh. in Gebrauch kommen (Tf. 236a; Koldewey a. a. O. S. 214). Die Tonsärge entwickelten sich zu den anthropoïden der hellenistischen Zeit und zu den Pantoffelsärgen der Partherzeit mit olivgrüner Glasur und plastischen nackten Frauenfiguren, die schon in Babylon nicht mehr vorkommen, sich umsomehr aber in Nippur (s. d.) und Uruk (s. d.) in großer Menge finden. Diese letzteren haben mit den Doppeltopfgräbern gemeinsam, daß sie am Fußende ein Loch tragen, vermutlich um die Leiche an Stricken in den Sarkophag hineinziehen zu können. Bei kurzen Kindersärgen fehlt dieses Loch; vgl. Bezold *Ninive und Babylon* Abb. 99/100; Wiss. und Bildg. 103[2] Abb. 172—174 Hunger und Lamer.

§ 6. Grabgewölbe, in Tonnen oder Spitzbogen geschlossen, finden sich vorzugsweise in Assyrien aus Ziegeln hergestellt (Tf. 236d; vgl. a. Tf. 128b). Sie haben einen Schacht, der zu einem kurzen Gang führt, welcher in den eigentl. Grabraum geht, an den sich noch ein kleiner Bau anschließt, wohl zur Aufbewahrung der Beigaben (MDOG 40 S. 29ff.; Wiss. und Bildg. 103[2] Abb. 176/7 Hunger und Lamer). In Babylonien kommen die Grabgewölbe seltener vor.

§ 7. Der Ort der Bestattung ist sehr wechselnd, an unbebauten Stellen, an der Stadtmauer, an Straßen, an Hausmauern, häufig aber auch in Privathäusern und Palästen. Ganz abgelegen waren die Gräber in den Sumpfgegenden Südbabyloniens.

§ 8. Die Gräber der Götter waren vermutlich die Tempeltürme (s. d.), da ihnen eine solche Bezeichnung beigelegt wurde. Außerdem aber wird ein Teil des Tempels, der die Benennung *gigunû* trägt, mit den Gräbern der Götter in Verbindung gebracht. Gigunû bedeutet „Grabmal". Über ihr Aussehen ist nichts bekannt.

§ 9. Die Könige Assyriens errichteten sich ein eigenes Mausoleum, „*bîtu ša pagri*", „*bît qimaḫḫi*" (King *Annals* Zerbr. Obelisk des Adadnirari II. Kol. V 4 S. 145; VAB 7 S. 498 M. Streck), doch ist bisher keins entdeckt. Ein kassitischer König Eamukinzêr ließ sich in den Sümpfen von Haschmar, seinem Heimatlande, begraben, und Alexander der Große ließ die Gräber der babyl. Fürsten in den Sumpfgegenden am Persischen Golf untersuchen (Strabo XVI 11; Arrian VII 22). Am häufigsten wird aber berichtet, daß sich die Könige in alten Palästen bestatten ließen, die Kassiten Schimasch-schipak, Kaschu-nadin-achê und ein Elamit im Palaste Sargons I. (von Akkad) in Babylon, Eulmasch-schakin-schum im Palaste des Eṭir-Marduk (Chronik A [S] Kol. V 3 ff. KB II 272 f.).

§ 10. Bekannt sind die Grüfte der assyr. Könige in der Stadt Assur (s. Aššûr). Auch die Assyrer ließen sich in Palästen begraben. In Ninive gab es Königsgräber am Flusse Tebiltu, die gelegentlich einer Überschwemmung zur Zeit Sanheribs aufgedeckt wurden. In Assur sind im Südflügel des Palastes 5 Sarkophage aus Basalt ausgegraben worden, von denen 3 als die Särge des Assurbelkala (1080), des Assurnassirpal II. (860) und des Schamschi-Adad V. (812) identifiziert sind. Aus Ziegelinschriften geht hervor, daß auch Sanherib (681) dort begraben war (WVDOG 16 Nr. 46/7). Vielleicht ist sein Sarkophag mit einem der beiden noch nicht identifizierten identisch. Die Särge sind viereckige, außen einfach gehaltene, auch ornamental gegliederte Tröge. Die äußeren Abmessungen betragen bei Assurbelkala 3,03 × 1,40 × 1,05 m, bei Assurnassirpal II. 3,87 × 1,88 × 1,60. Die Wandstärke ist bei letzterem 0,30 m an den Seiten und 0,20 m unten. Die Särge waren mit Deckplatten verschlossen. Die Namen der in Assur bestatteten Könige zeigen, daß man nicht benutzte Paläste als Grabstätten verwendete; denn diese Fürsten residierten nicht in Assur, sondern in Ninive oder Kalchu. — Nur durch eine siebenzeilige Inschrift in Konstantinopel (Nr. 7864) ist die Grabstele einer Königin, namens *E-šar-ḫa-mat*, in Assur bekannt, die ihr Gemahl, vermutlich Sargon II. oder Asarhaddon, ihr errichtet hat.

§ 11. Grabstelen an die Gräber zu setzen ist in Mesopotamien, soviel bis jetzt bekannt, nicht gebräuchlich gewesen. Anscheinend ist das aber in Syrien und in den benachbarten Gegenden der Fall. Stelen mit Reliefs, die gewöhnlich zwei beim Mahle sitzende Personen darstellen, oder eine Person mit einem Diener, in Marqasi und Sam'al, aus aramäischer Zeit, auch ein Relief hettitischer Kunst in Jarre werden als Grabstelen angesprochen; ob immer mit Recht, ist nicht einwandfrei festgestellt, weil die Inschriften noch nicht lesbar sind (E. Meyer *Reich und Kultur der Chethiter* S. 37 f.). Das einzige Denkmal der assyr. Provinzkunst ist ein ähnliches Relief aus Syrien, das sich in Kopenhagen befindet (*Ny Carlsberg Glyptotek. Tillæg til Billedtavler af Antike Kunstværker* Tf. 14 Nr. 836b; hier Tf. 236b).

S. a. Medische Felsgräber, Paphlagonische Felsgräber.

B. Meissner *Babylonien und Assyrien* I 425 ff.; Wien. Z. Kunde Morg. 12 S. 59 ff. B. Meissner; MDOG 54 S. 37 ff. Eckhard Unger

Grabbeigabe s. Beigabe (in Gräbern).

Graben s. Festung.

Gräberrund. Um die frühmyk. Schachtgräber von Mykenai (s. d.) ist in jüngermyk. Zeit (etwa 14. Jh. v. C.) eine mächtige, runde Aufschüttung mit geböschter Stützmauer im S und W angelegt worden (Tf. 215a). Sie trägt einen doppelten Kreis hochkant gestellter Kalksteinplatten, die mit ähnlichen Platten gedeckt waren (einige davon im O des Kreises noch an ihrer Stelle). Ein offenes Tor mit Anten nach außen und innen führt von N (vom Löwentor) in das G., das offenbar dem Totenkult der fürstlichen Ahnen diente. Schliemann fand im Innern einen runden Altar, Keramopullos in einer Felshöhlung Reste von einfachen Weihegaben (Gefäßscherben) früh- bis jungmyk. Zeit. Das Alter des früher viel zu hoch datierten Plattenringes und seiner Stützmauer hat Wace bestimmt. Die in ihrer Schlichtheit imponierende, als Raumgestaltung hervorragende Anlage ist dem Löwentor und den schönsten Kuppelgräbern gleichzeitig und ein neuer Beweis für die Bedeutung der monumentalen festländisch-myk. Architektur zur Zeit des vollen Verfalles der min. Kunst auf Kreta.

H. Schliemann *Mykenä* 1878 S. 99 ff., 171 ff.; Ant. Denkm. 2 Tf. 46 f.; Steffen *Karten von*

Mykenai 1884; Ath. Mitt. 40 (1915) S. 115 ff. Tf. 15 f. Karo; Ἐφ. ἀρχ. 1918 S. 52 ff. Keramopullos; JHS 41 (1921) S. 262 und BSA 25 S. 103 ff. Tf. 15 ff. Wace.

G. Karo

Grabgrotte. § 1. Die Beisetzung der Leichen in natürlichen Höhlen, die zugleich als Wohnstätten dienten (s. Hausgrab), ist jedenfalls die älteste Bestattungsart und für die paläol. Zeit bisher ausschließlich nachweisbar. Die bis jetzt bekannt gewordenen paläol. Skelettreste Frankreichs, Spaniens, Englands und Deutschlands, wie der Acheuléen-Mensch aus dem unteren Abri von Le Moustier, der Homo Aurignaciensis von Combe-Capelle usw., rühren größtenteils von solchen Höhlenbestattungen her (s. Grab A).

§ 2. Aber auch in neol. Zeit hat sich der Brauch, die Leichen in natürlichen Höhlen oder Felsspalten zu bergen, noch lange erhalten. Bemerkenswerte Beispiele hierfür bilden aus Westeuropa die Grabgrotten von Wales, von Aurignac (Dép. Haute-Garonne), Duruthy (Basses-Pyrénées), die Höhle von Pena-Blanque im Gebirgsmassiv von Arbas (Haute-Garonne), die Grabgrotten des Dép. Lozère, darunter besonders die Caverne de l'Homme-Mort und die gegenüber am anderen Ufer des Tarn liegenden Grotten von Saint-Georges-de-Lévejac und die nicht weit davon entfernten Baumes-Chaudes u. a. m., aus Ungarn die berühmte Baradla- oder Aggteleter-Höhle bei Rosenau im Gömörer Komitat (s. Baradla-Höhle). Doch findet sich der Brauch auch im kret.-myk. Formenkreise, wo er sich vereinzelt bis in spätmyk. Zeit (Höhle unweit der Akropolis von Krane auf Kephallenia; spätmyk. Larnax in der Höhle von Tachir bei Gurnia) erhalten hat.

§ 3. Die Sitte der Höhlenbestattung führte schon frühzeitig zur Herrichtung künstlicher Grabgrotten, die allerdings im wesentl. nur auf das Mittelmeergebiet beschränkt sind. Sie finden sich in Ägypten, Syrien, Kleinasien, auf Zypern, im kret.-myk. Kulturkreise, auf Malta, Sizilien, Pianosa, in Mittel- und Unteritalien, auf Sardinien, den Balearen und der iber. Halbinsel, wo vor allem die berühmten Grotten von Palmella (s. d.) bemerkenswerte Beispiele bilden. Aus dem übrigen Europa sind sie nur aus der Gegend von Jouy-le-Comte im Nesles-Tal (Dép. Seine-et-Oise) und im Tale des Petit-Morin sowie aus der Bretagne bekannt. Doch finden sie sich auch im Pyrenäengebiet (z. B. Grotte des Fées zu Fontvielle unweit Arles; Band IV Tf. 16 a), wo sie allerdings mit den Ganggräbern verschmelzen.

§ 4. Wie bei anderen Grabformen läßt sich auch bei den künstlichen Grabgrotten eine allmähliche Entwicklung feststellen. Die ältesten Grotten bestehen aus einer einfachen viereckigen, bisweilen auch trapezförmigen oder gerundeten Kammer mit kurzem Stomion (Manika bei Chalkis [Tf. 212 c, e], Phylakopi; Gegend von Syrakus u. a.). War aber die Böschung des Berghanges nicht sehr steil, so mußte die Grabkammer weiter ins Innere verlegt werden, zu dem nunmehr, wie bei den Gang- und Kuppelgräbern, ein mehr oder weniger langer, meist etwas nach abwärts geneigter Gang (Dromos) führte. Dies war besonders da der Fall, wo kein fester Stein vorhanden war, sondern die Gräber in oft ganz loses Kieselkonglomerat eingeschnitten wurden. Die Dromoi, die gewöhnlich mit einer oder mehreren Türen versehen sind, bisweilen auch einige Stufen aufweisen, erreichen dann eine L. von 10 und mehr Meter. Die Grabkammern behalten entweder ihre Viereckform bei oder werden, wie beispielsweise bei den Grabgrotten von Palmella, — offenbar nach dem Vorbild der Kuppelgräber — zu mächtigen Tholoi erweitert. Nicht selten findet sich, wie zum Beispiel bei den Grabgrotten von Courjeonnet im Tal des Petit-Morin, vor der eigentlichen Grabkammer noch eine Vorkammer; ebenso kommen bisweilen, wie bei den großen Kuppelgräbern, Seitennischen vor (z. B. Spata). Die Wände der Krypten des Marne-Gebietes zeigen mehrfach Relief-Skulpturen, die entweder geschäftete Steinbeile oder eine weibliche Figur darstellen (Tf. 14 a). Die weibliche Figur, die bisweilen auf der Leibesmitte ein Beil aufweist, erscheint regelmäßig links vom Eintretenden, einmal im äußern Korridor, sonst in der Vorgrotte neben dem Eingang zur eigentlichen Krypta. Im kret.- myk. Formenkreise kommen vereinzelte Fresken vor, so in der kleinen Nekropole von Argos.

§ 5. Die künstlichen Grabgrotten waren

teils Einzelgräber, teils zur Aufnahme mehrerer Toten bestimmt, also wohl Familiengräber. Bei der Bestattung wurden die Toten entweder auf dem Fußboden oder auf bankartigen Erhöhungen oder Platten, einer Art Kline, oder endlich, wie namentlich im kret.-myk. Kulturkreise, in besonderen Gruben beigesetzt, an deren Stelle später vielfach Steinkisten traten. Die Beigaben sind, namentlich in den größeren Grotten, wie denen von Palmella, Courjeonnet usw., meist sehr reich.

§ 6. Während die künstlichen Grabgrotten Westeuropas im wesentlichen auf die Spätabschnitte des Neol. beschränkt bleiben, reicht ihre Herstellung in den Mittelmeerländern bis weit in die myk., ja selbst in geschichtliche Zeiten, wo die sogenannten Katakomben ihre letzten Ausläufer bilden. Aus dem W sind sichere Grabgrotten jüngeren Datums bisher nur aus der Bretagne bekannt geworden, wo sie der LTZ angehören.

Boyd Dawkins *Cave hunting researches on the evidence of caves respecting the early inhabitants of Europe* 1874; Salomon Reinach *Catalogue du Musée de Saint-Germain. Alluvions et Cavernes* 1881; Déchelette *Manuel* (wo zahlreiche weitere Lit.); Cartailhac *Ages préh.*; ders. *Les grottes artificielles sépulcrales du Portugal* Matériaux 1885; Portug. 1 S. 433ff. Vieira de Natividade; G. Wilke *Südwesteuropäische Megalithkultur* 1912; A. Issel *Liguria geolica e preistorica* 1892; Rev. d'Anthropol. 18 S. 611f. P. Castelfranco; D. Fimmen *Kret.-myk. Kultur*[2] 1924 S. 54ff.; Leake *Journal of tour in Asia Minor* 1880 S. 20ff.; Abh. Bayer. Ak. 23 Abt. 3 S. 633ff. Brandenburg; M. Hoernes *Natur- und Urgeschichte des Menschen* 1909 II 440ff.; Matériaux 1888 S. 163 du Chatellier.

G. Wilke

Grabhaus. § 1. Die Gestaltung des Grabes als Haus ist nur eine Seite der ganz materiell genommenen Jenseitsvorstellungen vorgesch. Zeiten. In den wenigen bisher erforschten Gräbern der ä. StZ fehlt noch jede Spur des „Hausgedankens", der dem Toten ein Haus errichten, wie ihm Gerät und Waffen, Nahrung und Geld ins Grab mitgeben läßt, dagegen bietet das Neol. die Zeugnisse für alle Grade und Formen dieser Vorstellung. Die urtümlichste Form, den Toten im Hause selbst zu bestatten, ist vielfach zu belegen, auch in der vorgeschritteneren Spielart der Teilung des Hauses zwischen Lebenden und Toten. Die ganze Entwicklungsreihe des Grabhauses als eigener Bauform haben wir in den Megalithbauten der nordeurop.-neol. Kultur. Das auffallende Mißverhältnis zwischen Grabbauten und Wohnbauten in diesem Kulturkreise löst sich zum Teil durch die Annahme, daß die Megalithbauten vielfach ursprünglich Häuser waren, die erst später für Begräbniszwecke verwendet wurden, wie sich gelegentlich noch nachweisen läßt (Präh. Z. 11/12 [1919/20] S. 32 Behn). Der Zusammenhang von Haus und Grab wird dadurch um so enger. Auch wo die Megalithbauten von Anfang an als Gräber gedacht sind, spiegeln sie deutlich das Bild des gleichzeitigen Hauses, die *Runddysser* das Rundhaus, die Kammergräber das Viereckshaus, wieder. Auch die Symbolisierung und Verdunkelung des ursprünglich ganz realen Hausgedankens, die jeder Grabbrauch erfahren hat, ist im nord. Kreise erkennbar in den Steinkisten, die nichts anderes sind als die Andeutungen des Hauses. Ein G., kein wirkliches Haus, ist seiner Größe wegen der Einbau eines Grabes bei Haldorf in Hessen-Nassau (Germania 6 [1923] S. 110ff. Bremer) mit dem interessanten Grundriß eines viereckigen Blockhauses nebst Antenvorhalle.

§ 2. Grabhäuser ganz einzigartiger baugeschichtlicher Bedeutung enthalten die großen Fürstengräber der frühen BZ in Mitteldeutschland: Helmsdorf, Leubingen und Nienstedt (s. Haus A 1; Band V Tf. 47 a—c). Hier sind die Häuser der Lebenden bis in die letzten Einzelheiten des Aufbaues wiedergegeben, in Helmsdorf und Leubingen Dachhäuser, in Nienstedt ein Kuppelbau mit senkrechter Pfostenstellung im Innern. Ob hier Häuser der Lebenden als Gräber verwendet wurden, läßt sich am Nienstedter Bau nicht entscheiden; der Helmsdorfer stand auf einem Aschenpodium mit einem Brandgrab, war also gleich als Grabbau errichtet, und beim Leubinger spricht die geringe Ausdehnung gleichfalls dafür. Die nur wenig jüngeren Steinkistengräber desselben Gebietes (Behn a. a. O. S. 81ff.) enthalten nicht mehr voll ausgeführte Haus-Nachbildungen, sondern sepulkral-symbolische Abkürzungen, die rituell jene vollkommen ersetzen. Das durch eine Scheidewand zweigeteilte Rundhaus im frühbronzezeitl. Gräberfelde von Baierseich (s. d.) hat die Größenmaße eines wirklichen Hauses, so daß nicht zu entscheiden ist, ob es lediglich sepulkralen Zwecken gedient hat, doch fand W. Bremer einen völlig gleichen Bau aus Steinen in einem niederhessischen Grabhügel.

§ 3. Durch den Wechsel des Grabritus wird der Hausgedanke in keiner Weise berührt, nur gestattet dann der Brandritus die Verkleinerung des Grabhauses auf Urnengröße. Die Hauptgruppen der „Hausurnen", die germ., ital. und krainischen, sind selbst Ossuarien, verbinden also das Hausbild mit dem Aschenbehälter, dagegen überwiegt im griech. und äg. Kulturkreis die Variation der haus- und speicherförmigen Modelle, die in das Grab mitgegeben werden. Auch der Hausurnenritus erstarrt rituell, indem an Stelle des ganzen Hausbildes ein Hausteil tritt, in Deutschland vorwiegend die Türe, in Italien das Dach (s. Hausurne).

§ 4. In der HZ verliert der Hausgedanke an unmittelbarer Stärke, wenn auch ein Grab wie das von Villingen (s. d.) im Schwarzwald noch dieselbe eingehende Wiedergabe des Hauses zeigt wie die Fürstengräber der frühesten BZ in Thüringen; im ganzen begnügen sich die Gräber jedoch mit der Andeutung des Hauses durch den Grundriß, wie in Ihringen (Alemannia NF 8 [1907] S. 9ff. Abb. 6, 7 Fischer). Am Ausgange der LTZ bildet sich bei einigen ostgall. Stämmen, den Mediomatrikern, Leukern, Sequanern, Arvernern, Suessionen und Treverern, die Sitte heraus, auf das Grab einen Steinblock zu setzen, der mehr oder weniger genau die Gestalt des Hauses bekommt (Präh. Z. 11/12 [1919/20] S. 94ff. Behn). Diese Hüttengrabsteine zeigen eine ganze Reihe von Hausformen, Zeltbauten, Kuppelhütten und Viereckshäuser mit aufgehender Wand und hohem Dach. Dieser Grabritus scheint durch die unterital. Grabaedicula beeinflußt, wie auch die kelt. Steine vielfach unverkennbar röm. Züge tragen und bis in die mittl. Kaiserzeit hinabreichen.

§ 5. Die fast lückenlose formale und chronol. Parallelität zwischen Haus und Grab, die uns so manche Lücke in der Urgeschichte des Hauses schließen hilft, wird an einer Stelle empfindlich unterbrochen: die Gräber der myk. Kultur haben Kuppelform, die Häuser dagegen durchweg rechteckige Grundrisse. Hier hat sich die Entwicklung des Grabhauses von der des Hausbaues gelöst, und die altmittelländische Kuppelhütte hat ihre glänzendste Ausbildung in Stein erst zu einer Zeit erhalten, als der Hausbau längst zum Viereckbau übergegangen war. Die religiösen Triebkräfte und Vorstellungen, die zu der einen oder anderen Lösung geführt haben, entziehen sich unserem Blick, und wir können nur noch die Tatsachen feststellen. Was wir aus Nordeuropa an Kuppelgräbern kennen, die neol. Holzbauten aus Holland (s. Kuppelgrab A) und die Steinkuppel des spätbronzezeitl. Fürstengrabes von Seddin (s. d.), springt nicht aus der Gesamtgeschichte des Hauses heraus, und die kret.-myk. Kuppelgräber bleiben vorerst eine Ausnahme von der Regel. Wie tief aber der Hausgedanke im Unterbewußtsein noch heute lebt, zeigt der Gegensatz des europ. Giebelsarges zum jüdischen Sarge mit dem flachen Deckel, entsprechend der europ. und orient. Dachbildung.

§ 6. Wie das Grab das Haus nachbildet, so gibt das Gräberfeld wenigstens in seiner grundsätzlichen Anordnung, nicht jedoch in letzten Einzelheiten, das Bild der Siedelung wieder. Reihengräberfelder (s. Reihengrab) sind nur möglich bei Reihensiedelungen, Haufengräber bei Haufensiedelungen. Die Nekropolen der oberitalischen Terramaren (s. Terramarenfriedhof) sind eine genaue, verkleinerte Nachbildung der Wohnanlage der Lebenden. — S. a. Grab, Haus, Hausurne.

Umschau 25 (1921) S. 215ff. Behn. F. Behn

Grabkultus. S. a. Grab, Totenkultus. — (Ägäischer Kreis) Das älteste Zeugnis bietet das Gräberrund (s. d.) von Mykenai. Auch viele myk. Kuppelgräber, die älteren mit Grabschachten oder -gruben (Vaphio, Kakovatos, Pylos u. a.), sowie die beiden prächtigsten mit besonderer Nebenkammer für die Toten (Atreus-Grab in Mykenai Tf. 214a; Orchomenos Tf. 215b), sind wohl vornehmlich als gewaltige Grabkapellen für Totenfeiern gedacht. Die riesigen Portale waren gewiß durch reich verzierte, doppelflügelige Türen verschlossen. Auch die einfacheren Kuppel- und Felskammergräber dienten wohl als Kulträume, wenigstens bei neuen Bestattungen. Dagegen sind auf Kreta (s. d. B) seit frühmin. Zeit die Grüfte dazu entweder zu klein (Mochlos) oder zu stark mit Leichen gefüllt (Messarà). Auch die spätmin. sind zu klein, mit ganz wenigen Ausnahmen (Isopata [Tf. 214b]; s. d. und Grab C). Daß sich aber an die alten Stammesgrüfte Verehrung knüpfte, lehrt der Anbau mittelmin. Grabkämmerchen an die frühmin. Kuppelgräber. Wenn der Sarkophag von Hagia Triada (s. d.) in seinen Malereien Szenen des Totenkultes darstellt (Band V Tf. 12, 13), wären die Darbringung von reichen Gaben am Altar vor der Grabtür, Stierschächtung und Blutopfer bezeugt. Oft sind Tierknochen, Kohlen- und Aschenreste in kret. (Messarà) und festländischen Gräbern (z. B. Nauplia, Spata, Dimini), oder in einer besonderen Opfergrube im Eingang (Vaphio) gefunden worden. Fortleben des Kultes in nachmyk. Zeit ist am Kuppelgrab von Menidi und einem im Apollon-Temenos auf Delos nachgewiesen.

In „geometrischer" Zeit lehren die mächtigen Dipylon-Gefäße (s. Dipylon; Band II Tf. 203c, e), die auf den Gräbern standen, daß Totenspenden in sie geschüttet wurden und durch den hohlen Boden ins Grab flossen. Ihre Bilder belehren uns über alle Einzelheiten der Aufbahrung (Prothesis), der Totenklage, des Leichenzuges (Ekphora), der Wettspiele nach der Bestattung. Nur die Verbrennung wird nie dargestellt, ebensowenig das Grab und Feiern an ihm, wie so oft auf attischen Lekythen des 5. Jh. S. a. Mykenai, Mykenische Kultur.

D. Fimmen *Kret.-myk-Kultur*[2] 1924 S. 68; BSA 25 S. 103ff. Wace; (Lolling) *Kuppelgrab v. Menidi* 1880 S. 4ff.; Arch. Jahrb. 14 (1899) S. 103ff. Wolters; CR acad. inscr. 1907 S. 338ff.; *Explor. de Délos* V (1912) S. 63ff. — Dipylonvasen: Ath. Mitt. 18 (1893) S. 92ff. Brueckner-Pernice.

G. Karo

Grabsitte. S. a. Grab, Totenkultus. — (Europa) § 1. Die bei der Bestattung beobachteten Zeremonien lassen nicht nur sehr große zeitliche Unterschiede erkennen, sondern werden wohl auch schon in den alleräItesten Zeiten in den verschiedenen Gebieten nicht gleichartig gewesen sein. Immerhin lassen sich sowohl aus geschichtlichen Quellen und den noch heute, namentlich in slav. Ländern und in Indien üblichen, offenbar uralten Bestattungsbräuchen, als auch aus mancherlei arch. Tatsachen gewisse gemeinsame Züge herausschälen.

Wenn wir von der noch ganz in der primitiven Vorstellung an den „lebenden Leichnam" wurzelnden Wohnungsbestattung (s. d.) absehen, können wir deutlich die folgenden, überall wiederkehrenden, einzelnen Akte der G. unterscheiden.

§ 2. Sofort nach eingetretenem Tod wird das unter dem Dach angebrachte Seelenloch (s. d.) geöffnet, damit die zunächst noch in der Nähe der Hütte weilend gedachte Seele unbehindert ein- und ausspazieren kann. Dann wird die Leiche von den Angehörigen gewaschen, neu bekleidet und besonders auch mit neuen Schuhen versehen, damit der Tote den Unterweltsfluß passieren kann (s. Totenschuh). Nun folgt die Aufbahrung des Toten gegenüber der Eingangstür und die meist von wilden Ausbrüchen der Verzweifelung begleitete Totenklage der Frauen, die ursprünglich wohl nur von Angehörigen, später auch vielfach von bezahlten Klageweibern ausgeführt wird, und die auch öfter auf griech. Vasen (z. B. Monuments Piot I Tf. 5/6) dargestellt ist. Die dabei geäußerten Gefühlsausbrüche waren vielfach so leidenschaftlich, daß noch Gesetzgeber wie Solon sich bewogen fühlten, das Schlagen der Brüste, Zerkratzen der Wangen u. a. m. ausdrücklich zu verbieten.

§ 3. Den nächsten Akt bildet das Hinaustragen der Leiche zur Grabstätte durch die Leidtragenden. Als Tragbahre diente ursprünglich wohl die Bank selbst, auf der die Aufbahrung erfolgt war, da das slav. Wort *odr* sowohl die Bank als die Bahre bezeichnet (O. Schrader *Die Indogermanen* 1910 S. 133), vielleicht auch schon eine Kline, von der sich mehrfach Spuren in Megalithgräbern (s. d.) gefunden haben, und die sich dann später zum Katafalk entwickelt. Beim Verlassen des Hauses sind zur Verhütung der Wiederkehr des Toten (s. Lebender Leichnam) allerhand Vorsichtsmaßregeln zu beobachten; insbesondere muß noch heute in manchen Gegenden ein Beil überschritten werden

(*Landeskunde der Prov. Brandenburg* III 259), ein uraltes Symbol der Totengottheit, das sie in ihrer Eigenschaft als Fruchtbarkeitsgottheit und als Erfinderin und Schützerin des Ackerbaus kennzeichnet, und das sich auch öfters, bald vereinzelt, bald in Verbindung mit einer weiblichen Gottheit, in den großen Megalithgräbern der Bretagne und den künstlichen Grabgrotten des Marne-Gebietes dargestellt findet (Wilke *Religion der Indogermanen* 1922 S. 98ff.).

§ 4. Erst in jüngerer Zeit tritt in einzelnen Gebieten Europas an Stelle der Tragbahre der Leichenwagen, der sich auch wiederholt sowohl auf hallstattzeitlichen Gefäßen Mitteleuropas und nordd. Gesichtsurnen, als namentlich auf einer in Athen befindlichen Dipylon-Vase (Band II Tf. 203e; Präh. Z. 11/12 S. 180 Abb. 2 Ebert) und in späterer Zeit auf den großen Sarkophagen dargestellt findet. In skyth. Gräbern des 6.—3. Jh. sind außerdem einige Wagen selbst zum Vorschein gekommen, die offenbar ausschließlich als Leichenwagen dienten und zu diesem Zwecke besonders gebaut worden sind. Doch wurden solche Paradewagen wohl nur bei fürstlichen Personen verwendet, die man nach Herodot (IV 71) vor ihrer Bestattung erst im Lande umherfuhr, wie es aus späterer Zeit Saxo von dem Dänenkönig Frotho berichtet (Ebert a. a. O. S. 182).

§ 5. Außer zu Lande konnte der Transport der Leiche auch zu Wasser erfolgen, wie noch heute in der kleinen Gemeinde Plouaguel in der Bretagne, wo man sie nicht auf dem kürzeren Landwege, sondern in einem Nachen über einen kleinen Meeresarm, Passage de l'Enfer genannt, zum Friedhofe fährt (Mannusbibl. Nr. 10 S. 93 Wilke). Es ist dies ein Nachleben der alten Vorstellung von der Bootfahrt ins Jenseits, die schon in den Schiffsdarstellungen vieler nord. und westeurop. Megalithgräber und der Gräber von Anghelu Ruju (Mon. Lincei 19 S. 506 Abb. 70), in etwas jüngerer Zeit auf dem bekannten Tonsarkophag von Hagia Triada (Band V Tf. 12, 13) und in den seit frühmin. Zeit auftretenden tönernen Bootmodellen des kret.-myk. Formenkreises (Fimmen *Kret.-myk. Kultur*[2] S. 117 Abb. 109) und Ägyptens, namentlich aber in den vom 6. nachchristlichen Jahrhundert an aufkommenden Bootsgräbern und schiffsförmigen Steinsetzungen der nordgerm. Stämme einen deutlichen Ausdruck gefunden hat (s. Bootsgrab; vgl. Tf. 188—191).

§ 6. An der Grabstätte schließt sich die eigentliche Bestattung an. Wo Leichenbrand üblich ist, erfolgt die Einäscherung entweder auf einem besondern Verbrennungsplatz (s. Ustrine) oder im Grabe selbst (s. Bustum), wobei die Leiche hockend oder sitzend auf dem Scheiterhaufen plaziert wurde, wie es sich auf griech. Vasen dargestellt findet (JHS 1890 Tf. 6). Der Scheiterhaufen ist auf diesen Vasenbildern, wie es auch aus Gallien und Italien schriftlich bezeugt ist (Cäsar BG. VI 19), mit kostbaren Decken geschmückt, während auf germ. Gebiete die Einäscherung ohne jeden Luxus erfolgte und auch die Verwendung wohlriechender Spezereien, wie die Harzfunde lehren, erst in jüngerer Zeit üblich ward. Nach der Einäscherung werden die Knochenreste sorgsam gesammelt, gereinigt und in vergänglichen oder unvergänglichen Behältern beigesetzt und behufs Konservierung mit Fett, Öl oder Milch versetzt (s. Leichenverbrennung). In einzelnen Gebieten wird es auch üblich, die gesamten Brandreste auf dem meist gepflasterten Boden des Grabes ohne jeden Behälter auszubreiten (s. Brandgrubengrab, Brandschüttungsgrab).

§ 7. Bei der brandlosen Bestattung wird in den Frühperioden, wo die Furcht vor der Wiederkehr des Toten noch überwiegt, die Leiche vielfach in Hockerstellung (s. Hockerbestattung) gebracht, außerdem wohl auch noch in eine Haut gewickelt, an deren Stelle von spätneol. Zeit an ein Baum- oder Brettersarg (s. Baumsarg), oft auch ein großes Tongefäß (s. Pithos-Bestattung) tritt. Standespersonen werden, namentlich in Mitteleuropa, der ihnen gebührenden „Stuhlwürde" entsprechend, mit Vorliebe sitzend bestattet. Dann wird im Grabe zur Erwärmung des Toten ein Feuer entzündet, die nötigen Tier- und unter Umständen auch Menschenopfer oder sie substituierende Teilopfer werden dargebracht, und dem Toten wird von den Speisen und Getränken der nötige Vorrat ins Grab gestellt.

§ 8. Nach Rückkehr in das Trauerhaus erfolgte das Totenmahl (s. d.), bei dem man sich die Seele des Verstorbenen wie auch die der übrigen, nach slav. und altind. Ritus ausdrücklich dazu eingeladenen Ahnen gegenwärtig dachte. Den Schluß der Feierlichkeiten bildeten allerhand Wettspiele, Maskeraden, Tänze und dgl. (vgl. Il. XXIII).

G. Wilke

Grabstele. S. a. Ligurische Stelen. A. Europa. Allgemein. § 1. Die Sitte, über dem Grabe des Toten einen Stein zu errichten, wurzelt wie so viele andere Grabbräuche letzten Endes in der Vorstellung vom „lebenden Leichnam" (s. d.). Um seine Wiederkehr zu verhüten, wälzte man über den Toten einen schweren Stein, wie es beispielsweise in manchen bandkeramischen Gräbern des Elsaß (Anz. f. elsäss. AK. 1911 S. 170ff.; Bull. Soc. préh. franç. 1923 S. 8), in einem steinzeitl. Grabe von Nieder-Ingelheim (BJ 44 S. 114 Schaafhausen) und mehreren gleichaltrigen Gräbern von Pinnow, Kr. Angermünde (ZfEthn. 1904 S. 112f. Götze), außerdem auch noch in Ungarn (s. Baradla-Höhle) und in den ainoïschen Muschelhaufen von Kō in Japan (Mitt. a. d. med. Fakult. d. Kais. Univ. zu Tokyo 1922 S. 429ff. Kogani) beobachtet ist, und wie es auch im Mythos von Herakles und der Lernäischen Schlange berichtet wird, nach dem Herakles nach Erlegung des Ungetüms dessen unsterblichen Kopf eingräbt und darüber einen Stein legt (Apollodor II 5 2; Wilke *Relig. d. Indog.* 1922 S. 58).

§ 2. Mit dem Aufkommen neuer, animistischer Vorstellungen vollzieht sich jedoch alsbald ein Wechsel in der Bedeutung des Grabsteins, der nunmehr wie der statt seiner verwendete Baumstumpf oder Holzpfahl zum Sitze der Seele des Verstorbenen wird, in den sie gebannt wird, oder auf dem sie sich als Seelenvogel niederläßt. Dieser Vorstellung von der Grabsäule mit dem Seelenvogel begegnen wir nach Paulus Diaconus (V 34) noch bei den Langobarden (s. a. Kenotaphion), und unter den Völkern der Gegenwart besonders auf Madagaskar (Cartailhac *La France préh.* S. 157), arch. bei einer Darstellung auf dem Sarkophage von Hagia Triada und mehreren anderen bildlichen Darstellungen Kretas, bei denen auf einer Säule ein Vogel sitzt (Band V Tf. 12, 13).

§ 3. In diesem Sinne sind gewiß ursprünglich auch viele der namentlich in Westeuropa und auf der Pyrenäenhalbinsel, aber auch weiter ostwärts bis nach Indien vorkommenden Menhirs (s. d.) aufzufassen, die im N in den von der älteren Bronzezeit ab aufkommenden Bautasteinen (s. d.) und den „Trilithen" auf den westpreußischen Megalithgräbern (s. Trilithen-Grab) ihr Gegenstück haben. Durch ihre oft ungeheure Größe wurden diese Menhire zugleich auch zu einem Ehrenmal für den Toten, wie es Homer (Il. XXIII) erwähnt. Doch schrumpften sie schon frühzeitig zu Miniaturgebilden zusammen, die auf der Pyrenäenhalbinsel bereits bei den spätneol. Megalithgräbern der Los Millares-Gruppe (s. Millares [Los]; Wilke *Südwesteurop. Megalithkult.* 1912 S. 131 Abb. 122), ebenso in neol. Gräbern der Bretagne (Aveneau de la Grancière *Notes sur quelques pierres d'une forme particulière trouvées dans le cromlech d'Er-Lannik* Bull. de la Soc. polymath. du Morbihan 1907) und Ägyptens (Mus. Leipzig), in jüngerer Zeit auch vielfach im Kaukasus (a. a. O Abb. 123), in Hannover (Mannus 5 S. 205ff. Lienau) und vereinzelt auch in England (Hügelgrab bei Aldbourne, Wiltshire; Brit. Mus. Katal. S. 60) auftreten und hier fast stets im Innern der Grabhügel, bisweilen mehrere nebeneinander, angebracht sind. Man wird daher bei dieser Gattung von G. mit einem Bedeutungswechsel rechnen müssen, und da schon die großen freistehenden Menhirs Frankreichs vielfach sorgfältig orientiert sind (Mannus 1 S. 71ff. Devoir), so erscheint die Vermutung Lienaus (a. a. O. S. 208) nicht unbegründet, daß diese Miniatur-Menhirs den Toten zur räumlichen und zeitlichen Orientierung bei ihrer Reise nach dem Jenseits dienten, eine Annahme, die durch den Nachweis ähnlicher Vorstellungen bei Naturvölkern der Gegenwart eine kräftige Stütze erhält (Mannus 9 S. 220f.).

§ 4. Noch sicherer, als durch einen bloßen Stein, war die Bannung oder Einkörperung der Seele, wenn man dem Stein oder dem statt seiner verwendeten Holzpfahl das Bild des Toten verlieh, wie es namentlich bei den Völkern Polynesiens geschieht und nach

a

b

Grabstele

a—b. Grabstelen vom V. Schachtgrabe. Mykenai. Nach Arch. Jahrbuch 1915 S. 286, 289.

Hoernes' Vermutung wahrscheinlich auch bei den alteurop. Flachgräberfeldern der Fall war, deren einzelne Grabanlagen meist eine gewisse Ordnung aufweisen und nur selten durch neue Bestattungen gestört sind, und die daher äußerlich irgendwie kenntlich gewesen sein müssen (Hoernes *Urgesch.*² S. 116; s. a. Börnicke). Steinerne Vollfiguren, die offenbar den Toten vorstellen, sind mehrfach im S Europas gefunden worden. So der völlig haar- und bartlose, mit mäanderverziertem Helm bedeckte Kopf einer großen Kalksteinstatuette von Numana (s. d.; Mon. Lincei 5 [1895] S. 217 Abb. 48 f.), doch erscheinen sie vereinzelt auch in Mitteleuropa (Anz. f. elsäß. Altertumsk. 5 S. 342 R. Forrer), und auch die gefäßtragenden weiblichen Steinfiguren vom Cerro de los Santos (s. d.; Band II Tf. 150) bei Yekla in Spanien aus der Zeit der punischen Kolonisation der iberischen Halbinsel (ZfEthn. Verh. 1862 S. 69), sowie die noch jüngeren, gleichfalls oft ein Gefäß haltenden (. . . erigunt statuam . . . ., tenentem scyphum ad umbilicum), bis Sibirien reichenden *kamennyja baby* auf den Spitzen der Tumuli Rußlands sind hierzu zu rechnen. Noch heute werden in Italien vielfach marmorne Bildwerke der Verstorbenen über ihren Gräbern errichtet, und auch in dem namentlich in Polen, vereinzelt auch in Süddeutschland und der Schweiz herrschenden Brauche, an den Gräbern die Photographien der in ihnen Ruhenden anzubringen, lebt die alte Vorstellung, die auch in den Totenmasken (s. d.) ihren Ausdruck findet, noch weiter.

§ 5. Im Gegensatz zu den bisher behandelten erscheinen in Frankreich und Italien noch zahlreiche andere menschengestaltige G., die fast durchweg eine Frau darstellen, also offenbar nicht ein Abbild des Verstorbenen, sondern gleich den Skulpturen an den Wänden der frz. Grabgrotten (s. d.) eine — fast stets weiblich gedachte — Totengottheit bedeuten. In Frankreich gehören diese *Menhirs-sculptés*, die namentlich in den Départements Gard, Aveyron, Tarn und Hérault (Tf. 14; Hermet *Statues-menhirs de l'Aveyron et du Tarn* Bull. arch. 1898; Déchelette *Manuel* I 587 ff.), in etwas abweichender Form auch im Flußgebiete der Seine und Oise erscheinen, dem Spätneol. an und finden sich hier öfter im Inneren der Ganggräber dieser Periode. Außerhalb Frankreichs sind ganz ähnliche *Statues-menhirs* noch in Siebenbürgen (s. Körösbánya) zum Vorschein gekommen, doch bleibt ungewiß, ob zwischen ihnen und den frz. Stücken ein genetischer Zusammenhang besteht. Etwas jünger sind 9 den südfrz. stilistisch ziemlich nahestehende italienische Menhirstatuen von Fivizzano bei Spezia, die ursprünglich wahrscheinlich über Brandgräbern errichtet, später aber mit einem Erdhügel überdeckt worden sind, und die durch die Form der auf ihnen dargestellten Dolche als frühbronzezeitl. gekennzeichnet werden (Band VII Tf. 205; Bull. Paletn. Ital. 1910 S. 65 Mazzini). Indessen kann es sich bei ihnen auch um Darstellungen der Verstorbenen handeln. Und noch mehr gilt dies von fünf andern, in dem gleichen Gemeindebezirke aufgedeckten anthropomorphen G., die nach der Waffentracht schon der späten BZ oder frühen HZ angehören, und von denen eine sogar eine etrusk., freilich vielleicht erst nachträglich angebrachte Inschrift trägt (U. Mazzini *Monumenti celtici in Val di Magra* Giorn. stor. e lett. della Liguria 9 [1908] S. 392; Bull. Paletn. Ital. 1909 S. 32). Als solche Nachzügler haben auch einige rohe menhirartige Standbilder von Orgon, Dép. Bouches-du-Rhône, aus gallischer Zeit und zwei ähnliche weibliche Granitstatuen von der engl. Kanalinsel Guernesey zu gelten (Déchelette *Manuel* II 1 S. 487 ff.; Hoernes *Urgesch.*² S. 220).

§ 6. Noch eine andere, hauptsächlich in den Mittelmeerländern verbreitete Form der Grabstelen bilden skulptierte Steinplatten, die oft einen reichen Figurenschmuck aufweisen. Nicht selten ist auf ihnen die Reise des Toten nach dem Jenseits in seinem Streitwagen dargestellt (s. a. Wagengrab). So auf einer Steinstele von Mykenai (Tf. 237 A a; Schliemann *Mykenä* Abb. 140) und auf mehreren Grabstelen von Bologna (s. d.), wo der Wagen mit Flügelrossen bespannt ist (Band II Tf. 53; vgl. a. ebd. Tf. 51, 52; Notizie 1890 Tf. I u. a. Brizio). Oder es werden, wie auf einigen Steinplatten von Novilara (s. d. A) im Picenum (Hoernes *Urgesch.*² S. 461 Abb. 1—2) und in klassischer Schönheit auf den Grabstelen des Dipylon-Friedhofs in Athen, Szenen aus dem Leben des Verstorbenen dargestellt. Andere

Grabstelen wieder zeigen Gestalten des griech. und etrusk. Mythos (Brizio a. a. O.). Doch erscheinen unter den voretrusk. Grabstelen des Fondo Arnoaldi bisweilen auch Formen, die noch einigermaßen an die oben beschriebenen anthropomorphen Grabstelen Oberitaliens erinnern (Montelius *Civ. prim.* I 365f. Abb. c) und gewiß auch von ihnen beeinflußt sind.

§ 7. Von symbolischen Zeichen auf Grabstelen sind besonders bemerkenswert die Doppelspirale und das Radkreuz (Tf. 237 A). Die erste, die sich mehrfach auf span. und portug. sowie namentl. engl. Grabplatten findet (Wilke *Relig. d. Indog.* S. 181 Abb. 132—133), ist jedenfalls als eine Abbreviatur der Schnecke und als ein Symbol des Mondwesens in seiner Eigenschaft als Totengottheit aufzufassen, da die Primitiven den Phasenwechsel des Mondes gern mit dem Ein- und Ausschlüpfen einer Schnecke in ihr Gehäuse vergleichen (a. a. O. S. 149f., S. 177ff.). Das bald in Verbindung mit anderen Figuren (G. von Novilara, vom Fondo Arnoaldi u. a. m.), bald isoliert (Grabplatte aus Portugal: Mannusbibl. Nr. 7 S. 134 Abb. 126 Wilke) auftretende Radkreuz, das auch auf den Trag- und Decksteinen der nord. Megalithgräber öfter angebracht ist, ist wohl kaum ein Sonnenrad, also eine Abbreviatur des Sonnenwagens, als vielmehr gleichfalls ein Symbol der Mond-Totengottheit. Doch könnte es auch wie die unter § 3 erwähnten Miniatur-Menhirs zur Orientierung für die Toten bei ihrer Reise nach dem Jenseits gedient haben, da das Kreuz (s. d.) und das Radkreuz ursprünglich sicher ein Sinnbild der 4 Weltrichtungen darstellen (Wilke a. a. O. S. 137ff.). Außer diesen finden sich auch noch mancherlei andere, freilich fast durchweg nicht deutbare Zeichen, wie eigentümliche bajonett- und D-förmige Figuren, Schlangenlinien, in Gruppen oder Reihen angeordnete Näpfchen und Labyrinthfiguren usw. (z. B. eine G. aus dem Tumulus von Renongard im Schloßhof von Kernuz in der Bretagne), die in mancher Hinsicht lebhaft an die Darstellungen in der Grotte von Castillo (Portug. 2 Tf. 13 Alcade del Rio), andrerseits an die, wenigstens z. T., wohl gleichfalls als G. aufzufassenden ind. Mahadeos erinnern (Rivett. Carnak *On some ancient sculpturings on rock similar to those found on monolithes and rocks in Europa* 1877).

G. Wilke

B. Ägäischer Kreis. Bisher sind Grabstelen nur aus Mykenai nachgewiesen. Auf den Schachtgräbern standen sowohl glatte, vielleicht einst bemalte, mit geradem oder flach giebelförmigem oberen Abschluß, wie mit flachen Reliefs (Spiral- und Wellenmustern, Tieren, Jagd- und Kriegsszenen) verzierte. Fünf größtenteils erhaltene und viele Bruchstücke in Athen (Tf. 237 A). Sie gehören zu den alten Schachtgräbern, nicht zum späteren Gräberrund (s. d.), wurden aber bei dessen Anlage geschont und z. T. neu aufgestellt. Aus späterer Zeit ist nur eine ganz kleine Stele mit graviertem Zickzack und Kreisbögen, sowie eine in einem Felskammergrab verbaute größere bekannt; diese war ursprünglich mit einfachen vertieften Mustern verziert, wurde aber später mit einer Stuckschicht überzogen und mit Kriegern und Hirschen jungmyk. Stils bemalt.

C. Schuchhardt *Schliemanns Ausgrab.*[2] 1891 S. 199ff.; Eranos Vindob. 1893 S. 24ff. W. Reichel; Ath. Mitt. 40 (1915) S. 128ff. Karo; 'Εφ. ἀρχ. 1888 S. 127; ebd. 1896 Tf. 1; Rodenwaldt *Tiryns* II (1912) S. 186ff.; Arch. Jahrb. 30 (1915) K. Müller; BSA 25 S. 126ff. Tf. 19ff. W. A. Heurtley.

G. Karo

C. Ägypten. Die dem griech. στήλη entlehnte Bezeichnung pflegen wir für bearbeitete Steinplatten zu verwenden, die von den Äg. als Grab- oder Denksteine aufgestellt worden sind. In vielen Fällen ist es durch die FU gesichert und wird durch die Inschriften bekräftigt, daß wir es mit einem wirklichen Grabstein zu tun haben. Wie die Äg. aber gelegentlich Leergräber (Kenotaph) angelegt haben, die fern vom eigentlichen Grabe (s. d. D) des Inhabers errichtet worden sind, so haben sie zuweilen auch Denksteine aufgestellt, die nach Form und Inhalt durchaus nicht von Grabsteinen zu unterscheiden sind. Derartige Denksteine besitzen wir in großer Zahl aus Abydos (s. d.), und sie stammen von den Wallfahrern, die zu Lebzeiten oder als Mumie einmal in der Nähe des „Großen Gottes, des Herrn des Totenreichs", geweilt haben wollten. Daneben gibt es natürlich auch weltliche Denksteine, die aus irgend einem äußeren Anlaß vom König

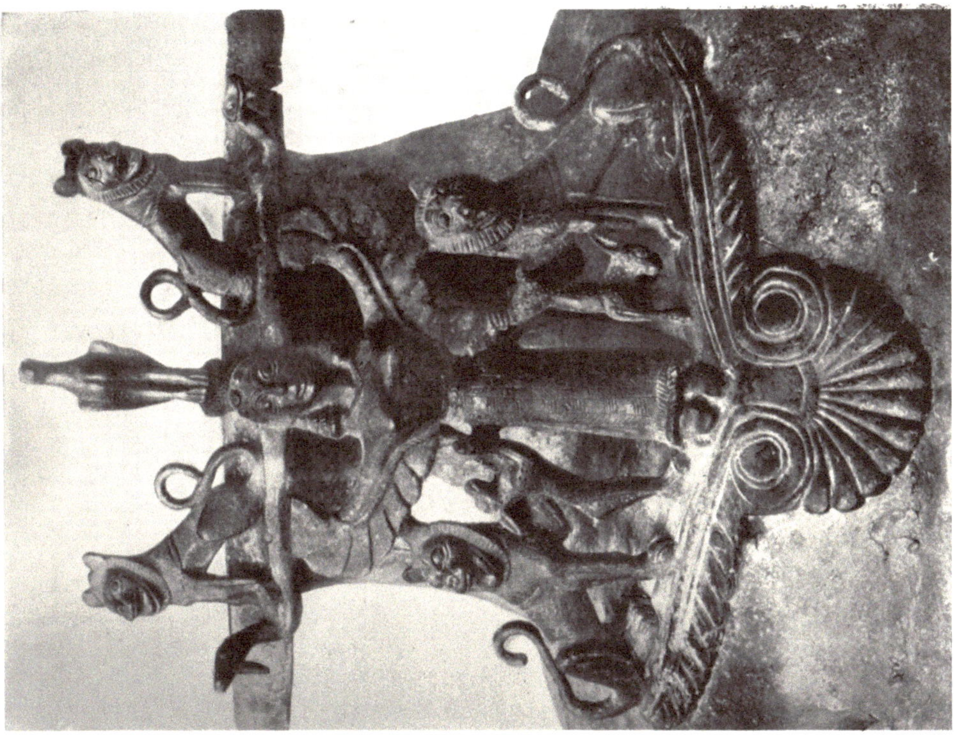

b

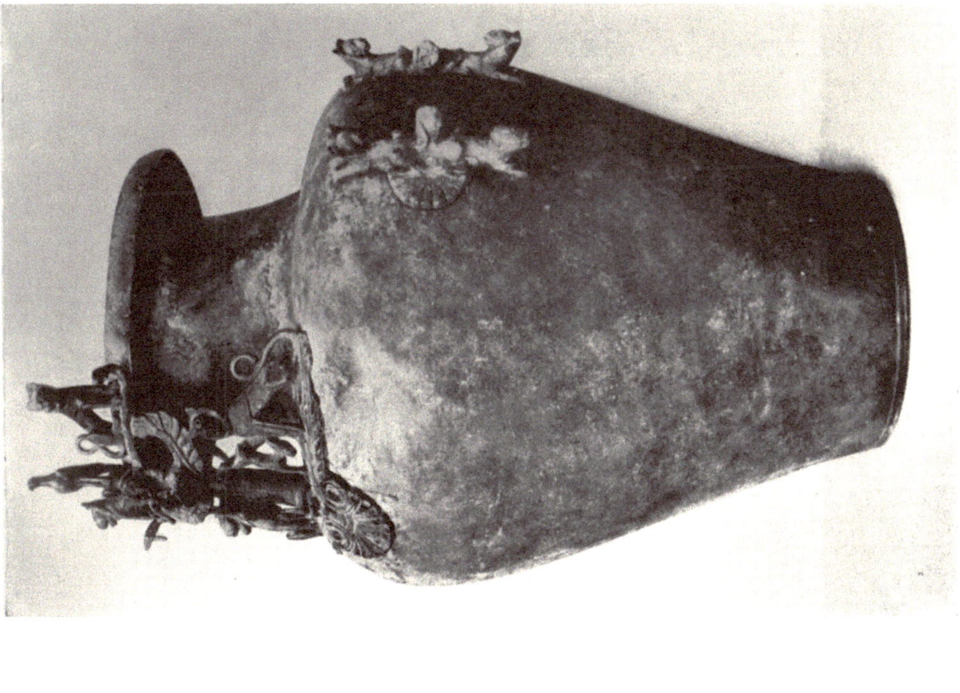

a

Grächwil

oder von Privaten errichtet worden sind, z. B. als Siegesdenkmal, als Grenzstein, zur Erinnerung an einen Besuch in einem Tempel, zur Verkündung der Thronbesteigung oder von Erlassen.

Äg. Stelen sind oft als schlichte rechteckige Platten ausgeführt. Oft sind sie oben im Bogen gearbeitet, und dann ergibt sich dort von selbst ein Platz für die geflügelte Sonnenscheibe. Am Ende des AR kommt die Sitte auf, einen Grabstein in Form der Scheintür zu arbeiten, die als eines der Hauptstücke der Grabausstattung den Eingang in das Jenseits symbolisierte. Dann bildet eine Hohlkehle den oberen Abschluß. Roeder

D. Palästina-Syrien s. Menhir C.

E. Vorderasien s. Grab G § 11.

Grächwil (bei Meikirch, Bern). In einer Grabhügelgruppe der HZ entdeckte man in einem der Hügel, der auch Nachbestattungen der alemannisch-burgundischen Zeit enthielt, bei einer Wagenbestattung eine wundervolle Bronzehydria (Tf. 237[B]), die die Totenasche barg (jetzt im Mus. Bern). Der Henkelgriff besteht aus einer geflügelten, gekrönten Göttin (sog. persische Artemis), die in beiden Händen einen Hasen hält, umgeben von 4 sitzenden Löwen, die zwei unteren auf einer Palmette, die zwei oberen auf zwei Schlangen, zwischen denen ein Adler steht. Die mitgefundenen Fibeln, Bronzereste und Tonurne (angeblich auch ein viel späteres Hufeisen) nebst den Resten eines Wagens weisen deutlich auf die spätere HZ hin. Die Hydria stammt zweifelsohne aus einer griech. Werkstatt und gehört dem 6. Jh. an; Déchelette u. a. bringen sie direkt mit der chalkidischen Kunst des 6.—5. Jh. zusammen.

Mitt. Zürich 7 (1852) S. 111 Tf. 2, 3 Jahn; *AuhV* 2, 5 Tf. 2, 2 Lindenschmit; Annali 1880 S. 238 Helbig; Neue Heidelberger Jahrb. 2 (1892) S. 83 v. Duhn; Heierli *Urgesch. d. Schweiz* 1901 S. 340, 372f.; Hoops *Reall.* I 319 Tf. 20, 1 H. Schmidt; Déchelette *Manuel* II 2 S. 783f.; Arch. Anz. 1925 S. 178ff. Neugebauer. K. Schumacher

Gradac s. Krehin-Gradac.

Grafenberg (Niederösterreich). Der Vitusberg bei G. stellt einen aus der Ebene steil aufragenden Höhenkomplex dar, der die Landschaft beherrscht und leicht zu verteidigen ist. Seine Höhen haben eine ungeheure Zahl der verschiedensten präh. Artefakte ergeben, von denen die allermeisten im Krahuletz-Museum zu Eggenburg liegen.

Es sind viele Sägen und Pfeilspitzen, Messerchen und Klingen aus Feuerstein, Nuclei aus Obsidian, Bergkristall, Hammeräxte, Schuhleistenkeile, jungneol., Aunjetitzer, bronze- und hallstattzeitl. Gefäßreste, Webstuhlgewichte, Wirtel, Tonidole, sowie aus Bronze Pfeilspitzen, Nieten und Drahtreste und ein Fibelbogen mit angesetzter Eisenspirale.

Es handelt sich um eine vom Vollneol. bis in die spätere HZ hinein kontinuierlich und in der Regel sehr ausgiebig benutzte Höhensiedelung.

Mitt. Zentr.-Kom. 1918 Beiblatt S. 9 E. Bormann; Wien. Präh. Z. 1922 S. 86ff. A. Hrodegh. G. Kyrle

Graffiti (Ägypten). G., d. h. Zeichnungen, Inschriften, Kritzeleien aller Art an Felswänden, in Gräbern oder dgl., finden sich allenthalben in Ä. Ihre zeitliche Einordnung ist schwierig. Ein besonders hohes Alter soll nach G. Schweinfurth (Die Umschau 7 [1903] S. 806) an einer bräunlichen, die Linien bedeckenden Patina erkennbar sein. In vorgesch. Zeit werden manche G. wegen ihrer Darstellungen, die denen der bemalten Keramik (s. Vase C § 12) ähneln, zu setzen sein, z. B. Zeichnungen von Straußen, Elefanten, Giraffen — Tieren, die in präh. Zeit noch in Ä. heimisch waren (vgl. die Zusammenstellung von vorgesch. Graffitis aus verschiedenen Gegenden bei J. Capart *Primitive Art in Egypt* 1905 S. 204). Systematisch gesammelt und erforscht sind die G. in Ä. noch nicht.

Großenteils wohl sicher vorgesch. G. sind abgebildet bei de Morgan *Origines* I 162ff. Abb. 487—492; W. M. Flinders Petrie *Ten years digging in Egypt* 1893 S. 75; W. Golenischeff *Inscriptions du Ouâdy Hammâmât* (russ.) 1887 Tf. 5, 1—3. Aus der Menge der inschriftlich datierten G. seien erwähnt: de Morgan *Catalogue des Monuments* I (1893) S. 25, 35, 204, 207; ZfEthn. 1912 S. 627ff. (G. Schweinfurth); G. Möller *Bericht über die .... Felseninschriften ... von Hatnub* SB. Preuß. Ak. 1908 (Ende AR-MR); J. Couyat und P. Montet *Les Inscriptions hiérogl. et hiérat. du Ouâdi Hammâmât* Mém. de l'Institut du Caire 34 (1912), hauptsächlich MR; W. Spiegelberg *Ägyptische und andere Graffiti aus der thebanischen Nekropolis* 1921, hauptsächlich NR. — Für Nubien kommt in Betracht: A. Weigall *A Report on the Antiquities of Lower Nubia* 1907 Tf. 18—19, 32—33, 1 (vorgesch.?), 37—38 (z. T. sicher vorgesch.), 50, 53—54, 56—58, 64—65, 67 (vorgesch. Tiere und ein Schiff); G. Roeder *Debod bis Bab Kalabsche* II (*Les Temples immergés de la Nubie*) 1911 Tf. 106—109, 115—121, 127—128.

Scharff

Grafkelder. G. (holl. = Grabkeller) sind in den Boden eingelassene Kammern, die sich mit den Steinkistengräbern des Nordischen Gebietes vergleichen lassen. Es gibt ihrer nur drei. Das besterhaltene liegt bei Eext (Drente). In den Hügel ist die oben offene Kammer eingelassen. Sie besteht aus 8 Steinen und hat 3,7 m L., 2,0 m Br. und 1,3 m T. (Pleyte *Oudheden* Tf. 48; Åberg *Steinzeit in den Niederlanden* 1916 S. 21). Die beiden anderen liegen n. Emmen. Nach einer Abbildung in Lubach *Over de oude begraafplaatsen in Drente* ist eines dem von Eext ähnlich. Sichere Funde sind nicht aus ihnen bekannt. Angaben über die Funde des G. von Eext bei Pleyte *Oudheden* Tf. 49: Tongefäße, 4 dicknackige Äxte, Feuersteinschmalmeißel, Schaftlochaxt; Pfeilspitze und Schwefelkiesknollen sind zweifelhaft.

Wahrscheinlich sind diese G. mit den nord. Steinkistengräbern zusammenzubringen, obwohl sie viel größer sind. Dann würden sie nach der Zeit der Ganggräber anzusetzen sein und durch ihre Seltenheit ein Schwächerwerden des nord. Kultureinflusses in den Niederlanden andeuten. In dieselbe Richtung weisen auch die Einzelfunde. Die Geräte der Steinkistenzeit kommen im Nordteil von Holland vor, aber sehr spärlich. Es sind einfache Schaftlochäxte, dicknackige Feuersteinäxte mit breiter Schneide und Dolche mit rhombischem und quadratischem Griffquerschnitt. Man gewinnt den Eindruck, daß die nord. Kultur in den Niederlanden erlischt. S. a. Holland A.

Åberg *Die Steinzeit in den Niederlanden* 1916.

E. Rademacher

Graja (Cueva de la) s. Jimena.

Grajas (Cueva de las), auch als „Cueva del Coto de la Zarza" bekannt. Gelegen am Collado de la Zarza, unweit Topares (span. Provinz Almería). Felsnische mit einem isolierten naturalistischen Capridenkopf (s. Kunst A). Entdeckt von H. Breuil und J. Cabré (1913).

L'Anthrop. 26 (1915) S. 332 u. Abb. 9 H. Breuil.

H. Obermaier

Grammichele s. Sizilien B II.

Granatapfel. S. a. Garten.

A. Allgemein. Die harte Schale, die die weiche, halbflüssige Masse des Granatapfels mit ihren vielen Samenkörnern umschließt, ist gewiß auch in ihren Resten gut kenntlich, und es lohnt sich in Gegenden mit mediterranem Klima und in solchen, die in Beziehung mit ihnen stehen, darauf zu achten.

Als Heimat der kultivierten Frucht sind wir geneigt mit Schweinfurth die Insel Sokotra (Insula Dioscoridis) anzusehen, die einmal eine große Rolle gespielt haben muß, und auf der Schweinfurth die Urpflanze aufgefunden hat.

Jedenfalls hat die Frucht bald Eingang in die orient. Mysterien gefunden, so in den Dienst des Attis und des Bacchos, und sich auch lange darüber hinaus bis in byzantinische und islamische Zeit erhalten. Nachbildungen von G. dienten bis nach Spanien hin als Knauf auf der Moschee, und nach einer unsicheren Tradition des Islam ist in jeder Frucht ein Korn aus dem Paradiese. — Die alten Früchte aus Hawara hatten nach Newberry nur 4 Abteilungen und nicht wie jetzt 6—8.

Nach China soll der G. 150 v. C. durch Schan Kien gekommen sein, und es wäre von Interesse, wenn Funde aus Turfan usw., die chronol. festzulegen sind, diese Angaben stärkten oder widerlegten.

Westermanns Monatsheft 70 (1891) S. 38, 39 Schweinfurth; ZfEthn. Verh. 23 (1891) S. 695; Arnobius V 6; Clemens *Opera Colon.* 1688 S. 12; Flinders Petrie *Hawara* 1889 S. 50, 52; Bretschneider *On the Study of Chinese botanical Works* 1870 S. 16.

Ed. Hahn

B. Palästina-Syrien.

Der G. (hebr. *rimmôn*) muß in Pal.-Syrien sehr beliebt gewesen sein. Darauf deuten die zahlreichen Ortsnamen dieser Art (wenn auch eine Volksetymologie für den ursprünglichen Gottesnamen *Ramman* vorliegen mag A. Bertholet *Kulturgeschichte Israels* 1919 S. 44). In Gezer fanden sich viele Reste seiner Frucht (Macalister *Gezer* II 22). Den Israeliten war er ein Zeichen für die Fruchtbarkeit des Landes (Deut. 8, 8; Num. 20, 5; 13, 24). Das Hohelied schildert die Schönheit der dunkelrot aus grünem Laube hervorleuchtenden Früchte (4, 13; 6, 10; 7, 12). Wegen seiner vielen Kerne galt er als ein Sinnbild der Fruchtbarkeit und wurde

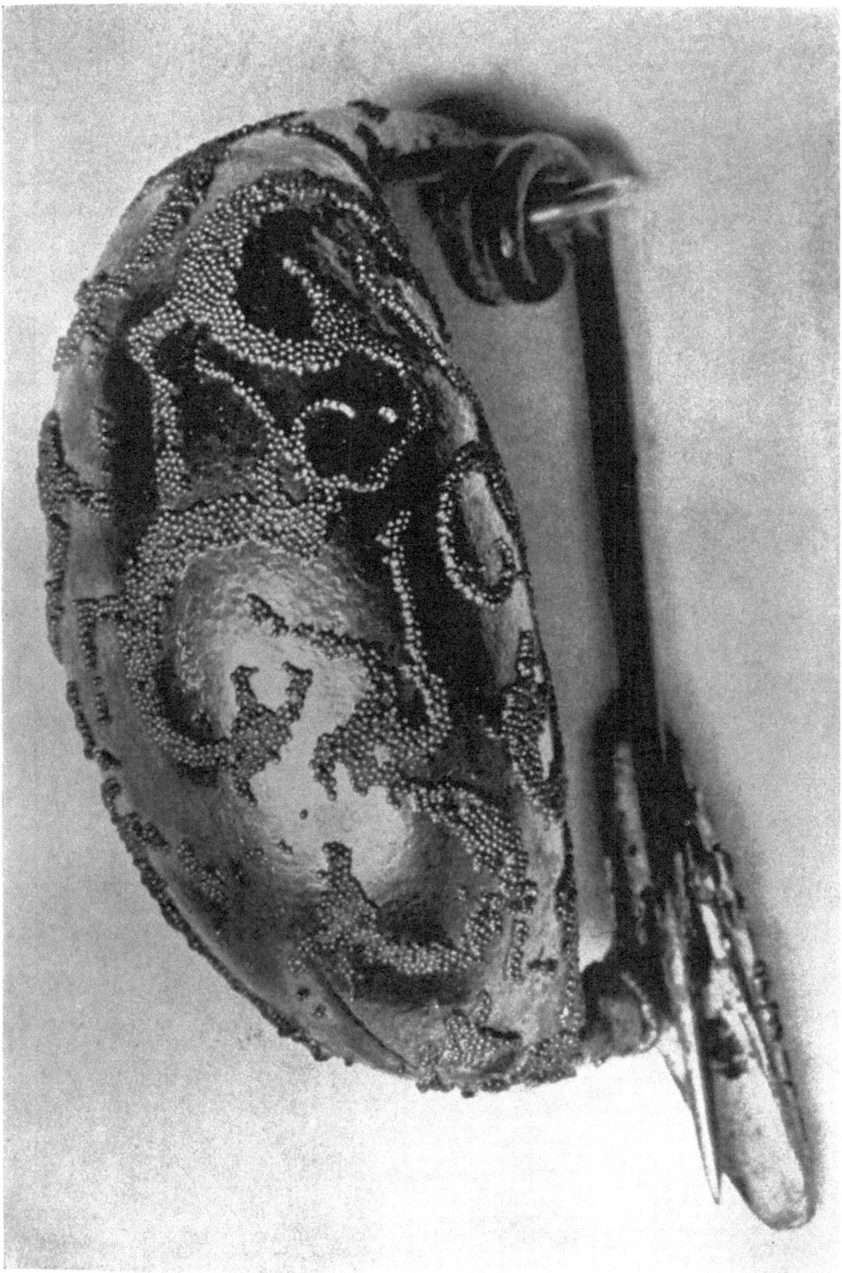

Granulation A. Europa

Etruskische Goldfibel mit Granulation. Stark vergrößert. Nach M. Rosenberg.

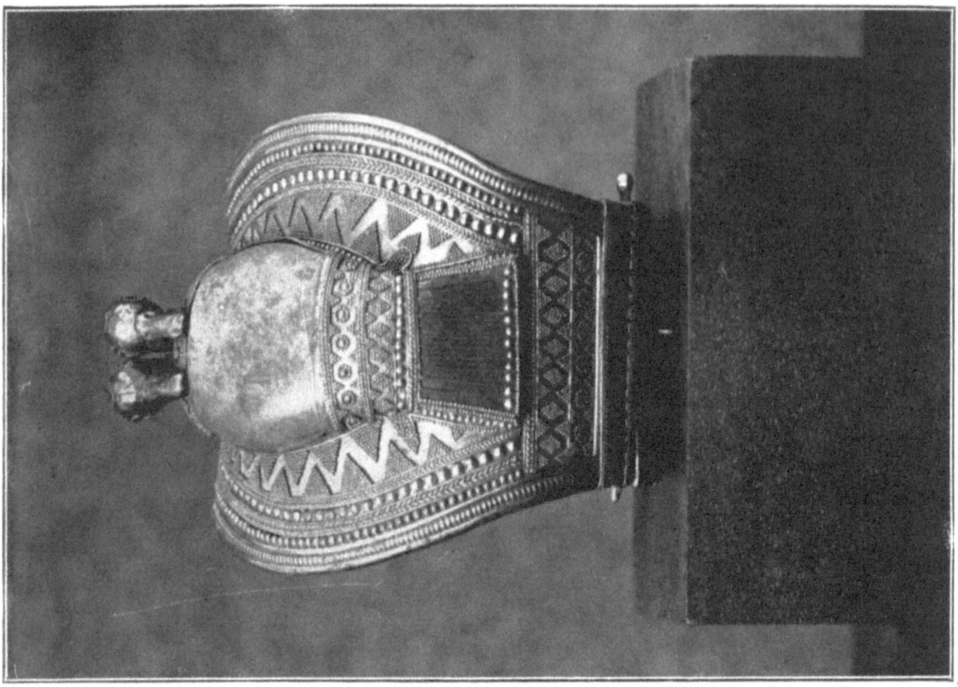

Granulation B. Ägypten

deshalb gern als Ornament angebracht, so in verschwenderischer Fülle an den Kapitälen des Tempels (1. Kön. 7, 18ff. 42; Jerem. 52, 23ff.; anders 2. Kön. 25, 17), an dem Saume des hohenpriesterlichen Kleides (Exod. 28, 33f.), an den Henkeln von Tongefäßen (Macalister *Gezer* II 201f., 236 Abb. 390, 1. 4; III Tf. 176, 1), in den Händen von Astarte-Figuren (ebd. III Tf. 220, 14) oder auf Siegeln (I. Benzinger *Hebräische Archäologie*[2] 1907 S. 229 Abb. 155). Noch heute wächst der Strauch (*Punica granatum L.*) in Palästina wild, hat aber geringere Früchte als der in Gärten gezogene.

H. B. Tristram *The Fauna and Flora of Palestine* 1884 S. 387; G. B. Winer *Biblisches Realwörterbuch* I (1847) S. 445f.; H. Guthe *Kurzes Bibelwörterbuch* 1903 S. 229f.

Peter Thomsen

Grand-Pressigny (Frankreich). Silexwerkstätte im frz. Dép. Indre-et-Loire, deren Produkte im Neol. und Äneol. eine große Verbreitung fanden. Sie kommen in einem ausgedehnten Gebiet von mehr als 12 qkm, verschiedene „communes" der Départements Indre-et-Loire und Vienne umfassend, vor. Die typische Wachsfarbe des Feuersteines von G. hat Veranlassung zu der Benennung *Livres de beurre* (Butterpfunde) für die Nuclei aus G. gegeben.

Artefakte aus G.-Feuerstein kennt man aber auch aus der Bretagne, ganz Nordfrankreich, Belgien und der w. Schweiz. Dagegen sind sie in Südfrankreich, besonders im SO, weniger bekannt. Merkwürdig ist ihre Verbreitung in Belgien, da dort in der StZ benutzte einheimische Silexlager vorhanden sind (s. Belgien B § 2).

Aus den sog. *Livres de beurre* hat man lange und breite Messerklingen (bis 30 cm L.) gewonnen. Der Silex wurde durch Schläge oft sehr kunstvoll retuschiert. Auch hat man feinpolierte Äxte aus ihnen angefertigt. Im G. selbst hat man Steine mit tiefen Furchen gefunden, welche durch Reiben mit schneidenden Instrumenten entstanden sind und wohl zum Herstellen scharfer Schneiden dienten. Auch schöne Dolche, meistens sehr dick und spitzig, wurden dort angefertigt.

Die Verbreitung der Feuersteine von G. ist ein Beweis für den regen Handel (s. d. A § 39) während des Neol. und Äneol. Dabei ist es interessant, daß dieser hauptsächlich mit dem Gebiete der sog. „Silexkultur" Nordfrankreichs und den mit ihm in Verbindung stehenden Provinzen getrieben wurde.

Déchelette *Manuel* I 661 mit vollständiger Literatur. Hauptveröffentlichung: J. de Saint-Venant *L'industrie du silex en Touraine et la dissémination de ses produits* Tours 1891.

J. de C. Serra-Ràfols

Granulation. A. Europa. § 1. Die Belebung einer Goldfläche durch winzige Goldkörnchen ist eine der feinsten und schwierigsten Goldschmiedearbeiten, die im Altertum eine heute nicht wieder erreichte Blüte erlangt hat. Sie beginnt mit der Herstellung der Kügelchen durch Schmelzen kleiner Goldpartikel in Holzkohlepulver, wobei sie regelmäßige Kugelgestalt annehmen. Nach dem Erstarren werden sie in Kohlenstaub unterhalb des Schmelzpunktes geglüht, wodurch ihre Oberfläche sich mit Kohlenstoff bereichert und leichter schmelzbar wird (900° C, während sonst der Schmelzpunkt des Goldes 1064° C beträgt). Das ist wichtig für das Aufschmelzen auf die Fläche. Gerade zu den feinsten Granulierungen benutzte man nämlich kein Lot, sondern schmolz die Körnchen unmittelbar auf, wobei ihre schneller als der Kern schmelzende Oberfläche als Bindemittel diente. Als solches benutzte man auch leicht schmelzbares Goldkarbid, das beim Glühen als Pulver abfiel. Bei Anwendung von Hartlot geschah es leicht, daß auch der Gegenstand ins Schmelzen geriet; überdies verklebte das Lot die Zwischenräume zwischen den Kügelchen und beeinträchtigte die künstlerische Wirkung. Bei reihenweiser Anordnung wurden die Kügelchen manchmal in Furchen eingesetzt.

§ 2. Die frühesten G. erscheinen im ö. Mittelmeergebiet, Troja II um 2500—2000 v. C., Ägypten 2000, Kreta 1600 (Tf. 166b), Mykenai in den jüngeren, nicht in den Schachtgräbern, Cypern 700. In Italien im 9. Jh. in Vetulonia (s. d.) auftretend, erreicht sie ihre höchste Blüte bei den Etruskern im 7. Jh. (Tf. 238; Band III Tf. 110—112). Von hier geht sie nach den übrigen Randländern des Mittelmeeres und gelangt als Export nach den nordalpinen Ländern: Hängeschmuck von Jegenstorf bei Bern (Tf. 61 Abb. 36) und Goldkugel von Ins am Bielersee jüngere HZ, Ungarn 7. Jh., Süddeutschland (Fibel von Dühren; Band II Tf. 219) und Böhmen (Armring von Kbely) mittl. LTZ. Als einheimische Arbeit tritt sie im N erst in der RKZ auf. S. a. Goldschmiedekunst A2.

BJ 123 (1916) S. 169ff. Mötefindt; M. Rosenberg *Geschichte der Goldschmiedekunst auf technischer Grundlage.* 3. Abt. *Granulation* 1918; Déchelette *Manuel* II 892ff.; Jahresber. Schweiz. Urgesch. 1 (1909) S. 46 Heierli. Alfred Götze

B. Ägypten. Bei den Äg., wie bei andern Völkern in den antiken Mittelmeerkulturen, ist eine Technik der Goldschmiedearbeit vorhanden, für die das Löten von Gold Voraussetzung ist. Kleine Goldkügelchen werden in bestimmten Mustern linearer Art über die Fläche verteilt und auf der Goldplatte, die die Unterlage bildet, festgelötet. Um den Schmelzpunkt der Goldkügelchen niedriger zu bringen als den der goldenen Unterlageplatte, wird den Goldkügelchen durch Glühen in Kohlenstaub etwas Kohlenstoff zugeführt, und dann lassen die Kügelchen sich auf der Unterlage anschmelzen. Die Verteilung der Kügelchen in bestimmten Mustern wird durch eingegrabene Linien auf der Unterlage erleichtert.

G. an Goldschmuck kommt zuerst an einigen Stücken der 12. Dyn. aus Dahschur vor (Tf. 177b) und zwar vorwiegend an solchen, die nach ihrer Arbeit unägyptisch sind. Von einigen dieser Stücke kann man mit Sicherheit annehmen, daß sie nach ihren sonstigen Kennzeichen auf Kreta hergestellt sind. Andere mögen von Äg. gearbeitet sein, lehnen sich aber doch z. T. an fremde Motive an. Im Anfang des NR wird G. häufig angewendet, am Ende dieser Epoche ist sie ein beliebtes Dekorationsmittel zur Bedeckung von Flächen an goldenen Armbändern (Tf. 239) und Ohrgehängen. S. a. Goldschmiedekunst B.

H. Blümner *Technol. und Termin.* IV (1887) S. 317; Em. Vernier *Bijouterie et joaillerie* 1907 S. 128; Möller *Metallkunst* 1925; und Literatur bei A. Roeder

Graphit. G., eine mineralische Kohle, wurde in der Töpferei in zweifacher Weise verwendet. Entweder wurde die Oberfläche des Tongefäßes mit G. abgerieben, so daß ein dünner, metallisch glänzender Überzug entsteht, ein Verfahren, das besonders in der HZ beliebt (vgl. z. B. Band VI Tf. 56), aber auch noch in der LTZ bekannt war. Oder der G. wurde dem Ton beigemengt. Solcher graphithaltige Ton tritt bereits in der frühen LTZ im kelt. Gebiet auf, wird bis zum Ende der Per. benutzt und verschwindet dann. Der Graphitgehalt ist häufig so stark, daß die schwach gebrannte Scherbe wie Bleistift schreibt und sich mit dem Messer schneiden läßt. Der Zweck ist nicht die Herstellung feuerfesten Materials für Schmelztiegel, denn hierzu eignen sich die vorliegenden Gefäße nicht, sondern hauptsächlich ein ästhetischer. Praktisch bietet der Graphit-Ton den Vorteil, daß er, wenn die Oberfläche stark gerieben wird, die Poren verstopft und das Gefäß undurchlässig für Wasser macht. Ein in einem Gräberfeld der LTZ von Pinnow bei Angermünde gefundenes Stück Rohgraphit in der Berliner Staatsslg. zeigt, daß Graphit weit exportiert wurde; er stammt wohl aus Böhmen oder Mähren.

ZfEthn. Verh. 12 (1880) S. 171 Sarnow; ebd. 13 (1881) S. 250 L. Schneider; Undset *Eisen* S. 77, 191. Alfred Götze

Graphitierte Gefäße. S. a. Bucchero. § 1. Als „graphitiert" bezeichnet man Tongefäße mit einer grauschwarzen bis tiefschwarzen, silberglänzenden Oberfläche, die ihr Aussehen einer Beimengung von Graphit (s. d.) verdanken. Von anderen Gefäßen, deren schwarze Färbung auf andere Weise entstanden ist, z. B. durch Beimischung von Kienruß oder Kohle, unterscheiden sie sich zunächst durch ihren metallischen Glanz, ferner dadurch, daß dieser Glanz, besonders bei frisch aus der Erde herausgenommenen Gefäßen, durch Reiben erhöht wird, wobei die Oberfläche ähnlich abfärbt wie der in unseren Bleistiften enthaltene Graphit. Außerdem ist zu bemerken, daß der schwarzglänzende Überzug der graphitierten Gefäße nur äußerlich auf die gelb- oder dunkelbraune Oberfläche aufgetragen ist, während die meisten auf andere Art geschwärzten Gefäße oft vollständig aus schwarzem Ton bestehen (s. a. Graphit). Neben Gefäßen, bei denen die äußere Gefäßwand vollständig graphitiert ist, kommen solche vor, bei denen nur der Oberteil diese Verzierung aufweist, bzw. noch andere, wo der Graphit in Streifen, Linien oder anderen Mustern auf die Gefäßwand aufgetragen ist. Was die Technik der Graphitverzierung betrifft, so scheint es, daß das Mineral vor dem Brande in pulverisierter Form in die Oberfläche der Gefäße eingerieben wurde. Während auf andere Weise geschwärzte Gefäße keine hohe Temperatur vertragen, weil sich alsdann die schwarze Farbe in Rot umwandelt, ist der Graphit gegen Hitze viel unempfindlicher (Píč *Starožitnosti* II 2 S. 93f.).

§ 2. Die ältesten graphitierten Gefäße sind uns aus der j. StZ bekannt. Jíra erwähnt „mit Graphit bestrichene" Gefäße innerhalb der ältesten böhm. Bandkeramik (Mannus 3 [1911] S. 230, 250; s. Böhmen-Mähren B § 5), außerdem treten graphitierte Gefäße auch unter der bemalten äneol. Keramik des n. Balkangebietes auf. Der hierbei benötigte Graphit steht z. B. in Böhmen an mehreren Orten an, z. B. in Katovice und Sušice (vgl. ZfEthn. Verh. 13 S. 250).

§ 3. **Besonders charakteristisch ist jedoch die Verwendung von Graphit erst für die HZ, und zwar sind in Süddeutschland graphitierte Tongefäße vereinzelt bereits aus der frühesten HZ (Reineckes Stufe A)** bekannt (*AuhV* 5 S. 245). Eine typische Erscheinung bilden sie hier jedoch erst in den zwei folgenden Stufen, d. h. in Reineckes Hallstattperioden B und C. Außer in Süddeutschland kommt Graphitverzierung auch am Niederrhein vor (in der Hallstattstufe B), ferner im n. Ostalpengebiet (z. B. in Salzburg, Steiermark), an der mittl. Donau (in Ober- und Niederösterreich sowie Westungarn), schließlich im ganzen Gebiet der Lausitzer Kultur (Böhmen, Mähren, Lausitz, Schlesien und Posen; Band VI Tf. 56), wo sie im s. Teil bereits in der V. Bronzezeitperiode von Montelius erscheint (= Reineckes Hallstatt B), im N aber erst für die älteste nordd. EZ (= Per. VI Mont.) typisch ist. Während in der Lausitzer Kultur der Graphitüberzug fast durchweg für sich allein verwandt wird, kommt er in anderen Gebieten, besonders in Süddeutschland, recht häufig in Verbindung mit Bemalung vor. Neben Gefäßen, die auf dem natürlichen matten, braunen, schwarzen oder gelblichen Tongrund einen glänzend polierten Graphitanstrich aufweisen, treten hier andere auf, die mit einem feinen rotbraunen Überzug versehen sind, auf dem mit Graphit verschiedene geometrische Muster aufgemalt sind. Daneben erscheinen hier wie an der mittl. Donau Gefäße, die eine teilweise Graphitierung in Verbindung mit Rotmalerei aufweisen. Einige Beispiele einer solchen Verbindung beider Ziertechniken sind auch aus Posen bekannt.

§ 4. Die graphitierten Gefäße sind gewöhnlich mit vertieften Ornamenten verschiedener Art versehen, seltener mit plastischen Verzierungen, wie z. B. Warzen, Buckel, Tierkopfansätze, erhabene Wellenlinien, Spiralen usw., die besonders in Niederösterreich und Westungarn häufig sind. Sehr beliebt, sowohl in Süddeutschland und in den Ostalpen als auch in Mähren sowie n. der Sudeten, ist das sog. „falsche Schnurornament", das fast durchweg vermittels eines Rädchens, vereinzelt auch durch Abdrücken eines tordierten Halsrings (Tf. 179d) hergestellt wurde. **In Süddeutschland, besonders in der schwäbischen Alb, sind eingestempelte Muster sehr beliebt (konzentrische Kreise, Dreiecke usw.).**

§ 5. **Was die Herkunft des in der HZ verwandten Graphits betrifft, so hat Deecke die Vermutung geäußert, daß dabei graphitische Kohle zur Verwendung kam, die beim** Erstarren geschmolzenen Eisens als Nebenprodukt entstand. Wenn diese Annahme stimmt, so würde sich ein innerer Zusammenhang zweier Industrien der Vorzeit ergeben, der das massenhafte Auftreten der graphitierten Tonware gerade im Beginn der EZ auf ungezwungene Weise erklären würde.

§ 6. Auch in der LTZ und RKZ kommen in Ostdeutschland sowie in Polen tiefschwarze, graphitierte Gefäße nicht selten vor. Auf kelt. Gebiet erscheinen z. B. in Salzburg während der LTZ Gefäße, zu denen Graphit-Ton verwandt wurde, der bis zu 45% reinen Graphit enthält. Dagegen haben sich die geschwärzten Gefäße der kelt. Ansiedlung in Stradonitz als nicht graphitiert erwiesen.

Behla *Die Urnenfriedhöfe mit Tongefäßen des Lausitzer Typus* 1882 S. 58f.; Balt. St. 39 S. 131f.; Pomm. Monatsblätter NF 25 (1911) S. 90ff.

Deecke; Mannus 3 (1911) S. 230, 250; ebd. 4 (1912) S. 83, 203ff.; *AuhV* 5 S. 322f., 406f.

J. Kostrzewski

Grasfeldwirtschaft. § 1. Man würde die Siedelungsverhältnisse der Vorzeit kaum richtig auffassen, wenn man immer nur an den Urwald denkt, in dem sich die Menschheit zumeist mit Hilfe des Feuers durch Rodung Raum schaffen mußte. Sicher ist vielmehr die Siedelung so weit wie möglich offenen Stellen gefolgt, die ja auch an Bächen und Flüssen oft genug geboten wurden. Naturgemäß zogen neue Siedler sandige oder sonst freie Stellen vor, wenn die Sicherung es nur irgendwie erlaubte. Gras war ja so sehr viel leichter auszubrennen als Wald. Genügend freies Land hat sich bis in verhältnismäßig späte Zeit erhalten.

§ 2. Es ist aber auch mehr, als das bisher geschah, zu beachten, daß der Wald dort, wo er einmal an Ausdehnung durch den Eingriff des Menschen verlor, sich nicht wieder im selben Bestande einfindet wie vorher. So schießen z. B. in weiten Gebieten der Tropen statt der ursprünglichen Waldbäume nach Aufgabe der Siedlung Gräser auf, die dann häufig einen siegreichen Kampf gegen den angrenzenden Wald führen; man denke z. B. an die berüchtigten Alang-Alang-Felder Javas.

§ 3. Es scheint, daß in älterer Zeit bei der geringen Intensität der Wirtschaft und dem Überfluß an freiem Boden sich dergleichen auch bei uns gefunden hat. So erklärt sich zugleich das Vorwiegen der Viehwirtschaft, was aber nichts daran ändert, daß das Rückgrat der Wirtschaft der Ackerbau (die Pflugwirtschaft) war, auch wenn für das Gefühl des Bauern der Viehbesitz, die Zahl der Pferde und Rinder, die Hauptsache blieb.

§ 4. Wenigstens in den sog. Lehden der alten Brandenburgischen Wirtschaft, die den allergrößten Teil der Feldmark als Außenschläge und mindere Weide nur in langen Zeitabschnitten einmal zum Getreidebau heranzog, wird auch bei uns etwas betrieben worden sein, was wir eine G. nennen können.

Kieckebusch *Die Ausgrabung des steinzeitlichen Dorfes Buch* 1923 S. 19/20.

Ed. Hahn

Gravette-Spitze s. Aurignacien § 2.

Gravierung. S. a. Kunst A.

A. Europa. 1. Kunst.

§ 1. Die Eigenart des gravierten, eingeritzten, eingepunzten Ornaments liegt darin, daß es, im Gegensatz zum plastisch erhöhten oder vertieften Muster, zur Bemalung, zur Durchbrucharbeit oder zum flächenfüllenden Einlagemuster, den Grund d. h. die Körperfläche des verzierten Gegenstandes in keiner Weise angreift, noch auch dieselbe unter einer Schicht aus fremder Substanz verbirgt. Damit erweist sich das gravierte Muster ornamental als ein ursprünglicheres, strengeres, primäres, stilistisch als ein flächenhaftes, unmalerisches.

§ 2. Die neol. Gefäßverzierung bestätigt diese Auffassung. Ist, wie im Orient, unter dem Einfluß der freien Bildnerei eine frühe Gefäßbemalung vorhanden, so zeigt sich die Ritztechnik entweder als die vorherrschende (Chaldäa), oder als die frühere (Mussian), oder auch als bäuerlicher Überrest eines primitiveren Verfahrens (Susa). Aus Ägypten ist eine rohere, dickwandige Keramik mit eingeritzten geometrischen Ornamenten im allgemein-neol. Stil bekannt, neben der Gefäßmalerei begegnet die Ritztechnik in der Gruppe der schwarzen, weißinkrustierten Gefäße. In den ostmittelländischen Küstengebieten, auf Zypern, Kreta, den ägäischen Inseln, auf der iber. und apenninischen Halbinsel ist die hist. Priorität der neol. Ritztechnik vor der Malerei bezeugt, für Griechenland, Thessalien ist sie nur zu vermuten. In dem gesamten west- und nordeurop. Neol. ist die eingeritzte Gefäßverzierung nie durch die Bemalung verdrängt worden.

§ 3. Interessant ist das Verhältnis zwischen der Mal- und Ritztechnik in der Bandkeramik (s. d.) Südost- und Mitteleuropas. In der ältesten der drei von Chwoiko (Zapiski Arch. Ges. 5 [1903—04]) festgestellten Stufen der Tripolje-Kultur (s. Südrußland B) finden sich nur eingeritzte geometrische Muster; neben der Gefäßmalerei der 2. und 3. Stufe setzt die Ritztechnik sich fort. Nach W und N stellt der konservativ ornamentale Charakter der alteurop. Kunst dieser von O eingedrungenen Maltechnik immer größeren Widerstand entgegen. In Böhmen und Mähren scheinen Elemente aus der ö. Vasenmalerei zunächst in die einheimische Ritztechnik übersetzt zu werden, dann tritt auch hier die Bemalung auf, aber neben ihr und z. T. an den gleichen Gefäßen (in Böhmen ohne Rücksicht auf das gemalte Muster) setzt sich die Ritztechnik durch, um schließlich das Feld zu behaupten (Band II Tf. 24c, d; vgl. Mannus 3 [1911] S. 225ff. J. A. Jíra; Pravěk 1911 S. 40, 125; ebd. 1912 S. 17ff. J. Palliardi). An der w. und n. Peripherie, am Rhein, in Sachsen-Thüringen, herrscht nur die Ritztechnik. Schlesien kennt nur Spuren neol. Vasenmalerei.

§ 4. Der weiche Ton gestattete die verschiedenartigsten Mittel, um das Ornament einzuschneiden, zu ritzen, zu stechen oder zu pressen. Sobald es auf eine exaktere geometrische Formsprache ankam, wurden die Fingerspitzen und -nägel durch besondere Geräte, Stäbchen, Federspule, Knochensplitter usw., zur Erzeugung durchgehender, punktierter oder in Furchenstich hergestellter Linien ersetzt. Mit Hilfe von Schnüren und Stempeln konnten die geometrischen Muster schneller und sicherer hergestellt werden (s. Flechtmuster). Aber auch dann, wenn im Spätneol. das Muster so tief eingestochen wird, daß es sich mit Schatten füllt (z. B. in der nord. Tiefstichkeramik), kann von einer Verletzung des flächenhaften Dekorationsprinzips nicht gesprochen werden.

§ 5. Obwohl die eingeritzte Gefäßverzierung durch die ganze Metallzeit beibehalten wurde, erscheint sie doch gegenüber den seit der BZ einsetzenden spezifisch malerischen Techniken des Kerbschnitts, der Buckelverzierung, Kannelierung usw., später auch der polychromen Bemalung, mehr und mehr als das kunstlosere, primitivere Schmuckverfahren. Dagegen ist bei der Verzierung der Bronzearbeiten das in die Fläche gravierte bzw. gepunzte Ornament das herrschende: schon der optische Gegensatz zwischen den gerauhtgemusterten und glattpolierten Metallflächen kam dem neuen Bedürfnis nach malerischer Wirkung entgegen. Interessant ist hier das Verhältnis zwischen der gravierten und der getriebenen Bronzeverzierung, das einigermaßen an den Gegensatz zwischen der eingeritzten und bemalten Gefäßverzierung während der StZ erinnert. Während in der myk. und altgriech.-ital. Toreutik die in Metall getriebene figurale Darstellung und das ornamentale Treibmuster eine bedeutsame Rolle spielen, ist die Entwicklung des Ornaments diesseits der Alpen, von dem geradlinigen Muster der I. Per. Mont. über das Kreis- und Spiralornament bis zu den nord. Wellenband-, Wirbel- und Drachenmotiven der V. Per. Mont., nur in der eingepunzten Ornamentik zu verfolgen. Wiederholt werden s. Treibmuster auf ihrem Weg nach N in die Graviertechnik übersetzt. Die Stiere auf einem gravierten Bronzegürtel aus Chodschali (Transkaukasien: Abh. Preuß. Ak. 1895 Tf. 4) bieten eine Parallele zu den getriebenen Stiergestalten der myk. Kunst (Vaphio-Becher; Tf. 172, 173). An den Hallstattbronzen vermischt sich die einheimische gravierte Verzierung mit der s. getriebenen; das ital., in Punktreihen getriebene Sonnenvogelmotiv verwandelt sich in Nordeuropa in ein immer graviertes Drachen- oder Schlangenornament (auf rhombischen Fibelplatten, Hängebecken, Messerklingen der späten nord. BZ; s. Tierornament). Dieser Gegensatz zwischen graviertem und getriebenem Ornament ist zum Teil technisch begründet, und man hat mit Recht darauf hingewiesen, daß die gravierte Verzierung dem primitiveren, im N üblichen Bronzeguß, das Treibmuster der im S schon früh hochentwickelten Schmiedetechnik entspricht (Hoernes *Urgesch.*[2] S. 493). Wie das keineswegs ganz fehlende Buckelornament (s. Buckelverzierung) beweist, war aber auch an den dünn gegossenen nord. Bronzen eine getriebene Verzierung sehr wohl möglich, so daß jedenfalls neben dem technischen Moment auch das stilistische zu berücksichtigen ist: die Gravierung ist die primäre Ziertechnik, weil sie die natürliche Körperfläche der Gegenstände nicht beeinträchtigt, das Treibmuster ist sekundär-ornamental, weil es sich selbständig, körperhaft aus der Fläche erhebt, wobei eine Annäherung an die figurale Reliefplastik unmittelbar gegeben ist (myk., etrusk. Metallverzierung, venetische Situla-Kunst).

§ 6. Von einem Gravieren, Einritzen, in engerem Sinn kann bei der Verzierung der nord. und mitteleurop. Bronzen der BZ insofern nicht gesprochen werden, als das Muster eingeschlagen, eingepunzt wurde. Die Herstellung eines Musters in Bronze mittelst Bronzegeräte konnte nur durch Schlag und Stoß erfolgen, die dazu verwendeten Bronzestifte sind uns aus Dänemark, der Oberpfalz, der Schweiz, Zypern bekannt (Müller *NAK.* I 284 ff.; Naue *Oberbayern* S. 230). Unter diesen Umständen erscheint das äußerst feine, fortlaufende Linienornament auf den nord. Bronzen als eine erstaunliche technische Leistung. Unter Einfluß der altgriech. Toreutik tritt, zuerst an Hallstattbronzen, der Tremolierstich auf, bei dem ein schmaler Stichel aus Eisen abwechselnd um die linke und rechte Spitze gedreht wurde, sodaß ein Zickzackmuster entstand (Präh. Z. 1 [1909] S. 424 H. Schmidt).

§ 7. Beispiele von einer Übersetzung fremder, getriebener Vorlagen in die Graviertechnik fehlen auch in der Latènekunst nicht: die Reiter- und Tierreihen der etrusk. und venetischen Metallverzierung sind meistens getrieben, die auf einer Schwertscheide aus Hallstatt (Band III Tf. 122), einer Bronzeflasche aus Rodenbach, einer Tonflasche aus Matzhausen (Band VII Tf. 193 d) sind graviert (s. Figürliche Darstellung). Trotzdem kann neben den vielen getriebenen, gegossenen, durchbrochenen Metallarbeiten der kelt. Kunstindustrie von einer entschiedenen Bevorzugung der Gravierung nicht mehr gesprochen werden, höchstens wäre zu sagen, daß die reiche Gravierung z. B. auf den gall. und brit. Schwertscheiden oder Bronzespiegeln (Band VII Tf. 193 e, f, 194) das spezifisch kelt., stark stilisierte Pflanzenornament in seiner eigentümlichsten Gestalt und sorgfältigster Ausführung darstellt. Das Verhältnis zwischen der aufgemalten und eingeritzten Verzierung der Tongefäße erinnert an Erscheinungen der Bandkeramik: das aus klassischen Quellen schöpfende gemalte Pflanzenornament Ostfrankreichs (Marne) wird in der Bretagne (Finistère) und Südengland (Somerset) durch eingeritzte Muster ersetzt.

Rev. arch. 2 (1901) S. 51 ff. Déchelette; ders. *Manuel* II 3 S. 1463, 1467, 1494; vgl. a. a. O. Abb. 661 [1], 660 [3], 668. F. A. v. Scheltema

2. Technik s. Bronzetechnik A § 11—15, Eisen A § 10, Steinbearbeitung § 14.

B. Ägypten. G. nennt man in der Metalltechnik die Arbeit mit dem Grabstichel, die mit der Hand ausgeführt wird; sie bringt feine eingeritzte Linien durch das Einschneiden einer feinen Spitze des Dorns hervor. Das Instrument hat einen Handgriff und wird ohne Hammer gehandhabt. Darstellungen zur Anwendung des Grabstichels sind aus dem alten Ä. nicht erhalten, wohl nur durch Zufall, vielleicht auch nicht erkannt in Bildern, die noch nicht genau untersucht sind. Ein Grabstichel aus einem Metallstift, dessen Ende als Handgriff zu einer Spirale umgebogen ist, hat sich erhalten. Die Technik kann in alter Zeit in Ä. angewendet werden in Kupfer, sowie in Gold (s. d. B) und Silber. — Der älteste Beleg für Gravierung ist das Armband, das am Arme einer Frau im Grabe des Königs Zer (Dyn. 1) in Abydos gefunden ist: die Einzelheiten des Königsnamens, der als Palastfassade mit dem Falken gebildet ist aus Goldplättchen, sind mit dem Grabstichel eingeritzt. In der Folgezeit kommt die Gravierung an vielen Schmucksachen vor.

Scharf von der Gravierung mit dem Grabstichel zu unterscheiden ist das Ziselieren mit Punzen (s. d. B). Im NR werden beide Techniken nebeneinander verwendet, um die mit Punzen getriebene Darstellung in den Einzelheiten zu beleben. An dem Geier aus dem Schmuck der Königin Teje (Dyn. 18) sind die Federn am Gefieder des Vogels teils mit Punzen gegeben, teils mit dem Grabstichel eingeschnitten. Vgl. a. Band II Tf. 78, 79 b.

Vernier *Bijouterie et joaillerie* 1907 S. 121; Blümner *Technol. und Terminol.* IV (1887) S. 263. Roeder

Greif. S. a. Fabeltier, Mischwesen. — (Ägäischer Kreis) Dieses wohl aus dem Orient übernommene Fabelwesen (geflügelter Löwe mit dem Kopf eines adlerähnlichen Wundervogels mit Schopf und Locken) erscheint zuerst in SM I (Schwert, Dolchklingen, Schmuckbleche aus den myk. Schachtgräbern) und bleibt dann bis zum Ende der min.-myk. Kultur häufig. Hervorragende Beispiele: Goldringe und Gemmen, Elfenbeinreliefs aus Mykenai (Tf. 241; SM I—II), Fresken des Thronsaales von Knossos (Tf. 240), Gespann auf dem Sarkophag von H. Triada (SM III; Band V Tf. 12). Noch jüngere Darstellungen (Vasen von Tiryns und Kypros) leiten schon zur „submyk." Zeit über; dann verschwindet der G., um erst gegen Ende der

Greif

Freske des sog. Thronsaales. Knossos. Nach H. Th. Bossert Altkreta Abb. 55.

a

b

Greif

a—b. Elfenbeinreliefs. Mykenai. H. 7 und 7,9 cm. — Nach H. Th. Bossert Altkreta Abb. 230f.

geom. Per. mit dem orientalisierenden Stil des 7. Jh. wieder aufzutauchen. Die ägyptische Form des G. ist dem ägäischen Kreise fremd, die min. hat dagegen auf Ägypten eingewirkt.

Roscher *Lex.* II 1745ff. Furtwängler; Fimmen *Kret.-myk. Kultur*² 1924 S. 205. — Schwert aus den Schachtgräbern: Perrot-Chipiez VI 781; Bossert *Altkreta*² Abb. 287. — Schmuckbleche: Arch. Jahrb. 30 (1915) S. 307, 309. — Ringe und Gemmen: JHS 21 (1901) S. 158 Evans; ebd. 22 (1902) Tf. 7, 54 Hogarth; 'Εφ. ἀρχ. 1888 Tf. 8; ebd. 1889 Tf. 10, 32; A. Furtwängler *Ant. Gemmen* I Tf. 6, 18. — Tonsarg von Palaikastro: BSA 8 Tf. 19. — Thronsaal: Maraghiannis *Ant. crét.* III Tf. 8; Bossert Abb. 55. — Sarkophag: Mon. Lincei 19 Tf. 3; Bossert Abb. 76, s. a. 230f., 311, 320f.; Murray-Smith *Cyprus* Tf. 1.

G. Karo

Grein (Oberösterreich) s. Stromfunde.

Grellingen s. Schweiz A.

Grenelle (Frankreich; Tf. 242, 243). Bei G. und bei Clichy, Ortschaften im Weichbilde von Paris, fanden mehrere Untersucher in einigen Sandgruben, in Ablagerungen der Ur-Seine, eine größere Zahl von menschlichen Schädeln und Skeletten, bei G. insgesamt 15, bei Clichy 6.

§ 1. Geologisches Alter. Leider waren die FU von vornherein unsicher, zumal zur Zeit der Funde (der erste wurde i. J. 1867 gemacht) die geol. Kenntnisse, besonders bezüglich der Diluvial-Chronologie, noch recht gering waren. Verschiedene Versuche, die FU zu klären, haben sie eher noch mehr verwirrt, so daß höchstens von weiteren Funden etwas zu hoffen wäre. Auf jeden Fall ist das geol. und präh. Alter der Reste stark umstritten; während besonders die älteren Untersucher die Funde für sehr alt, für sicher diluv. hielten, halten andere, besonders neuere Forscher, sie für recht jung; speziell G. de Mortillet und M. Boule geben ihnen nur ein geringes Alter.

Rutot, ein eifriger Verfechter der alten Ansicht, daß es sich um diluv. Reste handele, hat 1910 die FU nochmals zu prüfen versucht und kommt zu einer Aufstellung, die verhältnismäßig am klarsten ist, und die ich deshalb auch in vereinfachter und noch etwas übersichtlicher gestalteter Form wiedergeben möchte:

A. Unterste Schicht; Grundkies

a. Funde: Bruchstücke eines menschlichen Schädels (Fundort Sandgrube Hélie in Grenelle)

b. Fauna: *Elephas antiquus, Hippopotamus*

c. Kultur: Strépyien

B. Zweite Schicht; untere Schwemmsande, unter erratischen Blöcken

a. Funde: Sandgrube Hélie: Schädel „Hélie Nr. 1 und 2"; Sandgrube Coulon (in Grenelle): Schädel „Coulon Nr. 1, 2 und 3"; Gruben in Clichy: Avenue de Clichy: Reste eines Skelettes; Route de la Chaumière: Reste eines 9jähr. Kinderskelettes und 2 Bruchstücke einer Schädelkapsel

b. Fauna: *Elephas antiquus* und *Elephas primigenius*

c. Kultur: Typisches Chelléen

C. Dritte Schicht; obere Schwemmsande, über erratischen Blöcken

a. Funde: Sandgrube Hélie: Schädel „Hélie Nr. 3, 4, 5, 6, 7, 8" und zwei Unterkiefer; Sandgrube Coulon: Schädel „Coulon Nr. 4 und 5"; Avenue de Clichy: 1 Unterkiefer eines Erwachsenen, 1 Unterkiefer eines Kindes, 2 Bruchstücke einer nicht zu einem der Unterkiefer gehörenden Schädelkapsel

b. Fauna: *Elephas primigenius*

c. Kultur: Unteres Acheuléen

Es wäre möglich, daß das gegenseitige Altersverhältnis der menschlichen Reste in dieser Tabelle richtig wiedergegeben ist, aber die geol. und präh. Altersbestimmung ist so phantastisch, daß Rutot mit seiner Ansicht keinen Beifall gefunden hat. Boule wendet sehr richtig dagegen ein, eine derartige Zusammenstellung 40 J. nach dem Funde und durch jemanden, der den FO nicht gesehen habe, könne keinen Wert haben. Wenn es zutrifft, daß die den tieferen Schichten zugerechneten Reste wirklich verhältnismäßig tief lagen, so können diese möglicherweise diluv. sein, die der oberen Schicht dürften höchstens dem letzten Ende des Diluviums, der Übergangszeit zum Alluvium, zuzuzählen sein. Auf keinen Fall liegen für die Rutot'sche Datierung (Acheuléen, Chelléen oder gar Strépyien!) irgendwelche Anhaltspunkte vor.

§ 2. Beschreibung der menschlichen Reste. Auch die anthrop. Bearbeitung der Funde hat von Anfang an unter einem Unstern gestanden: niemand hat sie wirklich systematisch untersucht und ausführliche Zahlen von allen gegeben; außerdem numerierte fast jeder Bearbeiter die Schädel anders, so daß Verwechslungen vorkamen. Und so haben, neben der Unmöglichkeit, das geol. Alter zu bestimmen, auch diese Umstände dazu beigetragen, daß die Funde von G. und Clichy fast ganz in Vergessenheit gerieten; in Erinnerung blieb eigentlich nur die Tatsache, daß man hier in möglicherweise diluv. Schichten auffallenderweise Kurzschädel gefunden hatte, die mindestens eben so interessanten Langschädelformen vernachlässigte man gänzlich.

Faßt man die mehr oder weniger spärlichen Mitteilungen der verschiedenen Bearbeiter zusammen, so erhält man von den menschlichen Resten folgendes Bild.

Das geol. älteste Stück dürfte, darin stimmen alle Berichterstatter überein, die Kalotte aus dem Grundkies der Sandgrube Hélie in G. sein; sie ist später als die anderen Stücke gefunden, bei Quatrefages und Hamy (1882) daher noch nicht erwähnt und infolgedessen auch unnumeriert geblieben. Sie dürfte sicher diluv. sein und vielleicht gar nicht einmal — sie lag in einer recht tiefen Schicht — dem Ende des Diluviums angehören. Sie ist bisher nur von Hamy (1889) ganz kurz beschrieben und in Profilskizze (Tf. 242a) abgebildet worden; ausführliche Maße sind nicht angegeben. Die Profilkurve ist ziemlich flach, die Stirn etwas schräg mit gut ausgebildeten Oberaugenbögen (aber keine *Tori supraorbitales*!); die „kleinste Stirnbreite“ wird mit etwa 100 mm angegeben, was recht viel wäre; die Schädelnähte sollen recht einfach gezackt (primitives Merkmal), die Nasenwurzel ziemlich breit sein. So weit sich aus dem Augenhöhlenteil des Stirnbeines schließen läßt, scheinen diese hoch und rundlich gewesen zu sein. Der Schädel ist offenbar recht lang und schmal gewesen und ähnelt von den bekannten Formen zweifellos am ehesten den Schädeln von Galley-Hill (s. d.) und Brünn (s. d.); man wird ihn also zu *Homo aurignacienis* (s. d.) oder zu einer Vorstufe der Rasse rechnen können. Wir hätten in ihm also möglicherweise einen geol. recht alten Vertreter dieser Gruppe, der nur leider mit dem von Galley-Hill die Unsicherheit der FU teilt.

Einen sehr einheitlichen Eindruck machen die von Rutot in die zweitälteste Schicht gestellten Schädel von G., 2 aus der Sandgrube Hélie (Nr. 1 und 2) und 3 aus der Grube Coulon (Nr. 1, 2 und 3). Coulon 1, 2 und 3 sind bei De Quatrefages und Hamy (1882) recht ausführlich beschrieben und auch abgebildet, Coulon 2 sogar im Atlas des Werkes in natürlicher Größe in der Ansicht von vorn und im Profil; Hélie 1 und 2 sind aber nur kurz erwähnt, in einer Tabelle einige ihrer wichtigsten Maße angegeben. Von diesen 5 Schädeln sind wahrscheinlich Coulon 2 und 3 und Hélie 1 und 2, also 4 Stück, weiblich und nur einer, Coulon 1, männlich.

Ungefähr den gleichen Typus zeigen übrigens die beiden ziemlich defekten Schädel Coulon 4 und 5, die von keinem Bearbeiter näher beschrieben werden; De Quatrefages und Hamy geben aber einige Maße. Ihres Typus wegen führe ich sie gleich hier an, obwohl sie möglicherweise (s. o.) geol. jünger sind, von Rutot den Schädeln Hélie 3—8 gleichgesetzt werden.

In der Numerierung der Schädel folge ich De Quatrefages und Hamy (1882); Rutot hat unglücklicherweise einige Schädel miteinander verwechselt: Die Stücke Coulon 1 und 2 (die bei De Q. u. H. leider nur als „Grenelle 1 u. 2“ bezeichnet werden) hält er für Hélie 1 und 2, kombiniert also die Abbildungen von Coulon 1 und 2 mit den Zahlen von Hélie 1 und 2! (Ein Irrtum, den ihm übrigens neuerdings Scheidt — *Schädel der Ofnethöhle* — nachmacht, nur daß Scheidt außerdem die Zahlen noch stärker durcheinanderwirft, unter anderem für Coulon 4 die von De Q. u. H. für 2 männliche Kurzköpfe berechneten Durchschnittszahlen anführt.)

Die wichtigsten Maße der genannten 7 Schädel gibt die nebenstehende Tabelle (nach De Quatrefages und Hamy, 1882).

Auch die von De Quatrefages, Hamy und Rutot gegebenen Umrißskizzen (Tf. 242b, c) zeigen eine weitgehende Übereinstimmung zwischen den 7 Schädeln, von denen Coulon 1 offenbar den charakteristischen männlichen, Coulon 2 den dazugehörigen weiblichen Typ darstellt. Die Stirn ist hoch, aber, besonders beim Manne, ziemlich schräg, die Oberaugenwülste sind nicht stark entwickelt, die Scheitelwölbung ist mittelhoch und voll, das Hinterhaupt ladet weit aus. Es sind langgebaute, mittelbreite Schädel mit niedrigem Gesicht, niedrigen oder mittelhohen Augenhöhlen und mittelbreiter Nase. Von oben gesehen ist die Schädelkapsel pentagonal bis oval.

De Quatrefages und Hamy rechnen diese

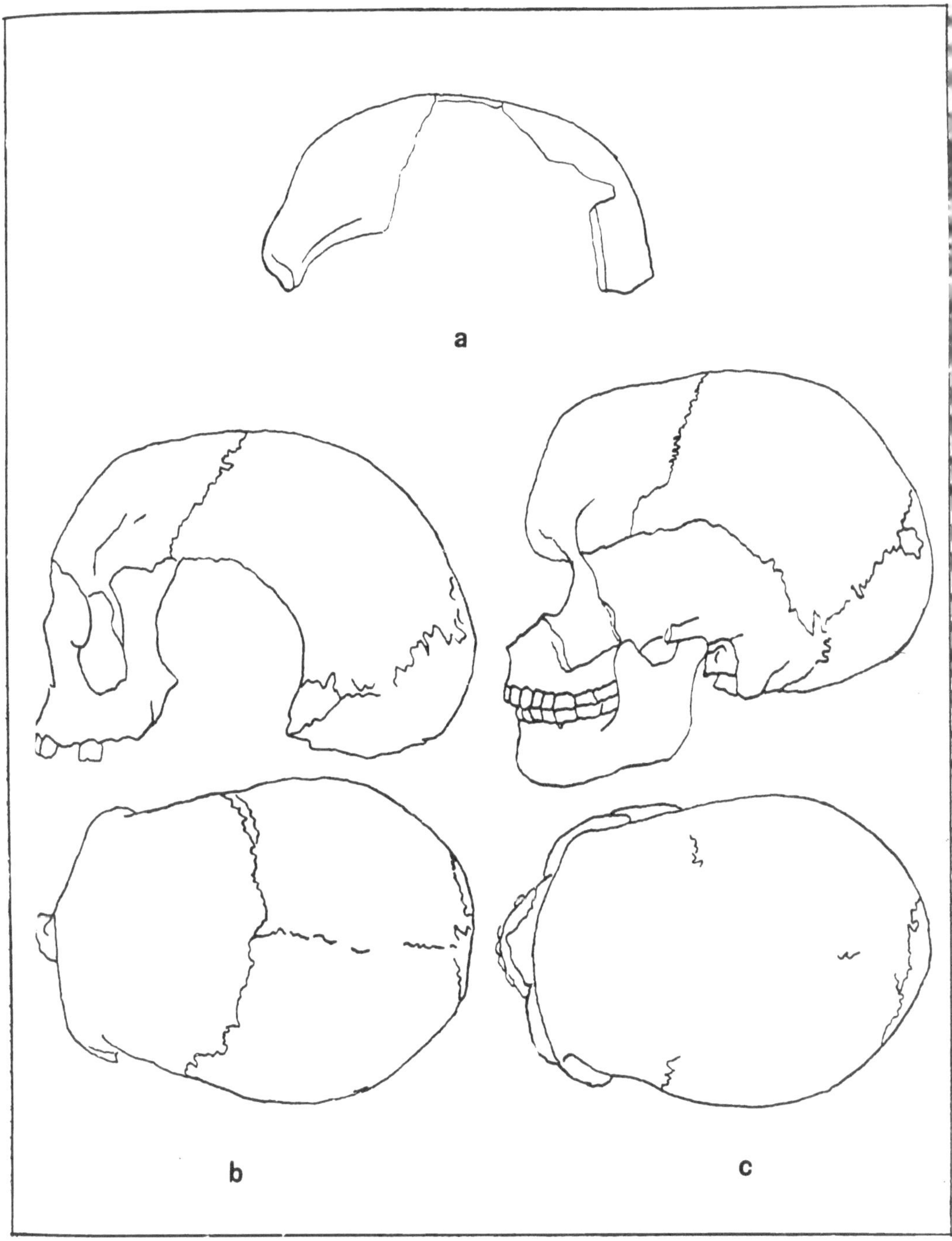

Grenelle

a. Schädel aus dem Grundkies. Grenelle. Grube Hélie, ohne Nummer. — b. Männlicher Schädel. Grenelle. Grube Coulon Nr. 1. — c. Weiblicher Schädel. Grenelle. Grube Coulon Nr. 2. — $^1/_3$ n. Gr. Nach de Quatrefages und Hamy, bzw. Rutot.

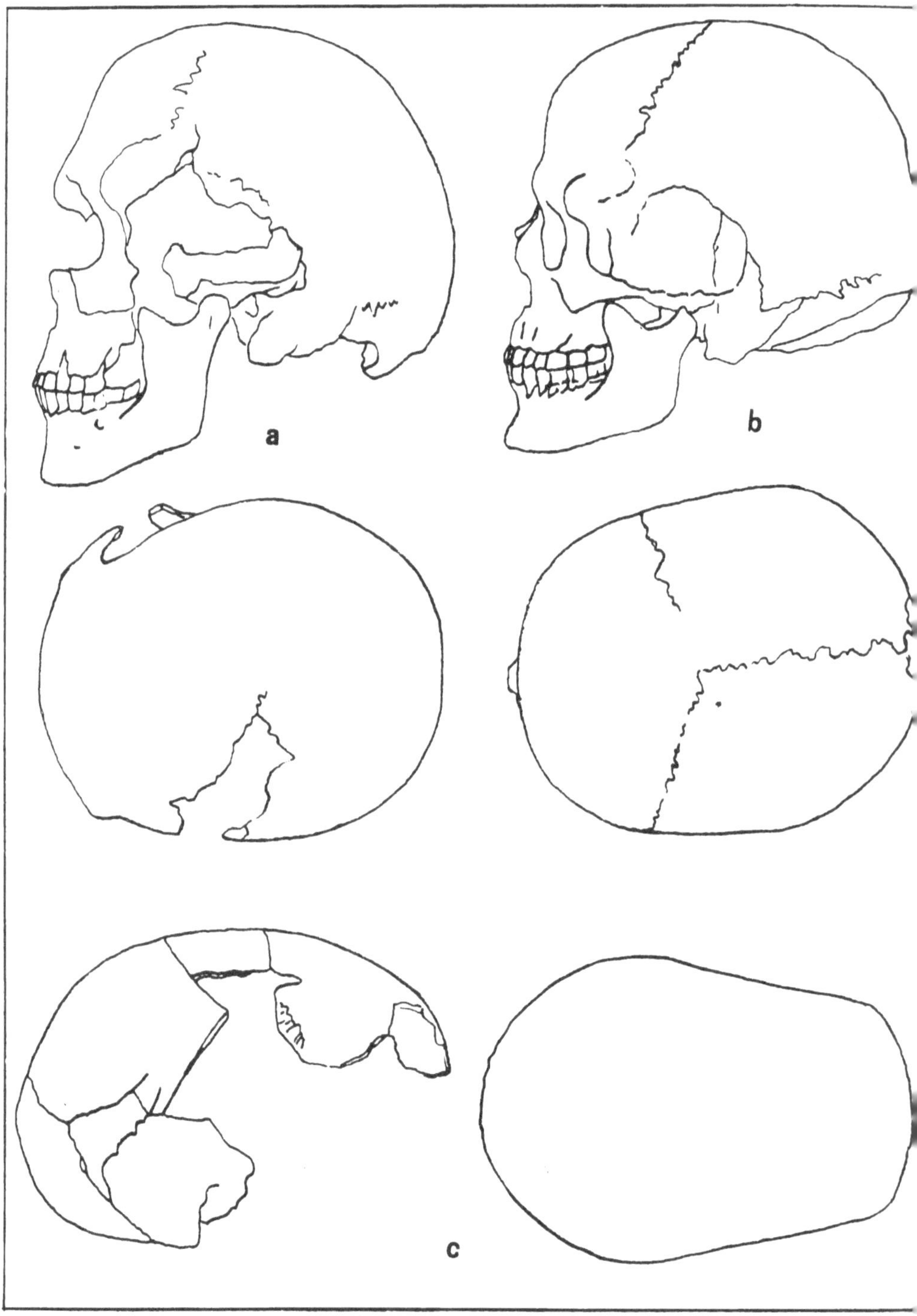

Grenelle

a. Männlicher Schädel. Grenelle. Grube Hélie Nr. 3. — b. Weiblicher Schädel. Grenelle. Grub Hélie Nr. 6. — c. Schädel von der Avenue de Clichy, ohne Nummer. — 1/3 n. Gr. Nach de Quatrefag und Hamy, bzw. Rutot.

	Coulon 1 ♂	Coulon 2 ♀	Coulon 3 ♀	Coulon 4	Coulon 5	Hélie 1 ♀	Hélie 2 ♀
Gr. Länge	191	182	186	190	—	184	175
Gr. Breite	142	138	146	140?	13.?	137	132
Ba.-Br.-Höhe	—	131	—	—	—	—	—
Kl. Stirn-Br.	93	95	94	92?	95	96	90
Gesichtshöhe	88	86,5	—	90?	—	—	—
Jochbog-Br.	132?	130?	—	—	—	—	—
Hor.-Umfang	542	512	523	—	—	525?	506
Kapazität	1530?	1390	—	—	—	—	—
Läng.-Breit.-Index	74,35	75,82	78,49	73,68	—	74,46	75,43
Ges.-Index	66,67	66,53	—	—	—	—	—
Fronto-Parietal-Index	65,49	68,84	64,38	65,71?	—	70,07	68,18
Orbital-Index	73,80	—	—	80,49	—	—	—
Nasal-Index	49,21	—	—	49,01	—	—	—

7 Schädel, wohl mit Recht, zur Crô-Magnon-Rasse (*Homo priscus;* s. d.), Rutot aber glaubt bei ihnen verschiedene Eigenschaften zu finden, in denen sie etwas primitiver sind als *H. priscus*, und sieht daher in ihnen Vertreter einer neuen, bisher noch unbekannten Rasse; er hält sie für eine Vorfahrenform der Crô-Magnon-Rasse, gewissermaßen für ihre Mutterrasse.

Die Unterkiefer haben übrigens ein nicht sehr stark ausgeprägtes, gerundetes Kinn, sind sehr kräftig und haben einen breiten, steilen „aufsteigenden Ast".

Von dem Skelett von der Avenue de Clichy, gefunden 1868 von E. Bertrand, ist bisher nur der defekte Schädel abgebildet und beschrieben (Tf. 243c). Leider fehlt bei diesem interessant gebauten Objekt der vorderste Teil der Stirn, so daß über den Bau der Oberaugenbögen nichts auszusagen ist. Auffallend ist zunächst die sehr große Dicke der Knochen: das Stirnbein ist stellenweise 14, sogar 15 mm dick! Die größte Schädel-Länge wird auf 204 mm, die größte Breite auf 138 mm, der Längen-Breiten-Index auf etwa 67—68 geschätzt. Die Stirn ist niedrig, fliehend, aber leidlich gut gewölbt, die Schädelkapsel auffallend flach, das Hinterhaupt weit ausladend. Die Schädelnähte sind sehr einfach gestaltet. Von der Tibia wird erwähnt, daß sie platyknem sei.

Hamy und Rutot halten das Skelett für die weibliche Form der Neandertalrasse (*Homo primigenius;* s. d.) und erwähnen, daß das Skelett typisch weibliche Eigenschaften habe; übrigens ist der Schädel, nach dem Zustand seiner Nähte zu schließen, noch jugendlich.

Ich glaube, schon die geringe Schädelbreite, der niedrige Längenbreiten-Index schließen *Homo primigenius* aus. Die ganze Form, auch der Längen-Breiten-Index, erinnern vielmehr ganz auffallend an den Schädel von Galley-Hill (s. d.). Der Schädel müßte einmal genau untersucht werden.

Von dem zertrümmerten Skelett eines etwa 9jährigen Kindes, das in einer Sandgrube der Route de la Chaumière in Clichy gefunden wurde, sind der fast ganz erhaltene Unterkiefer und zwei Bruchstücke der Schädelkapsel untersucht. Der Unterkiefer ist kräftig, scheint ein entwickeltes Kinn gehabt zu haben und weist, neben nicht näher gekennzeichneten anderen „inferioren Eigenschaften", dentale Prognathie auf. Er soll den Eindruck machen, als ob er zu einem brachykephalen Schädel gehört habe. Die Molaren sind fünfhöckerig. Die beiden Schädelbruchstücke weisen sehr komplizierte Nähte auf.

Die beiden Unterkiefer der Avenue de Clichy sind bei De Quatrefages und Hamy abgebildet und kurz beschrieben. Der eine stammt von einem Erwachsenen und besteht aus dem die Molaren und Prämolaren tragenden Teil der linken Hälfte. Beide Molaren haben 5 Höcker, M_2 ist größer als M_1. Der Unterkiefer erinnert an den von La Naulette (s. Naulette [La]), könnte also zu *Homo primigenius* (s. d.) gehört haben. Der zweite Kiefer ist der eines 7—8jähr. Kindes und ähnelt nach De Quatrefages in der Kinnpartie dem Unterkiefer von Arcy-sur-Cure. Als Maße werden angegeben:

	Clichy Nr. 1	Clichy Nr. 2
Höhe d. Körpers beim M_2	20 mm	—
Dicke a. d. Symphyse	—	11,5 mm
Dicke beim M_2	15 mm	14 mm?

Die 6 in den oberen Schwemmsanden der Grube Hélie in G. gefundenen Schädel sind einander auffallend ähnlich, weichen aber stark von allen übrigen in G. gefundenen Formen ab; während die bisher beschriebenen ausnahmslos lang, dolichokephal, waren, sind diese ausgesprochen kurz, brachykephal. Es sind das nach der Numerierung von De Quatrefages und Hamy die Schädel Hélie Nr. 3, 4, 5, 6, 7 und 8 und die vereinzelten Unterkiefer Nr. 9 und 10.

Am besten erhalten sind der männliche Schädel Hélie Nr. 3 (Tf. 243a) und der weibliche Hélie Nr. 6 (Tf. 243b). Bei dem ersteren, dem männlichen, sind die Oberaugenwülste kräftig entwickelt; die Stirn ist hoch, aber etwas schräg, die Schädelkapsel hoch gewölbt, das Hinterhaupt ziemlich steil abfallend und ausgesprochen kurz; von oben sieht der Schädel breitoval, fast kreisförmig aus. Das Gesicht ist ziemlich lang, die Augenhöhlen sind fast quadratisch. Die Kiefer zeigen alveolare Prognathie. Der Unterkiefer hat ein spitzes, stark entwickeltes Kinn und steile „aufsteigende Äste", die aber ziemlich schmal sind. Fast alle Zähne sind erhalten, sie sind aber abgenutzt und einige von ihnen kariös.

G.-Hélie Nr. 4 ist ebenfalls männlich und dem vorigen sehr ähnlich.

G.-Hélie Nr. 5 ist etwas schlanker gebaut und sieht fast so aus, als ob er ein langköpfiges Element enthielte; möglicherweise ist er aber nur die weibliche Ausprägung der Rasse, denn er ähnelt sehr dem typisch weiblichen Schädel Hélie Nr. 6. Auffallend stark ist die alveolare Prognathie.

G.-Hélie Nr. 6; ausgesprochen weiblicher Typus, aber mit ziemlich deutlichen Oberaugenwülsten. Das Hinterhaupt ist länger als bei den männlichen. Das Gesicht ist ziemlich breit und niedrig. Ein stark ausgeprägter Kinnvorsprung und alveolare Prognathie sind vorhanden.

G.-Hélie Nr. 7; ziemlich defekt, jugendlich, Alter etwa 18 Jahre, Nr. 6 sehr ähnlich; Unterkiefer vorhanden.

G.-Hélie Nr. 8, Schädel mit Unterkiefer, jugendlich und wohl auch weiblich; unterscheidet sich kaum von den vorigen.

De Quatrefages und Hamy glauben besonders große Ähnlichkeiten dieser Schädel mit Lappenschädeln feststellen zu können, Pruner Bey hält sie für Mongoloide. Zweifellos bestehen Beziehungen zu den kurzköpfigen Schädeln der Ofnet-Höhle (s. d.).

Sind diese Kurzköpfe von G. wirklich spät-diluvial (und nicht etwa neol.), so dürften sie zu den frühesten Einwanderern des *Homo brachycephalus*, *var. europaea* (s. d.) gehören.

An Einzelmaßen dieser kurzköpfigen Schädel werden nur wenige gegeben; ausführlich durchgemessen ist nur Hélie Nr. 6, von dem Schliz offenbar am Gipsabguß gewonnene Maße veröffentlicht hat, die ich hier wiedergebe:

	Hélie Nr. 3	Hélie Nr. 6 (nach Schliz)
Größte Länge	ca. 176 mm	173 mm
Größte Breite	ca. 147 „	147 „
Bregma-Höhe	—	126 „
Kl. Stirnbreite	—	93 „
Horizontalumfang	ca. 515 mm	515 „
Sagittalumfang	—	360 „
Jochbogenbreite	135 mm	128 „
Gesichtshöhe	99 „	107 „
Längen-Breiten-Index	83,52	84,97
Längen-Höhen-Index	—	72,83
Gesichts-Index	73,33	83,59
Nasen-Index	47,27	48,9

Nach De Quatrefages und Hamy beträgt der durchschnittliche Längen-Breiten-Index der 2 männlichen Schädel 83,53, der 4 weiblichen Schädel 83,68.

De Quatrefages und Hamy *Crania ethnica. Les crânes des races humaines* Paris 1882 S. 24, 31, 69ff., 92ff., 118ff.; E. Martin *Os humains d'une sablière quaternaire de Grenelle* Congr. Intern. d'Anthrop. et d'Archéol. préh. 2. sess. Paris 1867 S. 337; E. T. Hamy *Nouveaux matériaux pour servir à l'étude de la paléont. hum.* Cong. Intern. d'Anthrop. et d'Archéol.

préh. 10. sess. Paris 1899 S. 405—450; Rutot *Révision stratigraph. des ossements humains quaternaires* Bull. Soc. belge de Géologie 24 (1910) S. 123ff,; Archiv f. Anthr. NF 13 (1914) S. 182 Schliz.
O. Reche

Grenoble (Dép. Isère, Frankreich). Brustharnisch aus Bronze. Er besteht aus Vorder- und Rückenteil mit großen Armlöchern und Halsöffnung. Auf beiden Seiten Verzierung durch herausgetriebene Buckel in Reihen und einziselierte Punktkreise. Er gehört zusammen mit einem Funde aus Fillinges (Dép. Haute-Savoie), der aber unvollständig ist, ferner mit dem Harnisch aus der Sammlung Reiling zu Mainz. Ähnliche, wohl aus Oberitalien stammende bewahrt die Sammlung des Louvre. Das Stück von Fillinges hat hohen Nackenschutz und kann deshalb mit den Helmen von Bernières-d'Ailly (s. d.) zusammengebracht werden, die keine Nackenplatte haben. Was von diesen über die Zeitstellung gesagt ist, gilt auch von den Panzern und wird durch den Fund von Fillinges bestärkt, auf dem sich in getriebener Arbeit Vögel — wohl Schwäne — vom Hallstattcharakter finden. Sie gehören wohl kaum noch in die späteste BZ, sondern eher der HZ an. In der Berliner Staatssammlung finden sich derartige Funde aus Krain die die bekannten, zwiefach von vorn nach hinten gerippten Helme des ö. Hallstattkreises aufweisen. Dabei ein Panzer wie die besprochenen. Diese ganzen Funde: späte HZ. Die frühe Ansetzung der frz. Panzer wird durch die Krainer Funde sehr in Frage gestellt. S. a. Panzer A.

Rev. arch. 1901 II 310 Abb. 2 Costa de Beauregard; Déchelette *Manuel* II 234ff. mit Abb.; Forrer *Reall.* s. v. Panzer und Tf. 164, 2.
E. Rademacher

Grenzstein. Unter G. (*Kudurru*) versteht man auf babyl. Gebiet mehr oder minder große Steinblöcke in Phallusform, welche entweder auf freiem Felde oder im Tempel vor der Gottheit aufgestellt wurden. Auf ihnen wurden die genauen Grenzen eingeschrieben, die sich für ein Grundstück infolge einer Belehnung ergaben. Eine wesentl. Eigenschaft dieser Kudurru stellen die bildlichen Darstellungen dar, die sich auf ihnen finden. Auf manchen sind Szenen abgebildet, wie der König die Urkunde über die Schenkung dem Besitzer der Felder überreicht. Auf allen aber ist eine Anzahl von Göttersymbolen (s. d. E) vorhanden. Es sind teils Abbildungen von Gottheiten, teils ihre Tempel, Waffen, Geräte usw. (Tf. 198a, 202, 205, 206; Band VII Tf. 81, 161). Der Zweck dieser Symbole ist, das Grundstück unter den Schutz der Gottheiten zu stellen, die auf dem Kudurru vertreten sind. Soweit sich bisher erkennen läßt, war es dem König vorbehalten, solche Urkunden zu erteilen. Es handelt sich zumeist um Schenkungen an Tempel oder verdiente Würdenträger oder um Anerkennung von in Verlust geratenen Rechten. Die ältesten Kudurru stammen aus der Kassitenzeit.

King *Babylonian Boundary-Stones and Memorial-Tablets in the British Museum* 1912; Délégations en Perse I, II, IV, VI, VII, X (1900 ff.); *Vorderasiatische Schriftdenkmäler* I; Hinke *A new boundary stone of Nebuchadrezzar I. from Nippur* 1907; Steinmetzer *Über den Grundbesitz in Babylonien zur Kassitenzeit* AO 19, 1/2 (1919).
Ebeling

Grevenkrug (bei Bordesholm, Holstein). Hügelgrab mit Urne und Kleingerät jüngster BZ oder ältester EZ, ferner kleine Kanne aus getriebener Bronze (Importstück der III. Hallstattstufe; *AuhV* 5 S. 315 Reinecke) und eisernes Messer. Andere Funde Hallstätter Herkunft gleicher Zeit aus jenem Gebiet: Bronzeschwert von Siems, Eisenschwert von Waldhusen (Knorr a. a. O.), Ziste von Panstorf (Splieth *Inventar* S. 75). Dazu eine Anzahl Grabfunde mit einer stark vom jüngeren Lausitzer Stil (Aurith und Göritz) beeinflußten Keramik, welche den Weg der frühesten Beeinflussung durch eine eisenzeitl. Kultur bezeichnet.

F. Knorr *Urnenfriedhöfe der älteren Eisenzeit in Schleswig-Holstein* 1910 S. 7.
R. Beltz

Grèze (La). Höhle im Beune-Tale, Gemeinde Marquay, unfern von Les Eyzies, (frz. Dép. Dordogne). Wenige Reste von archaistischen Wandgravierungen, die bis zu ihrer Entdeckung durch Ampoulange (1904) unter Solutréen- und Altmagdalénien-Schutt begraben lagen.

CR. acad. inscr. 1904 S. 487—494 L. Capitan, H. Breuil und Ampoulange; Rev. d'Anthropol. 1904 S. 320 (s. Kunst A).
H. Obermaier

Griča (Jugoslavien). Wald in der Gemeinde Baljve, Bez. Varcar Vakuf (Bosnien) mit kupferzeitl. Depotfunde, bestehend aus 11 geschweiften Kupferäxten mit kurzer, nackenständiger Schafttülle von einer in Jugoslavien auch sonst häufigen Form (Brekinjska, Vukovar, Očura, Lukovo, Kosovača, Jajce u. a.) und 24 einseitig gewölbten Flachäxten mit sehr breit ausladender konvexer Schneide und geradem Nackenteil, einer sonst in den Balkanländern fehlenden Form, deren Ursprung Truhelka im S sucht.

Mitt. Bosnien 11 S. 43 ff. Truhelka.

G. Wilke

Griechen A. Archäologie s. Dipylon, Geometrische Kultur, Homer, Kreta B § 21, Mykenische Kultur.

B. Sprache, Geschichte (Tf. 244).

§ 1. I. Die Bedeutung der sprachlichen und historischen Überlieferung für die Erforschung der griechischen Urgeschichte. — § 2—4. II. Gesamtnamen der Griechen. — § 5—6. III. Die Griechen als Indogermanen. — § 7—21. IV. Die Gliederung des Griechischen und der Griechen: § 7—9. 1. Die griechischen Dialekte; § 10—21. 2. Die griechischen Stämme und ihre älteste Geschichte; § 10—16. a) Die dorische Wanderung; § 17. b) Die Äolier; § 18. c) Die Jonier; § 19. d) Das sprachliche Verhältnis der Hauptstämme und die Zeitfolge der Wanderungen; § 19a. e) Die Griechen in den hettit. Keilschrifttexten; § 20—21. f) Die Mazedonier. — § 22—57. V. Sprachliche Beziehungen der Griechen zu andern Völkern: § 22. 1. Die Nachbarn der Griechen im Norden und Osten; § 23—25. 2. Die Semiten; § 26—57. 3. Die vorgriechische („ägäische") Bevölkerung Griechenlands und der Inseln; § 26—28. a) Die antike Überlieferung; § 29—31. b) Inschriftliche Spuren der „ägäischen" Bevölkerung; § 32—34. c) Vorgriechische geographische Namen auf griechischem Boden; § 35—39. d) Vorgriechische Götter- und Heroennamen in Griechenland; § 40—42a. e) Vorgriechische Appellativa im Griechischen; § 43—56. f) Sachgruppen der „ägäischen" Lehnwörter im Griechischen; § 57. g) Vorgriechisches in der griech. Grammatik.

§ 1. Die sehr zahlreichen Angaben der alten Schriftsteller über die Vorgeschichte der griech. Stämme und Staaten sind umso sagenhafter und widerspruchsvoller, also unzuverlässiger, je weiter die Zeiten der Gewährsmänner vor der Gegenwart zurückliegen; sie bedürfen daher einer Nachprüfung. Die sprachlichen Verhältnisse geben zunächst nur Auskunft über die innere landschaftliche Gliederung der griech. Sprache und ihre äußern Beziehungen zu andern Sprachen, lassen aber doch auch allg. Rückschlüsse auf das Verhältnis der Griechen zu andern Völkern und auf die Gruppierung der Stämme zu. Aber erst die Vereinigung der geschichtlichen Forschung mit der sprachlichen ermöglicht eine richtige Ausnutzung beider Überlieferungsgebiete. Direkte zeitgenössische Überlieferung über die Griechen vor dem 8. Jh. besaßen wir bis vor kurzem außer der Erwähnung der *Akhaiwaša* (und *Danauna*) auf äg. Inschriften (§ 3) keine; erst in neuester Zeit fangen die hett. Keilschrifttexte zu reden an (§ 19a); auch die „minoischen" Schriftdenkmäler Kretas (§ 31) werden wohl in absehbarer Zeit ihre Geheimnisse preisgeben müssen. Zur Aufhellung der Kulturzustände, für die die Sprachwissenschaft wenig hilft, und der Zeitfolge, für die sie nichts ausgibt, tritt als äußerst wertvolle Ergänzung die Archäologie hinzu. Die sprachlichen, politischen und kulturellen Verhältnisse ohne weiteres für die Rassenfrage zu verwenden, verbieten allg. die zahlreichen nachweisbaren Fälle von Sprachübertragung, Völkermischung und Kulturübernahme.

A. Debrunner *Die Besiedlung des alten Griechenland im Licht der Sprachwissenschaft* Neue Jahrbb. 41 (1918) S. 433 ff.; Hirt *Indogerm.* I 26 ff.; C. Fr. Lehmann-Haupt in Gercke-Norden *Einleitung* III² 64 ff.; Fr. Mauthner *Beiträge zu einer Kritik der Sprache*² II (1912; Kapitel „Sprachwiss. und Ethnologie"); H. Meltzer *Rasse und Sprache in der griech. Vorgeschichte* Verh. der 49. Vers. deutscher Philol. in Basel 1907 S. 149 ff.; O. Reche *Rasse und Sprache* Archiv f. Anthr. 18 (1921) S. 208 ff.; Schrader *Reall.*² S. 630 ff.

§ 2. Der bei den Griechen selbst in geschichtlicher Zeit allg. übliche Gesamtname *῞Ελληνες* tritt als solcher erst seit dem 7. Jh. v. C. auf: Hesiod fr. 2 und 7 Rzach (*῞Ελλην* Sohn des Deukalion und der Pyrrha, Vater des Doros, Xuthos und Aiolos), *IG antiquissimae* 112,5 = *Samml. griech. Dial.-Inschr.* 1152 (Anf. d. 6. Jh. v. C.; *Ἑλλανοδίκαι* die Leiter der griech. Nationalspiele in Olympia), Herodot II 178 (*Ἑλλήνιον* der gesamtgriech. Tempel im äg. Naukratis, im 6. Jh. v. C. gegründet; vgl. Plaumann in *RE* unter Hellenion 3 und 4 und Jessen über Zeus Hellenios ebd. unter Hellenios 1), ferner die 478/7 v. C. eingesetzten *Ἑλληνοταμίαι* des delisch-att. Seebundes. Bei Homer bereitet sich diese allg. Verwendung von *῞Ελληνες* erst vor: B 530 *Πανέλληνας καὶ Ἀχαιούς* (im jüngen „Schiffskatalog"); für Hesiod (op. et d. 528) und Archilochus (fr. 52 Bergk⁴) genügt schon *Πανέλληνες* allein. *῞Ελληνες* bezeichnet in der Ilias (B 684) die Myrmidonen als Bewohner von *Ἑλλάς*, d. h. einer bei Homer mit *Φθίη* geographisch eng verbundenen Stadt oder

Verbreitungskarte der griechischen Dialekte. N

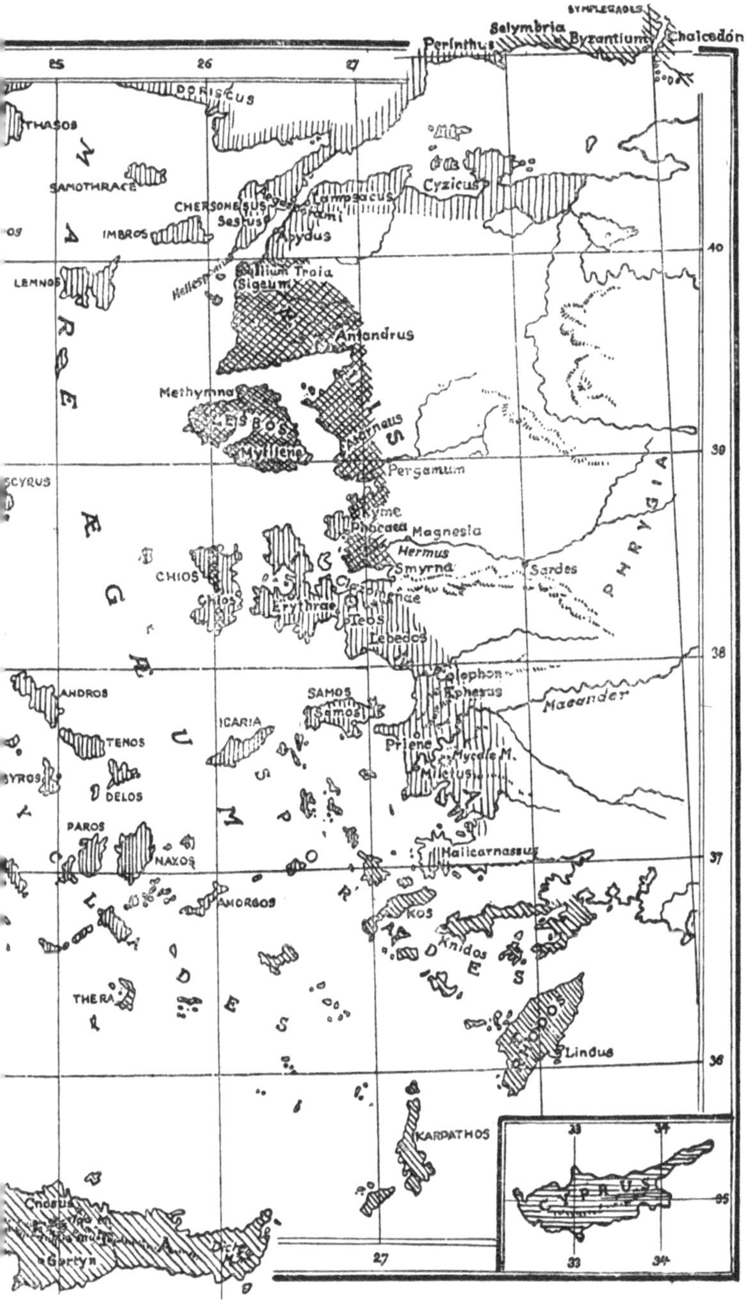

en

, Introduction to the study of the Greek Dialects 1909.

Landschaft in Thessalien (entsprechend Ἕλληνες noch bei Demosth. 19, 303), aber die Odyssee zeigt in ihrem ἀν' (καθ') Ἑλλάδα καὶ μέσον Ἄργος wohl schon einen erweiterten Begriff: Ἑλλάς=Griechenland n. vom Isthmus. Ἕλληνες als Gesamtname scheint eine Abkürzung des homerischen Πανέλληνες (καὶ Ἀχαιοί) zu sein (P. Kretschmer in Gercke-Norden *Einleitung*[3] I 6 S. 67), und die Verallgemeinerung ist wohl der Festigung des sprachlich-kulturellen Nationalgefühls durch das Epos und die panhellenischen Feste zu verdanken (andere Vermutungen bei Miller in *RE* VIII 159). Das Suffix -ηνες (-ᾶνες) vergleichen W. Schulze (SB. Preuß. Ak. 1910 S. 806) und Kretschmer a. a. O. mit Recht mit dem der nordgriech. Ἀθαμᾶνες, Ἀκαρνᾶνες, Κεφαλλᾶνες usw.; in der Abweichung des Akzents von Ἕλληνες vermutet Kretschmer weniger Einfluß der äolischen Akzentzurückziehung als mit Schulze von Πανέλληνες. Der Stamm Ἑλλ- kommt auch sonst in nordgriech. Namen vor: Ἑλλοπία, Ἑλλοί; auch die alte Göttin Ἑλλωτίς (in Kreta, Attika, Arkadien, Korinth; Weicker in *RE* unter dem Wort) gehört vielleicht hierher; weitere etymologische Spekulationen darüber sind müßig, da der Name nicht idg. zu sein braucht (in einem Scholion zu Hom. Il. II 235 werden die Ἑλλοί als Abkömmlinge der Tyrrhener bezeichnet; vgl. § 30).

§ 3. Der Gedanke der griech. Nation ist aber älter als der Gesamtname Ἕλληνες; denn schon Homer verwendet drei Sondernamen als Gesamtnamen: Ἀργεῖοι entspricht bei ihm den drei Verwendungen von Ἄργος für „Herrschaftsgebiet Agamemnons, Peloponnes, Griechenland" (über die Frage, ob das hom. Argos ursprünglich in Thessalien gedacht war, vgl. Cauer a. u. a. O. S. 284f.); Ἀχαιοί ist ihm der geläufigste Gesamtname (es ist wohl überhaupt der älteste), aber er kennt auch noch eine beschränktere Bedeutung (in geschichtlicher Zeit ist Achaia nur ein Teil von Südthessalien und der Nordrand des Peloponnes; die *Akhaiwaša* äg. Inschriften des 13. Jh. v. C. sind gewiß die Ἀχαιοί, aber der Begriffsumfang ist nicht feststellbar (über die *Aḫḫijava* hettit. Keilschrifttexte s. § 19a); auch Δαναοί ist bei Homer als Gesamtname häufig (vielleicht mit den *Danauna* äg. Inschriften von etwa 1200 v. C. gleichzusetzen). Alle diese drei haben als Gesamtnamen das homerische Epos nicht lange überdauert.

§ 4. Nicht ganz klar ist die Herkunft des bei den Römern üblichen Gesamtnamens *Graeci; -ci* ist ein beliebtes ital. Volksnamensuffix (vgl. *Aurun-ci* = Αὔσονες, *Tu(r)s-ci* = Τυρσ-ηνοί, *Falis-ci* zu *Faler-ii*, ferner *Hernici*, *Volsci* usw.); das ältere *Grai*, das die röm. Dichtung bewahrt hat, erinnert an den Namen der Stadt Γραῖα (Hom. B 498) bei Oropus gegenüber von Euböa (τὴν γῆν τὴν Γραϊκὴν καλουμένην Thukyd. II 23, 3 gute Konjektur; Γραικοί erst seit Aristoteles, Übertragung des lat. *Graeci*); über den att. Demos Γραῆς vgl. Kolbe in *RE;* vgl. Neue Jahrbb. 29 (1912) S. 536 Fimmen; über die *Grai* in Epirus Archiv f. Anthr. 17 (1919) S. 102f. Treidler. Jedenfalls ist auch *Graeci* ein zum Volksnamen gewordener ursprünglich lokal beschränkter Name. Die Orientalen (Perser, Assyrer, Juden, Inder) nennen die Griechen nach den ihnen am nächsten wohnenden Joniern: *Jāvān*, *Javana* u. ähnl.

G. Busolt *Griech. Gesch.*[2] I (1893) S. 196ff.; P. Cauer *Grundfragen der Homerkritik*[3] I (1921) S. 279ff.; A. Della Seta *Achaioi, Argeioi, Danaoi nei poemi Omerici* Rendic. Accad. Lincei 16 (1907) S. 133ff.; vgl. Glotta 1 (1909) S. 383; Hermes 41 (1906) S. 97ff. Dittenberger; O. Hoffmann *Gesch. der griech. Spr.*[2] I (1916) S. 29ff.; J. Miller *RE* unter Danaer, Grai und Hellas; Süss ebd. unter Hellen; Archiv. f. Anthr. 17 (1919) S. 89ff. Treidler; U. v. Wilamowitz *Eur. Herakles* I[1] (1889) S. 258ff.; I[2] (1895) S. 1ff. Verfehlte und unsichere neuere Erklärungen der Gesamtnamen: Class. Quarterly 16 (1922) S. 100 Tucker; E. Smith (vgl. Ph. W. 1923 S. 687: Argos); H. Güntert *Der arische Weltkönig und Heiland* 1923 S. 73 (Ἀχαιοί = „Freunde"); Fr. Braun *Die Urbevölkerung Europas* (1922) S. 48 (Ἀχαιοί zu dem kaukas. Stamm der *a-hay* und zu arm. *hay-* „Armenier").

§ 5. Das Griech. ist eine idg. Sprache, d. h. es bildet mit dem Indisch-Iranischen, Armenischen, Albanesischen, Baltisch-Slavischen, Italischen (Lateinischen), Keltischen und Germanischen und einigen weniger gut bekannten Sprachen zusammen eine große sprachliche Einheit. Diese reicht schon in den ältesten geschichtlich faßbaren Zeiten von Indien bis zu den brit. Inseln. Jede Spracheinheit beruht auf einer ethnischen (politischen oder mindestens kulturellen, aber nicht notwendig somatisch-anthropol.) Einheit; darum ist für die uridg. Spracheinheit ein beschränkterer Raum anzunehmen. Da nun als „Urheimat“ der Indogermanen keinesfalls die Balkanhalbinsel in Betracht kommt und ein rein sprachlich-kulturelles Eindringen der idg. Sprache in Griechenland als ausgeschlossen erscheint, so müssen die Griechen einst in ihre geschichtlichen Wohnsitze eingewandert sein und zwar von N nach S auf dem Landweg; freilich ist ihre einzige Erinnerung an diese Völkerbewegung die Überlieferung von der „dorischen Wanderung“ (s. u. § 10). Welche engeren Gebiete sie durchzogen haben, wo sie vor der Einwanderung zuletzt wohnten, und wann sie einwanderten, darüber sind nur Vermutungen möglich (J. Beloch *Griech. Gesch.*² I 1 [1912] S. 68ff.; Ed. Meyer *G. d. A.*³ I 2 S. 883f.; ²II 64ff.). Daß sich die G. erst in Griechenland zu einer eigenen Nationalität differenziert haben (Beloch a. a. O. S. 77), ist eine völlig haltlose Annahme; wir wissen darüber nichts, aber natürlich hat der Gegensatz zu den unterworfenen „Barbaren“, d. h. anderssprachigen Völkern, das Verwandtschaftsgefühl gestärkt.

§ 6. Unter den idg. Sprachen steht keine dem Griechischen von der Urzeit her besonders nahe. Die Hypothese einer gräkoital. Per. ist heute fast allg. aufgegeben; die besonderen Übereinstimmungen zwischen Griech. und Latein. erklären sich teils als unabhängige Neuerungen, teils als Folgen der späteren engen kulturellen Verbindung beider Völker. Für den von P. Kretschmer (*Einl.* S. 217ff.) versuchten Nachweis einer nähern Verwandtschaft des Griech. mit dem ebenfalls idg. Phrygischen reicht das phrygische Sprachmaterial nicht aus. Nach der Behandlung der idg. *k*-Laute pflegt man die idg. Sprachen in zwei große Gruppen zu zerlegen, eine w. (Keltisch, Germanisch, Italisch, Griechisch), genannt *centum*-Sprachen (vom lat. *centum; c = k* zu sprechen), und eine ö. (Indisch-Iranisch, Armenisch, Baltisch-Slavisch, aber auch Albanesisch), genannt *satem*-Sprachen (avest. *satem* = lat. *centum; s* aus einem idg. Vordergaumen-*k*); dabei zerschneidet das Albanesische die früher gewiß vorhandene geographische Verbindung des Griech. mit den andern *centum*-Sprachen. Allein die Bedeutung dieser Einteilung ist ins Wanken geraten durch die neugefundenen ö. idg. Sprachen, das Tocharische (in Turkestan) und das Hettitische (im ö. Kleinasien), die beide jedenfalls nicht *satem*-Sprachen sind; jedenfalls dürfen aus dem Unterschied zwischen *centum*- und *satem*-Sprachen nicht so weitgehende geographisch-ethnologische Schlüsse gezogen werden, wie man es bisher tat (A. Debrunner *Die Sprache der Hethiter* 1921 S. 24; KZ 50 [1922] S. 306 Ed. Hermann).

H. Hirt *Handb. d. griech. Laut- und Formenlehre*² 1912 c. 2—3; Kretschmer *Einl.* c. 1—6; A. Meillet *Geschichte des Griechischen* übers. v. H. Meltzer 1920 Teil 1 c. 1.

§ 7. Die antike Theorie kennt (abgesehen von der *Κοινή*, der nachklassischen Gemeinsprache) 4 griech. Dialekte, den attischen, jonischen, dorischen und äolischen, d. h. die 4, die sie literarisch verwendet fand. Da aber die nähere sprachliche und ethnische Zusammengehörigkeit der Jonier und Attiker immer feststand, kam man auch auf eine Dreiteilung in Jonisch, Dorisch und Äolisch; für diese sprach der Umstand, daß im griech. Kleinasien, dem Ursprungsland der Prosaschriftstellerei und der Wissenschaft, tatsächlich nur diese drei Stämme vertreten waren. Die neuere Forschung, die sich auf umfangreiches inschriftliches Material aus den verschiedensten Gebieten stützt, hat zunächst ein bunteres Bild ergeben. Man unterscheidet heute 8 Dialekte (Tf. 244):

a) Das Dorische; es umfaßt Lakonien nebst der lakonischen Kolonie Tarent und dem von Tarent aus gegründeten Heraklea in Lukanien; ferner Messenien, Argolis mit Ägina, Korinth mit seinen Kolonien (besonders Korkyra und Syrakus), Megara mit seinen Kolonien (besonders Selinunt auf Sizilien), Kreta, Melos und Thera nebst der theräischen Kolonie Kyrene, Rhodos mit den sizilischen Kolonien Gela und Akragas, sodann einige andre Inseln des ägäischen Meeres (besonders Kalymna und Kos), endlich eine Anzahl weiterer sizilischer Kolonien mit nicht genauer bestimmbarem Dorismus.

b) Das Achäische, d. h. die Mundart der nordpeloponnesischen Landschaft Achaia und ihrer unteritalischen und sizilischen Kolonien. Es ist dem Dorischen sehr ähnlich, aber größere alte Inschriften fehlen.

c) Das Elische hebt sich vor allem durch einige auffällige Besonderheiten von allen andern Dialekten ab; im übrigen scheint es einen Übergang zwischen a) und d) zu bilden.

d) Zum Nordwestgriech. gehören vor allem die Sprachen von Lokris und Phokis (Delphi!), die einige gemeinsame Merkmale aufweisen, im übrigen aber dem Dorischen des Peloponnes nahe stehen. Die Sprache von Epirus, Akarnanien und Ätolien und der Phthiotis wird dieser Gruppe zugeschlagen, ist aber ganz ungenügend bekannt.

a—d) werden gewöhnlich als „Dorisch" (im weitern Sinn) oder als „Westgriechisch" zusammengefaßt.

e) Das Äolische. Am schärfsten hebt sich Lesbos nebst Tenedos und dem äolischen (nordwestlichen) Kleinasien hervor; Thessalien schließt sich an. Über das Böotische s. § 8.

f) Das Arkadisch-Kyprische wird als Einheit erwiesen durch mehrere auffallende gemeinsame Eigentümlichkeiten.

g) Das Pamphylische ist ein höchst eigenartiges Gemisch: Berührungen mit dem Kyprischen wiegen vor, aber auch dorische und äolische Merkmale treten auf, und die Abgelegenheit vom sprachlichen Mutterland scheint den benachbarten einheimischen Sprachen einen stärkeren Einfluß ermöglicht zu haben.

h) Das Jonisch-Attische. Jonische Inschriften sind gefunden worden an der mittl. Westküste Kleinasiens, auf Chios und Samos, auf den meisten Kykladen und auf Euböa (zum Euböischen auch die Kolonien von Chalkis). Das Attische ist durch Inschriften und Literatur von allen griech. Dialekten weitaus am besten bekannt.

§ 8. So wenig wie auf andern Dialektgebieten (etwa dem dtsch. oder frz.) geht im Griech. die schematische Dialekteinteilung glatt auf. Die Grenzlinien der verschiedenen sprachlichen Merkmale decken sich selten, und bei einem so lückenhaften Material ist überhaupt eine Einteilung rein nach den sprachlichen Tatsachen nicht durchführbar; auch die oben gegebene Gruppierung ist vielfach schon durch geographische Erwägungen und geschichtliche Überlieferung mitbestimmt. Besonders schwer sind die Grenzen in Mittelgriechenland zu ziehen. In Böotien halten sich die feststellbaren nordwestgriech. und äolischen Merkmale an Zahl ziemlich genau die Wage; doch scheint der äolische Einschlag bedeutungsvoller zu sein. In Thessalien begegnen sich dieselben zwei Strömungen: die Grundlage ist das Äolische; aber es mischen sich nordwestgriech. Merkmale ein, und zwar in der w. an das nordwestgriech. Gebiet anstoßenden Thessaliotis stärker als in der ö. Pelasgiotis. Der Mischcharakter des Elischen und Pamphylischen ist schon erwähnt worden (§ 7c und g). Aber auch in den Gebieten, die einen sprachlich geschlossenen Eindruck machen, sind einzelne fremddialektische Elemente eingestreut; so äolische in Delphi, undorische in Lakonien und Kreta.

§ 9. Diese Mischungen erlauben grundsätzlich zwei Erklärungen: entweder Nachbarstämme verschiedenen Dialekts sind in sprachlichen Austausch getreten, ohne ihre Wohnsitze zu verschieben (vgl. die Mischsprachen an manchen modernen Sprachgrenzen), oder aber sprachlich geschiedene Stämme verbinden sich auf feindlichem Weg (wie die Angelsachsen und Normannen in England) oder auf friedlichem (wie die Engländer und Deutschen in Nordamerika) zu einer politischen Einheit. Die Entscheidung zwischen diesen Möglichkeiten gibt in unserm Fall nicht die Sprache, sondern die antike Überlieferung und der Spaten. Auch in der Vereinigung der Einzeldialekte zu größern Gruppen kommt man beim Griech. wie sonst mit den sprachlichen Tatsachen allein nicht weit, da hierfür die Merkmale viel zu spärlich und sprachgeographisch viel zu ungenau abgrenzbar sind und allg. die Auswahl der Merkmale, die für die höhere Einheit maßgebend sein sollen, sehr schwierig ist. Am sichersten geht man, wenn man das Gefühl der Sprachträger selbst, in unserm Fall also die antike Theorie, und die äußere Geschichte befragt und die Sprachtatsachen damit zu vereinbaren sucht. (Über die Stellung des Mazedonischen s. § 20f.)

Brugmann-Thumb *Griech. Gramm.*[4] 1913 S. 18ff.; H. Hirt a. a. O. S. 38ff.; Meillet-

Meltzer a. a. O. Teil 1 c. 4; A. Thumb *Handb. der griech. Dial.* 1909 (dazu Journ. des Savants Febr.-März 1910 A. Meillet).

§ 10. Der feste Punkt in der antiken Überlieferung über die Vorgeschichte der griech. Stämme ist die „dorische Wanderung" (der Name der Dorier, *Δωριεῖς*, könnte eine Kurzform von *Δωρί-μαχος* „Speerkämpfer"=jon. *δουρί-μαχος*, att. *δορί-μαχος* sein; SB. Preuß. Ak. 1910 S. 805f. W. Schulze). Die alten Berichte, die hier wie oft Geschichte und Mythus verbinden, sprechen von einer Rückkehr der Urenkel des Herakles in die alte, ihnen entrissene Heimat im Peloponnes; von den drei Brüdern habe einer Argos, einer Lakonien, einer Messenien erhalten. Die „dorische Wanderung" ist von J. Beloch (*Griech. Gesch.*[2] I 2 [1913] S. 76ff.) als reine Erfindung erklärt worden: da Homer im Peloponnes keine Dorier kennt, habe man die geschichtlichen peloponnesischen Dorier als eingewandert betrachtet und als Ausgangspunkt der Auswanderung die zufällig namengleiche mittelgriech. Landschaft Doris angenommen. Beloch hat mit dieser Deutung wenig Anklang gefunden (gegen ihn z. B. Gött. Gel. Anz. 1914 S. 526ff. M. P. Nilsson; über seine Verteidigung s. Jahresb. Fortschr. Altertswiss. 176 [1916/8] S. 161f. Th. Lenschau; für Beloch neuerdings Neue Jahrbb. 43 [1919] S. 71ff. J. Kahrstedt). In der Tat passen die Sprachverhältnisse des Peloponnes vorzüglich zu der Überlieferung: die isolierte Stellung des Arkadischen im innerpeloponnesischen Bergland legt von vornherein die Vermutung nahe, wir hätten es hier mit einer ältern Bevölkerung zu tun, die sich vor den Doriern zurückgezogen habe. Außerdem ist das Kyprische eng mit dem Arkadischen verwandt (s. § 7f), und auch die Alten lassen die griech. Besiedlung von Zypern hauptsächlich vom Peloponnes ausgehen (z. B. wird von Strabo XIV 6,3 p. 683 und Pausan. VIII 5, 2 der Arkadier Agapenor als Gründer von Paphos angegeben); die Auswanderung nach Zypern ist aber gewiß nicht von Arkadien über die Dorier hinweg erfolgt, sondern die Arkadier oder mit ihnen sprachverwandte Stämme müssen einst auch an der Küste gewohnt haben (das gibt auch Beloch a. a. O. S. 92 zu). Wahrscheinlich hängen der Rückzug nach Arkadien und die Auswanderung nach Zypern miteinander zusammen: beide werden Folgen des dorischen Einbruchs sein. Die Griechenansiedlungen auf Zypern sind ziemlich alt: Homer kennt dort schon griech. Fürsten, und die Übernahme der unpraktischen einheimischen Silbenschrift durch die kyprischen Griechen (s. Schrift C2) beweist, daß sie bei der Besiedlung der Insel das phönizisch-griech. Alphabet noch nicht kannten und die Phönizier noch nicht auf der Insel vorfanden (weitere Anhaltspunkte für die Datierung bietet die Archäologie; s. auch besonders § 19a). Ähnliches wie für Zypern gilt übrigens für Pamphylien. Seine Besiedlung gehört wohl in dieselbe Wanderbewegung; nach Ausweis der Sprache waren dieselben oder verwandte Stämme in erster Linie daran beteiligt, nur war die Beimischung andrer Stämme stärker (daher der Name *Παμ-φύλ-ιοι*); vgl. Kretschmer in Gercke-Norden *Einleitung*[3] I 6 S. 83f.

J. Beloch *Griech. Gesch.*[2] I, 1 (1912) S. 89ff., 136ff.; I 2 (1913) S 105ff.; G. Busolt *Griech. Gesch.*[2] I (1893) S. 201ff., 318ff., 323ff.; E. Meyer *G. d. A.*[2] II 265ff.; A. Thumb a. a. O. § 279. Verfehlt Max Neubert *Die dor. Wand. in ihren europ. Zusammenhängen. Das prähist. Eröffnungsstück zur idg. Weltgeschichte* 1920, der die erste Einwanderung der Indog. in die Balkanhalbinsel gegen Ende des 2. Jht. v. C. ansetzt und schlechthin der „dor. Wand." gleichstellt; vgl. OLZ 25 (1922) S. 18f. Gaerte; Archiv f. Anthr. 18 (1920) S. 120 Schwantes; Klio 18 (1922) S. 201ff. Behn; Ph. W. 1923 S. 1004ff. Lenschau.

§ 11. Es wäre seltsam, wenn die vordorische Bevölkerung des Peloponnes vollzählig den Doriern ausgewichen wäre. Vielmehr ist vorauszusetzen, daß auch in den später dorischen Gebieten Nichtdorier zurückblieben. In der Tat behauptet Strabo (VIII 1, 2 p. 333) oder vielmehr sein Gewährsmann, nur die Arkadier und Eleer, die weniger mit den Doriern in Berührung gekommen seien, hätten ihre alte Sprache (sie heißt bei Strabo „äolisch") beibehalten, alle andern Peloponnesier sprächen eine mehr oder weniger „äolisch" gefärbte Mischsprache, die aber einen dorischen Eindruck mache. Dazu stimmt auch der inschriftliche Befund (s. § 7 a—c), und verschiedene geschichtliche Notizen kommen bestätigend hinzu: wir hören von einer vordorischen jonischen Besiedlung von Epidaurus, Trözen und

Megara und namentlich der Kynuria (Mitte der Ostküste des Peloponnes), von einer äolischen in Korinth (Thukyd. IV 42, 2). Für Triphylien, das südelische Bergland, werden Arkadier als die ältesten Bewohner genannt, und noch im 4. Jh. v. C. machten die Arkadier Ansprüche darauf; in Elis waren übrigens nach der Überlieferung die Einwanderer nicht Dorier, sondern Ätolier, und der sprachliche Befund ist dieser Auffassung nicht ungünstig (s. § 7 c). Natürlich lassen sich die antiken Angaben nicht alle nachprüfen, und es mögen Abstriche nötig sein; aber alles spricht dafür, daß die einbrechenden Dorier im ö. Peloponnes Jonier, im mittl. und w. den Arkadiern verwandte Stämme angetroffen haben. Diese zweite Gruppe nennt man heute gern „achäisch", indem man sie mit den homerischen „Achäern" gleichsetzt.

G. Busolt *Griech. Gesch.*[2] I (1893) S. 216f., 218f., 220, 232, 233 Anm. 5, 286; ders. *Griech. Staatskunde* I (1920) S. 114 Anm. 1.

§ 12. Besonders wünschenswert wäre es, in Lakonien das Verhältnis der Dorier zu den unterworfenen „Achäern" zu kennen. Die Aussage des Historikers Theopomp (4. Jh. v. C.) bei Athenäus (IV 265 c), die Spartaner hätten die besiegten achäischen Vorbewohner zu Sklaven gemacht und Heloten genannt, braucht derjenigen des Thukydides (I 101, 2), die Heloten seien zum größten Teil Messenier, nicht zu widersprechen. Aber Gewißheit über die sprachliche und ethnische Zugehörigkeit der Heloten (und Periöken) ist nicht zu erreichen; jedenfalls ist der Versuch von R. Meister, die lakonischen Inschriften sprachlich in spartanische und periökische zu scheiden, nach allgemeiner Auffassung gescheitert.

G. Busolt *Griech. Gesch.*[2] I 526, 528 Anm. 3; ders. *Griech. Staatskunde* I 135f., 139f.; R. Meister *Dorer und Achäer* Abh. d. sächs. Ges. d. Wiss. Phil.-hist. Kl. 1904 Nr. 3; dazu H. Hirt *Handb.*[2] S. 36; B. ph. W. 1906 S. 1392ff. O. Hoffmann; IF Anz. 18 (1905/6) S. 46 E. Schwyzer; Rhein. Museum 62 (1907) S. 329ff. F. Solmsen; A. Thumb a. a. O. § 86; J. Kahrstedt im Hermes 54 (1919) S. 290f. betrachtet auch die Heloten und Periöken als Dorier.

§ 13. Die dor. Wanderung brachte aber auch in Mittelgriechenland Völkerverschiebungen mit sich. Die sicherste Nachricht ist Thukyd. I 12, 3: die Böotier seien aus Arne (in der Thessaliotis) von Thessaliern vertrieben worden und hätten das früher „kadmeisch", dann nach den neuen Besitzern „Böotien" genannte Land besiedelt. Da nun das Böotische eine Mischsprache ist (s. § 8) und der Name *Βοιωτοί* auf nordwestgriech. Gebiet weist (*Βοῖον* ein Berg in Nordepirus; Suffix *-ωτοί* wie in den nordwestgriech. Namen *Ἀποδωτοί* [in Ätolien] und *Θεσπρωτοί*), so ist das nordwestgriech. Element des Böotischen auf die eingedrungenen Böotier zurückzuführen. Woher der äolische Einschlag stammt, ob von den frühern Bewohnern Böotiens (A. Thumb a. a. O. § 234), die in der Tat kaum etwas anderes als Äolier gewesen sein können, oder von aus Thessalien mitgekommenen Äoliern (O. Hoffmann *Gesch. d. gr. Spr.*[2] I 41) oder von nachbarlicher Berührung in den frühern Wohnsitzen der Böotier (Meillet-Meltzer a. a. O. S. 113), muß dahingestellt bleiben.

G. Busolt *Griech. Gesch.*[2] I 242, 249ff.; Neue Jahrbb. 29 (1912) S. 531ff. Fimmen.

§ 14. Die Thessalier kamen nach Herodot (VII 176) aus dem Thesproterland (s. o. § 13 die Thukydides-Stelle), waren also wohl ein den Böotiern verwandter nordwestgriech. Stamm, der den Böotiern nachdrängte. Die ältere äolische Bevölkerung, die mehrfach bezeugt ist, wurde, soweit sie im Land blieb, zu Hörigen herabgedrückt (Penesten), vermochte aber die Sprache der neuen Herrscher stark zurückzudrängen.

G. Busolt *Griech. Gesch.*[2] I 242ff.; Neue Jahrbb. 13 (1904) S. 12ff. O. Kern; G. Kip *Thessal. Studien* Diss. Halle 1910.

§ 15. Die dor. Wanderung kam im Peloponnes nicht völlig zum Stillstand, sondern schickte Ausläufer übers Meer. Der wichtigste und wohl früheste dieser ältern dorischen Kolonisationszüge ist der nach Kreta. Homer, der sonst geflissentlich Machtverhältnisse und Kulturzustände einer älteren Zeit darstellt und deshalb die Dorier ignoriert, erwähnt doch auf Kreta neben Achäern, Eteokretern, Kydonen und Pelasgern auch Dorier (*τ* 175ff.). Nach dem Historiker Staphylos (bei Strabo X 4, 6 p. 475) saßen die Dorier im O Kretas. Die zahlreichen griech. Inschriften Kretas zeigen, daß die Dorier auf der ganzen Insel unter den G. das vorherrschende Element waren (auch die den peloponnesischen Doriern eigenen drei Stammphylen der Hylleis, Dymanes und Pamphyloi sind in mehreren kret. Städten belegt), aber die nichtdorischen Sprachelemente sind in Mittelkreta am stärksten. Dort waren also wohl die vordorischen griech. Einwanderer („Achäer") am zahlreichsten, so daß sie den vom O der Insel her andrängenden Doriern sprachlich weniger erlagen. Das bunte Völkergemisch Kretas spiegelt sich deutlich in der mundartlichen Zerrissenheit der Insel wieder (E. Kieckers *Die lokalen Verschiedenheiten im Dialekte Kretas* Diss. Marb. 1908 S. 1 ff., 75 ff.). Als dorische Besiedler Kretas kennt die Überlieferung hauptsächlich Lakonier und Argiver; die Sprache der Inschriften gestattet darüber kein Urteil; Beziehungen zu Argos werden durch ein inschriftlich erhaltenes Schiedsgericht von Argos in Streitigkeiten zwischen den mittelkretischen Städten Knossos und Tylissos erwiesen (Dittenberger *Sylloge inscr. Graec.*³ Nr. 56; etwa 450 v. C.).

J. Beloch *Griech. Gesch.*² I 1 S. 74 f., 128 ff.; I 2 S. 94 f.; *RE* unter Kreta S. 1815 ff. Bürchner; G. Busolt *Gr. Gesch.*² I 326 ff., 347; E. Meyer *G. d. A.*³ II 274 ff.; Thumb a. a. O. § 139 f.

§ 16. Peloponnesische Dorier, namentlich aus Lakonien und Argolis, sind auch als Gründer der dorischsprechenden Kolonien auf den s. Kykladen (Rhodos, Kos, Thera usw.) und im SW Kleinasiens bezeugt. An einigen dieser Orte sind auch Spuren vordorischer Besiedler durch die geschichtliche und inschriftliche Überlieferung nachweisbar.

Beloch *G. G.*² I 1 S. 128; Busolt *G. G.*² I S. 352 ff.; E. Meyer *G. d. A.*³ II 277 ff.; Thumb a. a. O. § 146, 152, 158 f.

(Die dorische und auch die sonstige griech. Kolonisation in Unteritalien und Sizilien, die mit der Gründung von Naxos auf Sizilien durch Chalkidier aus Euböa [um 735 v. C.] und mit der von Syrakus durch Korinthier [734 v. C.] beginnt, kann hier übergangen werden, da sie von Griechenland aus gesehen schon in die Geschichte, nicht mehr in die Vorgeschichte gehört.)

§ 17. Die Verbreitung äolischer Dialekte in hist. Zeit (s. § 7 e) entspricht nicht der ältesten uns erreichbaren Verbreitung äolischer Stämme. Vielmehr besitzen wir Nachrichten über Auswanderung aus Thessalien und Böotien nach Lesbos und Tenedos und von da nach dem gegenüberliegenden Teil der kleinas. Küste. Erinnerungen daran haben sich auch in den Sagen von Troja erhalten; Achill, der in Thessalien zu Hause ist, erobert Tenedos, Lemnos und benachbarte kleinasiatische Städte. Alte Seefahrten von Thessalien aus liegen gewiß der Sage von der Fahrt der Argonauten aus Iolkos am pagasaischen Golf nach Kolchis im Schwarzen Meer zugrunde. Den Hauptanstoß zur Auswanderung der Äolier aus Thessalien und Böotien wird aber der Einbruch nordwestgriech. Stämme (s. § 13—14) gegeben haben.

Beloch *G. G.*² I 1 S. 134 f.; Busolt *G. G.*² I S. 272 ff.

§ 18. Daß die Jonier Kleinasiens und der Inseln vom griech. Festland herstammen, ist die einmütige Anschauung des Altertums. Die Siedlungsweise in Kleinasien (Küstenstreifen mit fremdvölkischem Binnenland) einerseits, die ursprünglich weitere Verbreitung der Jonier in Griechenland (s. § 11) andrerseits bestätigt diese Auffassung. Für die Zusammengehörigkeit der Athener mit den Joniern führt schon Herodot die Übereinstimmung in der Phyleneinteilung und in der Feier des Phratrienfestes der Apaturien an; die Sprachwissenschaft fügt als weitern Beweis die nahe Dialektverwandtschaft hinzu. Wieviel von der antiken Behauptung, Athen sei die Mutterstadt der jon. Städte Kleinasiens, auf Rechnung späterer Vorherrschafts-Ansprüche Athens kommt, steht dahin; jedenfalls beweisen Lokaltraditionen und sonstige Nachrichten, daß auch andre griech. und zwar auch nichtjonische Gruppen bei der Besiedlung des „jonischen" Kleinasien beteiligt waren. Deshalb braucht aber nicht angenommen zu werden, Volk und Sprache der Jonier seien überhaupt erst in Kleinasien aus der Verschmelzung eines Völkergewirrs entstanden; die erwähnten engen Beziehungen zu Attika zeigen, daß es Jonier schon im Mutterland gab, und daß sie sich ihre Eigenart durch die Vermischung mit andern griech. und nichtgriech. Volksteilen nicht nehmen ließen. Lokale Unterschiede innerhalb des Jonischen sind bei der geographischen Beschaffenheit des jon. Gebiets nicht verwunderlich: in den Inschriften heben sich Euböa, die Kykladen und Kleinasien als 3 Unterabteilungen ab. Der Behauptung Herodots (I 142), die jon. Städte Kleinasiens zerfielen sprachlich in 4 Gruppen, widerspricht die fast völlige

Einheitlichkeit der Inschriftensprache nicht unbedingt: vielleicht meint Herodot die Volkssprache (vgl. die ungriech. Wörter in den Spottgedichten des Hipponax aus Ephesus [6. Jh. v. C.]), während die Inschriften die Amtssprache schreiben. Auch auf Euböa und den Kykladen macht sich die gutbeglaubigte unjonische Bevölkerung in der Sprache nicht geltend.

Busolt *G. G.*^{2} I 277 ff.; ders. *Gr. Staatskunde* I 117 ff.; *RE* unter Iones Lenschau; E. Meyer *G. d. A.*^{3} II 238 ff; Thumb a. a. O. § 284. Der Name Jonier (Ἰάονες bei Homer N 685, später Ἴωνες, vgl. *Javana* usw. bei Indiern usw., oben § 4) ist trotz vieler Bemühungen bis heute nicht sicher erklärt; vgl. Thumb a. a. O. S. 306 und Lenschau a. a. O.; dazu neuerdings A. Cuny *Le nom des 'Ioniens'* Rev. ét. gr. 34 (1921) S. 155 f. (**yawan* „un terme d'ethnographie asianique emprunté par les Grecs" S. 157) und Eranos 21 (1921) S. 20 C. Theander (= „die ἰή-Rufer"). Nach Fr. Braun *Die Urbev. Europas* (1922) S. 48 kehrt der Name Jonier bei den Tschanen im Kaukasus und auf einer chaldischen Inschrift vom Wan-See (8. Jh. v. Chr.) wieder; vgl. N. Marr *Der japhetit. Kaukasus* 1923 S. 58 f., 67.

§ 19. Seitdem O. Hoffmann das Äolische und das Arkadisch-Kyprische unter dem Namen „Achäisch" (Nordachäisch = Äolisch, Südachäisch = Ark.-Kypr.) zusammengefaßt hat, ist die Dreiteilung der griech. Dialekte ziemlich beliebt geworden, und es werden dieser entsprechend drei Bevölkerungs-(Wanderungs-)schichten angenommen: die achäische, die jonische, die dorische. Freilich haben das Äol. und das Ark.-Kypr. einige gemeinsame Züge; aber auch A. Thumb, der Hoffmanns Dreiteilung übernimmt (aber für „achäisch" „zentralgriechisch" sagt), hält offenbar nur das für sicher, „daß ein gewisser Zusammenhang, mindestens geographische Berührung, einmal bestand" (a. a. O. S. 206), und weiter reicht meines Erachtens die Sprachähnlichkeit nicht, und der unklare und schwankende antike Gesamtbegriff „äolisch" kann uns so wenig als Stütze dienen wie die moderne etymologische Verknüpfung von *Ἀχ-αιϝ-οί* mit *Αἰϝ-όλοι* (Fick). So muß es auch unsicher bleiben, ob die Griechen in drei Schichten eingewandert sind. Nach anderweitigen Analogien sind allerdings mehrere Schichten wahrscheinlich; ob aber der letzten, der dorischen, zwei oder drei oder mehr vorangegangen sind, das läßt sich weder sprachwissenschaftlich noch überlieferungsgeschichtlich entscheiden; so wird die Hypothese P. Kretschmers (Glotta 1 [1909] S. 9 ff.), nach der die Urjonier die älteste griech. Schicht auf dem Festland und der Inselwelt waren und eine äolisch-achäische (nachher natürlich noch die dorische) sich z. T. darüberlegte (zurückhaltender jetzt Kretschmer in Gercke-Norden *Einleitung*^{3} I 6 S. 75), allg. als unbegründet beurteilt (vgl. Thumb a. a. O. § 71; Busolt *Gr. Staatskunde* I 114 Anm. 1). Die Frage endlich, wann und wo sich die Hauptunterschiede der großen Dialektgruppen herausgebildet haben, muß erst recht unbeantwortet bleiben (Vermutungen bei Kretschmer in Gercke-Norden *Einleitung*^{2} I 6 S. 77 f.).

§ 19a. In den hettit. Keilschrifttexten kommt mehrmals das Land *Aḫḫijavā* = *Ἀχαΐα* vor; die Namen seiner Herrscher lassen sich z. T. überzeugend an die griechische Überlieferung anknüpfen:

1. *Tavag(a)lavas*, König von *Aḫḫijavā*, einmal auch König von *Aj(a)valaš* genannt, wird um 1325 v. C. zugleich mit dem Hatti-König von den *Luggā*-Leuten (vgl. *Lyk-ien*, *Lyk-aonien*) zu Hilfe gerufen (er besitzt Pamphylien als Vasall des Hatti-Königs); etwa 10 Jahre vorher wird *Ant(a)rav(a)s* als König von *Aḫḫijavā* und *La-az-pa* genannt; um 1330 wird der König von *Aḫḫijavā* vom Hatti-König als „Bruder" und Großkönig anerkannt. Entsprechend ist nach Pausanias IX 34,5 *Andreus* der Gründer von Orchomenos in dem ursprünglich *äolischen* (älter **Αἰϝολ-*) Böotien, einer Stadt, von deren einstiger Großmacht die ausgegrabenen Reste zeugen und die griech. Überlieferung Erinnerungen bewahrt hat; der Sohn und Nachfolger des Andreus heißt bei Pausanias a. a. O. *Eteokles* (Vorform **Ἐτεϝοκλέϝης*); *Lesbos* (= hettit. *La-az-pa*) ist äolisch (§ 7 e; 17).

2. *Alaksandus* von *Vilusa* (im sw. Kilikien) schließt um 1300 einen Vertrag mit dem Hatti-König *Muvattallis* (oder *Muttallis*); das erinnert an *Alexandros* (= Paris) von *Ilios* (**ϝίλιος* = Troja) und an seine Aufnahme bei *Motylos*, dem Gründer von Samylia in Karien (nach Stephanos von Byzanz). Die Verschiedenheit der Lage von *Vilusa* und *Ilios* verunmöglicht die einleuchtende Gleichsetzung nicht; man kann annehmen, es habe auch im S von Kleinasien, der im Epos sehr enge Beziehungen zu Troja hat,

ein *Ilios* (oder etwas ähnliches!) gegeben und *Alexandros* sei als Mensch oder als Heldenliedfigur von dort nach dem gleichnamigen n. *Ilios* gekommen und dort mit dem einheimischen Paris gleichgesetzt worden (vgl. § 39 über Doppelnamen). So würde Paris-Alexandros und damit die Zerstörung des homerischen Troja in Übereinstimmung mit der Archäologie, nach der Troja VI im 14.—13. Jh. fiel, auf die Zeit um 1300 festgelegt, während die alexandrinischen Gelehrten etwa 1190 annahmen.

3. Geschichtlich wichtig sind ferner die Züge des *Aḫḫijavā*-Königs *Attarissijas* (nach Forrer =*Atreus*, was sprachlich und chronologisch anstößig ist): zweimaliger, zeitweise erfolgreicher Angriff auf Karien seit etwa 1250, Verwüstung von *Alasja* (Zypern) um 1225 (vgl. den nach äg. Inschriften um dieselbe Zeit erfolgten Ansturm der *Akhaiwaša* und anderer „Seevölker" gegen Ägypten).

E. Forrer *Vorhomerische Griechen in den Keilschrifttexten von Boghazköi* (mit einer Karte) MDOG 63 März 1924; P. Kretschmer *Alakšanduš, König von Viluša* Glotta 13 [1924], S. 205 ff.

§ 20. Die ethnische und sprachliche Stellung der Mazedonier zu den Griechen ist viel behandelt worden. Hesiod (fr. 5 Rzach²) kennt die Brüder Magnes und Makedon als Bewohner von Pierien am Olymp (die Magneten sind ein wohl griech. Periökenvolk in Thessalien); nach Herodot (I 56) hießen die Dorier, als sie am Pindus wohnten, ein *Μακεδνὸν ἔθνος* (vgl. Herodot VIII 43); aber bei Thukydides (II 80,7) und Isokrates (V 107) stehen die Mazedonier im Gegensatz zu den Hellenen, und ihre Anerkennung als Hellenen (Herodot V 22) betrifft nur das mazedonische Herrscherhaus, nicht das Volk, und ist wohl lediglich der Dank für die beginnende Griechenfreundlichkeit der mazedonischen Fürsten; ein zufälliger Namensanklang (Argeadai, der Name des mazed. Herrscherhauses oder -volks, erinnerte an Argos; vgl. Herodot I 56 und J. Kaerst *Gesch. des Hellenismus*² I [1917] S. 165 f.) bot eine erwünschte äußere Beglaubigung der Verwandtschaft.

§ 21. So muß die Entscheidung über die Nationalität der Mazedonier der Sprache vorbehalten werden. Zweifellos sieht sehr vieles von dem, was als mazedonisch überliefert ist, auch ein sehr großer Teil der Personennamen der führenden Kreise in Mazedonien vollkommen griech. aus; aber das ist die Folge der Hellenisierung der Mazedonier, deren Beginn mit ihrem Eintritt in die Geschichte identisch ist. Das Griech. in Mazedonien stammt teils aus dem Epos (Personennamen), teils aus dem benachbarten Thessalien, teils wohl auch aus Sparta (Heerwesen), zuletzt (seit Alexander dem Großen) aus der sich damals bildenden attisch-hellenistischen Bildungs-, Amts- und Umgangssprache. Ob nach Abzug dieser Elemente noch genug Echtgriechisches in der Sprache übrigbleibt, um die Vermutung zu rechtfertigen, in vorgesch. Zeit seien griech. Eroberer nach Mazedonien vorgedrungen, ist zweifelhaft. Dagegen zeigen einige mazed. Wörter idg. Charakter, aber ganz ungriech. Lautvertretungen (namentlich Media statt Aspirata, z. B. *ἀβροῦτες* = *ὀφρῦς*, auch *Βερενίκη* = *Φερενίκη*), andre wieder lassen sich gar nicht an die bekannten idg. Sprachen anknüpfen. Das Wahrscheinlichste ist, daß in Mazedonien idg. (thrak. oder illyr.?) Bestandteile neben nichtindogermanischen vorhanden waren (vgl. Thukyd. II 99), aber mit Beginn der Kultur in der Oberschicht (diese tritt uns in der Literatur fast ausschließlich entgegen) von griech. Einflüssen verdrängt wurden.

Beloch *Gr.Gesch.* III 1 S. 1 ff., I² 2 S. 42 ff.; Brugmann-Thumb *Gr. Gramm.*⁴ 1913 S. 15 f., 673; Busolt *Gr.Staatsk.* I 108; H. Hirt *Handb. d. griech. Laut- und Formenlehre*² 1912 § 36; O. Hoffmann *Die Makedonen, ihre Sprache und ihr Volkstum* 1906, dazu Neue Jahrbb. 19 (1907) S. 76 ff. Thumb; J. Kaerst a. a. O. S. 154 ff.; Klio 18 (1922) S. 20 ff. G. Kazarow; Glotta 3 (1912) S. 307 und in Gercke-Norden *Einleitung*³ I 6 S. 86 f. Kretschmer; Meillet-Meltzer a. a. O. S. 56 f.; E. Meyer *G. d. A.*³ II 67; Thumb *Gr. Dial.* S. 8 ff. (Über die Nationalität der Epiroten s. Beloch a. a. O. I² 2 S. 33 ff. [hier weitere Literatur]; H. Treidler *Epirotische Völker im Altertum* Archiv f. Anthr. NF 17 [1919] S. 89 ff., besonders S. 111 ff.: Mischung aus Illyriern und Griechen.)

§ 22. Die n. Nachbarn der G. des Mutterlandes sind sicher Indogermanen gewesen: die Illyrier (s. d.) und die Thraker (s. d.). Da die Sprachen dieser beiden Völker nur sehr ungenügend bekannt sind, ist es sehr schwer, Spuren von ihnen im Griech. nachzuweisen (Thumb a. a. O. S. 7): thrak. scheint *βροῦτον* „Bier" zu sein; illyr. könnte der Name der Penesten in Thessalien (§ 14) sein (ein illyr. Stamm *Penestae* bei Livius 43, 18ff.; *-este* ein illyr. Ortsnamensuffix, z. B. *Tergeste* = Triest; vgl. Gött. Gel. Anz. 1897 S. 882f. W. Schulze). Nichts weist darauf hin, daß der Einfluß der Illyrier und Thraker wesentlich stärker war, als wir feststellen können. Über päonische und illyrische Spuren in Griechenland (z. B. *Παιονίδαι* Demos in Attika und Phratrie in Argos) vgl. Kazarow a. a. O. S. 21f. Über die Mazedonier s. § 20—21. Intensiver waren die Berührungen der G. in Kleinasien mit den schon vor ihnen dort wohnhaften „Barbaren“, den Kariern, Lydiern, Lykiern usw. (s. Altkleinasiatische Sprachen). Solange wir aber von diesen Sprachen so wenig wissen und ihr Verhältnis zu den „ägäischen“ Idiomen Griechenlands und der Inseln nicht bestimmen können, bleibt ihr Einfluß auf das Griech. unmeßbar. Von dem „kleinasiatischen“ Einschlag in der Volkssprache kleinas. Griechenstädte geben uns die Fremdwörter in den Hinkjamben des Hipponax von Ephesus (6. Jh. v. C.) (z. B. **πάλμυς** „König“) eine Vorstellung. Phrygisch ist **σατίνη** „(Streit)-Wagen“ (im Aphrodite-Hymnus und bei Anakreon und Euripides); vgl. Boisacq *Dictionnaire*; Glotta 6 (1914) S. 5 Lambertz.

Beloch *Gr. G.* I² 1 S. 77ff., I² 2 S. 60; Busolt *Gr. G.* II² 79f. Anm.; ders. *Gr. Staatsk.* I 107f.; Hirt a. a. O. § 35 und 37; ders. *Indogerm.* S. 128ff., 150ff.; Kretschmer *Einl.* S. 171ff., 244ff.; MAGW 1916/7 Sitzungsber. S. 33ff. Menghin.

§ 23. Die Niederlassungen der Phönizier dienten wohl lediglich der Gewinnung wertvoller Handelsprodukte und der Sicherung des Seeverkehrs; die Hauptstationen waren daher auf Zypern (Kupfer), Rhodos, Kreta, Kythera, Thasos (Gold), dann weiter auf Sizilien und Sardinien, in Spanien (Silber, Zinn) und an der Nordspitze Afrikas (Karthago). Sichere Spuren auf dem griech. Festland und auf den Kykladen (außer Thera und Melos) sind nicht nachgewiesen (Beloch leugnet überhaupt jede phönizische Ansiedlung, ja sogar jede phön. Handelstätigkeit im Gebiet des ägäischen Meers); Handelsfaktoreien mögen noch mancherorts bestanden haben, aber diese und erst recht die festen Ansiedlungen verschwanden wohl bald nach dem Vorrücken der eingewanderten G. an die Küsten und über die Inselwelt. Von den regen Handelsbeziehungen der G. mit den Phöniziern zeugen neben den Funden die Übernahme des phön. Alphabets (Zeichen, Namen und Reihenfolge der Buchstaben) und einige Lehnwörter aus dem Bereich des Handels wie **βύβλος** „Papyrus, Buch“, **κάδος** „Krug“, **κιννάμωμον** „Zimt“, **μνᾶ** „100 Drachmen“, **χιτών** „Unterkleid“ (aus demselben sem. Wort ist lat. *tunica* entlehnt), **χρυσός** „Gold“. Allerdings sind dabei drei Dinge zu beachten: erstens ist sprachlich fast immer nur Herkunft aus dem Sem. zu erweisen (**βράϑυ** „eine Art Wacholder“ nach Rev. ét. anc. 20 [1918] S. 222ff. A. Cuny aus einer nordwestsem. Sprache), aber aus geschichtlich-geographischen Gründen kommen als Geber wohl nur die Phönizier in Betracht. Zweitens haben wir nirgends die Sicherheit, daß die Wörter direkt von den Phöniziern und nicht etwa durch Vermittlung der „ägäischen“ Bevölkerung zu den G. gekommen sind. Drittens können griech.-sem. Wortübereinstimmungen auf beiderseitiger Entlehnung aus einer dritten Sprache beruhen (so z. B. über **οἶνος** [*ϝοῖνος*] und arab. *vajn*, hebr. *jajin*, assyr. *īnu* Mem. Soc. Ling. 15 [1908] S. 163 A. Meillet; vgl. Meillet-Meltzer a. a. O. S. 65ff.; Meillet *Linguistique hist. et ling. générale* 1921 S. 301f.; Beloch *Gr. Gesch.*² I 2 S. 69; hettit. *wi* „Wein“ und **νιήν** und **νιόν·τὴν ἄμπελον, ἀναδενδράδα** Hesych fügt G. Ipsen [s. u.] S. 226f. hinzu; weiteres Rev. ét. anc. 12 [1910] S. 161ff. A. Cuny; E. Meyer *G. d. A.*³ I 2 S. 705; s. ferner u. § 24 über **Ἰάρδανος** und **Ἀταβύριον**; über **παλλακίς** u. § 54). Daß das kyprische Griech. stärker unter phön. Einfluß stand (Thumb a. a. O. S. 283; J. Wackernagel *Die griech. und lat. Lit. und Sprache*³ 1912 S. 374f.), begreift sich leicht aus der größeren Zahl phön. Siedlungen auf Zypern und aus der Nähe Phöniziens. Nicht in Betracht kommen hier die vereinzelten älteren Entlehnungen aus dem Akkad. und Sumer., die in die uridg. Zeit zurückreichen, z. B. **πέλεκυς** „Beil“ aus akkad. *pilakku* „Beil“, **βοῦς** und Verwandte vielleicht aus sumer. *gu* „Stier, Rind“; vgl. darüber G. Ipsen in *Stand und Aufgaben der Sprachwiss.* (Festschrift Streitberg) 1924 S. 226ff.

Beloch *Gr. G.* I² 2 S. 65ff.; Busolt *Gr. G.*

I^{2} S. 263ff., 370ff.; Christ-Schmid *Griech. Literaturgesch.*^{6} I 1912 S. 13f.; O. Hoffmann *Gesch. d. griech. Sprache*^{2} I 17f.; Thumb a. a. O. S. 6f.

§ 24. Die Versuche E. Assmanns, in Kleinasien und auf Kreta (wie auch in Etrurien und Spanien) aus Ortsnamen eine babyl. Kolonisation nachzuweisen (Janus 1 [1921] S. 1ff., wo weitere Literatur), sind aussichtslos. Auch die ältere und fast allg. angenommene Gleichung *Ἰάρδανος* (Flußauf Kreta) = hebr. *jardēn* „Jordan" ist zweifelhaft: erstens kennt Homer (H 135) einen *Ἰάρδανος* in Elis, Stephanus von Byzanz in Lydien, zweitens pflegen Flüsse ihren Namen nicht von Kolonisten zu bekommen (vgl. Beloch *Gr. G.*^{2}I 2 S. 68f.); außerdem erinnert *-δανος* an die Flußnamen *Ἀπιδανός* in Thessalien und *Ἠριδανός* in Attika, ferner an thrak. *Sandanus* (vgl. F. Solmsen *Idg. Eigennamen* 1922 S. 44); *Ἰαρ-* könnte zu den Flußnamen *Isar*, *Ἴστρος* usw. gehören (IF 8 [1898] S. 287ff. R. Much; Solmsen a. a. O. S. 49). Oder aber, falls *Ἰάρδανος* und *jardēn* identisch sind, könnten beide auf die voridg. und vorsem. Bevölkerung zurückgehen; so wohl *Ἀταβύριον* (Berg auf Rhodos) = dem *Tabor* in Palästina, der bei Polyb V 70, 6 *Ἀταβύριον*, in der LXX Hosea 5, 1 und bei Josephus *Ἰταβύριον* heißt; nach Beloch (*RE* II 1887 Hiller v. Gärtringen) ist der Name karisch (vgl. *Ἀντίδωρον*, Festschrift J. Wackernagel 1923 S. 152 F. Stähelin); nach Stephanus von Byzanz unter *Τάβαι* bedeutet *τάβα* „Fels" (also *Τάβαρνος* = „Felsenstadt"; s. § 33); vgl. „sabinisch" *teba* „Hügel" u. a. IF 43 (1925) S. 26 Ettmayer.

§ 25. Ägyptische Lehnwörter in der älteren griech. Sprache bespricht W. Spiegelberg KZ 41 (1907) S. 127ff.: *βύσσος* „Linnen", *ὀθόνη* „feine Leinwand", *νίτρον* (*λίτρον*) „Laugensalz", *ἔβενος* „Ebenholz", *ὄασις* „Oase"; die ersten 2—4 sind durch das Sem. vermittelt (E. Assmann *Ägypter in Troja und in Böotien* B. ph. W. 1920 S. 16ff.; dagegen v. Bissing ebd. S. 405ff.).

§ 26. Die G. waren in der geschichtlichen Zeit immer der Ansicht, daß ihr Land ursprünglich von Fremdsprachigen, „Barbaren" bewohnt war. Am geläufigsten war ihnen für diese älteste Bevölkerung der Name „Pelasger". Schon Herodot hält diese überhaupt für die Urbevölkerung Griechenlands (*Πελασγίη* = *Ἑλλάς* II 56, vgl. VIII 44), und da er von einer Einwanderung der Athener und Arkadier nichts weiß, erklärt er diese auch als ursprüngliche Pelasger (VIII 44; VII 95, 5). Allein dieser Umfang des Begriffs ist sicher sekundär: der Name *Pelasgiotis* haftet in geschichtlicher Zeit nur an der thessalischen Landschaft um Larisa, und dorthin weisen auch das *Πελασγικὸν Ἄργος* von Ilias B 681 und andre Homer-Stellen. Die Nationalität der Pelasger steht freilich noch heute nicht fest; meines Erachtens spricht mehr für barbarischen Ursprung (anders z. B. Beloch *Gr. G.* I^{2} 2 S. 60; Glotta 1 [1909] S. 16ff. Kretschmer; Jahresb. Fortschr. Altertswiss. 176 [1916—18] S. 151 Lenschau; für nachweisbar voridg., „japhetitisch", erklärt ihn auch Fr. Braun *Die Urbevölk. Europas* [1922] S. 48); selbst wenn ihr Name wirklich griech. ist (*Πελασγοί* aus **Πελαγσ-κοί* zu *πέλαγος* „Meer(esfläche)", also „Bewohner der Ebene"), braucht das Volk nicht griech. zu sein. Jedenfalls ist der Name ebenso aus einem lokalen zu einem allg. geworden wie der der Achäer, Argiver und Hellenen.

Beloch *Gr. G.* I^{2} 2 S. 45ff.; Busolt *Gr. G.* I^{2} S. 163ff.; ders. *Gr. Staatsk.* S. 112; A. Fick *Vorgriech. Ortsnamen* 1905 S. 97ff.; E. Meyer *G. d. A.*^{3} I 2 S. 766ff.; Ἰαχ. Θωμόπουλος Πελασγικὰ ἤτοι περὶ τῆς γλώσσης τῶν Πελασγῶν 1912 (vgl. Glotta 6 [1915] S. 312); Schrader *Reall.*^{2} unter Pelasger und Mykenäer.

§ 27. Eine bescheidenere Parallele zum Pelasgernamen ist der Name der „Leleger". Sie gehören in erster Linie nach Kleinasien (Homer), aber auch auf die Inseln (Herodot I 171); in geschichtlicher Zeit sind sie Untertanen der Karier. Die Erwähnungen von Lelegern in Mittelgriechenland und im Peloponnes sind wohl nur Ausflüsse der spätern Auffassung, nach der „Leleger" (wie „Pelasger") so viel wie Urbewohner bedeutet. Die weitern Autochthonen (Dryoper, Minyer, Kydonen, Kaukonen u. a.) sind geschichtlich und sprachlich noch viel weniger oder gar nicht faßbar. Für nachweisbar voridg. erklärt den Namen „Leleger" Braun a. a. O.

Philologus 68 (1909) S. 428ff. W. Aly; Beloch *Gr. G.* I^{2} 1 S. 75f., 99f.; I^{2} 2 S. 60ff.; Busolt

Gr. G. I[2] S. 182ff.; A. Fick a. a. O. S. 107ff.; O. Hoffmann *Gesch. d. gr. Spr.*[2] I 11.

§ 28. Reste der vorgriech. Sprachen kennt die antike Überlieferung noch da und dort an den Rändern der griech. Welt: so Herodot I 57 in Kreston in Thrazien (manche setzen dafür nach Dionys. v. Hal. Ant. I 29 Kroton [heute Cortona] am Golf von Tarent; ein Beloch *Gr. G.*[2] I 2 S. 53f.; Busolt *Gr. G.*[2] I 173; E. Meyer *G.d.A.*[3] I 2, 770; s. dagegen Etrusker A § 1), Plakie und Skylake (an der Propontis); Thukydides IV 109, 4 weiß von „zweisprachigen Barbaren" auf der Athos-Halbinsel (Herodot VI 138 spricht nur von einem Unterschied zwischen attischer und pelasgischer Sprache auf Lemnos).

§ 29. Daß von der vorgriech. Bevölkerung schon die Alten so wenig Sicheres wußten, deutet darauf hin, daß sie im Allg. frühzeitig ihr Volkstum aufgegeben hatte oder zu einer politisch und kulturell bedeutungslosen Hörigenschicht herabgedrückt war. Dazu stimmt auch die Tatsache, daß wir von ihr nur ganz wenige Inschriften in griech. Alphabet haben, während aus derselben Zeit die griech. Inschriften überaus zahlreich sind.

§ 30. In Praisos, der Hauptstadt der Eteokreter, d. h. „Urkreter" (s. § 15), sind aus dem 6.—4. Jh. v. C. stammende Inschriften in griech. Buchstaben, aber in einer uns unbekannten Sprache, gefunden worden. Hier im gebirgigen äußersten O Kretas hatte sich also die vorgriech. Bevölkerung so lange geschlossener erhalten (vgl. Herodot VII 170f.) und ihre Sprache bewahrt; vgl. *RE* unter Eteokretes J. Miller. Ähnliches gilt für Lemnos: 1885 wurde dort eine Steinsäule entdeckt, die zwei Inschriften in einem altertümlichen griech. Alphabet des 6. Jh. v. C. in nichtgriech. Sprache trägt (Band VII Tf. 200; (zuletzt IG XII 8 Nr. 1 veröffentlicht). Die unzweifelhaften Übereinstimmungen einzelner Worte mit dem Etrusk. setzten die antike Überlieferung von den Pelasgern auf Lemnos (Herodot VI 137f.) und von den Tyrsenern (= Etruskern) daselbst (Thukyd. IV 109, 4) in ein neues Licht. (Über die Versuche, die Inschrift als phryg. oder thrak. zu erweisen, vgl. Glotta 6 [1914] S. 76 Kretschmer.) Neuerdings hat auch Zypern lesbare vorgriech. Inschriften geliefert: zwei hat R. Meister (SB. Preuß. Ak. 1911 S. 166ff.) veröffentlicht, zwei weitere Mém. Soc. Ling. 18 (1913) S. 271ff. J. Vendryes; vgl. auch Glotta 5 (1914) S. 260f. Kretschmer; Vendryes a. a. O. S. 272 Anm. 1 vermutet, zwei bisher ungedeutete kyprische Inschriften (*Samml. griech. Dialektinschr.* Nr. 53; O. Hoffmann *Griech. Dialekte* I Nr. 123) seien ebenfalls ungriechisch. Später kam sogar eine urkyprisch-griech. Bilingue des 4. Jh. v. C. zum Vorschein (*'Εφ. ἀρχ.* 1914 S. 1ff. E. Sittig; vgl. Glotta 8 [1917] S. 252), deren griech. Text allerdings keine genaue Übersetzung ist. Alle diese urkyprischen Inschriften sind in derselben Silbenschrift abgefaßt, die auch die G. der Insel benutzt haben. Die selbstverständliche Vermutung, die G. hätten dieses für ihre Sprache so mangelhafte Schriftsystem von den Einheimischen übernommen (s. § 10), ist damit bestätigt. Vgl. jetzt KZ 52 (1924) S. 194ff. Sittig, der eine achte Inschrift (aus Oberägypten, während alle andern aus Amathus auf Zypern stammen) hinzufügt. S. Schrift C2.

§ 31. Außerdem ist aber auf Kreta an verschiedenen Orten eine Unmenge von Schriftdenkmälern (meist Tontäfelchen) aus dem 2. Jht. v. C. in mehreren früher unbekannten Schriftsystemen, einer Bilderschrift und mehreren Linearsystemen, zutage getreten; obschon die Entzifferung erst in den ersten Anfängen steckt (s. Kretische Schrift), kann es doch keinem Zweifel unterliegen, daß wir hier die Sprache der Träger der „minoischen" Kultur, der Vorgänger der Griechen, vor uns haben.

Beloch *Gr. G.*[2] I 1 S. 99f.; Busolt *Gr. Staatsk.* I 110f., 112; Hirt *Handb. d. gr. Laut- und Formenl.*[2] § 40; Idg. Jahrbuch 8 (1922) S. 146; Thumb *Gr. D.* § 8; *RE* XII 88ff. Oberhummer.

§ 32. Geographische Namen (Berg-, Fluß-, Siedlungsnamen) sind die bodenständigsten Bestandteile des Sprachguts; oft sind sie die einzigen Reste, die es ermöglichen, eine verschwundene Sprache festzustellen und örtlich zu begrenzen. Namentlich können charakteristische Bildungstypen (Wortstämme, Zusammensetzungsbestandteile, Ableitungssilben) für die vorgesch. Sprachforschung wegleitend werden. Schon 1853 hat August Pott erkannt, daß sich die griech. Ortsnamen mit

-νϑ- wie *Κόρινϑος* mit den Mitteln der griech. und idg. Etymologie nicht erklären lassen. Heute ist diese Auffassung durchgedrungen, namentlich seit Kretschmers *Einleitung in die Geschichte der griech. Sprache* (1896; s. besonders S. 402 ff.). Kretschmer hat hauptsächlich durch den Nachweis eines kleinasiatischen Lautwandels von *nt* zu *nd* (und von *mp* zu *mb*) die ältere Vermutung, daß die kleinas. Namen mit **-νδ-** denen auf **-νϑ-** des griech. Mutterlandes und der Inseln entsprechen, zur Gewißheit erhoben (a. a. O. S. 293 ff.). Daß unter den Namen (wie auch unter den unten zu erwähnenden Appellativen) auf **-νϑ-** idg. (griech., auch thrak.) sein können, ist unbestreitbar (a. a. O. S. 403; Fick *Vorgr. Ortsnamen* S. 152 f.; *B. ph. W.* 1906 S. 857 f. Solmsen; Neue Jahrbb. 41 [1918] S. 442 f. Debrunner; JHS 38 [1918] S. 45 ff. Arkwright; Charisteria Morawski 1922 S. 6 ff. Rozwadowski); aber die Hauptmasse gehört sicher der „ägäischen" Bevölkerung an (Literatur über das *-νϑ-*Suffix bei Brugmann-Thumb *Griech. Gramm.*[4] 1913 S. 240 f.; Spuren im Etrusk., Hettit. usw. Glotta 13 [1923] S. 114 f., 15 [1925] S. 87 ff. Kretschmer; weiteres Asia maior 1 [1924] S. 103 ff., vgl. Lit. Zbl. 1925 S. 33). Dasselbe gilt für ein *s*-Suffix, das meist in der Form *-ᾱσσός*, jon. *-ησσός*, att. *-ηττός* auftritt (*Παρνασσός*, *Ἁλικαρνησσός*, *Ὑμηττός*; Kretschmer *Einl.* S. 405, Debrunner a. a. O.). Beide Suffixe kommen nicht nur überall auf dem griech. Kontinent und auf den Inseln vor (s. jetzt die reichhaltige Sammlung von A. Fick *Vorgriech. Ortsnamen als Quelle für die Vorgesch. Griechenlands* 1905 und den Nachtrag dazu: *Hattiden und Danubier in Griechenland* 1909), sondern auch in Kleinasien bis tief ins Innere. Musterbeispiele: Attika *Ὑμηττός* (Berg), *Προβάλινϑος* (Demos); Euböa *Διρφωσσός* (Berg), *Κόσκυνϑος* (Fluß); Phokis *Παρνα(σ)σός* (Berg), Thessalien *Παμισός* (Fluß); Argolis *Τιρυνϑ-* (Burg), *Σάμινϑος* (Ort); Lakonien *Λαρύσιον ὄρος* (zu *Ζεὺς Λαρύνϑιος*); Arkadien *Ἐρύμανϑος* (Berg); Kreta *Ποικιλασσός* (Städtchen), *Πύρανϑος* (Stadt); Kykladen *Μάρπησσα* (Berg auf Paros), *Πρεπέσινϑος* (Insel); Rhodus *Κάμυνδος* (Demos; auch hier ist **-νϑ-** zu **-νδ-** geworden; vgl. Kretschmer *Einl.* S. 310), *Ἰαλυσός* (Stadt); Kleinasien *Ἁλικαρνασσός*, *Ἄσπενδος*, *Οἰνόανδα*, *Ναδίανδος* (*Ναζίανζος*). Manchmal tritt derselbe Name im O und W auf (a. a. O. S. 406): *Μυκαλησσός* in Böotien und Karien, *Παρνασσός* in Phokis und Kappadozien; natürlich kommt das auch vor, ohne daß die 2 Suffixe im Spiel sind: *Μύρινα* auf Kreta und Lemnos und in der kleinasiat. Äolis, *Πρίανσος* auf Kreta und *Πριήνη* (aus **Πριανσ-*) in Kleinasien.

§ 33. Neben den charakteristischen vorgriech. Suffixen gibt es aber auch ebensolche Namensstämme: *Ἄρνη* in Böotien, Thessalien, Lykien, *Φαλάσ-αρνα* auf Kreta, *Ἁλάσ-αρνα* auf Kos und in Mysien, ferner mehrere andre Komposita in Kleinasien (z. B. *Ἰδ-άρνη* aus *Ἴδη* + *Ἄρνη*; Fick *Hatt. und Dan.* S. 11 sieht in der appellativen Verwendung von *ἴδη* als „Wald" bei Herodot einen Karismus: Herodot stammt aus dem halbkarischen Halikarnaß, sein Vater *Λύξης* und sein Oheim *Πανύασσις* haben karische Namen; kleinasiatische Namen mit *ιδα* bei Kretschmer *Einl.* S. 361 f.); Kretschmer (a. a. O. S. 406; Glotta 11 [1921] S. 284) vermutet daher in *Ἄρνη* ein vorgriech. Wort für „Stadt". *Μυκαλησσός* gehört zu *Μυκάλη* (Vorgebirge in Kleinasien), *Παρνασσός* zu *Πάρνων* (Berg in Lakonien) und *Πάρνης* (Gen. *Πάρνηϑος*; Berg in Attika), *Περγασή* (att. Demos) und *Παργασῆς* (Gemeinde in Karien) zu *Πέργη* (Stadt in Pamphylien) und *Πέργαμον* (Fick *Vorgr. O.* S. 83; 129; zum Suffix *-ασ-* vgl. z. B. *Μύλασα* Stadt in Karien, *Παγασαί* Stadt in Thessalien [Fick a. a. O. S. 78; 169 unter *-ασο-*], zum Suffix *-αμο-* vgl. z. B. *Πρίαμος* [Kretschmer *Einl.* S. 322 ff.; Fick a. a. O. S. 17; 106]). Häufig ist das Element *Σαμ-*: *Σάμος* und *Σάμη* heißen mehrere Inseln, *Σαμικόν* heißt ein fester Platz in den Bergen von Elis, *Σαμυλία* eine Stadt in Karien, *Σάμινϑος* ein Ort in der Argolis, *Σαμώνιον πεδίον* liegt am obern Skamander in der Troas; im Anschluß an Strabo VIII 3, 19 p. 346 (*σάμους ἐκάλουν τὰ ὕψη*, nämlich die Kaukonen in Elis) vermutet Fick (a. a. O. S. 54 f.) in „Samos" ein vorgriech. Wort für „Höhe".

§ 34. Aus der Verbreitung dieser Namen, besonders der 2 Suffixe *-νϑ-* und *-σ(σ)-* ergibt sich, daß in Griechenland, auf den Inseln und in Kleinasien vor der griech. Einwanderung dieselbe Sprache oder unter sich verwandte Sprachen gesprochen wurden, und diese waren weder idg. noch sem. Als farbloseste Bezeichnung für diese Sprachen und Völker dient „vorgriechisch" oder „ägäisch". Die Versuche von Fick, alle diese Namen und Suffixe auf die Pelasger, Leleger, Kydonen und sogar die Hettiter zu verteilen, sind verfrüht; s. a. Altkleinasiatische Sprachen § 12. Die Ortsnamen auf -νθ- und -σσ- in Thrazien (z. B. Ἄψυνθος, Ὄλυνθος, Πέρινθος, Ὀδησσός, Σαλμυδησσός) will Kretschmer (a. a. O. S. 402, 405; vgl. aber auch S. 193 Anm. 2) fernhalten; O. Menghin (MAGW 1917 Sitzungsber. S. 43; vgl. Jdg. Jahrbuch 6 [1918] S. 72) dagegen benutzt die -νθ-Namen gerade zum Nachweis einer vorillyr. und vorthrak. (vgl. Kretschmer *Einl.* S. 193) Bevölkerung n. des eigentl. Griechenlands, wohl mit Recht. Noch nicht abgeklärt ist das Verhältnis der neuentdeckten kleinas. Sprachen zu den beiden Suffixen; vgl. MDOG. 61 (Dez. 1921) S. 23 und ZDMG 76 (1922) S. 246f. E. Forrer.

[Über Ὑττηνία s. § 42.]

§ 35. Herodot II 50 sagt, fast alle griech. Götternamen seien aus Ägypten nach Griechenland gekommen, die übrigen stammten von den Pelasgern, Poseidon von den Libyern; Kap. 52 stellt er die Pelasger als Vermittler der Götternamen von den Ägyptern zu den Griechen hin. Zieht man von diesen Angaben die verallgemeinernde Übertreibung und die Überschätzung der Ägypter ab, so hält der Rest der sprachwissenschaftlichen Prüfung stand.

E. Kalinka *Die Herkunft der griech. Götter* Neue Jahrbb. 45 (1920) S. 401 ff.

§ 36. Von allen Hauptgöttern und -göttinnen trägt einzig Zeus einen unzweifelhaft idg. Namen (vgl. lat. *Dies-piter* und *Ju-(p)piter*, altind. *Dyauš-pitā*, u. a.); daher ist er auch den andern Göttern übergeordnet. Aber auch er hat sicher von der vorgriech. Bevölkerung eine Bereicherung seines Wesens erfahren. An einer Stelle ist das bestimmt nachweisbar: der Hauptgott der Karier wird von den G. (schon Herodot V 119) Ζεὺς Στράτιος genannt; in Karien dagegen heißt er nach seiner Kultstätte Labraunda (bei Mylasa) Λαβαυνδός (dies ist unter vielen Schreibarten die geläufigste; Kretschmer *Einl.* S. 303). Plutarch (Quaest. graec. 45) leitet diesen Namen von dem lydischen Wort λάβρυς = πέλεκυς ab und bezieht ihn auf das Beil, das der karische Zeus trage. In der Tat hat der Gott auf den Münzen der karischen Satrapen und auf solchen von Mylasa die Doppelaxt, ein über ganz Kleinasien verbreitetes religiöses Symbol; als *Juppiter Dolichenus* (von Doliche im ö. Kleinasien) hat er seit dem 2. Jh. n. C. im ganzen röm. Reich eine große Beliebtheit erlangt (Gewappneter mit Doppelaxt und Blitz auf dem Rücken eines Stiers stehend). Da nun die Doppelaxt (s. d. A) in den altkretischen Funden als gebräuchlicher Kultgegenstand vorkommt (*RE* unter Kreta S. 1791 Karo) und die verirrliche Behausung des fabelhaften Stiermenschen Minotaurus Λαβύρινθος heißt, so kam man (Kretschmer *Einl.* S. 404) auf den ansprechenden Gedanken, Λαβύρινθος sei sprachlich identisch mit Λαβραυνδός (über -νδ- = νθ- s. § 32), sei also ursprünglich eine Kultstätte des stiergestaltigen Doppelaxtgottes gewesen. Wenn auch diese Hypothese nicht völlig gesichert ist, so bleibt sie doch trotz E. Meyer (*G. d. A.*[8] I 2 S. 715) sehr wahrscheinlich.

Fick *Vorgr. O.* S. 28; Kalinka a. a. O. S. 407 f.; Kretschmer *Einl.* S. 303 ff., 404; E. Meyer *G. d. A.*[8] I 2 S. 714 f.; Atb. Mitt. 35 (1910) S. 149 ff. H. Prinz; *RE* XXIII 277 Bürchner (etr. Kriegsgott *lauran* u. ähnl.), 277 f., 281, 287 Ganszyniec, 314 f. Humborg; B. Schweitzer *Herakles* 1922 Teil I 1 *Die Doppelaxtträger der nachkret. Zeit*, und dazu Ph. W. 1924 S. 812 f. Weinreich.

§ 37. Die Namen der übrigen griech. Hauptgottheiten haben zahlreiche Erklärungsversuche über sich ergehen lassen müssen, ohne daß irgendwo eine einwandfreie Lösung gefunden worden wäre. Schon deshalb liegt die Vermutung nahe, die Namen stammten zusammen mit den göttlichen Wesen selber von der vorgriech. Bevölkerung. Dafür sprechen auch die Ergebnisse der neuern religionsgeschichtlichen Forschung (Kalinka a. a. O.), ferner das starke Schwanken der Schreibung mehrerer dieser Namen (was sich bei Übernahme aus einer fremden Sprache viel leichter erklärt als bei Erbwörtern); vgl. Ἀπόλλων Ἀπέλλων Ἄπλουν (Apollos Beiname Σμινθεύς A 39 scheint eine Ableitung von einem Ortsnamen *Σμίνθος* zu sein; vgl. die Scholien zur Stelle; über *-εύς* s. § 38), *Ἄρτεμις Ἄρταμις*, *Ποσειδάων Ποτειδάν Ποσοιδάν Ποτοιδάν Ποτιδᾶς*, *Δᾱμάτηρ* (*Δημήτηρ*) enthält vor dem idg.-griech. Wort für „Mutter" das Lallwort *Δᾶ* „Erde" (Wiener Studien 24 [1902] S. 523 ff. Kretschmer), und Lallnamen sind für die kleinas. Sprachen bezeichnend (Kretschmer *Einl.* S. 334 ff.). *Ἀθάνᾱ* (*Ἀθήνη*; jon. *Ἀθηναίη*, att. *Ἀθηναία Ἀθηνάα Ἀθηνᾶ* sind jüngere Weiterbildungen; vgl. *Σελάνα Σελαναία*, *Αφα Ἀφαία* [SB. Preuß. Ak. 1921 S. 952 Anm. 1 v. Wilamowitz] und *Ἀθηνό-δοτος Ἀθην-ίων* [Fr. Bechtel *Die hist. Personennamen des Griech.* 1917 S. 22 f.; Kalinka a. a. O. S. 412]; *Ἀθήνη* ist nicht „die Athenerin", sondern *Ἀθῆναι* = „die Stadt der Athene") enthält ein bekanntes vorgriech. Suffix; vgl. die Berg- Fluß- und Städtenamen *Κυλλ-ήνη*, *Πειρ-ήνη*, *Μυκ-ήνη* usw. (O. Hoffmann *Gesch. d. gr. Spr.*[2] I 16 f.; Kalinka a. a. O. und ArchfRW 21 [1922] S. 31 ff.; Glotta 11 [1921] S. 277 Kretschmer; J. Wackernagel bei Nilsson [s. u.] S. 18 f.), ferner *εἰρ-ήνη* (unten § 52) und vielleicht auch das kleinas. Bewohnernamensuffix *-ᾱνός -ηνός* (*Σαρδιανός Ἀβυδηνός* usw.; kleinas. nach F. de Saussure bei E. Chantre *Mission en Cappadocie* 1898 S. 185 ff. = Recueil des publications scientifiques de F. de S. 1922 S. 566 ff. und Andern, thrak.-phryg. nach H. Jacobsohn B. ph. W. 1914 S. 975 ff., lyd.-lyk. Entlehnung aus dem Phryg. nach E. Littmann *Sardis. Inscriptions* I [1916] S. 78; über allfällige weitere Verbindungen dieser *n*-Suffixe vgl. *Ἀντίδωρον* Festschrift J. Wackernagel (1923) S. 151 F. Stähelin; C. Frank *Die sog. hethit. Hieroglypheninschr.* 1923 S. 62 Anm. 6; vgl. noch den kleinas. Ortsnamen *Ἀθαν-ασσός* oder *Ἀτταν-ασσός* und die Schwankungen der Schreibung in *Ἀττ-ική Ἀτθίς Ἀτηνία* (Demos in Attika; Kretschmer *Einl.* S. 278, 282 ff.); dagegen ist der wurzelhafte Bestandteil *Ἀθ-* lautlich zu einfach, um Anknüpfung an *Ἄθως*, *Ἀθάμας*, *Ἀθαμᾶνες* zu gestatten (B. ph. W. 1922 S. 202 Radermacher); vgl. M. P. Nilsson *Die Anfänge der Göttin Athena* Danske Vid. Selsk. Skrift. Hist.-fil. Meddelelser 4, 7 (1921). Sollte etwa das seltsame Wort *παρθένος* „Jungfrau" von der *Ἀθηνᾶ Παρθένος* ausgegangen und ebenfalls ungriech. sein? Aus der griech.-lydischen Bilinguis *Baki-valis* = *Διονυσοκλέος* vermutet Littmann a. a. O. S. 39 mit Recht, daß *Βάκχος* lydisch sei (bestimmter v. Wilamowitz *Griech. Verskunst* 1921 S. 28 Anm. 1). Hephaistos ist ein kleinas. Gott nach Arch. Jahrb. 27 (1912) S. 232 ff. L. Malten.

K. Meister *Die hom. Kunstsprache* 1921 S. 227 f.; U. v. Wilamowitz *Platon*[2] I 1920 S. 291 Anm. 1; Language 1 (1925) S. 76, 78 E. E. Sturtevant (Ἀπόλλων = lyd. *Pldãnś*; Ἑρμῆς = lyd. *Armaś*).

§ 38. Die Entdeckung und genauere Durchforschung der „mykenischen" und „minoischen" Kultur zwang bald zur Frage nach der Nationalität der homerischen Helden und der Herren der Burgen von Tiryns, Mykene usw. Der Entscheid darüber stand bis vor kurzem in erster Linie der Archäologie zu; vgl. Jahresb. Fortschr. Altertswiss. 176 (1916/18) S. 159 f. Lenschau; J. Kahrstedt *Die Nationalität der Erbauer von Mykenae und Tiryns* Neue Jahrbb. 43 (1919) S. 71 ff.; jetzt sprechen die hettit. Texte am sichersten (§ 19a). Aber die griech. Sprachforschung muß auch herangezogen werden. Nun zerfallen die alten Heldennamen (ich beschränke mich auf die Haupthelden) in zwei völlig verschiedene Gruppen: die einen sind in Bildung und Etymologie klar idg., z. B. *Ἀγα-μέμνων Διο-μήδης Μενέ-λαος Νέρ-τωσ Σθένε-λος* (vgl. Brugmann-Thumb *Gr. Gramm.*[4] § 167; Debrunner *Griech. Wortbildungslehre* § 163 f.); die andern sind einstämmig, vom Idg. aus unerklärbar und meist mit dem Suffix-*εύς* gebildet: *Ἀτρεύς Ἀχιλλεύς Θησεύς Περσεύς Πηλεύς Τυδεύς*. Das Suffix-*εύς* hat bis heute allen Versuchen, es mit idg. Mitteln zu erklären, getrotzt (s. zuletzt Brugmann-Thumb a. a. O. § 183; J. Wackernagel *Sprachl. Unters. zu Homer* S. 160 f. Anm.); daher ist die Wahrscheinlichkeit groß, daß es eine Entlehnung aus dem Vorgriech. ist. Folgende weitere Momente sprechen entschieden dafür: 1. Die ungriech. Appellativa *βασιλεύς βραβεύς ἑρμηνεύς* s. § 48, 51, 54. 2. Die kleinas. Ortsnamen auf *-νδ-* scheinen das Ethnikon nur mit *—εύς* zu bilden (*Ἴσινδα —Ἰσινδεύς*; weiteres bei Kretschmer *Einl.* S. 306 ff.; s. a. § 37 über *Σμινθ-εύς*); ebenso ist wohl *Τυδεύς* = „der Mann von

Τύδη" (IF 38 [1920] S. 164 Ed. Schwyzer; *Τύδεια* im N von Euböa nach Fick *Vorgr. Ortsn.* S. 159) und könnte *Πηλεύς* zu *Πήλιον Πήλεια* (Berg und Stadt in Thessalien; KZ 44 [1911] S. 6 Fick; v. Wilamowitz *Die Ilias und Homer* 1920 S. 118 Anm. 1), *Νηλεύς* zu *Νήλεια* (Burg bei Iolkos; Fick a. a. O. S. 4), *Ὀιλεύς* zu *Ἴλιος* (v. Wilamowitz a. a. O. S. 185) gehören; vgl. Schwyzer a. a. O. über *Βρίση—Βρισεύς*, *Χρύση—Χρυσῆς* (= *Χρυσεύς*); deutlich ist die Ethnikonbedeutung von *-εύς* noch in der Femininbildung: *Βρισηΐς* ist längst als „Mädchen von Bresa (auf Lesbos)" gedeutet (Roscher *Lex.* I 820 Schultz); die Verwendung von *-εύς* als Ethnikon von echtgriech. Ortsnamen (schon Hom. *Δουλιχιεύς* von *Δουλίχιον*) würde sich aus dem vorgriech. Ethnikon *-εύς* am besten erklären. 3. Von den bedeutenderen griech. Helden bei Homer hat je der Hauptheld (also der älteste) der beiden Gedichte, Achilleus (Vater Peleus!) und Odysseus, und dazu Idomeneus (Enkel des Minos!) einen Namen auf *-εύς*; von den übrigen haben die Wichtigsten griech. Namen, ihre Väter aber noch ungriech.: Diomedes-Tydeus, Agamemnon und Menelaus-Atreus, Nestor-Neleus, Sthenelos-Kapaneus; auch die Söhne des Achilleus und Odysseus haben griech. Namen: Neoptolemos und Telemachos. (Vgl. *Αἴας* und *Τεῦκρος* in hellenistischer Zeit als Hellenisierungen ähnlich klingender barbarischer Namen [Arch. Anz. 24 ⟨1909⟩ S. 435 E. Herzfeld; zustimmend E. Meyer *G. d. A.*^{3} I 2 S. 703] und die Hellenisierung und Latinisierung der Namen der Ägypter, Syrer, Juden usw. in hellenistisch-römischer Zeit.) 4. Auch die lautlichen Schwankungen in *Ἰδομενεύς—Ἰδαμενεύς*, *Ἀχιλεύς — Ἀχιλλεύς*, *Ὀδυσεύς — Ὀδυσσεύς—Ὀλυττεύς— Ulixes* stützen die Hypothese der Entlehnung. Anknüpfung von *-εύς* an das thrak.-phryg. *-ους* oder *-υς* (Kretschmer *Einl.* S. 223 f., wo auch an *Τυδυς Θησυς* usw. auf griech. Vasen erinnert wird) wäre zu versuchen, wenn auch kaum sehr aussichtsreich. (Der Vokalwechsel *Ἀτρ-έος—Ὀδυσσῆος* ist rein metrischen Ursprungs: *Ἀντίδωρον*, Festschr. f. J. Wackernagel 1923 S. 28 ff. Debrunner.)

Gött. Gel. Anz. 1916 S. 741 f. Debrunner; K. Meister *Die hom. Kunstsprache* S. 228.

Über Ungriechisches in troischen Namen vgl. E. Kalinka *Das trojanische Königshaus* ArchfRW 21 (1922) S. 18 ff.; z. B. *Πρί-αμος* (s. a. oben § 33), *Τρώ-ιλος* (s. a. § 54). *Κέκροψ*, *Κόδρος* u. a. erklärt schon Strabo VII 7, 1 p. 321 als „barbarisch".

§ 39. Zu beachten ist auch, daß derselbe Unterschied im Namentypus auch zwischen den Doppelnamen von Troern obwaltet: Paris — Alex-andros (§ 19a), Skamandrios — Asty-anax (vgl. den Doppelnamen des Flusses *Σκάμανδρος — Ξάνθος* Y 74; *-μανδρος* ist nach H. Jacobsohn [DLZ 1922 S. 953] das theophore Element *Μανδρο-*; es scheint, daß von Doppelbezeichnungen die den Göttern zugeschriebene idg., die den Menschen zugeschriebene ägäisch, d. h. vulgärgriechisch ist; vgl. J. Huber [s. § 56] S. 40; Glotta 13 [1924] S. 266 f. Kretschmer); anders v. Wilamowitz *Die Ilias und Homer* 1920 S. 312 (verschiedene Traditionen) und H. Güntert *Von der Sprache der Götter und Geister* 1921 S. 114 f. (verschiedene Lokalgottheiten). Man vergleiche ferner den Doppelnamen der Gattin Meleagers (Ilias I 556, 561 ff.): Kleo-patra — Alkyone (vgl. *ἀλκυών* „Eisvogel", das auch ungriech. sein kann) ist Tochter der Marpessa (M. ist auch ein Berg auf Paros, Marpessos eine Stadt in Troas) und des Ides (vgl. *Ἴδη* § 33). Auch bei den appellativen „Götterwörtern" ist Entlehnung im Spiel: *ἰχώρ* „Götterblut" gehört wohl zu den religiösen Lehnwörtern (§ 37, 53), vgl. Glotta 13 (1923) S. 151 f. E. Hermann; das Götterwort *χαλκίς* ist griech., das menschliche *κύμινδις* sieht kleinas. aus (*-νδ-*; Vogelname, vgl. § 44) und ist wohl ein Lehnwort der niedern jon. Volkssprache (Glotta a. a. O. S. 266 f. Kretschmer).

§ 40. Plato vermutet im Kratylos (409 DE), die G., zumal die unter barbarischer Oberhoheit lebenden, hätten viele Wörter übernommen, und so erklärt er nachher mehrere griech. Wörter aus fremden Sprachen. Dieser Gedanke erweist sich in neuester Zeit immer mehr als richtig. Ein ziemlich großer Teil griech. Wörter wollte sich weder an die idg. noch an die sem. Sprachen anknüpfen lassen; den Mut, sie auf die vorgriech. Bevölkerung zurückzuführen, gab aber erst die Beobachtung, daß unter ihnen eine Anzahl die von den Ortsnamen her bekannten „Leitsuffixe" *-νϑ-* und *-σσ-* enthalten, und daß sich die große Masse dieser Lehnwörter zu einigen Bedeutungsgruppen vereinigt: es sind vorwiegend Wörter für „Realien" (Beispiele s. u.). Natürlich darf nicht jedes Wort, das bisher keine einleuchtende idg. oder sem. Etymologie gefunden hat, ohne weiteres den Vorgriechen zugeschoben werden. Das Ziel der Lokalisierung der Lehnwörter auf das Lydische, Karische usw. ist bisher nur in Ausnahmefällen erreichbar; weitere Fortschritte hängen von der Erschließung der kleinas. (namentlich der lydischen und der Sprachen von Boghasköj; s. Altkleinasiatische Sprachen § 11 ff.) und urkret. Sprachdenkmäler ab. Manche Entlehnungen waren gewiß nicht bei allen G. verbreitet (vgl. die Sonderlehnwörter bei Hipponax [oben § 22]; A. Fick *Hattiden und Danubier* 1909 S. 11; O. Hoffmann *Gesch. d. griech. Sprache*[2] I 56; J. Wackernagel *Die gr. und lat. Lit. und Spr.*[3] S. 374 f). Das Suffix *-ινϑος* scheint gelegentlich an anderssprachige Wortstämme angetreten zu sein (s. § 43 über *ἐρέβινϑος* und Gött. Gel. Anz. 1916 S. 741 Debrunner); so vielleicht auch *ὑάκινϑος* („Hyazinthe" und Name eines Heros): Kretschmer *Einl.* S. 404 f. zerlegt es in griech. *ὑακ-* = lat. *juvenc-us* und vorgriech. *-ινϑος*; aber *Ὑάκινϑος* ist auch ein Berg in Attika und ein Demos auf der Insel Tenos; vgl. jetzt Walde unter vaccinium und Schrader *Reall.*[2] unter Hyazinthe.

§ 41. Zur Erschließung vorgriech. Wörter trägt auch das Lat. bei: wenn eine sachlich einleuchtende griech.-lat. Wortgleichung nicht zu den sonst ermittelten Lautentsprechungen stimmt, so ist oft anzunehmen, daß beide Sprachen das Wort selbständig aus einer ältern Mittelmeersprache entlehnt haben; so etwa *ἄπιον* — *pirum*, *ζειγαρά* („ὁ τέττιξ παρὰ Σιδήταις") — *cicada* (Festgabe Adolf Kägi 1919 S. 80 Anm. 1 M. Niedermann), *κάπηλος* — *caupo* (A. Ernout *Les élém. dial. du vocabulaire lat.* 1909 S. 143), *μίνϑη* — *menta*, *μόλυβδος* (auch *μόλιβος*, *βόλιμος* u. a.) — *plumbum* (F. Sommer *Handb. d. lat. Laut- und Formenlehre*[2] 1914 S. 227 Anm. 1), *ῥόδον* — *rosa* (iran. *vard-*), *σῦκον* (böot. *τῦκον*) — *ficus* (armen. *thuz*). Vgl. oben § 23 über *οἶνος* — *vinum*; Mém. Soc. Ling. 15 (1908) S. 161 ff. Meillet (dazu Glotta 3 [1912] S. 329 Kretschmer); Linguistique hist. et ling. gén. 1921 S. 297 ff.

G. Ipsen (s. § 23) S. 226 ff.; über σῦκον auch M. Oštir *Beitr. zur alarod. Sprachw.* 1921 S. 1 ff.

§ 42. Endlich müssen die verpönten etrusk.-griech. Wortgleichungen auf der neuen Grundlage (vgl. § 30) wieder aufgenommen werden: für *ὀπυίειν* „verheiratet sein" (vom Mann, Medium von der Frau; nicht „heiraten", vgl. Rhein. Museum 73 [1920] S. 365 Anm. 1 Debrunner; das Wort war nach Homer altmodisch) fehlt es an einer ungekünstelten idg. Erklärung; es wird zu etrusk. *puia* „Gattin" gehören (Hammarström, s. u.; aber auch schon Carra de Vaux *La langue étrusque* 1911 S. 126, vgl. IF Anz. 36 [1916] S. 33 Herbig) und Lehnwort aus einer mit dem Etrusk. verwandten Sprache sein. Überzeugend vergleicht Max Oštir (*Beiträge zur alarod. Sprachwiss.* 1921 S. 34, vgl. Glotta 11 [1921] S. 277 f. Kretschmer) *Ὑττηνία*, was nach Stephanus von Byzanz der alte Name der att. *Τετράπολις* war (ihr Heros *Ὑττήνιος* wird auf einer Inschrift erwähnt; Glotta 13 [1923] S. 115 f. Kretschmer), mit etrusk. *hut* „vier" (*ku-ti* oder *bi-ti* ermittelt Gaerte als Zahlwort für „vier" aus urkret. Linearschrift: *RE* II A S. 740); zum Suffix *-ην-* vgl. § 37. Auch die Annahme Kretschmers (Glotta 11 S. 278 ff.), *ἱερός*; *ἱαρός* „heilig" entstamme einer Beeinflussung eines idg. **isaros* (und **eiseros?*) „kräftig" durch ein vorgriech. **eiseros* „heilig" (etrusk. *aiser* und dgl. „Gott", daraus entlehnt die mit *ais-* beginnenden osk.-umbr. Wörter für „Gott, heilig, Opfer"), hat viel für sich. Vgl. auch u. § 54 über *πρύτανις* und Glotta 11 a. a. O. Kretschmer über *Ἀϑήνη* und Verwandtes. S. a. Etrusker B.

M. Hammarström *Griech.-etrusk. Wortgleichungen* Glotta 11 (1921) S. 211 ff. Unsicher H. Grimme *Hethitisches im gr. Wortschatze* Glotta 14 (1925) S. 13 ff.

§ 42 a. Einordnung der ägäischen Sprachen in einen weiteren Zusammenhang, die „japhetitische" Sprachfamilie (umfassend alle voridg. Sprachen von Spanien bis Mesopotamien und die heutigen Kaukasussprachen), versuchen Fr. Braun und N. Marr (Japhetit. Studien zur Sprache und Kultur

Eurasiens 1: Fr. Braun *Die Urbevölk. Europas und die Herkunft der Germanen* 1922); ähnlich G. Ipsen (§ 23) S. 214f. und Oštir (§ 41). Nach Braun S. 48 hat Marr z. B. βασιλεύς, δάφνη, ἐρέβινθος, ὄροβος, ὕρχη (ein Gefäß), ψυχή einwandfrei als japhetisch erwiesen; Begründung und Bestätigung bleibt abzuwarten. Vgl. auch Kretschmer in Gercke-Norden[3] *Einleitung* I 6 S. 70f.

§ 43. Pflanzen. Mehrere auf -σσος und -νθος: ἄλυσσον, βόρασσος „Palmenfrucht in der Hülle", κυπάρισσος „Zypresse" (und Stadt in Phokis), νάρκισσος „Narzisse"; ἀψίνθιον „Wermut" (Ἄψυνθος), κήρινθος „Bienenbrot" (nach Rev. ét. anc. 12 [1910] S. 155 A. Cuny zu κηρός, lat. cēra „Wachs"; aber vgl. den Ortsnamen Κήρινθος), ὄλυνθος „unreife Feige", τερέβινθος (τέρμινθος τρέμιθος), ὑάκινθος. Besonders bemerkenswert sind ἐρέβινθος und λέβινθος (auch ὀδόλυνθος) „Erbse", die in lat. *ervum*, ahd. *araweiz* „Erbse" Verwandte haben, aber lautgesetzlich nicht genau dazu stimmen; ohne -ινθος auch ὄροβος „Kichererbse, Wicke"; also ist wohl das -ινθος sekundär auf ἐρέβ-ινθος übertragen worden und zwar von λέβινθος aus, dessen „ägäischer" Charakter durch den Inselnamen Λέβινθος erwiesen wird; vgl. die weiteren Hülsenfruchtnamen auf -ινθος (ῥάβ-, γέρ-, γέλ-; Schrader *Reall.*[2] unter Erbse; H. Petersson *Baltisches und Slav.* 1916 S. 28) und die Übereinstimmung von Pflanzen- und Ortsnamen auch in Ἄψινθος Ἄψυνθος Κήρινθος Ὄλυνθος Ὑάκινθος (§ 40); außeridg. Anknüpfungen bei Braun a. a. O. S. 61 (kaukas. *lebia* und dgl. „Bohne") und Ipsen (§ 23) S. 230ff. Sonst z. B. δάφνη (δαύχνα, λάφνη, lat. *laurus)* „Lorbeer", κάκτος, κάστανον, κέρασος „Kirschbaum", κυδώνια μῆλα (lat. *cotonea;* ägäisch und etrusk. häufiges Namenselement Κυδ-, Κυτ-, Cot-, Cut-; Glotta 13 [1923] S. 11ff. Nehring), κύτισος „Goldregen", ὀρίγανον „Majoran". Κριθή „Gerste", mit lautlich unvollkommener Entsprechung zu lat. *hordeum*, ahd. *gersta* gehörig, wird von Braun a. a. O. S. 61 zu georg. *qeri* „Gerste", armen. *gari* „Gerste", bask. *gari* „Weizen" gestellt; ϑ ist nach ihm Pluralsuffix, wozu der homer. Gegensatz κρῖ nur Sing. — κριθαί nur Plur. passen würde. Über μίνθη, ῥόδον und σῦκον s. § 41. Es sind fast lauter Pflanzen, die die G. vor der Einwanderung schwerlich kennen konnten.

§ 44. Tiere. αἴγι(ν)θος αἰγίθαλ(λ)ος αἰγυπιός αἰγώλιος (alles Vogelnamen, vgl. Αἰγεύς König von Attika, Αἰγίλος Vorgebirge von Leukas, und dgl.?), βόλινθος „Wildochse", βίνασος „Wildochse" (-ασος s. § 33), ἐμύς „Süßwasserschildkröte", ἴξαλος „eine Art Steinbock", κάλανδρος „Lerche" (vgl. Ἄνδρος Ἀντ-ανδρος Φολέγ-ανδρος), κάραβος „Krabbe, Holzkäfer", λάρος „Möwe", σαῦρος „Eidechse".

§ 45. Gesteine und Mineralien. πέτρα „Fels", κάλ(λ)αϊς „ein Edelstein", κασσίτερος „Zinn", κύανος „Blaustahl", μέταλλον, μόλυβδος (§ 41), σίδηρος „Eisen" u. a.; auch ἄσφαλτος. Allg. über die entlehnten idg. Metallnamen KZ 49 (1919) S. 126 Pokorny, über ἄργυρος G. Ipsen (s. § 23) S. 228.

§ 46. Gebrauchsgegenstände, namentlich Gefäße. αἰακίς, ἄμβικος (ἄμβιξ, ἄμβυξ), ἀρύβαλλος, βῖκος, δέπας (δέπαστρον), κάνθαρος, κελέβη, κισσύβιον, λέβης, λήκυθος (Λήκυθος Ort in Mazedonien; vgl. Glotta 13 [1923] S. 152 Hermann), φιάλη. Vgl. Glotta 11 (1921) S. 284 Kretschmer, der auch an κάμινος „Töpferofen" und κέραμος „Tonware" (Κέραμος Dorf in Karien) erinnert.

§ 47. Körperpflege. Nahrung: ἀβυρτάκη, ἀττάραγος (-αχος), βραττίμης βρύτεα usw. Bekleidung: ἅβρωμα, ἀμβρακίδες, ἀσκέρα, βλαύτη usw. Ferner βρένθυς βρένθειον „ein Salböl" und ἀσάμινθος „Badewanne" (Suffix -ινθος, schon von A. Pott *Die Personennamen* 1853 S. 451 beachtet; Badewannen aus dem 2. Jht. v. C. in Tiryns und Knossos gefunden; Ilias K 572ff. nehmen Odysseus und Diomedes zuerst ein Meerbad, dann steigen sie sofort in die Badewanne: Kulturmischung). S. Bad A.

§ 48. Musik, Tanz, Spiel. Instrumente: βάρβιτος, κιθάρα, κινύρα, μάγαδις, νάβλα, σαμβύκη usw., wohl auch σάλπιγξ, σῦριγξ, φόρμ-ιγξ. Musikalische Weisen: αἴλινος, ἔλεγος, ὑμέναιος; über die auf -αμβος s. § 53. Auch das Epos und sein Vers, der Hexameter, sind wohl vorgriech. Ursprungs: JHS 32 (1912) S. 277ff. Evans (dazu Cauer *Grundfragen der Homerkritik*[3] I [1921] S. 301ff.); Finsler-Tièche *Homer*[3] I (1924) S. 222; Neue Jahrbb. 53 (1924) S. 50f.

Kalinka; A. Meillet *Les origines indo-europ. des mètres grecs* 1923 S. VIII, 60ff.; Meister (s. u.) S. 231; auf vorgriech. Herkunft des Hexameters weist auch seine religiöse Verwendung (§ 53) als Orakelvers: Bull. Soc. Lingu. Nr. 74 (1924) S. 49 Vendryes. Tänze: σίκιννις. Spiele: νύσσα „Wendesäule, Schranken auf der Rennbahn" (vgl. *Νύσ[σ]α* als Name verschiedener Städte und Berge in Kleinasien und Böotien), πεσσός „Brettspielstein" (vgl. das Spielbrett von den Ausgrabungen in Knossos), σόλος „eiserne Wurfscheibe"; dazu auch βραβεύς „Kampfrichter" (zu -εύς s. § 38; ist die Agonistik vorgriech. Ursprungs?).

Strabo X 3, 17 p. 471; K. Meister *Die hom. Kunstsprache* 1921 S. 58, 227; Eranos 15 (1915) S. 157 Theander; v. Wilamowitz *Griech. Verskunst* 1921 S. 28.

§ 49. Seefahrt. θάλαττα (S. Feist *Indogermanen und Germanen*[3] 1924 S. 26), κυβερνᾶν (kypr. κυμερῆναι, lat. *gubernare*; Mélanges Vendryes 1925 S. 176f. R. Fohalle), κάλως „Schiffstau", καρχήσιον „Mastkorb".

§ 50. Bauwesen und Hausgeräte. βλῆτρον „Klammer", γέφυρα (βέφυρα, δέφυρα, δίφουρα) „Brücke", θριγκός (τριγχός, θριγχός, θριγγός) „Fries", κολοσσός „Riesenstatue" (vgl. die Stadt *Κολοσσαί* in Südphrygien), πύργος „Turm, Burg" (zu Περγ-; s. § 33; aus derselben Sprachgruppe wird got. *baurgs* stammen, vgl. Feist *EW*[2]); βαυνος (βαύνη) „Ofen", τάπης (δάπις, ταπίς) „Teppich". Über λαβύρινθος s. § 36.

§ 51. Handel und Verkehr. ἑρμηνεύς „Dolmetscher" (zu -εύς s. § 38), κάπηλος „Krämer" (s. § 41), πειρινθ- „Wagenkorb" (Suffix -νθ-).

§ 52. Krieg und Jagd. ἀσπίς „Schild", θώραξ — lat. *lorica* „Panzer", λαισήιον „eine Art Schild" (Glotta 13 [1923] S. 152 Hermann), λόφος „Helmbusch", σιβύνη (σιγύνη) „Wurfspieß", ὑσσός „Lanze" (vgl. *Μα-ύσσωλος*, *Ὕσσις* usw.) u. a.; μήρινθος (σμήρινθος, μερμιθ-) „Angelschnur" (-ινθος!). Sodann εἰρήνη (εἰράνα, ἰράνα, hιράνα, ἰρήνα) „Friede" (Suffix -ήνη, s. § 37; die idg. Sprachen haben kein gemeinsames Wort für „Friede"); vgl. Gött. Gel. Anz. 1916 S. 740 Anm. 3; Neue Jahrbb. 41 (1918) S. 447 Debrunner; B. ph. W. 1922 S. 394 Ed Hermann. Hierher wohl auch κίνδυνος (Alkäus und Sappho κίνδυν, weniger hellenisiert; vgl. E. Diehl bei Huber [u. § 56] S. 41) „Gefahr", vgl. unsre Fremdwörter „Risiko, riskieren".

§ 53. Religion (vgl. § 36f. über die Götternamen). Kultrufe: εὐοῖ σαβοῖ, εὐάν, παιάν (? Neue Jahrbb. 43 [1919] S. 402 L. Deubner; v. Wilamowitz *Griech. Verskunst* 1921 S. 28; C. Theander *Ὀλολυγή* und *ἰά* Eranos 15 [1915] S. 99ff.; ebd. 21 [1921]). Sonstiges: αἴσυλος (ἀήσυλος) „frevelhaft", θίασος „Festzug für einen Gott", θύρσος „Thyrsosstab des Bacchuskults" (θύσθλα „die heiligen Geräte für den Bacchusdienst"), καθαρός „rein", λιτή „Gebet", ναός „Tempel" (Ed. Hermann *Silbenbildung im Griech.* 1923 S. 50), ταρχύειν „bestatten" (in der Ilias zweimal vom Lykier Sarpedon, einmal sonst; vgl. Gött. Gel. Anz. 1922 S. 151 Ed. Hermann; dazu gewiß ταριχεύειν „einpökeln, einbalsamieren", s. zuletzt Festschrift Bezzenberger 1921 S. 81f. O. Hoffmann, der τέχνευ· ἐντάφια Hesych, στοργάζειν· εἰς σηκοὺς κατακλείειν τὰ βοσκήματα Hesych und andres vergleicht, H. Petersson *Vergleichende slav. Wortstudien* 1922 S. 52, der eine idg. Etymologie versucht, und dazu Hermann a. a. O. S. 259f.; über die Bestattung in mykenischer Zeit s. Grab C, Grabkultus). Unbequem für die idg. Etymologie liegen auch die Wörter auf -αμβος, die mit dem Kultus zusammenhängen: διθύραμβος, θρίαμβος (lat. *triumphus*), ἴαμβος, ἴθυμβος; vgl. Boisacq *Dictionnaire.*

§ 54. Staat und Gesellschaft. βασιλεύς ist heute als vorgriech. ziemlich anerkannt; Versuche genauerer Anknüpfung: Rev. ét. anc. 12 (1910) S. 163f., 14 (1912) S. 262ff. A. Cuny (zu semit. Baal); Littmann bei J. Wackernagel *Sprachl. Unters. zu Homer* 1916 S. 212 Anm. 1 (zu hebr.-phön. *m š l* „regieren"); MAGW 1916/7 Sitzungsber. S. 43 Pokorny (zum pannon. Königsnamen *Bato*, georg. *baton* „Herr" u. a.); Glotta 10 (1920) S. 222 Kretschmer (zu „libysch" βάττος „König" Herodot IV 155); Ad. Walter *Stand und Aufgaben der Sprachw.* (Festschrift Streitberg) 1924 S. 341 (zu lyk. *basi-*?); s. auch Streitbergfestgabe 1924 S. 93 ff. J. Fraser; über -εύς s. § 38. Die Gemahlin des att. Basileus, des obersten Kultusbeamten, hieß βασίλιννα (Menander fr. 907 III 237

Kock, Pseudo-Demosth. 59, 74), und -ιννα scheint ein ungriech. Suffix zu sein (Ἔριννα, Κόριννα, Φίλιννα, ferner Δίκτυννα Φάλαννα; eine Neubürgerin aus Kreta in Milet heißt Βασίλοννα (Milet III [1914] Nr. 34b 6); vgl. auch das βασιλιναῦ des Thrakers bei Aristoph. Av. 1663; zu -ιλ- vgl. Τρώ-ιλος und den einheimischen Namen der Lykier Τερμίλαι *Trm̃mili*. ἄναξ „Fürst" (Stamm ϝανακ[τ]-), auch phryg. (Kretschmer *Einl.* S. 239); eine ältere Bedeutung, etwa „Meister", könnte in χειρῶναξ (aus *χειροάναξ) „Handwerker" vorliegen; zwei Frauennamen in kret. Linearschrift liest J. Sundwall (Ofversigt af Finska Vetenskaps Förh. 56 [1913/14] B 1) auf Grund der kyprischen Silbenschrift als *vanakolo* und *vanako* . .; vgl. Rev. ét. anc. 16 (1914) S. 397 Cuny. τύραννος erinnert an die *sᵉrānīm*, die fünf Philisterfürsten im AT: die Philister (s. d.) sind ausgewanderte Teile der Urbewohner Kretas; vgl. Rev. ét. anc. 24 (1922) S. 89 ff. Cuny; an etrusk. *turan* „Venus" (eig. „Herrin") erinnern mit Recht E. H. Sturtevant The Class. Weekly 17 (1923/24) S. 33 ff. und G. Herbig s. v. Etrusker B § 1. πρύτανις gehört zu etrusk. *eprϑne, prϑne, purϑne*, das einen Beamten bezeichnet; Glotta 11 (1921) S. 214 f. Hammarström; aber auch schon Carra de Vaux (Glotta a. a. O. S. 276 Anm. 1 Kretschmer). λαός „Volk" (λαοί „die Kriegsmannen") scheint auch altphryg. zu sein (Kretschmer *Einl.* S. 235 f., 239); dazu λάιτον λήιτον (wovon λῃτουργία λειτουργία), die Bezeichnung des Gemeindehauses bei den Achäern am pagasäischen Golf (Herodot VII 197); Λήιτος heißt bei Homer B 494 ein Böotier. πρεσβευτής „Gesandter" usw. hat zwar eine begrifflich befriedigende idg. Anknüpfung gefunden, aber die starken mundartlichen Verschiedenheiten (thess. πρεισβείας, böot. πρισγεῖες, kret. πρεῖγυς πρεσγευτάς) und das -εύς (s. § 38) legen doch den Gedanken an vorgriech. Einfluß nahe (Vermischung eines griech. Wortes für „alt" mit einem vorgriech. Wort für „Gesandter"?). δοῦλος (dor. δῶλος) „Sklave" gehört zu einem kleinasiat. Wort für „Haus" (vgl. οἰκέτης und kret. ϝοικεύς [„Landsklave mit Haus"] zu οἶκος); vgl. Glotta 6 (1914) S. 1 ff. M. Lambertz. Die sichere Gleichung παλλακίς παλλακή „Kebsweib" = lat. *paelex* „Kebsweib" = hebr. *pilleges* „Buhle" wird am besten auf Entlehnung aus einer unbekannten Sprache zurückgeführt; vgl. Boisacq *Dictionnaire* unter παλλακίς, Walde *EW*² unter paelex, E. Meyer *G. d. A.*³ I 2 S. 705.

§ 55. Einen indirekten sprachlichen Einfluß der Vorgriechen hat Kretschmer (Glotta 2 [1910] S. 201 ff.) nachgewiesen: das idg. Wort für den Bruder (lat. *frater*, usw.) wird im Griech. nur noch in staatsrechtlichem Sinn für den Angehörigen der Geschlechterverbände („Phratrien") verwendet, während für „Bruder" Neubildungen gebraucht werden: ἀδελφ(ε)ός „aus demselben Mutterleib stammend", also „Bruder von derselben Mutter", und (αὐτο-)κασίγνητος, das vielleicht dieselbe Urbedeutung hatte. Darin sieht Kretschmer mit Recht eine Einwirkung der Urbevölkerung, bei der das „Mutterrecht" (s. d.) galt.

§ 56. Mögen auch von dieser Liste „ägäischer" Lehnwörter manche einer dringend nötigen Nachprüfung nicht standhalten, es werden dafür andre dazukommen, und schon jetzt ist die große Bedeutung der Vorgriechen für die griech. Kultur und Sprache deutlich zu erkennen. S. a. Kreta B § 21.

Literatur zu § 43—54: Rev. ét. anc. 12 (1910) S. 154 ff. Cuny; Gött. Gel. Anz. 1910 S. 17 f., 1916 S. 740 ff., Neue Jahrbb. 41 (1918) S. 444 ff. A. Debrunner; A Fick *Vorgr. Ortsn.* S. 153; Anthropos 9 (1916) S. 774 ff. E. Fischer (enthält nach Idg. Jahrb. 8 [1922] S. 42 eine Sammlung pelasgischer Wörter); G. Glotz *La civilisation égéenne* 1923 (nach Bull. Soc. Ling. Nr. 77 [1925] S. 59 f. Meillet); Sokrates 7 (1919) S. 51 f., Gött. Gel. Anz. 1922 S. 136 Hermann; J. Huber *De lingua antiquissimorum Graeciae incolarum* 1921 = Commentationes Aenipontanae 9; Kretschmer *Einl.* S. 402; Meillet-Meltzer (s. § 6) S. 63 ff.; K. Meister *Die hom. Kunstsprache* 1921 S. 229; O. Schrader *Aus griech. Frühzeit* (Festschr. z. Jhfeier der Univ. Breslau, im Namen der schles. Ges. f. Volkskunde hg., 1911 S. 464 ff.); Neophilogus 2 (1917) S. 241 ff. Schrijnen.

§ 57. Bei der Übernahme einer fremden Sprache wird diese gewöhnlich vom Lautsystem der früheren verändert; auch die vorgriech. Bevölkerung hat gewiß das Griech. nicht ganz ebenso ausgesprochen wie die eingewanderten G., und bei der allmählichen Vermischung der beiden Volksteile kann auch in die im ganzen siegreiche griech. Sprache da und dort eine Lautgewohnheit der Vorgriechen eingedrungen sein. Einige derartige Fälle glaubt man gefunden zu haben: der Wandel von *ā* zu *ǟ* (*η*) ist dem Jonisch-Attischen eigen, und da die Jonier und Attiker besonders früh und intensiv mit den Vorgriechen in Berührung gekommen sind, so kann die breite Aussprache des *ǟ* sehr wohl von diesen stammen (Brugmann-Thumb *Griech.Gramm.*[4] S. 37); vgl. die gr.-lyk. Bilinguis *Σιδᾱ́ριος* — *Siderija* Kretschmer in Gercke-Norden *Einleitung*[3] I 6 S. 76. Sicher ist der Wandel von *-nt-* in *-nd-* im Pamphylischen (*πέδε* = *πέντε*) kleinasiatischen Ursprungs (s. § 32; Thumb *Handb. d. griech. Dial.* 1909 § 280, 10). Zweifelhafter ist folgendes: Der äol. Lautwandel von *ανσ* zu *αισ* usw. scheint im Lydischen eine Parallele zu haben (KZ 50 [1922] S. 39 Thurneysen); die Vorliebe für Aspirata, die besonders in Athen heimisch war, und das Schwanken zwischen Tenuis und Aspirata in *ἀσπάραγος*—*ἀσφάραγος* „Spargel", *σπόγγος*—*σφόγγος* „Schwamm" und andern Wörtern erinnert an das *φ* in eteokret. *Φραισοι*, *Φραισονα* = griech. *Πραῖσος* (Glotta 4 [1913] S. 312; 6 [1915] S. 77 Anm. 1; 11 [1921] S. 284f. Kretschmer, der auch im urgriech. Wandel von *bh* zu *ph* [= *φ*] usw. vorgriech. Einfluß für möglich hält; so auch A. Meillet *Les dial. indoeurop.*[2] Avantpropos S. 13; vgl. auch die Vorliebe des Etrusk. für Aspiraten); die lesbische Akzentzurückziehung bringt A. Cuny (Rev. ét. grecques 34 [1921] S. 159; vgl. IF 43 [1925] S. 127 Ipsen) mit der Barytonese der vorgriech. Lehnwörter im Griech. zusammen (was aber z. B. für *-εύς* nicht stimmt; vgl. auch Kretschmer *Einl.* S. 157 Anm. 1 gegen H. Hirt's Ableitung des griech. Dreisilbengesetzes von den Vorgriechen); ganz schwach begründet ist die Vermutung vorgriech. Einflusses für den außerdorischen Wandel von *τι* zu *σι* (Mém. Soc. Ling. 19 [1915] S. 163ff. Meillet; O. Hoffmann *Gesch. d. griech. Sprache*[2] I 17), für den im kleinas. Griech. alten Schwund des Hauchlauts (H. Hirt *Handb. d. griech. Laut- und Formenlehre*[2] 1912 S. 219) und für die sog. prothetischen Vokale (*ἐ-ρυθρός* = lat. *ruber* SB. Bayer. Ak. 1914, 2 S. 34 G. Herbig; dagegen B. ph. W. 1914 S. 979f. H. Jacobsohn; dafür neuerdings wieder Braun [s. § 42a] S. 46, 48, 61; die kleinas. Sprachen kennen kein anlautendes *r*, vgl. besonders Littmann *Sardis* I 64; Hrozný *Die Sprache der Hethiter* S. 193). Beachtenswert ist der Hinweis von Jacobsohn (a. a. O. S. 981), daß die alten Ethnika von den Ortsnamen auf *-νθ-* auf *-σιοι* ausgehen (*Προβάλινθος*-*Προβαλίσιοι*, jünger *Κόρινθος*-*Κορίνθιοι*), was wohl für eine eigenartige Aussprache des *ϑ* in den vorgriech. Wörtern spricht. Weitere Vermutungen Glotta 11 (1921) S. 285 Kretschmer. Denkbar wäre auch, daß die Negation *οὐ*(*κ*) ein ägäisches Lehnwort wäre; so zweifelnd J. Wackernagel *Vorlesungen über Syntax* II (1924) S. 257.

Albert Debrunner

C. Anthropologie. § 1. Die G. sind aus dem N in verschiedenen Wellen eingewanderte Stämme der nordeurop. Rasse (*Homo europaeus;* s. d.); erobernd drangen sie ein, unterwarfen die ansässige Bevölkerung und herrschten als Adel über sie. Die erste vorgriech. nordische Welle dürfte schon in der j. StZ gekommen sein. Was sie im Lande vorfanden, war wohl eine Mischung von *Homo mediterraneus* (s. d.; „Hamiten?") und *Homo tauricus* (s. d.), also dunkelgefärbte Stämme mit bräunlicher Haut, schwarzem Haar und schwarzbraunen Augen. Eine weitere starke nord. Einwanderung erfolgte dann am Ende der BZ, es waren die meist als Achäer bezeichneten Stämme. Endlich kamen als letzte reingriech. Welle die Dorer (Herakliden), setzten sich besonders im Peloponnes fest und gründeten dort den Kriegerstaat Sparta. Die Mazedonier, die sich dann Griechenland mit Waffengewalt unterwarfen, waren schon keine eigentlichen Griechen mehr, gehörten aber, mindestens in ihrer führenden Schicht, derselben nordeurop. blonden Rasse an; Alexander der Große war beispielsweise von ausgesprochen nord. Typus.

§ 2. Daß die Griechen, d. h. die erobernd eingedrungenen Stämme, der nord. Rasse entstammten, ist früher vielfach bezweifelt worden. Die Beweise für ihr Rassentum liegen aber überall klar zutage. Stets war das griech. Schönheitsideal das nord.: großgewachsene, schlanke Körper, weiße Haut, blondes, lockiges Haar und blaue Augen, ein Beweis dafür, daß die in derartigen Dingen stets tonangebende Herrenschicht so ausgesehen haben muß. Ein kleines griech. Wort beweist eigentlich schon alles: der Name der Regenbogenhaut des Auges: *Iris*, was eben „Regenbogen" bedeutet; nie kann ein Volk mit braunen oder schwarzbraunen Augen auf den Gedanken verfallen, seine Augenfarbe mit dem Regenbogen zu vergleichen, denn der Regenbogen ist eben nicht schwarzbraun; für diese Namengebung können nur helle Augen — blaue, graue, grünliche oder blaue mit orangefarbenem Ring am Rand der Pupille — die Veranlassung gewesen sein, also Farben, wie sie sich nur bei der nord. Rasse und einem Teil ihrer Mischlinge finden. Die Götterbilder und Porträtbüsten berühmter Männer (Band V Tf. 112 d,e) zeigen fast stets den nord. Typus, als Ausnahmen sind hauptsächlich Sokrates und Theokrit bekannt, von denen der letztere den dinarischen, der erstere einen fast mongoloïden Typus aufwies. Léchats Untersuchungen der kolorierten Statuen des Akropolis-Museums ergaben, daß das Haar allgemein blond dargestellt war. Auch die Berichte der alten Schriftsteller stimmen damit überein. Nach Heraklides waren die Böotierinnen blond; in vielen Gedichten und Heldenliedern werden Blonde erwähnt. Aristoteles berichtet, daß das Haar der Griechen vielfach bei zunehmendem Alter nachdunkele: erstens ein Beweis für die helle Farbe, zweitens für die bereits eingetretene Rassenmischung, die für dieses „Nachdunkeln" Voraussetzung zu sein scheint. Aristoteles erwähnt übrigens auch, daß bei dunklem Haupthaar der Bart oft rötlich sei, was ebenfalls bei nord. Mischlingen häufig ist. — Endlich zeigen die aus der klassischen Zeit stammenden Schädel fast ausschließlich den nord. Typus.

Hueppe *Rassen- und Sozialhygiene der Griechen* 1897; G. Kraitschek *Die Menschenrassen Europas* Pol. Anthr. Rev. 1 (1902) S. 508; E. Fischer *Spezielle Anthropologie oder Rassenlehre* in *Anthropologie* 1923 S. 164; H. Guenther *Rassenkunde des Deutschen Volkes* 1922 S. 278. Reche

Griechenland. A. Paläolithikum. G. ist in paläol. Hinsicht noch völlig unerforscht. Das Museum von Manchester besitzt einen anscheinend jungpaläol. Stichelkratzer, welcher laut Aufschrift einem Muschelhaufen im Piraeus-Gebiet, bei Athen, entstammt. Eine hübsche, wohl diluv. Stielspitze (vom Aurignacien-Typus), die ebenda aufbewahrt wird, trägt als Herkunft die vage Angabe „Griechenland". Aus der Umgebung von Saloniki wurde der Fund eines schlecht bearbeiteten altpaläol. Steinartefaktes gemeldet. H. Obermaier

B. Jüngere Perioden s. Ägäische Kultur, Geometrische Kultur, Homer, Kreta, Mykenische Kultur und die Einzelartikel.

Griechische Kolonisation.

A. Italien s. Italien B, Italien und der Orient, Sizilien B II.

B. Südrußland s. d. D.

C. Südgallien. § 1. In der 1. Hälfte des 1. Jht. v. C. begann die große Kolonisation aus den griech. Kulturzentren nach W hin. Nach der Ansiedlung in Italien, Großgriechenland, Sizilien ging es einen Schritt weiter. Die Gründungen an der Ostküste von Spanien begonnen, und vor 600 v. C. wurde Massalai, Massalie, Massalia, Massilia (Marseille; s. d.) durch die Phokäer angelegt. Von Massalia aus, das rasch größere Bedeutung erlangte, erfolgte dann die weitere Erschließung der Südküste Frankreichs bis nach Italien hin. Von besonderer Wichtigkeit ist, daß in früher Zeit — d. h. kurz nach der Gründung Massalias — sich von dort kein großer Handelsverkehr nach dem Inneren Frankreichs entwickelte; es blieb vielmehr hierfür der Landweg von der Adria durch das Tal des Po, Tessin zu den Schweizer Seen der hauptsächlichste. Die Kolonie Massalia war, wie auch die anderen Handelsplätze an der Südküste, nur eine für den Seeverkehr angelegte, mit kleinem Hinterland arbeitende Niederlassung. Zwischen ihr und dem Rhone-Becken saßen damals noch unzugängliche ligur. Stämme. Erst nach deren Aufsaugung durch südwärts dringende Kelten in der LTZ konnte sich der Großhandelsweg von Massalia nordwärts öffnen.

§ 2. Dabei ist von Interesse, daß Pytheas noch zur Zeit Alexanders des Großen für den Handel mit Zinn und Bernstein einen Weg nach dem N um Spanien herum suchen mußte, weil durch die erwähnte Ungangbarkeit des Rhone-Tales der Landweg nicht möglich war. Seine Erzählung selbst ist verloren, nur Zitate sind erhalten (Strabo I, IV 3; IV 5; III, II 11; IV, V 5 und Plinius Nat. Hist. IV 95; XXXVII 35). Von den ersten Gründungen und darüber, daß die Griechen den Phokäern ihre Bekanntschaft mit dem w. Teil des Mittelmeeres verdanken, lesen wir bei Herodot (I 163). Ihnen gingen die Fahrten der Phönizier voraus. Große seefahrende Völker der Zeit, Karthager und Etrusker, behinderten die Niederlassung der phokäischen und griech. Gründer. Sie glückte aber am Ausfluß der Rhone, wo sich leicht zu verteidigende Höhen und eine gute Reede fanden. Von hier aus erfolgte dann die Gründung von weiteren Plätzen, besonders: Antipolis (Antibes), Agathe (Agde), Nicaea (Nizza), Olbia. Sogar nach Spanien ging der Gründungseifer der Massalioten: Sie bauten Emporion (s. d.) und Rhode (Rosas), was für den Aufschwung ihres Handels spricht. Die Gründungszeit von Ampurias liegt am Ende des 6. Jh.

§ 3. Hauptquellen über die griech. Kolonisation sind weiter: Aristoteles (bei Athenäus XIII 36), Iustin XLIII 3, Strabo IV, I 4. Justin erzählt, daß Massalia zahlreiche Kolonien auf dem den Einwohnern abgewonnenen Küstenstreifen anlegte, und daß der griech. Einfluß die Sitten der Gallier sehr gebessert habe. Sie hätten langsam ihre rauhen Gewohnheiten aufgegeben, die Anlage befestigter Plätze, Ackerbau, Weinbau und Olivenzucht gelernt. So hätte sich langsam nicht Griechenland nach Gallien, sondern Gallien nach Griechenland gewendet. Mit den Galliern sind wohl die Ligurer (s. d.) gemeint. Daß diese als erste Bewohner des Landes all die von Justin erwähnten Kenntnisse nicht besaßen, ist sicher nicht zutreffend. Ackerbau trieben sie gewiß.

§ 4. Die wichtigste Folge der griech. Kolonisation in Südfrankreich für das Hinterland war später, nach Eröffnung des Rhone-Weges, das rasche Eindringen zahlreicher griech. und ital. Erzeugnisse in das Herz des Keltenlandes. Diese Invasion griech. Formen ist ein wichtiger Punkt bei der Frage über die Entstehung des Latènestiles (s. d.). S. a. Baou-roux, Marseille, Tête-Noire.

Desjardins *Géographie de la Gaule romaine* I 167ff.; Jullian *Histoire de la Gaule* I 193ff., 383ff., 518; Déchelette *Manuel* II 2 S. 514, 564, 580ff. E. Rademacher

D. Pyrenäenhalbinsel. § 1. Die griech. Kolonien des Südens und Südostens sind noch nicht erforscht. Nur Hemeroskopeion (s. d.) wurde seit langem mit dem heutigem Denia identifiziert, und Mainake (s. d.) ist neuerdings durch Schulten bei Velez Malaga gefunden. Aus Mainake liegen keine Funde vor, aus Denia nur ein Paar Skulpturen (Athena-Kopf), deren FU unbekannt sind. Kürzlich ist Hemeroskopeion nicht bei Denia sondern, vielleicht mit Recht, bei Punta de Ifach. s. von Denia, gesucht worden (R. Carpenter). Die Lage anderer Faktoreien des SO (Alonis usw.) ist noch unklar. Funde aus dem Hinterlande dieser Kolonien kommen im SO vereinzelt vor. Es sind die griech. Vasenfunde (rotfigurige Scherben), die in fast jeder iber. Ansiedlung des SO erscheinen, und sonst nur ein paar griech. Bronzen (Silen aus dem Llano de la Consolación), und Münzen (Cheste, Montgó, Jávea; s. diese Artikel).

§ 2. In Nordostspanien lag die Kolonie Emporion (s. d.; heute: Empuries; kastil.: Ampurias) bei S. Marti d'Empuries in der Prov. Gerona. Sie ist vom Barcelona-Museum unter Leitung des Architekten Puig y Cadafalch ausgegraben. Die Kolonie war zuerst in der Mitte des 6. Jh. von den Massalioten auf einer kleinen Insel gegründet (Palaiapolis, auf der heute S. Marti d'Empuries liegt), die jetzt mit dem Festlande verbunden ist. Aus Palaiapolis liegen nur wenige Reste vor (griech. Mauerreste, archaisches Sphinxrelief). Später hat man die Neustadt (Neapolis) auf dem Festlande gebaut (wohl schon am Ende des 6. Jh.). Neapolis war von einer Mauer mit viereckigen Türmen eingefaßt, und in ihr sind Tempel, Reste von öffentlichen Bauten, der Markt, Häuser, Skulpturen (Aphrodite-Kopf, Asklepios-Statue) u. a. entdeckt. Die Stadt hat in hellenistischer und röm. Zeit mehrere Umbauten erlebt, unter denen die ältesten Schichten aus dem 5.—4. Jh. liegen. Darüber lagert also die hellenistische und die röm. Schicht. Diese stratigraphischen Verhältnisse sind für die einheimische Kultur von großer Bedeutung, weil durch die griech. Scherben in ihnen eine genauere Datierung der iber. Altertümer erst ermöglicht wird.

§ 3. Griech. Funde aus dem Hinterlande Emporions sind erst aus der hellenistischen Zeit bekannt. Es sind besonders hellenistische Vasen aus iber. Ansiedlungen Kataloniens (Puig Castellar, Sidamunt u. a. FO) und Aragoniens (Azaila, Calaceite, u. a.). Aus älterer Zeit liegen nur Münzfunde (Schatz vom Pont de Molins, Prov. Gerona, aus dem 6. Jh.) vor. Aus dem 3. Jh. sind auch Funde griech. Münzen in iber. Ansiedlungen

(Tivissa, Pr. Tarragona, und Tiuena, Prov. Huesca) bekannt.

Die Lage einer zweiten Kolonie in Katalonien (Rhode) ist noch nicht sicher ermittelt. Sie scheint bei dem heutigen Rosas zu liegen. Auch ihre Gründungsgeschichte ist noch dunkel. Sie stammt vielleicht nicht direkt von den Massalioten, sondern ist eine Tochterstadt von Emporion.

Revue des études anciennes 7 (1906) S. 329ff. Clerc; Schulten *Tartessos* 1922; Avieni Ora maritima bei Schulten-Bosch *Fontes Hispaniae antiquae* I (1922); R. Carpenter *The Greeks in Spain* Bryn Mawr 1925. — Berichte über die Ausgrabungen in Emporion: Anuari Inst. seit 1908 mit Arbeiten von Puig y Cadafalch, Casellas, Frickenhaus, Cazurro-Gandia u. a. über die Stadt, Bildwerke, Keramik und Schichten. Arch. Anz. 1922 S. 30 Schulten; Butlletí de l'Assoc. Catal. d'Antrop. 2 (1924) S. 187 R. Carpenter.
P. Bosch-Gimpera

E. Ägypten s. Ägypten B § 65.

Griffangelschwert. § 1. G. (Schwerter mit Griffdorn) sind Schwerter, deren Klinge oben am Griffende in einen dornartigen Fortsatz (Griffangel oder Griffdorn genannt) ausgeht. Mit Hilfe der Griffangel war der aus organischen Stoffen (Holz oder Knochen) bestehende Griff an der Schwertklinge befestigt; dieser wurde in manchen Fällen noch durch einen metallenen Knauf abgeschlossen (Müller *Ordning* II 90, 92).

§ 2. Im allg. versteht man unter Griffangelschwertern Bronzeschwerter. Jedoch sind die ältesten bis jetzt bekannten Schwerter aus Kupfer ebenfalls Griffangelschwerter gewesen. Diese stammen aus zyprischen Nekropolen der Zeit von 3000—2500 v. C.; bei ihnen geht die aus Kupfer geschmiedete, schilfblattähnliche Klinge oben in eine am Ende umgebogene Griffangel über (Naue Typus I, Tf. 2, 4). Eine etwas jüngere Form zyprischer Kupferschwerter aus der Zeit von 2500—1600 v. C. hat dieselbe Form der Griffangel, aber eine starke Mittelrippe (Paraskevi-Schwerter; Naue Typus Ia, Tf. 3, 1).

§ 3. Als Vorläufer der Griffangelschwerter aus Bronze kann man vielleicht einige Schwerter aus Terramaren Norditaliens und aus Pfahlbauten der Schweiz ansehen, bei denen das obere Ende der Schwertklinge in einen kurzen Fortsatz ausläuft, der sich, wie Naue vermutet, wahrscheinlich aus dem nicht entfernten Gußzapfen entwickelt hat. Aus der ä. und mittl. BZ sind nur wenige Schwerter mit (kurzen) Griffangeln bekannt. Dagegen ist das G. in der jüngsten BZ ein weit verbreiteter Typus (Naue Typus V). Dieser Zeit gehört eine Anzahl langer, meist schilfblattförmiger Bronzeschwerter aus Norditalien an, deren Klingen nahe dem oberen Ende seitliche Ausschnitte und daher einen herzförmig gestalteten oberen Abschluß haben, der in eine sehr lange Griffangel übergeht (Naue Tf. 17, 4. 5). An diese Schwerter reihen sich in Norditalien und Frankreich in der jüngsten BZ und frühen EZ Schwerter mit kürzeren, meist nach unten zu verbreiterten Klingen an, für die ein glockenförmiger Klingenabschluß mit langer Griffangel kennzeichnend ist (Naue Tf. 17, 9); daneben finden sich Schwerter mit geraden oder unten verbreiterten Klingen, die sich oben mehr oder weniger zuspitzen und mit langer Griffangel versehen sind (Südtirol, Graubünden, Süddeutschland; Naue a. a. O. Tf. 17, 10—12). Abweichend von diesen s. Formen sind die im n. Deutschland, Dänemark und Ostschweden vorkommenden Griffangelschwerter mit meist langen Klingen, die der jüngsten BZ angehören. Bei ihnen fehlen seitliche Ausschnitte nahe dem Griffende; die gewöhnlich nach oben zu verbreiterte Klinge geht entweder in mehr oder minder stark gerundetem Abschluß in die Griffangel über (Naue a. a. O. Tf. 18, 3—6), oder die obere Verbreiterung der Klinge läuft bei den einen in einwärts geschwungenem Bogen (Naue a. a. O. Tf. 18, 1. 2), so besonders häufig bei den in Pommern und Westpreußen vorkommenden Stücken (Mannus 9 S. 177 Abb. 45 Kossinna), bei anderen in wagerechtem Absatz in zwei seitliche Spitzen aus.

Die eisernen Schwerter der LTZ sind sämtlich Griffangelschwerter. S. a. Schwert A.

Naue *Die vorrömischen Schwerter* 1903 S. 4ff., 40ff.; Schlemm *Wörterbuch* S. 189f.
W. La Baume

Griffel s. Keilschriftgriffel.

Griffzungenschwert. § 1. Während beim Griffangelschwert (s. d.) die Klinge am Griffende in einen schmalen Fortsatz (Griffdorn oder Griffangel) ausgeht, setzt sie sich beim

G. in eine mehr oder minder breite, zungenartige Verlängerung fort. Diese Griffzunge, mit Holz, Horn, Knochen oder Elfenbein verschalt und zuweilen kunstvoll verziert, bildete den Griff des Schwertes; die Verschalung war an der Griffzunge bzw. dem sich an diese anschließenden Teil des Griffes, dem Griffansatz (Heft), mit Hilfe von Nieten befestigt, die in entsprechende Nietlöcher eingesetzt waren. Die Form der Griffzunge und des Griffansatzes sowie Zahl und Lage der Nieten (Nietlöcher) sind besonders wichtig für die Typologie der Griffzungenschwerter.

§ 2. Die ältesten G. stammen aus Per. II b—c Kossinna (Stufe C Reinecke). Der Typus entsteht in Per. II b und ist nach Kossinna durch folgende Merkmale gekennzeichnet: Griffzunge in der Mitte und nach außen erweitert (geschweift); Griffansatz halbkreisförmig, in Spitzen ausgehend und nach den Spitzen zu stark verbreitert, unmittelbar unter den Spitzen nach der Klinge zu stark eingezogen; Ränder der Griffzunge hoch aufgekantet; Griffzunge ohne Nietlöcher; unterer Griffansatz beiderseits mit je zwei (seltener mit je einem) Nieten bzw. Nietlöchern. Dieser Typus findet sich am zahlreichsten in Dänemark und Schleswig-Holstein (bis 1912 waren 30 Stück aus diesem Gebiet bekannt), außerdem in Süd-Schweden (4), ferner in Nordwestdeutschland (8), Oberhessen (2), Mittelfranken (1), Rheinland (1), Nassau (1), Rügen (1), Vorpommern (1), Schlesien (1), Niederösterreich? (1), Ungarn (2), Bosnien (1) (Mannus 4 S. 276ff. Kossinna; die Zahlenangaben gelten für 1912). In Italien dagegen fehlt das G. in dieser Zeit noch.

Im Schlußabschnitt der Per. II (II c Kossinna) gestaltet sich die Entwicklung des G. weit mannigfaltiger: Die mittlere Erweiterung der Griffzunge ist jetzt weniger stark und die aufgekanteten Ränder sind weniger hoch; die untere Griffer weiterung (Griffansatz) wie auch die Zunge zeigen eine Vermehrung der Nieten in verschiedener Kombination: 3 : 3 : 0; 3 : 3 : 1; 3 : 3 : 2; 2 : 2 : 1; 2 : 2 : 2; 1 : 1 : 0; letztgenannte Form hat einwärts geschweifte Ränder. Kossinna unterscheidet danach für den Zeitabschnitt II c 9 Varianten des ursprünglichen Typus aus II b, die sich auf Dänemark, Schleswig-Holstein, Nordwestdeutschland, Mecklenburg, Rügen, Pommern, Süddeutschland, Rheingebiet, Frankreich, Italien, Niederösterreich und Ungarn verteilen. Unter diesen ist die Verbreitung der Abart C (mit zwei Nietpaaren und einem Zungenniet) anscheinend auf das ö. Mitteleuropa beschränkt; der Typus D—Dc (mit drei Nietpaaren und zwei Zungennieten auf dem Griffansatz, mit eingepunzten Doppelspiralen verziert) dürfte in Westungarn seine Heimat haben (Mannus 4 S. 279ff. Kossinna).

§ 3. Der Typus des G. kann somit nicht aus Italien stammen, wie Sophus Müller (Mém. Antiqu. du Nord 1908—09 S. 55ff.) angenommen hat, da dort die ältesten Formen (der Per. II b) ganz fehlen; ebensowenig können die Bronzeschwerter aus den Schachtgräbern von Mykenai (s. u.) das Vorbild für die nordeurop. Griffzungenschwerter abgegeben haben, da sie nicht älter sind als diese. Da die überwiegende Mehrzahl der ältesten G. aus dem nord. Kulturkreise stammt, ist es vielmehr am wahrscheinlichsten, daß der Typus dort entstanden ist und sich von dort nach SW und SO verbreitet hat (Kossinna a. a. O.).

§ 4. In den Schachtgräbern von Mykenai hat Schliemann eine Anzahl G. gefunden, die zwei Formen angehören: die einen (Naue Typus I b Tf. 3, 3) haben eine sehr kurze und schmale, einmal durchlochte Griffzunge und glockenförmigen Klingenabschluß, die andern eine breite, lange Griffzunge mit parallelen, wenig aufgewölbten Rändern und fast geraden Klingenabschluß (Naue Typus I c, Tf. 3, 4). Die Griffschalen waren bei Typus I c mit 5—6 Nieten befestigt. Alle diese Schwerter haben eine kantige oder halbrunde Mittelrippe, die sich nach der Spitze zu allmählich verflacht und auf verschiedene Weise verziert ist (vgl. Naue S. 6 und Tf. 3, 5—10). Bei einigen Schwertern ist ferner die Klinge selbst zu beiden Seiten durch Tierfiguren (Pferd und Greifen) verziert. Die Griffbekleidung faßte weit über den oberen Teil der Klinge hinüber und besaß einen Ausschnitt, unter dem bei Schwertern vom Typus I b zuweilen Spiralverzierungen auf der Klinge sichtbar waren. Bei den Schwertern vom Typus I c ging der kunstvoll geformte Griffansatz in zwei spitze Seitenflügel aus (Naue Tf. 4, Abb. 2 und 3). Die aus organischen Stoffen bestehende Griffbekleidung hatte einen Goldbelag, von dem bei einigen Stücken Reste erhalten sind. Der Griff wurde abgeschlossen durch einen Knauf, der bei Typus I b aus Elfenbein oder Alabaster in Kugelform, bei Typus I c aus einem kugelförmigen Holzknopf mit Goldbelag bestand (Naue a. a. O. Tf. 4 Abb. 5 und 6 und Rekonstruktion Abb. 3 und 4).

Die Schwerter aus den Schachtgräbern von Mykenai gehören der frühmyk. Per. an, die dem mittl. und Schlußabschnitt von Per. II Mont. (Kossinna II b u. c; Reinecke C) parallel geht. Außerhalb Griechenlands sind in Sizilien einige Bronzeschwerter gefunden worden, welche den altmyk. Griffzungenschwertern nahe stehen, jedoch nicht die hohe Vollendung dieser Schwerter zeigen, weshalb sie Naue für Nachbildungen der Mykenai-Schwerter hält. Daneben treten dort seltener Bronzekurzschwerter mit dreieckiger Griffzunge auf. Ein den älteren Mykenai-Schwertern ähnliches Stück stammt von Dodona (Naue Tf. 5, 1), ein weiteres von Adliswil bei Zürich (Naue a. a. O. Abb. 2).

§ 5. Die G. der Per. III Mont. unterscheiden sich von den älteren Formen dadurch, daß die oberen Ränder der verbreiterten Griffbasis gerade sind (nicht mehr bogenförmig), so daß der untere Griffteil etwa die Form eines Dreiecks zeigt; ferner sind auf der Griffbasis meist jederseits zwei oder drei, auf der Griffzunge meist drei oder vier Nieten angebracht. Eine kritische Zusammenstellung der G. aus Per. III fehlt leider noch. Es gehören hierher u. a. die Schwerter aus Rantau (Bezzenberger *Analysen* S. 16 f.) und Marscheiten (ebd. S. 17 Abb. 15) in Ostpreußen, Czapeln bei Danzig (Lissauer *Bronzezeit* S. 10 Tf. 3, 1), Thurow Kr. Greifswald (Mannus 4 S. 279), aus Mecklenburg die von Kummer (Beltz *VAM* Tf. 24, 16), Roggow (Beltz a. a. O. S. 173) und Slate bei Parchim (Beltz a. a. O. Tf. 24, 17), aus Schleswig-Holstein ein Schwert aus Neuwühren (Splieth S. 30 Nr. 73) und ein weiteres aus Moritzenberg (Mannus 4 S. 284 Kossinna) u. a. m.

Diesen Schwertern sehr ähnlich ist das von Schliemann auf der Akropolis von Mykenai gefundene Bronzeschwert, das meist als „jüngeres Mykeneschwert" bezeichnet wird (Grundform des Typus II; Naue a. a. O. Tf. 6, 3).

Der jüngermyk. Stufe gehören ferner einige von Naue als Typus I d bezeichnete Kurzschwerter aus Korinth, Athen, Dodona, Kreta und Theben in Ägypten an, deren Griff offenbar aus denjenigen der Schachtgräberschwerter weiterentwickelt ist; bei den jüngeren Stücken schloß die Griffzunge noch oben mit einer dreieckähnlichen Knaufplatte ab (Naue Tf. 5, 3). Derselben Zeit sind einige in Gräbern bei Jalysos gefundene Schwerter und ein in Mykenai gefundenes Kurzschwert zuzurechnen, deren mit Rändern und Knäufen versehener Griff seitlich an der Basis in zwei parierstangenähnliche Hörner ausgeht (Naue Typus I d d Tf. 5, 4 u. 4 a).

In Ungarn setzen sich die Griffzungenschwerter vom ungarischen Typus (mit verbreiterter Klinge) noch in Per. III hinein fort (Naue Tf. 9, 1).

§ 6. Im Laufe der Per. III Mont. geht die Ausbildung einer Nebenform des Griffzungenschwertes vor sich, bei der die Griffzunge am oberen Ende zwischen den hörnerartigen Spitzen noch einen zapfen- oder zungenartigen Fortsatz besitzt („G. mit oberem Zungenfortsatz"). Die früheren Stufen dieser Form finden sich nur in Norddeutschland (selten auch in Schweden und Dänemark), die späteren sowohl in Norddeutschland wie besonders im s. Mitteleuropa und Italien, in einigen Stücken auch in Griechenland und auf Kreta (Mannusbibl. 9 S. 127—129 Abb. 257—265 Kossinna; Naue Tf. 7, 2. 3. 6; 8, 7; 9, 5). Weiterentwickelte Stücke dieser Form kommen noch in Per. IV Mont. vor (Wollmesheim in Rheinhessen).

§ 7. In Per. IV Mont. finden sich im N G., deren Griffzunge hohe, fast parallele Ränder besitzt und am Ende in zwei hörnerartige Spitzen ausgeht; der untere Griffabschluß ist halbkreisförmig, und an der Stelle, wo dieser in die Klinge übergeht, ist r. und l. ein Ausschnitt in Form einer Kerbe angebracht. Die lange, sich allmählich zuspitzende Klinge hat einen flachen Mittelrücken, der von Längslinien eingefaßt wird. Hierher gehören die Schwerter von Atkamp in Ostpreußen (Ph.

Ö. Schr. 36 S. 30 Abb. 1), Pommern (Naue Tf. 10, 4), Kluess bei Güstrow (Beltz *VAM* Tf. 35, 3) u. a. aus Mecklenburg, Franz.-Buchholz in Brandenburg (Naue S. 24 Tf. 9, 8), Dänemark (Müller *Ordning* II 175; Naue Tf. 10, 3) u. a. m.

§ 8. In Per. V Mont. sind Griffzungenschwerter im N selten. In Nordostdeutschland, vorwiegend im Gebiet ö. der Oder, findet sich jetzt ein Typ, den Kossinna nach dem Depotfund von Wolkow Kr. Regenswalde in Pommern „Wolkower Typ" (s. Wolkower Schwert) genannt hat. Bei diesem besteht die in der Mitte stark nach außen geschweifte Griffzunge nur aus einem Rahmen, der eine gleichgestaltete Öffnung umgibt (Mannus 8 [1916] S. 118; ebd. 9 [1917] S. 177 Kossinna).

§ 9. Von der frühen HZ (Hallstatt A) ab finden sich im mittl. Europa die sog. Hallstattschwerter, Griffzungenschwerter, die anfangs in Bronze, später auch in Eisen auftreten; die älteren Bronzeschwerter sind Leitformen für die Hallstattstufe B, die jüngeren, eisernen für die Stufe C. In der Späthallstattzeit verschwinden die Griffzungenschwerter völlig; alle späteren Schwerter sind Griffangelschwerter.

Diese Hallstattschwerter haben unterhalb des Griffabschlusses r. und l. einen winkeligen Ausschnitt, dessen kürzere Seite rechtwinklig oder fast rechtwinklig zur Längsachse des Schwertes verläuft, während die längere Seite einen sanft geschwungenen Bogen nach der Längsachse zu bildet; der Verlauf der Schneidenkante weist also nahe dem oberen Klingenende einen Zacken auf. Ferner ist kennzeichnend für die Griffzungenschwerter dieser Zeit, daß Griffzunge und Griffbasis im Gegensatz zu den älteren Schwertern der Per. II und III entweder sehr niedrige oder gar keine Ränder haben. Mehrere dünne, meist zierliche Bronze- oder Eisennieten hielten die Griffschalen, die aus Holz, Knochen oder Elfenbein bestanden, am Griff fest, der meist mit einem großen, kegelförmigen Knauf von gleichem Material abschloß. Die Klingen der Bronze-Hallstattschwerter sind meistens sehr lang, wodurch sie sich ebenfalls von den meisten älteren Schwertern unterscheiden, haben eine sanft gewölbte, breite Mittelrippe, welche außen von sehr feinen Rippen und Linien begleitet wird, und sind häufig nach unten zu verbreitert, so daß die Schneiden schön geschwungene Linien bilden. Die Scheiden der Hallstattschwerter bestanden aus Holz und waren unten durch ein verschiedenartig gestaltetes Ortband (Naue Tf. 11, 8a u. 8d) abgeschlossen. Bei einigen auf dem Gräberfeld von Hallstatt (s. d.) gefundenen Schwertern waren die aus Elfenbein gefertigten Griffe und Knäufe mit Bernstein eingelegt; bei dem sehr langen Eisenschwert aus Gomadingen (Württemberg) war der Griff mit verziertem Goldblech bekleidet (Naue Tf. 12, 1).

Das Hauptverbreitungsgebiet der Hallstattschwerter ist das Gebiet n. der Alpen nebst Frankreich; im N fehlen sie fast ganz. Etwas von den mitteleurop. Formen abweichende Schwerter kommen in Westeuropa (England, Frankreich, Spanien) vor (Naue S. 30 Tf. 12, 4, 5). In Italien ist das G. zur j. HZ durch eiserne Schwerter mit breiter Griffzunge und parierstangenähnlichen Flügeln vertreten (Naue Tf. 12, 6), die nicht zu den Hallstattschwertern zu rechnen sind.

§ 10. Eine Sonderform des Griffzungenschwertes bilden Schwerter mit langen und schmalen, schilfblattähnlichen Klingen ohne Mittelrippe, die eine kurze, sich nach oben verjüngende Griffzunge besitzen, an der der Griff mit Hilfe von zwei oder drei Nieten befestigt war (Naue Typus IV partim). Diese Schwerter, deren Griffzunge offenbar eine Reduktionsform vorstellt, sind in ihrer Verbreitung auf Südwesteuropa (die w. Hälfte Süddeutschlands, Schweiz, Frankreich, Italien) beschränkt (Behrens *Bronzezeit* S. 211 Tf. 3, 15). S. a. Schwert A.

Kossinna *Zur älteren Bronzezeit Mitteleuropas III 1 Die alten Griffzungenschwerter* Mannus 4 (1912) S. 275 ff.; Mannus 9 (1917) S. 182—184 ders. (Nachträge zur Liste der Schwerter aus Per. IIb und IIc); J. Naue *Die vorrömischen Schwerter* 1903.

W. La Baume

Grimaldi-Höhlen s. Grab A § 2, Italien A § 5, Kunst A § 4.

Grimaldi-Rasse. S. Homo niger, var. fossilis und Band V Tf. 117—119. Dem Fürsten von Monaco zu Ehren, der dem alten norditalischen Geschlechte Grimaldi angehört, von R. Verneau *Race de Grimaldi* genannt, da der Fürst die Ausgrabungen ermöglicht hatte.

Reche

Grime's Graves (bei Brandon, Norfolk). Bergbau auf Feuerstein, wie er vom Kontinent besonders aus Belgien, Schweden, Frankreich, Portugal und weiter aus Sizilien bekannt ist, ist auf den britischen Inseln außer von G. G. bei Cissbury (s. d.), bei Weststoke, bei Chichester und andern Plätzen nachgewiesen.

I. Andree *Bergbau in der Vorzeit* 1922 S. 1 ff., wo weitere Lit.

Die alten Schächte der G.G. (Gräber des Riesen Grim), deren Untersuchung Kanon Greenwell (1868) verdankt wird, zeigten sich an der Oberfläche als Einsenkungen von 7—20 m Dm. Über 250 solcher Schächte sind hier nachgewiesen worden. Entgegen der sonst üblichen Anlage zylindrischer, oft nur 1 m breiter, senkrechter Schächte waren diese bei den G.G. und in Cissbury (Band I Tf. 110b) am Eingange sehr breit (bis 8,5 m) und verjüngten sich nach unten trichterförmig in 12—13 m Tiefe auf teilw. 3 m. Der Feuerstein findet sich in meist horizontalen Schichten in der Kreide. Der Schacht ist durch unergiebige Schichten hindurch bis zur Hauptschicht des Feuersteins durchgeführt, und in dieser Schicht sind Stollen nach verschiedenen Seiten zur Materialgewinnung geführt worden. Die Stollen sind so niedrig, daß der Bergmann nur kriechend in ihnen arbeiten konnte (größte H. 1,5 m). Durch die Stollen sind die einzelnen Schächte miteinander verbunden. Zur Vermeidung der Einsturzgefahr sind sie so geführt, daß zwischen ihnen kleine Mauern stehen bleiben. Von Werkzeugen, die der Ausschachtung und der Gewinnung des Materials dienten, sind vor allem primitive Hacken aus Hirschgeweih, dessen Sprossen bis auf die unterste, die zum Hacken benutzt wurde, entfernt wurden, gefunden, ferner ovale, roh zurechtgeschlagene, oft recht breite Steinhacken, wie sie ähnlich in den Minen von Champignolles begegnen, sowie gerollte Bachkiesel, die als Hämmer benutzt sind. G. G. sind bisher die einzigen Feuersteinminen Europas, in denen auch ein geschliffenes Basaltbeil (von dem in Yorkshire verbreitetem Typus) gefunden wurde. Nur von hier und Cissbury sind auch die aus Kreide gefertigten primitiven Lampen bekannt, mit denen die Stollen während der Arbeit erhellt wurden (4 Exemplare). Sie gleichen in ihrer Form den aus den Paläol. bekannten. Nach den Funden außerhalb der Gruben fand die Bearbeitung des Feuersteinmaterials zu Werkzeugen an Ort und Stelle statt. S.a. Tf. 247b.

Im J. 1915 begannen neue Ausgrabungen durch die Prehistoric Society of East Anglia, die noch nicht abgeschlossen sind. Sie haben den Beweis erbracht, daß außer den bekannten Schächten, die ebenso wie die von Cissbury (s. d.) dem Voll-Neol. angehören (Basaltbeil), auch ältere Minen vorhanden sind, wenn auch die Datierung in das Paläol. sicher zu weit geht. Schon die Keramik verbietet dies, Muscheln und Fauna weisen auf das Früh-Neol., und auch der 1914 gefundene Schädel ist nicht paläol. Die Ritzzeichnungen auf Flintkruste sind ebenfalls in frühneol. Zeit zu setzen. S. a. Bergbau A I, Großbritannien B § 11, 15.

Journ. ethnol. Society NF 2, (1870), S. 419 ff. Greenwell; Congr. intern. préh. Brüssel 1872 S. 309 ff. Franks; Matériaux 18 (1884) Boule; Read-Smith *Guide to the Antiquities of the Stone Age, Brit. Mus.* 1911 S. 85 ff.; Archaeologia 63 (1912) S. 109 ff. R. A. Smith; Proccedings of the Prehistoric Society of East Anglia 2 (1914/18) S. 268 ff., 409 ff. A. E. Peake; ebd. 3 S. 334 ff., 548 ff.; 4 S. 113 ff., 194 ff. A. L. Armstrong; The Antiquaries Journal 1 (1921) S. 81 ff. ders.; ebd. 4 (1924) S. 46 f. Kendall.

W. Bremer

Großbritannien und Irland (Tf. 245—262).

A. Paläolithikum.

§ 1. Geschichtliche Einleitung. — § 2. Chelléen und Acheuléen. — § 3. Moustérien. — § 4. Jungpaläol. — Quartäre Menschenreste. — § 5. Epipaläol. und Campignien.

§ 1. Die älteste literarische Kunde von paläol. Funden in England geht auf das J. 1715 zurück und bezieht sich auf eine große Silexspitze (Tf. 246a), welche zusammen mit fossilen Elefantenknochen in einer Kiesgrube in der Gray's Inn Lane in London Ende des 17. Jh. zutage kam (Finder: Conyers). 85 Jahre später unterbreitete John Frere abermals bearbeitete Feuersteine aus einem Ziegelschlage von Hoxne, im Waveney-Tale (Suffolk). Diese Entdeckungen fanden ebensowenig gebührende Beachtung wie jene Bucklands (1821), M'Enery's (1823) und anderer Forscher, in Südwales, Glamorganshire, Derbyshire, Somersetshire usw. Das engl. Paläol. kam erst zur wissenschaftlichen Geltung, als die Funde von Boucher de Perthes vorlagen, zu deren Anerkennung übrigens englische Gelehrte, wie Lyell,

Prestwich, Falconer und J. Evans, wesentlich beitrugen.

Die Zahl der seitdem entdeckten FO ist keine geringe, doch steht, vor allem hinsichtlich des Altpaläol., deren systematische, modern wissenschaftliche Sichtung und Gruppierung noch aus, was vielleicht z. T. darauf zurückzuführen ist, daß die einschlägige Forscherwelt es längere Zeit hindurch unterließ, engeren Kontakt mit der ausländischen Spezialistenwelt zu nehmen. Zu um so größeren Hoffnungen berechtigt die heutige Generation, mit M. C. Burkitt, W. J. Sollas, D. Garrod und R. A. S. Macalister an der Spitze.

Das Eolithenproblem (s. d.) ist jüngst dank der Untersuchungen von J. Reid Moir in Ostengland in eine neue Diskussionsphase getreten, wobei wir es für keineswegs ausgeschlossen erachten, daß die Forest-bed-Schichten von Cromer (Norfolk) überhaupt dem Prächelléen (s. d.) entsprechen.

§ 2. Das Altpaläol. ist in der Hauptsache auf das großenteils unvereist gebliebene südlichere England beschränkt und hat sich im großen und ganzen dem übrigen West-Europa, speziell Frankreich, formidentisch entwickelt. Seine ältesten Abschnitte (Chelléen und Altacheuléen) begleitet eine interglaziale Wärmefauna (*Elephas antiquus*, *Rhinoceros Merckii* und *Hippopotamus*), welche später (vom Jungacheuléen an) durch glaziale Arten (*Elephas primigenius*, *Rhinoceros tichorhinus*, *Rangifer tarandus* usw.) abgelöst wird, die bis zum Beginne der geol. Gegenwart (Epipaläol.) fortdauern.

Im Flußgebiete des Avon (Hampshire), Ouse (Sussex) und vor allem der Themse kamen prächtige Faustkeilserien zum Vorschein, so beispielsweise zwischen Reading und Maidenhead, bei Savernake und an anderen FO, teils zusammen mit den Resten des Flußpferds, Altelefanten und von *Corbicula fluminalis*, wie in Gray's Thurrock (Essex). Dem Chelléen möchten wir auch die menschlichen Skelettreste von Piltdown (s. d.; bei Fletching; Sussex) zuteilen; mit ihnen erschienen in abgerolltem Zustande, also in sekundärer Lagerung, *Mastodon*, *Stegodon*, *Rhinoceros sp.* und Eolithen, ferner, in ungerolltem, jüngeren Erhaltungszustande, *Castor*, *Hippopotamus*, *Equus*, *Cervus* und mehrere atypische, aber sicher von Menschenhand bearbeitete Feuersteine. An diese letztere Gruppe schließen sich die desgleichen ungerollten Menschenreste zwanglos an. Die ebenda an einem Elefantenknochen namhaft gemachten „Bearbeitungsanzeichen" sind in der Tat Nagespuren des Biber.

Die schärfere Trennung des Acheuléen vom Chelléen ist noch nicht durchgeführt und vielfach auch schwer möglich. Im allg. darf man wohl annehmen, daß das reine Chelléen ungleich seltener ist als das Acheuléen, weshalb die Mehrzahl der folgenden, teils nur mit Einzelstücken belegten FO der letzteren Stufe angehören dürften.

Chelléo-Acheuléenplätze (hauptsächlich nach Macalister und Burkitt):

Cambridgeshire: — Downham. Furze Hill bei Hildersham

Devonshire: — Axe-Tal bei Chard. Kent's Höhle bei Torquay

Dorsetshire: — Bishops' Caundle. Bloxworth. Fiddleford. Fifehead Neville. Holmbushes

Essex: — Chadwell. Clacton-on-Sea. Dovercourt bei Harwich. Gray's Thurrocks Ilford. Leyton. Mucking. Orsett Heath. Stanford le Hope

Hampshire: — Bembridge (usw.) auf der Insel Wight. Shirley

Hertfordshire: — Great Gaddesden. Hemel-Hempstead. Hitchin. Kensworth. Knebworth. Rickmansworth. Whipsnade Heath

Kent: — Northfleet. Rainham. Swanscombe. Wateringbury

London: — Wandsworth

Middlesex: — Hanwell

Norfolk: — Burston. Cranwick. Cringleford. Gresham. Runton. Rushford. Santon Downham (?). Tottenhill. Weeting. Wymondham. Wells

Oxfordshire: — Wolvercote

Suffolk: — Barnham. Brettenham. Bungay. Chilton. Clare. Corton. Culford. Great Cornard. Gt-Waldingfield. Hawkedon. Herringfleet. Hoxne. Ipswich (Foxhall Road usw.). Normanton. Stanstead. Thetford

Surrey: — Mitcham

Sussex: — Arun-Tal. Midhurst

Wiltshire: — Hackpen Hill. Savernake. Knowles Farm pit
Yorkshire: — Zweifelhafter Einzelfund (?)

§ 3. Das Moustérien hatte anscheinend eine Hauptentwicklungszone im sö. England, in Kent und überhaupt im Themse-Gebiet (Niederterrassenschotter), ferner in Suffolk (Gegend von Ipswich und Mildenhall), im Cambridge-Distrikt, im Bedfordshire (Caddington) und in Derbyshire, wo es in Cresswell Crags von Aurignacien und Frühsolutréen überlagert wird. Aus dem Devonshire sei die Windmill Hill Cave bei Brixham namhaft gemacht, aus den Mendipbergen (Somersetshire) die Wookey Hole Hyaena's Den.

Die auf der Halbinsel von Gower (Glamorganshire; Süd-Wales) gelegene Höhle von Paviland („Goat's Hole") barg ein Moustérien-Niveau, älteres und jüngeres Aurignacien und Protosolutréen. Die Fauna bestand aus *Equus caballus*, *Ursus spelaeus*, *Bos primigenius*, *Rhinoceros tichorhinus*, *Rangifer tarandus* (häufig); *Cervus megaceros*, *Canis lupus* (nicht häufig); *Elephas primigenius*, *Hyaena spelaea* (selten). Dem Aurignacien-Niveau gehört die von Buckland entdeckte Bestattung, der (tatsächlich männlichen) „Red Lady" an. (Journ. anthr. inst. 43 [1913] S. 325—374 Sollas; s. Grab A § 2).

Die Kent's Cavern bei Torquay (Devonshire) barg in ihrer tiefsten Schicht Chelléen, darüber Moustérien und Jungpaläol. mit Proto-Solutréen und Magdalénien (Harpunenstufe). Daran reihen sich die drei Moustérien-Höhlen von Saint-Ouen und Saint-Brelade („I und II") auf Jersey (Channel Islands). Die letztgenannten Grotten enthielten ein mittleres und oberes Moustérien, zusammen mit den Resten von 19 Tierspezies, im Vordergrunde *Rangifer tarandus*, *Rhinoceros tichorhinus*, *Myodes torquatus*, *Bos primigenius*, *Equus* usw. Ganz an der Basis, unter dem kalten Moustérien, fand sich *Elephas trogontherii* (Archaeologia 62 [1911] S. 449ff. Marett; 63 [1912] S. 203ff.; 67 [1916] S. 75ff. ders.).

Mehrere dieser altpaläol. FO sind augenscheinlich in Contakt mit glazialen Ablagerungen, so die Spätacheuléen Straten von Foxhall Road in Ipswich (Journ. anthr. inst. 53 [1923] S. 229 ff. Boswell und Moir), und das Moustérien (?) der Boltonziegelei (ebd.), ohne daß es jedoch bereits gelungen wäre, jene Straten geologisch endgültig zu klassifizieren (s. Diluvialchronologie § 2; Diluvialgeologie § 3 und 7).

§ 4. Ungleich ärmer als das Altpaläol. scheint in England das Jungpaläol. vertreten, indes aus Schottland und Irland diluv. Funde überhaupt ausstehen. Wir erwähnten bereits oben die Aurignacien- und Frühsolutréenvorkommnisse von Cresswell Crags (Derbyshire) und der Paviland-Höhle (Glamorganshire), sowie das Frühsolutréen und Magdalénien der Kent's-Höhle (Devonshire). Solutréeneinschläge, bestehend aus Einzelfunden, wurden weiterhin aus Suffolk gemeldet, und zwar von Southwold, Charsfield, Nacton, Ipswich, Bury St. Edmunds, Herringswell, Icklingham und Mildenhall, ferner aus der Bench-Cavern bei Brixham, Wookey Hole Hyaena's Den und Uphill Cave (Mendips), Ffynnon Beuno bei St. Asaph (Nord-Wales). Es handelt sich stets um Alttypen, indes das Jungsolutréen durchaus fehlt. Ärmliches Magdalénien kennt man aus der Victoria-Höhle (Yorkshire), der Robin Hood Hole und Church Hole, beide unweit Cresswell (Derbyshire), und aus der Burrington Combe (Somerset). Von letzterem Platze stammt ein sehr spätes Magdalénien mit einer doppelreihigen Harpune und mehreren Menschenschädeln. Noch unbedeutender sind die „jungpaläol." Vorkommnisse von Caegwyn Cave (Camarthen), Ffynnon Beuno (Nord-Wales), King Arthur's Cave am Wye-Flusse (Hereford), Cheddar (Somerset) usw. Angesichts dessen kann es nicht überraschen, daß Proben quartärer Kunst nur ganz vereinzelt bekannt wurden; es sind dies je eine schlichte Pferdegravierung aus der Robin Hood Cave (Cresswell Crags) und aus Sherborne (Dorset.). Noch nichtssagender sind die „Malereireste" der Bacon's Höhle (s. d.) bei Swansea; Glamorganshire.

Unter den quartären Menschenresten Großbritanniens beansprucht der oben (§ 2) erwähnte Piltdown-Fund das Hauptinteresse. Er ist wahrscheinlich chelléenzeitlich. Daß der ziemlich vollständige Schädel und der Unterkiefer (Funde der Jahre 1911 und 1912) gleichaltrig sind, scheint uns durch den identischen Grad ihrer Fossilisation erwiesen; ebenso legen die ganzen FU nahe, daß beide die zusammengehörigen

Reste eines einzigen Individuums bilden, des „*Eoanthropus Dawsoni*". Die Moustérienhöhlen der Cotte de Saint-Brelade (s. d.) lieferten 13 Menschenzähne, die Aurignacienschicht der Paviland-Grotte eine Bestattung mit reichen Beigaben (s. o.).

Diluv. Alters sind einige unbedeutende Skelettreste aus der Kent's-Höhle, ferner wohl auch das sehr unvollständige Skelett von Tilbury (s. d.; bei London), das in 10,5 m T. in den Themse-Schottern gefunden wurde. Das gleiche Alter kommt allem Anschein nach dem menschlichen Skelette zu, welches im Jahre 1912 im Tale des Medway-Baches, unweit der Eisenbahnstation von Halling (Kent), entdeckt wurde, ferner den schlechterhaltenen Schädeln von Bury Saint Edmunds (Suffolk) und von Manor Hamilton (?; Grafschaft Sligo [s. d.], Irland). Das Skelett der Gough's Cave bei Cheddar (Somerset) wurde, gleich den Schädelfunden der Burrington-Höhle, dem Magdalénien zugeteilt, doch fehlt die genaue Festlegung seiner Stratigraphie.

Die vielzitierte Bestattung von Galley Hill (s. d.; Kent) ist weniger fossil als die neben ihm gefundenen diluv. Faunenreste. Die letzteren sind überdies desgleichen gemischt und setzen sich aus Vertretern eines warmen und kalten Klimas zusammen. Da die Stratigraphie und FU nicht bekannt sind, läßt sich kein positiver Schluß auf das Alter der Menschenreste ziehen, welche John Evans u. a. für jungprähistorisch erklärten. Ähnlich liegt der Fall für den im Jahre 1855 ohne wissenschaftliche Zeugen gefundenen, vereinzelten Unterkiefer von Foxhall bei Ipswich (Suffolk). Ganz apokryph ist das von Reid Moir in der Literatur eingeführte Skelett von Ipswich (s. d.), wie inzwischen dessen Entdecker selbst richtigstellte.

§ 5. Das typische Azilien ist in Nordengland nachgewiesen aus der Victoria Cave bei Settle (Yorkshire), wo eine archaistische Flachharpune aus Rentierhorn und mehrere Kiesel mit Farbspuren vorliegen, ferner aus Whilburn. In Schottland tritt es in Höhlen und freien Muschelhaufen auf, stets ohne Rentier, ohne Keramik und ohne Haustiere, ausgenommen den Hund. Die Harpunen sind gewöhnlich aus Bein, nicht aus Hirschhorn geschnitzt; ebensolche fanden sich in Kirkcudbright (SW-Schottland), Inchkeith (Edinburgh), Mac Arthur's Cave, den Muschelhaufen von Druimvargie bei Oban (Argyll), Oronsay-Insel (Cnoc Sligach, Caisteal nan Gillean usw.; W-Schottland). Die von F. Tress Barry entdeckten, schwärzlich bemalten Kiesel der Keiss-Brochs (an der Caithness-Küste; N-Schottland; s. Broch) gehören nach H. Breuil annähernd dem Eisenalter an; hingegen sind nach dem nämlichen Gewährsmann die Oberflächenfunde von Campbelltown (Cantire, Argyll) wohl azilienzeitlich (vgl. L'Anthrop. 31 [1921] S. 349—354 H. Breuil; Proceed. Scotl. 8 [1921—22] S. 261—281).

Das Tardenoisien hat in England zahlreiche Spuren hinterlassen (Cornwall, Sussex, Kent, Oxford, Suffolk, Lincoln usw.) und ist typologisch unverkennbar belegt, ebenso wie auch an einigen Plätzen von Schottland und Irland; leider tritt es nahezu stets vermengt mit Neol. und noch jüngeren Keramikresten auf. Leichte Einschläge der Maglemose-Stufe stellten sich bei Hull am Humber-Flusse (ö. Yorkshire) ein. Es sind dies zwei typische Beinharpunen, welche unfern Holderness (s. d.) gefunden wurden, und zwar eine derselben in Hornsea (mit *Cervus elaphus*), die zweite im Torfe von Skipsea (mit *Cervus megaceros*; Man 1922 S. 130, 1923 S. 49 und 135).

Das Campignien ist in England nur angedeutet und fehlt gänzlich in Schottland. In Irland scheint ihm eine Sonderindustrie mit seltenen Hauern und groben, ungeschliffenen Beilen zu entsprechen.

John Evans *The ancient stone implements*[2] London 1897; W. J. Sollas *Ancient hunters and their modern representatives*[2] London 1915; M. C. Burkitt *Prehistory* Cambridge 1921; R. A. S. Macalister *A text-book of european archaeology* I. *The palaeolithic period* London 1922; J. R. Moir *A series of Solutré blades from Suffolk and Cambridgeshire* Proceed. of the Prehistoric Society of East Anglia 4 (1923) No. 5.

H. Obermaier

B—D. Jüngere Perioden.

B. I. Allgemeines: § 1. — II. Übergang zum Neolithikum: § 2—3. — III. Jüngere Steinzeit: § 4—15. — C. Bronzezeit: § 16—28. — D. Vorrömische Eisenzeit: § 29—40.

B. Übergangszeit und Neolithikum.

I. Allgemeines. § 1. Die großbrit.-ir. Vorgeschichte zeigt ein äußerst wechselndes Bild. Während im Paläol. Großbritannien völlig abhängig ist von dem damals noch mit ihm zusammenhängenden Festland und

Großbritannien und Irland

Wichtige Fundplätze der jüngeren Steinzeit und vorrömischen Metallzeit.

in der Hauptzeit des Neol. eine Provinz des großen nord. Kulturbezirkes bildet, beginnt um 2500 v. C. ein gewaltiger Aufschwung, der durch die reichen Metallschätze Englands und Irlands bedingt ist. Die neuen Anregungen, die den Anlaß zu dieser Entwicklung gaben, stammen aus dem w. Mittelmeergebiet (Megalithgräber, Glockenbecher); ihre Träger sind neue, vom Kontinent gekommene Bevölkerungselemente, kurzschädelig im Gegensatz zu den langschädeligen Neolithikern. Aus diesen Anregungen entwickelt sich in G. eine eigene Industrie, namentlich in Irland, die in der zweiten Hälfte des 3. Jht. ihren Höhepunkt erreicht und besonders auf den skand. N befruchtend wirkt, dessen ganze Per. I der BZ unter stärkstem engl.-ir. Einflusse steht. Das ändert sich aber schon in der Per. Montelius II, wo der zentraleurop. Einfluß im westbalt. Gebiet maßgebend wird und nun umgekehrt auf England-Irland znrückwirkt, so daß die ganze weitere Kulturentwicklung auf den brit. Inseln viel von ihrer Selbständigkeit verliert. So läuft hier der Strom der Entwicklung langsam und konservativ bis in den Beginn der LTZ hinein, bis mit neuen kelt. Einwanderern am Ende des 4. Jh. v. C. der Latènestil nach England gebracht wird. Er erreicht hier im Laufe einer längeren Entwicklung eine außerordentliche Höhe in der spez. großbrit. Late Celtic Art; zumal in den nicht unter röm. Einfluß gekommenen Landesteilen geht die Entwicklung weiter und treibt noch in Irland, als England schon größtenteils von den Angelsachsen erobert ist, neue Blüten, die sich in der Folgezeit, gepaart mit Elementen der Wikingerkunst, vor allem in der ir. Buchornamentik kundtun. Mit den ir. Mönchen wird ir. Kunst noch einmal über weite Teile Europas verbreitet und dringt, gemeinsam mit germ. Stilelementen der ausgehenden Völkerwanderungszeit, mit bestimmendem Einfluß auch in die romanische Ornamentik ein. So sind es zwei Höhepunkte, die sich im Verlaufe der brit. Vorzeit erkennen lassen, von denen der eine in die beginnende BZ des 3. Jht. v. C., der andere in den Anfang der hist. Zeit fällt. In den dazwischenliegenden Per. bietet die brit. Vorgeschichte weniger Interesse.

II. Übergang zum Neol. § 2. Zwischen dem Paläol. und dem Neol. Großbritanniens liegt ein wichtiger Einschnitt. Im Paläol. lag der Boden des größeren Teiles der Nordsee, des Kanals und der Irischen See über dem Meeresspiegel, und das ganze Gebiet war offenbar ebenso besiedelt wie die Teile Nordwesteuropas, die heute noch festes Land darstellen. Mit dem Beginn des Neol. aber war schon jene große Landsenkung eingetreten, die das ganze bezeichnete Gebiet unter Wasser setzte und die brit. Inseln vom Festlande und unter sich trennte. Zeugen dieser Katastrophe sind die *submerged forests*, die untergegangenen Wälder, deren Spuren unter dem Meeresspiegel sich namentlich an den Küsten von Lancashire, Cheshire, Somerset, Devonshire (Barnstaple, Torbay), an der Themse-Mündung, in Essex und weiter n. bis Holderness (s. d.) fanden. Aber die Selbständigkeit, die England so geographisch gewinnt, drückt sich nicht in einer neuen, selbständigen Kulturentwicklung aus. Denn mit dem Neol. setzt auch offenbar die Schiffahrt ein, die ja auch für das ö. Mittelmeergebiet damals zuerst nachgewiesen ist, und sie läßt den engen Konnex zwischen dem den brit. Inseln s. vorgelagerten Frankreich und der anschließenden germ. Küste bis zur Rhein- und Elbemündung und dem ebenfalls germ. Gebiet der w. Ostsee auch in Zukunft eng bleiben. Der schlagende Beweis für diese Schiffahrt ist in der Verbreitung der Dolmen und deren jüngeren Abarten zu erkennen (Präh. Z. 2 [1910] S. 256ff. O. Montelius). Und in wenig späterer Zeit sprechen die zahlreichen Schiffsdarstellungen auf den skand. Felszeichnungen (s. d. A), die sich vielleicht in New-Grange (s. d.) und sicher in Locmariaquer im nw. Frankreich wiederholen, eine noch klarere Sprache. (S. a. Frankreich B § 57ff.)

Mit dem Beginn des Neol. hat die Erdoberfläche Großbritanniens also ihre heutige Form gewonnen, und Fauna und Flora der Gegenwart ist nach dem Aussterben der diluv. Tier- und Pflanzenwelt eingezogen. Nur der ir. Elch, das Rentier und der *Bos Primigenius* halten sich an günstigen Plätzen bis in spätere Zeiten. Lediglich in Schottland und Nordirland haben noch am Ende des Neol. größere Landhebungen stattgefunden (Mac Arthur Cave; Larne).

a

b

Großbritannien und Irland A. Paläolithikum, B. Neolithikum

a. Chelles-Keil. Gray's Inn Lane, London. Ende des 17. Jh. gefunden, abgebildet in einem Briefe Bagfords vom J. 1715 und veröffentlicht in Hearne's Ausgabe von Leland's Collectanea I. L. 16,5 cm. — b. Feuerstein-Pfeil- und Lanzenspitzen neol. Zeit aus Irland. Die längste 12,5 cm l., 4 und 6 aus der Co. Tyrone.

Großbritannien und Irland B. Neolithikum

a. Steingeräte aus den Feuersteingruben von Cissbury. Ausgegraben bei verschiedenen Untersuchungen seit dem J. 1867. 1, 3, 7 die sog. Cissbury-Axt. — b. Feuersteingeräte aus den Feuersteingruben von Grime's Graves. — Nach Photographien des Britischen Museums, London.

Clement Reid *Submerged Forests* 1913; Munro *Prehistoric Britain*[2] London 1917 S. 122ff., vgl. Arch. Journal 55 S. 259ff. ders.; Proceedings R. Irish Academy 25 (1904) S. 143ff. G. Coffey, R. Ll. Präger.

§ 3. Die Übergangsstufen vom Paläol. zum Neol. sind jetzt auch in G. gut vertreten (s. A § 5). Die Grubenwohnungen von Holderness (s. d.) gehören vielleicht außer den oben erwähnten FO in diese frühe Zeit, vor allem auch der Kjökkenmödding von Castle Hill bei Hastings, Sussex, den W. J. L. Abbot untersuchte, und der neben einer geringen Anzahl neol. Typen vor allem ältere Formen der Steinwerkzeuge, besonders Mikrolithen, lieferte. Die Typen der Werkzeuge und Waffen entsprechen denen des festländischen Azilien.

III. Jüngere StZ. § 4. Die wichtigsten Denkmäler des Neol. sind die Megalithgräber. Sie sind offenbar von der Bretagne und Normandie nach Irland und England gekommen. Die Blütezeit der brit.-ir. Megalithgräber entspricht der der Bretagne (s. Megalithgrab B). Wir sind für die Beurteilung der engl. Steingräber fast ausschließlich auf deren Typologie angewiesen, da sie größtenteils ausgeraubt sind, z. T. schon in der Wikinger- und Normannenzeit.

Einfache Dolmen sind verhältnismäßig selten, aber doch in größerer Zahl vorhanden, z. B. Craigmadden, Kit's Coity House bei Maidstone, der Brennanstown-Dolmen und der von Ballybrack, Co. Dublin, Moytura u. a. in Irland. Jüngere Formen der Megalithgräber begegnen vor allem in Südwestengland und in der Mitte der Ostküste Irlands. Am häufigsten sind auf den großbrit. Inseln Ganggräber, immer unter einem Tumulus, die sich schließlich, wie in der Bretagne und sicher in engen Beziehungen zu ihr, zu Kuppelgräbern ausbilden. Eine spezifisch großbrit. Fortbildung dieses Typus ist das Kuppelgrab mit kreuzförmigem Grundriß, das durch Anfügung dreier Seitenkammern an das Hauptgrab entstanden ist, so z. B. Carrowkeel (s. d.; Band II Tf. 133—136), Loughcrew (s. d.; Band VII Tf. 209, 210), New Grange (s. d.; Band VIII Tf. 152). Auch dieser Typus begegnet bisweilen in der Bretagne. Die Hügel, unter denen diese Gräber liegen, sind in Irland meist rund oder oval, in England, der Form des Ganggrabes entsprechend, oft gestreckt (s. Long Barrow). Durch Einbeziehung des schon im w. Mittelmeergebiet häufigeren halbrunden Kultplatzes vor dem Eingang des Grabes (vgl. z. B. Los Millares [s. Millares ⟨Los⟩], Tombe dei giganti [s. d.] Sardiniens) in den Hügel selbst entstehen die *horned long cairns*, die besonders in Schottland häufig sind, aber auch in Irland begegnen: Newbliss, Monaghan und Carrowkeel (s. Carrowkeel Mountain § 4; Long Barrow). Eine Eigentümlichkeit der brit. Megalithgräber ist es auch, daß die Grabkammern meist nicht unter der Mitte, sondern mit Vorliebe ganz an der Ostseite der Hügel liegen.

§ 5. Auch die übrigen Megalithdenkmäler stehen in engen Beziehungen zu Gräbern. Die einfachen Grabstelen der Menhire — das war bis auf wenige Ausnahmen der Zweck dieser Steine (s. Menhir) — sind über das ganze Gebiet der brit. Inseln verbreitet. Sie sind oft von beträchtlicher Größe und namentlich noch in den weniger kultivierten Gegenden in großer Menge erhalten. Die Zahl aller dieser Long Stones, Pillar Stones, Devil's Arrows usw. ist so groß, daß eine Aufzählung unmöglich ist.

Die Verwendung der Menhire als Grabsteine ist besonders klar in Crichie (s. d.), Arbor Low (s. d.), Avebury (s. d.). In Carrowkeel (s. d.) und vielleicht auch in New Grange kommt ein solcher sakraler Pfeiler auch im Grabe stehend vor, wie häufiger im westmediterranen Gebiet und in der Bretagne. Wie in G. noch heute der Steinkultus, der sich aus diesem Grabkultus entwickelt hat, lebendig ist im Volke, lehrt der ir. Blarney-Stone und der Coronation-Stone, der in Westminster bei der Königskrönung eine Rolle spielt. In der frühen irischen Geschichte hat der Menhir auf dem *Mound of the hostages* in Tara die gleiche Bedeutung. Wie sich diese Grabstelen bis in spätere präh. Per. gehalten haben, lehrt der Turoe-Stone (s. Turoe) und die sich an ihn anschließende Gruppe, und von da ist der Weg zu den *High Crosses* des Mittelalters in gerader Linie zu verfolgen.

Coronation Stone: Proceedings Scotl. 8 S. 99ff. Stuart. — Tara: Proceed. R. Ir. Academy 34 S. 250f. Macalister. — Über Steinkultus: Squire *The Mythology of Ancient Britain and Ireland* 1906 S. 34f. mit weiterer Lit.

§ 6. Besonders häufig sind auch Alignements, gerade in G. oft sehr klar als Einfassungen der Wege zu und von den großen Grabanlagen (s. Avebury, Stonehenge, aber z. B. auch in Dartmoor, Callernish usw.). Eine weit bekannte Anlage dieser Art ist die der „Neun Mädchen" von St. Columb, Cornwall. Eine große Anzahl solcher Steinreihen findet sich auch im N Schottlands, zumal in Caithness.

3. Report and Inventory of Monuments in the County of Caithness, R. Comm. on the Ancient Monuments of Scotland. London 1911.

§ 7. Wichtiger noch als die Alignements sind die Cromlechs in G. Die Bezeichnung Cromlech wird in G. für alle Arten von Megalithdenkmälern mißbraucht und ist daher dort neuerdings ganz in Verruf gekommen. Wir verstehen hier darunter nach der frz. Terminologie die Steinkreise. Sie sind über alle drei Länder gleichmäßig verbreitet und haben ihre höchste Ausbildung in den „Sonnentempeln" von Avebury (s. d.; Band I Tf. 57) und Stonehenge (s. d.) erhalten. Sie scheinen in G. fast ausnahmslos als Einfassung des Grabbezirks gedient zu haben (s. a. Arbor Low, Crichie; Tf. 249b, Band I Tf. 41). Zu der gleichen Gruppe von Gräbern gehören auch die Diskusgräber (s. d.), bei denen an die Stelle des Steinkreises ein Wall und Graben als Abgrenzung des Grabbezirkes tritt (Band II Tf. 204). Genau solche Einfassung durch Wall und Graben ist auch bei den größeren Cromlechs schon vorhanden. Die Cromlechs reichen, wie die meisten der fortgeschrittenen Formen der Megalithdenkmäler, weit in die BZ, mindestens in die II. Per. Montelius, hinein.

Für die Megalithdenkmäler s. besonders Montelius *Orient und Europa*; Borlase *The Dolmens of Ireland* I—III (1897); O. G. S. Crawford *Long Barrows of the Cotteswolds* 1925. — Über Cromlechs in Cornwall: W. C. Lukis *Prehistoric Stone Monuments Cornwall* 1885; Archaeologia 61 S. 1 ff. H. St. Gray.

§ 8. Bestattungshöhlen. Gelegentlich sind in G. in neol. Zeit auch Höhlen, die vorher zu Wohnzwecken verwendet waren, für Gräber benutzt worden. Die bekanntesten Bestattungshöhlen (mit Hockern) sind die von Perthi-Chwaren bei Corwen, Denbighshire, und von Cefn bei St. Asaph. Daß auch diese Sitte noch in der BZ fortlebte, lehrt der Fund aus der Heathery Burn-Höhle (s. Heathery Burn).

W. Boyd Dawkins *Die Höhlen und die Ureinwohner Europas*; übers. von Spengel. Leipzig 1876 S. 114 ff.; Greenwell *British Barrows* S. 107.

§ 9. Bestattung. In den neol. Gräbern, besonders auch in den im allg. w.-ö. orientierten Long Barrows (s. d.), ist die Körperbestattung allg., wenigstens für die primären Bestattungen. Hockerlage wiegt vor. In Yorkshire und Westmorland freilich enthielten einige eigentümliche Long Barrows auch Leichenbrand, und zwar wa die Leiche an Ort und Stelle verbrannt worden. Wo sonst Brandgräber in Megalithkammern auftreten, gehören diese Bestattungen erst der BZ an.

§ 10. Siedelungen. Außer den erwähnten Höhlenwohnungen sind auch eine ganze Anzahl freier neol. Siedelungen bekannt. Sie bestehen ausschließlich aus Rundhütten, z. B. Grovehurst (s. d.). Wichtig sind vor allem die von Clinch untersuchten Hüttengruben von Hayes, West Wickham u. a. Orten. Ob die der BZ angehörigen Rundhütten von Ty Mawr (s. d.) in das Neol. hinaufgehen, muß fraglich bleiben, sicher ist dies jedenfalls nicht der Fall bei den auch gern zeitlich hoch hinaufgerückten *Beehive-Houses*, meist wohl frühmittelalterlichen Rundhütten aus Bruchsteinen im falschen Gewölbe, die besonders von Cornwall, den westschottischen Inseln und Irland bekannt sind. Auch die Pfahlsiedelungen Englands (s. Pfahlbau D) reichen nicht in das Neol. hinauf, wenn nicht die Siedelung im G bb Tarn (s. d.) als solche anzusprechen ist. Auch aus Irland sind neol. Siedelungen bekannt, die teilweise mit Feuersteinmanufaktur verbunden waren, besonders White Park Bay bei Giant's Causeway und Larne, beide Co. Antrim. Aus Schottland, wo die Brochs (s. d.) und die zu ihnen gehörigen Rundhütten aus Stein sicher jüngeren Datums sind, in der Hauptsache gar erst der LTZ angehören, sei besonders die Station von Stanraer, Wigtownshire, genannt. Neuerdings sind auch befestigte Höhensiedelungen bekannt geworden, resp. ist der Beweis erbracht, daß manche der eisenzeitlichen Ringwälle in Wessex und Wiltshire in das Neol. hinaufreichen, z. B. Windmill Hill bei Avebury, Knap Hill, Wiltshire.

Hayes: Proceedings Soc. Antiquaries London 2. Ser. 12 (1887/9) S. 258 ff.; Archaeologia Cantiana 14 S. 85 ff.; Journ. anthr. inst. NF 2 S. 124 ff. G. Clinch. — White Park Bay: Proc. R. Irish Academy 3. Ser. 1 S. 173 ff., 612 ff.; 3 S. 650 ff.; 6 S. 331 ff. W. J. Knowles. — Larne: a. a. O. 25 (1904/5) S. 143 ff. G. Coffey, R. Ll. Präger.

a

b

c

d

e

f

g

Großbritannien und Irland B. Neolithikum, C. Bronzezeit

a. Jungsteinzeitliches Gefäß. Themse bei Mortlake. Dm. 18 cm. — b—d. Frühbronzezeitliche Becher aus „Round-barrows": b. Hügel bei Lambourn Down, Berkshire. H. 19 cm. — c—d. Hügel bei Goodmanham, E. R. Yorkshire. H. 20,5 und 18 cm. — e—g. „Food-vessels" aus Grabhügeln: e. Rothbury, Northumberland. H. 14 cm. — f. Goodmanham, E. R. Yorkshire. H. 12,5 cm. — g. Alwintors, Northumberland. H. 12,5 cm. — Nach Photographien des Britischen Museums.

a

b

Großbritannien und Irland B. Neolithikum

a. „Trethevy-Stone“, Cornwall. — b. Der „Ring“ von Stennis, Orkney-Inseln. — Nach Donald A. Mackenzie, Ancient Man in Britain 1923.

§ 11. Das Material der neol. Werkzeuge ist in der Hauptsache der Feuerstein, nur in Schottland und Irland überwiegt für Äxte Felsgestein. In Yorkshire sind polierte Basaltäxte häufig. In Irland sind die größeren Werkzeuge aus Sandstein, Grünstein (Diabas) und Hornstein hergestellt. Daneben aber ist auch Feuerstein, Quarzit u. ä. verwandt.

Das Material für die Feuersteingeräte wurde im Lande selbst gewonnen, und zwar durch bergmännischen Abbau. Die wichtigsten Feuersteinminen sind die der Grime's Graves (s. d.; Norfolk), vom Cissbury Camp (s. d.; Band I Tf. 110b; Sussex). Hier wurde das Material roh zu der Form der späteren Geräte zurechtgeschlagen und so offenbar dem Handel übergeben. Bei den vielen hundert Werkzeugen (Tf. 247), die an diesen Plätzen gefunden wurden, handelt es sich um Halbfertig-Fabrikate; kaum zwei oder drei Äxte sind poliert. Eigentliche Plätze der Feuersteinmanufaktur, wie sie in Norddeutschland so häufig sind, sind aus England kaum bekannt, wenn auch z. B. die große Zahl der Feuersteinwerkzeuge, die in den Rundhütten von Grovehurst (s. d.) gefunden sind, zu der Annahme einer solchen Flintbearbeitungsfabrik an diesem Platze geführt hat. Ähnlich liegen die Verhältnisse in den irischen Küstensiedelungen.

§ 12. Die Formen der Steinartefakte decken sich im großen ganzen mit denen des germ. N, besonders die vorwiegend schmalnackigen, teilweise geschliffenen Feuersteinäxte Süd- und Ostenglands. Ähnliche Formen finden sich aber auch unter den meist aus Felsgestein gearbeiteten Äxten Schottlands und Irlands. Namentlich in Schottland und auf den Shetland-Inseln zeigen die Äxte oft ungewöhnliche Größe. Auf den Shetland-Inseln wird auch grüner Porphyr verwendet. Zu dem Typus der schmalnackigen Äxte gehören auch die großen Exemplare des mit den schottischen Äxten eng zusammenhängenden „Cumbrischen Typus", wie er z. B. im Gibb Tarn (s. d.) begegnet. Auch die ältere Form der spitznackigen Äxte ist allg. verbreitet, eine geschäftete Axt dieser Gruppe hat sich im Solway Moss erhalten (*Brit. Mus. Stone Age Guide* S. 138). Aus allen Teilen Großbritanniens sind auch Steinhämmer mit umlaufender Schäftungsrille bekannt, hier, wie auch sonst, besonders in den Bergwerken gefunden, wo sie als Schlägel bis in den Ausgang der BZ hinein verwendet wurden. Erscheint es nach der Verbreitung der geschliffenen Feuersteinäxte zweifellos, daß diese Technik aus dem Westbaltikum übernommen wurde, so wird der Weg bei den doppelschneidigen Streitäxten (s. d.) gerade umgekehrt gewesen sein. Hier ist, besonders in Schottland, die ganze typol. Entwicklung vom durchbohrten Keulenkopf zum Keulenhammer und zur Doppelaxt, wenn auch noch nicht durch die FU in dieser Reihenfolge chronol. bestätigt, doch so klar, daß man bei den engen Beziehungen hin und her keine unabhängige Entstehung im Westbaltikum wie in Schottland annehmen kann. Man muß den Ursprung des Typus nach G. verlegen, wenn auch Åberg, der zuerst auf diese Entwicklung hingewiesen hat, noch in der Entscheidung zögert (*Die Typologie der nord. Streitäxte* 1918 S. 5 ff.). Die bestausgeführten Stücke dieser engl. doppelschneidigen Streitäxte gehören schon der BZ 1 an, vergl. z. B. den Grabfund von Snowshills, Gloucestershire. Diese Datierung ist freilich insofern irreführend, als sich die letzte Stufe des großbrit. wie des westbaltischen Neol. völlig deckt und überschneidet mit der BZ 1. Der Bretagne-Typus der großen, spitznackigen Prunkäxte aus Jadeit (Band IV Tf. 48c) usw. ist ebenfalls allg. verbreitet (Evans a. a. O. S. 106 ff., aus Irland z. B. von Raymoghy, Donegal, und Tristia, Mayo).

Erwähnt seien hier unter den größeren Steingeräten noch die zahlreichen Mühlsteine und Reibkugeln, die den Getreidebau im Neol. erweisen, und vor allem auch die in Schottland und Irland ganz besonders zahlreichen *Tillhuggersteens*, die offenbar verschiedenen Zwecken gedient haben, namentlich wohl aber als Bohrmützen Verwendung fanden. Auch Pfeilstrecker sind in den spätneol. und frühbronzezeitl. Gräbern häufig.

§ 13. Steinkugeln. Eine Eigentümlichkeit unter den Steingeräten Schottlands sind meist ornamentierte Steinkugeln, entweder ganz rund oder mit knopfartigen Ansätzen an 4—6 Seiten. Von den 111 bekannten Exemplaren stammen nach Munro allein 56 aus Aberdeenshire, und der Rest mit drei Ausnahmen kommt ebenfalls aus dem Gebiet n. des Firth of Forth. Munro wird recht haben, wenn er diese eigentümlichen Kugeln mit den Pikten oder Caledoniern in Zusammenhang bringt. Die Verwendung der Geräte ist fraglich. Gegen einfache Keulenköpfe spricht die oft reiche Dekoration, die einer praktischen Verwendung zuwiderläuft. Derselbe Grund läßt sich gegen die Verwendung nach Art der Bolas der Patagonier einwenden. Am wahrscheinlichsten handelt es sich um Zeremonial-Keulenköpfe oder ähnliches. Unsicher ist auch die Zeitstellung. Teilweise zeigt die Dekoration den Stil der Late Celtic Art, aber es ist darum doch nicht ausgeschlossen, daß sie teilweise bis ins Neol. hinaufreichen. Außer diesen Kugeln beweisen die häufigen Steingefäße in Schottland, daß hier auch noch in späteren vorgesch. Per. die Kunst der Steinbearbeitung blühte. Die polierte Syenit-Kugel aus dem Hügel L von Loughcrew (s. d.) und andere Exemplare aus Irland gehören vielleicht in Zusammenhang mit diesen schottischen Steinkugeln.

Catalogue of the Nat. Mus. of Scotland Edinburg 1892 S. 62ff.; R. Munro *Prehistoric Britain*[2] 1917 S. 142.

§ 14. Das Feuerstein-Kleingerät ist sehr reich. Schaber und Messer, oft sehr primitiver Form, halten sich durch das ganze Neol., bis weit in die BZ hinein (Yorkshire-Barrows). Ebenso häufig sind Bohrer, Sägen usw. Lorbeerblattförmige Lanzenspitzen kommen in den Long Barrows in vollendeter Technik vor, so bei Winterbourn Stoke Down, Wiltshire (J. Evans *Stone Impl.* S. 331 Abb. 373ff.). Kleinere Pfeilspitzen gleicher Form (a. a. O. S. 337 Abb. 276f.) begegnen auch noch in späteren Barrows in Yorkshire. Eine ähnlich gute Flintbearbeitungstechnik findet sich auch bei Messern und Dolchen und weist auf Zusammenhänge mit dem nordd. und skand. Neol. Die Normalform der Pfeilspitze ist die eines gleichschenkligen Dreiecks mit eingezogener Basis. Häufig tritt auch die Griffzunge auf. Gegen Ende der Entwicklung, d. h. schon in der BZ, nehmen hier, wie fast in ganz Europa, die Widerhaken rechteckige Form an. Eine Eigentümlichkeit der ir. Pfeilspitzen, die auch teilweise neben den oben aufgezählten die Rauten-Form haben, ist der Flächenschliff der Breitseiten, der aber nicht auf die Schneiden übergreift (*Brit. Mus. Stone Age Guide* S. 122; hier Tf. 246b). Die gleiche Technik findet sich in Südwestfrankreich und am Niederrhein wieder. Endlich kommen auch in G. querschneidige Pfeilspitzen vor, z. B. von Speeton, Yorkshire. Eine besondere Werkzeugform Nordschottlands ist das Shetland-Messer, eine ovale, dünne, vollständig geschliffene Klinge aus Porphyr mit ringsumlaufender Schneide. Die bekannten Messer dieser Gruppe stammen aus Depotfunden, die 4—16 Exemplare enthielten.

§ 15. Keramik ist verhältnismäßig wenig bekannt geworden. Aber zu den Funden von West-Kennet (Archaelogia 38 S. 405), Norton Bavant (a. a. O. 42 S. 195) usw. hat sich neuerdings Material gesellt aus Grubenhäusern von Wisley, Surrey; Hedsor; Wallingford; Mortlake; Peterborough, Astrop u. a. FO. Es handelt sich um halbkugelige Gefäße mit reicher, meist in Zonen angelegter Tiefstichdekoration. Der Rand ist reich profiliert und meist auch auf der Innenseite dekoriert. Auch aus Schottland (z. B. Killmartin, Argyllshire; Proceedings Scotl. 6 Tf. 20, 1) und Irland (Lisalea, Co. Monaghan; Dunagore Moat bei Antrim) sind verwandte Gefäße bekannt. S. Tf. 248a.

The Antiquaries Journal 4 (1924) S. 127ff. R. A. Smith.

Das allg. Kulturniveau des brit. Neol. deckt sich mit dem des übrigen Nordwesteuropa. Mit den Dolmen ist auch der Axtkultus aus dem w. Mittelmeergebiet nach G. gekommen. Aus einem Grabhügel in Lanarkshire stammen drei Bernstein- und drei Gagatperlen in Form durchbohrter Steinhammerköpfe (*Catalogue Nat. Mus. of Scotland* EQ 108—116).

Daß Feuer nicht nur gebohrt, sondern auch mit Feuerstein und Eisenpyrit geschlagen wurde, machen Barrow-Funde wahrscheinlich.

Besonders eng sind nach alledem die Beziehungen zum germ. N und zum w. Mittelmeergebiet. Auf ersteren weist die langschädelige Rasse hin. Dafür sprechen auch die Felszeichnungen. Diese gehören freilich zu einem großen Teile erst der BZ an, wie die Ornamente der Grabwände von New Grange. Aber einzelne der Schalensteine (s. d.) u. ä. reichen sicherlich bis in das Neol. hinauf. Andere werden weit jünger sein. Der neue Fund von Gra-

Großbritannien und Irland B. Neolithikum

Einer der großen Trilithen von Stonehenge. — Nach Donald A. Mackenzie, Ancient Man in Britain 1923.

a

b

Großbritannien und Irland C. Bronzezeit

a. Bronzeaxttypen in zeitlicher Abfolge: 1. Kupferne Flachaxt, wahrscheinlich Irland. — 2. L. 16 cm. — 4. Aus dem Avon bei Bath Bridge, Somerset. — 5. Quy, Cambridgeshire. — 6. Aus dem Depotfund von Carlton Rode, Norfolk. — 8. Dunmow, Essex. — 9. Themse bei Kingston. — 10. In Irland sehr verbreitete Spätform. L. 9,5 cm. — b. Zwei Axtdolchklingen: 1. Maryport, Cumberland. — 2. Wrexham, Denbigshire. L. beider 30,5 cm. — Nach Photographien des Britischen Museums.

vierungen auf einer Feuersteinkruste von den Grime's Graves (s. d.), der mit den neol. Hällristningar von Hell, vom Bølabach (Band III Tf. 50) usw. in Norwegen Beziehungen zeigt, bestätigt diese Auffassung vollkommen. Am klarsten aber weist in diese Richtung die freilich nur spärlich erhaltene Long-Barrow-Keramik, die enge Beziehungen zu südwesteuropäischen Vorbildern und zur germ. Megalithkeramik zeigt.

Näpfchensteine u. a.: Proceedings Scotl. 1881/82 S. 79 ff. J. R. Allen; ebd. 1883/84 S. 313 ff. Hutcheson; ebd. 1885/86 S. 126 ff. Duns; ebd. 1886/87 S. 143 ff. Boyd, Smith; ebd. 1888/89 S. 125 ff. Hamilton, Harvey. — Im übrigen s. New Grange und vgl. G. Coffey *New Grange and other incised Tumuli in Ireland* 1912. Der dort behandelte Stein von Seskilgreen zeigt, daß auch die Labyrinth-Ornamente in die BZ hinaufrücken. Vgl. darüber Journal R. Soc. Ant. Ireland 53 (1923) S. 177 ff. G. Orpen.

C. Bronzezeit. § 16. Die brit. Inseln fangen, wie gesagt, mit dem Beginn der Kenntnis der Metallbearbeitung an, eine besondere Rolle in der europ. Vorgeschichte zu spielen. Da wir die ir. Axtdolche (s. d. B), die goldenen Lunulae (s. d. A) und die andern Formen der frühesten Metallzeit in die 2. Hälfte des 3. Jht. v. C. (= El Argar = Troja II) setzen müssen, so müssen die Anfänge der Metallbearbeitung schon in die 1. Hälfte des 3. Jht. fallen, denn bei diesen Kupferformen haben wir es schon mit völlig ausgebildeten Typen zu tun. Die eigentliche BZ aber beginnt erst mit jenen neuen Formen in der Mitte des 3. Jht. Ihre I. Per. läuft mit der letzten Stufe des Neol. parallel.

Die brit. Inseln verdanken ihre Bedeutung in dieser Zeit ihrem Reichtum an Zinn, Kupfer und Gold (s. Goldfunde B, Kupferbergbau, Wicklow, Zinnbergbau). Namentlich das Zinn (s. d.), das in G. und in Spanien gefunden wurde, spielte eine solche Rolle, daß daraus die Sage von den *Κασσιτερίδες* entstand (Herodot III 115; Diodor V 38; Strabo p. 120, 129, 147, 175 [Diodor und Strabo wohl nach Poseidonios]; Mela III 6, 47; Plinius IV 119 u. v. a.). Die Identifizierung dieser durchaus sagenhaften *Κασσιτερίδες* der Alten ist weder mit den Scilly Islands oder den nordwestspan. Inseln, noch mit Cornwall, der Bretagne (L'Anthrop. 1908 S. 129 ff. Siret) oder Spanien schlechthin möglich. Es handelt sich offenbar lediglich um Sagen von den großen westeurop. Zinnlagern, deren Produkte durch mannigfaltigen Zwischenhandel in das ö. Mittelmeergebiet kamen, und die Zwischenhändler hatten allen Grund, das Ursprungsland ihres Materials in möglichst sagenhaftes Dunkel zu hüllen (vgl. besonders Strabo p. 175). Als dann Spanien und G. mit ihren Zinnlagern der antiken Welt bekannt wurden, hat man offenbar die alten Sagen von den *Κασσιτερίδες* mit den tatsächlichen Berichten von diesen beiden Ländern vermengt. Daher die Unklarheit über die *Κασσιτερίδες* auch noch bei den röm. Geographen.

Die große Bedeutung der westeurop. Zinnlager für das Altertum wird erst klar, wenn man bedenkt, daß der antike Markt zum größten Teile auf dieses westeurop. Zinn angewiesen war. Die südasiatischen Zinnlager waren offenbar noch den Kulturvölkern des Mittelmeergebietes verschlossen. Die antiken Autoren sprechen nicht von ind. Zinn, und selbst Plinius kennt es nicht. Der große Aufschwung Großbritanniens in der Mitte des 3. Jht. v. C. ist offenbar auch neuen Einwanderern zu verdanken, die durch die Metallschätze angelockt waren. Denn an die Stelle der Langschädel der Long Barrows (Band VII Tf. 206 A) tritt im Beginne der BZ in den Round Barrows eine kurzköpfige Bevölkerung, wenigstens in England und Schottland. S. a. Long-Barrow-Typus und Round-Barrow-Typus.

T. R. Holmes *Ancient Britain* 1907 S. 483 ff.; Haverfield in *RE* s. v. Κασσιτερίδες; Maedge *Über den Ursprung der ersten Metalle, der See- und Sumpferzverhüttung usw. in Schweden* 1916.

§ 17. Der erste Versuch einer Einteilung der großbritannischen BZ wird Sir John Evans verdankt. Er unterschied:

a) Per. der Barrows; Werkzeuge und Waffen von primitiver Form.

b) Per. der Äxte mit breiten Randleisten und der Speerspitzen mit Griffzunge (Arreton-Down-Typus; s. Arreton Down).

c) Per. der Depotfunde; Schwerter, Tüllenlanzenspitzen, Tüllenäxte.

Diese Einteilung hat sich im großen ganzen bestätigt, abgesehen natürlich von der absoluten Chronologie.

§ 18. Die heute allg. bräuchliche chronol. Einteilung der großbritannischen BZ ist die von O. Montelius (Archaeologia 61 [1908] S. 96 ff.). Er teilt die gesamte BZ in 5 Per. ein. Auch Déchelette schließt sich im allg. dem System von Montelius an. Mit geringen Abänderungen ergeben sich so folgende Perioden.

I. Per. (ca. 2500—1900). An Stelle der Megalithgräber treten Grabhügel (*round barrows*). Steinwerkzeuge sind noch häufig, doppelschneidige Streitäxte, Pfeilspitzen. Kleine, flache Dolchklingen, dreieckig, mit Griffzunge, Griffangel oder Nieten, aus Kupfer, später Bronze. Ir. Axtdolche. Flachäxte ohne Randleisten. Vierkantige, beiderseits zugespitzte Pfriemen aus Kupfer oder Bronze. Armschutzplatten (s. d.). Röhrenförmige Perlen aus Knochen und Bernstein, olivenförmige Perlen aus Bronze, Gold und Callaïs. Knöpfe mit V-Bohrung. Goldene Lunulae. Schlanke Becher (*drinking cups*) und *Food vessels*. Der Ausgang der StZ deckt sich mit dieser Per. Leichenbrand ist Ausnahme.

II. Per. (ca. 1900—1600). Steinwerkzeuge verschwinden allmählich. Reines Kupfer wird nicht mehr verwendet, an seine Stelle tritt die Bronze, nach kurzem Schwanken in der allg. Legierung 1 : 10. Flachäxte mit Randleisten, seltener mit Rast. Die Schneide der Äxte verbreitert sich oft sehr, halbmond- und löffelförmig. Bisweilen sind die Äxte, wie schon in Per. I, ornamentiert mit Dreieckreihen, Sparrenmustern usw. Die Dolche werden größer und entwickeln sich allmählich zu Kurzschwertern, bisweilen mit festem Griff. Offene Armbänder mit spitzen Enden. Gelegentlich Gefäße aus Kalkstein, Muschel und Bernstein. Stonehenge; Avebury.

III. Per. (ca. 1600—1300). Die Leichenverbrennung tritt auf, wie im West-Baltikum. Die Randäxte haben außerordentlich hohen Rand und meist eine Rast. Lappenäxte mit mittelständigen Schaftlappen sind selten. Sie gehören der kontinentalen, nicht der brit.-ir. Entwicklung an. Kurzschwerter mit schmalen, noch nicht geschweiften Klingen. Dolche und Messer, bisweilen mit Grifftülle. Sicheln. Die Äxte haben manchmal eine Öse an einer oder beiden Seiten. Tordierte Halsringe mit Hakenverschluß in Gold oder Bronze. Nadeln mit stark geripptem Hals. Breite Armbänder mit stumpfen oder in Drahtvoluten auslaufenden Enden. Die III. Per. ist hauptsächlich aus Depotfunden bekannt. Die wichtigsten derselben sind: Grunty Fen, Cambridge; Lovehayne, Devonshire; Plymstock, Devonshire; Arreton Down (s. d.), Isle of Wight; Edington Burtle; West-Buckland, Somerset; u. v. a.

IV. Per. (ca. 1300—900). Die Brandbestattung wird allgemein. Tüllenäxte und vereinzelt endständige Lappenäxte. Fortleben degenerierter Absatzäxte (die in der großbrit.-ir. Literatur als *palstaves* bezeichnet werden). Schwerter mit geschweifter Klinge; voller Bronzegriff oder gerandete Griffzunge. Rapierklingen mit trapezförmiger Griffplatte. Dolche und Messer. Tüllenlanzenspitzen oft mit Ösen an der Seite oder Durchbrechungen im unteren Lanzenblatt. Pfeilspitzen mit Tülle und Widerhaken. Vasenkopf-Nadeln, Scheibenkopf-Nadeln u. ähnliche. Breite, reich dekorierte Armringe mit großen Endstollen. Erstes Auftreten der Fibel. Rasiermesser. Pferdetrensen mit langen, leicht geschweiften Seitenteilen. Meist aus Depotfunden bekannt, so z. B. von Minster.

V. Per. (ca. 900—350). Eisenwaffen kommen auf. Tüllenäxte. Spätere Formen der Bronzeschwerter. Reicher ornamentierte Speerspitzen mit durchbrochener Klinge. Importstücke aus dem kontinentalen Hallstatt-Kreis: runde Schilde, Bronze-Eimer u. ä. In Irland Trompeten (s. d. A), goldene Halsbergen, goldene „Fibeln". Mold Corslet (s. d.). Hohlmeißel. Messer mit geschweiftem Rücken. S. a. Dowris; Heathery Burn.

§ 19. Gräber. Der Bestattungsritus der BZ schließt sich direkt an den der StZ an. Denn die Sitte, große Steingräber zu errichten, ist von NW-Frankreich nach G. gekommen, ebendaher, woher auch die neue rundköpfige Bevölkerung in England eingerückt ist. Die großen Kuppelgräber Englands, Schottlands und Irlands enthalten zwar noch keine Metallgeräte (Proceed. Scotl. 38 S. 323 Abercromby; Montelius *Chron. ält. BZ.* S. 89). Aber doch ist an der Datierung dieser Gräber in die I. u. II. Per. der BZ nicht zu zweifeln (s. Belmore Mountain, Carrowkeel Mountain, Loughcrew, New Grange). Man sieht, daß der kreuzförmige Grundriß

5 6 7

a

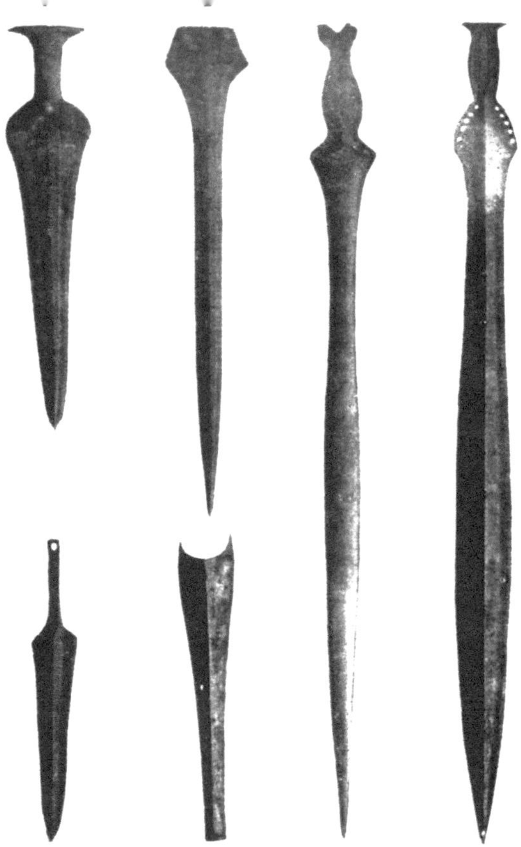

3 4 5 6

b

Großbritannien und Irland C. Bronzezeit

a. Bronzene Lanzenspitzen, in zeitlicher Abfolge angeordnet: 1—2. Irische Formen. 4. Wahrscheinlich aus Irland. L. 13 cm. — 5. Aus dem Depotfund von Heathery Burn Cave, Co. Durham. — 6. Fenny Bentley, Derbyshire. — 7. Seltene Form. Plaistow Marshes, Essex. L. 27 cm. — b. Dolche und Schwerter aus Bronze: 1. Themse. L. 34 cm. — 2. Themse. L. 42,5 cm. — 3. Arreton Down-Typus. Insel Wight. L. 25,5 cm. — 4. Endstück einer Schwertscheide. Themse bei Kingston. L. 26 cm. — 5. Hallstattschwert. Aus dem Tyne bei Newcastle. L. 69 cm. — 6. Griffzungen-Schwert. Barrow, Suffolk. L. 69 cm.

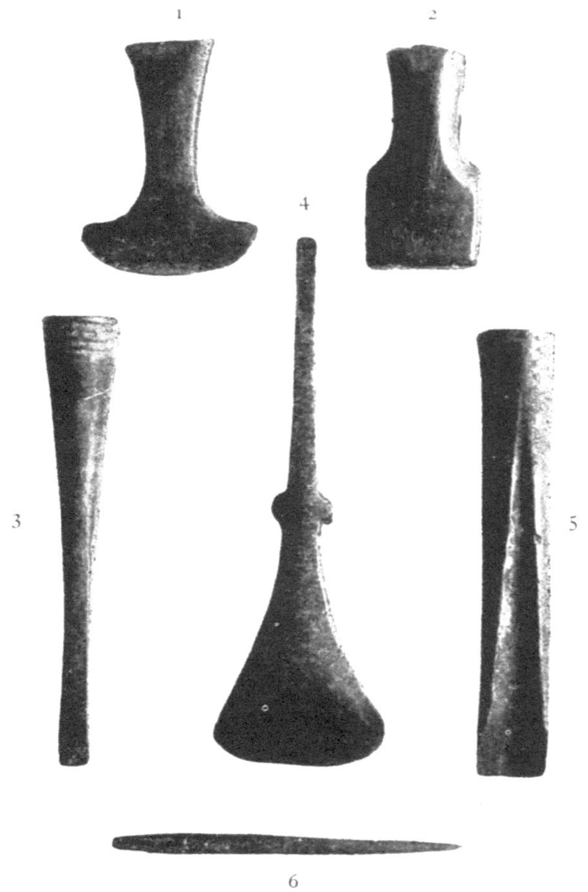

a

b

Großbritannien und Irland C. Bronzezeit

a. Kleinere Geräte aus Bronze: 1. Tüllenmeißel. Ballymoney, Co. Antrim. — 2. Tüllenhammer. Lusmagh, King's Co. L. 5 cm. —

der Grabkammern (s. o. § 4) erst der BZ angehört. Daß auch die meisten der großen Cromlech-Gräber, namentlich Avebury (s. o.) und Stonehenge (s. d.; Tf. 250) erst der BZ angehören, ist bekannt. Über Diskusgräber s. d. Die vielen späteren Gräber um die großen Anlagen herum zeigen, wie stark die Kontinuität der Entwicklung während der ganzen BZ in G. war. Noch klarer wird diese Tatsache durch den Befund in den oben genannten ir. Gräbern, wo die Skelettbestattungen der frühen BZ allmählich ohne sonstige Veränderung der Grabsitten zum spätbronzezeitl. Leichenbrand übergehen. Diese Gräber werden also ohne Bevölkerungswechsel während des größten Teils der BZ benutzt worden sein. Im allg. ist die Entwicklung des Bestattungsritus und der Grabformen dieselbe wie im westbaltischen Gebiet. Die Gräber werden aus Familiengräbern zu Einzelgräbern, aus dem Megalithgrab wird die Steinkiste, die in den älteren der Grabhügel der BZ, den Round Barrows (s. d.), noch vorkommt (s. z. B. Cotteswold Hills § 3). An Stelle der Steinkisten treten dann Eichensärge (s. Baumsarg, Cowlam § 1, Rylston; vgl. Gristhorpe, Yorkshire). Die Leiche wird im Grabhügel entweder auf der Bodenoberfläche oder in einer Grube in der Erde beigesetzt. Die häufige Benutzung der Hügel zu Nachbestattungen erinnert an die Verwendung der älteren Megalithgräber als Familiengrüfte. In der Mitte des 2. Jht. v. C. wird der Leichenbrand, der vorher nur vereinzelt auftrat, allgemein. Die Toten sind gelegentlich an Ort und Stelle verbrannt, meist aber außerhalb der Grabhügel. Bestattung und Leichenbrand müssen eine Zeitlang nebeneinander hergegangen sein, wie z. B. der Befund in einem Grabhügel des Acklam Wold, Yorkshire, lehrt, wo eine Leiche in der gewöhnlichen Hockerstellung neben einem Brandgrabe beigesetzt ist, und zwar gleichzeitig, als der Leichenbrand noch glühte, denn die Knie des Hockers sind völlig versengt. In der Art der Beisetzung des Leichenbrandes sind viele lokale Unterschiede festzustellen. Die Asche kann in einem Gefäß (*cinerary urn*), bisweilen auch in einer solchen umgestülpten Urne, auf eine Steinplatte oder den Boden gestellt oder frei im Hügel, beigesetzt sein. Über einige in England beobachtete Fälle von Hausbestattung s. § 20.

Die Beigaben in den Gräbern der engl. BZ sind im allg. nicht sehr reich. Bronzen begegnen fast nur in den älteren Skelettgräbern, vor allem Dolche, Äxte, Pfriemen, Nadeln, Knöpfe u. a. kleinere Gegenstände. Dazu kommen noch Keramik und Steinwerkzeuge. Letztere sind in vielen Gegenden sogar viel zahlreicher als die Metallbeigaben. Von der Fülle der untersuchten Grabhügel der Yorkshire Wolds ergaben beispielsweise nur 4 % Metallbeigaben, dagegen 17 % Steinwerkzeuge. In den s. Provinzen, die dem Festlande näherliegen, sind, dem durch den Zinnhandel ins Land gekommenen Wohlstande entsprechend, die Grabbeigaben reicher. In den Brandgräbern der späteren BZ fehlen Grabbeigaben außer der Aschenurne fast völlig.

§ 20. Siedelungen. Da die Grabhügel meist in größeren, geschlossenen Gruppen auftreten, so werden wir in der BZ auch entsprechende größere Siedelungen vorauszusetzen haben. Am dichtesten scheint nach Maßgabe der Hügelgruppen die Besiedelung in Wiltshire, Dorset und im East Riding Yorkshires gewesen zu sein. Ausnahmsweise wurden noch in der späteren BZ Höhlen zu Wohnzwecken benutzt (s. Heathery Burn). Äußerst selten sind auch Pfahlbauten (s. d. D). Geschlossene Dorfanlagen der BZ sind vor allem von Ty Mawr (s. d.) und aus Irland vom Carrowkeel Mountain (s. d.) bekannt. Hier sind die steinernen Fundamente von Rundhütten bekannt geworden, die lehren, daß der Typus der *Beehive-Houses*, die in großer Zahl in G. erhalten sind, und die meist dem Mittelalter angehören, doch bis in die BZ hinaufreicht. Die Ähnlichkeit der Anlage mit jenen sicher der BZ angehörigen Hütten spricht dafür, lehrt aber zugleich, wie konservativ die Entwicklung auch des Hausbaus auf den brit. Inseln sich abspielt. Über die Form bronzezeitl. Häuser geben auch noch zwei Grabhügel, die Mortimer (S. 327 f. und S. 153 f.) ausgegraben hat, Aufschluß. Bei Huggate, Yorkshire, handelt es sich um eine längliche, fast rechteckige Wohngrube von 5 m Länge, mit Eingang an der Schmalseite. Hier war auf dem Boden der Hütte ein Brandgrab angelegt und dann ein Grabhügel über dem Ganzen errichtet. Damit ist erwiesen, daß im Laufe der BZ zu den Rundhütten auch längliche, vielleicht rechteckige Häuser treten. Im anderen Falle beim Calais Wold Farm House handelt es sich um ein Skelettgrab, das im Boden einer Hütte eingetieft und dann von einem Grabhügel überdeckt war. Der Hügel hatte einen Dm von über 20 m und zeigte im Innern einen doppelten Kreis senkrechter Pfosten, der von einem Graben umgeben war. Vier einzelne Pfähle außerhalb der Pfostenreihen hätten nach Mortimer den Zweck gehabt, das Kegeldach, das sich über dieser Hüttenwand erhob, zu halten. In ihrer Form erinnert diese Hütte der BZ an die späteren Hütten von Glastonbury (s. d.).

§ 21. Ist die ältere BZ hauptsächlich aus Gräbern bekannt, so ist es die jüngere namentlich durch Depotfunde, die reichen Ersatz für die ärmliche Ausstattung der Gräber bieten. Die Depotfunde setzen in der III. Per. ein und reichen (Dowris-Fund [s. d.], Heathery Burn [s. d.]) bis in den Ausgang der BZ. Es handelt sich größtenteils um Händler- und Gießer-Depots (vgl. vor allem J. Evans *Bronze Impl.*). Die wichtigsten dieser Depotfunde sind oben § 18 genannt. Ihren Reichtum zeigt am erstaunlichsten der Clare-Fund (s. Clare). Die vielen Depotfunde Schottlands liegen besonders an der Ost-Küste des Landes. Sie hängen sicher mit dem Seehandel zusammen, sind aber nur zu verstehen als Verstecke landfremder Händler, die über See gekommen waren. So deutet die Verteilung dieser Depotfunde dasselbe an, was die Formen der Geräte u. v. a. (s. New Grange) lehren, daß nämlich G. von der II. Per. der BZ an unter starkem westbalt. Einflusse stand, während es im Anfang der BZ gerade umgekehrt war.

§ 22. In der BZ 1 und 2 leben sehr viele Formen der Steingeräte weiter, einige kommen sogar erst jetzt zur Entwicklung, wie die doppelschneidigen Streitäxte (s. d.), die zylindrischen Hämmer und verwandte Formen (s. o. § 12), ebenso die Pfeilspitzen. Auch die Armschutzplatten (s. d.; Band IV Tf. 50 Abb. 20), die zum regelmäßigen Inventar der Männergräber der frühen BZ gehören, sind schon aus dem Neol. übernommen. Für die Yorkshire-Barrows sind besonders primitiv gearbeitete Flint-Messer und Schaber bezeichnend. Zu den älteren Geräten, die sich bis in unsere Zeit halten, gehören auch einfache, durchbohrte Hirschhornhämmer (Greenwell *British Barrows* S. 217 Anm. 1) und die sehr häufigen Knochenpfriemen. Schlichte Messerklingen aus Eberzähnen (s. Cowlam, Heathery Burn; vgl. Greenwell a. a. O. S. 215) finden sich ebenfalls in diesem Zusammenhang.

§ 23. Die Formen der Metallgeräte sind teils von außen, spez. aus dem w. Mittelmeergebiet, übernommen, teils Nachbildungen neol. Geräte und Werkzeuge. Die wichtigste Waffe der I. Per. ist der Axtdolch (s. d. B), der in der II. Per. verschwindet (Tf. 251 b). Die Entwicklung der Äxte ist schon oben § 18 skizziert (Tf. 251 a). Für die frühen Äxte ist die reiche Dekoration in Zonen von Dreiecken, Winkelbändern u. ä., parallel zur Schneide, die starke Verbreiterung dieser Schneide bis zur Halbmondform und die Dekoration des Randleistens durch Facettierung bezeichnend. Die Heimat dieser Äxte ist in Irland zu suchen, von dort sind sie auch nach der Hauptinsel (z. B. Evans *Bronze Impl.* S. 45) gelangt und weiter nach dem Gebiet der w. Ostsee. Ihren Höhepunkt erreicht diese Entwicklung in der III. Per., in der der Randleisten der Absatzäxte breit, fast lorbeerblattförmig wird. Diese Form hält sich neben den in Per. IV auftretenden Tüllenäxten bis zum Ende der BZ. Lappenäxte gehören anscheinend nicht in die Reihe der großbrit. Entwicklung, sie sind nur in geringer Zahl vom Festlande hinübergekommen (z. B. Plumpton). Die frühen Dolche zeigen eine dreieckige Klinge und breite Griffzunge. Daraus entwickelt sich der Arreton-Down-Typus (s. Arreton Down und Tf. 252 b 3) mit langer und schmaler Griffzunge und in der III. Per. mit Nieten am Ende. Dessen verbesserte Schäftung durch ein um den Griff gelegtes, tüllenähnliches Metallband mit zwei Nieten, wie es ein Dolch aus dem Arreton-Down-Fund und ein anderer von Snowshill, Gloucestershire, zeigt, ist das deutliche Vorbild der reich dekorierten ir. Lanzenspitze der späten BZ, bei der die genannten Nieten noch rudimentär vorhanden sind (Tf. 252 a 1; vgl.

a

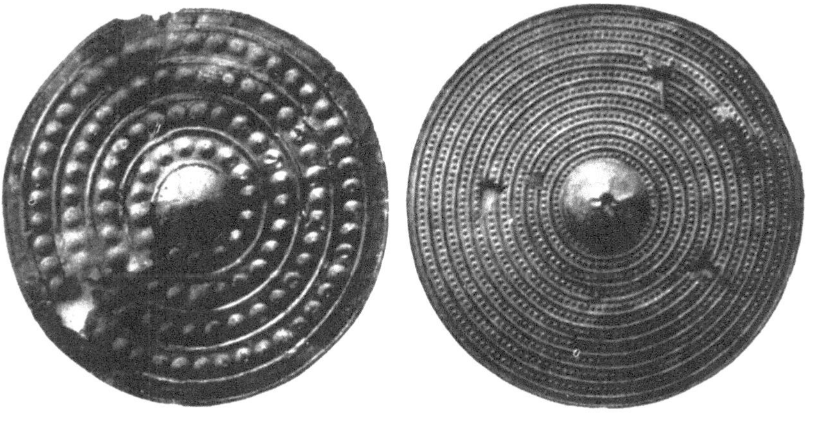

b

Großbritannien und Irland C. Bronzezeit

a. Bronzene Klappern aus dem Depotfunde von Dowris, King's Co., und bronzene Trompete von Dunmanway, Co. Cork. L. der Trompete ca. 60 cm. — b. Bronzeschilde aus der Themse bei London. Dm ca. 53 cm. — Nach Photographien des Britischen Museums.

a

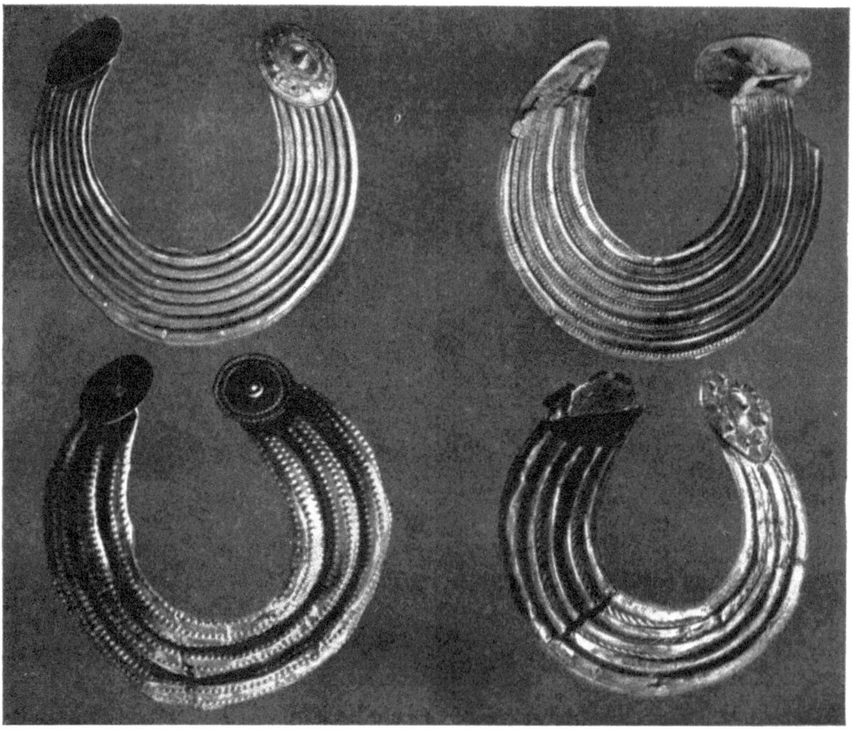

b

Großbritannien und Irland C. Bronzezeit

a. Goldene Zierscheiben. — b. Goldene Halsbänder. — Aus Irland. Nach G. Coffey.

Proceedings R. Ir. Academy 41 [1911] S. 20ff. G. Coffey). In England wiegt im allg. die lorbeerblattförmige Tüllenlanzenspitze des Festlandes vor. Die vor allem in England und Schottland in der späteren BZ verbreiteten Tüllenlanzenspitzen mit Öffnungen im Blatt beiderseits der Tülle (Tf. 252a 3), die sich im ganzen Mittelmeergebiet bis nach Rhodos wiederfinden, auch in Ostrußland begegnen, gehen offenbar auf die alte Mittelmeerform der Lanzenspitze mit Griffzunge und Bindelücken zurück (Proc. R. Ir. Ac. 30 [1912/13] Abt. C S. 445ff. G. Coffey). Ebendahin weisen von den Schwertern die Rapierklingen mit trapezförmiger Griffplatte (Tf. 252b 2), während die weit häufigeren mit geschweifter Schneide und gerandeter Griffzunge (Tf. 252b 6 und aus Per. V: Tf. 252b 5), seltener mit festem Griff, zentraleuropäische Formen der Hallstattzeit aufweisen. Einige Exemplare von Tüllenhämmern (Tf. 253a 2) sind aus England und Irland bekannt. Tüllenhohlmeißel (Tf. 253a 5) sind in diesen beiden Ländern sehr häufig, in Schottland äußerst selten. Für die Sicheln (Tf. 253b) Großbritanniens ist die Grifftülle bezeichnend. Einige wenige Sicheln festländischer Form scheinen Import zu sein. Ambosse (s. d.) mit seitlichem Dorn zeigen kontinentale Form. Rasiermesser sind meist doppelschneidig mit Griffzunge. Aus der späten BZ sind eine ganze Reihe vortrefflich in Treibtechnik gearbeiteter Rundschilde mit Mittelbuckel, in konzentrischen Kreisen dekoriert, bekannt (Tf. 254b und Schild A). Es handelt sich fast ausschließlich um Einzelfunde. Die schönsten Stücke stammen aus Wales von Aberystwyth, Cardiganshire (Archaeologia 23 Tf. 13, 1), und von Moel Siabod, Carnarvonshire, ferner von Lincs (Brumby, Burringham), aus der Themse bei London (Kemble a. a. O. Tf. 11), dem Isis bei Dorchester (Evans a. a. O. Abb. 428) usw. Aus Irland vor allem von Atlenry, Co. Galway (Kemble a. a. O.), und aus dem Lough Gur, Limmerick. Ein solcher engl. Rundschild ist auf einer Felszeichnung von Nedre Hede, Bohuslän, in der Hand eines Mannes dargestellt. Auch aus Leder gearbeitete Schilde sind bekannt geworden, und zwar aus Irland, die die ovale Hallstattform mit einer Einbuchtung des Ornaments an der Mitte der einen Seite zeigen, wie z. B. die Schilde von Harzsprung, Ostprignitz (Prov. Mus. Halle; vgl. Read *Brit. Mus. Bronze Age Guide* S. 30f.; Proc. R. Irish Academy 27 [1907/09] Abt. C S. 259ff.; Präh. Z. 1 [1909] S. 243 Armstrong). Von besonderer Bedeutung sind die Trompeten, deren Heimat wieder Irland ist (Tf. 254a und Trompete A). Unter den zahlreichen Bronzegefäßen der späten BZ, die besonders aus den Depotfunden stammen, wiegen Hallstattformen vor. Von den verschiedenen Formen der Halsringe seien die tordierten Ringe hervorgehoben (Proc. Soc. of Antiquaries London 24 [1911/12] S. 39ff. Crawford; Armstrong *Catalogue of Ir. Gold Orn.* S. 20ff.). An Metallschmuck begegnen wechselnde Typen von geschlossenen und offenen Armbändern, letztere mit spitzen, mit Petschaft-, Näpfchen- und Stollen-Enden, Anhänger und Knöpfe. Ohrringe sind ziemlich selten in Yorkshire, Schottland und Irland in Frauengräbern zutage gekommen (Greenwell *British Barrows* S. 52 und S. 223 Anm. 2; Wilde *Cat. of the Ant. of Gold in the Coll. R. Ir. Academy* S. 40; s. Cowlam). An Nadeln kommen solche mit geschwollenem Hals, Kugel-, Scheiben- und Vasenkopfnadeln vor. Im allg. treten die Nadeln erst am Ende der BZ auf.

§ 24. Der Goldreichtum muß während der ganzen BZ dank dem ir. Golde ein sehr großer gewesen sein (s. Goldfunde B). Wie hoch die Goldschmiedekunst auch noch in der späten BZ stand, lehrt das Mold Corslet (s. d.; Band VIII Tf. 95). Daß die „Sonnenscheiben" (s. d.; Tf. 255a) einem frühen Abschnitt der BZ angehören, lehrt die Tatsache, daß eine analoge Scheibe in der Bretagne zusammen mit einer Flint-Pfeilspitze gefunden wurde. Vielleicht hängen sie zusammen mit den großen, reich dekorierten Halsbergen der späten BZ Irlands, die in ähnlichen Scheiben enden (Tf. 255b). Die frühe Datierung der irischen Lunulae (s. d. A; Band VII Tf. 212) ist durch den Fund von Padstow, Wales, gegeben (Archaeological Journal 22 [1865] S. 275ff. Smirke).

§ 25. Reste der Weberei sind nur in geringem Maße erhalten. Außer Flachs und Wolle wurde auch Roßhaar zu Webe- und Flechtarbeiten verwandt (s. Armoy, Roßhaararbeiten, Rylston; Tf. 256).

§26. An Schmuck aus nichtmetallischen Stoffen begegnen in den Gräbern durchbohrte Zähne, sowie Perlen und Knöpfe mit V-Bohrung aus Bernstein, Gagat, Knochen und Stein. Zylinderförmige Knochenperlen mit einfachen, eingebrannten Mustern (teilweise am Ellenbogen einer Frau gefunden) sind von Folkton, Yorkshire (Greenwell *British Barrows* Nr. LXXI), und ähnlich von Lake, Wiltshire, bekannt (Read *Brit. Mus. Bronze Age Guide* S. 60, 62). Die größte Bedeutung hat der Schmuck aus Gagat, der seine höchste Ausbildung in den reichen Colliers Schottlands erreicht. Diese sind aus olivenförmigen Perlen und dreieckigen resp. trapezförmigen Platten zusammengesetzt. Nach Ornament und FU gehören sie der frühen BZ an (Proceedings Scotl. 14 S. 260 Sturrock; ebd. 26 S. 5ff. R. Munro; ebd. 7 S. 135; s. a. Pen y Bonc). Die Größe der Gagatperlen übertrifft oft 15 cm, die größten bekannten stammen von Cullowhill, Queens Co. Ein Halsband vom schottischen Typus aus Bernstein ist 1806 von Duke bei Lake, Wilts., ausgegraben in einem Skelettgrab mit 2 Goldscheiben und Fayence-Perlen (= 18 Dyn., vgl. Colt Hoare *Ancient Wiltshire* S. 213; Archaeologia 43 S. 505 Thurnam).

Über Gagatschmuck im allg.: Archaeological Journal 24 S. 258ff. Stanley; Proceedings Scotl. 36 S. 464ff. R. Munro.

§27. Keramik. Die Keramik der Round Barrows in G. wird von den engl. Gelehrten nach Batemans Vorgang nicht in örtliche und zeitliche Gruppen, sondern in Gruppen nach ihrer mutmaßlichen Verwendung eingeteilt. Da diese Unterscheidung aber auch eine innere Berechtigung nach Herkunft und Zeit hat, wird sie praktisch beibehalten. Bateman unterscheidet: 1. *Drinking-cups*, 2. *Food-vessels*, 3. *Cinerary-urns*, 4. *Incense-cups*. Auch Abercromby schließt sich in seiner grundlegenden, wenn auch weit in ihren Folgerungen über das Ziel hinausschießenden Behandlung der brit. Barrow-Keramik dieser Einteilung an. Außer der unten genannten Literatur sind zur Keramik vor allem zu vergleichen die Aufsätze von Thurnam (Archaeologia 42, 43). Es handelt sich ausschließlich um handgemachte, am offenen Feuer gebrannte Ware.

a) Die schlanken Becher der *Drinking-cups* (Tf. 248b—d) sind fast ausnahmslos in Round Barrows mit Skelettbestattung gefunden. Nur aus Yorkshire und Wiltshire sind je zwei Fälle bekannt, in denen sie in Brandgräbern gefunden sind. Sie gehören also der Per. I und II an, reichen aber nach III hinein. Becher sind in ganz England gefunden worden, im N ebenso wie in Wiltshire und Derbyshire, in Schottland aber vorwiegend an der Ostküste. Aus Irland dagegen ist nur ein Fund von Mountstewart House, Co Down, bekannt (Dublin Penny Journal 1832 S. 108). Es scheint, daß Abercromby recht hat mit der Annahme einer Verbreitung der schlanken Becher in England von S nach N, und daß diese Verbreitung in Zusammenhang steht mit der Ausbreitung der o. § 16 erwähnten, im Beginne der BZ neu auftretenden kurzschädeligen Bevölkerung, die den Megalithgräbern folgte. Sicher sind die Zusammenhänge der *Dringking-cups* mit den Zonenbechern, aus denen sie sich in Form und Dekoration entwickelt haben (s. Glockenbecherkultur § 48ff.). Echte Glockenbecher von frz. Typus sind nur von Moytirra, Co Sligo, Irland, bekannt geworden. Wenn auch Funde echter Glockenbecher auf der Hauptinsel noch fehlen, so ist es doch durchaus nicht unmöglich, daß die Entwicklung der engl. schlanken Becher aus den Glockenbechern in Südengland, wo diese ihre mannigfaltigste Ausbildung erfahren haben und die ganzen Übergangsglieder vorhanden sind, vor sich ging. Ein Eindringen der schlanken Becher vom Niederrhein her nach England wird demgegenüber jetzt meist angenommen, so von Abercromby, Kossinna, Hubert Schmidt (ZfEthn. 1913 S. 250ff.; Präh. Z. 7 [1915] S. 227), Bosch-Gimpera (s. Glockenbecherkultur § 48ff.) u. a. Eine solche Wanderung ist keineswegs bewiesen durch die Verbreitung der *Drinking-cups* in England. Dann müßten sie am dichtesten und in den ältesten Formen an der Themse-Mündung auftreten, wo auch die Belgen und die Angelsachsen zuerst festen Fuß fassen. Gewiß bestehen engste Beziehungen mit den Schnurzonenbechern (s. d.) der Rheinlande und Nordwestdeutschlands, aber weit mehr Argumente deuten darauf hin, daß diese Gruppe als Ausstrahlung von England her zu be-

1

2

3

Großbritannien und Irland C. Bronzezeit

Spätbronzezeitliche Gewebe aus Roßhaar. Armoy, Co Antrim. 3/4 n. Gr. Nach G. Coffey.

trachten ist, als umgekehrt. Diese dtsch. schlanken Becher gehören also in einen Zusammenhang mit den ir. Äxten, Lunulae usw., die zur gleichen Zeit von den brit. Inseln aus das germ. Gebiet erreichten. S. a. Tf. 150a—c.

The Geographical Journal 1912 S. 184ff. O. G. S. Crawford; Proceedings Scotl. 38 S. 323ff.; ebd. 39 S. 326ff. J. Abercromby. S. a. die allg. Lit.

b) Die bauchigen Gefäße der *Food-vessels* (Tf. 248e—g) sind im Gegensatz zu den schlanken Bechern sowohl in Skelett- wie in Brandgräbern gefunden, meist freilich in ersteren. Sie haben also eine längere Lebensdauer gehabt als jene. Ihre geographische Verbreitung deckt sich nicht mit der der Becher. In Südengland sind sie sehr selten, fehlen z. B. in Wiltshire ganz, sind aber in Nordengland, Schottland und Irland weit verbreitet. Ihre breite, bauchige, an Typen der nordwestd. Megalithkeramik und die Rössener Fußvasen erinnernde Form, die häufigen Schnurösen an der Schulter, die gelegentlich vorkommende Innendekoration des Randes, die Tiefstichdekoration (auch Kerbschnitt) und die Ornamente lassen sie als Abkömmling der neol. Keramik der Long Barrows (s. o. § 15) erscheinen. So haben sie sich am reichsten in den Gebieten entwickelt, in denen die Kultur der schlanken Becher am wenigsten Fuß faßte. Ihr völliges Fehlen in Wiltshire aber spricht wieder für die oben angedeutete Verbreitung der *Drinking-cups*.

Archaeologia 62 S. 340ff. R. A. Smith.

c) Die *Cinerary-urns* (Tf. 257a–f) treten meist als Aschenbehälter in den Brandgräbern der späteren BZ auf, sind also jünger als die Gruppen a und b. Sie sind oft von beträchtlicher Größe, aber außerordentlich grob gearbeitet. Es handelt sich um ziemlich schlanke, blumentopfförmige Gefäße mit leicht ausgebauchter Wandung, die oben einen gewöhnlich den ganzen Oberteil bedeckenden und bisweilen bis über die Mitte des Gefäßes herabhängenden Kragen zeigen. Die grobe Dekoration ist flüchtig durch Fingereindrücke oder mit einem spitzen Gegenstand hergestellt, seltener in Schnurtechnik. Ihre Verbreitung geht gleichmäßig über beide Inseln mit vielen lokalen Varianten. In Form und Dekoration stellen sie eine deutliche Fortbildung der *Food-vessels* dar und zeigen, daß auch auf den brit. Inseln, ebenso wie im germ. N, die Töpferkunst im Laufe der BZ außerordentlich zurückging.

Proceedings Scotl. 41 S. 185ff. Abercromby.

d) Die *Incense-cups* gehören zu den kleinen Beigefäßen, die bisweilen mit den Urnen vorkommen. Es handelt sich um kleine Näpfe zylindrischer oder bauchiger Form, immer mit einem nach innen überkragenden und oben gerade abschließenden Rand wie bei den Urnen. Die Wände sind teils von mehreren kleinen, runden Löchern durchbohrt, teils völlig durchbrochen gearbeitet. Ihre Deutung ist unsicher. Einige haben Schnurösen und Deckel. Gelegentlich kommen auch undurchbohrte Gefäße dieser Gruppe vor, so daß die Deutung als „Räucherbecken" oder „Kohlenbecken" zweifelhaft bleiben muß. Sie gehören nicht zur regelmäßigen Grabbeigabe und finden sich besonders in England und Irland, auch auf den brit. Kanal-Inseln, fehlen aber z. B. in Dorset.

§ 28. Die Ornamente der BZ Großbritanniens sind einfachste Motive, die von der Kultur der Glockenbecher übernommen sind, wie Dreieck-, Winkel- und Zickzackreihen, Sparrenmuster u. ä., die sich in gleicher Weise auf den Tongefäßen, Randäxten, dem Gagat-Schmuck u. s. finden. In der Anordnung dieser Elemente wiegt die horizontale Zone vor. Runde Flächen werden, wie im germ. N, mit konzentrischen Kreisen dekoriert. Die Spirale fehlt unter diesen Elementen ganz, dafür aber begegnet sie bei den gepickten (noch nicht bei den älteren gravierten) Steingravierungen ir. Grabkammern (s. New Grange; Band VIII Tf. 152b) einzeln und in Kombinationen. Außerdem begegnen hier konzentrische Kreise und Halbkreise, Stern- und Radmuster u. ä., sowie das Doppelhufeisen. Daß diese Ornamente nicht auf die Felszeichnungen beschränkt sind, lehren die drei reich dekorierten Kalksteinpyxiden, die Greenwell im Folkton Wold, East Riding, in einem Grabhügel der BZ fand (Tf. 257g–i), welche zeigen, daß es offenbar nur dem Zufall zuzuschreiben ist, daß unsere heutige Kenntnis der Ornamentik der brit. BZ uns ein äußerst eintöniges Bild vorspiegelt. Die Ornamente dieser Dosen zeigen wieder deutliche Beziehungen zum Mittelmeergebiet.

Großbritannien und Irland C. Bronezeit

a—c. Ossuarien: a. Ovingham, Northumberland. H. 24 cm. — b. Ford, Northumberland. H. 37 cm. — c. Bere Regis Down, Dorset. H. 25 cm. — d—f. „Incense-cups“ aus Brandgräbern: d. Cliffton on Irwell, Manchester. Dm 8,5 cm. — e. Ford, Northumberland. Dm 8,5 cm. — f. Fylingdales, N. R. Yorks. Dm 8 cm. — g—i. Drei trommelartige Gefäße aus Kalkstein mit Eingravierungen. Kindergrab in einem Hügel bei Folkton, E. R. Yorks. Dm von i 14,5 cm. — Nach Photographien des Britischen Museums.

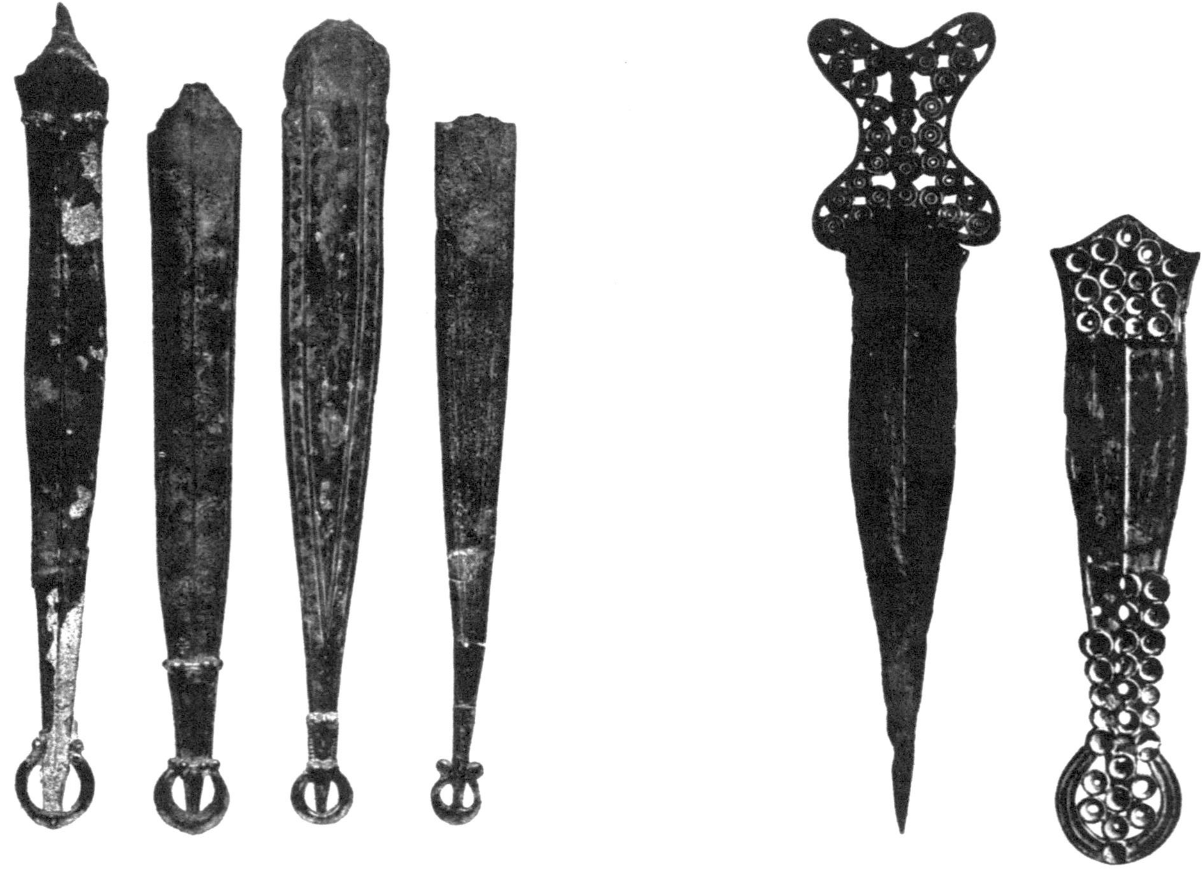

1 2 3 4 1 2

a Großbritannien und Irland D. Vorrömische Eisenzeit b

a. Bronzene Kurzschwertscheiden vom Frühlatènetypus. 1 von West-Buckland, Somerset, 2—4 aus der Themse, und zwar 2 gefunden bei Wandsworth, 3—4 bei High Bridge, Barn Elms. L. von 4: 29,2 cm. — b. Eiserner Dolch mit bronzenem Griff und bronzener

D. Vorrömische Eisenzeit. § 29. Übergänge. Die letzte Per. der brit. BZ deckt sich zeitlich schon mit der Hallstattkultur Zentraleuropas. Ihr Einfluß ist deutlich in Importstücken, wie den Bronzeeimern u. ä., zu spüren. Ein Fleischhaken aus dem Dunaverna-Moor, Co Antrim, zeigt sogar die für den Hallstattkreis typischen, aufgesetzten plastischen Vögel und Klapperringe und ist sicher Import, ebenso ein Antennenschwert aus der Themse (*Brit. Mus. Early Iron age Guide* S. 96 Abb. 72). Besonders klar ist dieser kontinentale Einfluß bei den Griffzungenschwertern (s. d.), die Peake zum Ausgangspunkt seiner Untersuchungen gemacht hat. Aber kaum eines dieser brit.-ir. Schwerter wird aus einer festländischen Fabrik stammen (s. § 30). Durch diese Importstücke ist keine Kulturumwälzung hervorgerufen, die gestatten würde, diese Per. V von der BZ abzutrennen. Eisen ist zwar auch damals schon gelegentlich nach G. gekommen, hat aber keine Veränderungen verursacht. So sind von den Tüllenäxten der Per. V drei aus Eisen gefertigt nach dem Vorbild der Bronzetüllenäxte: Nord-Wales, Walthamstow, und Lough Mourne, Belfast. Bei Colchester ist in einer Aschenurne der späten BZ eine schlanke, eiserne Lanzenspitze, die sicher importiert ist, gefunden. Die eigentliche EZ beginnt in G. erst mit dem Auftreten der Skelettgräber der LTZ.

Lit. s. u. — Gute moderne Zusammenfassungen über das Material der EZ liegen nur für Irland vor: Journal R. Soc. Ant. Ireland 54 (1924) S. 1ff., 109ff. (HZ); ebd. 53 (1923) S. 1ff. (LTZ) E. C. R. Armstrong.

§ 30. Wanderungen. Die ältesten Gräber der LTZ, die von Arras (s. Arras-Gruppe) usw., gehören erst in den Ausgang des 4. Jh. v. C. (vgl. Déchelette *Manuel* II 3 S. 1104). Damit beginnt die brit. LTZ, deren Kunst gemeiniglich als Late Celtic Art bezeichnet wird. Mit dem neuen Stil tritt auch eine neue, langköpfige Bevölkerung auf. Diese Bevölkerung ist, wie enge Beziehungen beweisen, aus dem n. Frankreich eingewandert und schafft aus den mitgebrachten Latène-Motiven im sö. England und in Irland diese spez. großbrit. spätkeltische Kunst. Ihr Auftreten bedeutet einen scharfen Kultureinschnitt. Der Fund vom Hagbourne Hill (s. d.) kann nicht für ein Fortleben von Formen der BZ 5 in der LTZ herangezogen werden. Daß es sich bei diesen Neuankömmlingen um Kelten handelt, ist unzweifelhaft. Zwei Gruppen von Kelten (s. d. B) kennt die Sprachforschung in G., eine ältere, die Goidels oder Q-Kelten, die heute hauptsächlich in Schottland, Irland und der Isle of Man sich erhalten haben, und eine jüngere Gruppe, die Brythons oder P-Kelten, die vor allem in Wales und Cornwall wohnen. Doch ist diese Zweiteilung nicht unwidersprochen geblieben (K. Meyer, Zimmer, Mac Neill). Für die Skelettgräber der LTZ käme wohl nur die zweite Gruppe in Frage. Nun ist durch neuere Ausgrabungen festgestellt, daß sicher schon vor dieser LTZ-Welle Einwanderungen vom Festlande stattgefunden haben. Es handelt sich um eine Niederlassung bei All Cannings Cross Farm, Wiltshire, die durch eiserne Schwanenhalsnadel, Frühlatène-Fibeln und Tüllenaxt in das 7.—4. Jh. datiert ist, um Funde von Eastbourne und Ausgrabungen vom Park Brow bei Cissbury, die Wohnplätze mit reicher Keramik des Späthallstatt-Typus ergaben. Die Formen gleichen z. T. erstaunlich solchen des Rheinlandes. Eine andere Gruppe der Übergangszeit ist von Wisley, Surry, bekannt geworden. Es ist noch nicht an der Zeit, versuchen zu wollen, diese Wellen auf die beiden keltischen Gruppen aufzuteilen. Ablehnen muß man die Theorie Peake's, der die Goidels mit seinem Schwerttypus F (Griffplatte mit Fischschwanzende), den er zwischen 1100 und 975 ansetzt, einwandern läßt. Daß Einwanderer vor allem ihre Waffen mitbringen, ist sicher, aber lediglich durch Verbreitung der Waffentypen lassen sich ethnologische Fragen nicht entscheiden. Sie sind sogar als Fabrikware am ungeeignetsten, um lediglich aus ihnen völkische Schlüsse zu ziehen. Cäsar aber weiß außerdem, daß auch Teile des gall.-germ. Mischstammes der Belgae (s. Belgen) aus dem nö. Frankreich einen großen Teil Südenglands besetzt und kolonisiert haben (Bell. Gall. V 12, 2). Mit diesen Einwanderern sind mit Sir A. Evans die engl. Brandgräber der Spätlatènezeit, z. B. von Aylesford (s. d.), zu identifizieren, denn die Belgae hatten unter dem germ. Einfluß schon früh die Brandbestattung angenommen. Diese dritte Einwanderung muß im Anfang des 2. Jh.

stattgefunden haben. Die ersten historischen Nachrichten verdanken wir Cäsar, der 55 v. C. zum ersten Male in G. landete. Er nennt als Herrscher über die Belgae Südostbritanniens den Commius und über das große (brythonische) Reich n. der Themse den Cassivellaunus. Beider Dynastie läßt sich bis zum Untergang der engl. Selbständigkeit verfolgen. Mit dem Auftreten der Römer und der Eroberung durch Claudius scheidet England aus der Vorgeschichte aus. Doch die von den Brythons nach England gebrachte Late Celtic Art lebt außerhalb des röm. Limes in Schottland und Irland weiter bis in das Mittelalter. Am Anfang des 5. Jh. n. C. verschwinden die letzten Spuren der Römerherrschaft, und deren Erbe treten die Angelsachsen an. Da die spätkelt. Kunst Irlands und Schottlands als selbständige Entwicklung aufzufassen ist, so umfaßt die LTZ Großbritanniens die Zeit von ca. 350 v. C. bis zum Beginne der Römerherrschaft.

Lit. s. Britische Urbevölkerung. — Peake *The Bronze Age and the Celtic-World* London 1922; M. E. Cunnington *The Early Iron Age Inhabited Site at All Cannings Cross Farm, Devizes* 1923. — Park Brow: The Antiquaries Journal 4 (1924) S. 347 ff. G. R. Wolseley und R. A. Smith. — Wisley: a. a. O. S. 40 ff. R. A. Smith. — Allgemein: a. a. O. 2 (1922) S. 27 ff. O. G. S. Crawford; ebd. S. 204 ff. E. C. R. Armstrong.

§ 31. Gräber. Zwei Gruppen kelt. Gräber der LTZ sind zu unterscheiden: die Gruppe der Skelettgräber, die nach dem Gesagten den Brythons zuzuschreiben sind, und die jüngere Gruppe der belg. Brandgräber. Zu ersterer Gruppe gehören die berühmten Gräber von Arras (s. d.), Cowlam (s. d.), Kilham (s. Dänengräber), Hagbourne Hill (s. d.), Beverley (s. Wagengrab C), Grimthorpe in Yorkshire; von Trelan Bahow bei St. Keverne, Cornwall; von Middleton und Benty Grange in Derbyshire; Bigbury Hill in Kent und viele andere. Mit die jüngsten Gräber dieser Gruppe sind die drei von Birdlip (s. Cotteswold Hills), die schon der 2. Hälfte des 1. Jh. n. C. angehören. Die meisten dieser Gräber liegen unter Grabhügeln in ovalen Erdgruben in Hockerstellung. Wo die Hügel fehlen, ist es nicht ausgeschlossen, daß sie im Laufe der Zeit verschleift sind. Neben den Hockern kommen auch gestreckte Leichen vor. Bei den Gräbern finden sich oft Reste von Opferfeuern. Als besondere Eigentümlichkeit dieser Gräber müssen die reichen Fleischbeigaben gelten, die durch die Knochen von Rind, Pferd, Schwein, Schaf und Ziege bezeugt werden. Gelegentlich sind sogar ganze Tiere beigegeben worden (Cäsar, Bell. Gall. VI 18, 4). Waffenbeigaben fehlen fast ganz in den Gräbern. Das Kriegergrab von Grimthorpe, dessen Toter mit Schild, Schwert und Lanze bewehrt war, ist eine der wenigen Ausnahmen. Der Schmuck der Frauengräber ist außerordentlich reich. Als Besonderheit dieser Gräbergruppe sind noch die Wagenbestattungen (s. Wagengrab C) zu nennen, deren ein halbes Dutzend bekannt geworden ist. In einem dieser Fälle (s. Arras-Gruppe) handelt es sich ausnahmsweise um ein Frauengrab.

Grimthorpe: Reliquary 9 S. 180 J. R. Mortimer; Proc. Soc. Ant. 2. Ser. 4 S. 273; Ll. Jewitt *Grave Mounds and their Contents* S. 237, 263; Read *Brit. Mus. Early Iron age Guide* S. 104 f. — Trelan Bahow: Archaeol. Journal 30 S. 267 J. J. Rodgers. — Middleton: Archaeologia 9 S. 189 Pegge; T. Bateman *Vestiges of the Antiquities of Derbyshire* S 24. — Benty Grange: T. Bateman *Ten Years' Diggings* S. 28.

Das wichtigste Gräberfeld der belg. Brandgräber ist das von Aylesford (s. d.), das dem Ausgang des 2. und dem 1. Jh. v. C. angehört. Hier ist die Knochenasche in einer Urne gesammelt und so beigesetzt, anscheinend ohne äußeres Grabzeichen. Zusammengehörige Gräber sind bisweilen in kreisförmigen Gruppen angeordnet (*family circles*). Ein anderes berühmtes Grab dieser Gruppe ist um 1807 bei Marlborough, Wiltshire, gefunden, dessen mit getriebenem Bronzeblech beschlagener Holzeimer nach Evans, der dies Gefäß im Anschluß an das verwandte Exemplar von Aylesford (s. d.; Band I Tf. 26 a) behandelt, armorikanische Arbeit ist. Das Grab von Welwyn (s. d.) ist wohl nur von dieser Gruppe beeinflußt, gehört aber zu der anderen Gruppe, da es sich sicherlich um ein Skelettgrab handelt.

Marlborough: Sir R. Colt Hoare *Ancient Wiltshire.*

Daß als Grabsteine auch noch Stein-Cippen in der LTZ verwendet werden, lehrt der Turoe-Stone (s. Turoe) und die sich an ihn anschließende ir. Gruppe. Für Irland s. a. Loughcrew.

§ 32. Siedelungen. Für die Siedelungen der LTZ ist offenbar der Sicherheitsfaktor

a

b

c

Großbritannien und Irland D. Vorrömische Eisenzeit

a—b. Bronzefibeln vom Frühlatènetypus. Auf dem Fuß der einen geschnitzte Koralle mit Goldstift befestigt. L. 7,3 bzw. 8,7 cm. — c. Ein paar gegossener Bronzeringe mit Emaileinlage vom schottischen Typus. Drummond Castle, Pertshire. Dm 14 cm. — Nach Photographien des Britischen Museums, London.

a b c d e

Großbritannien und Irland D. Vorrömische Eisenzeit

a—c. Spiegel und Pferdegebiß aus Bronze und Eisen. Gefunden in einem Frauen-(Skelett)grabe bei Arras, East Riding, Yorkshire. L. des Spiegels 33 cm. — d—e. Pferdegebisse von Bronze: d. Mit Rosetten von blauem Email auf rotem Grund. Rise bei Hull. L. 28 cm. — e. Wahrscheinlich auch mit farbiger Emaileinlage. London. L. 31,8 cm. — Nach Photographien des Britischen Museums, London.

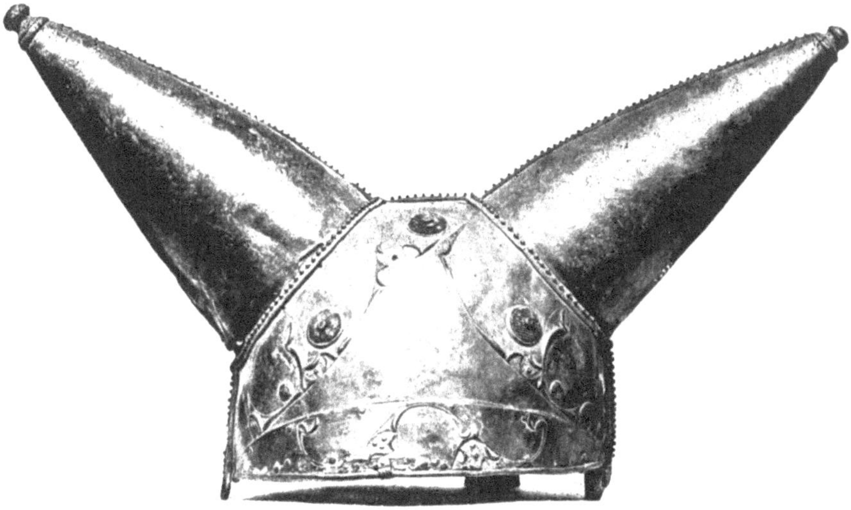

a

b

Großbritannien und Irland D. Vorrömische Eisenzeit

a. Bronzener Hörnerhelm mit roter Emaileinlage. Themse, London, an der Waterloo-Brücke. L. zwischen den Hörnerspitzen 42,1 cm. — b. Bronzener Belag eines Schildes von Holz oder Leder. Aus dem Witham bei Lincoln. Der mittlere Buckel ist mit Korallen besetzt. Um ihn herum die eingravierten Umrisse eines Ebers. L. 111,8 cm. — Nach Photographien des Britischen Museums.

Großbritannien und Irland D. Vorrömische Eisenzeit

Broch von Mousa, Shetland-Inseln (vgl. Plan und Querschnitt Band II Tf. 68c). — Nach Donald A. Mackenzie, Ancient Man in Britain 1923.

maßgebend gewesen, wie es in diesen unruhigen Zeiten, in denen der kelt. Invasion die belg. folgt und dann die Römerkämpfe beginnen, natürlich erscheint. Am wenigsten tritt dieser Umstand bei den schon der Zeit nach der röm. Okkupation angehörigen Hütten von Pen y Bonc (s. d.), auf Holyhead, in Erscheinung. Die bekannten Siedelungen der LTZ sind entweder im seichten Wasser oder Sumpf angelegt oder auf ringwall-geschützten Berghöhen. Die bekanntesten geschlossenen Dorfanlagen der erstgenannten Art sind die von Glastonbury (s. d.; Tf. 140; Band III Tf. 81) und Meare in Somersetshire, die der Spätlatènezeit angehören. Sie gehören zu dem Typus der Crannogs (s. d.), künstlichen Inseln, durch Holz versteift, in seichten Gewässern, deren bekannteste Beispiele die von Lisnacroghera (s. d.) und vom Lochlee (s. d.) sind. Ihr eigentliches Verbreitungsgebiet ist Nord-Irland mit den gegenüberliegenden Teilen Schottlands. In England treten an die Stelle dieser Seesiedlungen meist die Höhenfestungen, die im Typus den Ringwällen der Oppida der festländischen Kelten entsprechen, wie Crawford Castle (s. d.) bei Spettisbury, Hod Hill (s. d.; Band V Tf. 101 a, 102), Hunsbury (s. d.), Stanwick (s. d.), Mount Caburn bei Lewes, Sussex, Worlebury in Somersetshire, St. David's Head, Pembrokeshire, u. v. a. Die Sitte solcher Befestigungen scheint mit der oben den brythonischen Kelten zugeschriebenen Welle nach G. gekommen zu sein. Doch waren einige dieser Höhen schon in neol. Zeit besiedelt (s. § 10). In diesen Ringwällen, die z. T. dauernd bewohnt waren, sind eine Fülle von Wohngruben bekannt geworden. Die Form der Häuser steht nicht fest. In den Seesiedelungen tritt der viereckige Haustypus gegenüber der Rundhütte zurück. Daß zum Bau der Ringwälle nach gall. Sitte auch Holzversteifung verwandt wurde, lehren die *Vitrified Forts*, die vor allem in Schottland vorhanden sind und ihre „Verglasung" nach Analogie festländischer Parallelen dem Brande eben dieses Holzdurchschusses verdanken. Eine besondere Gruppe von Festungen, die in der Hauptsache der LTZ angehört, bilden die Rundtürme der Brochs (s. d. u. Tf. 262, Band II Tf. 68 c) in Nordschottland, die ebenso wie ein Teil der Crannogs und der Forts teilweise bis in das Mittelalter hineinreichen. S. a. Festung A § 29, Band III Tf. 82, 83.

§ 33. Keramik. Auch die Keramik der LTZ zeigt einen deutlichen Bruch zwischen dieser Periode und der BZ. Deren Formen hören in England völlig auf, teilweise vielleicht schon früher mit dem Eindringen der oben § 30 erwähnten Hallstattkulturen, und an ihre Stelle treten neue Formen, die ihren Ursprung in Gallien haben, z. T. sogar noch weiter zurückzuverfolgen sind in die ital. Keramik und Bronzetechnik. Besonders eng schließt sich die reich ornamentierte Keramik von Glastonbury (s. d.) an die armorikanische Tonware in Formen und Ornamentik an. Auch die bemalte Keramik des Marne-Gebietes weist nahe Parallelen auf. Die Ornamente, meist Bogen- und Spiralgebilde, sind eingeritzt unter Verwendung von Rundstempeln für die kleinen Kreise. Ähnliche Tonware ist u. a. von Hunsbury (s. d.), aus der Kent's Cavern, Devonshire (Brit. Mus.), und von Yarnton, Oxon, bekannt. Die belg. Keramik, deren Hauptgebiet in Kent und Essex, also an der Themse-Mündung, liegt, zeigt daneben auch Verwandtschaft mit der rheinischen Latèneware. Man vergleiche z. B. die hohen, schlanken, becherförmigen Gefäße mit einer Einschnürung über dem Fuß, die im Rheinland auch in die röm. „belgische" Ware übergegangen sind, flaschenähnliche Gefäße und Gefäße, deren Boden eine runde Durchbohrung aufweist (Read vermutet zum Abfluß des Honigs aus Honigwaben), die an blumentopfähnliche Siebe mit rundem Bodenloch von rheinischen Ringwällen (z. B. Altenburg) erinnern. Hauptfundorte der belg. Ware sind Aylesford (s. d.; Band I Tf. 62), Hitchin, Hertshire; Shoebury, Essex; u. v. a. Nach der Zeit des Claudius dringen immer mehr röm. Formen in die brit. Keramik ein. Die gewöhnliche Tonware ist meist mit der Hand geformt, die besseren Gefäße aber sind regelmäßig Drehscheibenware.

Über eine ältere keramische Gruppe mit Hallstatt-Formen s. o. § 30. Allgemein: I. R. Allen *Celtic-Art*² S. 121 ff. – Shoebury: Essex Arch. Soc. NS 6 S. 97 ff., 222 ff. H. Laver; Proc. Soc. Ant. 2. Ser. 16 S. 258 ff. ders.; a. a. O. 16 S. 40 ff. C. H. Read.

Spinnwirtel und Webstuhlgewichte aus Ton, die in der BZ noch fehlen, werden von der LTZ an regelmäßiges Inventar der Siedelungen.

§ 34. Waffen. Als neues Material tritt neben die Bronze das Eisen. Von Helmen sind 4 Exemplare bekannt geworden, einer von Ogmore Down, Glamorganshire, ist jetzt verschollen, ein zweiter von Torrs, Kirkcudbrightshire, befindet sich in Abbotsford bei Melrose (vgl. Anderson *Scotland, The Iron age* S. 113); der aus der Themse (Waterloo Bridge) und einer (wahrscheinlich) aus Nordengland liegen im Brit. Mus. Beide zeigen getriebene Latènedekoration und Emaileinlage. Ersterer (Tf. 261 a), aus mehreren Stücken zusammengenietet, besteht aus einer runden Kappe mit angesetzten kegelförmigen Hörnern (vgl. Helme v. Triumphbogen v. Orange), der andere, mehr pilosförmig, hat einen breiten Nackenschild und hatte einst Wangenklappen, ein Loch in der Mitte deutet auf einen Mittelknauf o. ä. Er erinnert an einen Helm von Coolus, Marne, wird aber wegen des Nackenschildes einheimische Arbeit aus röm. Zeit sein. Die Entwicklung des Schildes in England geht der des Festlandes parallel. Das älteste Exemplar ist der reichdekorierte, durch sein stilisiertes Eberemblem bekannte Schild aus dem Witham, Lincshire, der dem 2. Jh. v. C. angehört (Tf. 261 b). In der weiteren Entwicklung verschwindet die Längsrippe des Ovalschildes, der nun einen runden Mittelbuckel erhält. In diese Entwicklung gehört der Schild von Grimthorpe (s. o. § 31) und der mit reicher roter Emaileinlage versehene Bronzeschild aus der Themse von Battersea (Band III Tf. 16), der nach A. Evans an die Wende unserer Zeitrechnung gehört. Das Ende der Entwicklung stellen runde, teilw. konische Schildbuckel, wie von Polden Hill (Archaeologia 14 Tf. 18 ff.), dar, aus dem Ende des 1. oder der 1. Hälfte des 2. Jh. n. C. Verschiedentlich sind Fragmente von Kettenpanzern gefunden (s. z. B. Stanwick). Die zahlreich vorhandenen Dolche und ihre Scheiden (Tf. 258) machen dieselbe Entwicklung durch wie die Schwerter. Für diese Entwicklung vgl. Déchelette *Manuel* II 3 S. 1123. Eine Eigentümlichkeit der brit. Schwerter ist die, daß die Öse zum Aufhängen des Schwertes nicht am oberen Rande der Breitseite der Scheide sitzt, sondern wenig oberhalb der Mitte sich befindet, und daß diese aufgenietete Öse sich beiderseits in einer langen Rippe fortsetzt, am Oberortband sich wieder in durchbrochener Arbeit verbreiternd. Die wichtigsten Funde von Schwertern dieser Art stammen von Lisnacroghera (s. d.), dem Stanwickfund (s. Stanwick), Hod Hill (s. d.), Cotterdale, Embleton, dem Tweed bei Carham u. a. O. (vgl. Allen S. 91). Eine gewisse Selbständigkeit dem Festlande gegenüber zeigen die Lanzenspitzen, deren eine größere Anzahl u. a. aus der Themse bei London stammt. Sie haben meist eine geschlossene, seltener eine einseitig offene Tülle. Neben breiten, blattförmigen Klingen begegnen lange und schmale Spitzen, beide Formen auch mit geraden Seiten, die in scharfem Winkel kurz oberhalb des Tüllenansatzes umbrechen. Die konischen Lanzenschuhe sind oft von erstaunlicher Länge. Über Schleuderkugeln s. Glastonbury. Über die schott. Steinkugeln, die nach ihrer Ornamentik z. T. sicher dieser Zeit angehören, s. o. § 13.

§ 35. Geräte und Werkzeuge bieten nur in einzelnen Dingen Besonderheiten gegenüber der festländischen Entwicklung der LTZ. Es muß genügen, diese hervorzuheben. Eine besondere Rolle spielt bei den englischen Kelten der Wagen (s. d. A). Noch z. Z. Cäsars verfügte Cassivellaunus über 4000 *essedarii*, also 2000 Kampfwagen mit je zwei Mann Besatzung (Bell. Gall. V 19). Die gleiche Bedeutung lehren die Wagenbestattungen (s. Wagengrab C) Yorkshires. Das Pferdegeschirr ist besonders reich in durchbrochener Arbeit und mit Emaileinlagen verziert (vgl. Properz II 1 V. 73; s. Tf. 260). Näheres s. Déchelette *Manuel* II 3 S. 1193. An besonders wichtigen Funden s. a.: Stanwick, Hagbourne Hill, Westhall, Glastonbury u. a. Über Feuerböcke und Opfertische aus Schmiedeeisen s. Welwyn. Die Bronzegefäße sind teils Import aus Italien, namentlich der Capuaner Fabrik, teils aus Frankreich, teils nach solchen Vorbildern im Lande gefertigt (s. Aylesford, Welwyn, Westhall usw.; vgl. a. Tf. 142 a). Auch silberne Gefäße begegnen (s. Welwyn). Die großen zylindrischen Eimer von Aylesford (s. d.; Band I Tf. 26 a) und Marlborough (s. § 31) sind nach Evans aus dem nw. Frankreich importiert. Ein Fleischhaken ähnlicher Form wie aus Frankreich ist aus dem Lochlee (s. d.) bekannt. Zum häufigen Inventar der Frauengräber gehören Spiegel, (vgl. Tf. 260 b; s. Arras, Cotteswold Hills [Birdlip]), besonders gute Stücke stammen von Trelan Bahow, Cornwall (Archaeol. Journal 30 S. 267 J. J. Rodgers; *Brit. Mus. Early Iron Age Guide* S. 113 Abb. 91), Desborough (Band VII Tf. 194; Northamptonshire; Präh. Z. 1 [1909] S. 405) und King's Field, Faversham, Kent. Ein Exemplar ist in Glastonbury gefunden. Vgl. Déchelette *Manuel* II 3 S. 1289. Sie sind in zwei Stücken gearbeitet und auf der Rückseite in reicher Latène-Ornamentik (aufgelöste Spiralkompositionen mit Korbflecht-Füllungen) dekoriert. Auch die ir. Trompeten reichen teilweise bis in die LTZ (s. Trompete A). Aus Knochen wurden vor allem Webekämme gearbeitet (s. z. B. Broch, Glastonbury, Hunsbury). Daß auch Holz sehr viel zu Geräten verarbeitet wurde, lehrt die vorzügliche Technik der Holzgefäße von Glastonbury (Tf. 142b).

§ 36. Emailtechnik (s. a. Email A). Während sonst die Verwendung von Korallenauflage auf Bronze und Eisen im allg. in der Mittellatènezeit aufhört, scheint sich diese Sitte in England bis in die Spätlatènezeit erhalten zu haben. Sie begegnet z. B. auf dem Schild aus dem Witham (s. § 34), an Fibeln von Arras (s. d.; vgl. Tf. 259a), einem Bronzegefäß von Colchester usw. Eine ganz besondere Rolle aber spielt in G. in der LTZ die Emailtechnik, die in Westeuropa in der mittleren LTZ auftritt. Durch Ritzschraffierung des Untergrundes vermochte man auch größere Flächen mit der zunächst allein bekannten roten Emailmasse zu bedecken. Mit ihr sind z. B. auch die § 34 erwähnten Helme und die Schilde aus dem Witham und der Themse von Battersea dekoriert. Gelegentlich wird aber auch die Emailmasse kalt geschnitten und wie die Korallenplatten mit Nieten auf der Oberfläche befestigt. Zu Beginn der röm. Kaiserzeit tritt noch die blaue und weiße Farbe zu dem Rot, offenbar durch römische Vermittlung. Und in der Folgezeit leistet die brit. Kunst das höchste, was überhaupt in vorgesch. Zeit in der Emailtechnik geschaffen ist. Besonders gern und reich wird sie beim Pferdegeschirr und Pferdeschmuck angewendet (vgl. Tf. 260d, e). Im Laufe der Zeit macht dann freilich der brit. Latènestil röm. Ornamenten Platz. Welche Rolle diese brit. Emailarbeiten spielten, zeigt die Erwähnung bei Philostrat, gerade im Anschluß an Pferdeschmuck.

Lit. s. u. und Email A. Vgl. Trans. R. Ir. Ac. 30 S. 277 ff. Ball, Margret Stokes; Journal of the R. Soc. of Ant. Irel. 41 (1911) S. 61 ff. E. C. R. Armstrong.

§ 37. Schmuck. Perlen werden aus verschiedenstem Material, vor allem Glas, und von verschiedenen Formen verwendet. Die Fibeln schließen sich an die festländischen Formen der LTZ an, nur die Fibel vom Hod Hill (s. d.; Band V Tf. 101 c) und eine gleiche aus Cumberland gehen auf frühhallstättische Formen zurück. Reine Frühlatèneformen fehlen, denn die Fibel von Cowlam (s. d.; Band II Tf. 167 b) ist einer der jüngsten Formen dieser Art nachgebildet und offenbar lange im Gebrauch gewesen, bevor sie ins Grab mitgegeben wurde, und ähnlich wie bei dieser greift auch bei den anderen in Betracht kommenden Fibeln der umgeschlagene Fuß direkt an den Bügel heran (s. Tf. 259a, b). Häufiger ist der LTZ 2-Typus, zu dem schon alle diese Fibeln überleiten. Alle haben eine nach außen gebogene Spiralrolle. Die meisten der brit. Fibeln aber sind vom Spätlatène-Typus (vgl. Tf. 143), bei dem z. B. in Aylesford auch der Haken neben dem Bügelknopf begegnet. An diese Form schließt sich die Entwicklung in der frühen RKZ. Die tordierten Halsringe mit Petschaftenden Englands unterscheiden sich nur durch die Ornamentik von denen Frankreichs. Fragmente eines besonders schönen Exemplars aus Gold stammen von Clevedon, Somerset. Sie halten sich hier bis in die 2. Hälfte des 2. Jh. n. C. (Fund eines vergoldeten lädierten Exemplars aus der Gegend von Upchurch mit Münze des Aurelius.) Aus Irland ist der goldene Torques von Clonmacnois und der reich dekorierte des Fundes von Broighter zu nennen (Armstrong *Goldkatalog* S. 24 ff.). Häufiger sind auch eiserne Halsringe. Ein glatter silberner Ring von Polden Hill, s. Edington, war vollständig mit Bronzedraht umwunden. Aus dem Torques mit Petschaftenden entwickelt sich ein spez. brit. Typus der röm. Kaiserzeit, der im Nacken an der Innenseite abgeflacht und mit einem Scharnier versehen ist (Portland [Archaeologia 54 S. 498]; Stitchel, Roxburghshire [Anderson a. a. O.]; in ersterem Falle mit Sigillata). An Armbändern kommen in den Skelettgräbern Knotenarmringe und solche mit beiderseitigen Zackenreihen vor (s. Cowlam; Band II Tf. 167a, c). Für Schottland sind in der RKZ massiv gegossene und außen stark modellierte Bronzeringe mit Emaileinlagen charakteristisch, die sich ein wenig erweiternde, runde Enden haben. Sie sind in großer Zahl n. des Firth of Forth gefunden, gelegentlich mit röm. Gegenständen (s. Tf. 259c). In England begegnen sie selten, in Irland nur in einem Exemplar.

Proceedings Scotl. 15 (1880/81) S. 316ff. J. A. Smith.

§ 38. Depotfunde aus der LTZ sind äußerst selten. Einer der wenigen bekannt gewordenen Funde ist der von Westhall (s. d.).

§ 39. Münzprägung setzt in Südbritannien im 2. Jh. v. C. ein. Vorröm. Münzen sind aber nur s. des Bristol-Kanals und des Wash gefunden. An die Stelle der Münzen traten in dem n. dieser Linie gelegenen Gebiet die Eisenbarren in Stabform (s. Eisenbarrenfunde; vgl. Band V Tf. 101d). Näheres s. Geld, Keltisches Münzwesen.

§ 40. Ornamentik. Die Kelten bringen bei ihrer Einwanderung den Latènestil (s. d.) mit nach England, der in der Folgezeit hier eine eigene, selbständige Entwicklung beginnt. Schon 1864 erkannte Sir A. W. Franks die Besonderheit dieses G. eigentümlichen Stiles und gab ihm die heute allgemein bräuchliche Bezeichnung „Late Celtic Art" (Kemble *Horae Ferales* S. 172ff.). In Irland wird die Ornamentik auch als „divergent Spiral" oder „trumpet pattern" bezeichnet. Dieser Stil überlebt die 43 n. C. beginnende Okkuption Englands durch die Römer, ja, erlebt vielleicht seine größte Blüte erst in der RKZ und verschwindet in Schottland und Irland erst in der Zeit der Renaissance. Schon auf dem Turoe-Stein (s. Turoe), der mit zu den frühesten Denkmälern der brit.-irischen Latènekunst gehört, ist das Charakteristische dieses Stiles deutlich zu erkennen, das in dem Aufquellen der beiden kommaartigen Flächen, die bei der S-förmig umbiegenden

Spirale sich ergeben, besteht (vgl. z. B. das Ornament des Eimers von Aylesford; Band I Tf. 26a). Dazu spielt, offenbar etwas jünger, die auch sonst in der Latènekunst häufige knopfförmige Verbreiterung der Spiral- und Bogenlinienenden, das Trompetenornament, eine große Rolle. Durch seine außerordentlich starke Reliefierung und das besonders kräftige Anschwellen der einzelnen Ornamentteile unterscheidet sich der brit. Late Celtic-Stil von dem Festländischen. Die große Wirkung dieser Ornamentik wird noch erhöht durch die weitgehende Verwendung von Email, das seit dem 3. Jh. v. C. die bis dahin beliebten Korallen (s. d. A) ersetzt und seine Blütezeit in der RKZ erlebt. In der Hauptsache findet ein leuchtendes Korallenrot, seltener Blau und Gelb Verwendung. Die blaue Farbe tritt erst in christlicher Zeit stärker hervor. Daß die Emailtechnik nicht in Frankreich, wo die Ausgrabungen auf dem Mont Beuvray (s. Bibracte, Email A) Email-Fabrikation erwiesen haben, sondern auf den brit. Inseln ihren Hauptsitz hatte, geht klar aus Philostrat (Gemälde I 28) hervor. Als dann in der Völkerwanderungszeit die offenbar durch die Germanen über ganz Europa verbreitete Flechtornamentik auch in G. eindringt, verbinden sich in Irland deren Motive mit den ganz heterogenen der Late Celtic Art, und aus dieser Verbindung geht die ir. Buchornamentik des Mittelalters hervor.

Allgemeine Literatur: W. F. Wakeman *Archaeologia Hibernica or Handbook of Irish Antiquities* 1848; D. Wilson *Prehistoric Annals of Scotland* 1857, 1863; T. Bateman *Ten Years' Diggings in Celtic and Saxon Gravehills* 1848—1858; J. Kemble *Horae Ferales or Studies in the Northern Nations* 1863; Sir John Lubbock (Lord Avebury) *Prehistoric Times* 1865,^{7} 1913; S. Laing und T. H. Huxley *Prehistoric Remains of Caithness* 1866; Sir John Evans *Ancient Stone Implements* 1872,^{2} 1897; ders. *Ancient Bronze Implements of Britain* 1881; D. Wilson *Prehistoric Man*^{2} 1876; Greenwell und Rolleston *British Barrows* 1877; W. Boyd Dawkins *Early Man in Britain* 1880; W. G. Wood-Martin *The Lakedwellings of Ireland* 1886; ders. *The Rude Stone Monuments of Ireland;* J. Anderson *Scotland in Pagan Times* 1883—1886; Borlase *The Dolmens of Ireland* 3 Bde. 1897; R. Munro *Prehistoric Scotland* 1899; B. C. A. Windle *Remains of the Prehistoric Age in England* 1904; Romilly Allen *Celtic Art in Pagan and Christian Times* 1904; J. R. Mortimer *Forty Years' Researches in British and Saxon Burial Mounds of East Yorkshire* 1905; T. Rice Holmes *Ancient Britain* 1907; J. Abercromby *A Study of the Bronze Age Pottery of Britain and Ireland* 1912; Cornwall: R. A. Bullen

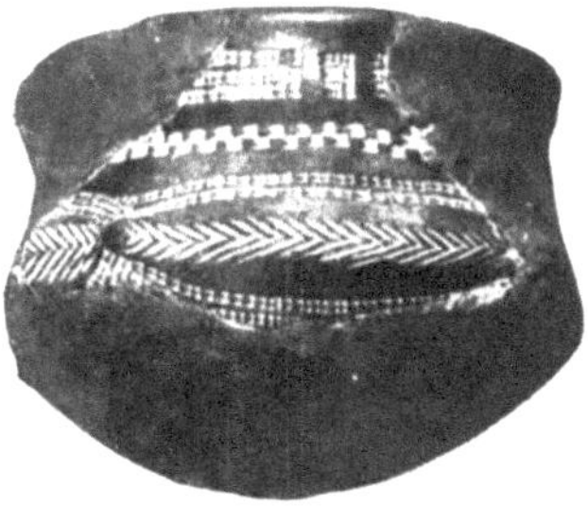

a

b

c

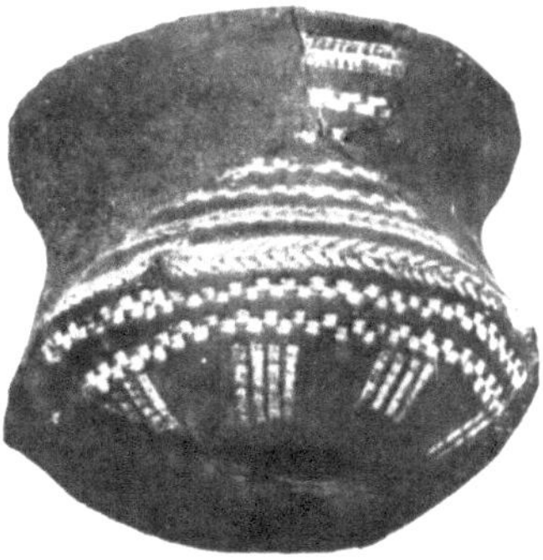

d

e

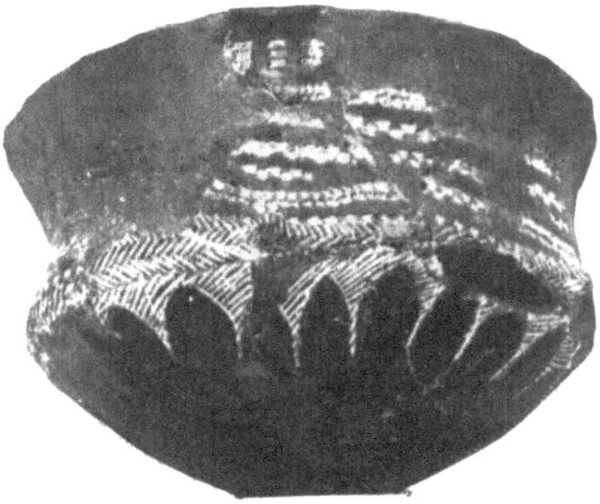

f

Großgartacher Typus

a—f. Gefäße vom G. T. $^1/_3$ n. Gr. Nach A. Schliz.

Harlyn Bay and the Discoveries of its Prehistoric Remains[3] 1912 mit Lit.-Verz.; G. Coffey *The Bronze Age in Ireland* 1913; R. Munro *Prehistoric Britain*[2] 1917; Burkitt *Prehistory* 1921; R. A. S. Macalister *Ireland in preceltic times* 1921; H. Peake *The Bronze Age and the Celtic World* 1922; Donald A. Mackenzie *Ancient Man in Britain* 1923; Fox *The Archaeology of the Cambridge region* 1923.

Museumsführer: Read und Smith *Brit. Mus., A Guide to the Antiquities of the Stone Age* 1911, *Bronze Age* 1904, [2] 1920, *Early Iron Age* 1905, [2] 1925; *Catalogue of the Nat. Mus. of Antiquities of Scotland*[2] Edinburgh 1892; Wilde *Catal. Mus. Dublin;* Coffey *Guide to the Celtic Antiquities of the Christian Period in the Nat. Mus. Dublin* 1910; E. C. R. Armstrong *Guide to the Coll. of Ir. Ant., Catalogue of Irish Gold Ornaments* 1920.

Wichtigste Zeitschriften: Archaeologia; Man; Proceedings Soc. Antiqu. London; The Antiquaries Journal; Journal anthr. inst. (vorher 1870/71: Journal of Anthropology und 1863/68: Journal of the Anthr. Society, Anthr. Review); The Reliquary and illustrated Archaeologist; Proceed. Scotland; Journal R. Soc. of Antiquaries in Scotland; Journal R. S. A. in Ireland; Proceedings und Transactions of the R. I. Academy; zahllose Publikationen von Lokalvereinen; vgl. G. L. Gomme *Index of Archaeological Papers 1665—1890* London 1907; dgl. 1891 usw. W. Bremer

Großfamilie s. Familienformen.

Großgartach (B. A. Heilbronn, Württemberg). An beiden Seiten des Leinbachs, eines Nebenflüßchens des Neckar, ziehen sich auf den lößbedeckten Hängen von Schluchtern bis Frankenbach, besonders dicht um die in der Mitte dieser etwa 7 km l. Strecke liegende Talausbuchtung von G., Wohnplätze der Spiralkeramik und der südwestdeutsch. Stichkeramik hin (Band V Tf. 46 d). Die eingehende Untersuchung dieser Siedelungen und ihre Veröffentlichung ist das Verdienst von A. Schliz, der für die hier besonders vertretene Gruppe der Stichkeramik die allg. übernommene Bezeichnung des „Großgartacher Typus" (s. d.) eingeführt hat. Auch in den einzelnen späteren Per. ist die ganze Gegend dicht besiedelt gewesen. Das Hauptdorf der Großgartacher Kultur lag n. von G., aber kleinere Gruppen von Gehöften ziehen sich bachabwärts bis Frankenbach. Um diese Großgartacher Hütten herum gruppieren sich die der Spiralkeramik, anscheinend im allg. weniger reich ausgestattet. Schon diese Lage weist darauf hin, daß hier die Spiralkeramiker offenbar erst später als Siedler auftreten. Eine Zeitlang haben beide Kulturen nebeneinander bestanden, wie gesicherte Funde beweisen (Anthrop. Korr. Bl. 34 [1903] S. 14 A. Schliz; *AuhV* 5 S. 23 K. Schumacher u. s.).

Dieses Nebeneinander beider Kulturen kann aber nur eine kurze Zeit gedauert haben, da sonst solche Mischungen häufiger sein müßten. Von den Häusern hat Schliz eine ganze Reihe von Plänen veröffentlicht. Danach handelt es sich um viereckig in den Boden eingetiefte Häuser, mit Lehmbänken und Herd im Innern, bisweilen mit einem Vorraum (Band V Tf. 40 a). Die Lehmwände sind immer gut verputzt und weiß gekalkt, einmal auch mit einem bunten Zickzackfries versehen. Auch Gruppen von Gebäuden, die sich zu einem Gehöft zusammenschließen, hat Schliz erkannt. Gegen die Zuverlässigkeit dieser Grundrisse haben sich starke Zweifel erhoben, die besonders von Koehl (Mannus 4 [1912] S. 49 ff.) ausgesprochen sind; sicher in dieser Ausdehnung zu Unrecht, da die ersten Pläne der Großgartacher Vierecksháuser von Bonnet herrühren (Anthrop. Korr. Bl. 43 [1912] S. 136 ff. Schliz), bei Nachgrabungen in G. sich ein ähnlicher, wenn auch einfacherer Grundriß herausgestellt hat (Röm. germ. Korr. Bl. 6 [1913] S. 54 ff. G. Bersu, A. Schliz u. a.) und endlich ähnliche Hausformen inzwischen auch in der Rössener Siedelung auf dem Goldberg (s. d.) bei Nördlingen aufgedeckt sind. An Gräbern sind erst wenige Brandgräber zutage gekommen.

A. Schliz *Das steinzeitliche Dorf Großgartach* 1901; Festschrift zur Heilbronner Anthropologenversammlung 1911 S. 10 f.; K. Schumacher *Materialien zur Besiedelungsgeschichte Deutschlands* (Katal. Mainz Nr. 5) 1913 S. 84 ff.; ders. *Rheinlande* I 44 f. W. Bremer

Großgartacher Typus (Tf. 263). Unter dem Namen des G. T. faßte man nach der 1901 erfolgten Publikation des steinzeitl. Dorfes Großgartach (s. d.) durch Schliz ursprünglich die ganze Gruppe der südwestd. Stichkeramik zusammen, die die unter dem Einflusse der Bandkeramik (s. d.), spez. des Hinkelsteins, in SW Deutschland erfolgte Abänderung des Rössener Typus darstellt (Tf. 263). Von einer Einwirkung der Schnurkeramik auf die Bildung des G. T., die Schliz annahm, kann nicht die Rede sein, wie auch Koehl und Schumacher betonen. Während der Entdecker in dem G. T. zunächst einen

Lokalstil sehen mußte, zeigte 1910 Koehl auf Grund neuer Funde, daß es sich um eine besondere, in ganz Südwestdeutschland verbreitete Kulturperiode handele. Jetzt bezeichnet man mit dem Namen des G. T. nicht mehr die ganze, gegenüber dem ursprünglichen Rössener bzw. Niersteiner Typus selbständigere Gruppe der südwestd. Stichkeramik, sondern nur deren jüngste Entwicklungsstufe. Die beiden älteren Gruppen dieser Kultur, die man früher auch unter dem Namen G. T. umfaßte, sind dagegen als Friedberger (s. d.) und Eberstadter (s. d.) Stil abgesondert.

Dieser G. T. in engerem Sinne zeigt starke Beeinflussung durch die Spiralkeramik. Die Gefäßformen entsprechen fast ganz denen des Eberstadter Typus, aber zu den von dort bekannten Formen tritt die spiralkeramische Flasche (Tf. 263 e). Am klarsten zeigt sich der Wandel und der Einfluß der Spiralkeramik aber in der Dekoration. Die horizontalen Stichreihen, die im Eberstadter Typus den Hauptteil der Ornamentik ausmachen, werden jetzt unterbrochen von Bogen- und Girlandenbändern, die den Eindruck der Ornamentik völlig verändern. So können wir im G. T. nur den letzten Ausklang der südwestdtsch. Stichkeramik unter dem Einflusse der Spiralkeramik sehen, einem Einflusse, dem diese dann auch vollends erliegt. Bestätigt wird die Annahme spiralkeramischen Einflusses bei der Ausgestaltung des G. T. durch die häufigere Beobachtung des gemeinsamen Vorkommens des G. T. und der Spiralkeramik, spez. des Plaidter Typus, in denselben Fundschichten. Umgekehrt hat sicherlich auch der G. T. bei der Ausbildung des Plaidter Typus (s. d.) mitgewirkt.

Literatur s. unter Großgartach. Ferner bes. Präh. Z. 2 (1910) S. 121ff. A. Schliz; 5 (1913) S. 433f. W. Bremer; Korr. Gesamtver. 58 (1910) Koehl; 8. Ber. röm. germ. Kom. 1913/14 S. 56ff. K. Schumacher. W. Bremer

Groß-Schwechten (Prov. Sachsen; Depotfund der I. Per. der BZ) s. Nordischer Kreis B § 6a.

Groß-Woltersdorf (bei Wismar, Mecklenburg; Tf. 264). Steinzeitlicher Sammelfund; 1868 in einem kleinen Torfmoor, etwa 1,30 m t. im Wiesenkalk, die Gegenstände dicht zusammen, angetroffen. Der Fund enthielt 1. elf Feuersteingeräte, großmuschelig geschlagen mit Nachdengelung der scharfkantigen Seiten und (mit einer Ausnahme) nur teilweise, an der Schneide, geschliffen: 4 spitznackige Keile mit scharfen Seitenkanten und gerader Schneide (Müller *Ordning* I 46; Beltz *VAM* Tf. 4, 3); einen kleinen dünnackigen Keil (Müller *Ordning* I 55, Beltz *VAM* Tf. 4, 7), ganz geschliffen und nachgeschliffen; zwei Schmalmeißel mit Grat auf den Seiten (seltene Form; ähnl. Beltz *VAM* Tf. 6, 21. 22); Schmalmeißel wie Müller *Ordning* I 124, Beltz *VAM* Tf. 6, 26; Spanmesser (halb); Bohrer wie Müller *Ordning* I 30, aber ohne nachgearbeitete Spitze (Beltz *VAM* Tf. 3, 18); Abfallsplitter von einem geschliffenen Keil. 2. elf Knochengeräte: 9 Meißel aus dem Unterschenkelknochen vom Hirsch, an der Schneide zweiseitig scharf geschliffen, seltene Form; Breitmeißel aus dem Nackenwirbel oder Widerriß vom Hirsch (Müller *Ordning* I 127); ungespaltener Beinknochen an einem Ende mit glatter, dreieckiger Höhlung (Schaft für ein kleines Steingerät). 3. Hirschhornenden, stumpf zugeschärft, mit starken Abnutzungsspuren an den Enden, Schlagstöcke = Müller *Ordning* I 40, Beltz *VAM* Tf. 14, 128. —

Der Fund ist von besonderer Bedeutung als einer der wenigen geschlossenen Funde des der Ganggräberzeit voraufliegenden ä. Neol. (Per. II Mont.). An den zwei Meißeln ist sogar der Übergang von der Zeit des geschlagenen Steines noch deutlich. Die 4 spitznackigen Äxte sind vom Viervitzer Typus (s. d.), den Montelius als eine Charakterform seiner I. Per. ansah, während Åberg (*Studier öfver den yngre stenålderen* 1912 S. 25) den Typus der Megalithzeit (III. Per. Mont.) zuwies. Der Groß-Woltersdorfer Fund zeigt, daß er mindestens in die II. (Dolmen-) Per. reicht. Die Entstehung der geraden Schneide mit scharfen Ecken scheint durch gleichartige breite Knochenmeißel, wie der Fund einen enthält, veranlaßt zu sein.

Mecklenb. Jahrbb. 34 (1869) S. 211 Lisch. R. Beltz

Grotenburg (Lippe-Detmold, Norddeutschland). Die Höhe bei Detmold, welche das Hermanns- und Bismarckdenkmal trägt, hat eine auf der Südseite noch gut erhaltene Umwallung, den „Großen Hünenring" (die Befestigung des „Kleinen

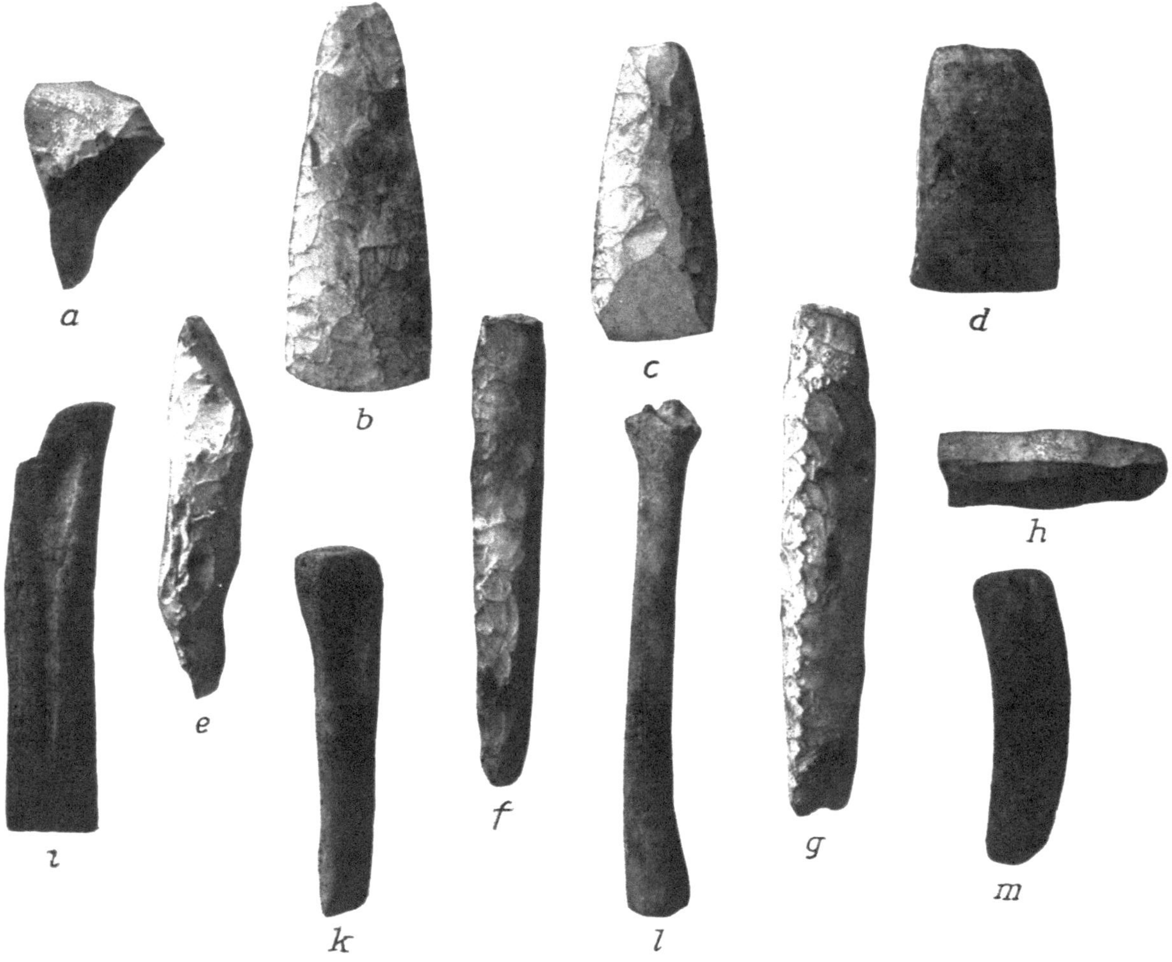

Groß-Woltersdorf

a. Bohrer. — b—d. Äxte (ungeschliffen, angeschliffen, ganz geschliffen). — e—g, i, k. Meissel (1 ungeschliffen, 2 angeschliffen). — h. Spanmesser. — l. Lochschaft. — m. Schlagstock. — a—h. Feuerstein, i—l. Knochen, m. Hirschhorn. —

Hünenrings" ist nachröm.). Der Wall hat einen Steinkern von 4 m Dicke, wie ihn kelt. oder nach kelt. Muster angelegte Burgen zu haben pflegen. Belegende Funde sind nicht gemacht; die Deutung als Teutoburg ist unsicher.

Präh. Z. 1 (1909) S. 419 C. Schuchhardt; Hoops *Reall.* I 205 (mit Karte). R. Beltz

Grotte Bounias (Frankreich). Name einer „Galerie Couverte" bei Fontvielle (Dép. Bouches-du-Rhône), die teilweise eine künstliche Grabgrotte darstellt, da die Kammer mit verlängertem, trapezförmigen Grundriß im Fels ausgehöhlt ist. Nur die Decke war durch große Steinplatten gebildet. Der Zugang erfolgte durch einige gleichfalls in den Felsen gehauene Stufen. Es fanden sich Spuren eines Erdhügels, der das ganze Grab bedeckte. Die Länge der Galerie beträgt 19 m.

Funde: Silexpfeilspitzen (rhombischer Form), Collierperlen aus Stein, ein runder Knopf aus Knochen, ein triangulärer Dolch aus Kupfer oder Bronze mit breiter Griffzunge, die Hälfte einer steinernen Bergwerkskeule mit Mittelrille, eine Kugelschale aus handgemachter Keramik mit kreuzförmiger Verzierung im Boden (Außenseite). S. Band IV Tf. 17, 18i—l.

Das Grab ist ein typischer Vertreter der pyren. Kultur in Südostfrankreich. S. a. Frankreich B § 22.

Cazalis de Fondouce *Allées couvertes de la Provence* I (1873). J. de C. Serra-Ràfols

Grotte de Durfort (Frankreich). Auch unter dem Namen „Grotte des Morts" bekannt. In der Nähe von Durfort im Dép. Gard. Typischer FO der fortgeschrittenen Stufe der pyren. Megalithkultur SO-Frankreichs, die schon der Übergangszeit zur frühen BZ angehört (s. Frankreich B § 31).

Funde: Viele bearbeitete Feuersteinreste, darunter eine Gruppe von lorbeerblattförmigen Pfeil- und Lanzenspitzen verschiedener Größe (von 2—22 cm L.), Pfeilspitze triangulärer Form mit Stiel und Flügelchen, einige mit sehr starken basalen Einbuchtungen, und viele ziemlich rohe Klingen (Messer und Sägen; vielleicht auch als Sichel benutzt?). Knochenpfriemen, durchbohrte Tierzähne, olivenförmige Perlen aus Stein, Knochen und Kupfer, steinerne Knöpfe mit V-Bohrung, Perlen aus Knochen mit zwei hängenden Kügelchen (typisch für die fortgeschrittene III. Stufe der Megalithkultur Südostfrankreichs). Aus Metall (Kupfer oder Bronze?) die genannten Perlen und ein Pfriemen. Einige Scherben von grober unverzierter Keramik und zahlreiche Skelettreste vervollständigen das Fundinventar.

Cazalis de Fondouce und Ollier de Marichard *La grotte des morts près Durfort* Matériaux 1869 S. 249ff. und Tf. 13—15. J. de C. Serra-Ràfols

Grotte de la Source (Frankreich). „Galerie Couverte" im Dép. Bouches-du-Rhône. Ähnliche Anlage wie Grotte Bounias (s. d.), doch etwas kleiner. Die Funde stehen ebenfalls denen aus der Grotte Bounias nahe. Silexpfeilspitzen (am häufigsten rhombisch oder blattförmig mit verlängerter Spitze, triangulärer Typus mit Stiel), Perlen aus Callaïs (s. d.), Knochenpfriemen, Eberzähne, Anhänger aus Jadeit usw. (Band IV Tf. 18 d—h). Trotz dieser Funde ist die Grotte de la Source die am wenigsten bedeutsame der ganzen Gruppe. S. a. Frankreich B § 22.

Cazalis de Fondouce *Allées couvertes de la Provence* II (1878). J. de C. Serra-Ràfols

Grotte des Fées (Frankreich). „Galerie Couverte" in der Nähe der Grotte Bounias (s. d.; Dép. Bouches-du-Rhône), doch viel größer (Band IV Tf. 16 a). L. 43, 45 m. Die Hauptkammer, von länglichem, trapezförmigen Grundriß, hat einen Vorraum, an dessen Seiten sich zwei kleine, halbkreisförmige Nebenkammern (je 3 m t.) befinden. Vorraum und Hauptkammer sind durch einen Durchgang verbunden, und der Zugang zum Vorraume erfolgt durch 9 Stufen, die vom äußeren Erdniveau hinabgehen. Die Hauptkammer, 2,50 m h., ist sehr sorgfältig in den Fels gehauen. Nur die Decke ist, wie bei der Grotte Bounias, von Steinplatten gebildet, so daß auch die Grotte des Fées halb als künstliche Grabgrotte, halb als Megalithgrab gelten kann.

Trotzdem das Denkmal ganz unter Erde liegt, ist es seit langem bekannt und durch seine Monumentalität berühmt. So ist es nicht verwunderlich, daß Funde daraus nicht mehr vorhanden sind. S. a. Frankreich B § 22.

Cazalis de Fondouce *Allées couvertes de la Provence* I (1873). J. de C. Serra-Ràfols

Grotte du Castellet s. Castellet-Grotte.

Grotte du Cavillon s. Cavillon-Höhle.

Grottenkultur, Südwesteuropäische. § 1. Eine der 4 Kulturen, welche in der Stein- und Kupferzeit der iber. Halbinsel bzw. Südostfrankreichs zu beobachten sind. Auf der iber. Halbinsel bezeichnete man sie besser als „Zentral-Kultur"; die Benennung „Grottenkultur" paßt nur für die endneol. und frühkupferzeitliche Per. sowie für einige Gebiete der vollentwickelten Kupferzeit.

§ 2. Der Name stammt von der Siedlung in Grotten, in der die Träger der Zentral-Kultur fast durchgehend hausten. Die Grottenkultur wird durch die verzierte Keramik und (in den neol. und frühkupferzeitl. Per.) durch die Ärmlichkeit des Fundmaterials gekennzeichnet im Gegensatz sowohl zu der portug. oder w. wie zu der Almeria-Kultur, welche reiches Silexmaterial und unverzierte Keramik aufweisen.

§ 3. Die Grottenkultur gliedert sich auf der Pyrenäenhalbinsel in 4 größere Lokalgruppen: 1. in Andalusien, 2. im w. Tafelland (Extremadura und Segovia), 3. im ö. Tafelland (Soria, Logroño usw.) und 4. in Katalonien (wohl mit Aragonien).

§ 4. Trotzdem eine parallele Entwicklung in fast allen Gruppen zu bemerken ist, überwiegt in den nö. die Reliefdekoration, während in den w. und s. die eingekerbten Muster vorherrschen (darunter die sog. Boquique-Technik; s. d.), die Vorläufer der Glockenbecherornamentik der vollentwickelten Kupferzeit. Die Glockenbecherkeramik scheint in den s. Gebieten der Grottenkultur entstanden zu sein und sich über weite, auch anderen Kulturen zugehörige Gebiete ausgebreitet zu haben. In der vollentwickelten Kupferzeit, während die Glockenbecherkeramik fast alle zentralen Gebiete Spaniens beherrscht, läßt sich die Fortdauer der alten Typen der Grottenkultur, die sich in Katalonien und in Nordspanien (Prov. Santander) isoliert behaupten, beobachten. S. Glockenbecherkultur § 1 ff.

§ 5. In Katalonien hat sie, abgesehen von den Gebieten, wo die Grottenkultur fortdauert, auch die anderen Kulturen (Pyrenäische, Almeria-Kultur) stark beeinflußt. Man kann sogar von einer Vermischung mit der Almeria-Kultur in Südkatalonien (Salamó-Gruppe) und in Aragonien und Valencia sprechen.

§ 6. In Südostfrankreich entwickelt sich die Grottenkultur parallel mit der Katalonischen und wird in der vollentwickelten Kupferzeit durch die aus Katalonien kommende pyrenäische Megalithkultur ersetzt.

§ 7. Die G. Kataloniens scheint auch noch in späteren Zeiten weitergelebt zu haben. Sowohl in der frühen BZ (Riner) wie in der I. EZ (innerkatalonische Kultur) dauert sie weiter und mündet in die verschiedenen Kulturgruppen der II. EZ ein (Innerkatalonische Kultur des Solsona-Gebietes, z. T. auch in die I. Per. der iber. Kultur Aragoniens).

Über die FO und die Besonderheiten der verschiedenen Gruppen s. Boquique-Technik, Cueva de los Murciélagos, Frankreich B § 16—19, Pyrenäenhalbinsel B § 5. S. die Literatur zu den obengenannten Artikeln. Ferner:

Góngora *Antigüedades prehistóricas de Andalucia* 1868; Mac-Pherson *La cueva de la Mujer* Càdiz 1870—71; M. Such *Avance al estudio de la caverna „Hoyo de la Mina" en Malaga* Malaga 1921; A. del Castillo *La cerámica incisa de la cultura de las cuevas* Anuario de la Universidad de Barcelona 1916—21 S. 62 ff.; J. de C. Serra-Ràfols *La collecció prehistórica L. M. Vidal* Barcelona 1921; Veröffentl. des Prähist. Seminars der Universität: *Materials de Prehistoria catalana* I; Anuari Inst. Est. cat. 6 (1915—20) S. 473 ff. Bosch.

Zur Systematik der Grottenkultur s. Pyrenäenhalbinsel B, C und Frankreich B. Vgl. Anuari Inst. 6 (1915—20) S. 516 ff. Bosch, sowie Castillos oben zitierte Arbeit. A. del Castillo

Grovehurst (Kent, England). Bei G., nahe Milton-next-Sittingbourne, Kent, sind 1871—78 runde Hüttenanlagen untersucht worden; die Funde bestehen in Resten grober Keramik, polierten Äxten und einer solchen Fülle von Flintwerkzeugen, daß man an eine Feuersteinmanufaktur gedacht hat. Neben Splittern, Schabern u. ä. sind vor allem sorgfältig gearbeitete, blattförmige Speer- und Pfeilspitzen, wie sie in den Yorkshire-Barrows der frühen BZ häufig sind, und ein Sichelmesser, das mit den Halbmondmessern des germ. Nordens in Beziehung steht, zu erwähnen.

Die Rundhütten von G. gehören dem Übergang von der StZ zur BZ an.

Archaeologia Cantiana 13 S. 122 ff. G. Payne; Read *Guide to the Antiquities of the Stone Age Brit. Mus.* S. 88. W. Bremer

Groze (La) de Gontran (Höhle; Frankreich). Unweit Tayac, bei Les Eyzies

(Dép. Dordogne). Die unbedeutenden Wanddarstellungen wurden im J. 1908 von Abbé Vidal entdeckt und von H. Breuil überprüft (s. Kunst A II).

Veröffentlicht Rev. d'Anthrop. 24 (1914) S. 277-280 L. Capitan, H. Breuil, D. Peyrony.
H. Obermaier

Grubenhütte s. Haus, Wohngrube.

Grubenornament s. Fingertupfenornament, Kammkeramik, Nordischer Kreis A § 4c 2 und 3.

Gruebgraben s. Österreich A § 2.

Grums (Ksp. in Värmland, Schweden). Brandgräberfeld der vorröm. Zeit, besonders durch eine quadratische Steinsetzung mit diagonal gestellten Steinrändern bekannt. S. Nordischer Kreis C1 § 7.

Fornvännen 1917 S. 11 ff. T. J. Arne.
Hanna Rydh

Grundeigentum (Grundbesitz).

A. Allgemein. Grund und Boden sind bei Jägern und Hirten, sowie auch bei den über genügend Nutzungsraum verfügenden Hackbauern das Gebiet, von dem die ganze Horde, der Klan oder die Siedlungsgemeinde lebt, ihren Unterhalt gewinnt. Einen privaten Eigentumsanspruch auf besondere Landstücke innerhalb des Gaues (s. d. A) kennt man nicht (s. Eigentum A, Kommunismus). — Dort, wo Überschichtungen eintreten, erhebt die übergeordnete Gruppe gewöhnlich ausschließlichen Anspruch auf das gesamte Land. Auf was immer für einem Wege die Überlagerung sich vollzieht, sie führt stets zu einer Zerschlagung der Sippen- oder Klanverbände in Einzelfamilien (s. Familie A) der unteren Schichten, die gezwungen sind, Land zu Lehen oder in Pacht zu nehmen. Die großen Verwandtschaftsverbände der Oberschicht streben dahin, sich in Großfamilien aufzulösen, um die sich Hörige und Sklaven gruppieren (s. Familienformen). Indessen schaffen die doch weiter bestehenden, auf Verwandtschaft und Gefühlsbeziehungen unter der Adelsschicht beruhenden gemeinsamen Interessen, vielfach auch betreffs des Schutzes nach außen, ein gemeinsames weiteres Friedensgebiet (s. Friede). Dadurch tritt eine Trennung der politischen Gemeinschaft der untereinander verbundenen Adelsfamilien von ihren wirtschaftlichen und privaten Sonderinteressen ein. Die letzteren machen sich in der Form des privaten Grundeigentums geltend. Dazu kommt noch der Anspruch, welcher von der durch den Ackerbau intensiver gewordenen Arbeit an Grund und Boden auf das bestellte Grundstück erhoben wird, zumal an Stelle des überwiegend weiblichen Hack- und Gartenbaus der durch den Mann ausgeführte Ackerbau auch eine andere Stellung des Mannes zu Grund und Boden mit sich bringt (vgl. Vinogradoff S. 229, 266 ff.).

S. a. Bürgschaft A, Eigentum A, Familie A, Gau A, Horde, Kaste A, Kauf, Klan, Kommunismus, Lehen, Politische Entwicklung, Siedlung A, Sippe, Soziale Entwicklung.

Vinogradoff *Outlines of Historical Jurisprudence* I (1920).
Thurnwald

B. Ägypten.

§ 1. Großgrundbesitzer. — § 2. König, bzw. Staat als Grundbesitzer. — § 3. Tempelverwaltungen. — § 4. Freie und hörige Bauern.

§ 1. Im Altertum ist Acker- und Weideland in Ä. offenbar in derselben Weise wie heute zu erheblichem Teil im Besitz von Privaten gewesen. Diese vereinigten große Ländereien in ihrer Hand, zu deren Bewirtschaftung sie freie oder hörige Bauern beschäftigten. Die Großgrundbesitzer hat man als Rest eines Herrenvolkes angesehen, das in der Urzeit über das Niltal hinweggegangen ist und dem äg. Volke mit einer höheren Kultur auch eine soziale Organisation gegeben hat. Diese Frage ist an der Hand der Denkmäler nicht endgültig zu entscheiden. Sicher aber bleibt, daß wir in ganz Oberägypten und Unterägypten einen Landadel ansässig finden, der in der betreffenden Gegend heimisch ist und seinen Besitz vererbt. Die großen Landgüter sind also Familienbesitz gewesen, dessen Verwaltung im allg. dem ältesten Sohne vererbt worden ist. Allerdings hat der König das Recht, dem Erben seine Bestätigung zu erteilen oder zuverweigern, sodaß es dem Herrscher freisteht, eine ihm genehme Persönlichkeit aus dem Kreise der Verwandten des letzten Inhabers als Nachfolger einzusetzen. Die Spitzen des Landadels treten uns in den Gaufürsten entgegen, in deren Händen die Leitung eines Gaues liegt. Der König mußte bei ihnen besonders darauf achten, zuverlässige und willige Persönlichkeiten in diesem

Amte zu sehen. Über die Besitzverhältnisse der Gaufürsten und die Erbfolge in ihren Familien sind wir gut unterrichtet, da sie in ihren Gräbern ausführliche Darstellungen und Inschriften hinterlassen haben.

§ 2. Aus dem Landadel und den Gaufürsten sind die Könige von Ä. hervorgegangen. Wir können die Entwicklung in einigen Fällen genau verfolgen, wo ein Gaufürst aus alteingesessener Familie das Übergewicht über seine Genossen erlangt und einen nach dem anderen von ihnen niederwirft, bis das ganze Land dem Sieger als Pharao huldigt. Der Familienbesitz des neuen Königs verblieb ihm dann als seine Hausmacht, aber außerdem stand ihm zur Verfügung, was in den anderen Gauen früher schon dem Staat oder der Krone gehört hatte. Dadurch wurde der König zum größten Grundbesitzer des Landes, dessen Interesse es sein mußte, seine Macht durch ständige Vermehrung des Landbesitzes zu stärken. Außer dem König besaß auch die Königin eigenen Besitz an Land und Dörfern, die ihr die Erträge ablieferten, und aus denen die Stiftungen für den Totendienst der Königin bestritten wurden.

Die Entwicklung führte schon im MR und vollends im NR dazu, daß der König nicht mehr den eingesessenen Landadel, sondern ihm ergebene Beamte und Offiziere mit Gütern in den Provinzen belehnte. Dadurch traten königliche Beamte von wechselnder Herkunft an die Stelle der bodenständigen Großgrundbesitzer. Diese Lösung gab dem König die Möglichkeit, seinen Einfluß wenigstens mittelbar auch auf diese Ländereien auszudehnen, sodaß immer weniger Raum für freie Grundbesitzer blieb. In Jahrhunderten einer straffen Reichsleitung geriet der Boden in steigendem Maße in die Hände der staatlichen Zentralgewalt, und der von der Residenz ausgeübte Druck muß vermittelst des von dort abhängigen Grundbesitzes sehr stark gewesen sein.

Nach dem Gesagten bestand keine strenge Scheidung zwischen Privateigentum des jeweiligen Königs, ständigem Besitz der Krone und dem Eigentum des Staates. Energische Herrscher haben alle drei Mittel benutzt, um durch Vereinigung von Grundbesitz in ihrer Hand die erste wirtschaftliche Macht des Staates zu werden, der sich alle übrigen unterordnen mußten.

§ 3. Aufstellungen über den Besitz der Tempel und ihrer Einkünfte zusammen mit den zahlreichen Titeln von Verwaltungsbeamten kirchlicher Güter sagen uns, daß die äg. Tempel neben dem König und dem Landadel die reichsten Großgrundbesitzer gewesen sind. Der Hohepriester eines großen Tempels gebot wie ein weltlicher Fürst über Äcker und Gärten, Dörfer und wirtschaftliche Anlagen. Die in ihnen wohnenden oder zu ihnen gehörigen Leute waren den Tempeln ebenso unterstellt wie in anderen Fällen dem König oder einem „Pascha", wie man in älterer und neuerer Zeit mit der arab. Benennung den Großgrundbesitzer bezeichnet hat. Dem besitzenden Tempel sind die Erträge der Ländereien mit ihrem Getreide, der Gärten mit ihrem Gemüse, Wein und Obst, der Weiden mit ihren Lieferungen an Vieh und Milch zugeflossen, soweit sie nicht zur Erhaltung des Personals verwendet werden mußten. Wir wissen aus Zusammenstellungen, daß der Besitz der Tempel im allg. auf den Gau beschränkt blieb, in dem sie lagen, gelegentlich aber auch darüber hinausreichten. Große Tempelverwaltungen besaßen sogar Ländereien im Auslande und führten von dort die Bodenerzeugnisse ein, die in Ä. fehlten. Im stärksten Maße gilt dies für den Tempel des Amon von Theben, der am Ende des NR so große Mengen von Grundbesitz in ganz Ä. und im Auslande auf sich vereinigte, daß sogar der König sich ihm unterordnen mußte. Es ist ein Ergebnis dieser wirtschaftlichen Entwicklung gewesen, daß der Pharao schließlich zu einem gefügigen Werkzeug in der Hand des Hohenpriesters von Theben wurde, bis dieser selbst den königlichen Titel annahm.

§ 4. Die Urkunden über Verkauf, Verpachtung und Tausch von städtischem und ländlichem Grundbesitz machen es sicher, daß es neben den genannten drei Arten von Großgrundbesitzern auch freie Bürger und Bauern mit Grundeigentum gegeben hat. Freilich können wir nicht genau feststellen, wie umfangreich dieser Mittelstand der Grundbesitzer gewesen ist. Er war nicht reich genug, um sich größere Gräber

a b c d

e f g h

Gründungsurkunde. Vorderasien

a. Nagelgöttin aus Kupfer der Zeit des Urnina von Lagaš, in Paris (Louvre). — b. Nagelgöttin aus Kupfer mit Alabastertafel des Entemena aus Lagaš, in Paris (Louvre). — c, d. Bärtige Nagelgöttin Nammu des Lugalkisalsi von Uruk und Ur, in Berlin (VA 4855). — e. Bronzestatuette des Gudea, als Tempelgründer auf dem Nagel stehend, in Paris Louvre (Heuzey 146). Nach Meissner. — f. Tempelgründungsbronze des Ur-Nammu von Ur aus Nippur, in Slg. J. P. Morgan. — g. Dgl. des Ur-Nammu als Nagelgott aus Ur. Nach Weidner. — h. Dgl. des Arad-Sin von Larsa in London (Br. Mus. 91 144).

a und b

c

d

e

Gründungsurkunde. Vorderasien

a—b. Alabasterkoffer mit Deckel Salmanassars III. von der Außenmauer in Assur (Ass. 12167). Nach MDOG. — c. Knieender Gründungsgott mit Nagel von Gudea (2600 v. C.). Nach B. Meissner. — d. Papsukkal. Tonfigur. Dur-Sargon. In Paris, Louvre (Pottier 212). — e. Wilder Mann

mit Darstellungen und Inschriften zu errichten, aus denen wir nähere Mitteilungen über ihn erhalten könnten. Allem Anschein nach ist seine Selbständigkeit, wenigstens für einen großen Teil der Besitzer, nicht unbeschränkt gewesen. Sie scheinen in irgend einer Form von den großen Gewalten des Landes abhängig gewesen zu sein, denen sie sich als Schutzbefohlene angliederten. Die Abhängigkeit von dem Staat oder König, von einem Gaufürsten oder Landadligen ist in vielen Fällen zweifellos so groß gewesen, daß die Bauern kaum zu trennen gewesen sind von den leibeigenen Knechten, die auf den großen Gütern beschäftigt wurden (s. Höriger B).

Der König ist gegenüber den niederen Beamten und Soldaten ebenso verfahren wie gegenüber den Großen, die er an sich fesseln wollte. Er hat sie mit Land belehnt und in den Provinzen angesiedelt. Nach der Beendigung eines Feldzuges hören wir, daß tapfere Kämpfer mit Acker und dazu mit Kriegsgefangenen zu seiner Bestellung belohnt werden. Die Veteranen werden vermutlich nicht Eigentümer des ihnen überlassenen Landes geworden sein, sondern dieses an die Krone zurückgegeben haben, wenn es ihnen nicht gelang, eine neue Belehnung auf den Sohn zu erwirken.

Z. für Sozialwiss. 4 (1901) S. 770ff. Thurnwald; Erman-Ranke *Äg.*[2] S. 85. Roeder

C. Vorderasien s. Eigentum B, insbesondere § 4.

Grundoldendorf (Hannover) s. Nordischer Kreis A § 5 b 5 α, Megalithgrab C.

Gründungsurkunde (Vorderasien; Tf. 265—270). S. a. Nagelurkunde.

§ 1. Nägel. — § 2. Nagelgötter. — § 3. G. mit Tragkorb. — § 4. Stelen. — § 5. Steinkoffer. — § 6. Ziegelkapseln. — § 7. Inschrifttafeln. — § 8. Tongötter. — § 9. Perl- und Muschellager. — § 10. Höhlung im Mauerwerk.

§ 1. In den altsumer. Inschriften ist die Gründung eines Tempels kurz bezeichnet als „*du*" = erbaute. Das Bildzeichen ist die Darstellung eines Nagels (Pflocks; s. Keilschrift § 10 E; Band VI Tf. 80 Nr. 35). Diese Nägel, in Ton nachgebildet, sind Gründungsurkunden, die in den Tempelgrundstein versenkt wurden (E. Unger *Babylonisches Schrifttum* 1921 Abb. 23—26, S. 7f.; s. Tonurkunde). Sie kommen während der ganzen Zeit der mesopot. Kultur vor und werden von den Assyrern in technischer Verbesserung pilzförmig und hohl ausgeführt und als *zigâti* zu Gründungsurkunden für Stadtmauern verwendet.

§ 2. In Anlehnung an die Nägel sind Nagelgottheiten aus Kupfer als G. im Grundstein niedergelegt. Sie sind weiblich mit dichtem Kopfhaar und falten die Hände (Tf. 265 a). Sie sitzen in einer Öse und stützen eine Alabastertafel mit Inschrift des Urnina (Band VIII Tf. 138); der Zweck war, die Urkunde durch eine Gottheit mit der Erde zu verbinden. Das Ganze war in einer Ziegelkapsel (s. § 6) aufbewahrt. Diesen aus der Zeit des Urnina von Lagasch (3200) stammenden Nagelgöttinnen sind die seines Enkels Entemena ähnlich, die mit ihrem Kopf in die ebene Vorderseite einer Alabastertafel mit Gründungsinschrift eingelassen waren und, sie gleichsam tragend (Tf. 265b; Band VIII Tf. 139b), mit dem Nagelende im Boden steckten. Aus späterer Zeit ist von Lugalkisalsi für den Tempel der Göttin Nammu diese selbst als langhaarige, langbärtige Nagelgöttin für den Grundstein des Tempels gemeißelt, Statuette in Berlin (VA 4855; s. Tf 265 c, d). In neusumer. Zeit war es statt der Nagelgöttin ein knieender, bärtiger Gott mit Hörnerkrone, der den Nagel vor sich einrammt. Es sind Bronzefiguren, die in einer Ziegelkapsel seitlich eines Tempeltores als G. eingelegt wurden, zusammen mit einer Inschrifttafel aus Diorit, kostbarem, weißen Kalkstein oder Lapislazuli (AO 15 Abb. 93 S. 54; hier Tf. 266 c). Den Ausläufer der Nagelgottheit bildet die mit dem Schurz bekleidete Korbträgerstatuette des Gudea von Lagasch (Tf. 265 e), der auf einem Nagel steht, sowie die nagelförmige, die gleiche Zeremonie ausführende Statuette des Königs Ur-Nammu von Ur (2500) aus Bronze (Tf. 265 f, g) und endlich ähnliche Figuren der Fürsten von Larsa (Tf. 265 h). Da aber bei letzteren die Brust als weiblich angegeben ist und diese Fürsten als Semiten langbärtig waren, scheint zu jener Zeit diese Figur eine rein traditionelle Reminiszenz und wohl als Priesterin gedeutet worden zu sein. — Vgl. Band VIII Tf. 140, 141.

§ 3. Schon Urnina spricht in seinen Inschriften (VAB I 6, h) von der Zeremonie des „Tragens des reinen Tragkissens" *(dusu-kug, dupšikku)*, womit wohl als pars pro toto der Ziegelkorb gemeint ist. Auf den sog. Familienreliefs, z. B. AO 15 Abb. 15 S. 10 (s. Kunst E § 4) steht der König mit dem Tragkissen und dem Korb voller Ziegel auf dem Kopfe, ihn mit der r. Hand stützend, während die l. vor der Brust ruht. Im unteren Friese sitzt Urnina mit einem Becher in der r. Hand und weiht den gebauten Tempel durch einen Trunk (Band VII Tf. 136). Diese Zeremonie hält sich während der ganzen Dauer der altorient. Kultur (vgl. die Bronzestatuetten § 2). Noch aus der jüngsten Zeit sind 3 Inschriftstelen mit den Reliefs der korbtragenden Könige erhalten, zwei von Assurbanipal, eine von seinem Bruder Šamaš-sumi-ukin, dessen Relief nach seinem Tode verstümmelt worden ist (Tf. 267 c—e). Sie waren als G. im Tempel Esagila von Babylon oder in seinen Kapellen geweiht. Zum Unterschied von der ältesten Art hält seit Gudea der König den Korb mit beiden Händen, nicht nur mit einer Hand.

§ 4. Zur Gründung einer Stadt setzte man in späterer Zeit eine Stele (Tf. 267 b) im Tempel der neuen Stadt, z. B. der Oberhofmeister der Könige Salmanassar IV. und Tiglatpileser III. (8. Jh.), der die Stadt *Dur-Bêl-harrân-bêli-uṣur* gründete (heute Tel Abta w. von Ninive) und nach seinem Namen benannte (PKOM 3 E. Unger). Der Würdenträger betet zu den Göttern. Tf. 267 a zeigt eine in Babylon gefundene Stele eines assyr. Königs von Babylon, die ich dem Asarhaddon zuschreiben möchte (Archiv f. Keilschriftf. 2 [1924] S. 22 f.), der Babylon wieder neu aufbaute. Der König hält in seiner l. Hand einen mit 19 Ringen besetzten, langen Stab, senkrecht oder wagerecht schwebend, während die r. Hand mit einem spitzen Instrument eine Einkerbung auf dem Stabe macht oder eine Inschrift einritzt. Die 19 Ringe könnten die Anzahl der Jahre der Abwesenheit Marduks, des Stadtgottes von Babylon, bedeuten. Als der Aufbau der Stadt vollendet war, kehrte er nach 21 jähriger Abwesenheit zurück. Das Fehlen von Parallelen zu dieser G. macht aber die sichere Deutung dieser Stele noch schwierig.

§ 5. Die assyr. Zeit kennt eine interessante Aufbewahrung der Urkunden, meist von Steintafeln, in Steinkoffern. Einen solchen Koffer hat Assurnassirpal II. (880) für den Tempel in Imgur-Enlil (s. d.; Band VI Tf. 8) als G. niedergelegt. Er enthielt zwei Gipssteintafeln. Einen Steinkoffer (0,25:0,22:0,15 m) hat sein Sohn Salmanassar III. in Assur als Urkundenbehälter arbeiten lassen (WVDOG 23 S. 175 W. Andrae; MDOG 36 S. 26 Abb. 9; hier Tf. 266 a, b). Ich erwähne endlich einen Tonkoffer, den Nabopolassar (620) für das alte Relief des Sonnengottes von Sippar herstellte (King *Babylon. Boundary Stones* Tf. 101; Meissner *Babylonien und Assyrien* II [1924] Abb. 44).

§ 6. In der Nähe der Türen eines Tempels oder auch unter dem Zellapostament, auch in die Ecken des Tempelturms wurden Ziegelkapseln, *simaku* genannt, aus 6 Ziegeln bestehend, unter dem Fußboden eingebettet (Tf. 269 a), in denen Tonprismen, Tönnchen, kleine Götterfiguren aus Ton, sog. *Papsukkal,* u. a. auch Tonvögel (Tf. 268 b, 269 b, c) niedergelegt waren, z. B. in dem neubabyl. Babylon: R. Koldewey *Das wieder erstehende Babylon* S. 57, 226; WVDOG 15 Abb. 4, 20, 21. Diese Ziegelkapseln sind auch früher schon verwendet worden (J. Jordan *Konstruktionselemente assyr. Monumentalbauten* Beitr. z. Bauwiss. 18 [1910] S. 32 f.; s. a. § 2 und § 8).

§ 7. Außer den beschrifteten Stein- und Tontafeln (s. Tonurkunde) pflegte man schon in alter Zeit wertvolle metallene Tafeln in den Grundstein des Tempels zu versenken. Eine solche Urkunde dürfte die Goldtafel des Naram-Sin von Akkad aus Adab sein (Banks *Bismaya or the lost city of Adab* S. 145). Vortrefflich erhalten, intakt und in situ, konnte in Assur der Grundstein der Tempel der „Ištar von Assur" und der „Dinitu" gefunden werden, die von Tukulti-Ninurta I. (1250) erbaut wurden. Die Grundsteinlegung in der Zella der „Ištar von Assur" vollzog sich also: In den Lehmziegeluntergrund versenkte man drei Bleiblöcke (0,74:0,38:0,125 m, je 370 kg schwer) mit der Inschrift, von der Zella aus lesbar, in Längsrichtung zum Beschauer und in je ein Ziegel Abstand voneinander. Man streute alsdann bunte Glasperlen, Seemuscheln, Blei-, Kupfer- und Eisenstückchen auf die Blöcke, bedeckte diese Lage mit Schilf und Zweigen, kreuz und quer, und strich eine Lehmdecke darüber. Dann streute man zum zweiten Mal Perlen und legte in

a

b

c

d

e

Gründungsurkunde. Vorderasien

a. Gründungsstele des Asarhaddon (?) aus Babylon in London (Br. M. 90837). — b. Dgl. des Bêl-Ḫarran-bêli-uṣur in Konstantinopel (Nr 1326). — c. Dgl. des Assurbanipal aus Babylon in London (Br. M. 90864). — d. Dgl. (Br. M. 90865). — e. Dgl. des Šamaš-šum-ukin aus Babylon in London (Br. M. 90866). Nach Photographien.

a

c

b

Gründungsurkunde. Vorderasien

a. Pflaster der Cellatür mit Tonkapsel darunter. — b. Tonvogel und (um den Hals gehängtes, beschriftetes) Tonstückchen von der Ostkapsel des Nordtors. Vom Grundstein des Ninmaḫ-Tempels in Babylon. — c. Tonfigur aus den Gründungskapseln des Ninurta-Tempels in Babylon (610 v. C.). — Nach Koldewey.

den Mittelpunkt darauf je eine Gold- (0,09 : 0,005 m groß) und Silbertablette mit Schrift dicht nebeneinander, sowie je ein besonderes, etwa 1 qcm großes Gold- und Silberplättchen ohne Inschrift. Auf das Ganze deckte man quer eine beschriftete, riesige Kalksteinplatte von 2,68:1,27:0,50 m Größe und 4500 kg Gewicht und zwar so, daß die Hinterkante mit den Rändern der Bleiblöcke zusammenging und die Inschrift von der Zella aus zu lesen war. Eine Schilfmatte wurde auf den Stein gebreitet und in die Mitte darauf, die hintere Kante berührend, ein vierter Bleiblock von gleicher Ausmessung wie die anderen und etwa 400 kg Gewicht gelegt (MDOG 54 S. 25f., 36f. W. Andrae). Im Fundament der N-Ecke des Tempels lag ein fünfter Bleiblock als Urkunde, ein sechster Block in der W-Ecke des Dinitu-Tempels (MDOG 54 S. 24, 28), in eine dreifache Lehmpolsterung eingebettet, die mit Perlen, Schilf und Stroh vermengt war. Der Grundstein dieses kleineren Tempels war etwas anders gestaltet und einfacher als der des Ištar-Tempels. Zu unterst wurde hier ein großer Kalksteinblock mit dreikolumniger Inschrift, von 1,70:1,04:0,35 m Gr. und 1500 kg Gewicht, in der Höhe der untersten Steinfundamentschicht eingelegt. Der Block ist mit einer Schilfmatte bedeckt, worauf Perlen und Achatstücke ausgestreut sind, in deren Mitte je eine goldene und eine silberne Schrifttafel und je ein 1 qcm großes, unbeschriftetes Gold- und Silberplättchen lag. Auf diesen Metallplatten ruhte dann eine 0,76 : 0,41 : 0,14 große und 500 kg schwere Bleiplatte, ebenfalls mit Inschrift des Gründers Tukulti-Ninurtas I. (MDOG 54 S. 22).

§ 8. Die in den Ziegelkapseln (s. § 6) eingeschlossenen Figuren aus ungebranntem Ton haben verschiedene Gestaltung, teils deutlich als Götter gekennzeichnet durch die gehörnten Kopfbedeckungen, dann als Nachbildungen von Göttern, z. B. Papsukkal, anzusprechen (Tf. 266d). Anderen aber fehlt das göttliche Symbol, und es handelt sich um die Darstellung des „wilden Mannes" mit einer Standarte in den Händen (Tf. 266e). Sein Namen und seine Bedeutung sind noch nicht ermittelt (Pottier *Antiquités assyriennes Musée du Louvre* Nr. 212, 213; Vogelnachbildungen in Ton s. § 6, Tf. 268b, 269b).

§ 9. Von besonderer Art ist die assyr. Sitte der Einbettung der Ecke eines Tempelturms (s. d.) in ein Perl- und Muschellager. So ist die S-Ecke des Tempelturms vom Assur-Tempel in Assur von Salmanassar III. (850) in einer Gesamtfläche von 0,60 : 0,60 m und ca. 0,05 m T. von einem Perllager unterfangen (MDOG 54 Abb. 5 S. 20 [s. Tf. 270a]). Hier sind etwa 1000 kleine Muscheln und 1000 hellblaue, kugelige, 1 cm im Dm große Glasperlen, auch längliche, zylindrische Glasperlen, ferner ca. 100 Achat- und Quarzstücke, einige Steinperlen, Blei- und Eisenstückchen zwischen eine untere und eine deckende obere Schilfschicht eingebettet. In der Mitte dieses Perlenlagers lagen einige runde Bronzescheibchen von 0,05 m Dm und 1 mm Dicke mit spirallaufender Inschrift des Salmanassar für die *siqurite* (= Tempelturm) des Assur-Tempels (MDOG 54 S. 19ff.). Ein ähnliches Perllager ist auch in Dur-Sargon (s. d.) entdeckt worden (Place *Ninive et l'Assyrie* I 191). Für weitere Verwendung von Perlbettung s. § 7.

§ 10. Eine andere Aufstellung der G. mitten im Mauerwerk fand Koldewey beim Tempel *E-maš-da-ri* der Ištar von Agade in Babylon (Tf. 270b). In der Mitte des ersten Mesopyrgions von W waren von den 4 im Mittelpunkt zusammenstoßenden Ziegeln die inneren Ecken abgeschlagen, sodaß eine Vertiefung von ca. 0,15 m entstand, die man mit Lehmmörtel ausputzte. In diese Höhlung war der 0,13 m h. Bauzylinder des Nabopolassar, der zwei Kolumnen Schrift hatte und so gestellt war, daß die Zeilen von oben nach unten liefen, eingesetzt. Er befand sich in einem von Schilf- und Palmblättern geflochtenen Körbchen. Sein oberer Teil ragte in die Lehmmörtellage der oberen Fuge hinein (MDOG 47 S. 23f.). Eckhard Unger

Gruppe s. Gau, Horde, Klan, Politische Entwicklung, Soziale Entwicklung.

Gruppendarstellung. § 1. Während der reine Jägernaturalismus der Quartärzeit die Gruppenbildung zur Darstellung einer inneren Beziehung zwischen den Tiergestalten nicht kannte und höchstens deren zufälliges Beisammensein in der Herde durch regelmäßige Wiederholung andeutete, zeigt sich der Anfang einer „syntaktischen“ Anordnung in den süd- und ostspan. Felsmalereien unter freiem Himmel (Hirschjagd von Alpera [Band I Tf. 31], Frauengruppen von Cogul [Band II Tf. 163 a]; s. Figürliche Darstellung), in den Felszeichnungen des nordafrik. Hinterlandes (Tierszenen; s. Nördliches Afrika A), sowie in den präh. äg. Fresken, Gefäßmalereien, Schmuckpaletten usw. (Jagd-, Kampfszenen, Nilfahrten u. ä.; vgl. Band VII Tf. 116). In all diesen Fällen erscheint die Gruppe als natürliche Folge eines primitiven erzählenden Naturalismus.

§ 2. Der Gegensatz zwischen der abstrakt-ornamentalen alteurop. und der darstellenden altorient. äg. Kunst spiegelt sich in dem gänzlich abweichenden Verhältnis zur Gruppe. Während die altchaldäische und altäg. Kunst neben der freieren genrehaften oder historisierenden Jagd- und Kampfschilderung die fester gebundene, feierliche Form der Anbetungsszene (sitzende und stehende Gestalt), des legendären Kampfes (stehende Menschen- und Tiergestalt), der sakralen oder auch rein dekorativen antithetischen Gruppe (s. Wappen A) ausbildete, blieb die G. in Europa zunächst eine seltene Ausnahme. Sog. genealogische Gruppen, welche die Verschmelzung zweier Gottheiten oder die Ablösung einer älteren durch eine jüngere darstellen, sind nur in der südeurop. Idolregion möglich und vielleicht in gewissen zyprischen Tonidolen mit Nebeneinanderordnung, in einer Inselfigur aus Paros (Karlsruhe) mit Übereinanderordnung der beiden Figuren zu erkennen. Die schon in Ä. vorgebildete (genealogische?) Gruppe von Mutter und Kind findet sich ein einziges Mal in Thessalien (Sesklo), in einer verschollenen Figur, angeblich aus Tegea (Bossert *Alt-Kreta*[1] 1920 Abb. 121).

§ 3. In der BZ übernimmt die kret.-myk. Kunst die fest ausgeprägten Formen orient. Gruppenkomposition (Anbetungsszene, Kampf zwischen Mensch und Tier, Wagenjagd, von einem Raubtier angegriffene Pflanzenfresser, heraldische Gruppe usw.), schreitet dann aber in ihren freien, genrehaften Darstellungen weit über die empfangenen konventionellen Anregungen hinaus. Erst unter der Einwirkung des orient. und kret.-myk. Naturalismus erscheint die G. während der früheren EZ in der peripherischen Zone vom Kaukasus bis Italien und zwar unter bezeichnenden, dem einseitig dekorativen Kunstprinzip entsprechenden Abwandlungen. Die reizende Gruppe der Ziege oder Kuh mit saugendem Kälbchen (Fayencen und Siegelsteine von Knossos) kehrt stark schematisiert unter den Pferdestatuetten der Altis in Olympia wieder; an einer Bronze der späten ungar. BZ finden wir statt des saugenden jungen Tieres unter der Pferdegestalt zwei streng symmetrisch gruppierte Vögel (Hampel *Bronzezeit* Tf. 60, 5). In der ostpontischen Kunst der früheren EZ lösen sich die Jagd- und Verfolgungsszenen in ein Gewimmel von beziehungslos zueinanderstehenden oder auch mechanisch gereihten Tiergestalten auf. Überraschend ist das immer wiederholte Auftreten des gleichen uralten Schemas. Die altorient. G. des Heros mit sich bäumender Tiergestalt erscheint an einem transkaukasischen Bronzegürtel der frühen EZ (Abh. Preuss. Ak. 1895 Tf. 4); unter neuen s. Anregungen begegnet die gleiche Gruppe in der LTZ auf dem Silberkessel von Gundestrup (s. d.; Tf. 271). Die auf Kreta so beliebte G. des weitausschreitenden Kämpfers mit Tier ist über Italien bis Norddeutschland, bei zunehmender Schematisierung der zuletzt knienden Menschengestalt, zu verfolgen (Villanova-Urne aus Narce: Mon. Lincei 4 Abb. 147; Bronzemesser aus Borgdorf, Holstein: Mitt. Anthr. Ver. Schlesw.-Holst. 1896 S. 9 Abb. 4). Die G. zweier sich gegenüberstehender Männer (zumeist im Kampf) begegnet in der kret. Kunst, an den figurenreichen etrusk. und venetischen Metallgefäßen, auf einer Schwertscheide aus Hallstatt (Männer mit Rad; Band III Tf. 122), in rohester Ausführung an einer Ödenburger Graburne (Band III Tf. 120 a). Trotz der großen Beliebtheit orient. Gruppendarstellungen in der altital. Toreutik und namentlich in der venetischen Situlakunst bleibt aber die G. in der gesamten Hallstatt- und Latènekunst wesentlich auf das Wappenschema beschränkt (s. Wappen A).

§ 4. Unabhängig von s. Einflüssen, aber auch beziehungslos zu der eigenen Kunstentwicklung, erscheint eine G. in den kunstlos naturalistischen Felszeichnungen Liguriens (Männer mit Pflug; Band III Tf. 59),

a

c

b

Gründungsurkunde. Vorderasien

a. Ziegelkapsel unter dem Postament der Kultstatue des Ninmaḫ-Tempels in Babylon. — b—c. Tonvogel und (um den Hals gehängtes, beschriftetes) Tonstückchen (c) von der Ostkapsel des Hauptportals des Gula(?)-Tempels „Z" in Babylon. — Nach Koldewey.

a

b

Gründungsurkunde. Vorderasien

a. Perl- und Muschellager vom Tempelturm. Assur. — b. Standort des Bauzylinders im Mauerwerk des Tempels der Ištar von Agade. Babylon. — Nach Mitteilungen der Deutschen Orientgesellschaft.

und namentlich Skandinaviens (u. a. Kampfszenen) der BZ (s. Felsenzeichnung A; Band III Tf. 52—54) oder eingekritzelt an gewissen Ödenburger Graburnen und westpreußischen Gesichtsurnen (s. Gesichtsurnenkultur A § 7; Tf. 113) der fortgeschrittenen HZ (Wagenfährte). Von künstlerischer Absicht kann nur bei einzelnen antithetischen Gruppenbildungen unter den figuralen Darstellungen des Kivik-Grabes gesprochen werden (s. Kivik; Band III Tf. 56 a, b); im übrigen herrscht auch hier das erzählende Nebeneinander der kunstlosen Mitteilung (s. Figürliche Darstellung).

§ 5. Bei der rhythmischen Wiederholung gleicher oder ähnlicher Figuren in der Reihe kann höchstens von einer Gruppe gesprochen werden (Hoernes „offene" oder „beiordnende Gruppe"), wenn ein inhaltlicher Gedanke die Zusammengehörigkeit der einzelnen Gestalten nahelegt, wie es bei den seit der altorient. Kunst beliebten Reihen sich verfolgender Tiere, aufmarschierender Krieger, Opfer-, Fest-, Leichenzügen u. ä. der Fall ist. Zwischen diesen bloß summierenden, oft das gleiche Motiv mechanisch wiederholenden Darstellungen und den rein dekorativ gedachten, oft stark schematisierten Tierreihen der altorient. Vasenmalerei (Elam, Ägypten) oder der früheisenzeitl. geometrischen Stilarten (Dipylon-Gefäße, Hallstattgürtelbleche) ist aber kaum eine Grenze zu ziehen.

Hoernes *Urgesch.*[2] S. 580ff.

F. A. v. Scheltema

Gruppenehe. § 1. Unter G. versteht man die dauernde Verbindung einer Mehrheit von Männern mit einer Mehrheit von Frauen. Sie unterscheidet sich von Promiskuität (s. d.) dadurch, daß die Gemeinschaft der Geschlechtsbeziehungen nur auf eine weitere oder engere Verwandtengruppe von Brüdern, Vettern, Mutterbruder und Schwestersohn o. dgl. beschränkt ist, während im Falle der Promiskuität eine unterschiedslose Teilnahme aller Angehörigen des politischen Verbandes stattfindet. Da die politischen Einheiten besonders bei niedrigen Primitiven sehr klein sind, so kann man bei Berichten manchmal schwer die Grenzen erkennen, ob Promiskuität oder G. gemeint ist.

§ 2. Wie im Falle der Promiskuität muß man den Mitteilungen kritisch gegenübertreten. Auch hier besteht die Gefahr, daß vorübergehende Verbindungen bei Festen oder Besuchen von dauernden nicht unterschieden werden. Im ersteren Falle handelt es sich aber um nebeneheliche Verbindungen. Uns fesselt in diesem Zusammenhang die Frage, wie weit man solche festlichen Freiheiten als „Überlebsel" früherer dauernder gruppenweiser Verbindungen betrachten darf. Wir begegnen häufig einer ausgedehnten Teilnahme naher Verwandter an den sexuellen Beziehungen, so daß man sich des Eindrucks nicht erwehren kann, es mit alteingewurzelten Überlieferungen zu tun zu haben (s. Levirat). Es hat den Anschein, als ob die Spaltung des politischen Klans in zwei soziale und wirtschaftliche Sippeneinheiten mit einer ursprünglichen G. zusammenhinge (s. Klan, Sippe, Verwandtschaft).

§ 3. In Wirklichkeit läßt sich heute kaum eine einwandfreie dauernde G. als „ursprünglich" nachweisen. Wo gruppeneheähnliche Einrichtungen gefunden werden, sind sie auf bestimmte verwandtschaftliche Individual-Beziehungen und auf bestimmte Gelegenheiten beschränkt und tragen nebenehelichen Charakter (s. Ehe A, Familie A, Heiratsordnung, Nebenehe, Verwandtenheirat).

Bogoras (S. 590ff.) berichtet, daß viele russifizierte Familien der Tschuktschen des unteren Kolyma in NO-Sibirien in „Gruppenehe" mit Tschuktschen-Familien leben. Und zwar betrachten die Tschuktschen dieses Verhältnis als „Gruppenehe", die Russen hingegen als eine Art von Prostitution. Die Tschuktschen legen großen Wert auf diese Beziehungen wegen der reicheren Kultur der Russen, während die letzteren gewisse wirtschaftliche Vorteile haben, wie kostenloses Rentierfleisch, billige Rentierfelle oder kostbares Pelzwerk aus der Tundra. Auf diese Weise gibt es in den russ. Familien von Handelsangestellten, Kaufleuten und Predigern viele Kinder aus Tschuktschenblut. — Ähnliche „Gruppenehen" zwischen Tschuktschen und Yakuten kommen dagegen nicht vor, da die Yakuten nicht so sehr unter Hunger leiden wie die russ. Mischlinge (Czaplicka S. 75). Unter den Tschuktschen selbst nennt Bogoras „G." ein Verhältnis, das wir besser als „freundschaftlichen Frauentausch" oder „Nebenehe" bezeichnen (s. Freundschaft, Gastfreundschaft, Nebenehe). Wenn der Mann in eine solche Gruppe von Freunden eintritt, die „Frauengenossen" (*new-tumgit*) genannt werden, so erwirbt er das Recht auf die Frauen seiner Genossen und kann dieses Recht ausüben, wenn er das Lager irgend eines von diesen besucht. Unterdessen verläßt dann der Gatte in der Regel das Haus für diese Nacht. Früher gehörten die Genossen einer solchen „Verbindung" immer derselben Familie an (außer Brüdern), aber jetzt sind es bloß Freunde. Auch Nichtverwandte können einer solchen Gruppe beitreten, deren Angehörige einen Freundschaftsverband bilden, der sich auch sonst unterstützt. Beim Eintritt in diese Genossenschaft finden Riten statt, die darin bestehen, daß sich die Angehörigen mit Blut beschmieren. Im allg. sollen die Angehörigen verheiratet und vom gleichen Lebensalter sein. In diese Gemeinschaften werden nun auch Fremde aufgenommen: Tungusen, Eskimos, Yukaghiren und auch Russen (Czaplicka S. 78f., 96). — Diese Schilderungen von Bogoras zeigen, wie Mißverständnisse in Bezug auf „G." entstehen können, andererseits sind sie deshalb lehrreich, weil sie auf eine sexuelle Anteilnahme der Verwandten hinweisen, die später in Form freigewählter Freundschaft nachgebildet wird. Es ist eine Entwicklung, die durchaus typisch ist (s. Klan, Politische Entwicklung, Soziale Entwicklung).

Die sexuelle Anteilnahme der Familie ist bei den Giljaken noch völlig erhalten. Denn Frau und Kinder gehören dort nominell und auch tatsächlich ebensogut dem Bruder an. Beim Tode eines der Brüder übernimmt der andere die Sorge für des Verstorbenen Witwe und Waisen (Czaplicka S. 44). — Die familiare Beteiligung enthält ganz deutlich die Wurzel zum Levirat (s. d.).

Möglicherweise handelt es sich bei der Sitte, die Miklucho-Maclay von den Sakas der Malakka-Halbinsel berichtet, daß nämlich die Braut einige Tage oder Wochen nach der Heirat mit den verschiedenen Männern der Familie ihres Gatten der Reihe nach zusammen lebt und dann wieder zu ihrem Gatten zurückkehrt (Skeat und Blagden II 56), um eine zeremonielle Aufnahme in die Familie oder Sippe des Gatten oder um eine ähnliche sexuelle Teilhaberschaft, wie sie von den Bánaro- (Thurnwald S. 24ff, 281f., 332f.) und anderen Neu-Guinea-Stämmen (Seligmann S. 473ff.) berichtet wird.

§ 4. Man pflegte die G. als eine verengerte Promiskuität aufzufassen und anzunehmen, daß sie sich aus dieser heraus „entwickelt" habe. Da aber weder dauernde Promiskuität noch uneingeschränkte G. bei niedrigen Naturvölkern heute einwandfrei nachzuweisen ist, z.B. nicht bei den Jägern und Sammlern, wie es die genau studierten Bergdama sind, wird man sich fragen müssen, ob man bei dem alten Schema bleiben darf, zumal sich oft von Stamm zu Stamm, selbst wenn sie auf gleicher Kulturhöhe stehen, in bezug auf die erotischen Sitten weitgehende Unterschiede feststellen lassen. Dabei soll nicht geleugnet werden, daß hier und da in der Tat G. geherrscht haben mag, nur dürfte anzuzweifeln sein, daß diese Einrichtung als ein bestimmtes, allg. verbreitetes Durchgangsstadium in der Entwicklung der menschlichen Ehe aufzufassen ist.

§ 5. Aus dem Altertum ist der Bericht Cäsars (B. G. V 14) über die Bewohner Britanniens bekannt, wonach „je 10 oder 12 Männer untereinander gemeinschaftliche Frauen besitzen, besonders Brüder mit Brüdern und Väter mit Söhnen, die Kinder aber dem zugerechnet werden, dem die Jungfrau (virgo) zuerst zugeführt wurde". Daraus geht aber auch hervor, daß eine Art Hauptfrau vorhanden war, der die Kinder zuerteilt wurden. Wie weit diesem Bericht allgemeine Bedeutung und entwicklungsgeschichtlicher Wert beizumessen sind, oder wie weit er bloß als historische Variante zu betrachten ist, muß vorläufig dahingestellt bleiben.

§ 6. Als Beispiele für das Bestehen einer G. werden gewöhnlich die alten Hawaiier und Tahitier, sowie verschiedene australische Stämme angeführt. Es hat sich indessen herausgestellt, daß es sich bei den sog. *Punalua*-Beziehungen von Hawaii um ein System von nebenehelicher Beteiligung unter bestimmten Verwandten, Brüdern des Mannes und Schwestern der Frau, handelt, verbunden mit der Institution von sog. „Zeugungshelfern". In ähnlicher Weise treten auch in

Australien Brüder und Schwestern als Mitteilhaber an den ehelichen Beziehungen auf (Ausführliches darüber: Thurnwald S. 212, 215, 217).

§ 7. Zur Erklärung des Ursprungs der *Pirrauru*-Einrichtung der Dieri Zentral-Australiens wird von N.W. Thomas darauf hingewiesen, daß diese „brüderliche Mehrehe" das Ergebnis des Umstandes sei, daß den jungen Leuten nicht genug Frauen zur Verfügung stehen, da diese von den alten Männern beschlagnahmt sind. In der Tat besitzen alte Häuptlinge oft 3—10 Weiber, und von den Aranda- und Loritja-Stämmen berichtet Strehlow, daß „die jungen Männer in der guten Alten Zeit auf die ihnen versprochenen Frauen warten mußten, bis sich die ersten grauen Haare in ihrem Bart zeigten, oder es wurden ihnen alte Weiber zugeteilt, während die alten Männer das Privileg für sich in Anspruch nahmen, so viel Frauen zu heiraten, als sie Lust hatten" (IV, I 12).

§ 8. Bei den Polynesiern ist die Autorität der Alten, namentlich der Häuptlinge der oberen Kasten, noch sehr viel größer, und ihre Ansprüche, sich aus wirtschaftlichen Gründen und solchen der Geltung mit vielen Frauen zu umgeben, sind gesteigert. Die politische Herrschaft hat hier auch zweifellos im Sinne einer Lösung alter Bindungen zu Heiratsordnungen unter gewissen Verwandten geführt. Hier finden wir auch, wie auf den Marschall-Inseln oder bei den Hawaiiern, Verbindungen zwischen Geschwistern in den Häuptlingsfamilien, weil die Frauen nicht in eine niedrigere Kaste heiraten dürfen (s. a. Polygamie).

§ 9. Erwägen wir alles das, so erscheint uns die G., die uns auch noch aus Indien von den Nairs, Todas und anderen, aus Afrika von den Balonda am Zambesi und aus Ostasien von den Giljaken auf Sachalin gemeldet wird, als eine Einrichtung, die sich in mehr oder weniger ausgebildeter Form unter dem Einfluß starker Autorität der Alten oder von Häuptlingen als Kompensation für einen gewissen Mangel an erotischen Gelegenheiten der übrigen hier und da ausgebildet hat, nicht selten in der Form von Festesfreiheit und von nebenehelichen Freiheiten. Unter diesen Umständen müssen wir die G. als eine Sondergestaltung von Liebeseinrichtungen, betrachten, nicht als ein Meilenstein auf der Hauptstraße der Entwicklung.

S. a. Altenherrschaft, Ehe A, Heiratsordnung, Klan, Levirat, Nebenehe, Promiskuität, Prostitution, Sippe, Sororat, Verwandtenheirat.

Literatur s. u. Ehe A, insbesondere: Bogoras *The Chukchee* Jesup N. P. E. 7 (1904—10); Czaplicka *Aboriginal Siberia* 1914; Seligmann *The Melanesians of British New Guinea* 1900; Skeat und Blagden *Pagan Races of the Malay Peninsula* 1906; Strehlow *Die Aranda- und Loritja-Stämme in Zentral-Australien* IV. Teil (1913); N. W. Thomas *Kinship Organisation and Group Marriage in Australia* 1906 S. 138f.; R. Thurnwald *Die Gemeinde der Bánaro* 1921.

Thurnwald

Gruppeneigentum s. Kommunismus.

Gruß.

§ 1. Unter Fremden. — § 2. Unter Bekannten. — § 3. In sozial gestaffelter Gesellschaft. — § 4. G. und Segen. — § 5. G. und Respektbezeugung.

§ 1. Man wird gut daran tun, grundsätzlich zwei Arten von G. zunächst zu unterscheiden: Das Verhalten bei der Begegnung mit Fremden und das beim Zusammentreffen mit Stammesgenossen. — Stets ist Europäern ein merkwürdiges Verhalten aufgefallen, das oft Eingeborene beim ersten Zusammentreffen mit den Weißen zeigen. Dieses Verhalten ist vor allem durch Furcht oder Befangenheit gegenüber den fremden, gewöhnlich überraschend erschienenen Wesen zu deuten. Solches Benehmen hat zunächst nur teilweise den Charakter eines G. Bei wiederholten, späteren Besuchen schwächt sich die Erregung je nach den günstigen oder ungünstigen Erfahrungen ab. Nichtsdestoweniger kann ein solches Verhalten als Grundlage für konventionelle Formen dienen, die sich an das bei der ersten Begegnung zum Ausdruck gebrachte Verhalten knüpfen.

Als Beispiel darf ich vielleicht eigene Erfahrung anführen, wie ich sie bei der Begegnung mit von Weißen noch nicht besuchten Stämmen Neu-Guineas machte. Als ich mich dem an einer Lagune gelegenen Dorf Kumbragumbra am unteren Augusta-Strom in der Pinasse näherte und am Ufer anlegen wollte, sprang die gesamte am Ufer in einer Reihe aufgestellte Mannschaft des Dorfes vor dem Boot mit erhobenen Händen ins Wasser und kroch dann lachend ans Ufer zurück. Diese Form der Begrüßung deutete Entwaffnung und freundschaftliche Absicht an. — In den Steppendörfern nördlich vom Mittellauf des Augusta-Stroms versicherte man mich der guten Absichten dadurch, daß die führenden Persönlichkeiten des Dorfes sich vor mir an die Nase oder an den Nabel faßten. Dadurch sollte ein zufriedenstellender Geruch angedeutet oder das Zeichen gleicher Abstammung (= Freundschaft) erwähnt werden. Bei der Annäherung an andere Dörfer dieser Gegend, die dem Küstengebirge näher lagen, drückten mir die Führer, welche den Weg wiesen, Taro-Blätter in die Hand, als Friedenssymbole, mit denen ich meine gute Absicht ausdrücken sollte. Beim Befahren des Stromes selbst wurde ich nicht selten von Seite der im Mittellauf unmittelbar am Ufer gelegenen Dörfer durch tanzende Männer begrüßt, die mit erhobenen Händen von einem Bein auf's andere hüpften. Den Höhepunkt erreichte eine solche Begrüßung einmal im Dorfe Angorman, in dem die ganze zahlreiche männliche und weibliche Bewohnerschaft in dem Augenblick, als ich ans Land stieg, einen Tanz begann. Eine ähnliche Begrüßung erlebte ich übrigens auch auf der abgelegenen und nur selten besuchten mikronesischen Insel Tobi. Überraschend war es mir, als ich in den Dörfern des Zentral-Gebirges von Neu-Guinea mit Handschlag begrüßt wurde. — Das Anfassen der Hand ist übrigens auch unter den Auin-Buschleuten als Begrüßungsform üblich (Kaufmann S. 156). — Dies alles sind Gebärden, Bewegungsformen des G.

Wortbegrüßungen erfuhr ich am Grünfluß, ziemlich nahe der holländischen Grenze am Südabhang des Küstengebirges. Dort pflegten sich die Leute, wenn ich vorbeikam, dadurch bemerkbar zu machen, daß sie meinen Kanus: *o iabō, o iabe!* zuriefen; beim Abschied brach die ganze Mannschaft in ein rhythmisches, erst langsames, dann immer schneller werdendes Geheul aus: *a—ii, a—ii, aii, aü, a' a' a' — üühhhh!* (vgl. Thurnwald).

Übrigens ist die Begrüßung Fremder nicht immer von den gleichen Affektäußerungen bei Naturvölkern getragen. Hier und da kommt das genaue Gegenteil, ein Zur-Schau-Tragen voller Gleichgültigkeit, vor. Als Vancouver im J. 1792 an der Nord-West-Küste von Amerika landete, fuhren die Indianer dieser Gegend, bei denen zum erstenmal ein Weißer erschienen war, fort zu fischen und schenkten den Booten keinerlei Beachtung (Gibbs S. 226—227).

§ 2. Bei der Begegnung unter Bekannten fehlt im allgemeinen die gleiche Affektbetontheit, wie sie einem unbekannten, durchaus neu erscheinenden Menschen gegenüber sich einstellt. Obwohl sich die Angehörigen benachbarter Dörfer in der Regel persönlich kennen und auch verwandt oder verschwägert miteinander sind, gibt es doch verschiedene Stufen der Bekanntschaft oder Fremdheit und demgemäß auch ein verschiedenes Verhalten (s. a. Meidung). Vedder (S. 195) berichtet von den Bergdama-Jägern Südwestafrikas: Tritt jemand nach längerer Abwesenheit in den Kreis von Bekannten, so pflegt er sie mit der Frage anzureden: „Seid ihr da?" oder „lebt ihr noch alle?" Auf die bejahende Antwort erfolgt die Gegenfrage der Begrüßten: „Geht's dir gut? Als ein von einem Dorn nicht Gestochener bist du gekommen?" darauf folgen als übliche Fragen: „Wer ist hier etwa gestorben?" usw., nach deren Beantwortung erst der Ankömmling Bericht über den Verlauf der Reise erstattet. Seinen Bericht zu geben, erleichtert man ihm dadurch, daß man einige Fragen einwirft, z. B. „wo hast Du geschlafen?" „wo hast du zuletzt Wasser getrunken?" usw. — Der Scheidende ruft seinen Bekannten du: „Bleibt da!" Ihm wird geantwortet: „Gehe gut! Möchtest du auf einem stumpflosen Wege gehen!" (auf einem Wege, der keine abgebrannten oder abgehauenen, aus der Erde noch hervorragenden Baumstümpfe enthält, an denen man leicht strauchelt). Wahrscheinlich ist der Anstoß zu diesem G. aus dem Zusammenwohnen mit den Herero entstanden, die fast mit denselben Ausdrücken scheiden oder den Scheidenden entlassen. Auch ein Herero wird bei seiner Ankunft von seinen Bekannten durch Fragen zum Bericht aufgefordert. — Als ursprüngliche Sitte der Bergdama ist jedoch die Gewohnheit aufzufassen, daß der Mann, der seine Frau eine Zeitlang verläßt, ihr den rechten Ellenbogen darreicht, den sie mit dem Munde berührt, vielleicht bespuckt. Dasselbe Verfahren wiederholt sich bei der Rückkehr des Mannes. Von seinen Kindern nimmt ein Vater Abschied, indem er Speichel auf ihre Brust spuckt und ihn mit den Fingern verstreicht (vgl. Gelübde A, Idol A1). Das gleiche geschieht, wenn die Kinder verreisen, ohne daß der Vater sie begleitet. Als Erklärung gibt man an: „Des Vaters Körper ist von besonderer Kraft (*Soχa*), darum hat sein Speichel die Fähigkeit, die Kinder vor Krankheit zu bewahren (s.a. Mana B). Wir finden hier denselben Gedanken, der auch dem Segen (s. d.) zugrunde liegt. Der allgemeine Abschiedssegen und -G. einer erwachsenen Person lautet: „Möchtet ihr benetzt werden von den Vätern, meinen Oheimen!" Die Eigenart dieses G. findet ihre Erklärung darin, daß durch Benetzen mit dem Urin der Alten eine heilende und bewahrende Kraft wirksam wird. Auch ein Alter läßt sich, bevor er verreist, von einem zurückbleibenden andern Alten, der zuvor aus einem Gefäß mit Wasser einen Schluck genommen hat, bespeien. Bei der Rückkehr wird die gleiche Zeremonie wiederholt, bevor einer das Lager betritt. Man behauptet, daß jeder Besucher, soweit es sich um einen Volksgenossen handelte, in alter Zeit in derselben Weise begrüßt und entlassen worden sei, und daß der zur Begrüßung herbeigeeilte Alte nicht Wasser, sondern den heilkräftigen Urin des eigenen Körpers verwendet habe. Dieselbe Aufmerksamkeit wurde auch scheidenden und ankommenden Frauen erwiesen. Zur Begrüßung eignete sich aber nur ein Alter, der das Recht auf einen Sitz am heiligen Feuer hatte (s. a. Feuer A, Gastfreundschaft, Jünglingsweihe). Der Scheidende soll durch die Grußzeremonie vor Überfall durch Löwen oder durch die Herero oder Nama usw. und vor sonstigen Unfällen bewahrt werden, bei seiner Rückkehr jedoch sollen etwa aus der Fremde mitgebrachte „Unglückskeime" vor dem Betreten des Lagers vernichtet werden. Begrüßt man einen Fremden auf die gleiche Weise wie den Angehörigen des eigenen Lagers, so liegt darin nicht Menschenfreundlichkeit, sondern vielmehr eine Vorsichtsmaßregel zur Sicherung des eigenen Lagers. — Eigentümlich ist die Begrüßung zweier Personen, welche die Sitte der Verwandtenscheu (s. Meidung) zu beobachten haben. Da Kinder desselben Vaters oder derselben Mutter einander nicht ansehen dürfen, wenn sie verschiedenen Geschlechts sind, so nimmt eins vom anderen Abschied, indem beide einander den Rücken zuwenden. Die scheidende Person reicht sodann der zurückbleibenden den Reisestab, den diese mit der Hand berührt. Worte werden dabei nicht gewechselt. Das gleiche wiederholt sich bei der Rückkehr.

Unter den Bewohnern der melanesischen Dörfer der Südsee-Inseln beschränkt sich der G. darauf, daß ein Angehöriger eines anderen Dorfes, der vorbeikommt, gefragt wird, wohin er geht, worauf er das Ziel seiner Wanderung angibt. Als Antwort darauf erfolgt ein kurzes: „Geh weiter!" Hält er sich einige Zeit auf und verläßt den Ort, so begnügt sich der Scheidende mit der Bemerkung: „Ihr bleibt!" — Auf den Banks-Inseln ist ein besonderer Fingergruß üblich, der darin besteht, daß zwei Leute den Mittelfinger ihrer rechten Hand ineinanderhaken und dann ziehen, bis die Gelenke knacken. Dies gilt als Zeichen von Kameradschaft und Einverständnis. Das Reiben der Nasen ist in polynesischen Niederlassungen gebräuchlich (Codrington S. 354).

Die verhältnismäßig häufigen Besuche unter den Angehörigen der Australischen Stämme haben auch dort feste Traditionen, eine „Kultur des Benehmens", herausgebildet. Wenn einer sich dem Lagerplatz einer befreundeten Horde nähert, so zündet er Feuer an, um durch den Rauch sich bemerkbar zu machen. Er betritt nicht sofort den Lagerplatz, sondern setzt sich erst draußen hin und wartet, bis er aufgefordert wird, zu kommen. Nach ein oder zwei Stunden erscheinen die Alten des Lagers und sitzen neben dem Fremden nieder. Erst nach einer Weile entspinnt sich ein Gespräch, bei dem der Ankömmling schließlich den Zweck seines Besuches bekannt gibt, z. B. Botenstöcke überreicht. Dann wird er in das Lager geführt und verweilt da tagelang, wird verpflegt und erhält dann oft auch zeitweise eine Frau (Spencer und Gillen S. 509f.).

Auch ich habe persönlich in den melanesischen und papuanischen Gebieten die Erfahrung gemacht, daß es als gehöriges Benehmen gefordert wurde, sich bei Annäherung vor dem Betreten des Dorfes durch Rufen oder sonstwie bemerkbar zu machen. —

Verschieden ist jedoch die Auffassung bzgl. des Übernachtens eines Gastes. Mitunter verlangt man, daß er außerhalb des Dorfes bleibt, in anderen Fällen dagegen betrachtet man gerade dies mit Mißtrauen und wünscht, daß er, zum Zeichen seiner friedlichen Absichten, die Nacht im Dorfe verbringt (s. Gastfreundschaft).

§ 3. In der sozial-gestaffelten Gesellschaft fällt dem G. eine besondere Bedeutung als Anerkennung des Rangunterschiedes zu. Fast in der gesamten unter mikronesischem und polynesischem Einfluß stehenden Südsee-Bevölkerung findet sich die Sitte, daß die Überordnung der Häuptlings- oder Adelspersonen ihren Ausdruck darin findet, daß der Übergeordnete auch als körperlich größer erscheinen soll. Trifft ein gemeiner Mann mit einem Adligen zusammen, so muß ersterer sich bücken, der Häuptling oder Adlige dagegen, auch wenn er sitzt, sich erheben. — Geht auf der Karolinen-Insel Yap jemand an einem sitzenden Adligen vorüber, so hat er um Erlaubnis zu fragen, passieren zu dürfen. Der Untergeordnete hat niederzuhocken und in dieser Stellung die Antwort abzuwarten. Er ruft dem Höheren zu: „steh' auf!", worauf dieser sich erhebt und den anderen auffordert vorbeizugehen, was dieser sodann in gebückter Haltung tut. Höhere beobachten untereinander aus Höflichkeit ein ähnliches Verfahren. Fährt ein Kanu am Strande eines Dorfes vorbei, so darf man dabei nicht stehen, sondern muß niedersitzen, wenigstens muß der Vordere im Boot diese Höflichkeit einhalten. Auch gehört es sich nicht, bei Übungen zum Segelsport in der Nähe der Dörfer die Segel entfaltet zu haben (Müller-Wismar S. 255).

Das gleiche Verhalten wird auch auf den zweifellos polynesisch beeinflußten Trobriands-Inseln w. von Neu-Guinea bei den Häuptlingen und Adligen beobachtet. Bei Festen errichtet man große Plattformen vor den Häusern, auf denen sich der Häuptling niederläßt, zu dem Zwecke, damit er sich in höherer Lage als die anderen befindet und nicht jedesmal sich erheben muß (Malinowski S. 52, 65, 152).

Die Sitte des Kniebeugens geht zweifellos darauf zurück, daß der Betreffende sich auch als körperlich niedriger gegenüber dem bezeichnet, dem er den G. darbringt. In dem von zauberischen Gedankengängen erfüllten Leben der höheren Naturvölker gewinnt der G. eine besondere, zeremonielle Feierlichkeit, wie z. B. bei den ostafrikanischen Barundi. Entsprechend der sozialen Gliederung des Volkes lassen sich hier drei große Gruppen von G. unterscheiden: 1. Begrüßung des Königs: der Grüßende kniet nieder, beugt sich zum König vor, klatscht ihm entgegen in die Hände und ruft: „Gebiete, König!" oder „Sei gesund, König!". Auch die Mitglieder der königlichen Familie, die *Baganda*, die großenteils als Oberhäuptlinge die Provinzen regieren, werden ähnlich begrüßt. — 2. Begrüßung der Adligen aus nichtköniglichem Geschlecht und der kleineren Gemeindehäupter: der Grüßende neigt sich dem Adligen entgegen und ruft: „Friede, Herr!" oder „Bist du gesund erwacht, Herr?" oder „Besiege deine Feinde!" oder „Wir bringen dir Gras dar!"; worauf der Begrüßende eine Handvoll Laub, Stroh- oder Grashalme abrupft und sie dem König oder Adligen zu Füßen legt, als Symbol der Unterwerfung des Erdbodens, auf dem das Gras wächst. Die Gras-Huldigung ist bei den hamitischen Hirtenvölkern weit verbreitet und spielt auch bei den Gala eine zeremonielle Rolle (Werner S. 275). — 3. Begrüßung gewöhnlicher Barundi untereinander. Hierbei wird eine ganze Reihe traditioneller Redewendungen gebraucht. — Eine Art „Akkolade" ist als Begrüßung unter Verwandten und Freunden üblich. Wenn jemand einen guten Bekannten trifft, schaut er ihn erst einige Zeit stumm an, geht dann, die gefalteten Hände entgegenstreckend, auf ihn los. Der andere nimmt diese gefalteten Hände zwischen die seinigen und streicht sanft auf den Armen des Begrüßenden auf und ab, wobei sich Brust und Kopf der beiden einander nähern, als ob sie sich umarmen wollten. Währenddem werden zahlreiche Grußformeln in Anrede und Antwort gebraucht, wobei man sich gegenseitig Rinder und Rinderherden wünscht, ein charakteristischer Hirtengruß, der zweifellos von den Batussi stammt (Meyer S. 95).

Die traditionellen Formen der Etikette

werden von den *Ila*-sprechenden Völkern des n. Rhodesiens beim G. streng eingehalten. Wenn ein Fremder in ein Dorf eintritt, so hat er zuerst nach dem Häuptling zu fragen, worauf er zu dessen Hütte, die sich stets gegenüber dem Eingang befindet, hingeleitet wird. Darauf sitzt er dort nieder, und niemand spricht ein Wort. Es gilt als Höflichkeit, dem Fremden Zeit zu geben, sich zu sammeln, sich den Schweiß abzuwischen und sich bequem herzurichten, auch reicht ihm einer schweigend einen Becher Wasser. Darauf eröffnet der Häuptling oder sein Vertreter das Gespräch mit den Worten: „Man sieht dich". Ist der Besucher kein Fremder, sondern kommt er aus der Nachbarschaft, so sagt man gewöhnlich nur: „Du bist aufgebrochen" — eine der Redensarten, mit denen man auch zu Hause das Gespräch eröffnet. Der Besucher erwidert darauf: „Man sieht mich, und dich auch." Danach können auch andere den Besucher begrüßen, und mit jedem Einzelnen muß das Gespräch in gleicher Weise eröffnet werden. Erst wenn dieser Ritus erledigt ist, ergreift wieder der Häuptling das Wort, aber auch mit ganz bestimmten Wendungen. Der Wirt fragt: „was wird gesprochen?" d. h. was gibt es Neues. Wenn auch der Besucher allerlei zu erzählen wünscht, so darf er korrekterweise doch nur antworten: „nichts von Bedeutung, und was gibt es hier?" Darauf antwortet der Häuptling wieder in der Regel: „Nichts, alles ist ruhig." Er kann aber auch jetzt gleich erzählen, was vorgefallen ist. Erst hinterher ist es dem Besucher erlaubt, Neuigkeiten von seiner Reise oder aus seiner Heimat zu berichten. Wenn der Besucher bekannt ist, so fragt der Häuptling nach seiner Frau und seinen Kindern, worauf der Besucher das gleiche tut. Beabsichtigt der Besucher, die Nacht am Orte zu verbringen, so läßt der Häuptling für ihn kochen oder bietet ihm wenigstens Milch oder Bier an. Beim Abschied gebraucht man die Worte: „Ich gehe, du bleibst", worauf die Antwort erfolgt: „Gehe, oder mögest du ankommen!" Wünscht der Häuptling dem Gast Ehrerbietung zu erweisen, so begleitet er ihn bis zum Tor, ist es ein Freund, so bringt er ihn noch ein Stück Weges entlang. — Begegnen sich zwei Leute unterwegs, so bleiben sie stehen und begrüßen einander. Die Unterlassung eines solchen Grußes würde als große Unhöflichkeit erscheinen, und wenn ein Unglück dem einen zustößt, so würde der andere, welcher den G. nicht erwiderte, dafür verantwortlich gemacht werden. Auf jeden Fall müssen zwei, die sich begegnen, rechts einander ausweichen, ganz zur Seite treten und sich einander so zuwenden, daß ein jeder die rechte Hand, welche den Speer trägt, im Falle von Verrat frei hat. Richtig ist es aber eigentlich, den Speer erst niederzulegen und dann einander zu begrüßen. — Ebenso soll ein Mann, der ein fremdes Dorf betritt, die Speerspitze nach unten kehren, bevor er irgendwo niedersitzen will (Smith und Dale I 362ff.). Eine Zusammenstellung über verschiedene weitere Grußformen findet sich in dem Aufsatz von Ling-Roth S. 164—181.

§ 4. Der Zusammenhang des G. mit dem Segen (s. a. § 1) tritt in den von reflektierenden Gedankengängen durchsetzten Kulturen der höheren Naturvölker besonders zutage. Deutlich ist das in den alten semitischen Kulturen der Fall. Das bei einer besonderen Gelegenheit unter einer gewissen Affektbetonung gesprochene Wort erhält eine zauberische Bedeutung und erscheint so leicht als „Segen" oder „Fluch" (s. d. A). Wird der vorislamitische König mit den Worten begrüßt: „Du wehrst den Fluch ab", so soll das besagen: „Du bist mit deinem Segen, mit dem du erfüllt bist, den du ausstrahlst (s. Mana B), imstande, die Wirkungen des Fluches aufzuheben." Es ist ein ähnlicher G. wie der: „Jahwe ist mit Dir" (Pedersen S. 90).

§ 5. Im frühen und späten Mittelalter spielen Gebärdengrüße, wie Aufstehen, Kniebeugen, Anerbieten des Vortritts usw., durchzogen von bestimmten Wortformeln, eine große Rolle. In eigentümlicher Art wurde u. a. im alten Irland der Respekt durch Tragen auf dem Rücken erwiesen (Joyce II 490). — Der Kuß hat als Grußform ein verhältnismäßig eng umschriebenes Geltungsbereich und kommt bei Naturvölkern so gut wie nicht vor. Im allg. kann man sagen, daß der G. die Kulturart des Grüßenden in charakteristischer Weise spiegelt.

S. a. Fluch A, Freundschaft, Gastfreundschaft, Meidung, Segen, Zauber A.

Codrington *The Melanesians* 1891; Gibbs *Tribes of W-Washington and NW-Oregon* Contributions to N-Americ. Ethnology 1877; Joyce *A Social History of Ireland* 1903; Kaufmann *Die Auin-Buschleute* Mitt. a. d. dtsch. Schutzgebieten 23 (1910); Ling-Roth *On Salutations* Journ. anthr. inst. 19 (1890); Malinowski *Argonauts of the W-Pacific* 1922; Hans Meyer *Die Barundi* 1916; Müller-Wismar *Yap* 1917; Pedersen *Der Eid bei den Semiten* 1914; Smith und Dale *The Ila-Speaking Peoples of N-Rhodesia* 1920; Spencer und Gillen *N-Tribes of Central Australia* 1904; Mitt. a. d. dtsch. Schutzgebieten 26/4 (1913), 27/1 und 27/3 (1914), 29 2 (1916) Thurnwald; Vedder *Die Bergdama* 1923; „Afrikabote" 1903—04 Werner.

Thurnwald

Gschnitz-Stadium s. Diluvialgeologie § 6.

Gudenus-Höhle s. Österreich A § 2.

Gugney-sous-Vaudémont (Dép. Meurthe-et-Moselle). FO einer Steinvase, aus grünlichem Serpentin geschliffen, 7 cm h. Das Stück ist das einzige bronzezeitl. Steingefäß Frankreichs. Der Boden ist kugelförmig, mit fast senkrechtem, ganz schwach geschweiften Rande. Es stammt aus einer Steinkiste, die, aus Feldsteinen zusammengestellt, unten mit kleinen Steinen gepflastert und oben mit zwei großen Steinen abgedeckt war. Die Kiste (0,80 × 1,50 m) enthielt zwei Skelette, einige zerschlagene Tongefäße, ein ganzes Gefäß mit Standboden, zylindrischem Hals und kleinen Henkeln. Dieses letztere Gefäß gehört in die frühe BZ(?). Die Gefäße lagen mit der Serpentinvase in einem besonderen, aus Steinplatten erstellten, kleinen Behälter an der Nordwand der Kiste. Das ganze Grab fand sich an einem Wall nicht genau bestimmbarer Zeit. — Die Herkunft der Steinvase ist ungewiß, ob an Import zu denken ist, steht vorläufig dahin. Die Datierung des Fundes ist nicht ganz gesichert.

Beaupré *Une enceinte de l'âge du Bronze, Gugney-sous-Vaudémont* Soc. arch. Lorraine 1904; Déchelette *Manuel* II 1 S. 391.

E. Rademacher

Guldhøi s. Nordischer Kreis B § 3 b 1.

Gullrum s. Gotland A, Nordischer Kreis A § 4 c 2 *α*.

Gunderup s. Aarre.

Gundestrup (Ksp. Aar, Aalborg Amt, Jütland). § 1. G. ist der Fundplatz eines sehr interessanten Moorfundes, des sog. Gundestruper Kessels (Tf. 271). Der Kessel, ein großes Gefäß, besteht aus Silber und ist in der Form ähnlich den viel kleineren, halbkugelförmigen Kesseln aus Bronze mit eisernen Oberteilen vom Körchower Typus (vgl. Beltz *VAM* Tf. 58, 76. 77; s. a. Körchow), die der vorröm. und röm. Zeit angehören. Er ist mit reichen figürlichen Darstellungen auf Platten in getriebener Arbeit innen und außen geschmückt. Die Darstellungen sind z. T. durch klassische Vorbilder beeinflußt, manche Motive weisen auf Beziehungen zum gall. Kulturkreise (Torques). Die äußeren Platten tragen alle als Hauptdarstellung eine weibliche oder männliche Büste, wahrscheinlich Götterdarstellungen mit Attributen (Menschen oder Tiere). Eine dieser Beifiguren stellt den Kampf des Hercules mit dem nemeïschen Löwen dar. Auf den inneren Platten sieht man Krieger — einige mit gall. Blashörnern — zu Pferde oder zu Fuß, Opferhandlungen, einen Stierkampf und verschiedene Götter, darunter den gall. Gott Cernunnos mit Hirschgeweih, in den Händen einen Ring und eine Schlange mit Widderkopf. Rings um die Götter finden sich Löwen, Elefanten, Antilopen, Greifen und ein Delphin, auf dem ein Mann reitet. Die runde Bodenplatte trägt ebenfalls einen Stierkampf. Um die Platten herum ziehen sich Efeublätter. Die Augen der Figuren waren ehemals mit Glasfluß gefüllt, wovon noch Reste vorhanden sind.

§ 2. Man nimmt an, daß der Kessel in Dänemark unter starkem Einfluß gallorömischer Kunst verfertigt ist. Seine Zeitstellung ist nicht völlig sicher, den Jahrhunderten um C. Geb. muß er jedenfalls angehören. Salomon Reinach (L'Anthrop. 1894 S. 456) und K. Stjerna (Studier tillägnade O. Montelius 1903 S. 109) wollen ihn allerdings erst der Völkerwanderungszeit zuschreiben. S. Müller (Nord. Fortidsm. 1 S. 41) nimmt an, daß er aus dem letzten Jh. v. C. oder dem ersten Jh. n. C. stamme. Im J. 1898 (*NAK.* II 165) hat er sich aber dafür entschieden, den Kessel ins 2. Jh. n. C. zu setzen. Montelius (Nordisk tidskrift 1893 S. 246 ff.) datierte ihn anfangs in die Zeit um C. Geb., eher etwas vor als nach dem Beginn unserer Zeitrechnung; 1896 (Sv. Fornm. Tidskr. 9 S. 185) setzte er ihn in seine III. Per., d. h. in die Zeit vor C. Geb.

Gundestrup
Silberner Kessel. Nach S. Müller.

§ 3. Mit diesem Kessel verwandt sind augenscheinlich drei große, ebenfalls in Mooren gefundene Kesselfragmente aus Bronze mit Figuren, die entweder in getriebener Arbeit hergestellt oder angenietet sind. Eines stammt aus dem Illemose bei Rynkeby in der Nähe von Kjerteminde, Fünen (Nord. Fortidsm. 1 S. 59, Abb. 12. S. Müller; H. Petersen *Vognfundene i Dejbjerg Praestegaardsmose* 1888 S. 39 Abb. 1; hier Band III Tf. 123), eines aus Stevns (Seeland) und eines aus Langholm bei Hillerød (Seeland; H. Petersen a. a. O. S. 39, Abb. 2.).

[Arch. Jahrb. 30 (1915) S. 1ff. Drexel.]
Hanna Rydh

Gündlinger Stufe. G. S. nennt man diejenige Erscheinungsform der frühen Hallstattkultur, wie sie sich in Südwestdeutschland nach dem spätbronzezeitl. Urnenfelderstadium ausgeprägt hat. Gündlingen ist ein Dorf in der Rheinebene w. von Freiburg, wo, wie bei dem benachbarten Ihringen, von E. Wagner und E. Fischer eine große Anzahl Grabhügel untersucht wurden, die zum ersten Mal ein charakteristisches Inventar dieser Per. ergaben. S. a. Mittel- und Süddeutschland D § 3.

E. Wagner *Hügelgräber* 1885 S. 20f; ders. *Fundstätten* I 181f., 187f.; E. Fischer *Die Lohbücke bei Ihringen am Kaiserstuhl* Z. d. Ges. f. Geschichtskunde z. Freiburg 23 (1907) S. 32f.; *AuhV* 5 S. 315f.; K. Schumacher *Rheinlande* I 90f.
K. Schumacher

Gungeria (Zentral-Indien, Kupfer- und Silberdepotfund) s. Bronzezeit § 11 (dort statt Pangeria).

Guntramsdorf (Niederösterreich). In einer Schottergrube wurden mehrere Gräber angetroffen, die breitblattige Lanzenspitzen, Schwerter und Schwertketten aus Eisen, ferner mehrere urnenförmige Gefäße, auf der Drehscheibe gearbeitet, ergaben. Es handelt sich um ein Gräberfeld der LTZ Stufe C.

Mitt. Zentr. Kom. 1906 S. 49. Hauser.
G. Kyrle

Günz-Eiszeit (erste alpine Eiszeit) s. Diluvialgeologie § 6.

Günz-Mindel-Interglazial (erste alpine Zwischeneiszeit) s. Diluvialgeologie § 6.

Gurina (Kärnten). Unweit des Dorfes Dellach im Gailtal liegt etwa 200 m über dem Dorfe ein Hügel, „Auf der Gurina“ genannt, mit kegelförmig freistehendem Gipfel. Auf und an dem Hügel wurden Lappenäxte aus Bronze, kelt. Münzen, viele Fibeln (Tf. 66 Abb. 11) und andere latènezeitliche Funde, sowie Bronzebleche mit venetischen Inschriften gefunden. Auf dem Hügel fanden sich auch röm. Mauerwerke und röm. Funde. Der Platz scheint, soweit die bisherigen, mehr durch Zufälle als durch systematische Grabungen zutage gekommenen Funde erkennen lassen, kontinuierlich von der HZ bis in die provinzialröm. Zeit besiedelt gewesen zu sein, was möglicherweise mit dem vermutlich präh. Galmei-Bergwerken in der Nähe der Station zusammenhängt.

A. B. Mayer *Gurina* 1885.
G. Kyrle

Gurke s. Garten.

Gurnià. Min. Stadt im ö. Kreta (s. d.; Band VII Tf. 50b, 63), an der Mirabello-Bucht, unweit vom Meere, wo ein schlechter Landeplatz lag (jetzt Pachyammos). In G. und der Umgegend mehrfache frühmin. Reste, doch blüht G. erst SM I auf. Es bleibt eine unregelmäßig gebaute, winklige, wenig reiche Provinzstadt mit bescheidenem Palast; n. davon eine selbständige kleine Kapelle mit eigener Zugangsstraße. Innerhalb von SM III wird G. durch Brand zerstört und nur zum geringen Teile wieder besiedelt, dann endgültig verlassen. Die Bedeutung von G. beruhte vielleicht auf der am Meere gelegenen, kupferhaltigen Höhle von Chrysokamino, wo schon im FM das Erz gewonnen wurde. Für die Schiffahrt sind die nö. gelegenen Eilande Pseira (s. d.) und Mochlos (s. d.) viel wichtiger als das hafenlose G. Die amerik. Ausgrabungen unter Miss Boyd (seit 1901) ergaben viel Keramik, einige Bronzen, Steingefäße u. a. (s. Band I Tf. 67, Band II Tf. 86 b).

H. Boyd-Hawes *Gournia* 1908. — Späteste min. Besiedelung („achäisches Herrenhaus“): Arch. Jahrb. 27 (1912) S. 38ff. Oelmann; Fimmen *Kret.-myk. Kultur*² 1924 S. 17f., 27ff., 54. — Chrysokamino: Mosso *Preistoria* II 219ff.; dazu Fimmen S. 120.
G. Karo

Gürtel. Das im Altertum meist blusenartige Gewand legte die Benutzung eines G. nahe, dessen Existenz sich häufig durch Überreste, Beschläge und auf Darstellungen nachweisen läßt. Ein schön gestepptes Band aus Birkenrinde aus dem neol. Pfahlbau von Niederwil (s. d.; v. Tröltsch *Die Pfahlbauten des Bodenseegebietes* 1902 S. 93 Abb. 87) wird als G. angesehen. Sonst ist von steinzeitl. G. nichts bekannt (vgl. a. Tf. 184). Aus der älteren BZ stammt ein gewebter Wollgürtel mit Quasten aus einem der jütländischen

Eichensärge (Band VI Tf. 95 g). In der jüngsten nord. BZ treten aus Bronze gegossene Gürtelketten auf (vgl. Band II Tf. 77). Bronzene Gürtelbeschläge der verschiedensten Form finden sich häufig in den Gräbern aller Per. der Metallzeit; der Gürtel selbst scheint meistens aus Leder bestanden zu haben, dessen Reste sich an den bronzenen und eisernen Beschlägen manchmal erhalten haben. In der HZ überwiegt ein breiter, mit Bronzeblech oder Knöpfchen reich beschlagener Ledergürtel (Tf. 60 Abb. 6, 7; Band III Tf. 121 g). Prächtige, ganz aus Bronze und Eisen gearbeitete G. hat die LTZ hervorgebracht (Tf. 65 Abb. 10—12; Band V Tf. 105 a; VI Tf. 98; VII Tf. 188, 1). Der Verschluß wird durch den Gürtelhaken bewirkt; die Gürtelschnalle verbreitet sich erst in nachchristlicher Zeit. S. a. Kleidung, Schmuck. A. Götze

Gürtelhaken. Ein aus der Hallstattkultur übernommenes, in Stufe II und III der nordd. EZ überaus häufiges und zu chronol. Bestimmung wichtiges weibliches Toilettestück. Die eine Seite faßt mit einem Haken in den Gürtel oder wird durch Ösen an ihm befestigt, die andere greift mit einem Haken oder Knopf in ein Loch des Gürtels oder in einen Ring. Im w. Norddeutschland stets einteilig (über die zweiteiligen ostd. Kostrzewski *Ostgerm. Kultur der Spätlatènezeit* S. 42). Überwiegend aus Eisen, aus Bronze nur ausnahmsweise. — A. Stufe II. 1. Mit beiderseitigem Haken („Haftzunge"), der aber auf den beiden Seiten meist verschieden gebildet ist: a) schmales längliches Band (Knorr 64, 65); b) eine Seite breiter; c) über der größten Breite einziehend und in einem schmalen Stücke endend (Knorr 66; Beiträge zur Gesch. d. Altmark 3 [1911] S. 101 Abb. 54 [Bronze] Kupka). 2. Haken nur an einer Seite, die andere breit (gradlinig oder, seltener, in Dreieck abschließend) und mit Nieten. Die Form kommt auch mit Längsrippen und in größeren Exemplaren vor (Knorr 67; ZfEthn. 1915 Abb. 13e; Beltz *VAM* Tf. 45, 8). 3. Haken nur an einer Seite, auf der anderen aufgenietetes Querband (Knorr 68). B. Stufe III. 4. Weiterbildung von 3; in einem Stücke gearbeitet (Knorr 98; Schwantes *Urnenfriedhöfe in Niedersachsen* I $^1/_2$ Tf. 25, 10). 5. Weiterbildung von 2; an Stelle des Hakens ein Knopf; mit Längsrippen; bis 21 cm l. Die Nieten aus Bronze, oft auch die dazugehörenden Ringe, die oft eine Zwinge haben, auch aus Bronze; bronzenes Band am breiten Ende (Knorr 99). C. Stufe IV. Die bisherige Form hört auf. Eine neu auftretende ist aus den kelt. Ländern eingeführt, ist seltener und gehört anscheinend zum männlichen Inventar: kleine Ringe mit aufrechtstehendem Knopf (Krappen), von Bronze und Eisen, die Form hält sich bis in die röm. Zeit (Präh. Z. 1 [1909] S. 156 Schwantes; Kostrzewski a. a. O. S. 62). — Vgl. a. Tf. 54 Abb. 37, 38, Tf. 92 a; Band V Tf. 129 g.

F. Knorr *Urnenfriedhöfe in Schleswig-Holstein* 1910 S. 25 f. R. Beltz

Gürtelplatte, Nordische s. Nordischer Kreis B § 2 b.

Gürtelschließe, Iberische. § 1. G. sind sowohl in der nachhallstättischen Kultur Zentral- und Westspaniens wie an der iber. Küste zahlreich. Nach Bosch wären sie typol. in drei Serien zu gruppieren: A, B, C. (Abb. s. Pyrenäenhalbinsel D § 7).

Serie A: Schließen mit einem Haken und einer Einbuchtung auf jeder Seite, welche bei einer zweiten Abart geschlossen wird.

Serie B: Ebenso wie die vorige Serie, aber mit drei Haken (ausnahmsweise auch 5 Haken).

Serie C: Verschiedene Typen mit geradlinigen Seitenrändern.

§ 2. Am häufigsten finden sich die Gürtelschließen in der nachhallstättischen Kultur. In der iber. Kultur der Küste Süd- und Südostspaniens gibt es nur vereinzelte Typen aus verschiedenen Serien, und man kann dort nicht die ganze typol. Entwicklung verfolgen, wie das in Zentralspanien der Fall ist. Danach wäre dort der Ursprung der meisten s. und sö. Typen der nachhallstättischen Kultur zu suchen und nicht umgekehrt.

§ 3. Serie A erscheint, außer in Zentralspanien (Aguilar de Anguita, Clares, Olmeda usw.), in Nordspanien (Alar del Rey, Valle de la Bureba), in Portugal (O Crasto), Andalusien (Carmona) und Niederaragonien (sowohl in der I. Per. der dortigen iber. Kultur: Tossal Redó, wie in der II. Per.: San Antonio). Die meisten Funde gehören also dem 5.—4. Jh. v. C. an (Despeñaperros, Villaricos in Andalusien; Elche und Cerro del Amarejo im Südosten, Salzadella in der Prov. Castellón). Dagegen sind die vereinfachten (späteren) Typen mit 4 geradlinigen Seiten in der iber. Kultur des 4.—3. Jh. sehr häufig (Villaricos in Andalusien als ältester Fund, noch 4. Jh.; aus der II. Per. der iber. Kultur Niederaragoniens: San Antonio de Calaceite; aus der gleichzeitigen Kultur Kataloniens: Sidamunt, Puig Castellar).

§ 4. Chronol. ist, wie daraus zu ersehen, Serie A die älteste (5.—4. Jh.), auch wenn sie vereinzelt bis in das 3. Jh. reicht (S. Antonio de Calaceite). Serie B wird am ehesten in das 4.—3. Jh. zu setzen sein. Serie B erscheint, außer in Kastilien (Aguilar de Anguita, Clares, Olmeda, Gormaz, Osma usw.) und seinen Nachbargebieten, während der nachhallstättischen Kultur (in Valencia: Oliva-Gräber) in Niederaragonien (Übergang von der I. zur II. Per.: La Gessera bei Caseras, 4. Jh. v. C.) und in Katalonien (Nekropole Cabrera de Mataró in Prov. Barc.: 3. Jh. v. C.), sowie in der nachhallstättischen Kultur Südfrankreichs (Avezac-Prat) und in der mit ihr zusammenhängenden Nekropole Peralada (s. d.) in Nordkatalonien (Ende des 4. Jh.). Ähnlich ist wohl der Fund von Schließen der Serie B in Emporion (s. d.) zu erklären. Serie C: Die ältesten, mit Silbereinlagen verzierten Typen mit abgerundeten Profil neben dem Haken fehlen in Kastilien, sind dagegen in Süd- und Südostspanien häufig (Despeñaperros). Die ältesten Typen der Serie C erscheinen nur an der Küste, und zwar schon im 5.—4. Jh., die jüngsten kommen überall im 3. Jh. vor.

§ 5. Außerhalb Spaniens sind Funde von G. der genannten Typenserien nur in Südfrankreich (nachhallstättische Kultur) und ein Exemplar aus Olympia (Griechenland; Serie B) bekannt. Eine G. ist dargestellt auf der Statue von Montans in Südfrankreich. Der Fund von Olympia ist von Déchelette benutzt worden, um in Griechenland den Ursprung sämtlicher Typen der Serien A und B zu erweisen. Ihre geographische Verteilung in Spanien spricht dagegen, und es scheint richtiger, wie es Bosch tut, sie als nachhallstättischen Ursprunges und kelt.-zentralspan. Form anzusehen. Wie die meisten Typen dieser Kultur, stammen sie von echten Hallstatttypen ab: so ist Serie A (die älteste) einfach als eine Abart der schon in Stufe C Reineckes der Hallstattkultur Zentraleuropas erscheinenden G. anzusehen.

Der Fund aus Olympia ist vielleicht eine Votivgabe span. Ursprungs. Der Weg dazu wird durch die Funde aus der griech. Kolonie Emporion angedeutet.

Der Ursprung von Serie C wäre anders zu denken. Vielleicht stammt sie von der iber. Küste, wo ihre ältesten Typen ausschließlich vorkommen.

Boletin de la Sociedad Española de Excursiones 1921 S. 29 ff. Bosch (mit vollständiger Literatur); S. a. Monteliusfestschrift 1913 S. 233 ff. Déchelette; Anuari Inst. 5 (1913—14) S. 240 ff. Bosch. — Zu Serie C s. a. Anuari Inst. 6 (1915—1920) S. 616 ff. Colominas; Memorias de la R. Acad. de la Historia 1908 Tf. 16, 17 Siret.

A. del Castillo

Gusana (Tf. 272). § 1. *Gu-za-na*, Stadt in Nordmesopotamien am r. Ufer des Ḫabur (s. d.), jetzt Tell Halaf, 36° 42′ N und 40° ö. Gr.; M. Frhr. v. Oppenheim schürfte hier im November 1899 und grub 1911—12 den Burghügel aus, wo er gegen 150 Relieforthostaten, bronzene Kultgeräte, Goldschmuck und bemalte Gefäße fand. Die Gleichsetzung von Tell Halaf mit G. beruht auf Keilschriftbriefen von dem FO, die an Mannu-kima-matu-Aššur, Statthalter von G., Eponym des Jahres 793, gerichtet sind. Der Ausgräber von G., Frhr. v. Oppenheim, teilt diese Ansicht nicht, aus Gründen, die er demnächst zu veröffentlichen gedenkt. G. ist vermutlich der von den Assyrern angewendete Name der Stadt, die bei den einheimischen Aramäern Bahiani hieß, wie auch die umliegende Landschaft. Sie stand im 9. Jh. in Verbindung (Personalunion) mit der Landschaft Sallaia, auch Asallaia genannt. Gegenüber von G. lag am l. Ḫabur-Ufer an der Ḫabur-Quelle der Ort Sikani, wo der Assyrerkönig Adadnirari II. um 900 den Tribut des Fürsten von G.-Bahiani empfängt; WVDOG 37 Nr. 84 Z. 100—104). S. a. Band VIII Tf. 50.

§ 2. Für die ältere Geschichte von G. geben die ausgegrabenen Denkmäler Auskunft. Diese lassen zwei Per. erkennen. Die I. Per. verwendete Basalt, die Reliefs sind flach, scharfkantig, fein und von origineller Ausführung. Auf der Löwensphinx der „Verschleierten Göttin" wird ein König der Stadt „Pa-ḫi-e-[ni?]" genannt. Die Gesichter zeigen den aramäischen Typus: Vollbart mit ausrasierter Ober- und Unterlippe. Die Zeit ist um 1050, als der „König von Arumu" erfolgreich gegen Assyrien vordrang

(Salmanassar III. Monolith v. Kurch II 37—38). Die II. Per. bezeichnet der Neubau des Schlosses durch Kapara, Sohn des Hadiani, der Kalkstein verwendete, sehr rohe und provinzielle Kunsterzeugnisse schafft (Tf. 272) und die alten Vorbilder kopiert. Die Reliefs ließ Kapara mit einer Farbe bestreichen, die jetzt rot aussieht. Kapara setzt seine Kartusche auch zuweilen auf die älteren Reliefs, mitunter auch an Stelle früherer Kartuschen. Kapara gehören auch zwei Kolossalstatuen, eine männliche und eine weibliche an, die längere Keilinschriften tragen. Die selbständig geschaffenen Reliefs Kaparas stammen der Kultur nach aus dem 10.—9. Jh. Die weitere Geschichte des selbständigen G. kennen wir aus den assyr. Keilinschriften. Um 900 erhält Adadnirari II. Tribut vom Fürsten von G., Abisalamu (Absalom) von Baḫiani genannt (WVDOG 37 Nr. 84, 101). Zur Zeit Assurnassirpals II. war Baḫiani = G. mit dem Lande Sallaia (Asallaia) verbunden. 883 bekommt Assurnassirpal Tribut vom Salläer von Baḫiani (Annalen II 22—23), 877 vom Salläer Adad-im-me (Annalen II 56f.), 867 von I-ti-', dem Asalläer. Dann schweigen die Berichte 60 Jahre lang völlig über G. Möglicherweise ist Kapara in diese Zeit anzusetzen.

§ 3. Im J. 808 eroberte Adadnirari III. die Stadt G. und schlägt G. und Umgebung als Provinz zu Assyrien (Eponymen-Chronik; E. Forrer *Die Provinzeinteilung des assyrischen Reiches* 1923 S. 23f.). Als Statthalter Assyriens sind aus der Eponymenchronik bekannt: Mannu-kima-matu-Aššur, 793, an den einige Keilschriftbriefe gerichtet sind, die in Tell Halaf gefunden wurden. Ferner 763 der Statthalter Pur-Sagale. 759 machte G. einen Aufstand gegen Assurdan III., der 758 gedämpft wurde. 727 wird Bêl-ḫarran-bêli-uṣur als Statthalter erwähnt (Publ. Kais. Osm. Mus. 3 [1917] S. 12f. E. Unger), sowie 706 Mutakkil-Ašur.

§ 4. Die Skulpturen aus G. sind z. T. recht eigenartig: Vor allem der Löwensphinx mit dem Vorderteil einer verschleierten Göttin; das Relief des Wettergottes mit konischer Götterkrone, Hörnern und Federaufsatz daran; als Abzeichen hat der Gott die Keule in der Rechten, den Bumerang in der Linken; das Relief eines geflügelten Löwen mit gehörntem Menschenkopf und konischer Götterkrone; musizierende Tiere. Das sind sehr merkwürdige Typen. Die Barttracht aber ist die syrisch-aramäische; sie muß vorläufig ausschlaggebend sein für die Bestimmung der Denkmäler neben den Personennamen, z. B. Kapara, der im aramäischen Sam'al (Sendschirli) als Gabbaru, Vater des Ḫaianu, vorkommt. Aller Wahrscheinlichkeit nach sind die Skulpturen aus der ersten Blütezeit der aramäischen Herrschaft in Nordmesopotamien im 11. Jh. (s. Kunst E § 11). Das Gebiet von G. gehörte im 14. Jh. zum Reiche der Mitanni (s. d.), von dem aber außer Sprachresten keine bildlichen Denkmäler überkommen sind, sodaß vorläufig keine Handhabe vorhanden ist, die Zugehörigkeit zur mitannischen Kultur diskutieren zu können. Die Funde von G. befinden sich meist noch am FO, aber auch im Brit. Museum in London (*Guide*[3] 1922).

M. Frhr. v. Oppenheim *Der Tell Halaf und die verschleierte Göttin* AO 10, 1 (1909); E. Unger *Hettitische und Aramäische Kunst* Arch. f. Keil. I 78ff. Eckhard Unger

Gußarten s. Bronzeguß A § 6—12.

Gußformen s. Bronzeguß.

Gußkern s. Bronzeguß A § 12, 13.

Gußzapfen s. Bronzeguß A § 5, 15, B § 10.

Gutium. § 1. Land im N und NO von Assyrien. Die älteste Erwähnung bietet ein Jahrdatum, nach dem Šar-kâli-šarri von Akkad (um 2540 v. C.) Šarlak, König von G. *(ku-ti-im-ki)*, gefangennahm. Die der Dyn. von Akkad folgende IV. Dyn. von Uruk wurde durch den Einfall der Gutäer, bei dem Babylonien geplündert und verwüstet wurde, gestürzt. „124 (125) Jahre 40 Tage" (etwa 2461—2337 v. C.) stand Babylonien unter der Herrschaft der „Dyn. von G.". Über ihre 21 Könige ist noch nicht viel bekannt. Vom König Lasirab ist ein zur Weihgabe bestimmter Streitkolben erhalten, dessen Beschriftung als die beiden Gottheiten von G. die Göttin Ištar (s. d.) und den Mondgott Sin (s. d.) nennt. Vom 21. König, Tiriqân, wird berichtet, daß er seine Herrschaft bis an die Tigris-Mündung ausgedehnt hatte, als er 2337 durch Utu-ḫegal von Uruk (V) vertrieben wurde. Seither scheint G. unter babyl. Einfluß gestanden zu haben.

a

b

c

d

Gusana

a, b. Relief aus Basalt. — c, d. aus Kalkstein vom Palaste des Kapara, Sohn des Hadiani.
Nach Syria 5 (1924).

§ 2. Die Bevölkerung von G. waren schwerlich Semiten; jedenfalls sind die überlieferten Eigennamen unsemitisch; außerdem werden in Texten der Ḫammurapi-Zeit „hellfarbige Sklaven" aus G. (*wardê gu-ti-i*[ki] *namrûti*) erwähnt; die helle Hautfarbe scheint die Bevölkerung ausgezeichnet zu haben. — Bei Kassitenherrschern, z. B. Agum II. (um 1600), findet sich der Titel „König von G." (*šar* [mât]*gu-ti-i*).

§ 3. Identisch mit den Gutäern sind die in assyr. Königsinschriften oft erwähnten Ḳûtû (geschrieben *Ḳu-ti-i* oder auch *Kur-ṭi-i*). Die ersten Siege über sie scheinen die Assyrerkönige Arik-dên-ili (1325—1311) und Adadnirari I. (1311—1281) erfochten zu haben. Einen etwas ausführlicheren Kriegsbericht hat Salmanassar I. (1280—1261) hinterlassen, aus dem die Gefahr der Ḳûtû für Assyrien erkennbar ist; er nennt das Gebiet, in das die Eindringlinge zurückgeworfen werden: Uruatri, d. i. das spätere Urarṭu (s. d.), und Kutmuḫ. Mit einem großen Erfolg begann 1260 die Regierung Tukulti-Ninurta's I., der sich daher die Titel: „Unterwerfer des Ḳûtû-Landes" und sogar „König von Ḳûtû" beilegt; sein durch eine Revolution herbeigeführtes Ende gab jedoch den Ḳ. die Freiheit wieder. Sie erscheinen noch bei Ašur-rêš-iši I. (1127—1116) unter den zu unterwerfenden Feinden. Dann verschwindet der Name aus den Urkunden; dafür erwähnen sie je und je Feldzüge in die Naïri-Länder und nach Urarṭu. Erst unter Sargon II. (722—706) wird die Bezeichnung G. wieder gebräuchlich. „Könige von G." stellten sich im Bruderzwist zwischen Ašurbânipal (668—627) und Šamaš-šum-ukîn auf des letzteren Seite.

In den Omen-Texten wird G. häufig erwähnt, ein Reflex der vormaligen Bedeutung des Landes.

F. Delitzsch *Wo lag das Paradies?* 1881 S. 223ff.; Z. f. Assyr. 15 (1901) S. 272ff. M. Streck; Ed. Meyer *G. d. A.*[2] I 2 §§ 411—411 b.

O. Schroeder

Gutshof s. Gehöft.

Gynokratie s. Fraueneinfluß, Mutterrecht.

FSC
www.fsc.org
MIX
Papier | Fördert
gute Waldnutzung
FSC® C083411

Kolibri 360 GmbH
Ferdinand-Jühlke-Straße 7
99095 Erfurt, Deutschland
produktsicherheit@kolibri360.de